活　人

근육통증 과 신체교정 운동

최 상 헌 저

사 단
법 인 대한무림합기도협회 출판부

◆ 최 상 헌

충남 공주 출생

학력

동국대학교 사범대학부속중 고등학교 졸업(봉사상 수상)
한국방송통신대학교 농학과 졸업 농학사
한국체육대학교 사회체육 대학원 졸업 체육학 석사
한국체육대학교 대학원 졸업(우수상 수상) 이학박사
한국체육대학교 스포츠최고경영자 과정 수료

경력

합기도 범무관 중앙본관장
제1회 전국화랑도 대회 시범단장
제1회 국제합기도 대회 기획조정실장
제1회 세계합기도 대회 조직위원장
제2회 세계합기도 대회 대회장
계간합기도 발행인
중앙대, 신구대 강사
동원대 레저스포츠과 겸임교수
국민생활체육협의회 자문위원
한국스포츠학회 부회장
현) 사회단체 세계합기도 중앙본부 총재
현) 사단법인 대한무림 합기도 협회장

저서

- 합기도 술기교본 초단편,
- 합기도 술기교본 3단편
- 삶 과 기,
- 학대 · 폭력 범죄
- 합기도 술기교본 2단편,
- 성폭력 · 학교폭력예방,
- 근육통증과 경락경혈

책을 내면서

속담에 소 잃고 외양간 고친다는 말과 건강은 건강할 때 지키라는 말이 있다.

과거 국민(초등)학교 시절 아침마다 전교생이 운동장에 모여 국민(보건)체조를 한 후 수업을 시작하였던 기억들이 떠오르곤 한다. 또한 걸상의 등받이에 등을 바짝 붙여 바르게(곧게) 앉도록 하고 책을 가까이에서 보게 되면 눈이 망가진다 하며 얼굴에서 30cm 이상 띄어 보도록 수없이 강조하시던 담임선생님 들의 말씀이 반세기가 지난 오늘에 와서 되새겨보아도 하나도 그른 것이 없는 고마운 말씀이었던 것을 어찌하랴. 이렇듯 바른 자세를 취한다는 것은 체형 유지에 있어 첫째 요소라 해도 무방할 것이다. 그리고 휴식 또한 초등학교는 40분, 중고등학교는 45분, 대학은 50분 수업을 한 후 휴식 시간을 갖도록 하고 있다. 고속도로 휴게소 역시 한 시간 정도의 주행거리마다 설치되어 있는 것으로 알고 있다. 물론 집중력 등 여러 요인들을 고려하여 정해진 것이겠지만 경직된 근육을 풀어 주고 몸에 활력을 불어넣어 일의 능률을 높이고자 함일 것이다. 더욱이 일(작업)의 형태 또한 산업화 이후 전문화된 단순 노동으로 인하여 사용되는 근육 또한 일부 근육에 집중되어 피로감과 함께 체형유지에도 어려움을 느끼게 하는 등 소위 여러 형태의 직업병들이 발생되어 건강을 해치고 있는 것이 현실이고 보면 근육의 이완운동이 절실히 요구되고 있다. 그리고 경제 성장과 물질문명의 발달 등으로 현대인의 생활환경 또한 좌식문화에서 입식문화로 변화되고 생활의 편리함과 아울러 식습관 또한 고단백질의 과다한 섭취를 하는 반면 운동부족으로 인한 비만 등 성인병이 늘어나 건강유지에도 적신호를 나타내고 있다. 그래서 본인은 지인들에게 자동차의 시동을 걸어 엔진을 예열 시킨 후 출발을 하듯이 아침 기상시에는 필히 기지개를 펴고 간단한 운동을 통하여 수면시 최소한의 생명 유지에 필요한 근육 외에 휴면상태였던 근육들을 깨워 활력을 불어넣어 준 후 일어날 것과 수영 전 준비운동을 하고 물에 들어가는 것과(입수) 같이 산에 오르기 전에도 필히 관절 운동과 함께 근육 운동을 하고 쉬는 시간 또한 기지개는 물론 경직된 근육을 풀어주도록 하며 평소 바른 자세를 취할 것을 신신당부 하고 있다. 이는 설마가 사람 잡는다는 말처럼 설마 괜찮겠지나 설마 괜찮을거야 하는 안일한 생각으로 간과를 하다 병을 얻게 되어 후회를 하는 경우가 종종 있기 때문이다.

이러한 일들은 지진이나 해일 등 자연재해가 발생하기 전 동물들은 물론 미물들까지도 이를 감지하여 대처를 하는데 반하여 만물의 영장이라고 자처를 하는 인간들은 방심을 하였다가 큰 피해를 당하는 것과 같이 본인 스스로가 무리라는 것을 알고 있음에도 불구하고 과신이나 방심에 의해 컴퓨터보다도 더 예민하고 정확하다고 할 수 있는 신체가 뻐근하거나 피로감 등 여러 증상들로 이상을 예고하고 있음에도 설마 하는 안일한 생각으로 미연에 방지를 하지 못하여 손이나 호미로 막을 일을 가래로 막게 되는 즉 병을 만들고 키우게 되는 우매한 짓을 하고 있기 때문이다. 따라서 조상으로부터 물려받은 귀중한 몸을 잘 관리하여 건강한 삶을 유지해 나가는데 도움이 되었으면 하는 바램으로 우리 몸을 주행하고 있는 경락과 경혈 및 근육의 기능들과 신체교정운동들을 살펴보고자 한다.

2020년 6월

저자 최 상 헌

목 차

제1장. 개관 / 15

제2장. 안면 부위의 통증 / 63

제3장. 두부(머리)의 통증 / 80

제4장. 목(경부)의 통증 / 106

제5장. 어깨와 등의 통증 / 133

제6장. 흉추(등)의 이완과 교정 / 194

제7장. 팔과 손목 및 손의 근육 / 206

제8장. 흉부와 복부의 통증 / 319

제9장. 허리(요추)와 둔부의 통증 / 334

제10장. 대퇴와 무릎의 통증 / 391

제11장. 하퇴와 발목 및 발의 통증 / 413

제1장. 개관

관자 내업(內業)에서는 무릇 사람이 태어날 때 하늘은 정(精)을 내고 땅은 형(形)을 내는데 이들이 합해짐으로써 사람이 된다고 하며 천지 사이에 가득 차 있는 정기를 흡수할 수가 있다면 건강하고 지혜롭게 변한다하고 또한 마음이 안정 되면은 귀와 눈이 총명해지고 사지가 튼튼해져 정(精)이 머무를 수가 있다고 하고 있다. 그리고 운급칠첨의 원기론(雲笈七籤元氣論)에서는 사람이 태어날 때는 천지의 원기를 부여 받아 정신이 되고 형체가 되며 원일지기(元一之氣)를 받아 액(液)이 되고 정(精)이 되며 천기가 소모되면 정신이 흩어지고 지기(地氣)가 소모 되면은 형체가 병이 들며 원기가 소모되면 수명이 다한다면서 영기(營氣)와 위기(偉氣)가 항상 흐르게 되면 영원히 산다고 말하고 있다. 따라서 수련을 통하여 정(精)을 단련하여 기(氣)로 변화시키고 기를 단련하여 신(神)으로 변화시키고 신(神)을 단련하여 허(虛)로 환원을 시켜 천지와 하나가 되고자 한다고 하고 있다.

또한 황제 내경 소문의 보명전형론에는 인간은 천지의 기에 의존하여 태어나며 사시(四時)의 법(변화)을 통하여 이루어진다고 하고 천(天) 지(地)의 기(氣)를 합하여(合氣) 태어나는 것을 사람이라 하고 있다.

그리고 대우주인 자연의 변화는 천기의 운행에 의해서 이루어지며 소우주인 인체의 생성(生成)과 활동은 인기가 경락을 유주 순환을 함으로써 이루어지는 것이라 하고 있다. 따라서 인체의 기인 인기(人氣)는 인간이 부모로부터 이어받은 선천의 정기인 원기(元氣) 또는 진기(眞氣)와 음식물 등을 소화 흡수를 하여 얻게 되는 영기(營氣) 및 위기(偉氣) 그리고 대지로부터 얻게 되는 지기(地氣)와 자연의 청기(淸氣)를 흡입하고 탁기(濁氣)를 내보내는 토고납신(吐故納新)을 통하여 얻게 되는 기를 합하여(合氣) 단전(氣海)에 쌓인 종기(宗氣) 등으로 삶을 영위해 나간다고 할 수가 있으며 영기는 수곡(水穀)의 정기(精氣)로 비(脾)와 위(胃)에 근원하며 밤·낮을 쉬지 않고 맥(脈) 속을 흐르면서 전신에 영양을 공급한다. 위기는 영기와 같이 수곡정미(水穀精微)에서 회생한 것임에도 불구하고 영기는 유순하여 맥 안에서 운행을 하며 하루에 50바퀴를 돌면서 영양을 공급하고 체표를 보호하며 사기에 저항을 하는 기능을 하고 있다고 말하고 있다.

또한 인간은 부모에게서 이어받은 선천의 정기로 인체를 구성하고 생명을 유지하는 근본으로써 생장과 발육 및 생식을 주관하는 기와 음식을 섭취하여 소화 흡수로 얻게 되는 수곡정기를 전신으로 공급하여 오장육부에 영양의 공급은 물론 피부와 맥, 육(肉), 근(筋), 골(骨) 등을 튼튼하게 하며 신(腎)의 선천적인 정기에 영향을 하여 생리기능을 촉진하는 기 그리고 자연계에 존재하고 있는 청기를 흡입하고 탁기를 내보내는 호흡 작용을 통하여 근원한다고 하고 있다. 또한 효경 개종명의장(開宗明誼章)에는 신체발부수지부모(身體髮膚受之父母)라 하여 신체와 머리카락과 피부는 부모에게서 물려받은 것으로 이를 소중히 여기는 것을 효도의 시작이라고 하고 있다. 이러한 사상은 우리나라에서도 이어져 내려오다가 고종 32년(1895년 1월 1일)을 기하여 양력의 채용과 함께 일본의 강요로 내려진 단발령 이후 점차로 자취를 감추게 되었지만 어찌 되었든 고종은 이로 인해 머리를 깎게 되었으며 내부대신 유길준은 관리들에게 가위를 들고 거리로 나아가 강제로 백성들의 머리를 깎게 하였다. 그러나 이에 많은 선비들은 손과 발을 자를 지언정 머리를 자를 수 없다고 분개하고 의병을 일으켜 저항을 하였으며 결국 김홍집 내각은 무너지고 김홍집은 피살 되었다. 우리들은 어르신들에게 건강하게 오래 사시라는 무병장수를 기원하는 인사말을 하고 있다.

인간들은 오래전부터 늙지 않고 오래도록 살거나(不老長生) 나아가 곡식을 먹지 않으며 죽지도 않고 구름을 타고 노니는 신선이 되었으면 하는 염원을 하여 왔다.

삼일신고에는 사람과 만물은 모두 삼진(성품性, 목숨命, 정기精)을 부여 받았으나 사람만이 지상에서 살면서 삼망(마음心, 기운氣, 몸身)이 삼진과 작용을 하여 삼도(느낌感, 호흡息, 촉감觸)의 변화 작용을 하게 되는데 이를 잘 닦아 본연의 모습으로 돌아가게 되면 상제님의 조화 세계에 들어갈 수가 있다고 하고 있다.

또한 고대 중국에서는 불로장생을 하거나 신선이 되기 위한 방법으로 환단술이나 방중술 및 내단수련을 하였다. 환단술은 선약을 만들어 복용을 함으로써 신선이 되거나 불로장생을 하는 환단(還丹) 또는 금단(金丹) 술이 성행을 하였다. 환단술은 단사를 불로 여러번 정제를 하게 되면 수은 성분이 맑은 물질로 변하게 되며 이를 다시 정제를 하면 단사로 변한다하여 아홉 번을 반복하여 만들어진 구전금단(九轉金丹)을 최상의 불사약으로 삼았으나 이들은 대개 독극물(수은, 납, 유황, 비소) 들을 함유하고 있어 전신이 마비되거나 사망하는 사태가 발생하여 단정가들은 물론 진시황제나 한무제 등 많은 황제들 역시 단약으로 인해 중독되고 죽음을 맞게 되었으며 특히 진시황제는 약물로 병을 치료하는 것은 물론 장생불사(長生不死)를 할 수가 있다고 믿어 많은 사람들을 각지로 보내 불사약을 찾아오도록 하였다.

이때 제주도에 왔던 서복(徐福)이 다양한 약초를 구하여 서쪽으로 돌아간 포구라는 서귀포의 지명이 유래되었다 하고 서귀포에 기념관을 세워 놓고 있다.

또한 남녀 교접을 통하여 환정보뇌(還精補腦)를 하는 방중술(房中術)을 통하여 늙어도 아름다운 용모를 갖추어 천수를 누릴 수 있다고 생각을 하였다.

방중술은 사람이 음양교접을 하지 않게 되면 질병을 초래하게 되며 그렇다고 욕정에 이끌려 절제를 하지 않게 되면 수명을 줄이게 된다고 보았다.

그리고 소녀는 여자(수성 水性)의 정력이 남자(화성 火性)보다 넘쳐나게 되면 물이 불을 끄듯이 남자는 맥을 못추게 되므로 호흡법과 도인법(導引法)을 행하고 호흡법을 방중술에 활용을 하여 정기의 사정을 억제하고 여성의 정기를 흡수하는 환정법(還精法)을 구사하여 정기를 체내에 비축을 하게 되면 원기가 완성해져 연명장수(延命長壽)를 할 수가 있다 하여 여러 가지 방법을 제시하고 있다. 그리고 또다른 수련방법으로 내단(內丹)술을 들수가 있으며 내단술은 사람의 정(精) 기(氣) 신(神)을 단련하는 방법들을 내련(內煉)이라 하며 그 결과물을 내단(內丹)이라 하고 있으며 내단 수련에 있어 호흡법의 원리는 정기(청기)를 들여 마시고 더럽혀진 탁기를 토해내는 토고납신(吐故納新)으로 좌선이나 명상과 같이 움직임이 없이 주로 마음의 고요함과 안정을 찾아 성(性)을 기르고 덕을 쌓는 수련법인 정공법(靜功法)과 동작과 함께 호흡을 조절하면서 정신을 집중하는 동공법(動功法) 또는 행공법(行功法)으로 나누어 볼 수가 있다.

합기도는 천기(天氣)와 지기(地氣) 및 인기(人氣)를 단전에 모아(合氣) 그 힘을 자유자재로 운용하며 수련을 통하여 자기의 존재를 깨닫고 지혜로움을 얻고자 하는 무도로써 고구려의 조의선인(早衣先人)과 백제의 무절(武節) 및 삼랑도(三郞徒)와 신라의 화랑(花郞) 그리고 고려의 재가화상(在家和尙)과 선랑(仙郞) 및 국선(國仙)과 현대 합기도의 근간이라고 할 수 있는 유술(柔術) 등에서 편린을 접할 수가 있다.

따라서 합기도는 개인의 호신은 물론 가족을 지키고 나아가 사회와 국가에 이바지하고자 하는 무도로써 술기들 또한 우리의 민족성과 같이 먼저 남을 해하고자 공격을 하는 것이 아닌 적이 공격을 하여 오면 그에 의한 방어와 반격을 통하여 적을 제압하거나 죽이는 살법(殺法)들로 이루어져 있다.

그러나 우리들에게 위해를 가할 수 있는 바이러스나 맹독이라 할지라도 예방 백신이나 봉침 등과 같이 법제 과정 즉 위해를 주는 성질들을 필요한 용도에 알맞게 바꾸어 이롭게 활용을 하고 있듯이 살법들 또한 역으로 활용을 하게 되면 사람들에게 이롭게 하거나 살리는 활인(活人)의 기법이 될 수가 있는 것이다.

Ⅰ. 근육과 골격

1. 근육(전면)

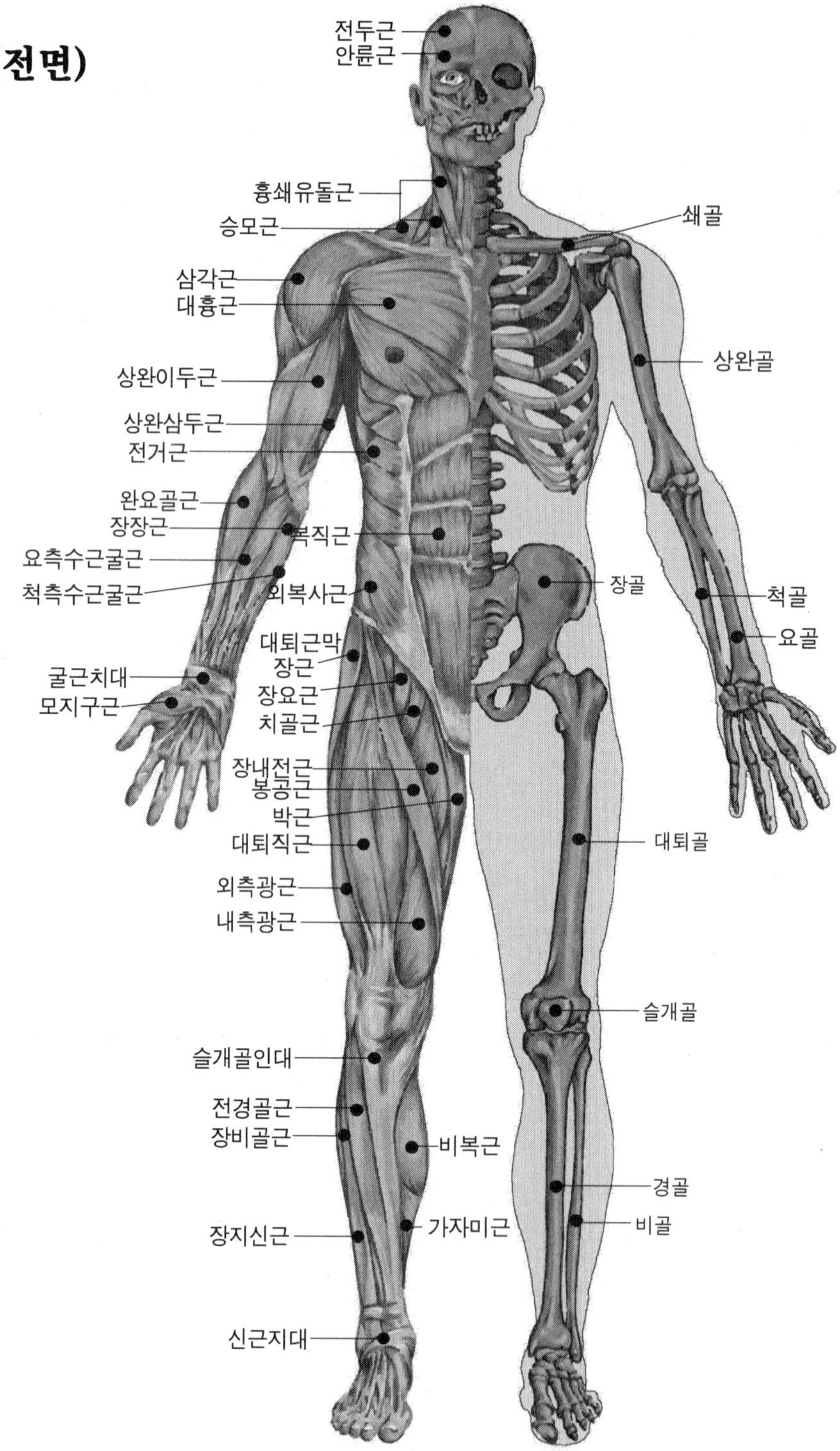

「그림 1-1」 몸의 근육(전면)

2. 근육(측면)

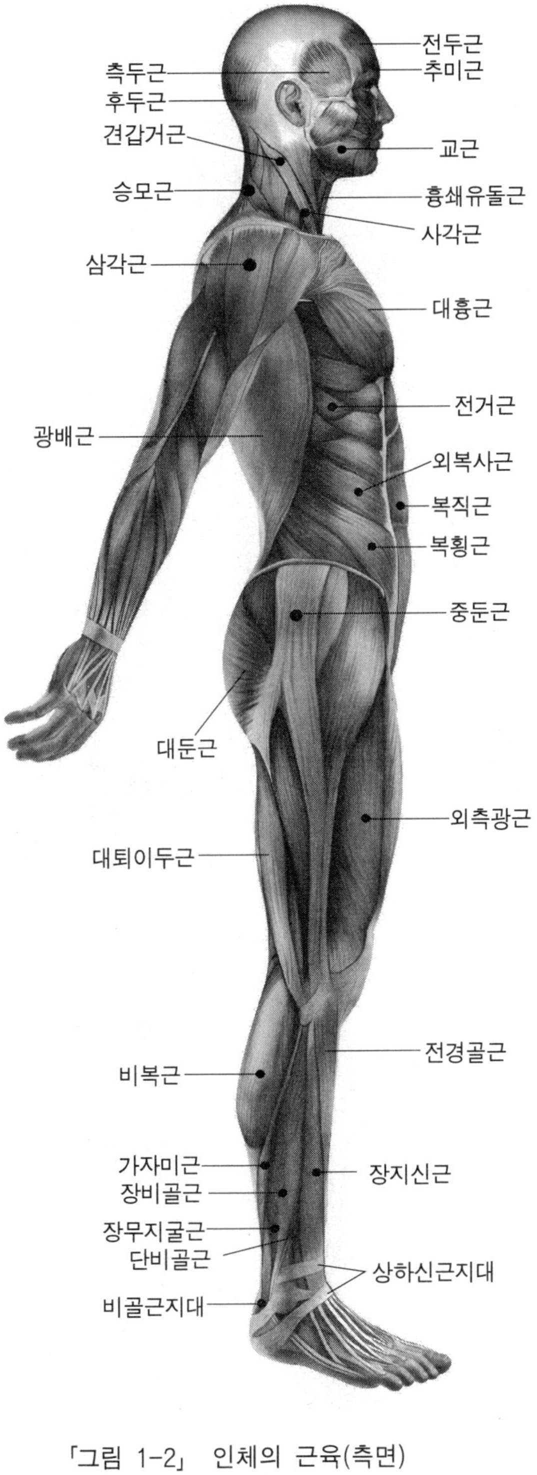

「그림 1-2」 인체의 근육(측면)

3. 근육(후면)

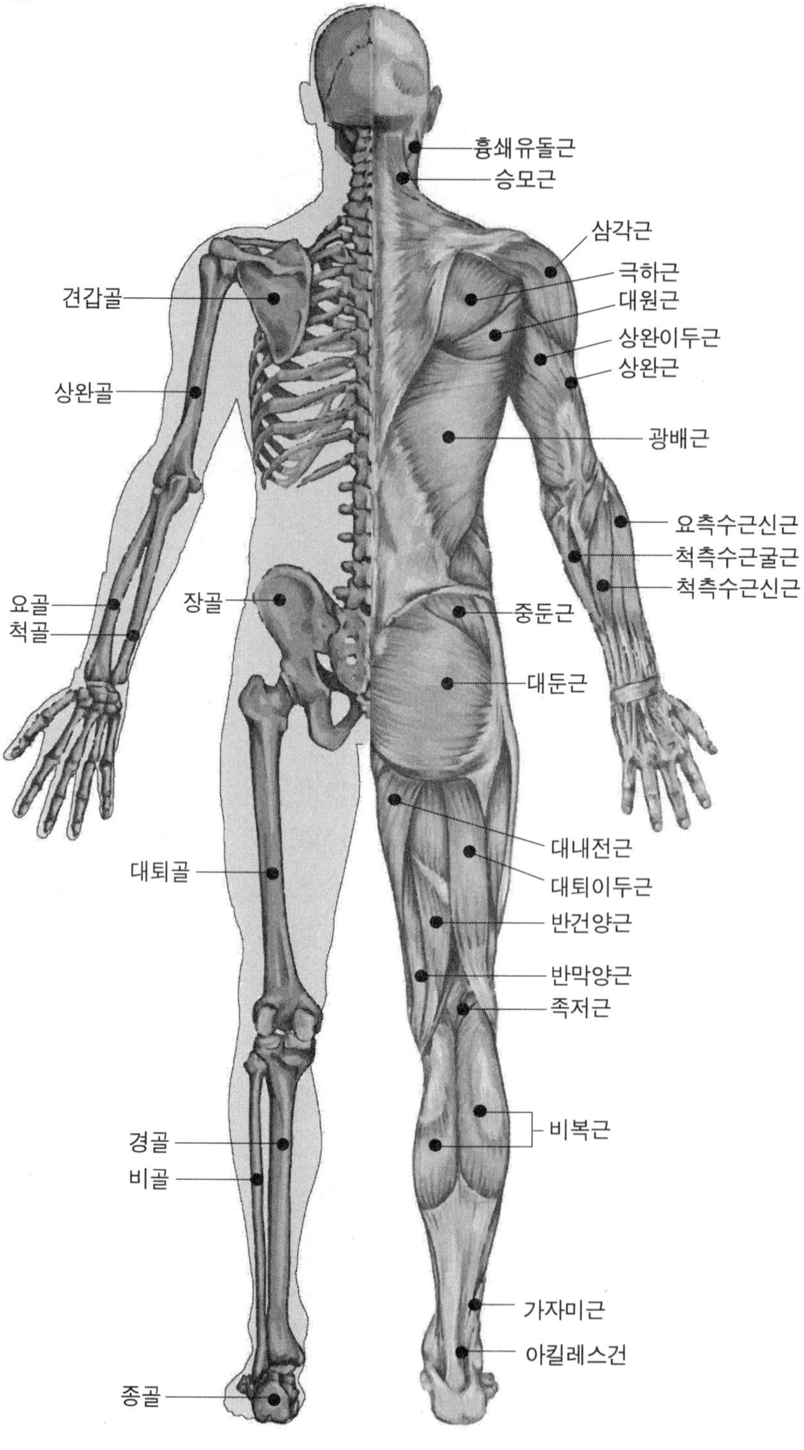

「그림 1-3」 몸의 근육(후면)

4. 골격(전면)

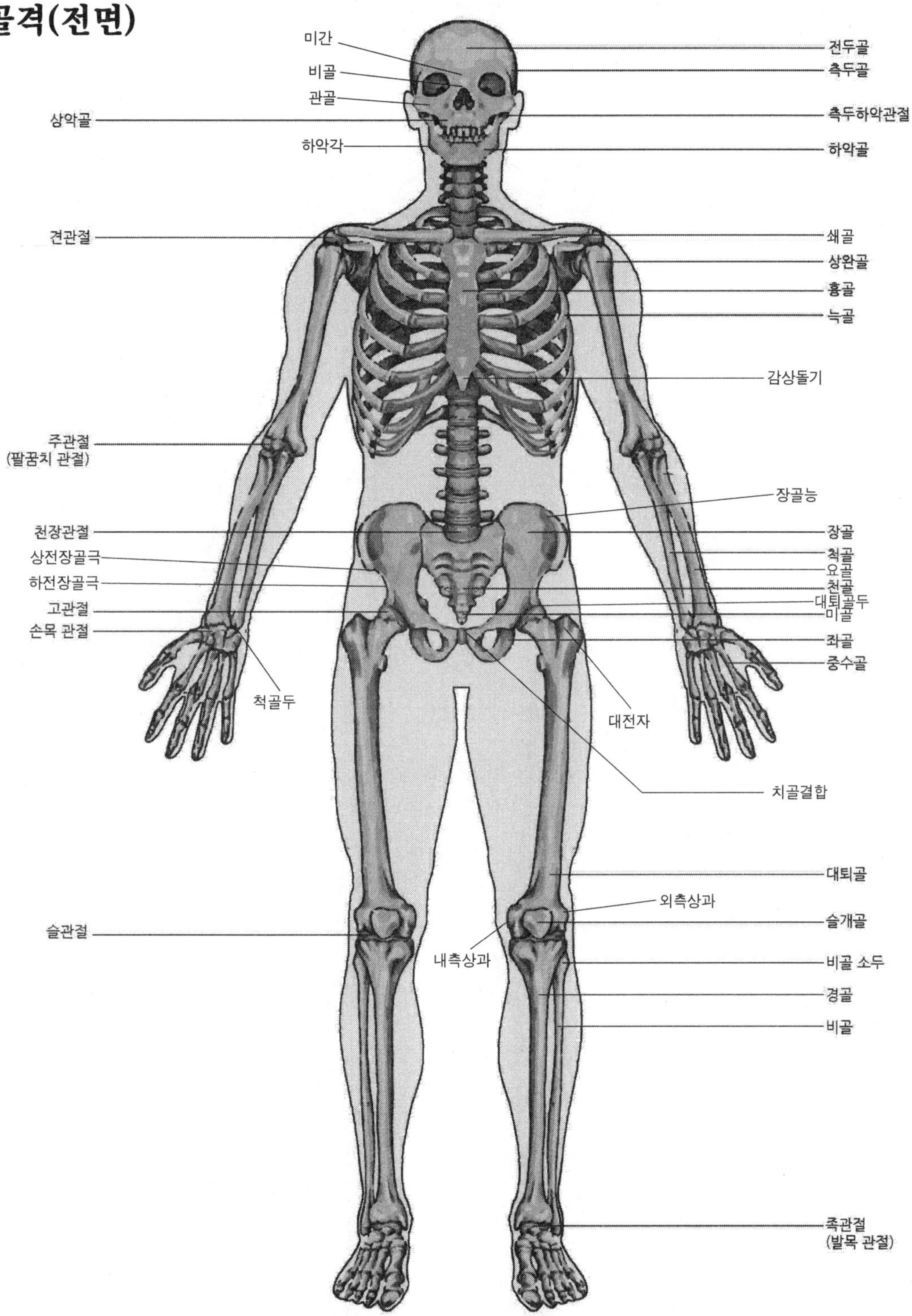

「그림 1-4」 몸의 골격(전면)

5. 골격(후면)

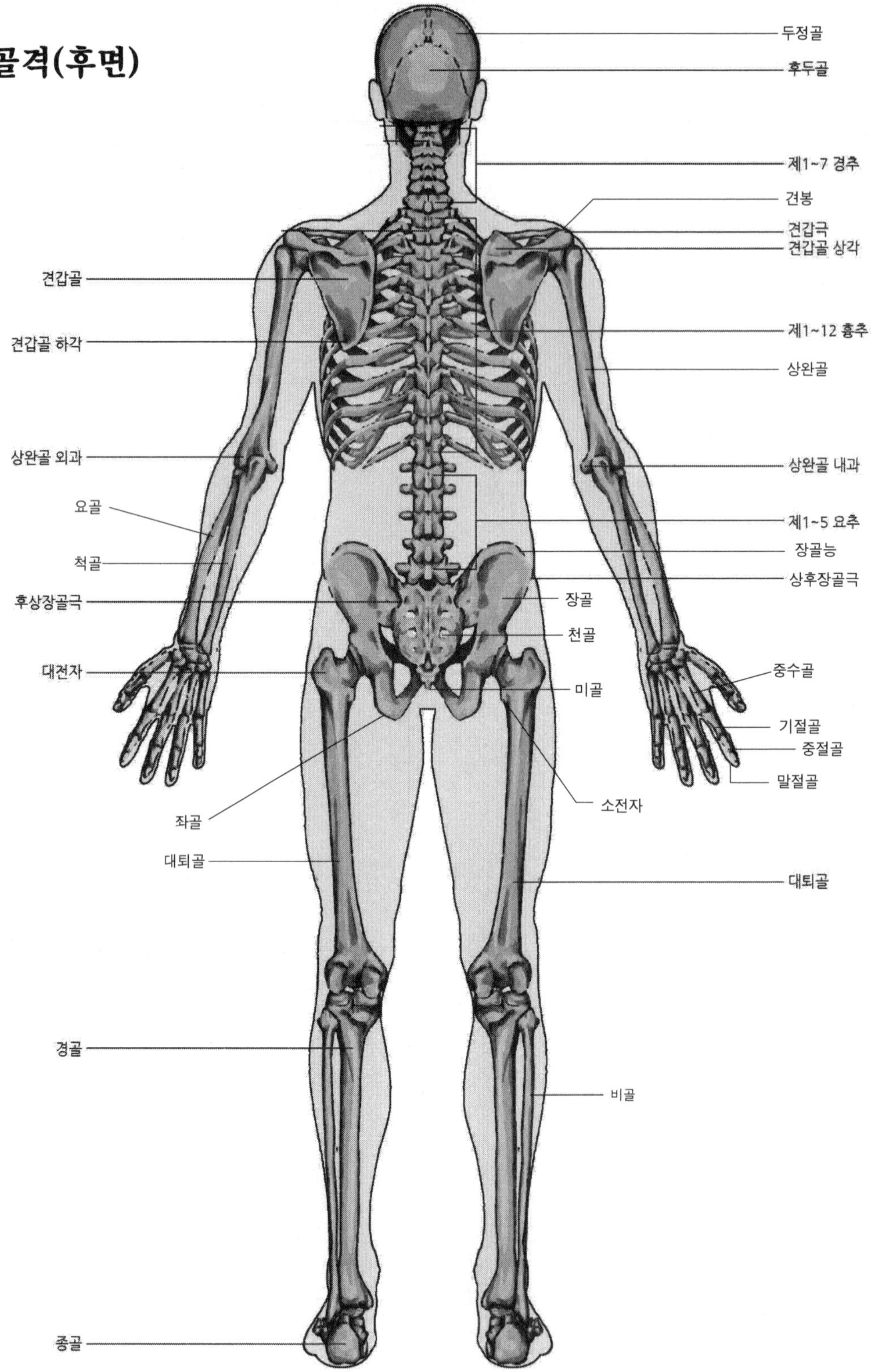

「그림 1-5」 몸의 골격(후면)

6. 관절

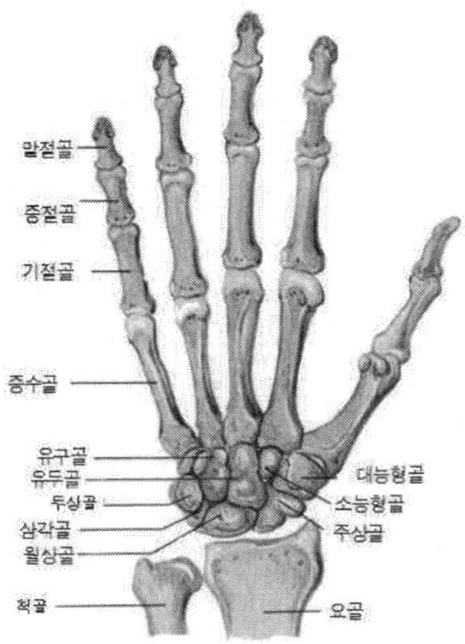

손 골격

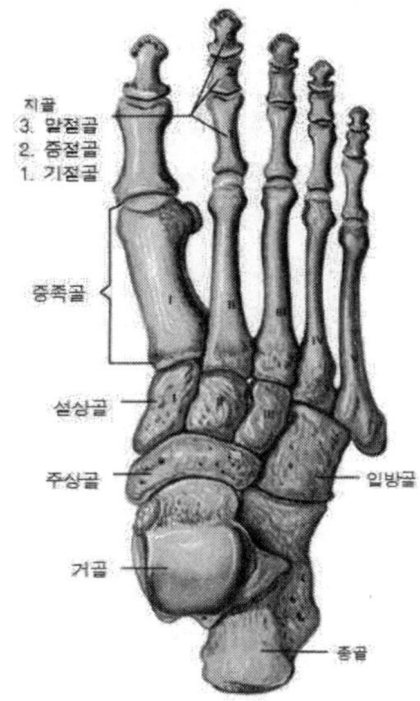

발 골격

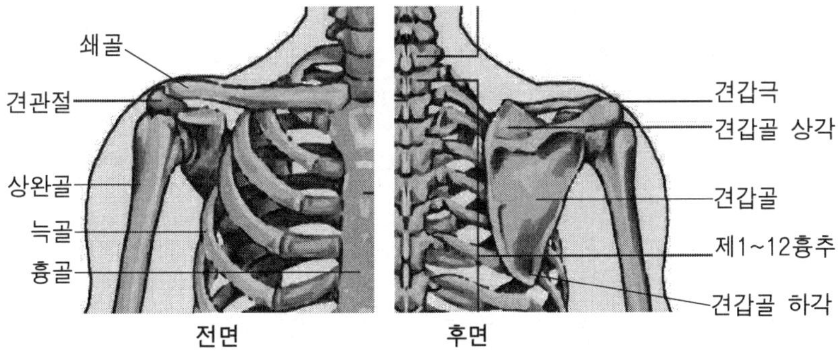

어깨 골격

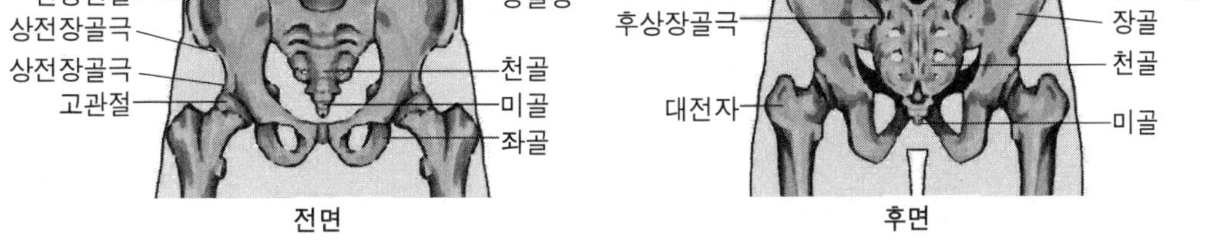

엉덩이 골격

「그림 1-6」 몸의 관절

7. 척추와 장기

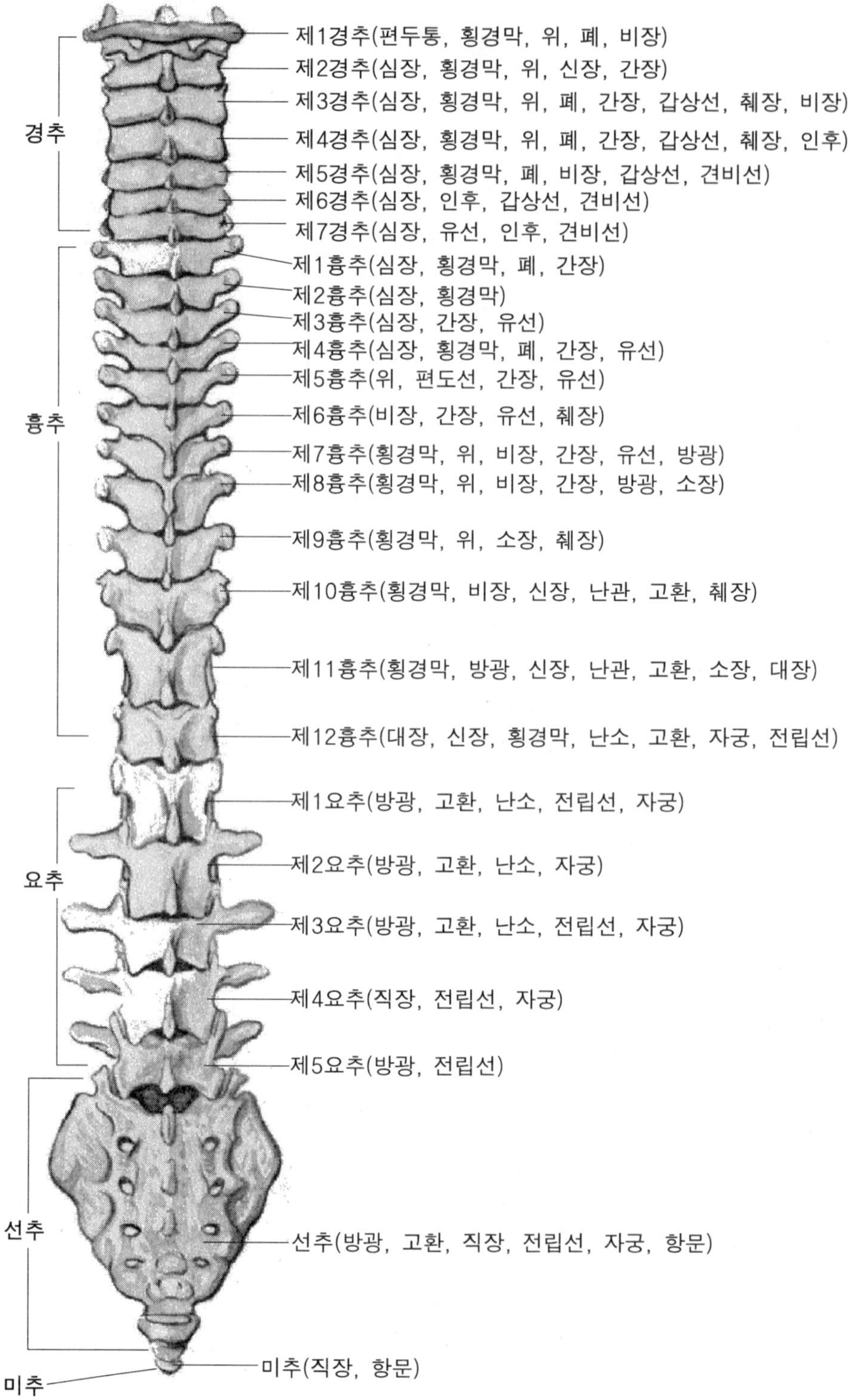

「그림 1-7」 척추와 장기

Ⅱ. 근육

우리 몸의 근육은 심장근과 평활근(내장근) 그리고 골격근의 유형으로 체중의 약 40~50% 정도를 차지하고 있으며 일반적으로 근육이라고 하면 골격근을 일컫는 것으로 몸에는 약 400개 이상 존재하고 있어 수축과 이완 작용으로 움직임을 원활하게 해주고 자세 유지와 근골격계의 움직임을 주관하는 인체에서 가장 역동적이라 할 수 있을 것이다.

골격근은 몸속에서 가장 많은 글리코겐과 여러 물질을 저장하며 섭취 흡수한 영양소를 연소하고 있다. 그러나 이러한 근육은 무리한 활동에 의한 과로나 외부의 힘에 의한 염좌 등 각종의 기능적 장애와 구조적 손상에 가장 먼저 노출되기도 한다. 그리고 이러한 손상들은 사고에 의한 부상이나 장애가 아니더라도 일상생활 중에 잘못된 자세와 습관과 과도한 운동이나 운동부족 등은 근골격계의 각종 장애에 직·간접적으로 연관이 되어 있다고 하여도 무방할 것이다.

1. 근육의 종류

몸의 근육에는 (그림 1-1, 1-2, 1-3)과 같이 안면부에는 여러 근육들이 존재하고 있으나 표정근과 저작근으로 대별할 수가 있다. 이마에 주름을 짓게 하는 전두근과 눈썹 부위의 안륜근 그리고 입술 부위의 구륜근과 관자놀이 위쪽 부분의 측두근 어금니 쪽 부위. 즉 마른 오징어나 질긴 고기 등을 너무 많이 씹었더니 턱이 얼얼하다고 하는 교근과 내·외측 익돌근 등을 들 수가 있다.

목 부위에는 광경근과 목젖 양옆부위의 흉골설골근과 목에서 귀 밑쪽 부위의 흉쇄유돌근과 사각근 등이 있으며 뒷덜미와 어깨에는 횡돌극근, 후두하근, 견갑거근, 판상근과 승모근 등이 있어 잠을 잘못자거나 스트레스를 너무 받았더니 뒷목이 뻐근하고 아프다고 하기도 하며 장시간의 운전이나 컴퓨터 작업을 하였더니 어깨가 뻐근하고 결린다고도 한다.

그리고 어릴적 예방주사를 맞았던 부위에 있는 삼각근과 등쪽 어깨죽지 밑 견갑골 부위에 있는 극상근 및 극하근과 등뼈(흉추)에서 견갑골(겨드랑이) 방향의 대원근과 능형근, 소원근 및 광배근 등이 있다. 그리고 가슴 부위에는 쇄골하근과 대흉근이 가슴에서 어깨쪽 부분에는 소흉근이 가슴 옆 겨드랑이 밑(늑골) 부위에는 전거근과 늑간근 등이 있으며 팔굽관절 윗부위의 팔(상완)에는 오구완근과 흔히 알통이라 부르는 상완이두근과 상완삼두근 및 상완근이 그리고 팔굽관절 아래 부위의 팔(전완 또는 하완)에는 손바닥쪽의 상완요골근과 요측수근골근 장장근, 척측수근골근이 있으며 손등쪽에는 주근, 척측수신근과 요측수근신근 등이 있다.

배(복부)부위에는 복직근과 외복사근 및 복횡근 등이 있으며 엉덩이에는 대둔근과 중둔근 및 소둔근과 이상근이 있고 다리의 대퇴부에는 엉덩이 밑 대퇴부위에 대퇴이두근과 반건양근 및 반막양근과 대내전근이 있으며 무릎 위쪽의 대퇴직근과 내측광근 및 외측관근, 중간광근이 그리고 허벅지 쪽 부위에는 봉공근, 장ㆍ단내전근, 박근 등이 있다.

하퇴부에는 종아리 부위의 비복근과 가자미근 등이 있으며 정강이뼈 바깥쪽에는 장지골근과장모지굴근과 장지신근 및 장모지신근과 전경골근 등이 있다.

그리고 등과 허리 부위에는 척추기립근과 횡돌극근, 상ㆍ하 후거근 및 요방형근과 장요근 등이 있다.

이러한 근육들은 쓰지 않으면 약해지게 되며 반면에 운동을 하게 되면 근육의 모세혈관수가 증가되어 근섬유는 굵어지게 되며 또한 근육에 많은 혈액을 보내기 위해 심장은 빠르고 강하게 움직이기 때문에 자연 심근이 튼튼하게 된다.

2. 근육의 구조 및 기능

심장근은 횡문근 구조로 되어있으나 평활근과 같이 자율신경계에 의해 지배되어 의지한대로 조절을 할 수가 없기 때문에 불수의근이라 한다. 그리고 내장근은 평활근으로 여러 기관의 벽(위, 혈관, 장기)을 형성 하고 있으며 골격근은 가로무늬가 규칙적으로 배열되어 있는 횡문근으로 체성신경계인 운동신경의 지배를 받으며 의도적인 동작이 가능하기 때문에 수의근이라고 하며 근의 기본 단위인 근섬유와 이를 결합하는 결체조직으로 이루어져 있다.

그리고 근수축은 운동신경 섬유가 골격근 세포에 자극(활동전위)을 전달하면 활동전위는 근섬유막(근초) 전체에 신속하게 퍼지는 동시에 근섬유 내부에 전달이 되며 근형질세망에 저장이 되어있던 칼슘이 유리가 된다. 그리고 유리된 칼슘는 가는세사의 트로포닌 분자와 결합을 하여 가는세사와 미오신 머리간 결합을 차단하고 있던 트로프미오신을 끌어당겨 차단이 되었던 결합부위가 열리게 되어 미오신머리가 액틴과 연결교를 형성을 하여 가는세사를 근절의 중앙부위로 끌어당김으로써 근육의 수축이 일어나게 되는데 근섬유는 수축반응 속도에 따라서 속근섬유와 서근섬유로 나누어진다. 서근섬유는 산소 수송로인 모세혈관망이 발달이 되어있으며 탄소화물이나 지방을 유산소적으로 분해를 하는 미토콘드리아 수가 많기 때문에 장시간 에너지를 생산하는 능력이 탁월하다. 따라서 수축은 느리지만 지구성이 풍부하다. 그리고 철분이 주성분인 미오글로빈 함량이 많아 붉게보여 적근이라고도 하며 세포 내에 유입된 산소와 결합을 하여 산소를 임시로 저장을 하는 역할을 한다.

속근섬유는 백근이라고도 하며 수축을 개시하게 하는 칼슘의 신속한 분비역할을 하는 근형질세망이 발달이 되어 있어 수축속도가 빠른 대신 서근섬유에 비해 쉽게 피로해진다. 속근섬유는 신속한 에너지를 생성하기 위한 탄수화물의 저장 형태인 글리코겐과 인원질양이 많으며 미오신 ATPase 활성도가 높기 때문에 무산소적 대사능력이 높다.

그리고 근력에 있어

1) 행동을 일으키는 근력은 보통 근섬유가 한 번의 수축에 의해 발현되는 최대의 장력으로 이는 수축에 참여를 하는 근섬유의 수와 근섬유에서 발사되는 신경충격(임펄스)의 빈도에 비례를 하게 된다. 근력의 평가는 최대 근육량에 의해 결정이 되는데 최대근육은 근육의 두께(횡단면적)에 비례하며 보통 횡단면적 1㎠ 당 4~8kg 정도의 힘을 발휘할 수 있다고 보고 있다.

근력은 근의 길이가 변하지 않고 관절의 운동이 일어나지 않는 등척성(isometric)인 정적근력과 팔굽혀펴기나 넓이 뛰기와 같이 근의 길이와 관절의 각도(관절운동)가 변하는 등장성(isotonic)인 동적 근력으로 구분을 할 수가 있다.

2) 행동을 지속시키는 힘인 지구력은 윗몸일으키기와 같이 신체 일부의 근육 또는 근육군이 일정한 운동을 강도를 바꾸지 않고 계속하는 능력인 근지구력과 오래달리기와 같이 전신의 근육군을 이용해서 행하는 전신지구력으로 구분을 할 수가 있다.

하나의 근육이 가지고 있는 에너지는 한계가 있어 ATP는 1~2초 정도이며 크레아틴인산에서의 공급은 20초 정도이다. 그리고 근육의 글리코겐을 무산소적으로 해당과정을 거쳐 에너지를 방출하는 것은 40~46초 정도로 보고 있다.

따라서 전신지구력은 산소와 영양소를 공급하는 호흡순환 기능에 의해 결정이 되는데 이는 최대산소섭취량에 의해 나타난다. 심박출량은 안정시 일반인의 경우에는 1회박출량은 여자가 약 50~70ml 정도이며 남자는 약 70~90ml 정도이다. 그리고 여자 운동선수인 경우에는 보통 70~90ml 정도이며 남자 운동선수는 100~120ml 정도이다. 그리고 운동시에는 여자선수는 100~120ml 정도 이며 남자선수는 150~179ml 정도로 심박출량이 증가되고 심박수 또한 증가된다.

3) 행동을 정확하게 하는 신경계의 협응작용으로 민첩성, 평형성, 교치성과 원활하게 할 수 있게 하는 관절과 인대 등에 의한 유연성 등은 인간이 삶을 영위할 수 있게 하는 신체적 능력(체력)이라 할 수가 있을 것이다.

근육은 기능적으로 관절의 운동을 주도하는 주동근이 수축을 할 때 관절의 움직임이 유연하게 일어날 수 있도록 길항근은 반대로 이완을 하게 된다.

그러나 스트레스나 과도한 사용 등으로 정서적으로 긴장된 상태에서는 주동근과 길항근의 불수의 적인 수축이 동시에 일어나게 되며 이러한 근의 긴장(tension)이 계속적으로 높게 유지가 되면 피로물질의 축적에 의해 긴장성 두통이나 긴장성 경부통과 어깨결림 등의 통증과 기능장애가 나타나게 된다.

또한 근육을 급격히 과다하게 사용을 하거나 운동부족 등으로 약화된 근육을 과다하게 신장을 하게 되면 지속적이고 불수의적인 근육이 급격하게 수축이 되어 다리에 쥐가 나는 것과 같은 근육의 경련(muscle spasm)이 일어나 심한 근육통과 운동이 제한된다. 그리고 운동부족으로 인한 근력이 약화된 상태(근부전)에서 평소 근육의 적응 능력을 초과한 운동이나 활동을 하였을 때 온몸이 두들겨 맞은 것 같이 뻐근하고 욱씬거린다거나 다리에 알이 배어 걷기도 힘들다는 등의 근육통과 강직으로 유연성을 상실하기도 한다.

따라서 이러한 여러 원인들에 의해 대부분이 근육 내에서 발생을 하지만 때로는 근육을 뼈(골막)에 부착을 시키는 결체조직인 건이나 뼈나 연골 사이를 연결하는 섬유성 결체조직인 인대 등에 통증이 발생하게 되면(발통점) 근섬유의 일부가 밧줄처럼 뭉쳐지게 되며 이러한 띠중에서 자극에 의한 압통이 가장 심하게 느껴지는 지점으로 연관된 통증이 재현되고 통증을 피하기 위해 몸을 비틀거나 소리를 지르는 등의 연축반응을 보이게 된다.

그리고 통증이 발생(발통점)하게 되면 그에 의한 연관된 통증(연관통)이 나타나며 연관통 이외에도 벌레가 기어가는 듯한 느낌이나 마비감, 시린감각 등과 눈물의 분비나 충혈, 현기증, 이명 등의 증상이 동반되어 나타나기도 한다.

Ⅲ. 신경

1. 몸의 신경

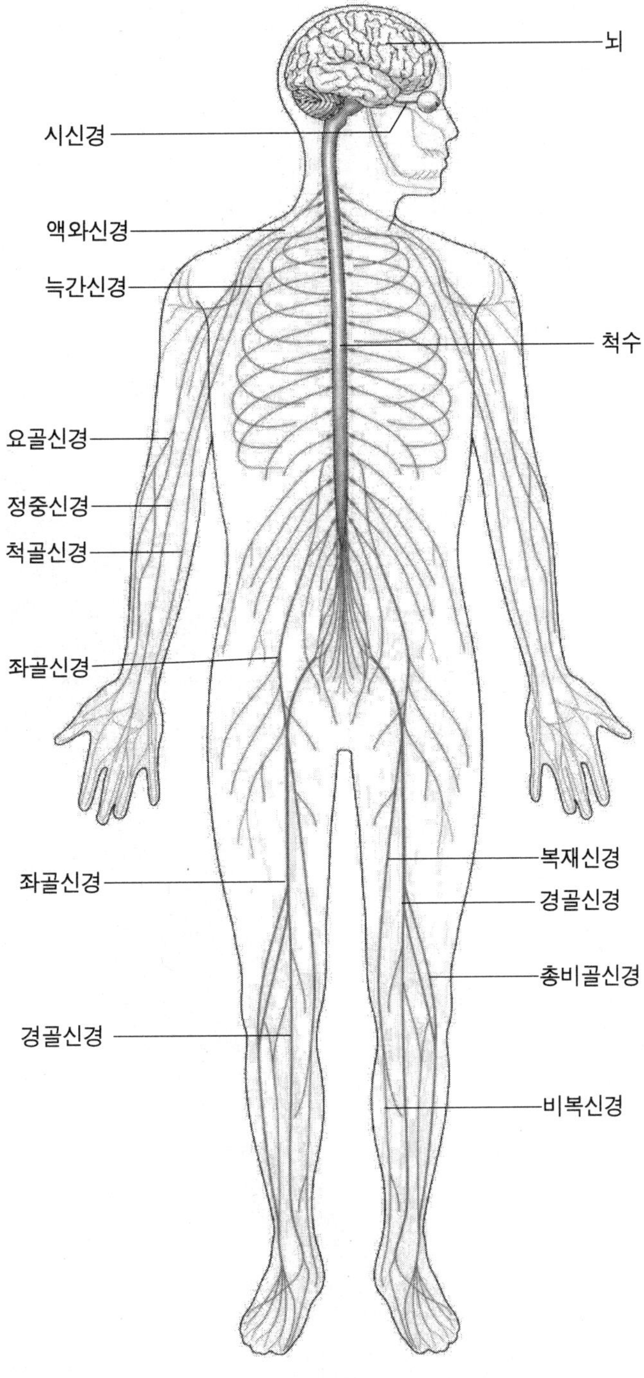

「그림 1-8」 몸의 신경

2. 팔의 신경과 삼차신경

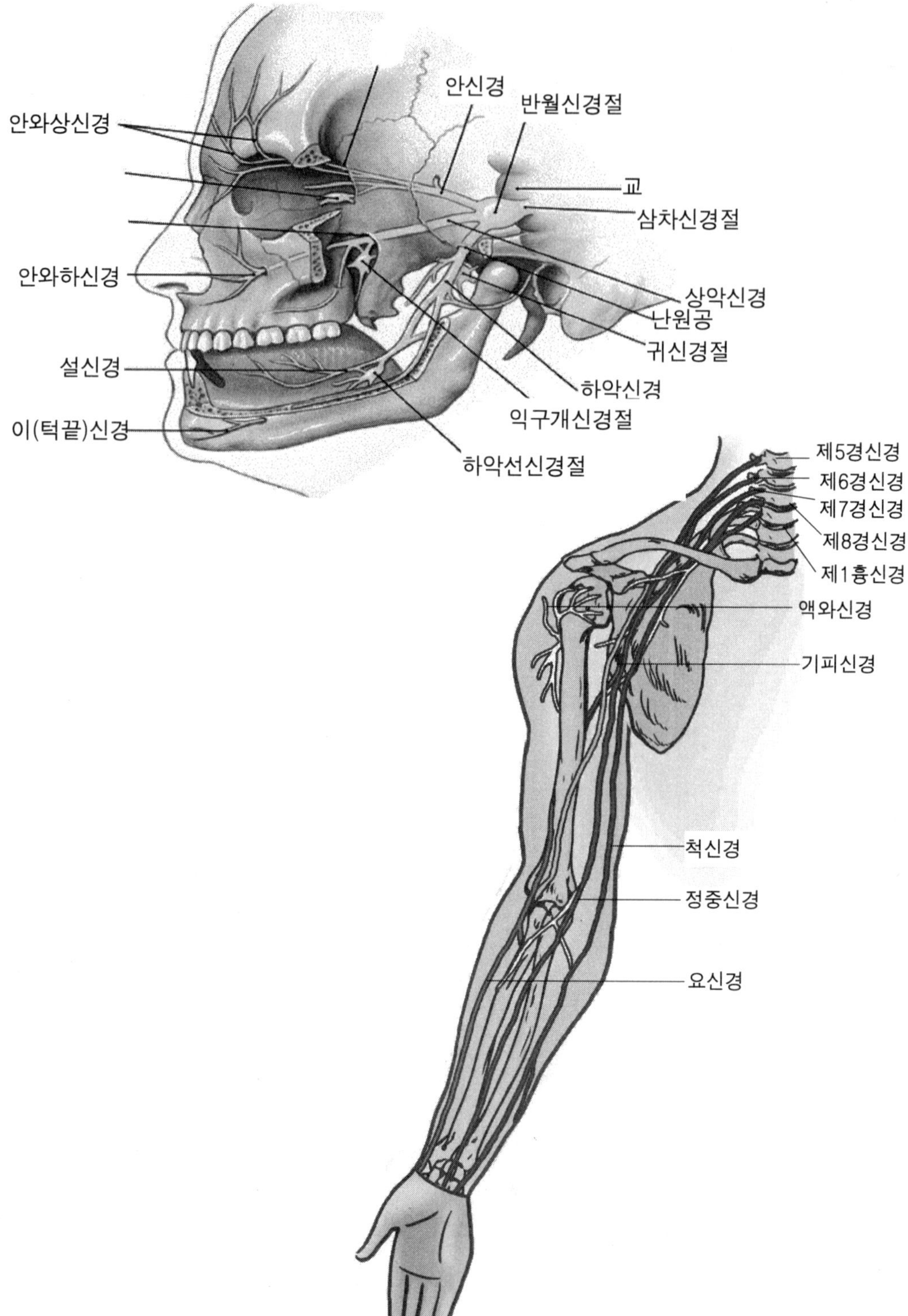

「그림 1-9」 팔의 신경과 삼차신경

Ⅳ. 신경계

- 신경계
  - 중추 신경계
    - 뇌
      - 대뇌
      - 간뇌(시상, 시상하부, 뇌하수체)
      - 중뇌
      - 교
      - 소뇌
      - 연수
    - 척수
  - 말초 신경계
    - 체성 신경계
      - 뇌신경(12쌍)
        - 운동신경
        - 감각신경
      - 척수신경(31쌍)
    - 자율 신경계
      - 교감신경
      - 부교감신경

「표 1-1」 신경계

우리 몸의 신경계는 크게 중추신경계와 말초신경계로 구분이 된다.

1. 중추신경계

중추신경계는 뇌와 척수로 구성이 되어 외부의 자극으로부터 수용기에서 받아들인 정보들을 감각신경(구심성신경)에 의해 중추신경에 전달을 하면 이들을 종합하여 분석을 하고 적절한 대응 방법을 운동신경(원심성신경)을 통하여 관련 기관으로 보내어 대처를 할 수 있게 한다.

1) 뇌

뇌는 대뇌 · 간뇌(시상, 시상하부, 뇌하수체) · 뇌간(중뇌, 뇌교, 연수), 소뇌로 구분을 할 수가 있다.

(1) 대뇌는 보고된 정보들을 분석하고 명령을 하달하여 적절한 대응을 할수있도록 신체 반응을 주관하고 있으며

(2) 간뇌는 대뇌와 중뇌 사이에 위치하고 있는 뇌의 일부로 모든 감각을 종합하여 대뇌피질로 전달하는 시상과 체온 및 체액과 식용중추 등 신체의 항상성 유지에 관여를 하는 시상하부 그리고 각종 호르몬을 생성하고 분비를 하는 뇌하수체로 구성되어 있다. 또한

(3) 뇌간은 중뇌와 호흡중추 및 골격근의 긴장 등을 조절하는 중추가 위치하고 있는 뇌교에는 제5뇌신경(삼차신경) 및 제6뇌신경(외전신경)과 제7뇌(안면신경)와 제8뇌(내이신경)이 나오며 뇌와 척수를 연결하는 신경통로로써 척수로 가는 운동신경 섬유의 통로 역할을 하며 제9뇌신경(설인신경)과 제10뇌신경(미주신경) 및 제11뇌신경(부신경)과 제12뇌신경(설하신경)의 핵이 존재하는 연수로 구성되어 있다.

(4) 소뇌는 뇌나 척수의 신경세포에 자극을 전달하며 자세와 평형을 유지하고 수의운동의 조절에 관여를 하며 호흡 및 타액의 분비 등을 지배조절하는 많은 중추들이 위치를 하고 있다.

2) 척수

척수는 척추관내에 존재하며 뇌와 몸의 피부 및 관절과 근육 사이를 왕래하는 정보의 주요 경로 역할을 하고 있다.

2. 말초신경계

말초신경계는 온몸에 분포되어 있는 신체의 감각기관에서 받은 자극을 중추신경계에 보내고 이로부터 하달된 명령을 골격근이나 내장근과 선으로 보내는 신경로인 체성신경계와 자율신경계로 분류를 한다. 또한

1) 체성신경계

체성신경계는 뇌신경과 척수신경으로 구별이 되는데

(1) 뇌신경

뇌신경은 12쌍으로 소뇌를 제외한 뇌 저변의 각 부위에서 몇 개씩 나오며 편의상 나오는 순서에 따라 숫자로 나타내고 있다. 이를 살펴보면

① 제1뇌신경(후신경, 감각신경) : 코에서 뇌로 전도되며 후각기능을 한다.

② 제2뇌신경(시신경, 감각신경) : 눈에서 뇌로 전도되며 시각기능을 한다.

③ 제3뇌신경(동안신경, 운동신경) : 뇌에서 눈의 근육으로 전도되며 눈의 운동과 동공의 축소와 수정체의 조절 등의 기능을 한다.

④ 제4뇌신경(활차신경, 운동신경) : 뇌에서 외측눈의 근육으로 전도되며 눈의 운동 등의 기능을 한다.

⑤ 제5뇌신경(삼차신경, 감각과 운동신경) : 안신경지, 상악신경지, 하악신경지로 두피와 점막과 치아에서 뇌로 또는 뇌에서 씹는 근육으로 전도되며 머리와 안면의 감각과 저작등의 기능을 한다.

⑥ 제6뇌신경(외전신경, 운동신경) : 뇌에서 외측눈의 근육으로 전도되며 외선운동 등의 기능을 한다.

⑦ 제7뇌신경(안면신경, 감각과 운동신경) : 혀에서 뇌로 또는 뇌에서 안면근육으로 전도되며 안면의 표정과 타액의 분비와 맛 등의 기능을 한다.

⑧ 제8뇌신경(내이신경, 감각신경) : 귀에서 뇌로 전도되며 평형각과 청각 등의 기능을 한다.

⑨ 제9뇌신경(설인신경, 감각과 운동신경) : 목과 혀에서 뇌로 또는 뇌에서 목근육과 침샘으로 전도되며 혀의 감각과 연하운동 및 타액의 분비 등의 기능을 한다.

⑩ 제10뇌신경(미주신경, 감각과 운동신경) : 목과 흉부 및 복강에서 뇌로 또는 뇌에서 목근육 및 목기관과 복강으로 전도되며 감각과 운동(장운동촉진 및 심장박동억제 등)등의 기능을 한다.

⑪ 제11뇌신경(부신경, 운동신경) : 뇌에서 어깨와 뇌의 일부근육으로 전도되며 팔과, 머리 운동 등의 기능을 한다.

⑫ 제12뇌신경(설하신경, 운동신경) : 뇌에서 혀의 근육으로 전도되며 혀의 운동 등에 관여를 한다.

「표 1-2」 척수신경과 가지

척추	척수신경	전지의신경총	신경총의 척수신경	주요기능
경추 (1~7)	경신경 (1~4)	경신경총 경수1번 ~4번	후두하신경 C1	운동신경
			대후두신경 C2	
			소후두신경 C2, C3	
			대이개신경 C2, C3	귀의 후부 및 하악각 부근의 피부에 분포. 지각신경 섬유이다.
			횡경막신경 C3, C4	횡경막을 지배하는 운동신경
			쇄골상신경 C3, C4	쇄골부와 견부
	경신경 (5~8)	상완신경총 경수5번 ~흉수1번	견갑하신경 C5, C6	견갑하근과 전거근을 지배
			견갑상신경 C5, C6	극상근과 극하근의 운동지배
			근피신경 C5, C6	오훼완근, 상완근, 상완이두근을 지배
			장흉신경 C5, C7	전거근의 운동지배
			쇄골하신경 C5	
			액와신경 C5, C7	삼각근과 삼각근 상부 피부 감각 지배
			정중신경 C5, T1	손목과 손의 운동기능을 지배, 손바닥의 감각 지배
			흉배신경 C6~C8	광배근 지배
			내 · 외측흉근신경 C6~T1	대흉근과 소흉근 지배
			척골신경 C8~T1	전완의굴근과 팔의 안쪽 피부감각 지배
			요골신경	상완삼두근과 팔의 신근 및 손의 피부 감각에 관여
흉추 (1~12)	흉신경 (1~12)	늑간신경은 흉신경의 전지로 늑골 사이를 지나는 신경으로 12쌍이 있으며 근지는 상하의 후이근, 내 · 외늑간근, 흉횡근, 전복근, 측복근을 지배한다.		
요추 (1~5)	요신경 (1~5)	요신경총	장골하복신경 T12~요수1	복근과 대퇴측면근육 지배
			장골서혜신경 T12~요수1	아랫배의 근육과 남녀 생식기와 외음부 지배
			음부대퇴신경 L1, 2	외성기와 서혜부의 피부 감각 지배
			대퇴신경요추 2번~4번	장골근, 대퇴사두근, 봉공근, 치골근을 지배
			폐쇄신경요추 2번~4번	대퇴부의 내측과 관절부위 피부감각을 지배
			외측대퇴표피신경요추 2번, 3번	대퇴외측의 감각 지배

천추 (1~5)	천골신경 (1~5)	요천골신경총	좌골신경요추 2번~천추3번	하지의 후면부외측으로의 신경지배에 관여
			상하둔신경요추 4번~천추2번	둔부근과 대퇴근막장근을 지배
			후대퇴피신경 천추1번~3번	둔부대퇴후면과 하퇴후면의 감각 지배
			음부신경천추 2번~4번	회음부와 회음부의 피부감각을 지배
			총비골신경	발등의 근육 운동과 발의 피부 감각을 지배
			경골신경	하퇴와 발의 근육과 피부 감각을 지배
미추	미골신경	미골신경총		항문주위의 피부

(2) 척수(추)신경

척수(추)신경은 척주(추)를 구성하고 있는 경추(7개) 흉추(12개) 요추(5개) 천추(5개) 미골(1개)의 각 추간공을 지나 천추관에서 쌍으로 나오는 말초 신경으로 다만 경수(추)신경 만은 제1경신경이 후두골과 제1경추사이로 출입을 하고 제8신경은 제7경추와 제1흉추사이를 통과 함으로써 8쌍의 경수(추)신경(cervical nerve C1~C8)으로 되어있으며 그 외에는 12쌍의 흉신경(thoracic nerve T1~T12) 5쌍의 요수(추)신경(lumbar L1~L5), 5쌍의 천골신경(Sacral nervs S1~S5), 1쌍의 미골신경(coccygeal nerve C0)으로 총 31쌍의 분절로 이루어져 있다.

(3) 신경총

척수(추) 신경들은 중추신경계에서 근육이나 분비샘으로 정보를 전달하는 운동섬유인 전근과 들어오는 감각정보를 전달하는 감각섬유인 후근으로 구성되어 있으며 척주(추)의 추간공에서 합쳐져 하나의 척수(추)신경을 이루게 된다. 그리고 추간공에서 나오게 되면 체성신경계에 속한 섬유인 전지와 후지로 그리고 자율신경계의 섬유인 백교통으로 나누어지게 된다.

전지는 추간공의 바깥쪽에서 서로 결합을 하여 척수신경총을 형성하게 되는데 그 위치에 따라 경신경총(경수(추)1번~4번), 상완신경총(경수(추)5번~흉수(추)1번), 요신경총(요수(추)1번~4번), 요천골신경총(요수(추)1번~천수(골)4번) 그리고 미골신경총으로 구분되며 흉수(추)신경(흉수(추)1번~12번)은 신경총을 형성하지 않고 12쌍의 늑간신경을 이루게 된다.

① 경신경총

전지로 구성되는 신경총으로 그 가지들은 경부(목)와 그 인접한 부위의 피부와 근육을 지배한다. 가지들로는 횡경막을 지배하는 운동신경으로 횡격막신경(경수 3번, 4번)과 순수한 운동신경인 후두하신경(경수1번) 및 대후두신경(경수2번)과 쇄골상신경 등을 형성한다.

② 상완 신경총

팔을 지배하는 신경총으로 3개의 신경간(상간, 중간, 하간)을 형성하여 각각의 신경간에서 전분지와 후분지를 낸다. 그리고 3개의 후분지들이 모여 후신경속을 형성하여 겨드랑이 신경으로 삼각근의 운동과 삼각근 상부의 피부감각을 지배하는 액와신경과 상지를 지배하는 신경으로 팔의 신근과 손의 피부감각에 관여를 하는 요골신경을 형성하며 상간과 중간의 전분지는 모여 외측신경속을 형성하여 상완의굴근과 피부 감각을 지배하는 근피신경과 전완의굴근(팔굽혀펴기나 회전 운동 등)과 손바닥의 피부 감각을 지배하는 정중신경의 외측가지를 형성하고 하간의 전분지는 내측 전분지를 형성하여 전완의 굴근과 팔의 안쪽 피부감각을 지배하는 척골신경과 정중신경의 내측 가지를 형성한다.

그리고 견갑하근과 전거근을 지배하는 경갑하신경(경수 5번, 6번)과 광배근을 지배하는 흉배신경(경수6번~8번) 및 전기근의 운동을 지배하는 장흉신경(경수5번~7번)과 극상근과 극하근의 운동을 지배하는 견갑상신경(경수 5번, 6번) 및 대흉근과 소흉근을 지배하는 내·외측흉근신경(경수6번~흉수1번)과 쇄골하신경 등을 형성한다.

③ 요신경총

후분지에서 대퇴신경이 전분지에서는 폐쇄신경이 나오는데 대퇴신경은 대퇴부의 근육(장골근, 대퇴사두근, 봉공근, 치골근 등)과 피부 및 바깥쪽의 생식기 등을 다스리며 대퇴사두근과 봉공근을 지배한다. 폐쇄신경은 대퇴부의 내측과 관절부위와 피부감각 및 내전근을 지배한다. 그리고 복근과 대퇴측면근을 지배하는 장골하복신경(흉수12번, 요수1번)과 남녀생식기와 외음부를 지배하는 장골서혜신경(흉수12~요수1)은 하복부와 여성의 대음순 및 외음부와 남성의 음낭을 지배한다. 그밖에 음부대퇴신경(요추1번, 2번)과 외측대퇴표피 신경 등이 형성한다.

④ 요천골신경총

좌골신경(요수4번~천수3번)은 전분지와 후분지가 모여 형성되는 신경으로 대퇴부의 잡아당기는 근육과 대퇴부 아래쪽 근육의 운동 및 피부감각의 지배에 관여를 한다. 그리고 좌골신경은 대퇴에서 총비골신경과 경골신경으로 갈라지는데 총비골신경은 몸통 아래의 움직임과 종아리의 근육 및 발등의 피부감각을 지배하며 경골신경은 하퇴와 발의 근육운동과 발의 피부감각을 지배한다. 그밖에 회음부의 운동과 방광이나 항문의 괄약근 운동을 지배하고 회음부와 외음부의 피부감각을 다스리는 음부신경(천수2번~4번)과 상 · 하둔신경(요수4번~천수1번) 등을 형성한다.

⑤ 미골신경총

미골부와 피부감각 등을 지배한다.

2) 자율신경계

자율신경계는 교감신경과 부교감신경으로 구별할 수 있으며 시상하부의 조절 중추에서 교감신경과 부교감신경을 통해 명령을 내리게 된다.

(1) 교감신경

교감신경은 흉수(추)(흉수1번~12번)와 요추(1번과 2번) 사이의 측각에서 나오며 혈관의 조절과 심장박동을 촉진하고 기관지를 확장하며 소화관의 연동을 억제 하는 등에 관여를 하며 긴급상황에 대처하기 위한 즉각적인 반응을 보인다. 그리고 교감신경의 신경절은 척수 옆에 위치하고 있는 측척수신경절과 척수의 앞에 위치하고 있는 전척수신경절로 나뉘어지며 측척수신경절은 경수3쌍, 흉수12쌍, 요수5쌍, 천수5쌍 무대신경절 1개로 구성되며 전척수신경절은 복강신경절과 상장간막동맥신경절 및 하장간막동맥과 신경절로 구성이 된다.

측척수신경절에서 나오는 신경섬유는 동공의 확대와 침의 분비를 억제하고 심장의 박동을 증가시키며 기관지를 확장하는 등의 기능을 하며 전척수신경절에서 나오는 신경섬유는 소화를 억제시키며 효소분비를 억제한다. 그리고 오르가즘을 촉진하며 방광을 이완시키는 등의 기능을 한다.

(2) 부교감신경

부교감신경은 소화관의 수축과 심장의 박동을 억제하며 기관지를 수축시키고 침샘분비 등의 기능을 한다.

3) 운동신경과 감각신경

신경세포는 또는 신경섬유를 뉴런(neuron)이라 하는데 신경섬유는 그 안에 핵을 갖고 있는 세포체와 신경자극을 받아들이는 수상돌기 그리고 받아들인 자극을 다른 신경섬유와 근섬유와 같은 최종기관에 전달하는 축삭으로 되어 있다. 그리고 신경세포는 신경 충격을 전달하는 방향에 따라 신체전반에서 척수와 뇌로 신경을 전달하는 감각신경세포(구심성신경세포)와 뇌나 척수에서 근육이나 상피조직에 신경충격을 전달하는 운동성 신경세포(원심성신경세포)로 또한 감각신경세포로부터 운동신경세포로 신경 충격을 전달하는 사이 신경 세포로 구별을 한다.

Ⅴ. 경락(經絡)과 경혈(經穴)

1. 경락

경락이란 경맥(經脈)과 낙맥(絡脈)을 줄여서 일컫는 말로써 보통 맥(脈)이라고도 한다. 또한 경락은 인체를 순환하는 기(氣)와 혈(血j)의 통로로써 생명 활동의 근본 작용을 이루는 줄거리이며 인체의 병변은 이곳에 나타난다고 보고 있다. 그리고 경맥은 「영추 靈樞 본장 本藏 」에는 기혈을 운행시킴으로써 인체의 내부와 외부를 영양하고 근골(筋骨)을 자양하고 관절의 움직임을 원활하게 한다고 경맥의 기능을 말하고 있다.

그리고 정경은 십이경맥(十二經脈) 또는 십이정경맥(十二正經脈)으로 기경은 기경팔맥(奇經八脈)으로 이루어졌으며 낙맥(絡脈)들이 서로 연락하여 유기적으로 기능을 조절하고 장부(藏腑 : 五臟六腑)와 오관(五官: 눈目 코鼻 입口 귀耳 혀舌)과 칠규(七竅: 눈구멍 2개, 콧구멍 2개, 귓구멍 2개 입) 그리고 피부(皮膚)와 근육(筋肉) 및 사지(四肢: 팔다리)등 장부와 조직 사이를 연결하고 영양을 운반시켜주는 등 하루에 50회를 순환하는데 그것이 원활치 못할 때에는 병이 난다고 한다.

십이정경맥(十二正經脈)은 심장을 싸고 있는 막인 심포(心包)를 포함한 간(肝), 심(心), 비(脾), 폐(肺), 신(腎)의 오장(五臟)과 담(膽), 소장(小腸), 위(胃), 대장(大腸), 방광(膀胱), 삼초(상초上焦, 중초中焦, 하초下焦)의 육부(六腑)와 직접 연관되어 있어 십이(十二)라 하며 경맥의 이름 또한 오장육부의 이름 즉

수태음폐경(手太陰肺經) 수양명대장경(手陽明大腸經) 족양명위경(足陽明胃經) 족태음비경(足太陰脾經) 수소음심경(手少陰心經) 수태양소장경(手太陽小腸經) 족태양방광경(足太陽膀胱經) 족소음신경(足少陰腎經) 수궐음심포경(手厥陰心包經) 수소양삼초경(手少陽三焦經) 족소양담경(足少陽膽經) 족궐음간경(足厥陰肝經) 등의 이름을 붙였으며 경락의 대부분은 체내 깊은 부위에서 순행(循行)을 하고 상·하로 운행하는 것을 위주로 하고 있다.

기경팔맥(奇經八脈)은 대부분이 십이경정맥에서 갈라져 나온 큰 지맥(支脈)으로 충맥(衝脈) 임맥(任脈) 독맥(督脈) 대맥(帶脈) 음유맥(陰維脈) 양유맥(陽維脈) 음교맥(陰

蹻脈) 양교맥(陽蹻脈)으로 이루어져 있으며 12경맥을 통솔하고 연락과 조절을 하는 작용을 하며 대부분이 종행(縱行)을 하며 좌우대칭적이지만 횡행(橫行)을 하는 것과 몸의 정중앙(정중선 正中線)에 분포된 것도 있다.

낙맥(絡脈)은 경맥에서 갈라지는 지맥(支脈)으로 12개 경맥의 12개 별락(別絡)과 임맥(任脈)과 독맥(督脈) 이 각각 하나씩의 별락(別絡)을 그리고 비(脾)장의 대락(大絡)까지 포함한 15개 별락과 체표(體表)에 떠올라 나타나는 부락맥(浮絡脈)과 낙맥에서 갈라진 작고 가느다란 낙맥인 손락맥(孫絡脈)등이 각자의 기능을 하고 있다(그림 1-7, 1-8, 1-9).

2. 경혈

경혈(經穴)은 경락 위에 분포되어 있는 구멍 같은 것으로써 보통 혈(穴)어라 불리우며 외계와 체내를 연결짓는 기(氣)의 문호(門戶)라고 볼 수 있다. 이해를 돕자면 우리가 기차여행을 할 때 경부선 · 경춘선 · 경원선과 같이 우리 몸에는 오장육부에 속한 경락(경맥)이 있으며 여행객들이 타고 내리는 기차역이 있듯이 우리 몸에도 천지간의 정기(精氣)를 체내로 끌어들이고 내보내는 구실을 하며 인체의 장부 기능이 손상되어 질병이 발생하는 등의 이상변화(異常變化)가 나타나는 반응점인 경혈(經穴)이 있다고 보면 될 것이다. 이러한 경혈은 전기 자극에 민감하고 열자극에도 민감하며 모든 자극이 일반 체표(體表) 부위보다 몇 배나 반응이 빠르므로 동양에서는 이곳을 자극하는 방법으로 침, 뜸, 지압 등으로 치료에 활용하여 왔으며 무도인들은 이를 강하게 잡거나 일격을 가하여 적을 제압하는 급소로도 이용되어 왔다.

3. 몸의 경락과 경혈(전면)

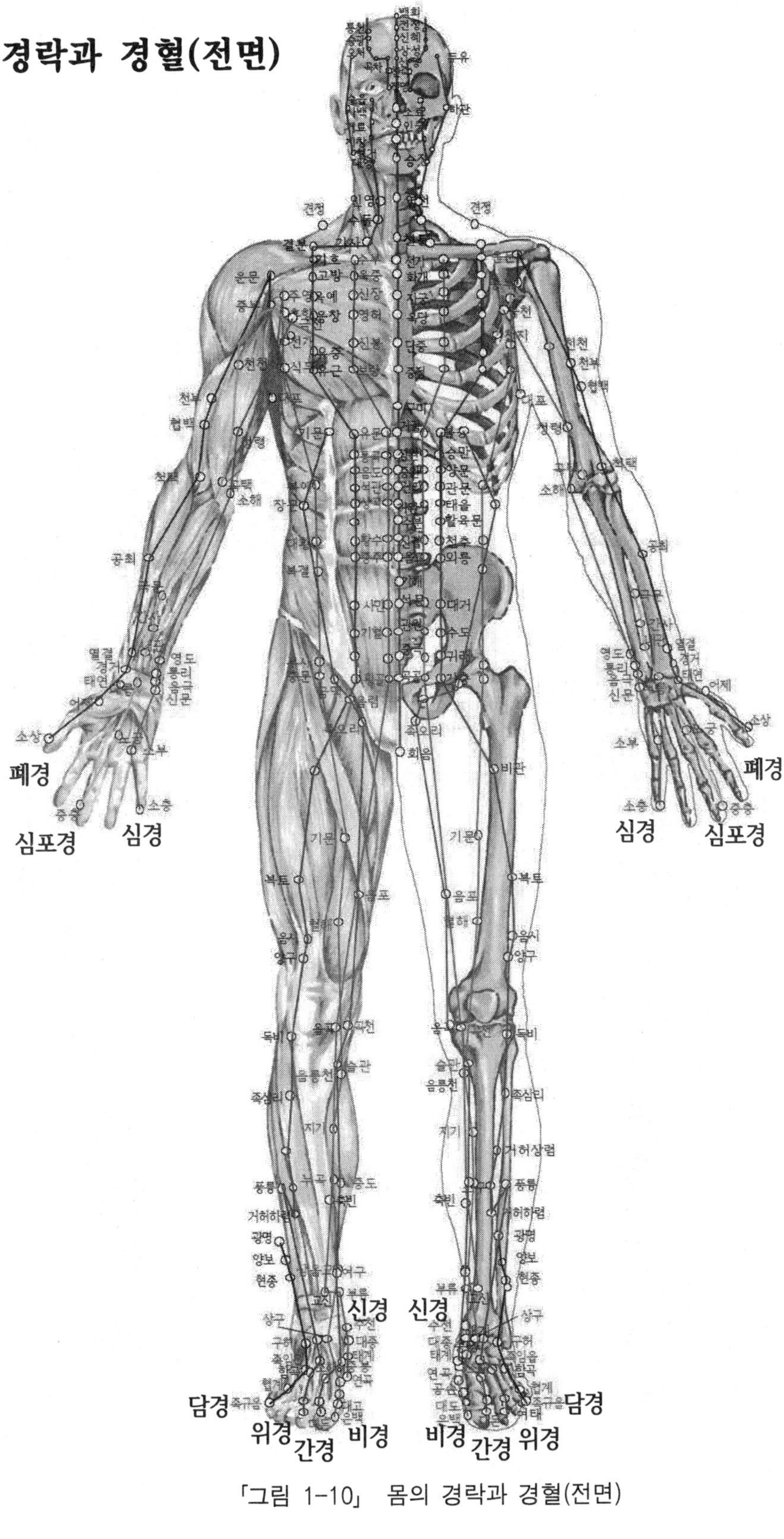

「그림 1-10」 몸의 경락과 경혈(전면)

4. 몸의 경락과 경혈(측면)

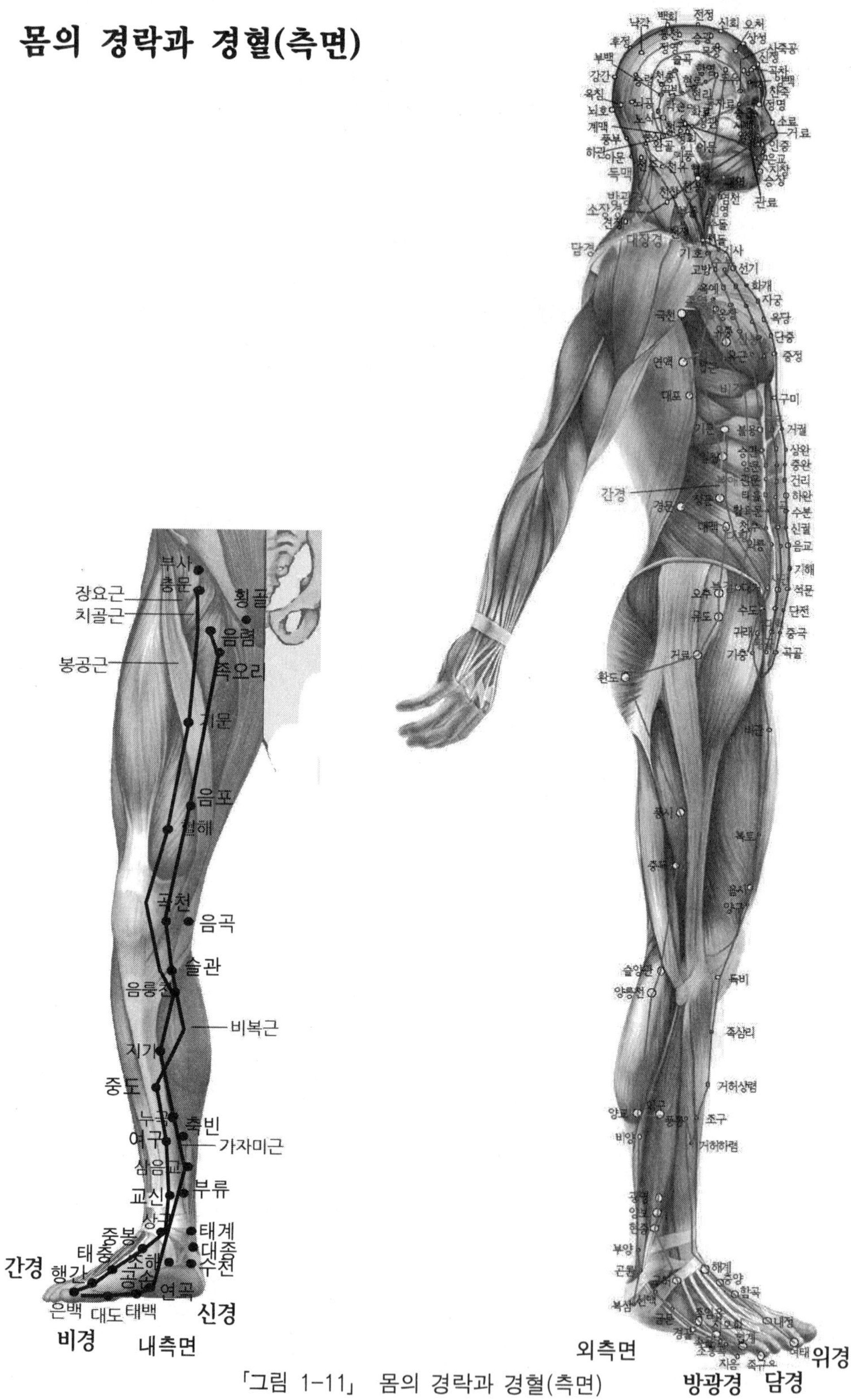

「그림 1-11」 몸의 경락과 경혈(측면)

5. 몸의 경락과 경혈(후면)

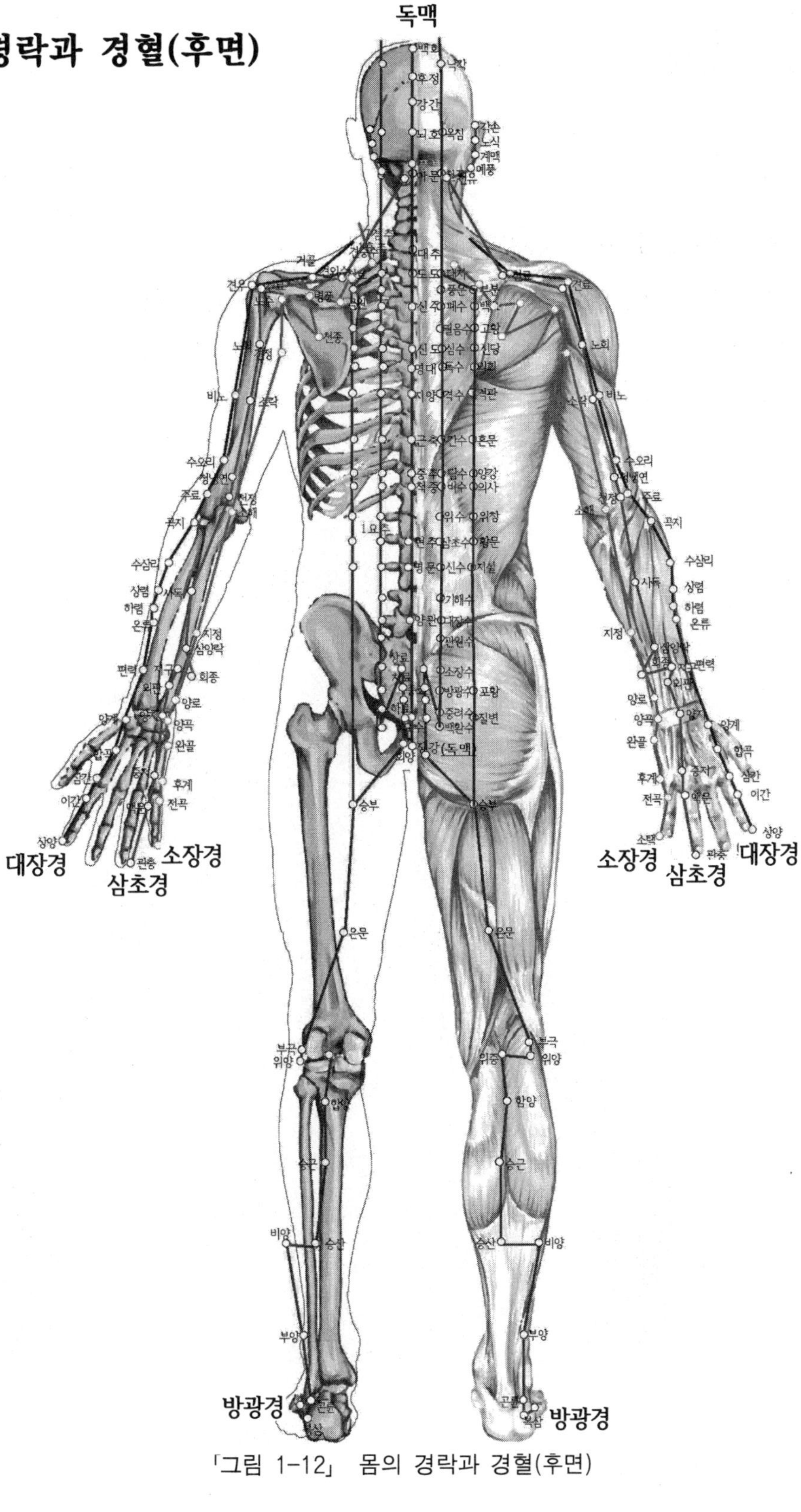

「그림 1-12」 몸의 경락과 경혈(후면)

Ⅵ. 12경락과 독맥 및 임맥

1. 12경락

제1경 수태음폐경(手太陰肺經)

폐경은 앞가슴의 ①중부(中府) → ②운문(雲門) → ③천부(天府) → ④협백(俠白) → ⑤척택(尺澤) → ⑥공최(孔最) → ⑦열결(列缺) → ⑧경거(經渠) → ⑨태연(太淵) → ⑩어제(魚際) → ⑪소상(少商, 엄지손톱밑)까지 11개의 경혈로 구성되어 있다(그림 1-13).

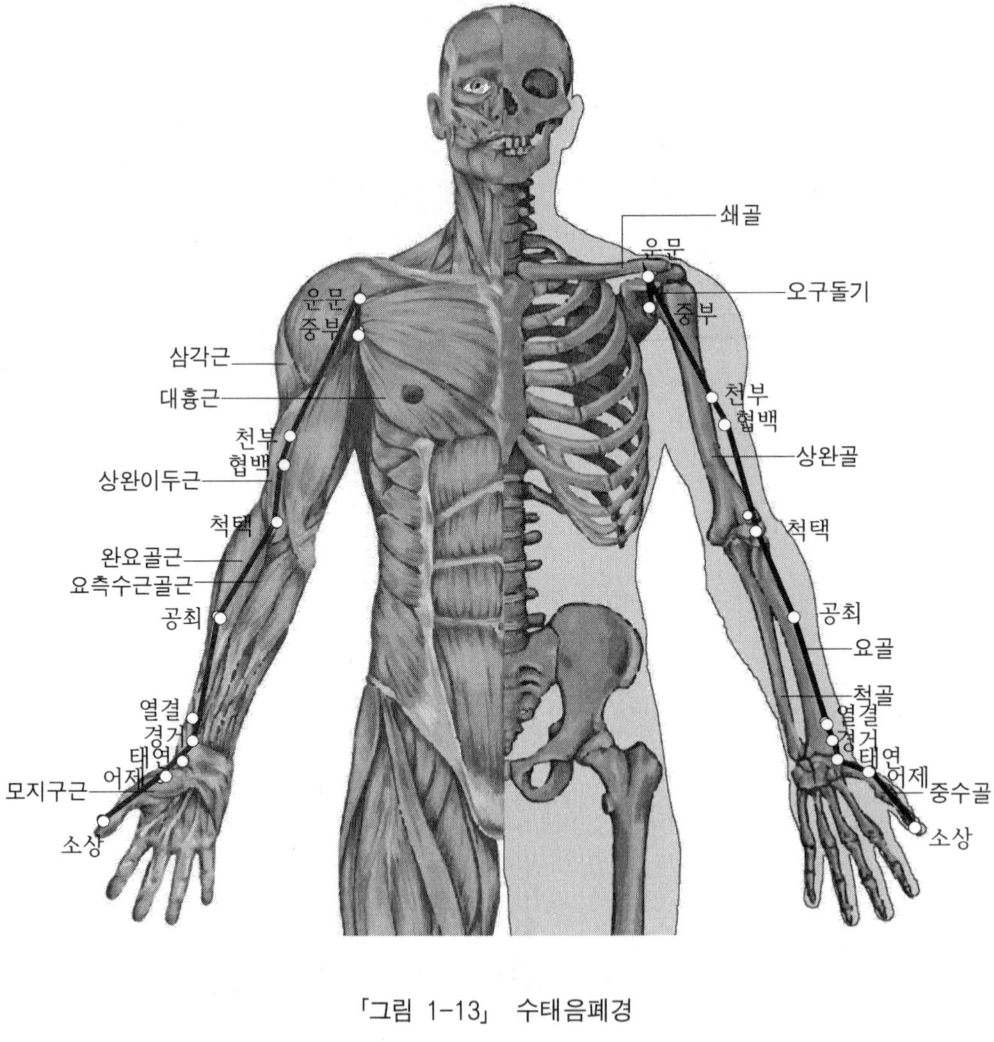

「그림 1-13」 수태음폐경

제2경 수양명대장경(手陽明大腸經)

대장경은 둘째손가락의 손톱 안쪽 모서리 부위인 ①상양(商陽)에서 시작하여 → ②이간(二間) → ③삼간(三間) → ④합곡(合谷) → ⑤양계(陽谿) → ⑥편력(偏歷) → ⑦온류(溫溜) → ⑧하렴(下廉) → ⑨상렴(上廉) → ⑩수삼리(手三里) → ⑪곡지(曲池) → ⑫주료(肘髎) → ⑬오리(五里) → ⑭비노(臂臑) → ⑮견우(肩髃) → ⑯거골(巨骨) → ⑰천정(天鼎) → ⑱부돌(扶突) → ⑲화료(禾髎) → ⑳영향(迎香)까지 20개의 경혈로 구성되어 있다(그림 1-14).

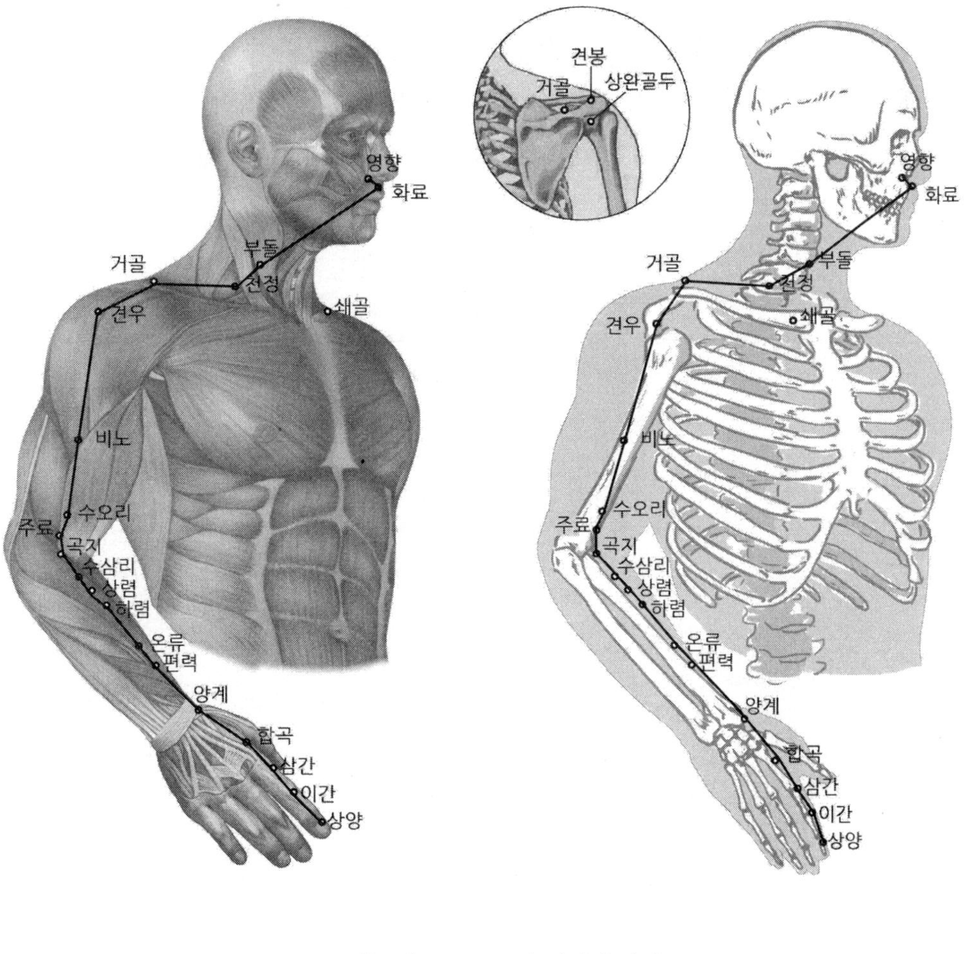

「그림 1-14」 수양명대장경

제3경 족양명위경(足陽明胃經)

위경은 **대장경**의 영향(迎香)에 이어 눈 아래의 ①승읍(承泣) → ②사백(四白) → ③거료(巨髎) → ④지창(地倉) → ⑤대영(大迎)에서 한 갈래는 이마 쪽인 ⑥협거(頰車) → ⑦하관(下關) → ⑧두유(頭維)로 다른 하나는 ⑨인영(人迎) → ⑩수돌(水突) → ⑪기사(氣舍) → ⑫결분(缺盆) → ⑬기호(氣戶) → ⑭고방(庫房) → ⑮옥예(屋翳) → ⑯응창(膺窓) → ⑰유중(乳中) → ⑱유근(乳根) → ⑲불용(不容) → ⑳승만(承滿) → ㉑양문(梁門) → ㉒관문(關門) → ㉓태을(太乙) → ㉔활육문(滑肉門) → ㉕천추(天樞) → ㉖외릉(外陵) → ㉗대거(大巨) → ㉘수도(水道) → ㉙귀래(歸來) → ㉚기충(氣衝) → ㉛비관(髀關) → ㉜복토(伏兎) → ㉝음시(陰市) → ㉞양구(梁丘) → ㉟독비(犢鼻) → ㊱족삼리(足三里) → ㊲거허상렴(巨虛上廉) → ㊳조구(條口) → ㊴거허하렴(巨虛下廉) → ㊵풍륭(豊隆) → ㊶해계(解谿) → ㊷충양(衝陽) → ㊸함곡(陷谷) → ㊹내정(內庭) → 둘째 발가락 끝의 ㊺여태(厲兌)에 이르기까지 45개의 경혈로 구성되어 있다(그림 1-15).

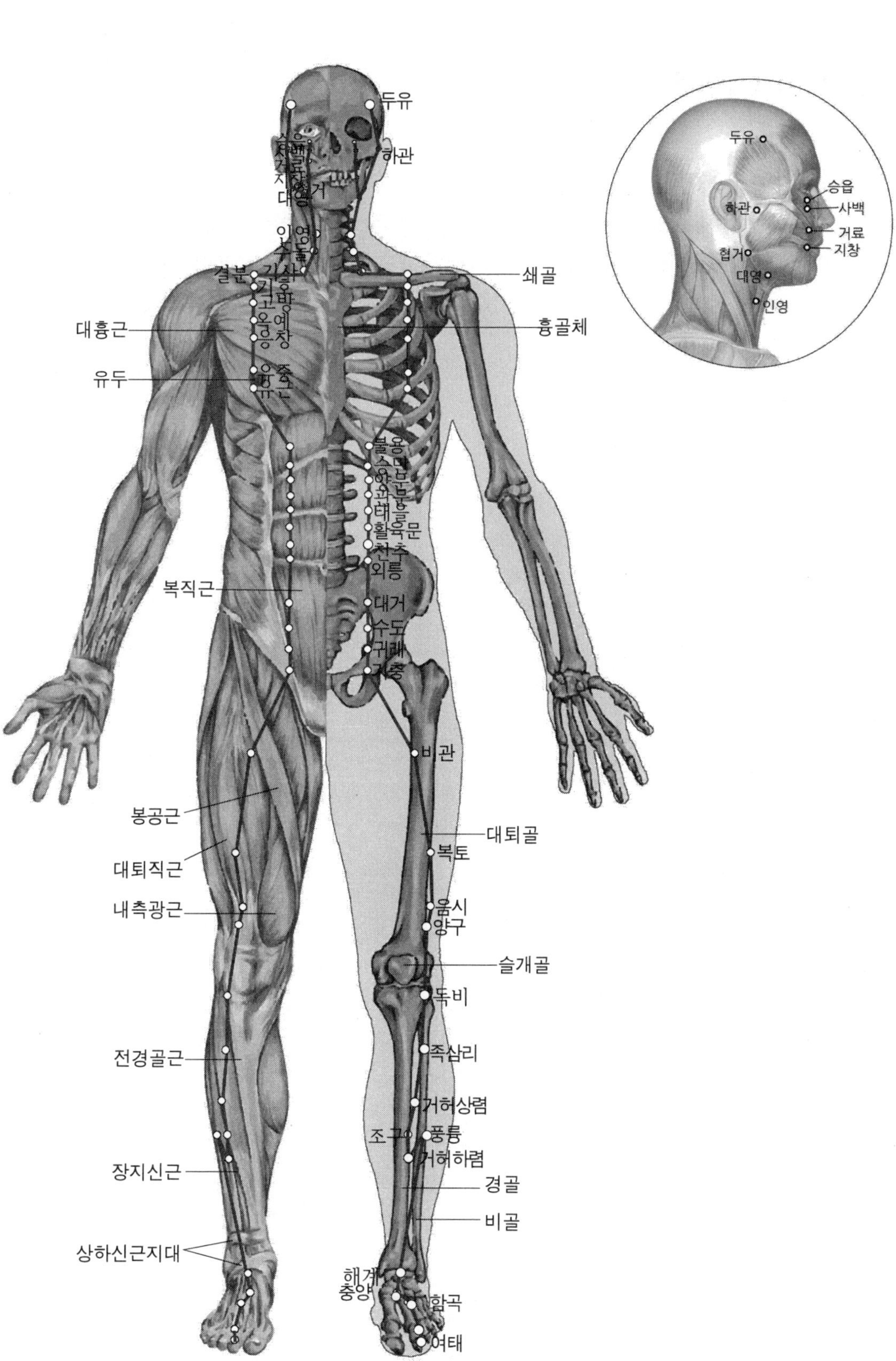
두유
하관
쇄골
흉골체
대흉근
유두
복직근
불용
활육문
천추
외릉
대거
수도
비관
봉공근
대퇴골
복토
대퇴직근
내측광근
음시
양구
슬개골
독비
전경골근
족삼리
거허상렴
조구
풍륭
거허하렴
장지신근
경골
비골
상하신근지대
해계
충양
함곡
여태
두유
승읍
하관
사백
거료
협거
지창
대영
인영

「그림 1-15」 족양명위경

제4경 족태음비경(足太陰脾經)

비경은 엄지발가락의 끝, ①은백(隱白)에서 시작하여 ②대도(大都) → ③태백(太白) → ④공손(公孫) → ⑤상구(商丘) → ⑥삼음교(三陰交) → ⑦누곡(漏谷) → ⑧지기(地機) → ⑨음릉천(陰陵泉) → ⑩혈해(血海) → ⑪기문(箕門) → ⑫충문(衝門) → ⑬부사(府舍) → ⑭복결(腹結) → ⑮대횡(大橫) → ⑯복애(腹哀) → ⑰식두(食竇) → ⑱천계(天谿) → ⑲흉향(胸鄕) → ⑳주영(周榮) → 앞가슴의 옆구리 쪽의 ㉑대포(大包)에 이르는 21개의 경혈로 구성되어 있다(그림 1-16).

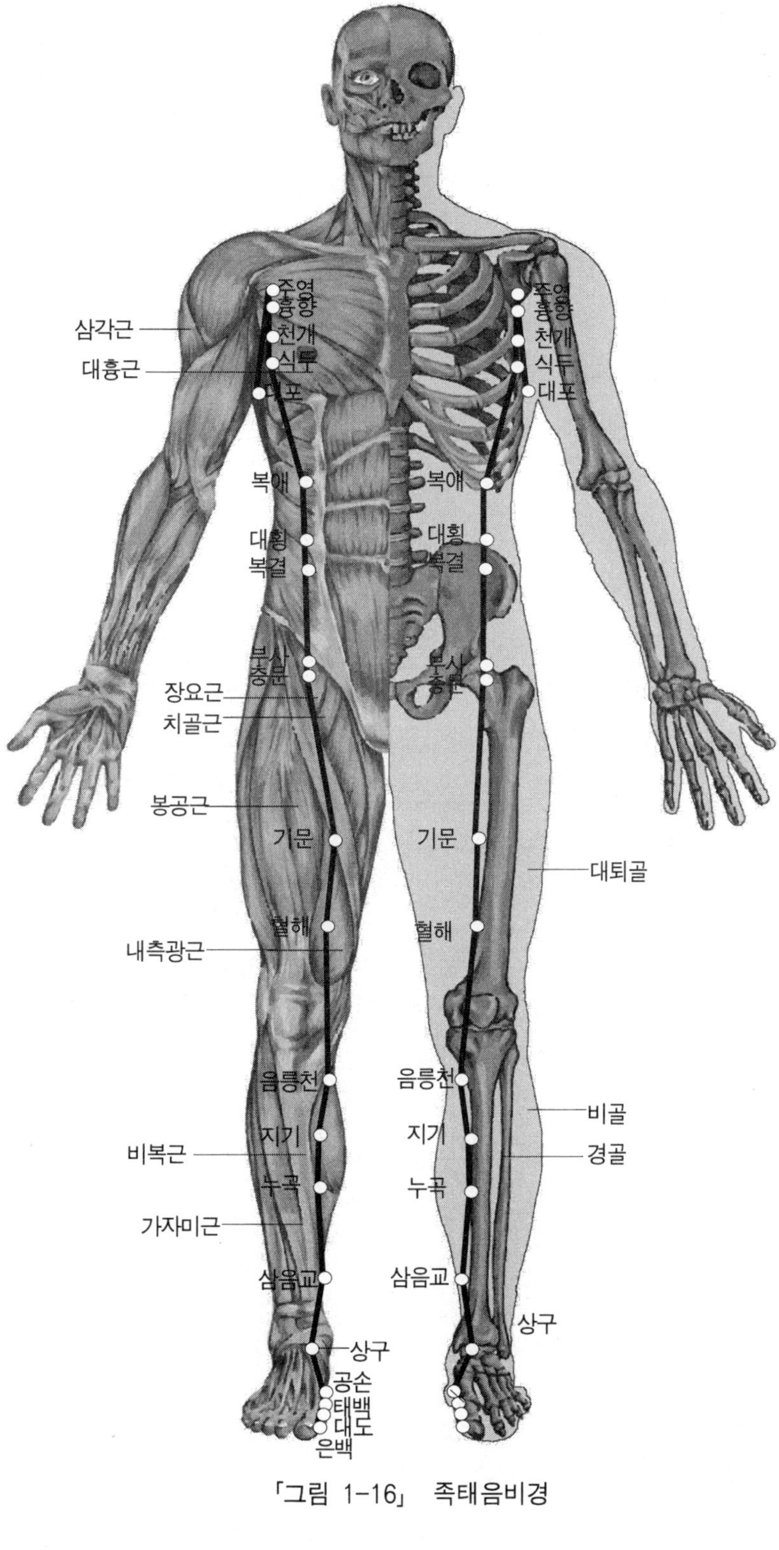
주영
흉향
천개
식두
대포
삼각근
대흉근
복애
대횡
복결
부사
충문
장요근
치골근
봉공근
기문
대퇴골
혈해
내측광근
음릉천
비골
지기
비복근
경골
누곡
가자미근
삼음교
상구
공손
태백
대도
은백

「그림 1-16」 족태음비경

제5경 수소음심경(手少陰心經)

심경은 심장에서 폐로 올라가 겨드랑이 밑의 ①극천(極泉)혈에서 ②청령(靑靈) → ③소해(少海) → ④영도(靈道) → ⑤통리(通里) → ⑥음극(陰郄) → ⑦신문(神門) → ⑧소부(少府) → 새끼손가락 안쪽의 손톱 밑 ⑨소충(少衝)에 이르는 9개의 경혈로 이루어져 있다(그림 1-17).

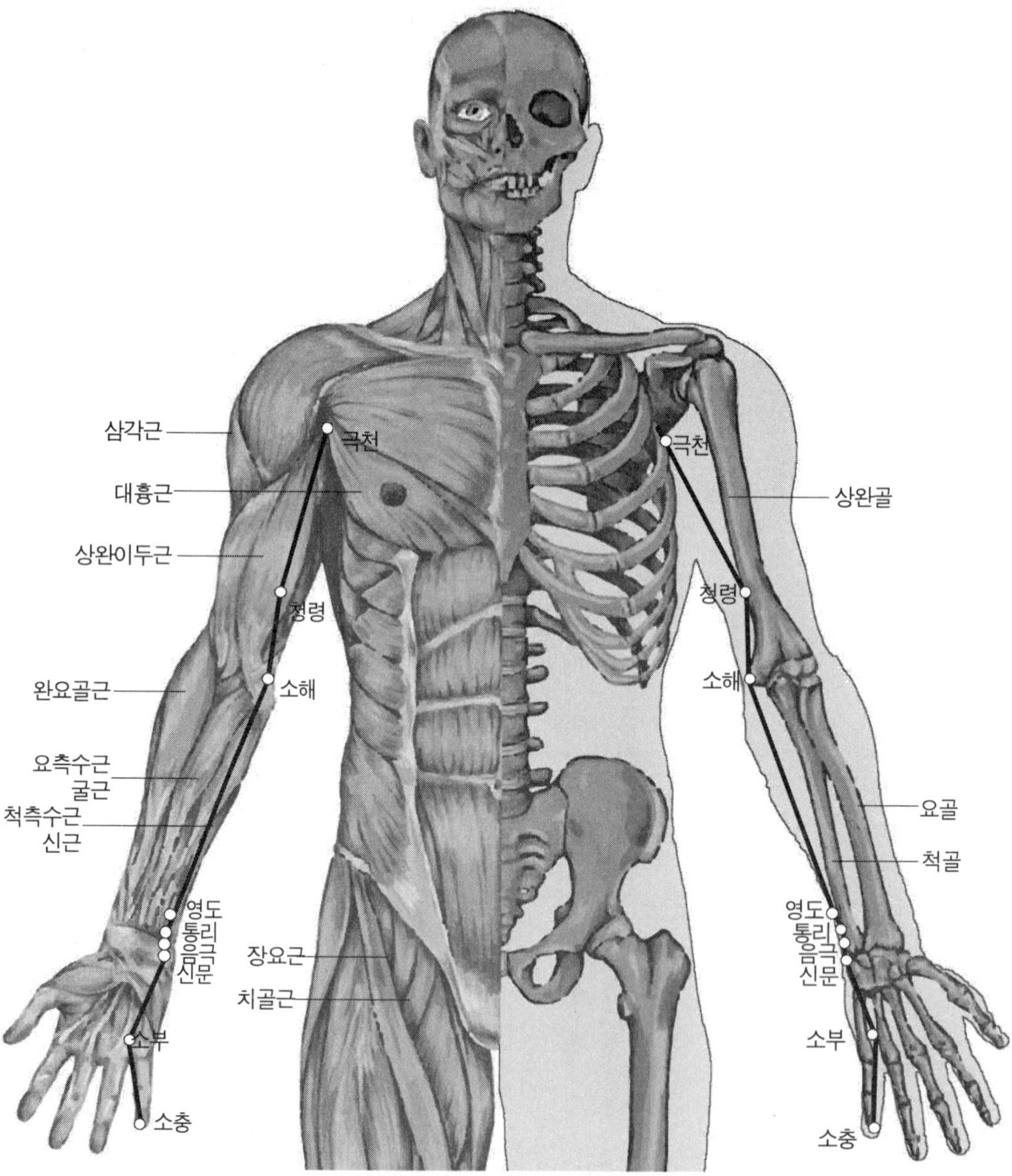

「그림 1-17」 수소음심경

제6경 수태양소장경(手太陽小腸經)

소장경은 새끼손가락 바깥쪽의 손톱 밑 ①소택(少澤)에서 시작되어 → ②전곡(前谷) → ③후계(後谿) → ④완골(腕骨) → ⑤양곡(陽谷) → ⑥양로(養老) → ⑦지정(支正) → ⑧소해(小海) → ⑨견정(肩貞) → ⑩노수(臑兪) → ⑪천종(天宗) → ⑫병풍(秉風) → ⑬곡원(曲垣) → ⑭견외수(肩外兪) → ⑮견중수(肩中兪) → ⑯천창(天窓) → ⑰천용(天容) → ⑱관료(顴髎) → 귀 앞쪽의 ⑲청궁(聽宮)에 이르는 19개의 경혈로 이루어져 있다(그림 1-18).

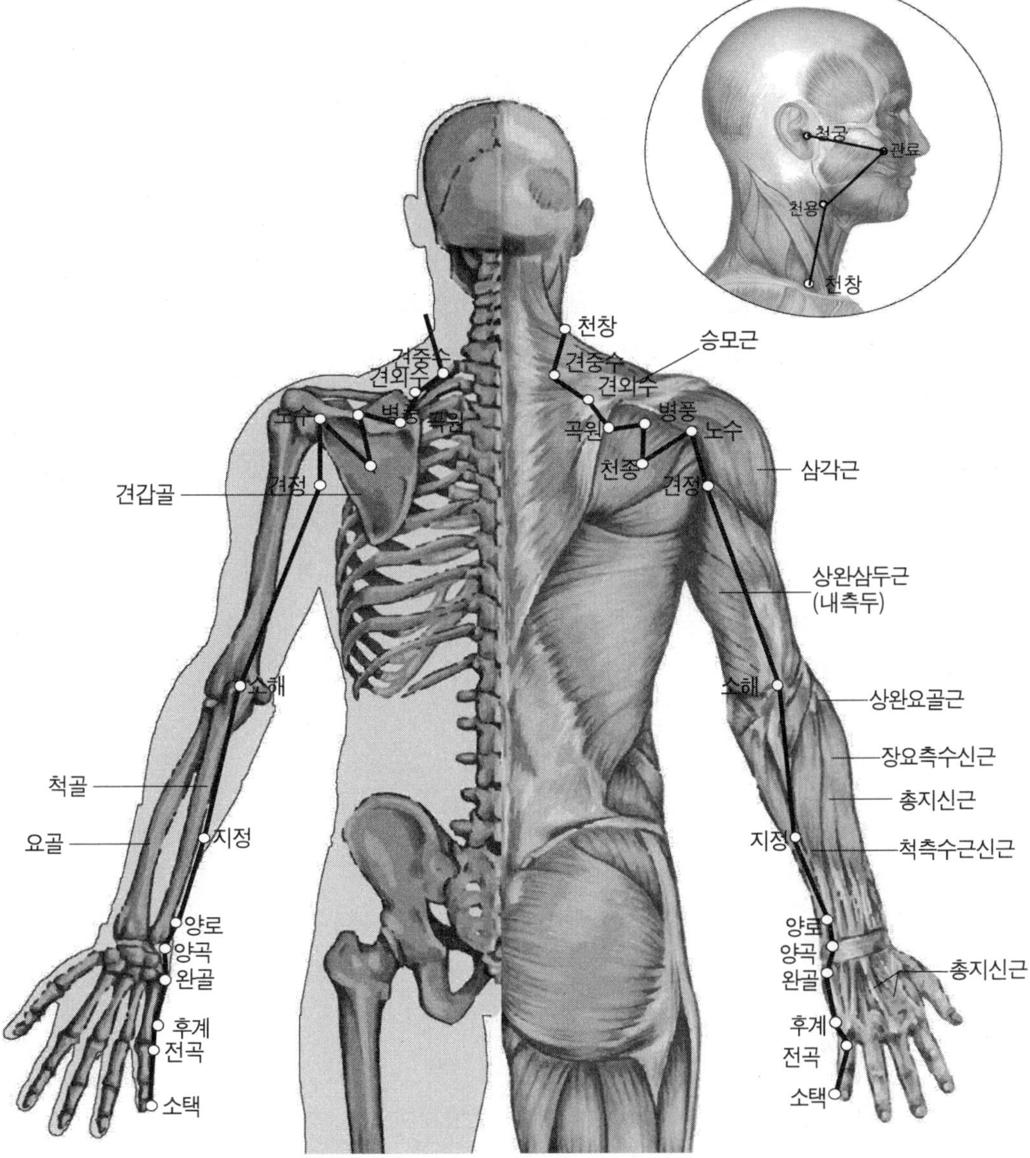

「그림 1-18」 수태양소장경

제7경 족태양방광경(足太陽膀胱經)

족태양방광경은 눈의 안쪽 ①정명(睛明)에서 시작하여 정수리 쪽으로 → ②찬죽(攢竹) → ③미충(眉衝) → ④곡차(曲差) → ⑤오처(五處) → ⑥승광(承光) → ⑦통천(通天)을 지나 → 머리 뒤쪽의 ⑧낙각(絡却) → ⑨옥침(玉枕) → ⑩천주(天柱)에서 갈라져 → 하나는 배부 2행 ⑪대저(大杼) → ⑫풍문(風門) → ⑬폐수(肺兪) → ⑭궐음수(厥陰兪) → ⑮심수(心兪) → ⑯독수(督兪) → ⑰격수(膈兪) → ⑱간수(肝兪) → ⑲담수(膽兪) → ⑳비수(脾兪) → ㉑위수(胃兪) → ㉒삼초수(三焦兪) → ㉓신수(腎水) → ㉔기해수(氣海兪) → ㉕대장수(大腸兪) → ㉖관원수(關元兪) → ㉗소장수(小腸兪) → ㉘방광수(膀胱兪) → ㉙중려수(中膂兪) → ㉚백환수(白環兪)에 이르고 배부2행의 끝에서 일부는 → ㉛상료(上髎) → ㉜차료(次髎) → ㉝중료(中髎) → ㉞하료(下髎) → ㉟회양(會陽) → ㊱승부(承扶) → ㊲은문(殷門) → 부극 → 위양에서 → 위중으로 들어가고 다른 한 줄기 배부3행은 천주에 이어 ㊳부분(附分) → ㊴백호(魄戶) → ㊵고황(膏肓) → ㊶신당(神堂) → ㊷의희(譩譆) → ㊸격관(膈關) → ㊹혼문(魂門) → ㊺양강(陽綱) → ㊻의사(意舍) → ㊼위창(胃倉) → ㊽황문(肓門) → ㊾지실(志室) → ㊿포황(胞肓) → (51)질변(秩邊) → (52)부극(浮郄) → (53)위양(委陽)에 이른다. 그리고 (54)위중(委中)에서 → (55)합양(合陽) → (56)승근(承筋) → (57)승산(承山) → (58)비양(飛揚) → (59)부양(跗陽) → (60)곤륜(崑崙) → (61)복삼(僕參) → (62)신맥(申脈) → (63)금문(金門) → (64)경골(京骨) → (65)속골(束骨) → (66)족통곡(足通谷) → 새끼 발가락 바깥쪽 끝 부분의 (67)지음(至陰)에 이르는 67개 경혈을 이루고 있다(그림 1-19).

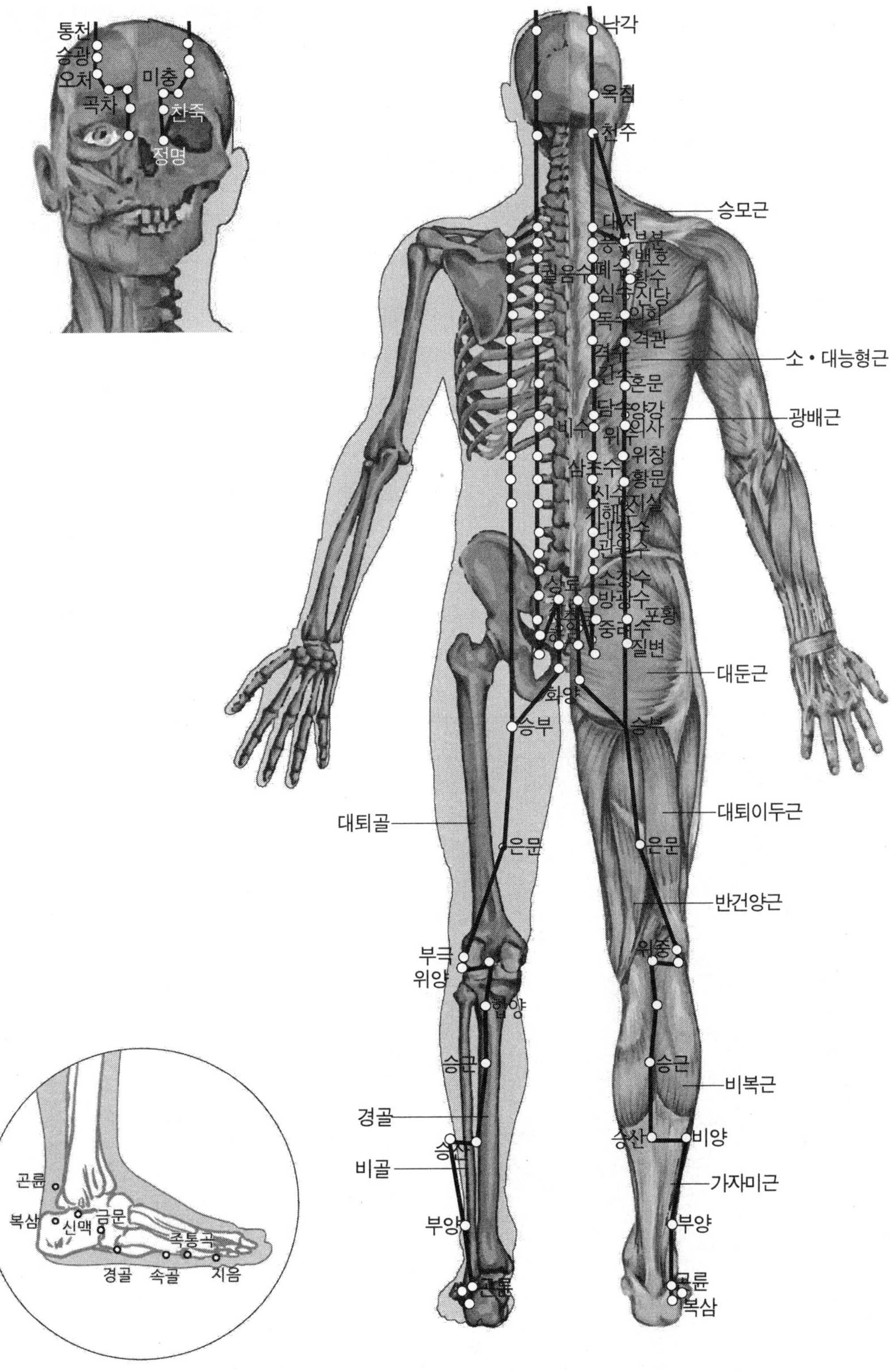

「그림 1-19」 족태양방광경

제8경 족소음신경(足少陰腎經)

신경은 새끼 발가락에서 시작하여 발바닥 가운데에 있는, ①용천(湧泉) → ②연곡(然谷) → ③태계(太谿) → ④대종(大鐘) → ⑤조해(照海) → ⑥수천(水泉) → ⑦부류(復溜) → ⑧교신(交信) → ⑨축빈(築賓) → ⑩음곡(陰谷) → ⑪횡골(橫骨) → ⑫대혁(大赫) → ⑬기혈(氣穴) → ⑭사만(四滿) → ⑮중주(中注) → ⑯황수(肓兪) → ⑰상곡(商曲) → ⑱석관(石關) → ⑲음도(陰都) → ⑳통곡(通谷) → ㉑유문(幽門) → ㉒보랑(步廊) → ㉓신봉(神封) → ㉔영허(靈墟) → ㉕신장(神藏) → ㉖욱중(彧中) → 가슴의 쇄골 뼈 밑의 ㉗수부(兪府)에 이르기까지 27개의 경혈로 이루어져 있다(그림 1-20).

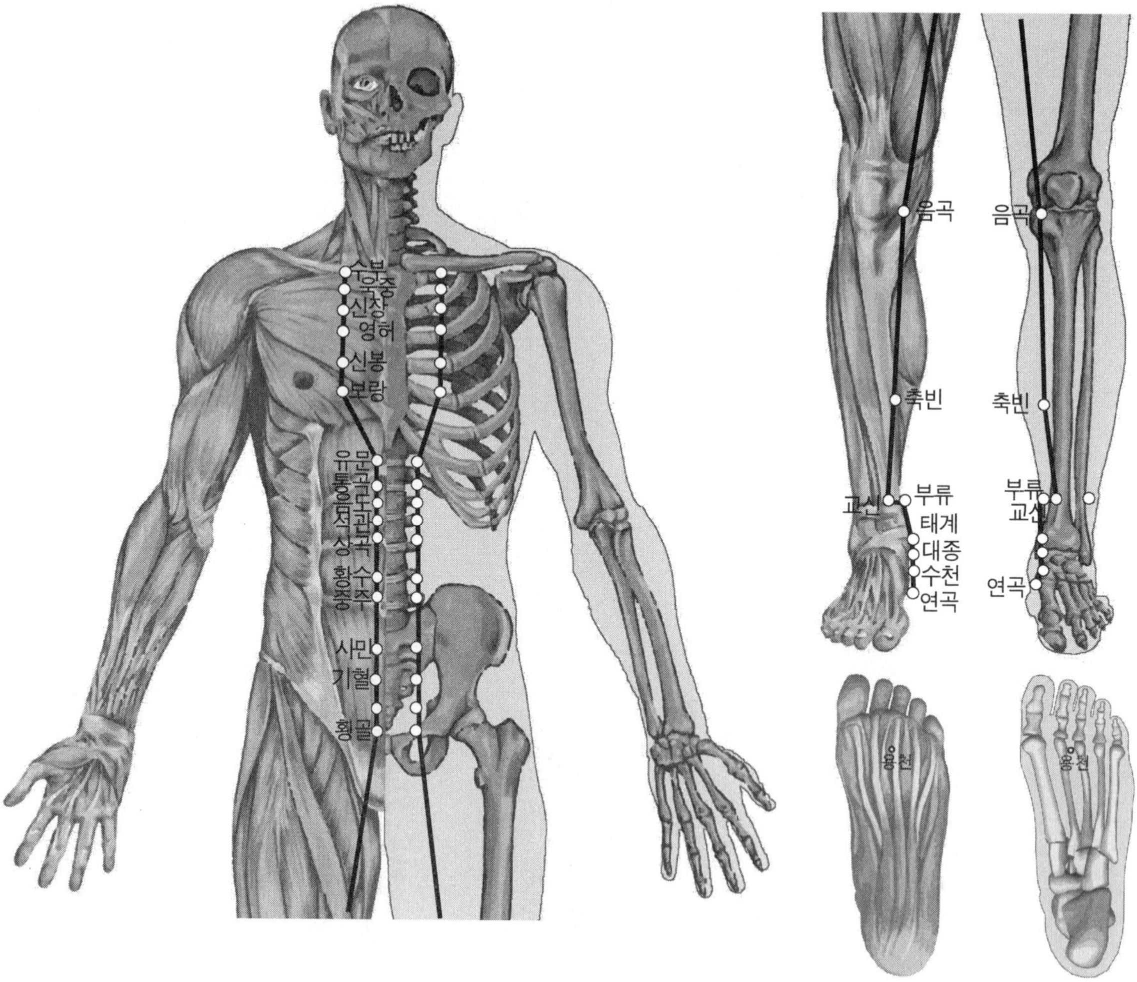

「그림 1-20」 족소음신경

제9경 수궐음심포경(手厥陰心包經)

심장을 감싸고있는 심포막을 관장하는 심포경은 젖꼭지의 옆가슴쪽에 있는, ①천지(天池)에서 시작하여 겨드랑이 속을 지나 → 팔의 ②천천(天泉) → ③곡택(曲澤) → ④극문(郄門) → ⑤간사(間使) → ⑥내관(內關) → ⑦대릉(大陵) → ⑧노궁(勞宮) → 가운데 손가락의 엄지손가락 쪽 손톱 밑 ⑨중충(中衝)에 이르는 9개의 경혈로 이루어져 있다(그림 1-21).

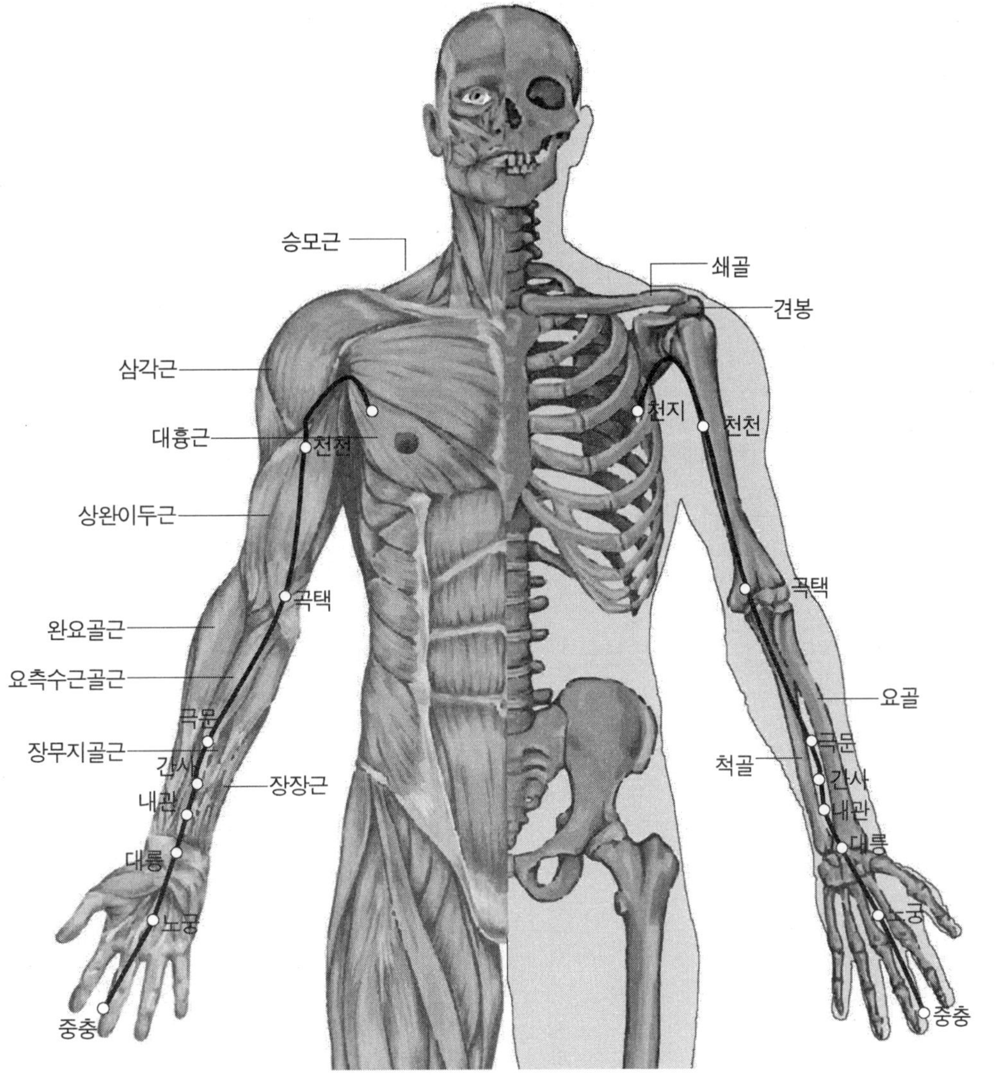

「그림 1-21」 수궐음심포경

제10경 수소양삼초경(手少陽三焦經)

삼초경은 넷째 손가락의 새끼 손가락 쪽 손톱 밑에 있는 ①관충(關衝)에서 시작하여 어깨 쪽으로 → ②액문(液門) → ③중저(中渚) → ④양지(陽池) → ⑤외관(外關) → ⑥지구(支溝) → ⑦회종(會宗) → ⑧삼양락(三陽絡) → ⑨사독(四瀆) → ⑩천정(天井) → ⑪청냉연(淸冷淵) → ⑫소락(消濼) → ⑬노회(臑會) → 어깨의 ⑭견료(肩髎)와 → ⑮천료(天髎) 그리고 → 귀 뒤의 ⑯천유(天牖) → ⑰예풍(翳風) → ⑱계맥(瘈脈) → ⑲노식(顱息) → ⑳각손(角孫) → ㉑이문(耳門) → ㉒화료(和髎) → 눈썹 바깥쪽 부분의 ㉓사죽공(絲竹空) 에 이르는 23개의 경혈로 이루어져 있다(그림 1-22).

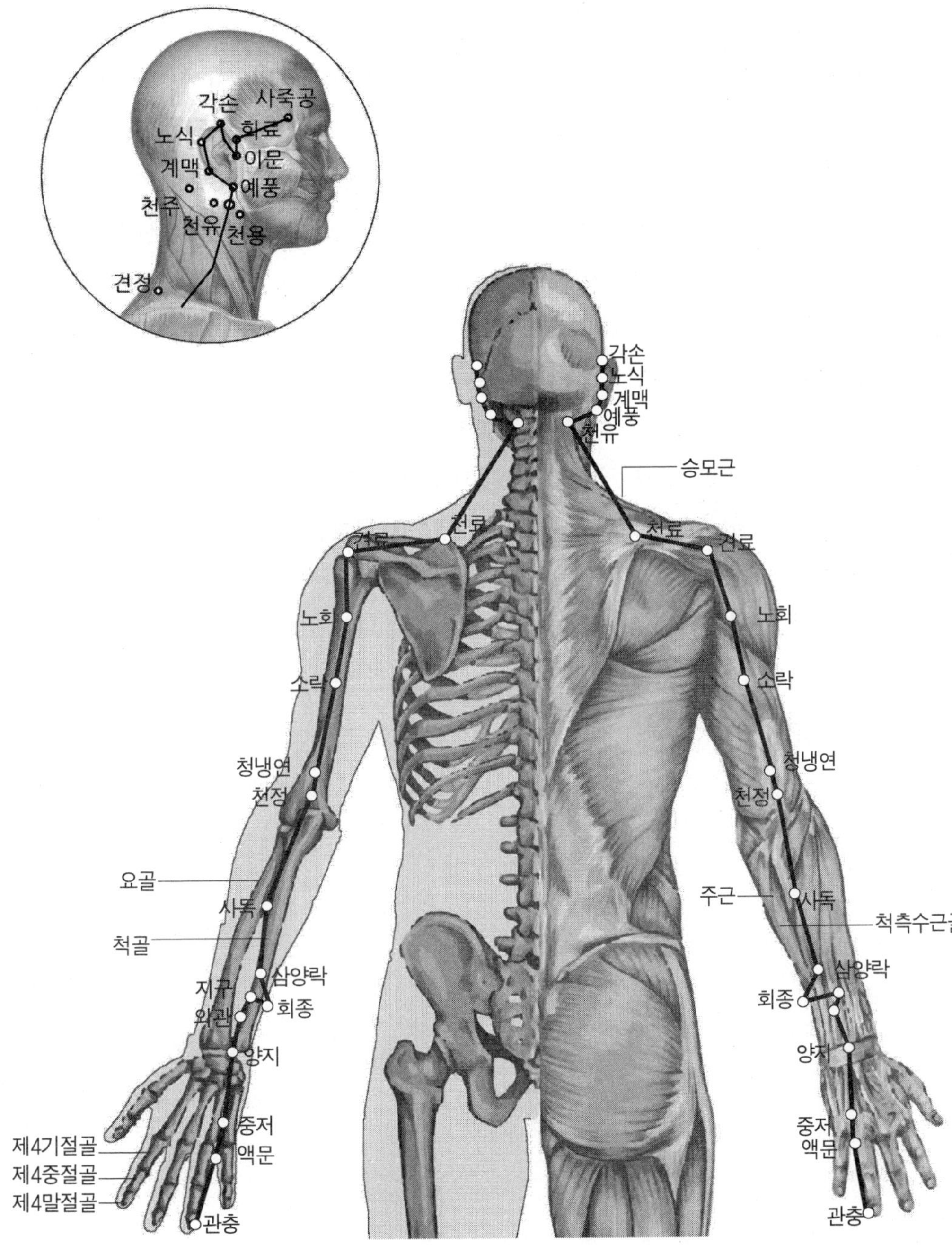

「그림 1-22」 수소양삼초경

제11경 족소양담경(足少陽膽經)

담을 감싸고 있는 **담경**은 눈꼬리 바깥쪽의 ①동자료(瞳子髎)에서 시작하여 귓불 앞의 ②청회(聽會) → ③객주인(客主人 또는 상관上關) → ④함염(頷厭) → ⑤현로(懸顱) → ⑥현리(懸釐) → ⑦곡빈(曲鬢) → ⑧솔곡(率谷) → 귀 뒤의 ⑨천충(天衝) → ⑩부백(浮白) → ⑪두규음(頭竅陰) → ⑫완골(完骨)에서 이마쪽으로 빠져 ⑬본신(本神) → ⑭양백(陽白)에서 다시 → ⑮두임읍(頭臨泣) → ⑯목창(目窓) → ⑰정영(正營) → ⑱승령(承靈)을 지나 귀 뒤쪽의 ⑲뇌공(腦空) → ⑳풍지(風池) → ㉑견정(肩井) → 겨드랑이 밑의 ㉒연액(淵腋) → ㉓첩근(輒筋) → 제9늑골 끝의 ㉔일월(日月) → 제10늑곡 끝의 ㉕경문(京門) → ㉖대맥(帶脈) → ㉗오추(五樞) → ㉘유도(維道) → ㉙거료(居髎) → ㉚환도(環跳) → ㉛풍시(風市)를 거쳐 대퇴부의 바깥쪽으로해서 다리로 내려가 ㉜중독(中瀆) → ㉝양관(陽關) → ㉞양릉천(陽陵泉) → ㉟양교(陽交) → ㊱외구(外丘) → ㊲광명(光明) → ㊳양보(陽輔) → ㊴현종(懸鍾) → ㊵구허(丘墟) → ㊶족임읍(足臨泣) → ㊷지오회(地五會) → ㊸협계(俠谿) → 넷째 발가락의 발톱 모서리 옆의 ㊹족규음(足竅陰)에 이르는 44개혈로 이루어져있다(그림 1-23).

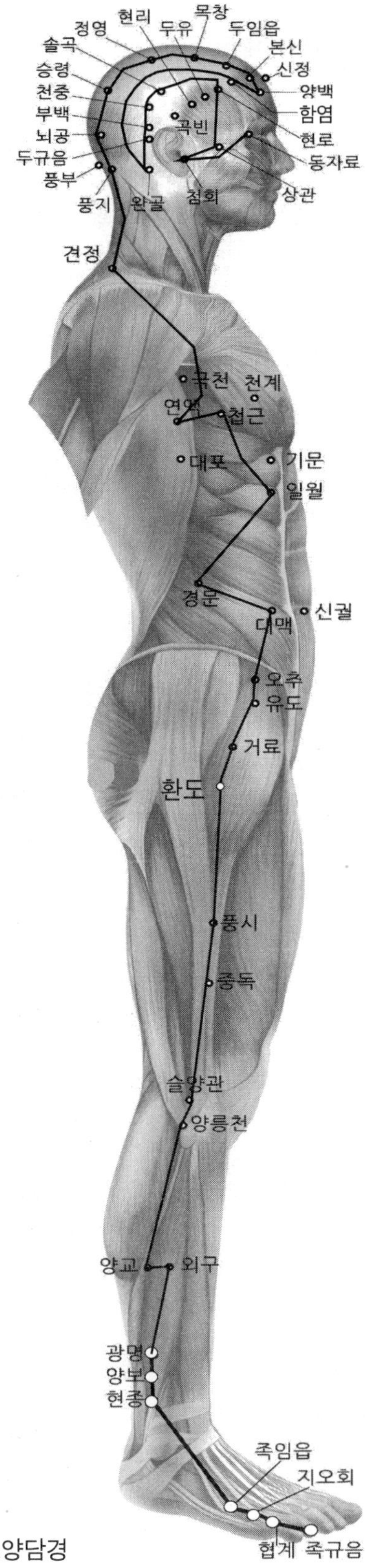
현리
목창
정영
두유
두임읍
솔곡
본신
승령
신정
천중
양백
부백
함염
곡빈
뇌공
현로
두규음
동자료
풍부
상관
풍지
완골
청회
견정
곡천
천계
연액
첩근
대포
기문
일월
경문
신궐
대맥
오추
유도
거료
환도
풍시
중독
슬양관
양릉천
양교
외구
광명
양보
현종
족임읍
지오회
협계
족규음

「그림 1-23」 족소양담경

제12경 족궐음간경(足厥陰肝經)

간경은 엄지발가락의 새끼발가락쪽 발톱 모서리옆에 있는 ①대돈(大敦)에서 시작되어 ②행간(行間) → ③태충(太衝) → ④중봉(中封)등 안쪽 복숭아 뼈 앞을 지나 무릎안쪽과 허벅지 쪽의 ⑤여구(蠡溝) → ⑥중도(中都) → ⑦슬관(膝關) → ⑧곡천(曲泉) → ⑨음포(陰包) → ⑩족오리(足五里) → ⑪음렴(陰廉) → ⑫급맥(急脈)을 지나 제11늑골 끝의 ⑬장문(章門) → 제9번째 늑골 시작부위의 ⑭기문(期門)에 이르는 14개의 경혈로 이루어져 있다(그림 1-24).

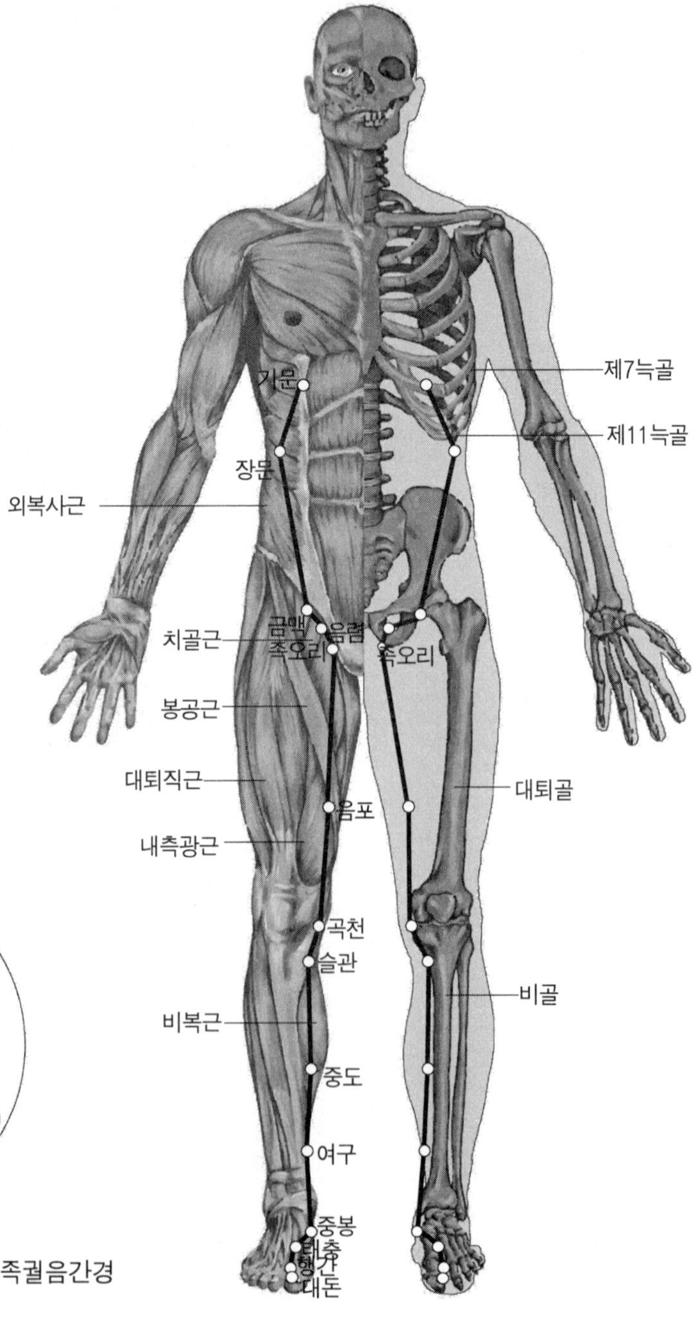

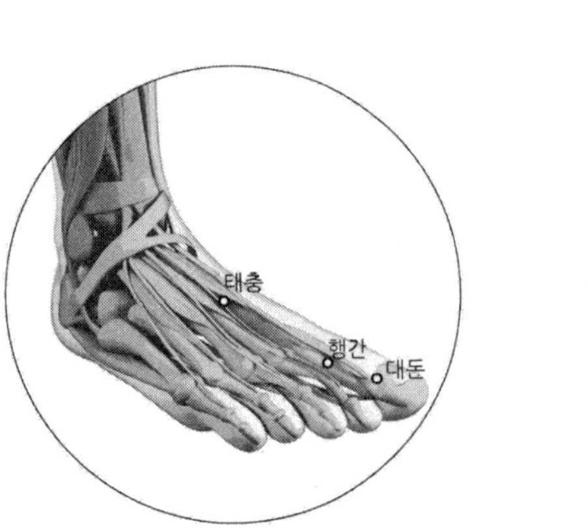

「그림 1-24」 족궐음간경

제13경 독맥(督脈)

독맥은 인체의 모든 양경맥이 모이는 곳으로 주로 양기와 진기를 통솔한다. 꼬리뼈라 일컫는 ①장강(長强)에서 시작되어 머리쪽으로 → ②요수(腰兪) → ③요양관(腰陽關) → ④명문(命門) → ⑤현추(懸樞) → ⑥척중(脊中) → ⑦중추(中樞) → ⑧근축(筋縮) → ⑨지양(至陽) → ⑩영대(靈臺) → ⑪신도(神道) → ⑫신주(身柱) → ⑬도도(陶道) → ⑭대추(大椎) → 뒷목의 ⑮아문(瘂門) → ⑯풍부(風府) → ⑰뇌호(腦戶) → ⑱강간(强間) → ⑲후정(後頂) → 머리 정수리의 ⑳백회(百會)에서 머리 앞쪽으로 → ㉑전정(前頂) → ㉒신회(顖會) → ㉓상성(上星) → ㉔신정(神庭) → ㉕소료(素髎) → ㉖인중(人中) → ㉗태단(兌端) → 위 잇몸 중앙의 ㉘은교(齦交)에 이르는 28개혈로 이루어져 있다(그림 1-25).

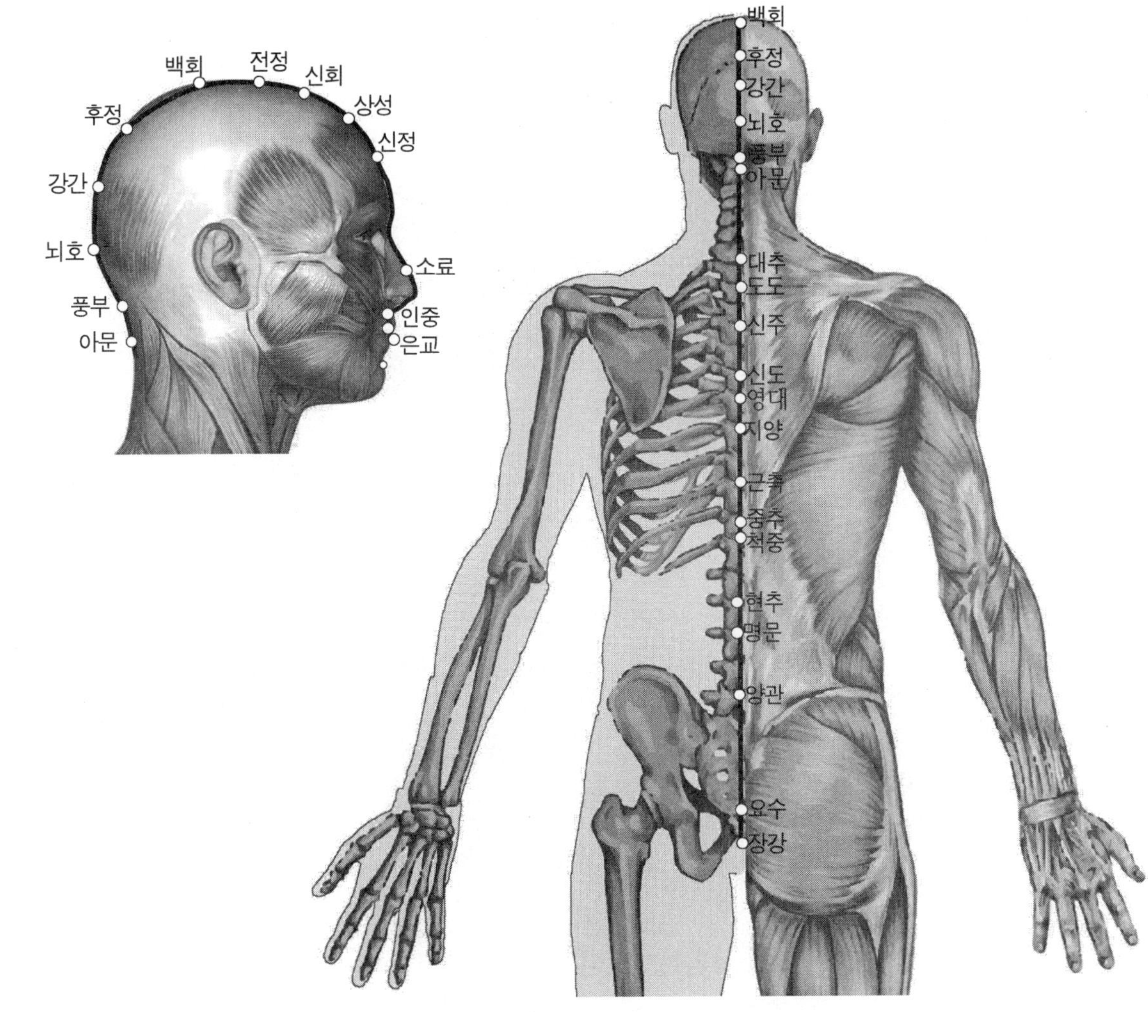

「그림 1-25」 독맥

제14경 임맥(任脈)

①회음(會陰)에서 시작되어 몸의 앞쪽 중앙으로 올라가는 경맥으로 → ②곡골(曲骨) → ③중극(中極) → ④관원(關元) → ⑤석문(石門) → ⑥단전 또는 기해(氣海) → ⑦음교(陰交) → ⑧신궐(배꼽 神闕) → ⑨수분(水分) → ⑩하완(下脘) → ⑪건리(建里) → ⑫중완(中脘) → ⑬상완(上脘) → ⑭거궐(巨闕) → ⑮구미(鳩尾) → ⑯중정(中庭) → ⑰전중(膻中) → ⑱옥당(玉堂) → ⑲자궁(紫宮) → ⑳화개(華蓋) → ㉑선기(璇璣) → ㉒천돌(天突) → ㉓염천(廉泉) → ㉔입술 밑의 승장(承漿)에 이르는 24개의 경혈로 이루어져 있다(그림 1-26).

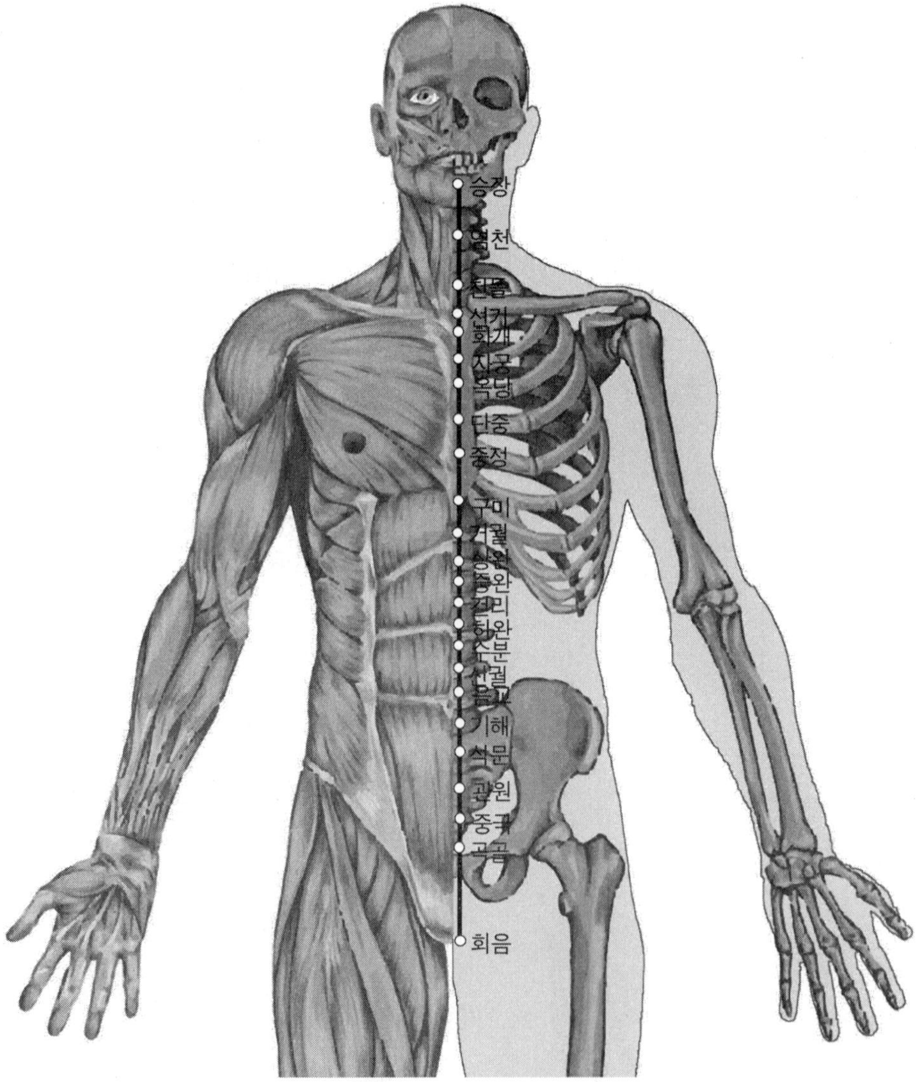

「그림 1-26」 임맥

제2장. 안면 부위의 통증

Ⅰ. 안면부의 근육

얼굴의 근육은 (그림 2-1)과 같이 크게 표정을 짓게 하는 안면근과 음식물을 씹게 하는 저작근으로 구별을 할 수가 있다. 안면근에는 이마에 주름살을 잡히게 하는 전두근과 후두근이 있으며 눈썹을 미간쪽으로 당겨 미간에 주름이 생기게 하는 추미근과 턱과 아랫입술을 올리고 턱에 주름이 잡히게 하는 이근과 웃는 표정을 짓게 하는 대관골근과 윗입술을 위로 당겨 화가난 표정을 짓게 하는 소관골이 그리고 눈을 깜박이게 하는 안륜근과 입을 오므려 휘파람을 불게 하는 구륜근과 음료수 등을 스토롱을 이용하여 빨아 먹을 수 있게 하는 협근 등이 있다. 그리고 저작근으로는 아래턱(하악골)을 위로 당기게 하는 교근과 아래턱을 위쪽 뒤로 당기게 하는 측두근과 아래턱을 위로 당겨 입을 다물게 하는 내측익돌근과 아래턱을 앞으로 당기며 턱을 좌 · 우로 움직이게 하는 외측익돌근과 혀의 움직임을 원활하게 하는 설근 등이 있으며 이들 저작근들은 하악신경의 지배를 받으며 입을 다물거나(교근, 측두근, 내측익돌근) 턱을 앞으로 내밀고(내측익돌근, 외측익돌근) 입을 벌리는(외측익돌근) 등의 작용을 한다.

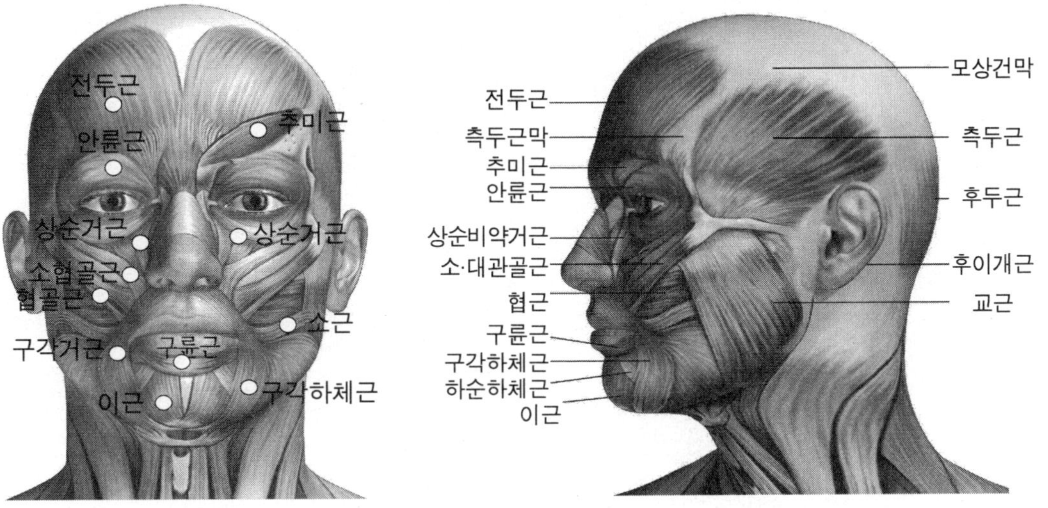

① 정면 ② 측면

「그림 2-1」 안면부의 근육

Ⅱ. 안면부의 경락과 경혈

얼굴 부위의 경락과 경혈들로는 (그림 2-2)와 같이

1. **대장경**의 ⑲화료혈 ⑳영향혈
2. **위경**의 ①승읍혈 ②사백혈 ③거료혈 ④지창혈 ⑤대영혈 ⑥협거혈 ⑦하관혈 ⑧두유혈
3. **소장경**의 ⑱관료혈 ⑲청궁혈
4. **방광경**의 ①정명혈 ②찬죽혈 ③미충혈 ④곡차혈
5. **삼초경**의 ㉑이문혈 ㉒화료혈 ㉓사죽공혈
6. **담경**의 ①동자료혈 ②청회혈 ③객주인(상관)혈 ④함염혈 ⑤현로혈 ⑥현리혈 ⑦곡빈혈
7. **독맥**의 ㉔신정혈 ㉕소료혈 ㉖인중혈 ㉗태단혈
8. **임맥**의 ㉔승장혈 등이 위치하여 각각의 기능을 하고 있다.

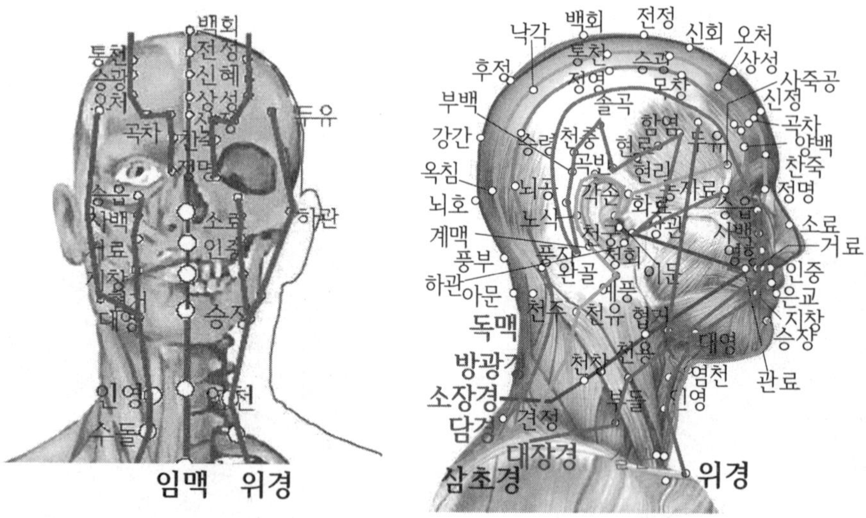

「그림 2-2」 경부와 두부의 경락과 경혈

Ⅲ. 안면부의 근육별 통증

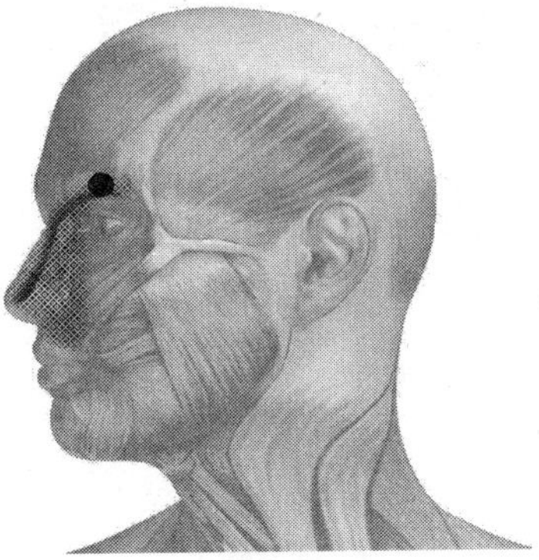
안륜근

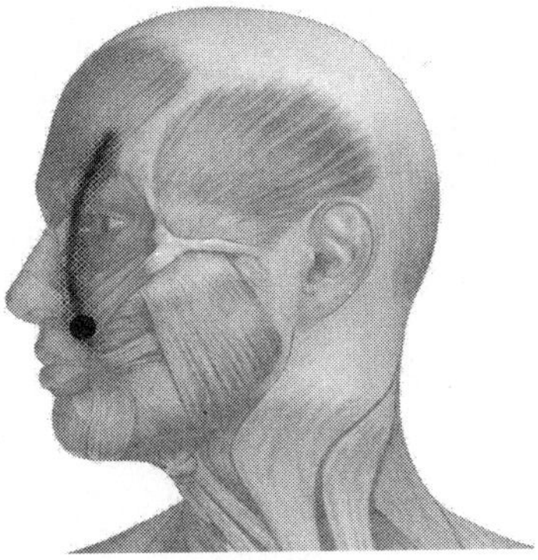
대관골근

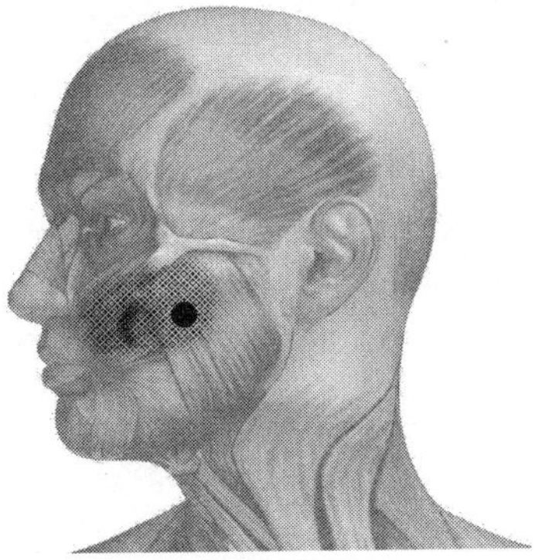
교근(상부)

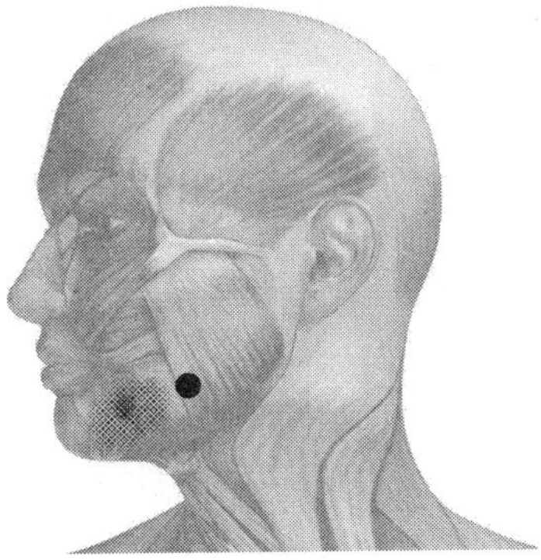
교근(중부)

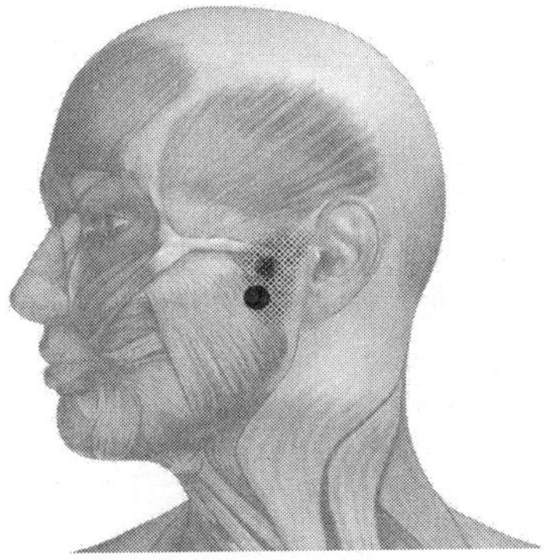
교근(심부)

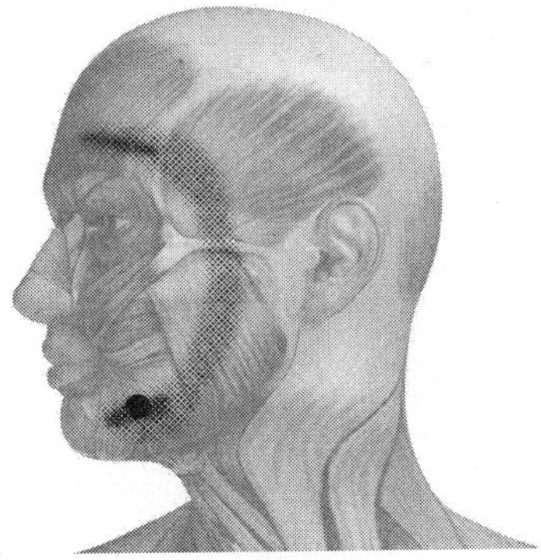
교근(하부)

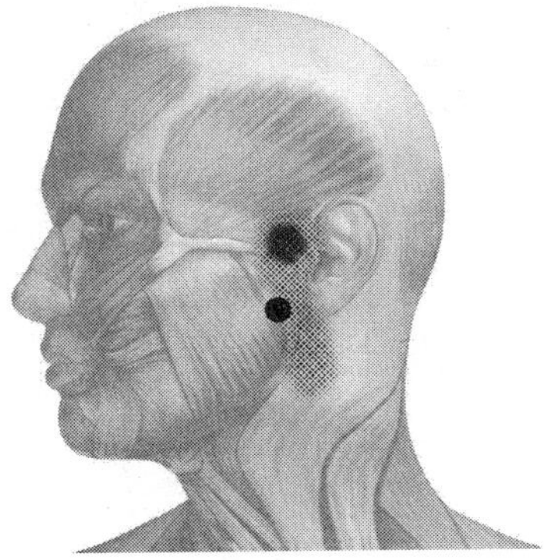
내측익돌근

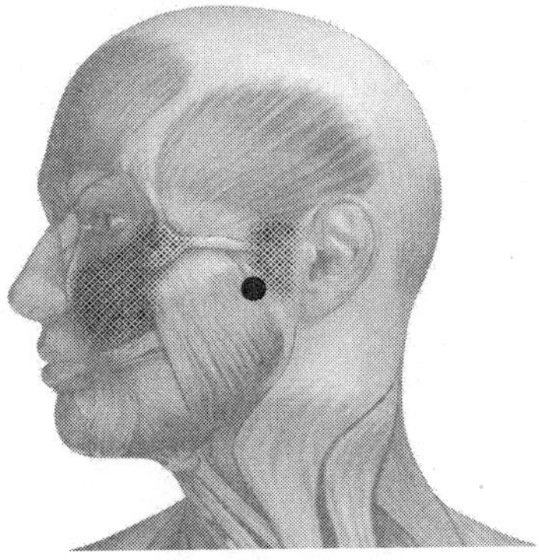
외측익돌근

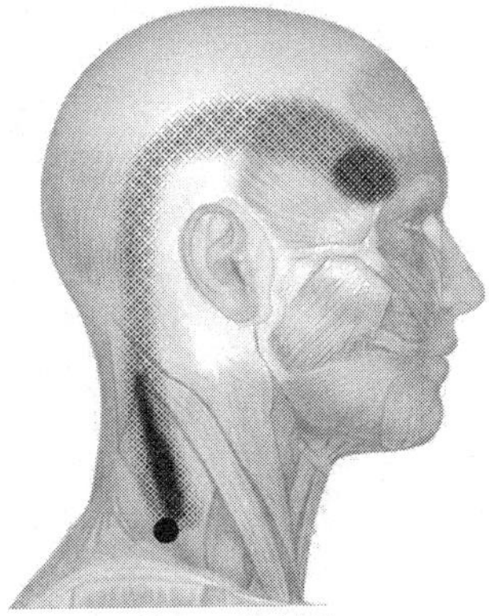
승모근(상부)

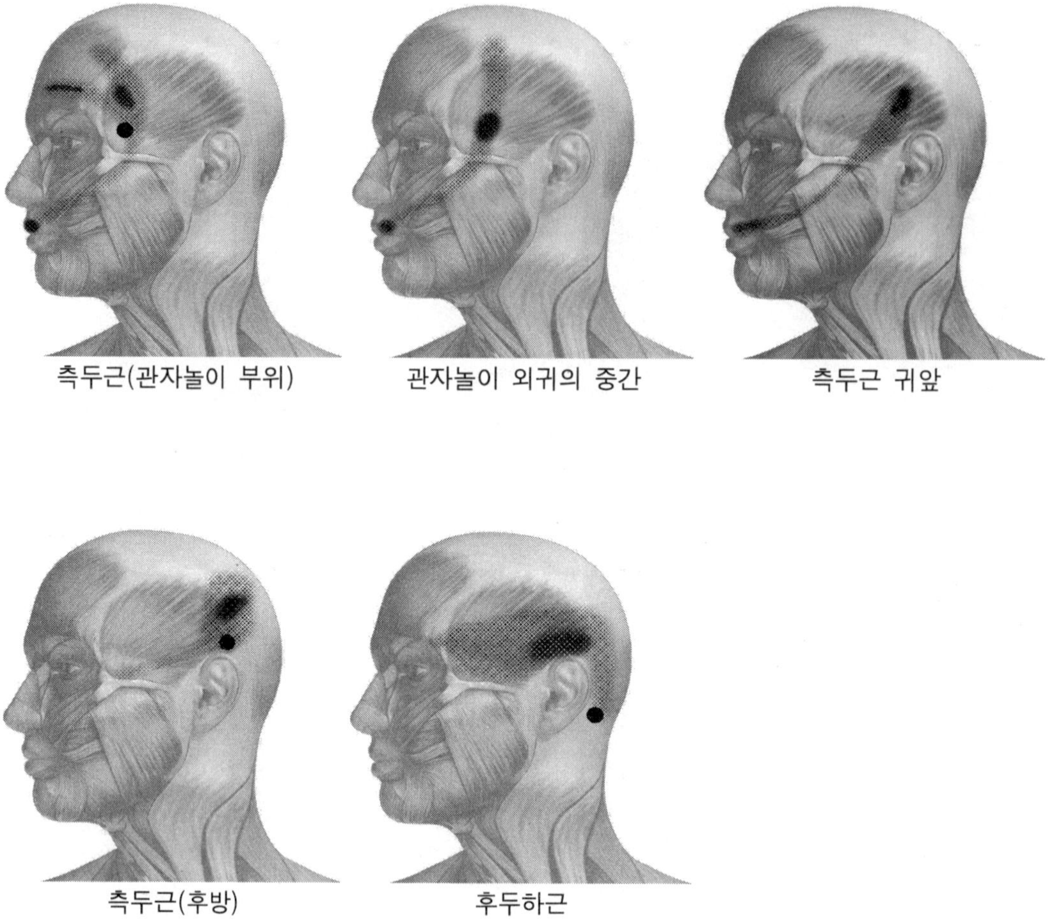

「그림 2-3」 안면부 근육의 발통점과 연관통

1. 안륜근

안면의 여러 근육 중에서 안륜근(orbicularis oculi)은 눈을 감게 해주는 근육으로 주로 눈의 윗부분에 발통점이 발생을 하며 심한 피로나 두통과 함께 또는 안면 마비 이후에 발생을 잘하는 근육이다. 이러한 경우

대장경의 ⑲화료혈 ⑳영향혈과

위경의 ①승읍혈 ②사백혈 ③거료혈 ④지창혈 ⑧두유혈 등을 그리고

방광경의 ①정명혈 ②찬죽혈 ⑨옥침혈 및

삼초경의 ㉓사죽공혈과

담경의 ①동자료혈 ④함염혈 ⑤현로혈 ⑭양백혈 등을 지압과 마사지를 하여 주면 도움이 된다(그림 2-4)

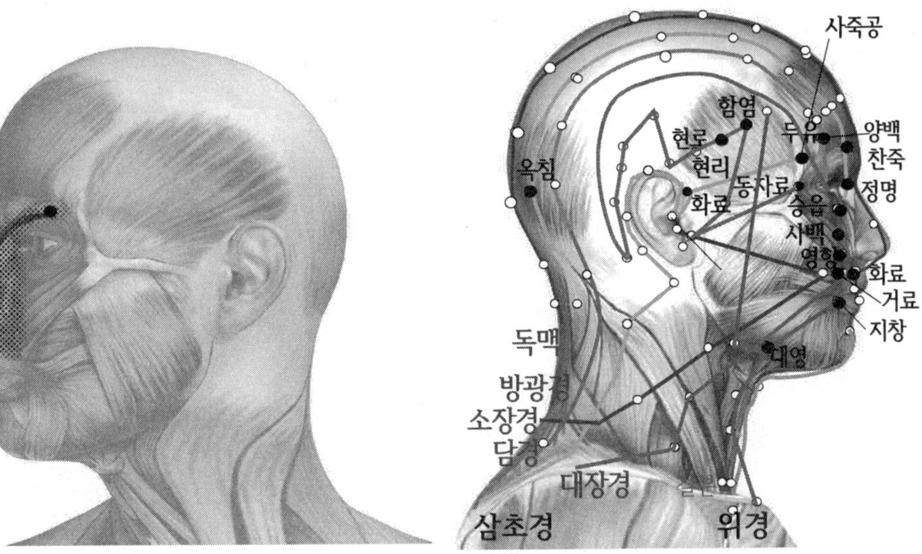

「그림 2-4」 안륜근의 발통점과 연관통 및 경락 경혈

2. 교근(咬筋)

제5뇌신경(삼차신경: 안신경, 상악신경, 하악신경)의 3지인 하악신경의 지배를 받는 교근은 협골궁(頰骨弓)에서 하악각 및 하악지의 외측면에 부착을 하고 천층과 심층으로 되어 있으며 이를 악물 때 만져지는 사각형의 근육으로 입을 다물거나 음식물의 분쇄(저작)와 턱을 앞으로 내밀고 뒤로 당기는 작용을 한다. 교근은 지속된 과로나 피로의 누적 또는 딱딱한 음식물의 저작 및 턱관절 또는 치아 결손 등에 의해 통증이 발생할 수 있으며 통증이 발생을 하면 상악(위턱)과 하악(아래턱) 및 대구치와 이와 인접을 하고 있는 치은의 통증과 개구(開口)장애, 이명 등의 증상들이 발생한 위치에 따라 다르게 나타난다.

1. 상부에 통증이 발생한 경우: 상악부위에 연관통이 집중하며 인접한 치아에까지 통증을 느끼게 된다(그림 2-5).
2. 중간부위에 통증이 발생한 경우: 하악부위에 연관통이 집중하며 인접한 치아에까지 통증을 느끼며 심층에 통증이 발생한 경우에는 악관절 주변부위(뺨 중앙부)의 연관통과 심한 경우 이명이 발생할 수 있다(그림 2-6).
3. 하부에 통증이 발생한 경우: 아래 어금니와 하악골은 물론 측두부를 지나 관자놀이와 눈썹 부위까지 연관통이 분포하고 심한 경우에는 악관절통을 일으킨다(그림 2-7).

따라서 발통점과 연관통 부위의 경락과 경혈들 즉

대장경 ⑲화료혈 ⑳영향혈

위경 ①승읍혈 ②사백혈 ③거료혈④지창혈 ⑤대영혈 ⑥협거혈 ⑦하관혈 ⑧두유혈

방광경 ②찬죽혈

소장경 ⑱관료혈 ⑲청궁혈

삼초경 ㉑이문혈 ㉒화료혈 ㉓사죽공혈

담경 ①동자료혈 ②청회혈 ③객주인혈 ⑤현로혈(관자놀이 중앙) ⑦곡빈혈 ⑭양백혈

등을 지압과 아울러 마사지를 해주면 도움이 될 것이다(그림 2-8).

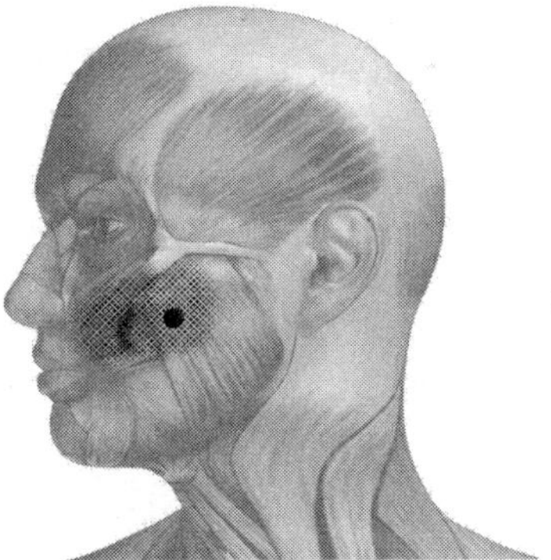

「그림 2-5」 교근(상부)의 발통점과 연관통

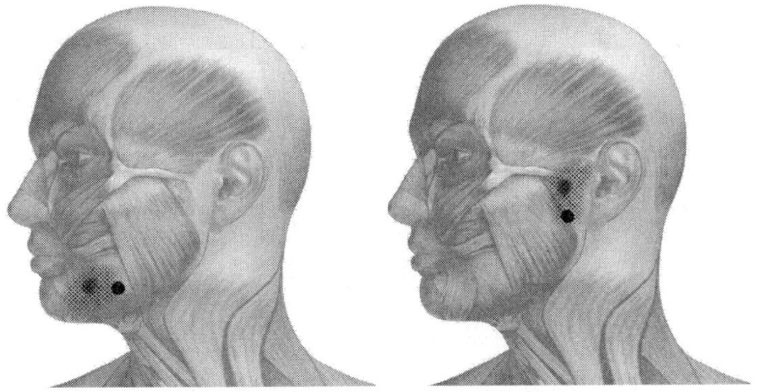

「그림 2-6」 교근(중부 및 심부)의 발통점과 연관통

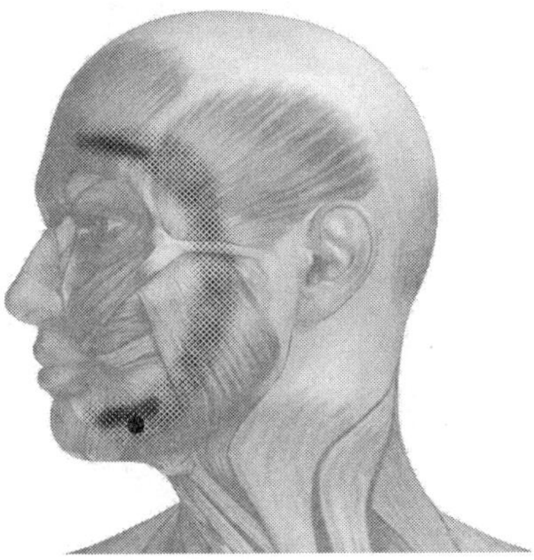

「그림 2-7」 교근(하부)의 발통점과 연관통

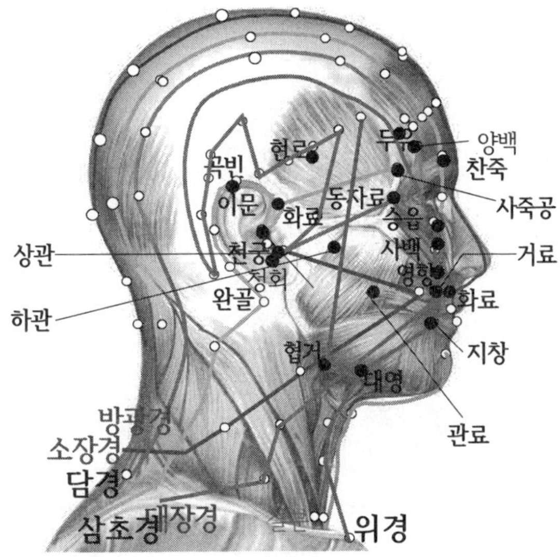

「그림 2-8」 교근(통증부위)의 경락과 경혈

3. 관골근

대관골근(zygomaticus oculi)은 미소를 지을 수 있게 하는 근육으로 직업적으로 자주 미소를 짓고 있어야 하는 경우에 과도한 경직성 긴장이 발생되어 발통점이 유발되는 근육이다(그림 2-9). 따라서 얼굴근육의 마사지와 함께

대장경의 ⑲화료혈 ⑳영향혈과

위경의 ②사백혈 ③거료혈 ④지창혈 ⑦하관혈 및

담경의 ①동자료혈 ③상관혈 ⑤현로혈(관자놀이부위) ⑦곡빈혈 등을 그리고

소장경의 ⑱관료혈과

독맥의 ㉖인중혈 등에 지압을 하여 준다(그림 2-10).

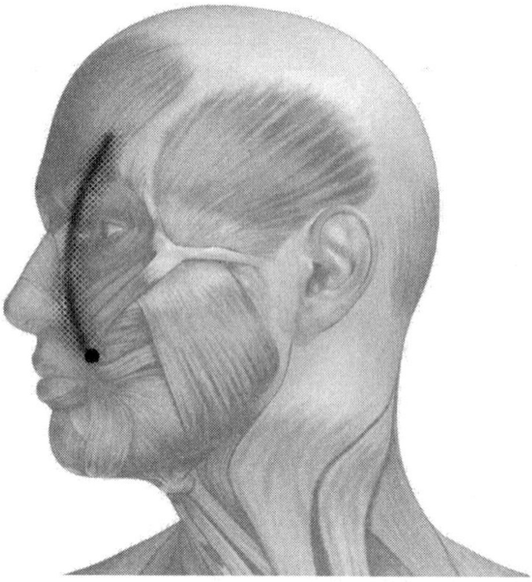

「그림 2-9」 관골근의 발통점과 연관통

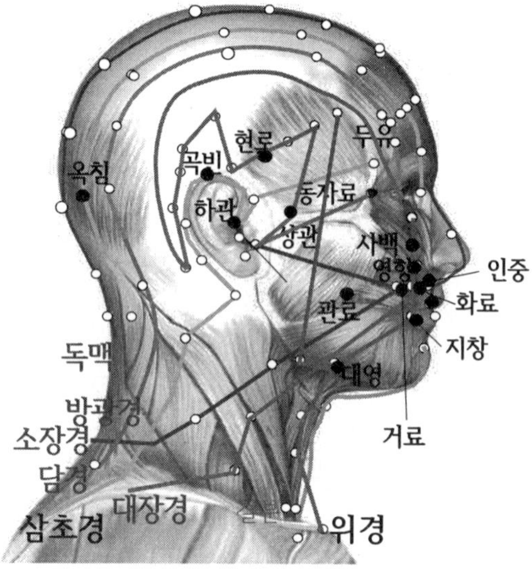

「그림 2-10」 관골근의 통증부위의 경락과 경혈

4. 내측익돌근(內側翼突筋)

삼차신경의 분지인 하악신경의 지배를 받는 내측익돌근은(그림 2-10) 입을 다물거나 턱을 당기며 좌우운동을 시키는 기능을 한다. 통증이 발생을 하게 되면 턱을 움직일 때(입을 벌리거나 음식물을 씹을 때 등) 악관절 주변의 통증과 귀 속 깊숙이 은근한 통증 및 개구장애가 발생을 하며 입속의 통증과 아울러 물을 삼킬 때 목구멍이 따가운 통증이 발생하고 두통을 호소하기도 한다(그림 2-11).

5. 외측익돌근(外側翼突筋)

삼차신경의 분지인 하악신경의 지배를 받는 외측익돌근은 하두와 상두로 구분되며 턱을 앞으로 내밀고 입을 벌리며 턱을 한쪽만 수축을 하게 되면 내측익돌근과 함께 측방운동작용을 한다. 저작근 중 통증이 많이 발생하는 근육이나 치통은 수반하지 않으며 그에 의한 연관된 통증은 주로 악관절 주변과 상악동에 나타난다(그림 2-12).

따라서 내 · 외측익돌근 통증이 발생되면 그에 의한 연관된 통증 부위의 경락락 경혈들

대장경 ⑲화료혈 ⑳영향혈

위경 ①승읍혈 ②사백혈 ③거료혈 ⑤대영혈 ⑥협거혈 ⑦하관혈

삼초경 ⑯천유혈 ⑰예풍혈 ㉑이문혈 ㉒화료혈

담경 ②청회혈 ③객주인혈 ⑤현로(관자놀이 중앙) ⑦곡빈혈 ⑫완골혈 ⑳풍지혈 등에 지압과 마사지를 하여 주면 도움이 될 것이다(그림 2-13).

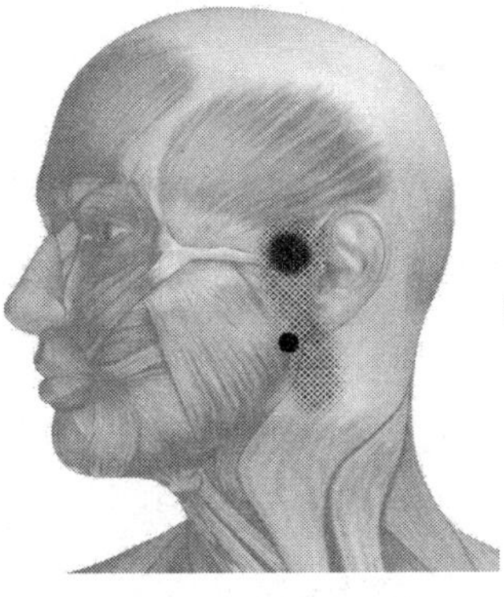

「그림 2-11」 내측익돌근의 발통점과 연관통

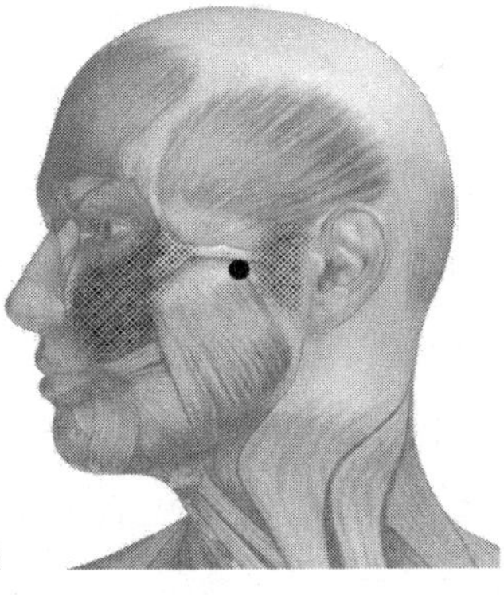

「그림 2-12」 외측익돌근의 발통점과 연관통

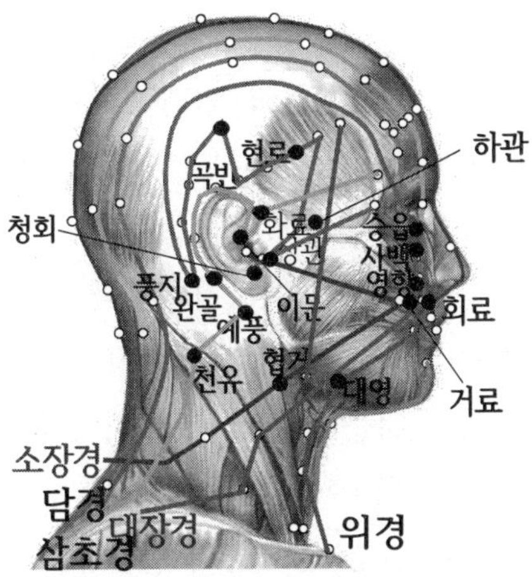

「그림 2-13」 내 · 외측익돌근 통증 부위의 경락과 경혈

6. 안면신경마비(구안와사 口眼喎斜)

눈(전두근, 추미근, 안륜근, 상수거근 등)과 입(구륜근, 이근, 하순하체근, 구각하체근, 대·소관골근, 소근, 협근, 교근 등) 주변의 근육들이 마비되어 한쪽으로 삐뚤어지는 말초성신경마비로써 한의학에서는 바이러스의 감염 외에 찬기운 등에 의한 풍한사(風寒邪)가 안면부의 경락에 침범하여 순환장애를 일으키는 풍사외습(風邪外濕)이나 스트레스와 면역력의 저하로 인한 허풍내동(虛風內動)과 기혈의 순환이 원활하지 못하여 어혈이 쌓인 것이 원인이라는 기혈어조(氣血瘀阻)로 보고 있다. 그리고 구안와사(말초성신경마비)는 대체로 3~4일에 걸쳐 진행이 되며 수주에서 수개월에 걸쳐 자연적으로 호전이 되어 1년 이내에 대부분이 회복이 되나 경우에 따라서는 그렇지 않은 경우도 있게 된다.

이러한 구안와사(말초성신경마비)는 얼굴이 삐뚤어지고 이상감각을 보이며 중풍(중추성 안면신경마비)과는 달리 이마에 주름을 잡을 수가 없으며 아픈 쪽의 눈을 감을 수가 없어 눈이 건조해지며 입꼬리를 올리지 못하고 물이나 음식물을 먹을 때 마비된 쪽으로 새어 나오는 등 큰 불편을 초래하게 된다.

이마(전두근 쪽)부위 **독맥**의 ㉔신정혈과 **위경**의 ⑧두유혈 및 **담경**의 ⑭양백혈 그리고 눈썹(추미근 쪽과 안륜근 쪽) 부위의 **방광경**의 ②찬죽혈에서 **삼초경**의 ㉓사죽공혈 쪽과 눈꼬리의 **방광경**의 ①정명혈과 **담경**의 ①동자료혈 그리고 눈 아래부위(안륜근 쪽 관골근 쪽 하순거근 쪽)과 **위경**의 ①승읍혈에서 ②사백혈 ③거료혈 쪽과 사백혈에서 **소장경**의 ⑱관료혈과 **위경**의 ⑦하관혈 및 **소장경**의 ⑲청궁혈 쪽(교근, 측두근) 그리고 입술 주위(구륜근 쪽, 하순하체근 쪽, 구각하체근 쪽) **독맥**의 ㉖인중혈과 **대장경**의 ⑳영향혈 및 **위경**의 ④지창혈과 **임맥**의 ㉔승장혈 그리고 **위경**의 ⑤대영혈과 ⑥협거혈(교근부위)과 관자놀이(측두근) 부위 **담경**의 ②청회혈 ③상관혈 ⑤현로 ⑥현리 ⑦곡빈 등과 귀 뒤와 목 부위에 위치(흉쇄유돌근)하고 있는 **삼초경**의 ⑰예풍혈 ⑳각손혈과 ㉑아문혈 ㉒화료혈 ㉓사죽공혈, **대장경**의 ⑰천정 ⑱부돌혈 등과 **삼초경**의 ⑯천유혈 **담경**의 ⑫완골혈 및 뒷목의 후두하근에 위치하고 있는 ⑳풍지혈과 **방광경**의 ⑩천주혈 그리고 **독맥**의 ⑮아문혈 등에 더운 찜질과 함께 지압과 마사지 등을 하고 아울러 복부 **임맥**의 ④관원혈과 ⑫중완혈 및 허리의 **방광경** ㉒삼초수혈과 ㉓신수혈 등에 그리고 다리의 **간경**(②행간혈 ③태충혈)과 **위경** (㊱족삼리혈 ㊷충양혈 ㊹내정혈 ㊺여태혈) 및 **비경**의 ⑥삼음교혈 등을 그리고 팔에는 **폐경**의 ⑦열결혈과 **대장경**의 ⑦온류혈 ⑪곡지혈 및 **삼초경**의 ⑤외관혈 등에 지압을 하게 되면 많은 도움이 될 것이다(그림 2-14).

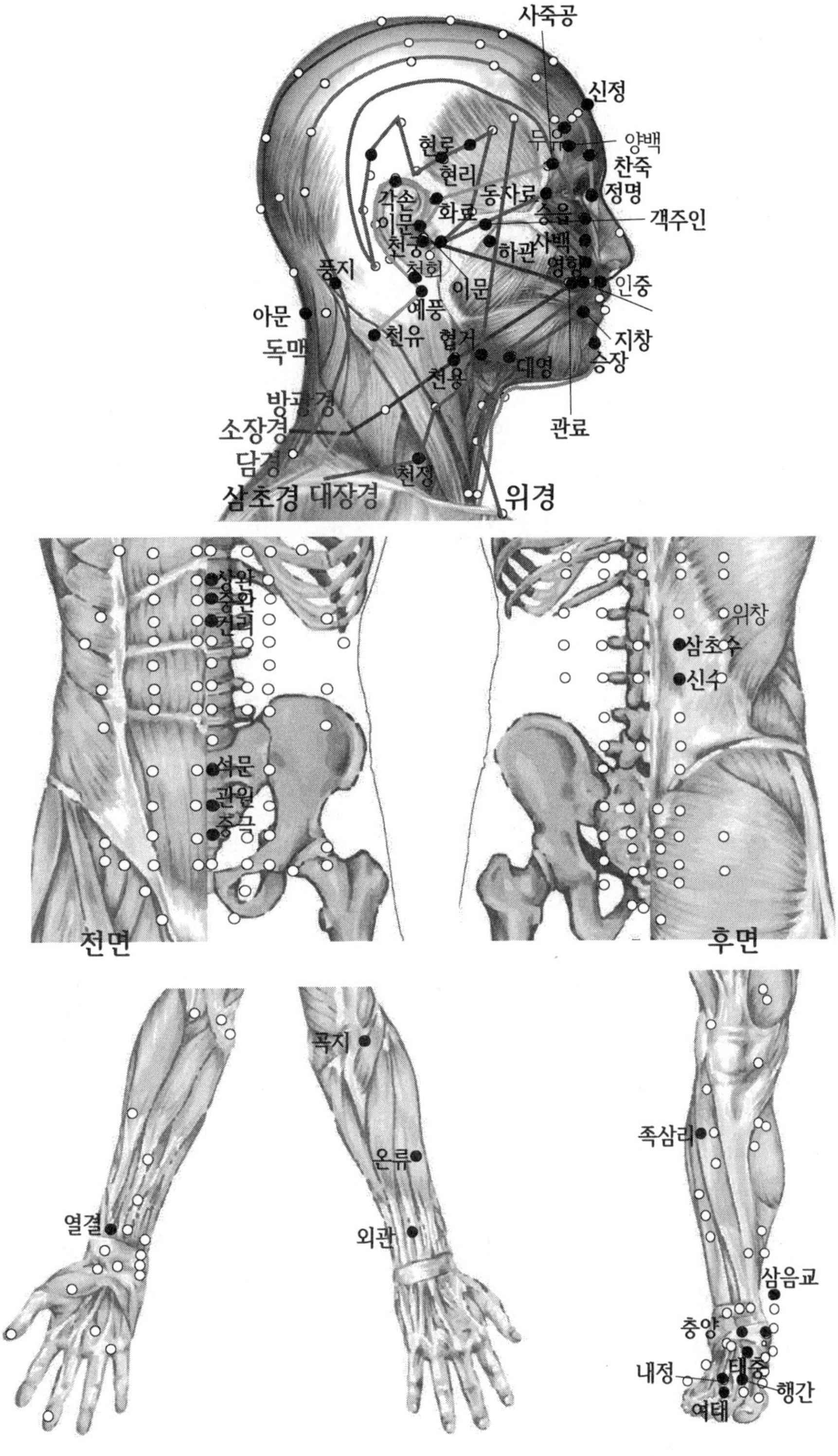

「그림 2-14」 구안와사 통증 부위의 경락과 경혈

7. 삼차신경통

삼차신경(그림 2-15)은 얼굴의 감각(통각, 촉각, 온도각 등)과 일부근육운동 즉 음식물의 저작활동시 역할을 하는 저작근육(교근, 익돌근, 측두근)을 조절하고 관자근 등을 지배하는 신경으로서 12개의 뇌 신경중 5번째의 뇌신경으로 뇌의 옆에서 굵은 감각뿌리와 가는 운동 뿌리로 시작되어 삼차신경절을 거쳐 관자놀이 부위에서 눈신경과 상악(위턱) 신경(협골신경, 안와하신경, 상치조신경) 및 하악(아래턱)신경(협신경, 설신경, 이신경, 하치조신경, 이개측두신경)으로 갈라지는(분지)신경이다.

삼차신경통은 주로 중년의 여성들에게 많이 발생되는 증세로 처음에는 한쪽면의 얼굴에 통증이 나타나지만 심한 경우에는 얼굴은 물론 뒷머리와 어깨 쪽에 쑤시고 저린 통증이 나타나게 되며 밤에는 더욱 심해지는 경향이 있다.

삼차신경통에 도움이 될 수 있는 경락으로는 안륜근과 관골근 및 측두근과 구륜근 및 교근 등의 부위에 위치하고 있는 **위경**의 ②사백혈 ③거료혈 ④지창혈 ⑤대영혈 ⑦하관혈과 **담경**의 ③객주인혈 ④함염혈 ⑤현로혈 ⑦곡빈혈 ⑫완골혈 ⑭양백혈 그리고 **소장경**의 ⑱관료혈 및 **삼초경**의 ⑰예풍혈 ㉑이문혈 ㉓사죽공혈과 **대장경**의 ⑰천정혈 ⑱부돌혈 등이 지나고 있다.

따라서 평소에

1. 눈 밑에 위치하고 있는 **위경**의 ①승읍혈로부터 ②사백혈 ③거료혈과 입술 옆의 ④지창혈 쪽과
2. 입술 밑 **임맥**의 ㉔승장혈로부터 **위경**의 ⑤대영혈 ⑥협거혈 쪽으로 그리고
3. **위경**의 ②사백혈에서 **소장경**의 ⑱관료혈과 **위경**의 ⑦하관혈 및 **담경**의 ③객주인혈 ⑥현로혈 ⑦곡빈혈 ⑩부백혈 ⑪두규음혈 방향과
4. 눈썹위(추미근, 안륜근, 전두근) 이마 쪽으로 **삼초경**의 ㉓사죽공혈과 **담경**의 ⑭양백혈 쪽으로 그리고
5. 목의 옆면에 있는 흉쇄유돌근 부위에 위치하고 있는 **대장경**의 ⑰천정혈과 ⑱부돌혈 및 **소장경**의 ⑯천창혈과 ⑰ 천용혈 그리고 **삼초경**의 ⑯천유혈 및 **담경**의 ⑫완골혈 등에 지압과 마사지 및 더운 찜질을 하게 되면 많은 도움이 될 것이다. (그림 2-16)

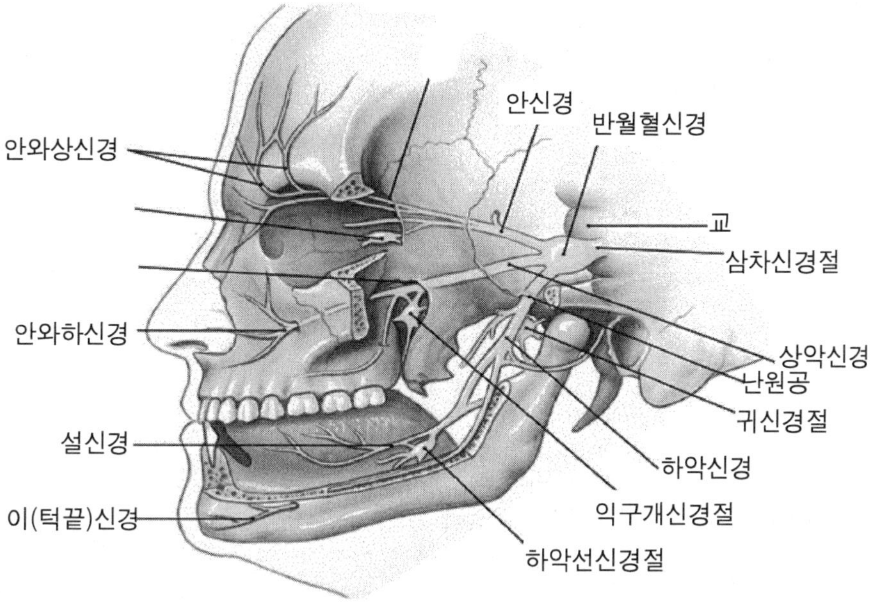

「그림 2-15」 삼차신경(제5뇌신경)

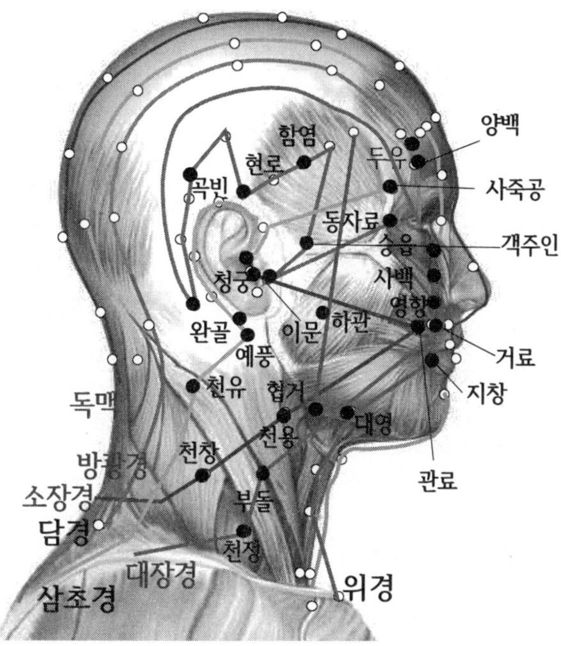

「그림 2-16」 삼차신경통 통증 부위의 경락과 경혈

8. 얼굴의 경련

얼굴에는 주로 감각(통각 · 감각 · 온도 등)을 지배하는 삼차신경과 근육운동을 지배하는 안면신경이 위치하고 있다. 어쩌다가 눈이나 뺨 또는 입주위의 근육(안륜근, 관골근, 구륜근)등이 바르르 떨리는 경련이 발생을 하게 된다면 이는 안면신경의 기능이 원활하게 이루어지지 못하기 때문일 것이다.

입주위의 경련일 때에는 우선

삼초경의 ⑰예풍혈과 **위경**의 ②사백혈 ③거료혈 ④지창혈 및 **소장경**의 ⑱관료혈과 **임맥**의 ㉔승장혈 등을 그리고 눈 주위의 경련일 때에는 **삼초경**의 ⑰예풍혈과 ㉓사죽공혈 **담경**의 ①동자료혈 및 **방광경**의 ②찬죽혈 ①정명혈 등과 목의 옆면에 있는 흉쇄유돌근 부위에 위치하고 있는 **대장경**의 ⑰천정혈과 ⑱부돌혈 및 **소장경**의 ⑯천창혈과 ⑰천용혈 그리고 **삼초경**의 ⑯천유혈과 **담경**의 ⑫완골혈을 또한 뒷덜미의 후두하근육 부위에 위치하고 있는 **담경**의 ⑳풍지혈과 **방광경**의 ⑩천주혈 ㉒삼초수혈 ㉓신수혈 그리고 **독맥**의 ⑮아문혈 등에(그림「2-17) 지압과 마사지 및 온열 요법 등을 활용하게 되면 효과적일 것이다.

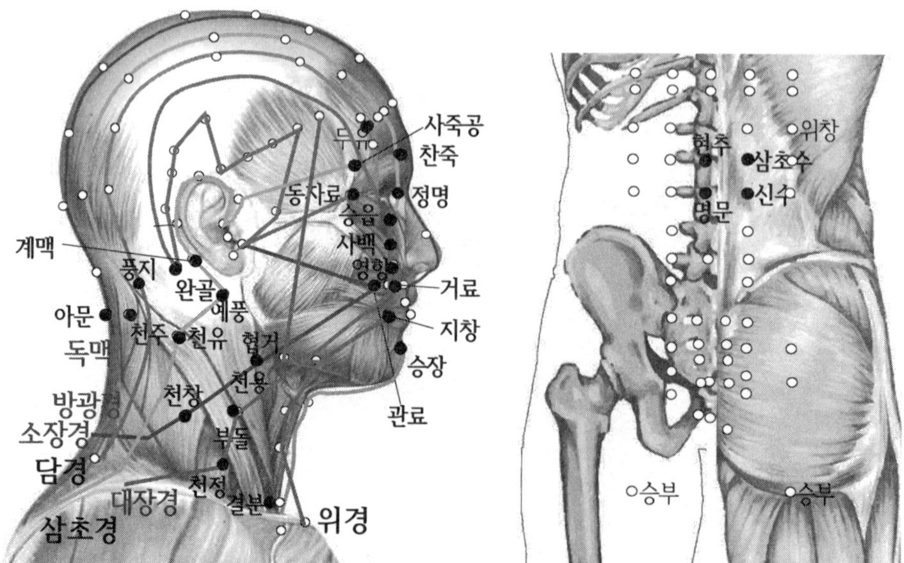

「그림 2-17」 얼굴 경련 부위의 경락과 경혈

9. 눈의 피로

오랜시간 집중하여 책을 보거나 컴퓨터 작업 등으로 눈이 피로해지게 되면 자신도 모르게 눈을 비비게 된다. 이는 알게 모르게 지압이나 마사지를 하게 되는 것이다. 이렇듯이 눈이 피로하게 되면 뻑뻑하게 되고 또한 머리가 무겁거나 뒷 목이 뻣뻣하고 땡기는 등의 이상 증상이 나타나게 된다. 이럴 때에 가벼운 목 운동과 함께 눈과 목의 근육을 풀어주게 되면 한결 나아질 것이다.

양손 바닥이 세수를 하듯이 위를 향하게 하여 엄지로(지장을 찍는 부위) 눈썹 부위

방광경의 ①정명혈과 ②찬죽혈 및

삼초경의 ㉓사죽공혈과 눈 아래 부위 **위경**의 ①승읍혈을 누른 후 관자놀이 주위

담경의 ①동자료혈과 ⑤현로혈 ⑥현리혈 ⑦곡빈혈 등을 누른다.

그리고 뒷덜미 두개골 밑 부위

독맥의 ⑮아문혈을 한 손으로 이마를 받치고 다른 손 엄지로 누른 후 양손 손바닥을 뒤로 향하게 하여 양손 엄지로

방광경의 ⑩천주혈과 **담경**의 ⑳풍지혈을 누르고 이어서 목덜미의 근육과 함께

소장경의 ⑮견중수혈 **담경**의 ㉑견정(肩井)혈 등을 지압과 아울러 마사지를 하게 되면 효과를 볼 수가 있을 것이다(그림 2-18).

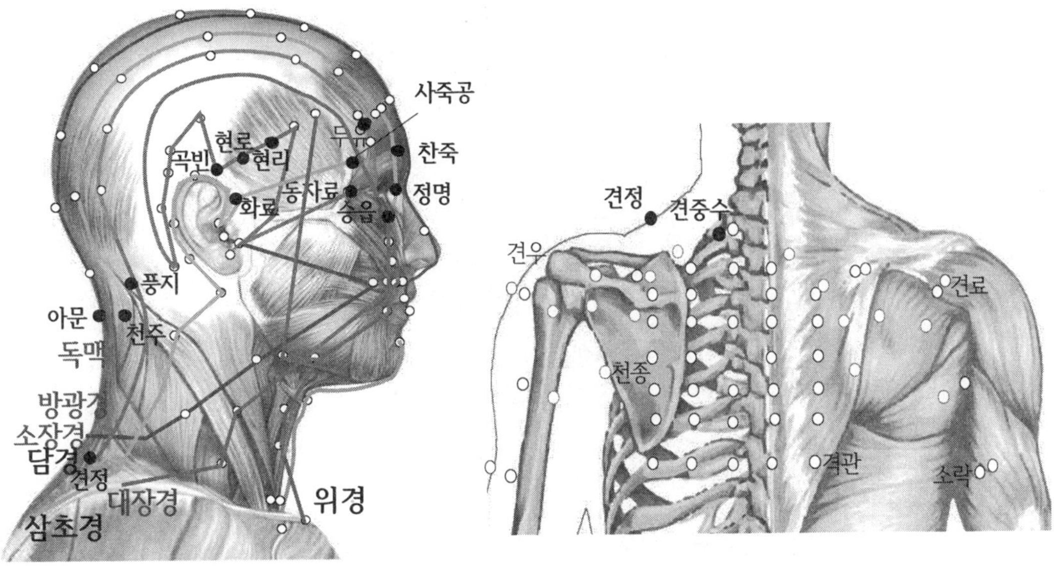

「그림 2-18」 눈의 피로와 관련된 경락과 경혈

10. 코피가 날 때

어릴적 싸움이랄 것도 없겠지만 그래도 말다툼 끝에 닭싸움을 하듯이 서로가 난타전을 펼치다가 어느 한 사람이 코피가 나게 되면 울게 되고 벌어졌던 싸움은 끝이 났던 모습을 기억하고 있을 것이다. 그러나 싸움이나 사고 등이 없었는데도 어쩌다가 코피가 나게 되면 당황을 하게 되고 휴지를 말아 코를 틀어막거나 머리를 뒤로 제껴 수도로 뒷덜미를 두드려주는 모습들을 한두번 정도는 보았을 것이다. 그럴 때에는 당황하지 말고 엄지손가락과 인지(둘째 손가락)로 코뼈를 2~3회 정도 지그시 눌러 자극을 주면서 뼈의 이상 유무를 확인한 후 머리를 뒤로 제끼게 하여 한손의 엄지와 인지로는 관자놀이(현로혈)를 잡고 다른 손의 엄지 손가락은 지장을 찍듯이 머리와 목뼈의 연결 부위로 움푹 들어간 곳 **독맥**의 ⑮아문혈을 동시에 눌러(약 3~5초 정도)준 후 2~3초 정도 쉬었다가 다시 눌러 주는 동작을 3~4회 정도 해주고 잠시 안정을 취하게 되면 코피는 바로 멈추게 되는데 이때 바로 코를 푸는 것은 자제하도록 한다. (그림 2-19)

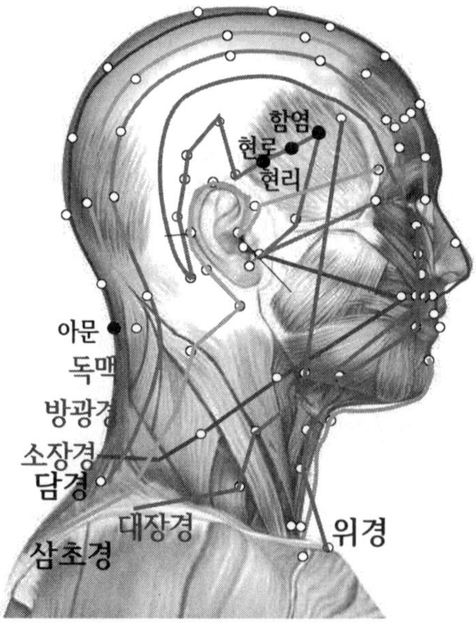

「그림 2-19」 코피와 관련된 경락과 경혈

11. 코막힘(콧물)

코가 막히다 보면 숨을 쉬기가 답답하여 입으로 숨을 쉬게 되는 경우가 있을 수가 있게 된다. 이럴 때 물론 전문의의 진료가 필요하겠지만 우선 목 뒤에 있는

방광경의 ⑩천주혈과

담경의 ⑳풍지혈을 그리고 코망울 양옆

대장경의 ⑳영향혈과 이마 위쪽

방광경의 ④곡차혈 ⑦통천혈 및

독맥의 ⑳백회혈 ㉑전정혈을 눌러주고 다리 쪽

방광경의 ㊽비양혈(곤륜혈의 7촌 위)과 ⑥⓪곤륜혈(바깥쪽 복숭아뼈의 뒤와 아킬레스 건의 중간에 오목하게 들어간 부위) 등을 눌러(지압)주면 많은 효과를 볼 수가 있을 것이다(그림 2-20).

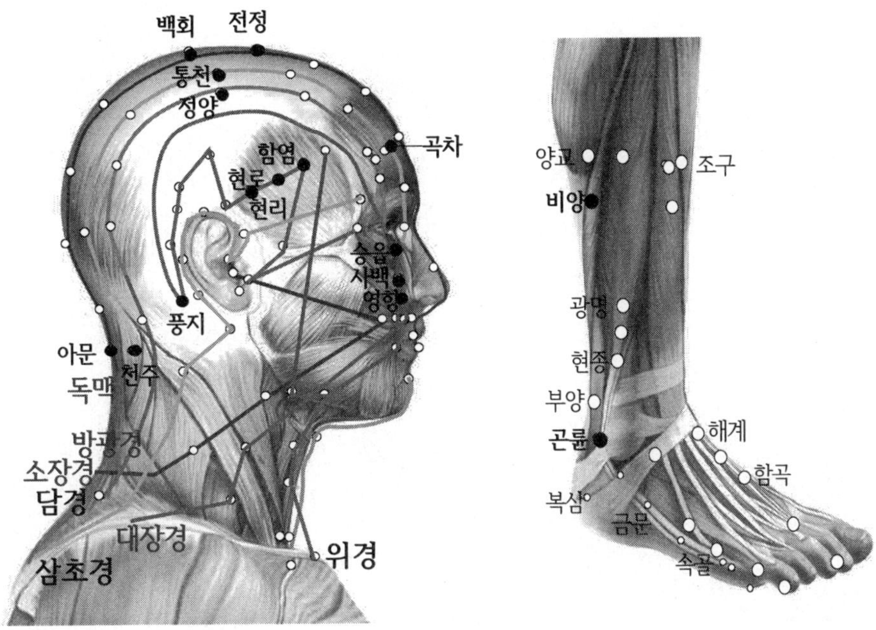

「그림 2-20」 코막힘과 관련된 경락과 경혈

제3장. 두부(머리)의 통증

경부(목)의 근육으로 앞면과 옆면의 천층에는 흉쇄유돌근과 설골 상 · 하근이 심층에는 사각근 등이 있으며 후경부(뒷목)의 천층에는 승모근과 견갑거근이 심층에는 판상근과 척추기립근 및 반극근과 후두하근 등이 위치하여 기능을 하고 있다.

두통은 통증(머리)의 발생부위에 따라 편두통(측두통), 두정통, 전두통, 후두통으로 구분되고 있으며 두통과 머리가 무거운 증상은 감기나 생리이상 및 이통과 치통 및 신경통 그리고 사고나 싸움 등으로 근육에 충격 또는 손상을 입었을 경우나 평소 바르지 못한 자세로 인하여 근육의 불균형을 초래한 경우 또는 과도한 근육의 사용으로 근육에 피로가 누적된 경우 그리고 심한 스트레스와 혈액의 순환이 원활하지 못하였을 경우 등으로 생각을 해볼 수가 있을 것이다(그림 3-1).

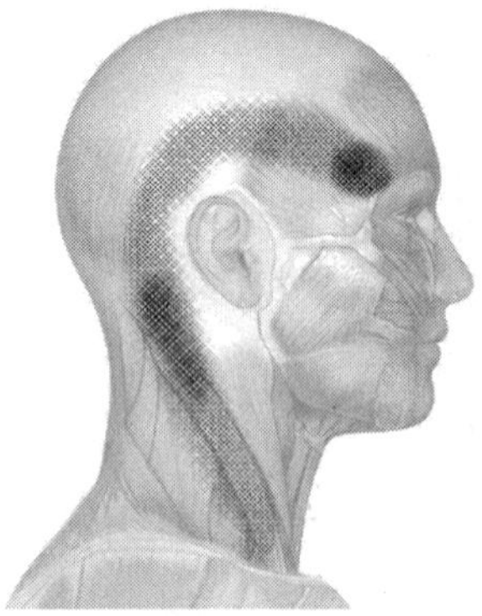

승모근(상부)

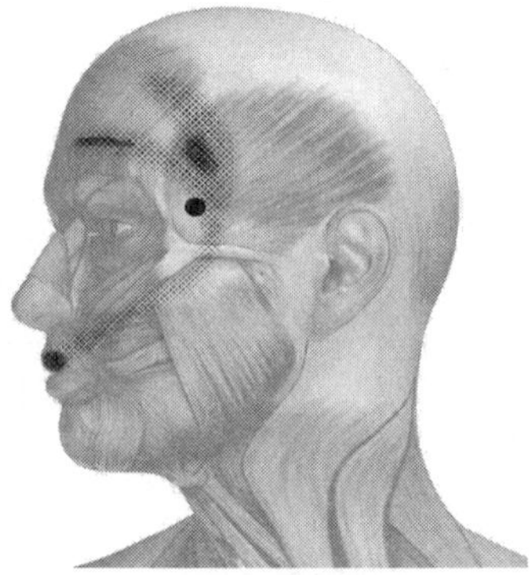

측두근(관자놀이 부위)

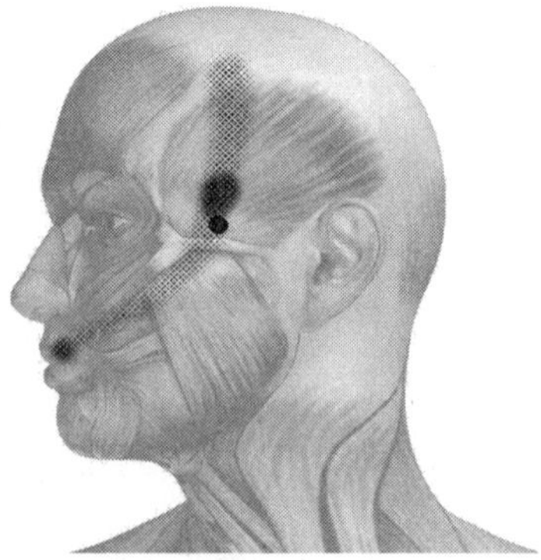

측두근(관자놀이와 귀의 중간)

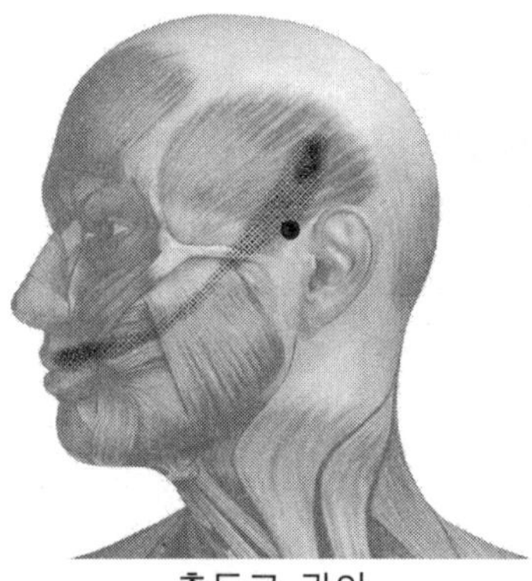

측두근 귀앞

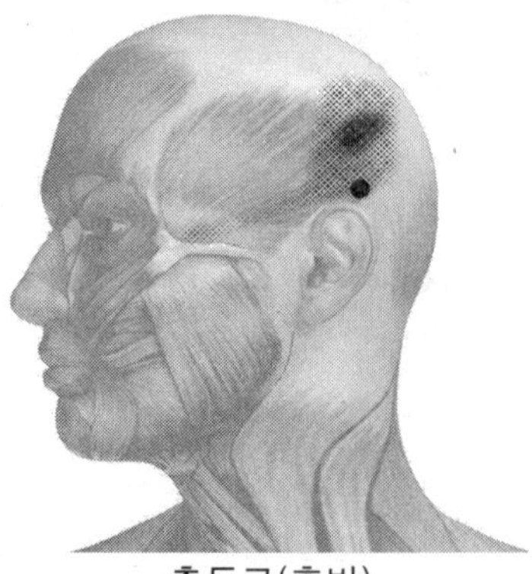

측두근(후방)

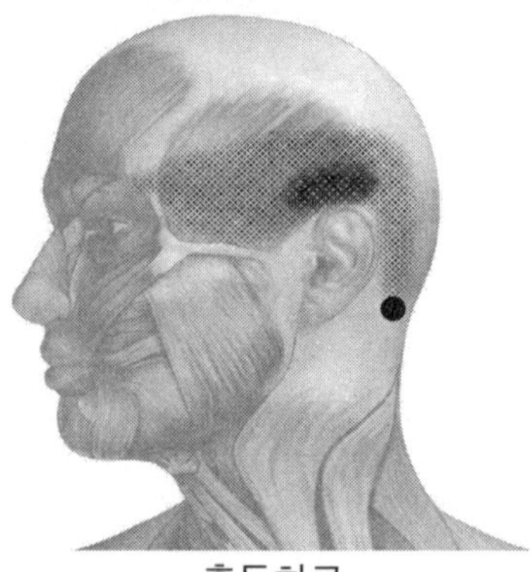

후두하근

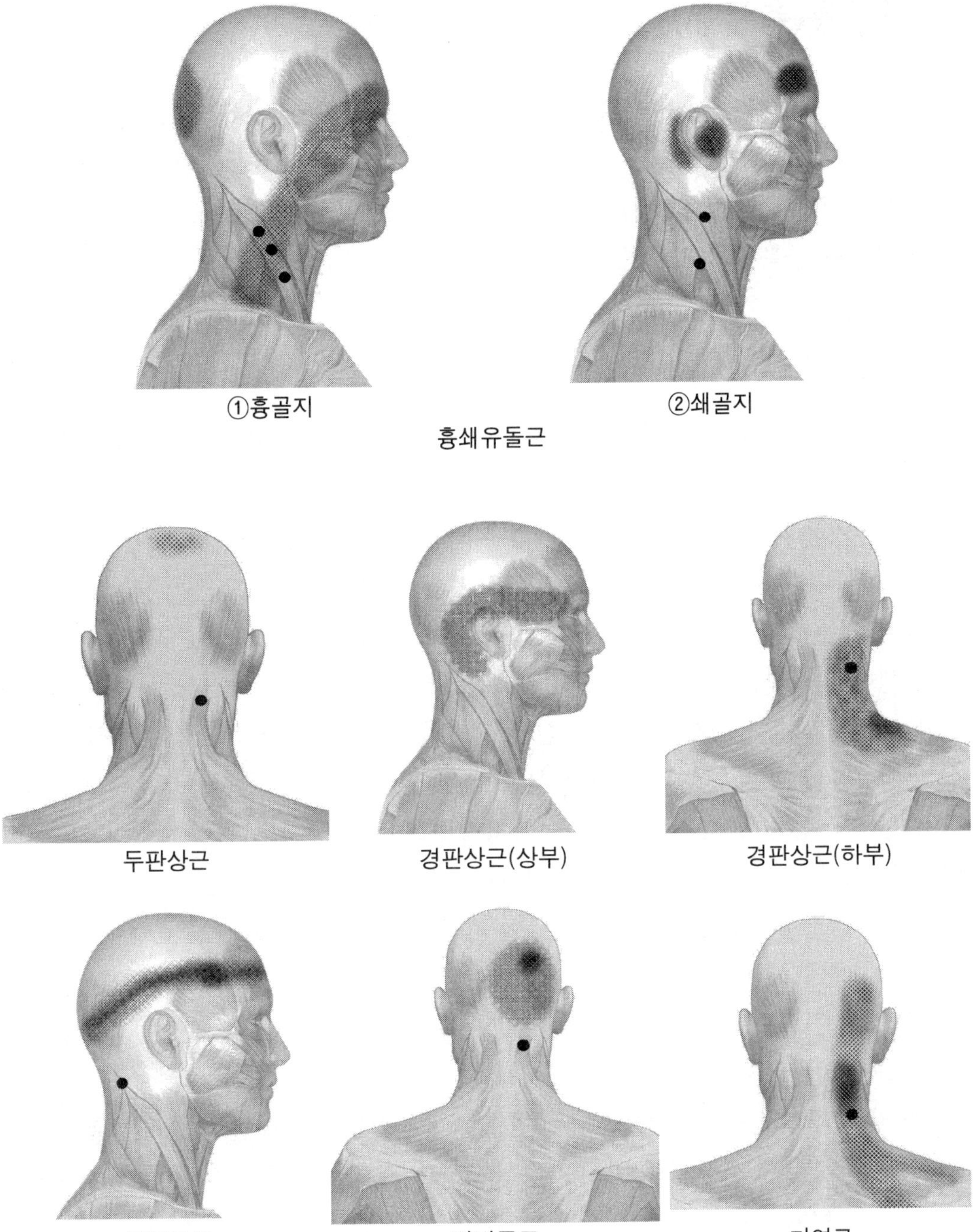

「그림 3-1」 머리(두부)의 발통점과 연관통

Ⅰ. 편두통(측두통)

일반적으로 머리의 옆부위에 통증이 발생하게되면 옆골(쪽골)이 아프다면서 인상을 찡그리게 된다. 이는 평소 잘못된 자세와 습관과 스트레스 등에 의해 관련된 근육에 혈액 순환이 원활하게 이루어지지 않아 나타나는 것으로 보고 있다.

이와 관련된 근육을 살펴보면

1. 승모근(僧帽筋)

승모근은 제11뇌신경(부신경)과 경수신경(경추 3번, 4번)의 지배를 받아 견갑골을 올리고 내리는 등의 기능을 하는 천배근의 근육이다.

장시간 무거운 배낭이나 등짐을 지는 경우와 운전기사나 사무직 종사자 및 스트레스를 많이 받는 경우 특히 여성의 경우 피로하거나 생리때 등은 승모근의 상부가 긴장이 되어 굳어 있는 경우가 많아 통증 발생에 쉽게 노출되게 된다. 승모근의 상부에서 통증이 발생하게 되면은(그림 3-2)목덜미가 뻐근하고 어깨죽지가 묵직하며 심한 경우에는 측두부를 지나 안구까지 통증이 확산되고 어지러움을 호소하기도 하며 견갑골의 내측상부에 통증이 발생하면 제6번 경추부위가 찢어지는 듯한 통증이 나타나기도 한다. 따라서 상부의 통증 발생은 해당 부위의 경락들인

대장경의 ⑮견우혈 ⑯거골혈 ⑰천정혈과

소장경의 ⑩노수혈 ⑫병풍혈 ⑭견외수혈 ⑮견중수혈을 그리고

방광경의 ⑪대저혈 ⑩천주혈, ⑨옥침혈과

삼초경의 ⑭견료혈 ⑮천료혈 ⑯천유혈 ⑰예풍혈 ⑱계맥혈 ⑲노식혈 ⑳각손혈 ㉓사죽공혈 및

담경의 ③객주인(상관)혈 ④함염혈 ⑤현로혈 ⑥현리혈 ⑦곡빈혈 ⑧솔곡혈 ⑫완골혈 ⑮두암읍혈 ⑯목창혈 ⑰정영혈 ⑳풍지혈 ㉑견정혈 등을 지압과 마사지를 하여 준다(그림 3-3).

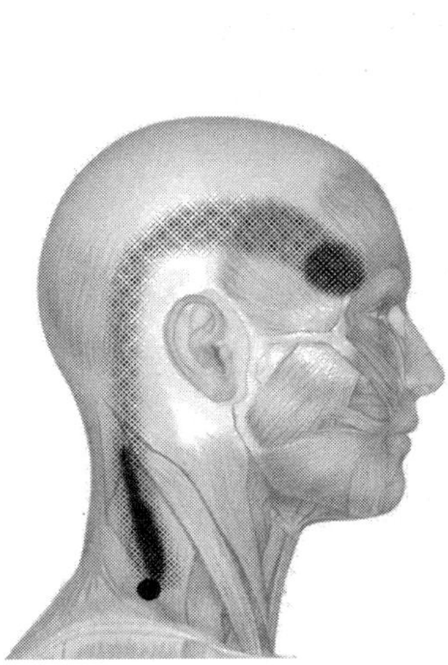

「그림 3-2」 승모근(상부)의 발통점과 연관통

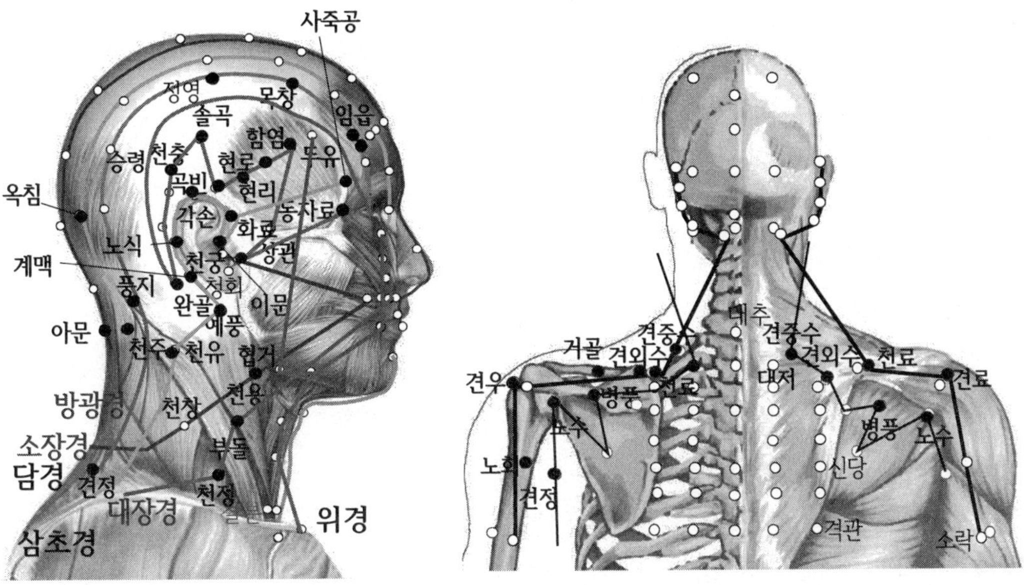

「그림 3-3」 승모근(상부) 통증 부위의 경락과 경혈

2. 측두근 (側頭筋, Temporalis)

제5뇌(삼차신경: 안신경, 상악신경, 하악신경)의 3지인 하악신경의 지배를 받는 측두근은 입을 다물거나 턱을 뒤로 당기는 작용을 하는 부채 모양을 하고 있는 근육으로 주로 두통과 치통이 함께 나타나게 되는데 자극적인 식·음료를 섭취할 때 치아에 통증이 나타나기도 한다. 그리고 관자놀이 부위의 근육 손상은 눈동자를 욱씬거리게 하며 또한 일정한 간격으로 옆머리가 욱씬거리는 통증을 일으키며, 통증이 발생할 때 끈 등으로 머리를 동여매면 다소 완화되기도 하여 머리를 질끈 동여매고 누워있는 모습을 보았을 것이다. 심한 경우에는 구토와 오심 등이 동반되는 경우도 있다. 통증의 발생부위에 따라

1. 관자놀이 부위에서 시작되어 눈썹 부위와 눈 뒤 및 이마쪽과 관절을 지나 상악으로 또한 윗니 부위로 연관통이 발생하며 (그림 3-4)
2. 관자놀이와 귀의 중간 부위에서 시작되어 측두근의 중간과 관골을 지나 송곳니 부위로 연관통이 발생하는 경우도 있다(그림 3-5). 그리고
3. 귀의 앞부분에서 시작하여 측두근의 뒷부분과 관골을 지나 어금니 부위로 연관통이 나타나기도 하며 (그림 3-6) 측두근의
4. 후방에서 시작하여 후두부위로 연관통이 나타나기도 한다(그림 3-7).

이에 **위경**의 ⑧두유혈과

방광경의 ②찬죽혈 ③미충혈 ④곡차혈 ⑤오처혈 ⑥승광혈 ⑦통천혈 ⑨옥침혈 ⑩천주혈 ⑪대저혈 ⑫풍문혈 및

삼초경의 ⑰예풍혈 ⑱계맥혈 ⑳각손혈 ㉓사죽공혈 등을 그리고

담경의 ③객주인혈 ④함염혈 ⑤현로혈 ⑥현리혈 ⑦곡빈혈 ⑧솔곡혈 ⑫완골혈 ⑬본신혈 ⑭양백혈 ⑮임읍혈 ⑰정영혈 ⑳풍지혈 등과

독맥의 ⑮아문혈 ⑯풍부혈 ⑱강간혈 ⑲후정혈 ⑳백회혈 ㉔신정혈 등에 지압과 마사지 등을 하여 기혈이 순행하도록 하여준다(그림 3-8).

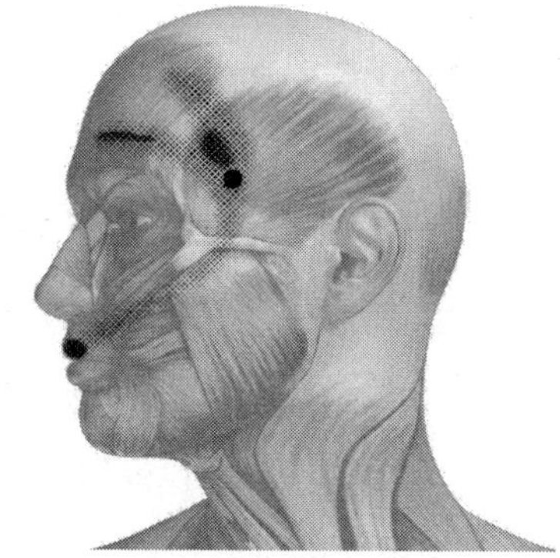

「그림 3-4」 측두근(관좌놀이 부위)의 발통점과 연관통

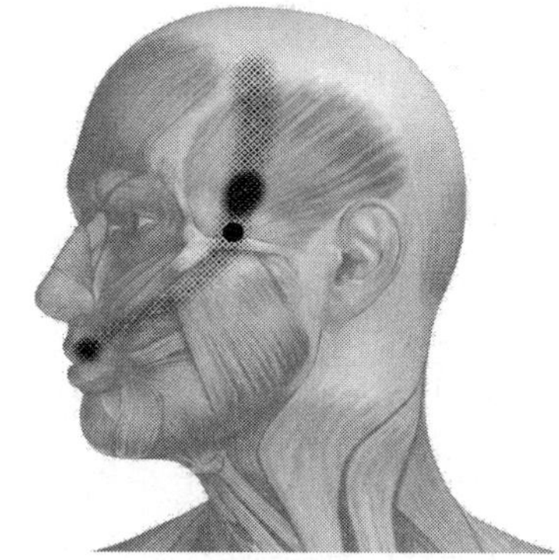

「그림 3-5」 측두근(관좌놀이와 귀의 중간)의 발통점과 연관통

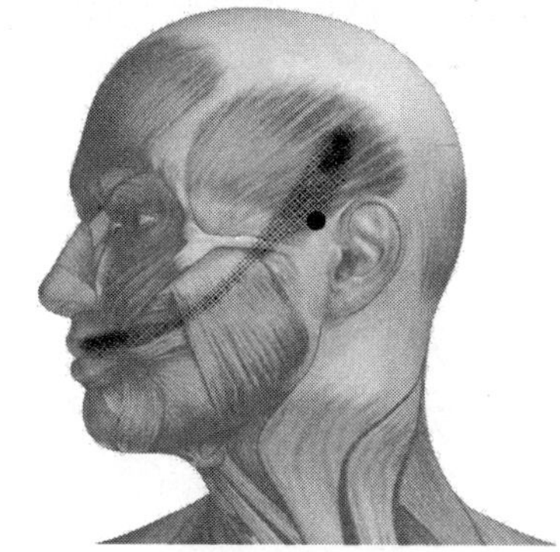

「그림 3-6」 측두근(귀 앞)의 발통점과 연관통

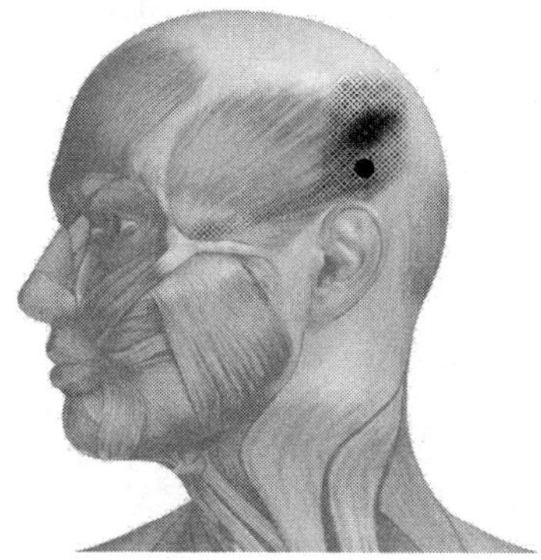

「그림 3-7」 측두근(후방)의 발통점과 연관통

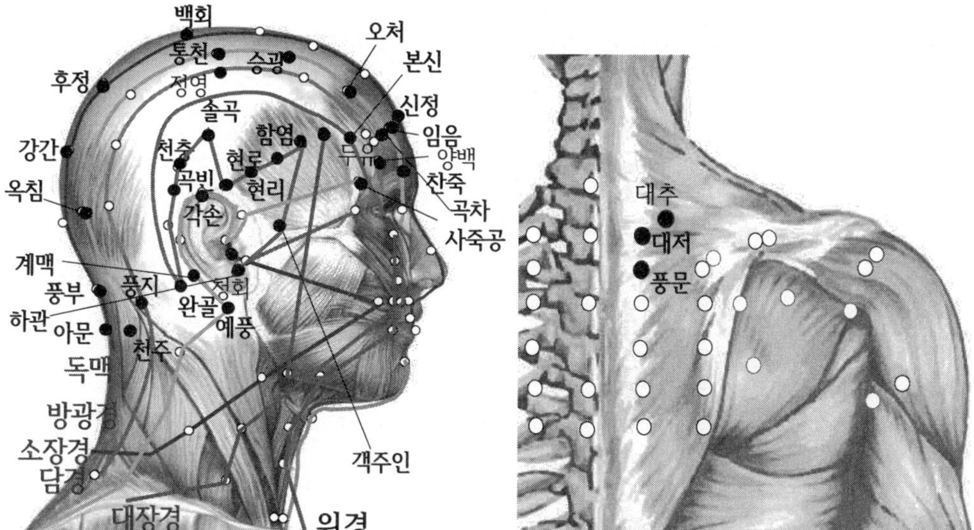

「그림 3-8」 측두근 통증 부위의 경락과 경혈

3. 경판상근(板狀筋)

판상근은 두판상근과 경판상근으로 이루어져 있으며 경판상근는 경수신경(경추 제2번~4번)의 지배를 받아 경추의 회전과 측굴 등의 기능을 하는 심배근의 근육으로 흉추 제3번~6번 극돌기에서 경추 제1번~3번 극돌기에 부착을 한다. 초보운전이나 턱을 앞으로 내밀고 머리를 뒤로 제껴 운전하는 경우 또는 한 곳을 집중적으로 응시하는 경우 등에 이상이 나타날 수 있으며 경판상근의 위쪽(그림 3-9)에 통증이 발생하면 아픈 쪽의 머릿속에서 눈의 뒷부분까지 눈동자가 빠지는 것 같은 통증이 나타나고 같은 쪽에 시력 장애가 발생하며 경판상근의 아래쪽(그림 3-10)에 통증이 발생하게 되면 아픈쪽의 목부분과 어깨죽지 부위가 끊어지는 것 같은 아픈 연관통이(경추7번과 흉추1번 부위) 나타나기도 한다. 따라서

대장경의 ⑯거골혈 ⑰천정혈과

소장경의 ⑮견중수혈 ⑯천창혈 및

방광경의 ⑩천주혈 등을 그리고

삼초경의 ⑭견료혈 ⑮천료혈 ⑯천유혈 ⑰예풍혈 ⑱계맥혈 ⑲노식혈 ⑳각손혈 ㉑이문혈 ㉒화료혈 ㉓사죽공혈 및

담경의 ①동자료혈 ③객주인혈 ④함염혈 ⑤현로혈 ⑥현리혈 ⑦곡빈혈 ⑧솔곡혈 ⑩부백혈 ⑪두규음혈 ⑫완골혈과 ⑲뇌공혈 ⑳풍지혈,

독맥의 ⑭대추혈 ⑮아문혈 등을 지압과 아울러 마사지 등을 하여준다(그림 3-11).

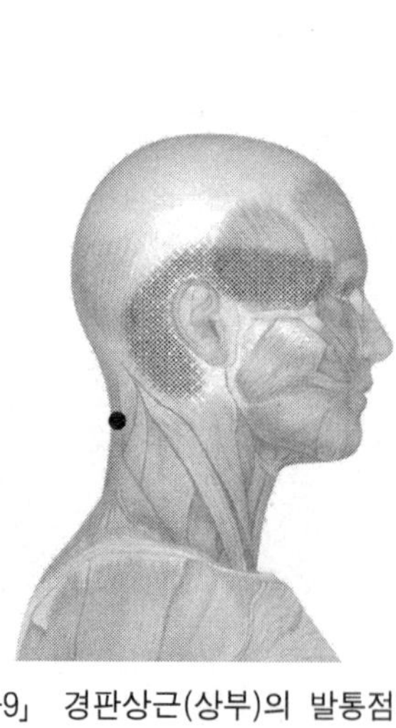

「그림 3-9」 경판상근(상부)의 발통점과 연관통

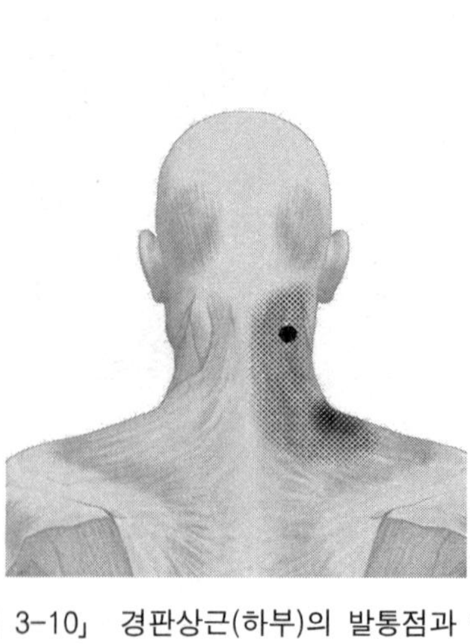

「그림 3-10」 경판상근(하부)의 발통점과 연관통

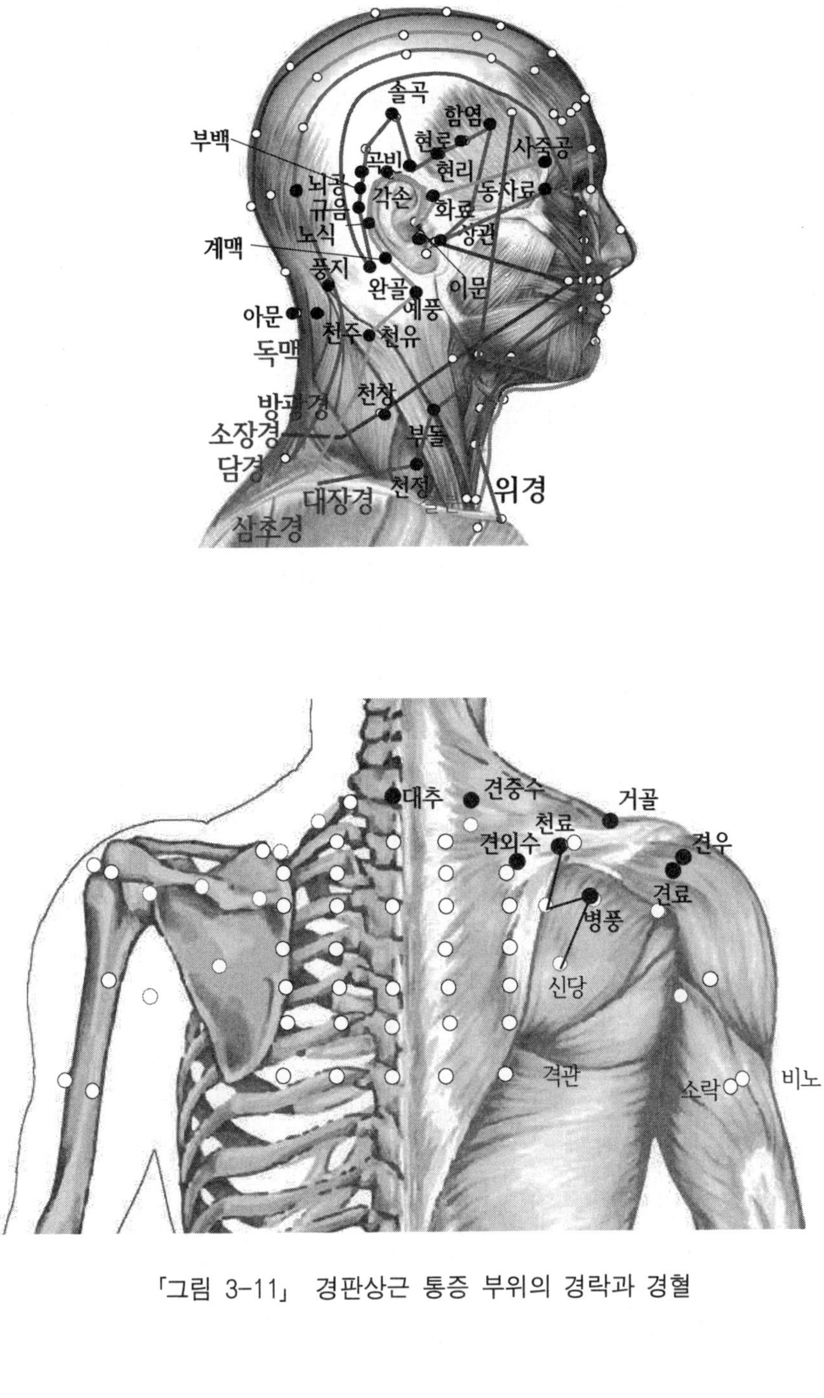

「그림 3-11」 경판상근 통증 부위의 경락과 경혈

4. 흉쇄유돌근(胸鎖乳突筋)

흉쇄유돌근은 제11뇌신경(척수부신경)인 경수신경(경추2, 3번)의 지배를 받아 두부와 경부의 굴곡과 회전 기능을 하는 근육으로 흉골지와 쇄골지로 구성이 되어있다. 흉쇄유돌근에 통증이 발생을 하면 주로 두부와 안면에 연관된 통증이 나타나며 안면신경마비나 3차신경통과 안면이 쉽게 붉어지고 눈이 잘 충혈이 되며 침침해지고 귀에 문제가 자주 발생을 하게 되면 흉쇄유돌근의 긴장이 원인이다. 그리고 어지럼증과 멀미와 속이 메스꺼우며 안륜근의 경련과 통증이 동시에 일어나고 코감기나 알러지 비염 등의 증상이 나타나고 또한 마른기침 등의 증상이 나타날 수가 있으며 음주후 앞골이 쏟아질 것 같고 깨질듯한 통증이 발생할 수가 있다. 그리고 한쪽의 흉쇄유돌근에만 통증이 발생을 하게 되면 고개는 발생한 쪽으로 기울게 되고 얼굴은 반대쪽으로 회전이 되어 어깨가 한쪽으로 기울게 된다. 따라서 양 어깨의 높이가 차이가 있게 된다.

그리고 흉골지의 상단에 통증이 발생을 하면 귀 뒷부분과 귓속에 연관통이 발생을 하며 두정부에 망치로 치는 듯한 통증이 반복되고 머리카락이 스치기만 하여도 통증이 나타나며 흉골지의 중간에서 통증이 발생을 하면 같은 쪽 뺨 부위와 눈 주위로 연관통이 발생하여 귓속까지 통증이 확산되는 경우도 있다. 그리고 흉골지의 아래 안쪽에서 통증이 발생을 하면 턱의 끝부분과 입속의 인두에 연관통이 나타나며 음식물을 삼키게 되면 혀의 뒤쪽과 인두에 통증이 나타나며 흉골지 아래에 통증이 발생을 하면 흉골의 상부에 연관통이 나타난다. (그림 3-12)

또한 쇄골지의 상부에 통증이 발생을 하게 되면 같은쪽 귓바퀴의 뒤쪽과 귓속에 통증이 나타나며 때로는 뺨과 대구치(molar teeth)까지도 통증이 확산된다. 그리고 쇄골지의 중간부분에 발통점이 발생을 하면 같은 쪽의 이마에 연관통이 나타나고 심하면 반대쪽 이마까지도 확산된다. 흉쇄유돌근 또는 승모근에 통증이 발생을 하여 병적으로 긴장을 하게 되면은 현기증이나 오심 등의 증상들이 나타나고 차멀미나 배멀미를 심하게 느끼게 된다.

그리고 쇄골지의 이상긴장에 의해 기립성 어지러움증이 있는 사람이 목을 움직여 쇄골지의 긴장도가 갑자기 변화하게 되면은 발작적인 현기증이 나타나며 심한 경우에는 실신까지 하는 경우도 있으며 측정 이상(물체의 무게를 정확하게 인식하지 못하는 현상) 또한 쇄골지의 통증에 의한 증상으로 주로 한쪽 쇄골지에만 통증이 생긴 경우에 나타나기 쉬우며 양손에 동일한 무게의 물건을 들어도 통증이 발생한 쪽의 무게가 더 가볍게 느끼게 된다. 쇄골지의 경우 이마에 국소적인 발한과 혈관의 수축이 나타나고 때로는 청력이 감소되거나 이명 등이 나타날 수도 있다(그림 3-13). 따라서 이러한 경우에는 **대장경**의 ⑰천정혈 ⑱부돌혈과 **위경**의 ①승읍혈 ②사백혈 ③거료혈 ⑤대영혈 ⑥협거혈 ⑦하관혈 ⑨인영혈 ⑩수돌혈 ⑪기사혈 ⑫결분혈을, 그리고 **소장경**의 ⑯천창혈 ⑰천용혈 ⑱관료혈 등과 **방광경**의 ①정명혈 ②찬죽혈 ③미충혈 ④곡차혈 ⑩천주혈과 **삼초경**의 ⑯천유혈 ⑰예풍혈 ⑱계맥혈 ⑲노식혈 ㉑이문혈 ㉒화료혈 ㉓사죽공혈 및 **담경**의 ①동자료혈 ②청회혈 ③객주인혈 ⑩부백혈 ⑫완골혈 ⑭양백혈 ⑲뇌공혈 ⑳풍지혈 등에 지압과 아울러 마사지 등을 통하여 기혈의 순행을 원활하게 해주도록 한다(그림 3-14).

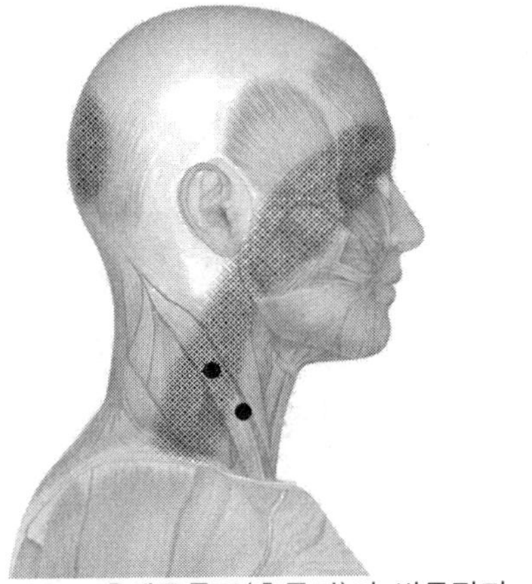

「그림 3-12」 흉쇄유돌근(흉골지)의 발통점과 연관통

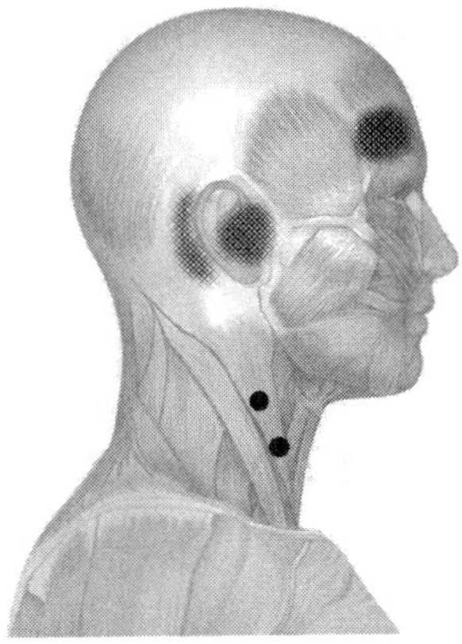

「그림 3-13」 흉쇄유돌근(쇄골지)의 발통점과 연관통

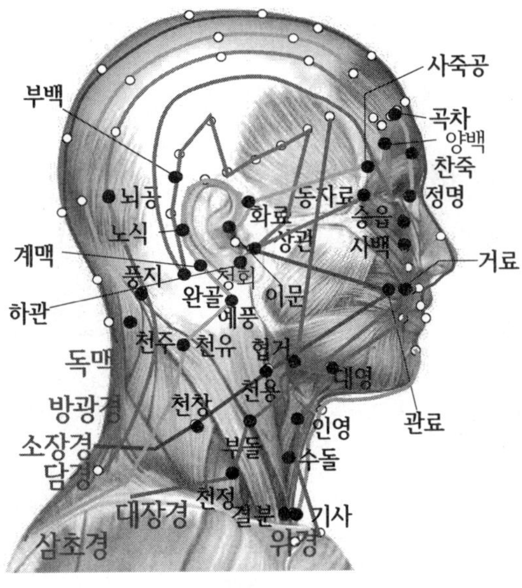

「그림 3-14」 흉쇄유돌근 통증 부위의 경락과 경혈

5. 후두하근(後頭下筋)

후두하근은 경수신경(경추1번, 후지)의 지배를 받아 머리의 회전과 목의 굴곡 및 신전과 자세를 유지하는 등의 기능을 하는 근육이며 승모근과 두반극근의 심부에 있는 대후두직근과 소후두직근 및 상·하두사근을 말한다. 후두하근은 안면근육의 떨림이나 안면신경마비 등의 치료 근육으로 대부분이 후경부의 다른 근육 특히 두반극근에 통증이 발생될 때 2차적으로 발생하게 되는데 후두하근육에 통증이 발생하게 되면 근 긴장에 의해서 후두피 신경을 압박하게 되어 고혈압 환자에게 많이 볼 수 있는 두통으로 통증을 동반하기도 한다. 그리고 후두피신경통이나 머리가 깨져 나가는 듯한 통증과 측두통이 나타나게 되며 베개를 베게 되면 즉각적으로 두통이 일어나게 된다(그림 3-15). 이러한 경우 **독맥**의 ⑮아문혈 ⑯풍부혈 ⑰뇌호혈 ⑱강간혈 ⑲후정혈과 **방광경**의 ⑨옥침혈 ⑩천주혈 및 **담경**의 ③상관혈 ④함염혈 ⑤현로혈 ⑥현리혈 ⑦곡빈혈 ⑧솔곡혈 ⑨천충혈 ⑩부백혈 ⑪규음혈 ⑫완골혈 ⑰정영혈 ⑲뇌공혈 ⑳풍지혈 등을 그리고 **삼초경**의 ⑰예풍혈 ⑱계맥혈 ⑲노식혈 ⑳각손혈 ㉓사죽공혈 등을 지압과 아울러 마사지를 해주도록 한다(그림 3-16).

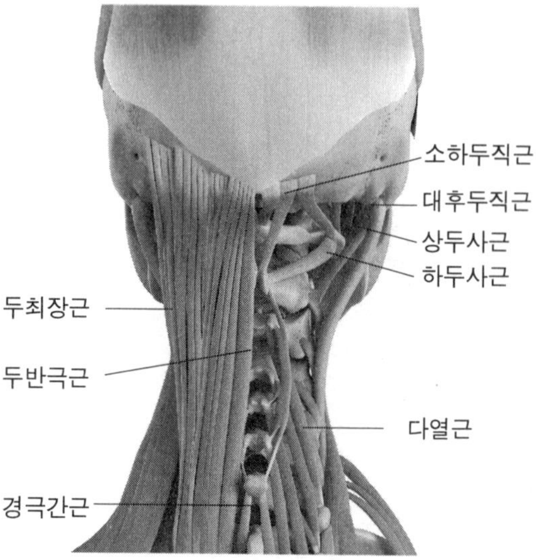

「그림 3-15」 후두하근

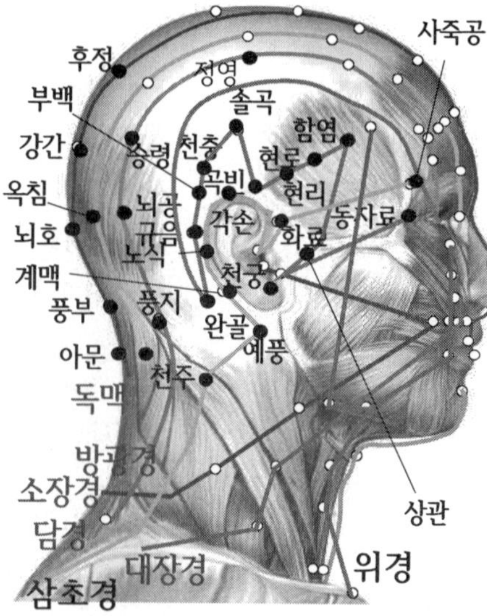

「그림 3-16」 후두하근 통증 부위의 경락과 경혈

6. 횡돌극근(橫突棘筋)

척수신경 지의 지배를 받는 경부판상근의 심부에 위치한 횡돌극근은 두반극근(頭半棘筋)과 경반극근(經半棘筋) 및 다열근(多裂筋)을 일컫는 것으로 횡돌극근이 한쪽만 수축할 경우에는 목의 회전운동을 시키고 양쪽이 수축할 경우에는 목을 신전시키는 기능을 한다. 두반극근은 경수신경(경추 제1번~5번)의 지배를 받아 머리의 신전 등의 기능을 하는 심배근의 근육으로 두반극근의 통증은 주로 후두융기 아래 두반극근의 부착 부위에서 바늘로 찌르는듯한 통증과 후끈하게 열이 나는 듯한 작열통이 발생되며 연관통은 목에는 나타나지 않고 후두부에서 띠 모양으로 머리를 감싸고 돌아 측두부와 눈의 위쪽에 집중적으로 나타난다(그림 3-17). 이러한 경우에는 **방광경**의 ②찬죽혈 ③미충혈 ④곡차혈에서 ⑨옥침혈 ⑩천주혈에 이르는 경혈 등과 **삼초경**의 ⑯천유혈 ⑰예풍혈 ㉓사죽공혈을 그리고 **담경**의 ③상관혈 ④함염혈 ⑤현로혈 ⑥현리혈 ⑧솔곡혈 ⑨천충혈 ⑫완골혈 ⑬본신혈 ⑭양백혈 ⑮두임읍혈 ⑰승령혈 ⑲뇌공혈 ⑳풍지혈 ㉑견정혈 및 **독맥**의 ⑭대추혈 ⑮아문혈 ⑯풍부혈 ⑰뇌호혈 ⑱강간혈 ⑲후정혈 등을 지압과 아울러 마사지 등을 하여 기혈이 순행하도록 하여 준다(그림 3-18).

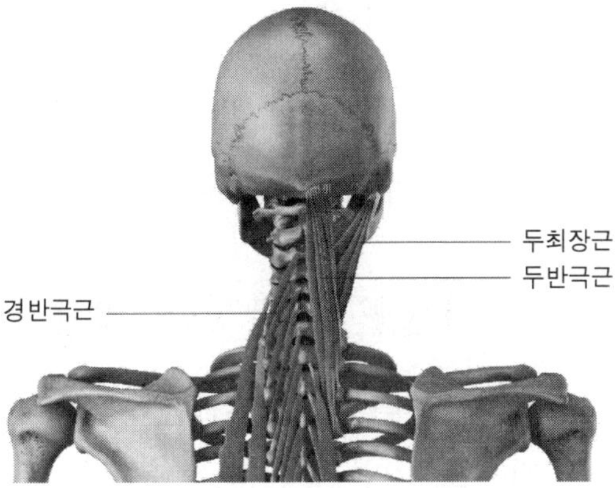

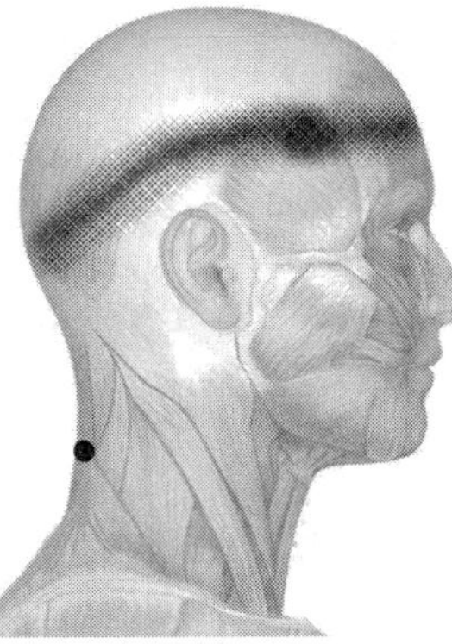

「그림 3-17」 횡돌극근(두반극근)의 발통점과 연관통

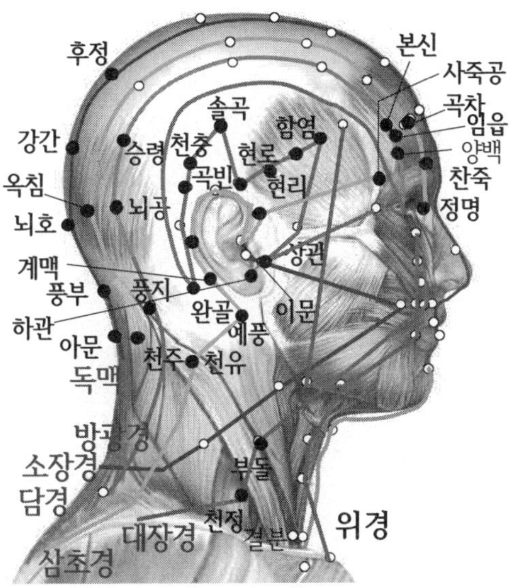

「그림 3-18」 횡돌극근(두반극근) 통증 부위의 경락과 경혈

Ⅱ. 두정통

머리의 정수리 부위가 망치로 치는 듯한 통증과 머리카락을 만지거나 스치기만 하여도 통증이 나타나게 된다.

1. 판상근(두판상근, 頭板狀筋)

판상근는 두판상근과 경판상근으로 이루어져 있으며 경수신경(경추 제2번~4번)의 지배를 받아 목의 측굴과 신전 등의 기능을 하는 심배근의 근육이다.

통증이 발생을 하게 되면 연관통은 아픈 쪽의 정수리에 나타나고 목을 앞으로 숙이게 되면 목 뒤가 당기면서 뻐뻐하고 무거운 통증을 느끼기도 한다(그림 3-19). 이러한 경우에는 **방광경**의 ⑦통천혈 ⑧낙각혈 ⑨옥침혈 ⑩천주혈과 **삼초경**의 ⑰예풍혈 및 **담경**의 ⑫완골혈 ⑲뇌공혈 ⑳풍지혈을 그리고 **독맥**의 ⑭대추혈 ⑮아문혈 ⑯풍부혈 ⑰뇌호혈 ⑱강간혈 ⑲후정혈 ⑳백회혈 ㉑전정혈 등을 지압과 마사지를 하여 주도록 한다(그림 3-20).

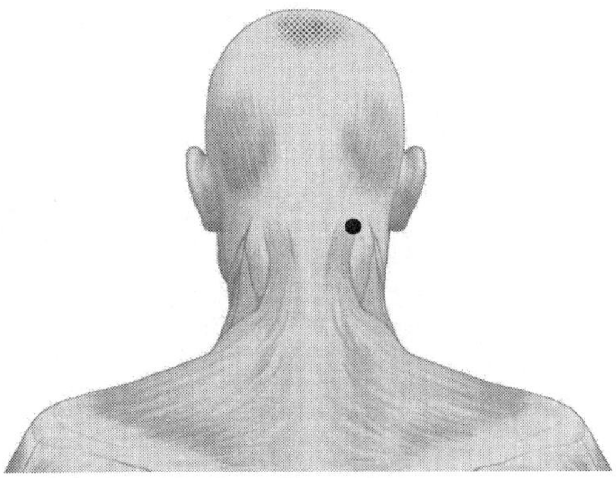
「그림 3-19」 판상근(두판상근)의 발통점과 연관통

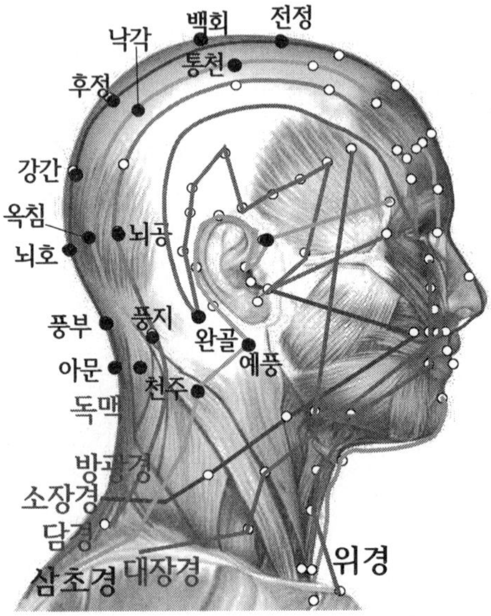

「그림 3-20」 판상근(두판상근) 통증 부위의 경락과 경혈

Ⅲ. 전두통

머리의 앞(이마) 부위에 통증이 주로 발생하는 것으로 흔히 앞골이 흔들린다거나 앞골이 쏟아질 것 같다는 표현을 하게 된다.

1. 흉쇄유돌근(쇄골지)

제11뇌신경(척추부신경)과 경수신경(경추 제2번, 3번)의 지배를 받아 목의 측굴과 전굴 등의 기능을 하는 천경근의 근육으로 흉쇄유돌근의 쇄골지 중간 부위에서 통증이 발생하게 되면(그림 3-21) 같은 쪽 이마 부위에 연관된 통증이 나타나게 되며 특히 음주 후 앞골이 쏟아질 것 같고 깨질 듯한 통증이 나타나기도 한다. 특히 교통사고 등에 의한 목의 충격은 물론 다리를 꼬고 비스듬한 자세에서 머리를 돌려 장시간 대화나 TV등을 시청하거나 쪼그려 앉아 턱을 앞으로 내밀고 치켜 올려 TV나 영화 등을 관람하게 되면 통증의 발생에 쉽게 노출될 수가 있다. 이러한 경우에는 **대장경**의 ⑰천정혈 ⑱부돌혈과 **위경**의 ⑩수돌혈 ⑪기사혈 ⑫결분혈 등을 그리고 **소장경**의 ⑯천창혈 ⑰천용혈 및 **방광경**의 ②찬죽혈 ③미충혈 ④곡차혈 ⑩천주혈과 **삼초경**의 ⑯천유혈 ⑰예풍혈 ⑱계맥혈 ⑲노식혈 ⑳각손혈 ㉒화료혈과 **담경**의 ②청회혈 ③상관혈 ⑩부백혈 ⑫완골혈 ⑭양백혈 ⑲뇌공혈 ⑳풍지혈 등을 지압과 마사지 등을 하여 기혈이 순행하도록 하여준다(그림 3-22).

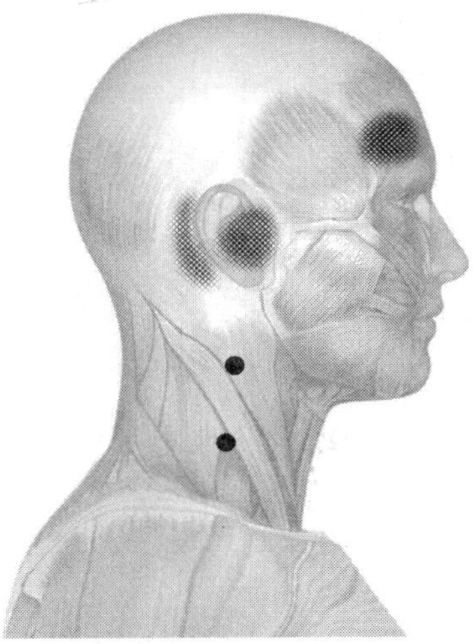

「그림 3-21」 흉쇄유돌근(쇄골지)의 발통점과 연관통

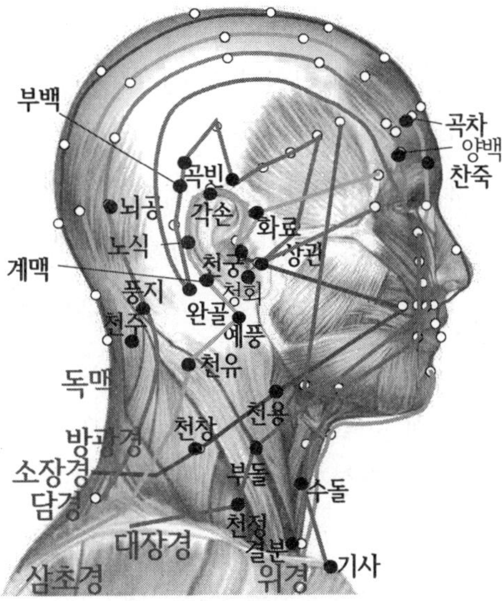

「그림 3-22」 흉쇄유돌근(쇄골지) 통증 부위의 경락과 경혈

Ⅳ. 후두통

과도한 업무와 긴장 및 피로 등으로 뒷골이 무겁고 뻐근하게 쑤시는 증상이 나타나게 된다.

1. 후두하근

후두하근는 경수신경(경추1번)의 지배를 받아 자세를 유지하는 심배근의 근육이다. 평소 승모근의 경직을 피하고 또한 어깨의 피로나 강직을 제거하여 통증을 예방하여야 할 것이다. 후두하근육에 통증이 발생하게 되면 후두피신경통이나 머리가 깨져나가는 듯한 두통이 나타나게 된다(그림 3-23).

2. 횡돌극근(경반극근)

횡돌극근는 두반극근, 경반극근, 다열근 등으로 이루어져 있으며 경반극근는 경수신경(경추 제3번~6번)의 지배를 받아 경추(목)의 신전과 척추의 회전 및 측굴등의 기능을 하는 심배근의 근육이다.

경반극근의 통증은 경추 제2번~3번의 수평이 되는 부위에서 후두개골(뒤통수)과 정수리 쪽으로 통증이 나타나고 머리가 흔들리게되면 두통이 발생할 수도 있다. 또한 후경부(뒷덜비)의 긴장에 의해 두통과 폐색으로 뒷머리에 열이 나는 듯한 증상이 나타나게 된다(그림 3-24).

위에서 열거한 바와 같이 근육들의 이상으로 인하여 이와 같은 증상들이 나타나게 되면 전문의의 진료가 필요하겠지만 가벼운 증상이거나 상황이 여유치 않는 경우라면 우선 머리를 전・후・좌・우로 구부려 주변의 근육을 이완시켜주고 목을 부드럽게 돌려 목의 근육을 풀어준다. 그리고

1. **독맥**의 ⑭대추혈 ⑮아문혈 ⑯풍부혈 ⑰뇌호혈 ⑱강간혈 ⑲후정혈 ⑳백회혈에 이르는 경혈과
2. **방광경**의 ⑨천주혈 ⑨옥침혈 ⑧낙각혈에 이르는 경혈을 그리고
3. **담경**의 ⑨천충혈 ⑩부백혈 ⑪두규음혈 ⑫완골혈 ⑱승령혈 ⑲뇌공혈 ⑳풍지혈 ㉑견정혈

4. **삼초경**의 ⑯천유혈 ⑰예풍혈 등에 지압을 하고 연관된 근육을 충분히 풀어(마사지)주게 되면 많은 도움이 될 것이다(그림 3-25).

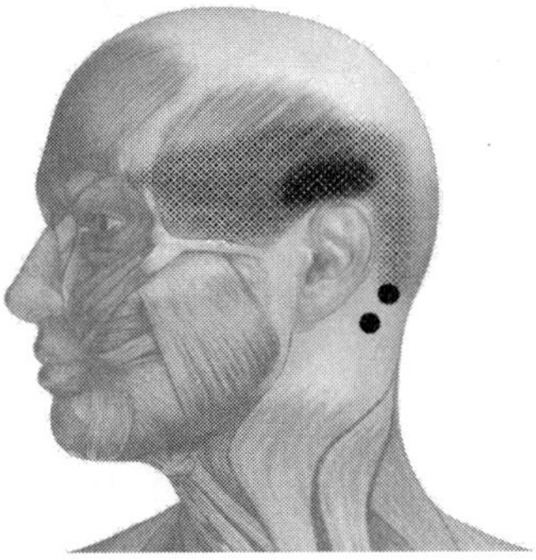

「그림 3-23」 후두하근의 발통점과 연관통

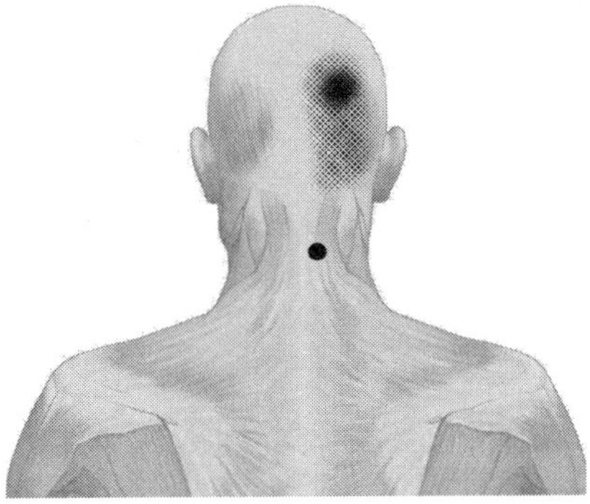

「그림 3-24」 횡돌극근(경반극근)의 발통점과 연관통

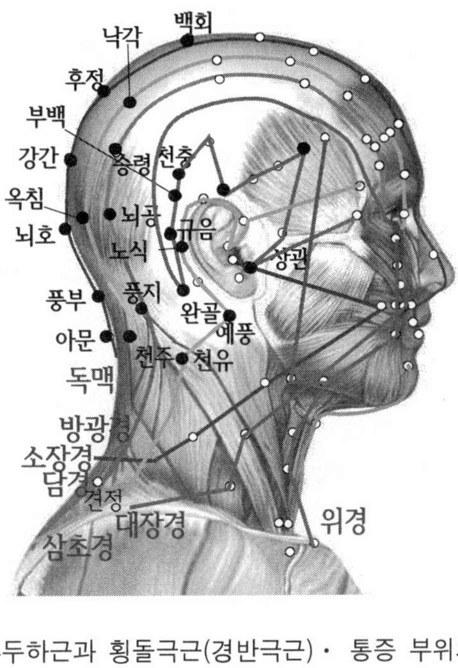

「그림 3-25」 후두하근과 횡돌극근(경반극근)· 통증 부위의 경락과 경혈

Ⅴ. 중풍(뇌졸증)

중풍은 뇌의 소동맥이 파열되어 뇌 속에 출혈을 일으키는 뇌출혈과 뇌동맥 속에 피의 덩어리가 막혀 혈액의 순환을 막게 되는 뇌경색으로 구분할 수가 있다. 한의학에서는 그 원인으로 스트레스와 신경과민 등으로 간장에서 발생한 열이 상승하여 뇌혈관이 터진다는 주화설과 근심과 걱정으로 기(氣)가 막혀 발생하게 된다는 주기설 및 몸 속의 수기가 열을 받게 되어 점도가 높은 담즙으로 변해 뇌혈관을 막아 발생을 하게 된다고 보는 주습설 등이 있다.

그리고 중풍(뇌졸증)의 전조 증상으로는 갑자기 말을 더듬거나 제대로 못하고 인사불성이 되기도 하며 한쪽 팔이나 다리에 갑자기 힘이 없어지고 저리거나 마비가 되며 넘어지게 되고 또한 갑자기 한 쪽으로 침을 흘리거나 한쪽의 눈꺼풀이 처지며 눈이 감기게 되는 등의 이상 증상이 나타나게 된다.

물론 응급 요법으로 열 손가락의 끝부분에 있는 십선혈을 찔러 피를 몇 방을 정도 빼주는 방법이 제시되고는 있지만 무엇보다도 근본적인 방법으로는 지체없이 전문의의 진료를 받는 것이 중요하다 할 것이다.

문제는 뇌졸중으로 쓰러졌다가 처치 후 의식을 되찾는다 하여도 안면마비나 언어장애 및 전신이나 몸의 일부가 마비되는 후유증으로 인하여 본인은 물론 가족들 또한 고통과 어려움에 처하게 되는 것이다.

경락으로는 우선 배꼽 부위에 넓적한 베개 등을 받치고 엎드린 자세에서

1) 두개골 밑부위에 위치하고 있는 **독맥**의 ⑮아문혈과 양옆 **방광경**의 ⑩천주혈 및 **담경**의 ⑳풍지혈을 그리고
2) **담경**의 ⑳풍지혈에서 ㉑견정(肩井)혈에 이르는 경락과 **방광경**의 ⑩천주혈에서 ⑪대저혈에 이르는 목 부위를 지압과 마사지를 하여 부드럽게 하여 준 후 이어서
3) **독맥**의 ⑳백회혈 ⑯풍부혈 ⑭대추혈 ⑥척중혈 ②요수혈에 이르는 경혈 등과 **방광경**의(배부2행) ⑫풍문혈 배부 3행으로 주행하는 **방광경**의 ㊳부분혈 ㊽황문혈 ㊾지실혈 ㊿포황혈 51질변혈에 이르는 경혈을 지압과 함께 마사지를 하여 기혈이 순행하도록 하여준다.
4) 또한 다리 역시 **방광경**이 ㊱승부혈 ㊲은문혈 54위중혈 55합양혈 56승근혈 57승산혈 58비양혈 59부양혈 60곤륜혈 등과 **비경**의 ⑪기문혈 ⑨음릉천혈 ⑥삼음교혈 ②

대도혈 및 **위경**의 ㉛비관혈 ㉜복토혈 ㉝음시혈 ㉟독비혈 ㊱족삼리혈 ㊷충양혈 ㊹내정혈 ㊺여태혈 등을 그리고

5) **소장경**의 ⑩노수혈 ⑪천종혈 ⑫병풍혈 ⑬곡원혈 ⑭견외수혈 ⑮견중수혈을 그리고 **담경**의 ㉙거료혈 ㉚환도혈 ㉛풍시혈 ㉜중독혈 ㉝양관혈 ㉞양릉천혈 ㊱외구혈 ㊳양보혈 ㊴현종혈 ㊵구허혈 등을 풀어준 후 똑바로 눕게하여

6) **대장경**의 ⑰천정혈 ⑱부돌혈과 **위경**의 ⑨인영혈 ⑩수돌혈 ⑪기사혈 ⑫결분혈 및 **소장경**의 천창혈 ⑰천용혈을 그리고

7) **폐경**의 ①중부혈 ②운문혈 ③천부혈 ⑤척택혈 ⑥공최혈 ⑨태연혈 ⑩어제혈에 이르는 경락과 **대장경**의 ⑯거골혈 ⑮견우혈 ⑭비노혈 ⑬수오리혈 ⑪곡지혈 ⑩수삼리혈 ⑤양계혈 ④합곡혈에 이르는 경락을 그리고 **심포경**의 ③곡택혈 ④극문혈 ⑤간사혈 ⑥내관혈 ⑦대릉혈과 **삼초경**의 ⑫소락혈 ⑩천정혈 ⑨사독혈 ⑥지구혈 ④양지혈에 이르는 경락을 지압과 마사지 등을 통하여 기혈이 순행하도록 하여 준다(그림 3-26).

아이들이 아프고 난 후에는 어리광이 부쩍 늘어나듯이 어른들이라고 해서 이와 별반 다르지 않다는 것을 여러번 보아왔다. 대체로 몸이 아프다보면 마음까지 나약해져 의욕이 저하되고 조그만 일에도 신경질적이며 서러워하기도 한다.

물론 중병에 효자 없다는 말이 있듯이 간병을 하는 가족들 또한 심신이 피로해져 결국엔 자리에 눕게 되기도 한다. 그러나 어찌하랴 하루라도 빨리 쾌유되는 것만이 살길인 것을 아무리 값이 나가는 귀한 물건이라 할지라도 사용하지 않고 방치하여 둔다면 얼마 지나지 않아 녹이 슬어 못쓰듯이 사람 또한 움직이지 않고 가만히 있기만 한다면 근력이 약화되고 경직이 되어 결국엔 재활의 기회를 잃게 되는 것을 힘이 들더라도 아이가 처음 일어서서 걸음을 걷기까지 어디 한두번 주저앉고 쓰러지고 넘어졌겠는가. 희망과 용기를 가지고 열심히 노력을 하다보면 건강을 회복하는데 그리 많은 날이 소요되지 않을 것이다.

재활운동은 환자의 상태에 따라 운동 방법과 강도가 정해져야 하겠지만 기본적으로는 근력과 감각기능을 키워주는 것이 중요하다 할 것이다.

우선적으로 다리의 근력을 (사진 3-1, 3-2)와 같이 눕거나 의자에 앉거나 벽을 잡은 상태에서 뒤꿈치 차올리기나 뻗어올리기 등을 통하여(수십번씩 수시로 한다) 다리에

근력이 어느정도 생기게 되면 부축을 받거나 지팡이나 벽 등을 잡고 걸어보도록 한다.

팔의 경우에는 건강한 사람이라 할지라도 **심포경**의 ⑥내관혈을 지긋이 누르게 되면 손가락이 오므려지는 것을 발견하게 될 것이다. 그리고 환자와 같이 엄지 손가락을 구부린 후 나머지 손가락을 구부려 주먹을 쥐고 손목을 몸쪽으로 구부려보자. 분명히 **폐경**의 ⑩어제혈 부위와 손등쪽 엄지 손가락과 둘째 손가락 사이 **대장경**의 ④합곡혈 부위가 경직되어 있음을 알게 될 것이다.

그리고 팔이 부러져 기브스를 한 것 같이 팔굽관절을 구부려보면 **대장경**의 ⑩수삼리혈 ⑪곡지혈 및 **폐경**의 ⑥공최혈 ⑤척택혈과 **심포경**의 ③곡택혈 그리고 팔꿈치 뒤쪽 **삼초경**의 ⑩천정혈 부위 등이 경직되어 있음을 알게 될 것이다.

또한 기브스를 한 것 같이 팔을 구부리고 지내다보면 어깨 주변 **폐경**의 ②운문혈과 **대장경**의 ⑭비노혈 ⑮견우혈 ⑯거골혈 및 **삼초경**의 ⑭견료혈 ⑮천료혈과 **담경**의 ㉑견정혈 부위가 경직되어 있음을 알 것이다. 앞서 경락과 경혈들을 소개를 하였지만 최소한 이상과 같은 경혈과 그 주변에 온찜과 아울러 지압과 마사지 등을 해주고 힘이 들겠지만 다른 부위들을 해주게 되면 훨씬 좋아질 것이다.

팔의 운동은 그림과 같이 양손을 깍지를 끼고 아래와 정면과 머리 위쪽으로 펴주는 동작과(사진 3-3의 ①,②) 고무줄(기저귀 고무줄)을 환자의 팔 힘에 맞게 여러 개를 겹쳐 한쪽에 묶어주고 한쪽을 당기게 함으로써 팔 힘을 키우도록 하며 또한 한손으로는 환자의 손목을 잡아 구부리는 팔을 지탱하다가 순간 놔 주는 동작을 반복하게 하는데 이때 다른 손으로는 환자의 구부린 손이 얼굴 등을 때리지 못하게 막아 주어야 한다(사진 3-3의 ③). 그리고 손가락 힘과 감각을 키워주기 위해 한손으로는 환자의 손등쪽을 받쳐주고 다른 손의 손가락으로는 손가락을 걸어 약속을 하듯이 걸어 당겨주는 동작을 여러차례 반복하여 주도록 한다(사진 3-3의 ④).

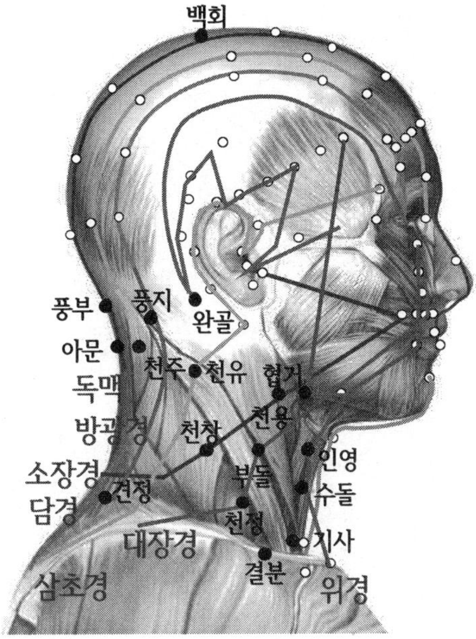
백회
풍부
풍지
완골
아문
천주
천유
협거
독맥
천용
방광경
천창
인영
소장경
부돌
견정
수돌
담경
천정
대장경
기사
결분
삼초경
위경

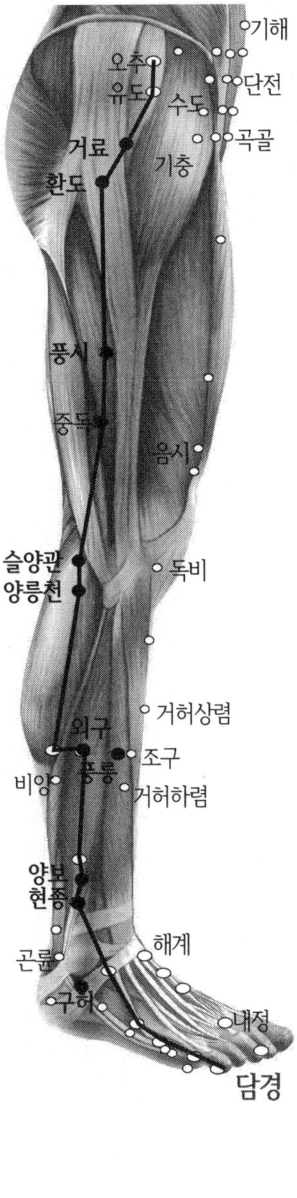
기해
오추
단전
유도
수도
곡골
거료
기충
환도
풍시
중독
음시
슬양관
독비
양릉천
거허상렴
외구
조구
비양
풍륭
거허하렴
양보
현종
해계
곤륜
구허
내정
담경

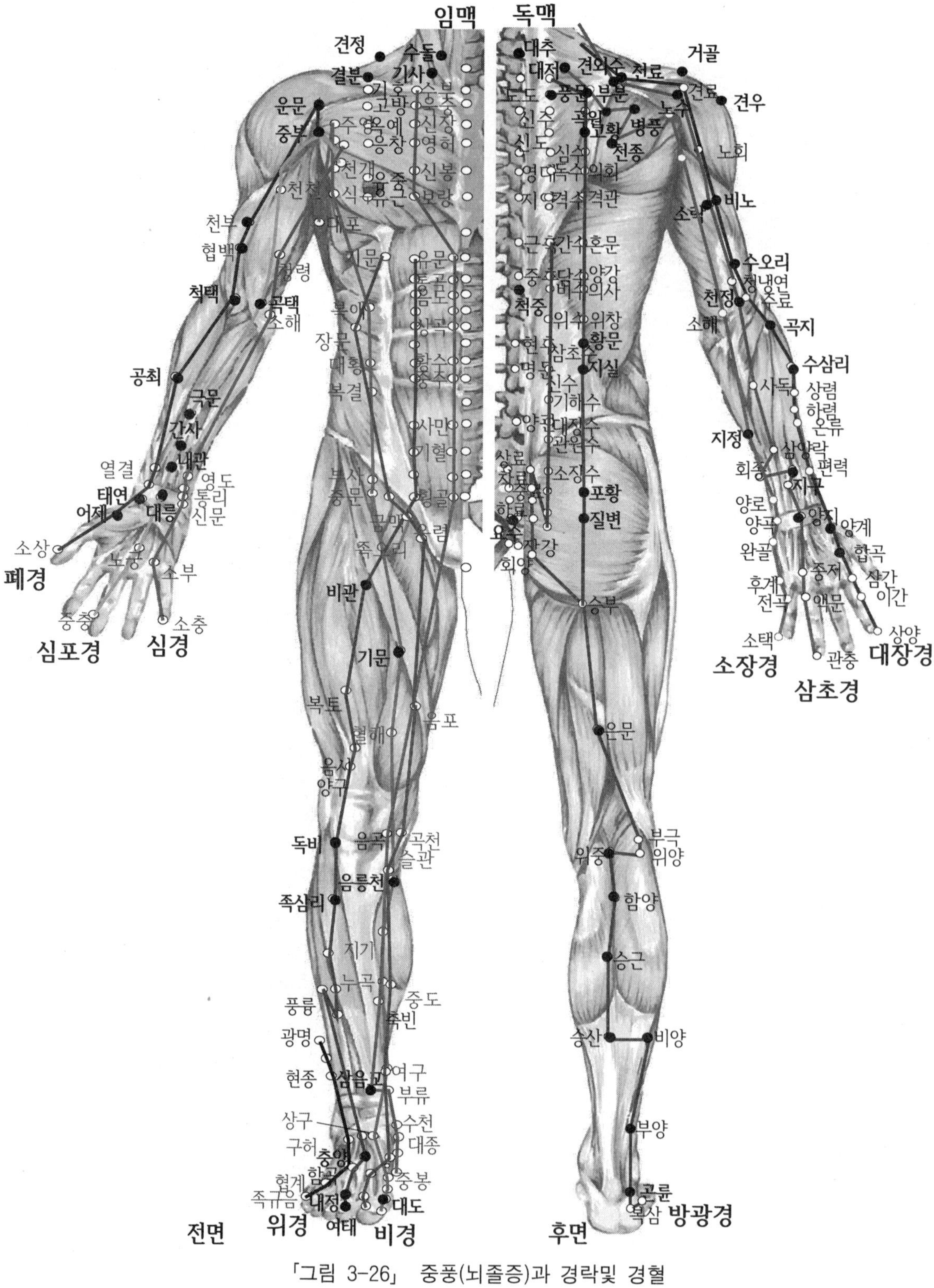

「그림 3-26」 중풍(뇌졸증)과 경락및 경혈

1. 운동

뒤꿈치 차올리기는 발가락이 지면을 향하게 하여 무릎을 가슴 쪽으로 들어올린 후 (사진 3-1의 ①) 무릎관절을 곧게 펴주는 동시에 발등을 무릎쪽으로 제껴 뒤꿈치(발바닥면)로 적을 공격하는 동작으로(사진 3-1의 ②) 의자나 침상 등에 앉아 할 수 있는 동작으로 (사진 3-1의 ②, ④, ⑤) 하지의 힘을 키우는데 많은 도움이 될 것이다.

그리고 뻗어 올리기는 발등을 무릎쪽으로 제껴 발을 가슴쪽으로 차올리는 동작으로 (사진 3-2) 하지의 슬굴곡근과 둔근 및 장내전근과 박근 등을 이완시켜 주도록 한다. 만약 몸이 불편한 경우에는 차고자 하는 쪽 발과 같은쪽 팔을 벽면을 잡고 차게 되면 보다 안전하게 운동을 할 수가 있을 것이다.

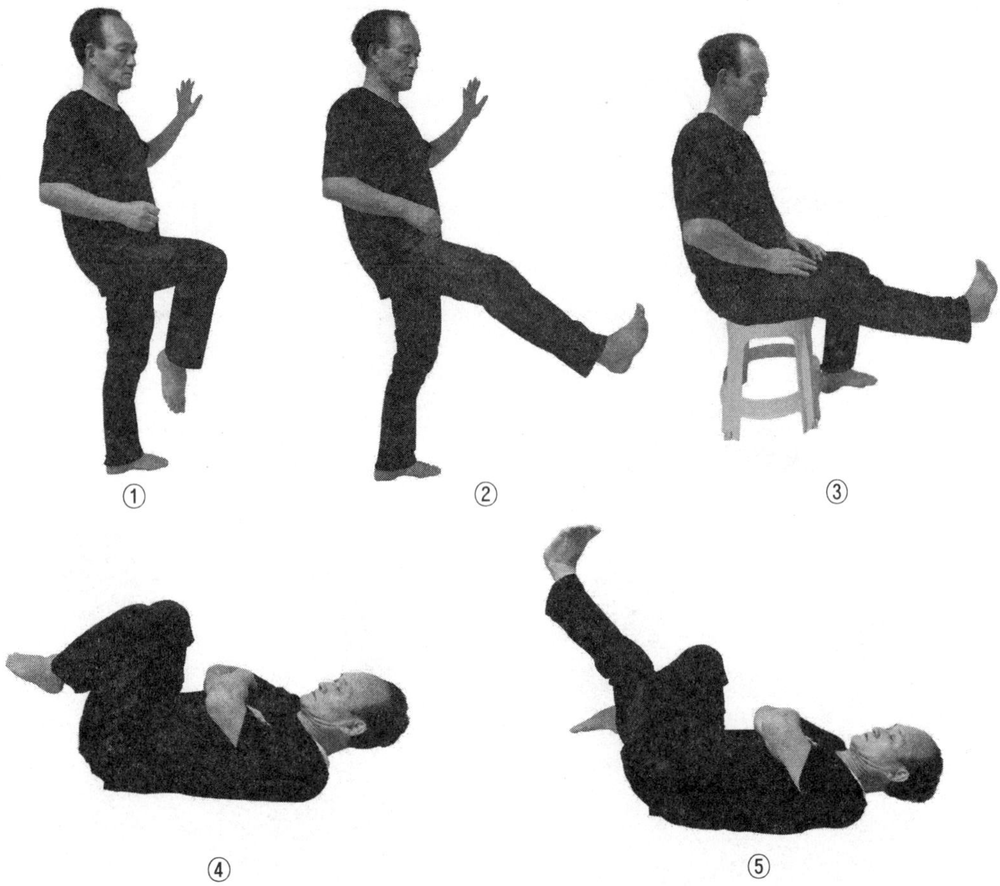

「사진 3-1」 뒤꿈치 차 올리기

「사진 3-2」 뻗어 올리기

「사진 3-3」 팔 운동

Ⅵ. 멀미

이동중에 멀미를 하게 되면 본인의 고통은 물론 동행한 사람들 또한 안쓰러움과 걱정을 하게 된다. 멀미(차멀미, 배멀미)는 속이 좋지 않거나 수면부족일 때 또는 멀미에 대한 강박관념 등으로 할 수가 있으며 또한 몸의 평형감각 기능을 하는 귀(내이)의 이석기관이 이상이 있는 경우나 감각기능이 예민한 사람인 경우에는 멀미를 할 가능성이 높다고 하겠다.

따라서 멀미를 할 가능성이 높은 사람인 경우에는 출발 수일 전부터 머리 부위 **독맥**의 ⑮아문혈 ⑯풍부혈 ⑲후정혈 ⑳백회혈 ㉑전정혈 ⑳인중혈 ㉔신정혈에 ㉖인중혈에 이르는 경혈과 **방광경**의 ④곡차혈 ⑦통천혈 ⑨옥침혈 ⑩천추혈 및 귀 뒤쪽에 위치하고 있는 **담경**의 ①동자료혈 ③상관혈 ⑦곡빈혈 ⑪두규음혈 ⑫완골혈 ⑳풍지혈을 눌러주고 또한 **삼초경**의 ⑰예풍혈 ⑱계맥혈 ⑳각손혈을, 그리고 배꼽 위 4촌이 되는 부위 **임맥**의 ⑫중완혈과 양옆 수평이 되는 제12 늑골 아래 **담경**의 ㉕경문혈 및 배꼽 옆 0.5촌이 되는 부위의 ⑯황수혈 등에 지압과 온구요법을 하게 되면(그림 3-27) 효과가 있을 것이다.

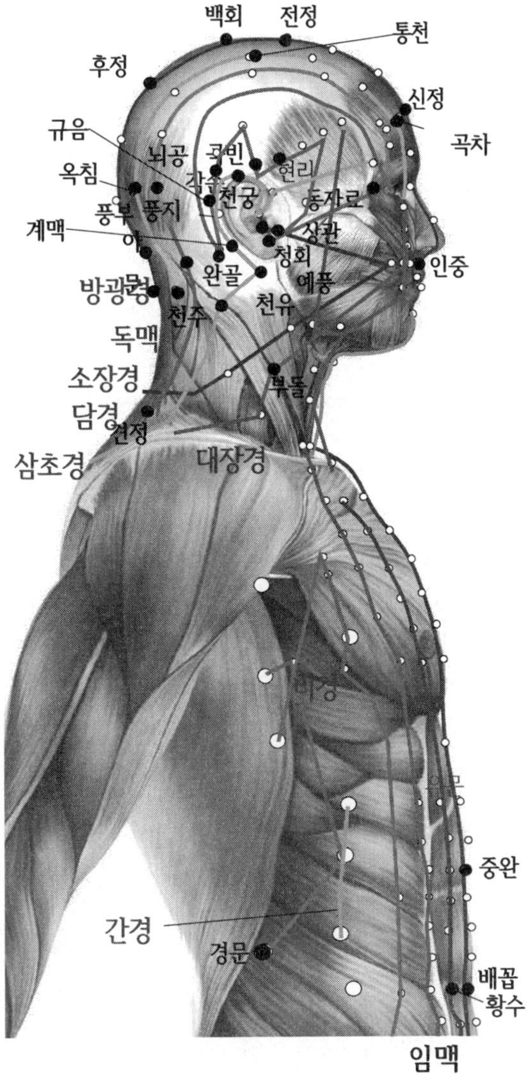

「그림 3-27」 멀미와 경락및 경혈

Ⅶ. 귀울림(이명)과 어지러움증

우리몸의 혈액은 $1mm^3$당 적혈구는 남자의 경우 약 510만개~580만개. 여자는 약 430만개~520만개 정도이며 백혈구는 약 4000개~11000개 정도이고, 혈소판은 약 25만개~50만개 정도를 정상적인 수치로 보고 있다.

또한 혈액의 약 45%를 차지하고 있는 적혈구는 함유하고 있는 헤모글로빈이 산소와 결합을 하여(산화 헤모글로빈) 혈액과 함께 세포로 운반을 하는 기능을 하고 있다. 물론 혈액 내 헤모글로빈이 감소를 하게 되면 그만큼 세포로의 산소 운반이 감소를 하게 되어 결국에는 세포로의 에너지 공급이 저하되고 세포의 기능이 감소하게 되어 빈혈증상과 아울러 항상 피로감을 느끼게 된다. 또한 귀를 구성하고 있는 내이(미로 labyrinth)는 전정과 반규관(반고리관), 와우(달팽이)로 구분이 된다. 그리고 전정기관은 3개의 반규관(반고리관)과 2개의 이석기관(난형낭, 구형낭)으로 구성되어 있다. 또한 이석기관의 난형낭과 구형낭의 감각수용체인 평형반은 주로 유모세포와 평형석을 함유한 젤라틴 덩어리로 되어있으며 직선 가속과 머리의 위치를 알려주는데 난형낭의 평형반은 머리가 곧은 자세일 때에는 수평이며 구형낭의 평형반은 머리가 바로선 상태일 때에 수직으로 향해 있게 된다.

그리고 반규관(반고리관)에 위치하고 있는 감각수용체인 팽대능은 젤라틴성 덩어리인 팽대정으로 구성되어 회전 가속을 감지한다.

이러한 기관들의 기능적 이상으로 어지럼증과 구토 또는 한쪽 귀 속에서 윙윙거리는 소리(이명)와 현기증 등의 증상이 나타나기도 한다. 물론 전문적인 진료가 필요하겠지만 자리(침대)나 의자에서 갑자기 일어설 때 눈앞이 캄캄해지거나 어지러우며 이명 등은 과로나 수면부족 등에 의해 발생할 수가 있으며 또한 앞서 설명하였던 평형을 유지해주는 이석기관의 기능이나 대뇌와 소뇌에 이르는 기능에 이상이 발생하였을 경우에 나타나기도 한다. 이러한 때에

1. **담경**의 ①청회혈에서 ⑥현리혈 ⑦곡빈혈과 ⑪규음혈 ⑫완골혈 ⑳풍지혈에 이르는 경혈과 **삼초경**의 ②액문혈 ③중저혈 ⑤외관혈 ⑥지구혈 ⑨사독혈 ⑯천유혈과 ⑰예풍혈 ⑱계맥혈 ⑲노식혈 ㉑아문혈 ㉒화료혈에 이르는 경락과 그리고
2. **독맥**의 ⑰뇌호혈 ⑱강간혈 ⑲후정혈 ⑳백회혈 ㉑전정혈 ㉒신회혈 ㉔신정혈에 이르는 경락과

3. **방광경**의 ④곡차혈에서 ⑤오처혈 ⑥승광혈 ⑦통천혈 ⑧낙각혈 ⑨옥침혈 ⑩천주혈에 이르는 경락 및 목의 양 옆 흉쇄유돌근 부위에 위치하고 있는 **대장경**의 ⑰천정혈과 ⑱부돌혈 그리고 **소장경**의 ⑯천창혈과 ⑰천용혈 및 **삼초경**의 ⑯천유혈 및 **담경**의 ⑫완골혈
4. **독맥**의 ⑮아문혈과 **방광경**의 ⑩천주혈 및 **담경**의 ⑳풍지혈과 **삼초경**의 ⑰예풍혈과
5. 복부에 위치하고 있는 **임맥**의 ⑫중완혈과 **담경**의 ㉕경문혈 및 **신경**의 ⑯황수혈을 지압한다. 그리고 가능하다면 등쪽 부위에 위치하고 있는 **담경**의 ㉑견정(肩井)혈과 **방광경**의 ⑮심수 ⑱간수 ㉓신수혈과 발목의 안쪽 복숭아 뼈 뒤 부위에 위치하고 있는 **신경**의 ③태계혈을 지압과 마사지를 하게 되면(그림 3-28) 좋을 것이다.

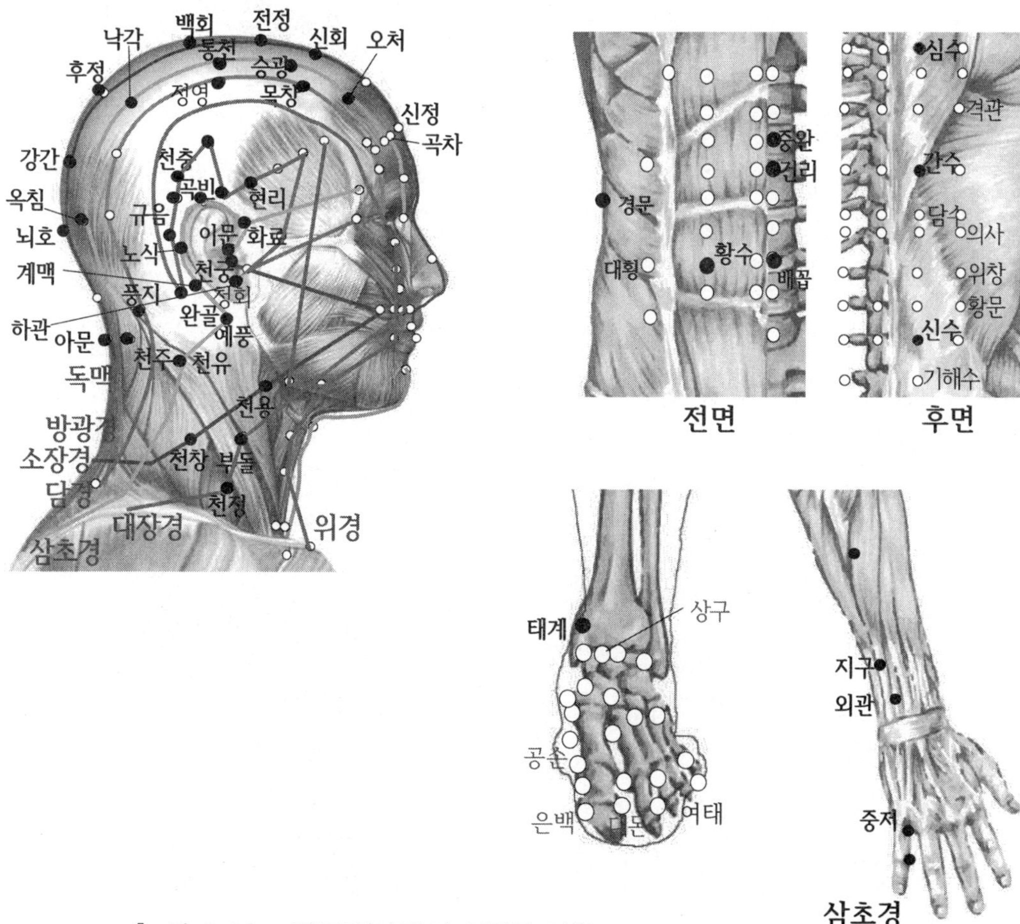

「그림 3-28」 귀울림(이명)과 경락및 경혈

제4장. 목(경부)의 통증

Ⅰ. 목의 근육

목의 근육에는 목의 정면과 측면의 피하에 위치하고 있는 천경근으로 슬픈 표정을 짓게 하거나 목에 주름을 잡히게 하는 광경근과 머리를 좌우로 돌리게 하거나 뒤로 제껴 얼굴을 위로 향하게 하는 흉쇄유돌근과 설골을 지지하고 음식물을 삼키거나 소리를 낼 때 혀를 들어 올리게 하는 설골상근(악이복근, 경돌설골근, 악설골근, 이설골근)과 음식물을 삼키거나 소리를 낼 때 설골 및 후두를 내리게 하는 설골하근(흉골설골근, 흉골갑상근, 견갑설골근, 갑상설골근) 등이 있으며 심부에 위치하고 있는 심경근으로는 목의 굴곡과 흡기근으로 호흡시 늑골을 위로 당기는 사각근(전사각근, 중사각근, 후사각근) 등이 자리를 하고 있다. 그리고 목 뒤의 근육으로 견갑골을 상·하로 당기고 머리를 뒤와 옆으로 굽히게 하는 승모근과 견갑골을 위로 올리게 하는 견갑거근과 두부(머리)와 경부(목)의 신전과 외측굴곡에 관여를 하는 판상근(두판상근, 경판상근)과 머리의 굴곡과 신전 및 회전에 관여를 하는 후두하근(대후두직근, 소후두직근) 및 상두사근과 하두사근이 자리를 하고 있으며 또한 척추(주)기립근(장늑근, 최장근, 극근) 중 일부와 척추(주)기립근의 기능을 도와주는 횡돌극근의 일부 등이 자리를 하고 있다(그림 4-1)(그림 4-2) (그림 4-3).

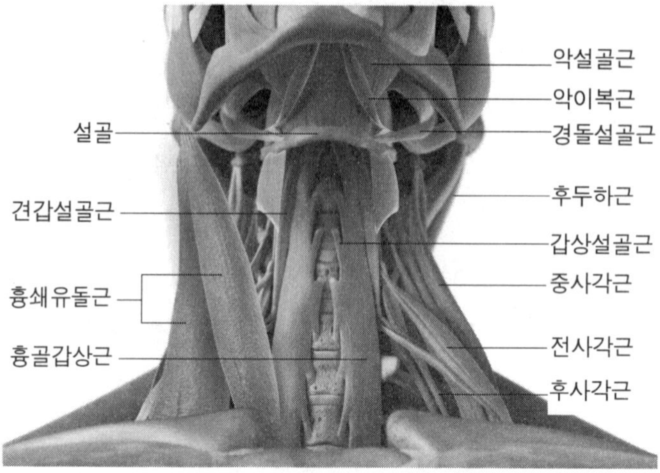

「그림 4-1」 경부의 근육(전면)

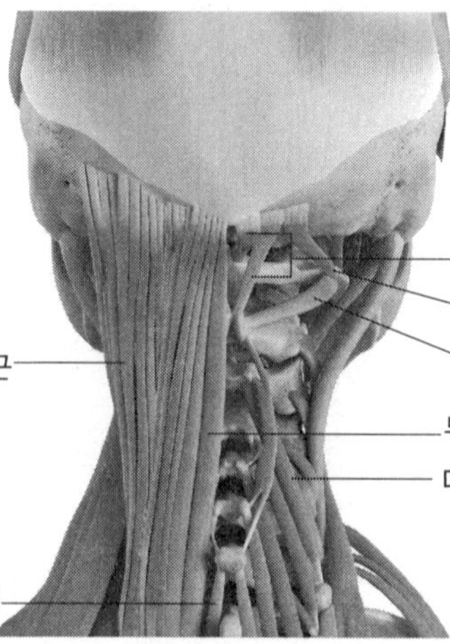

「그림 4-2」 경부의 근육(후면)

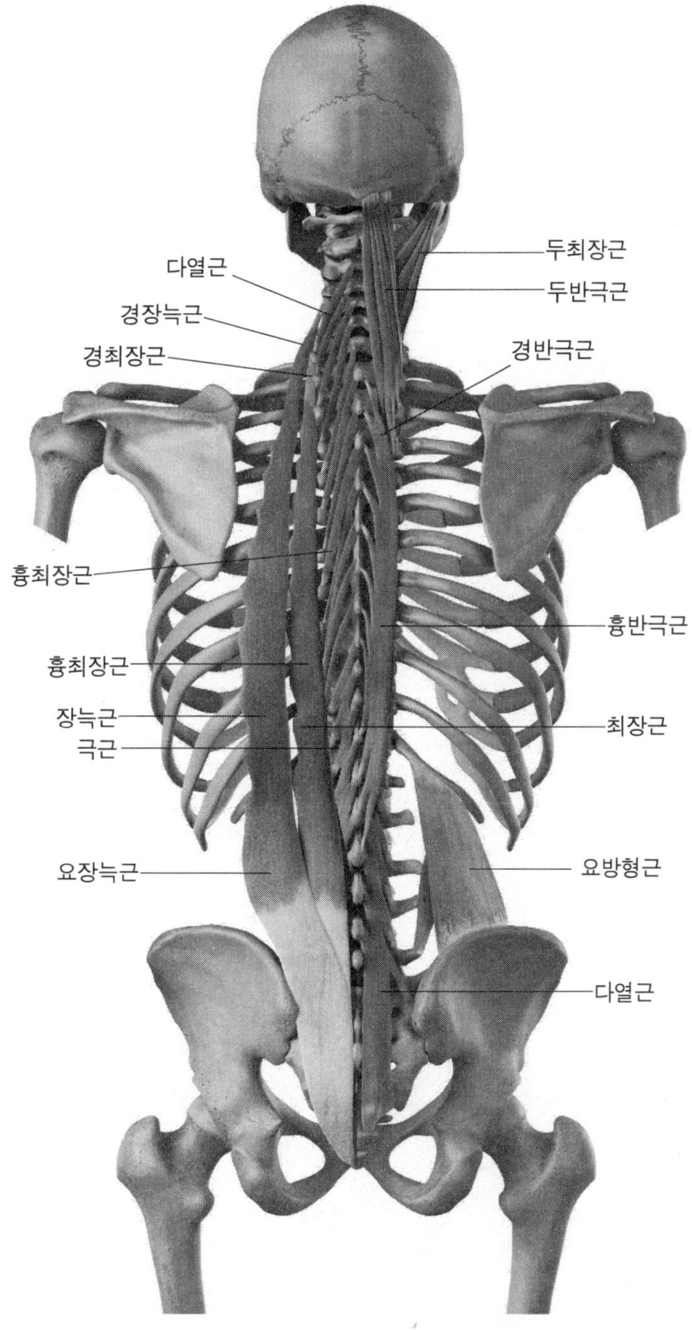
두최장근
두반극근
다열근
경장늑근
경최장근
경반극근
흉최장근
흉반극근
흉최장근
장늑근
극근
최장근
요장늑근
요방형근
다열근

「그림 4-3」 척추의 심배근

Ⅱ. 경부(목)의 발통점과 연관통

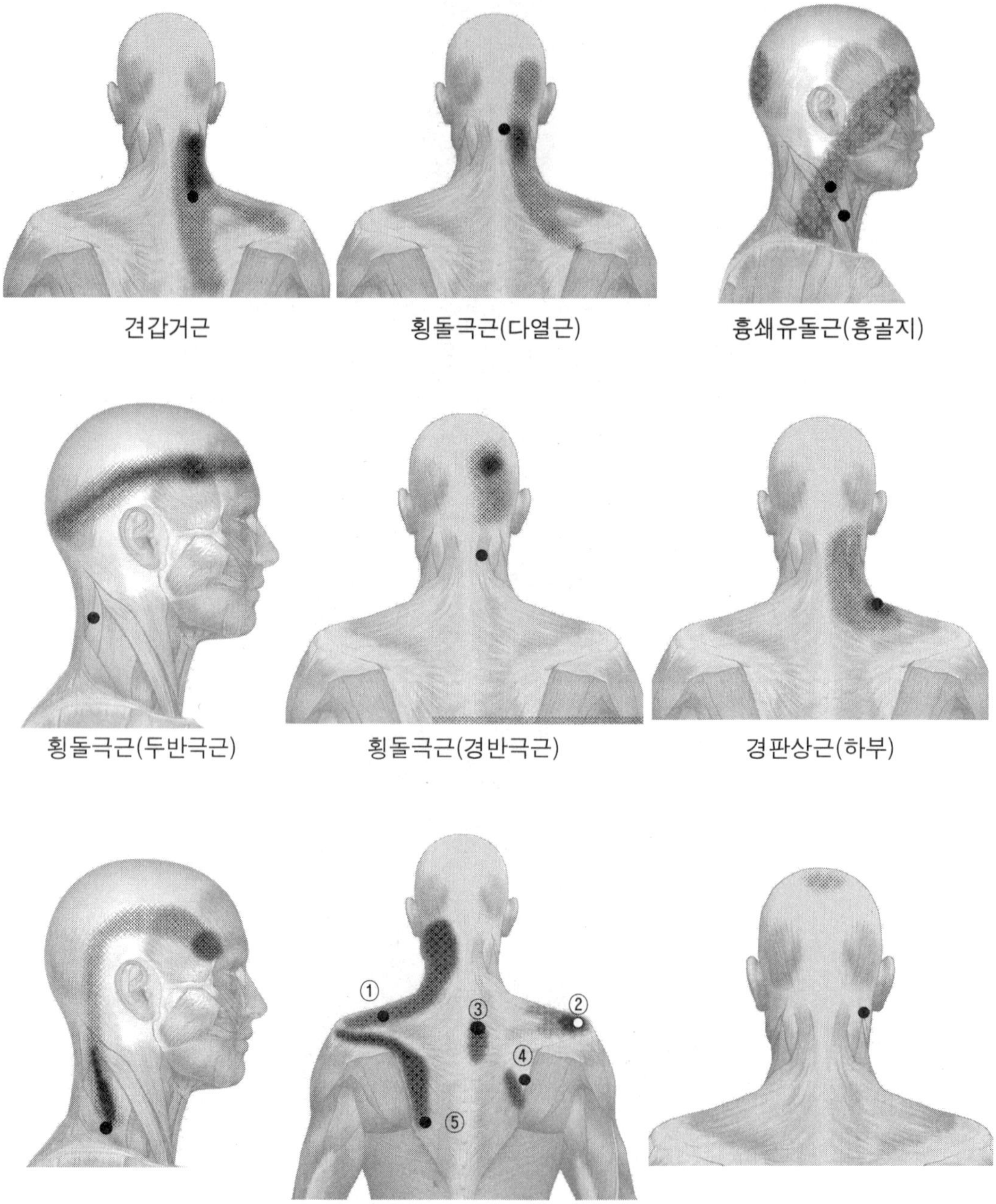

견갑거근

횡돌극근(다열근)

흉쇄유돌근(흉골지)

횡돌극근(두반극근)

횡돌극근(경반극근)

경판상근(하부)

승모근(①상부 ②견봉 안쪽③견갑골 내측상부④견갑골 내측
⑤견갑골 하부)

두판상근

「그림 4-4」 경부(목)의 발통점과 연관통

Ⅲ. 항강증(목이 잘 안돌아갈 때)

밤새 안녕하셨냐라는 인사말이 있다. 과로하거나 과음한 상태에서 죽은 듯이 잠을 자고 아침에 일어나보니 목이 뻐뻑하고 잘 안돌아가서 당혹스러워하는 경우가 있다. 물론 사고로 인하여 목에 강한 충격을 받아 머리가 아프고 어깨가 결리며 팔이 저린 증상이 나타나기도 하지만 평상시 무거운 가방이나 짐을 지고 나르는 경우나 너무 높거나 낮은 베개를 사용하는 경우 또는 습관적으로 모로 누워 자는 경우나 모로 누워 팔로 머리를 받치고 TV등을 시청하는 경우 그리고 평상시 어깨가 올라가있고 굳어 있는 경우 등은 항강증이 발생할 가능성이 높다고 할 수 있을 것이다.

1. 견갑거근(肩胛擧筋)

경수신경(경추3번, 4번)과 견갑배신경의 지배를 받는 견갑거근은 견갑골을 들어올리고 회전을 시켜 상완와를 아래로 향하게 한다. 평소 과음을 하였거나 피곤한 상태에서 잠이든 후 다음날 일어났을 때 목이 잘 돌아가지 않는(항강증) 경우를 경험하였을 수도 있었을 것이다.

견갑거근의 연관통은 어깨죽지를 중심으로 나타나지만 견갑골의 안쪽 모서리와 어깨의 뒤쪽으로도 확산이 되며 처음에는 목을 돌릴 때 통증이 유발되는 정도이지만 심해지게 되면 목을 움직이지 않을 때에도 통증이 계속된다. 보통은 통증이 좌우 양쪽에 생겨 머리를 어느 쪽으로도 돌리지 못하게 되어 몸 전체를 돌려야 하는 상황이(항강증) 발생하게 된다. 그러나 목의 굴곡운동(목을 숙이거나 뒤로 제끼는)은 거의 정상에 가깝게 이루어지며 견관절에는 약간의 운동제한만 나타난다(그림 4-5). 이러한 경우에는 눈썹과 눈썹사이 미간중앙부위의 인당과

소장경의 ⑩노수혈 ⑪천종혈 ⑫병풍혈 ⑬곡원혈 ⑭견외수혈 ⑮견중수혈 및
대장경의 ⑯거골혈 과
삼초경의 ⑭견료혈 ⑮천료혈을 그리고 **담경**의 ⑤현로혈(관자놀이) ㉑견정(肩井)혈과
방광경의 ⑩천주혈 ⑪대저혈 ⑫풍문혈 ㊳부분혈 ㊴백호혈 ㊵고황혈 ㊶신당혈 ㊷의희혈 ㊸격관혈과
독맥의 ⑭대추혈 ⑮아문혈 ⑯풍부혈 ⑰뇌호혈 ⑱강간혈 등을 지압과 마사지를 하여 근육을 이완시켜주어 기혈이 순행 하도록 하며(그림 4-6). 목을 아픈쪽 반대

편으로 돌려 턱이 가슴에 닿도록 숙여준 후 건강한 쪽 손으로 아픈 쪽의 머리를 잡아 서서히 당겨 근육을 이완시켜 주도록 한다(사진 5-11).

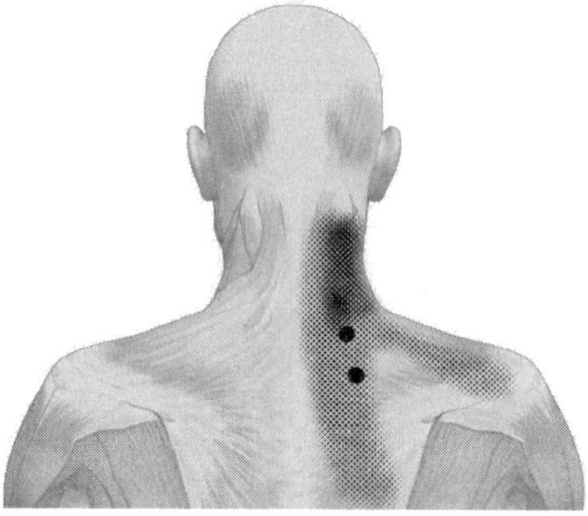

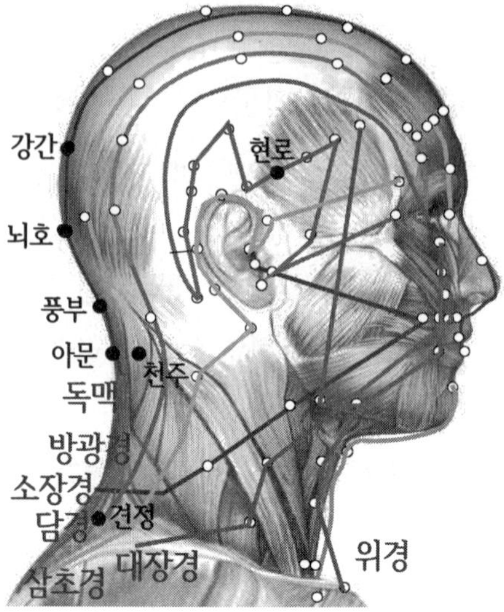

「그림 4-5」 견갑거근의 발통점과 연관통

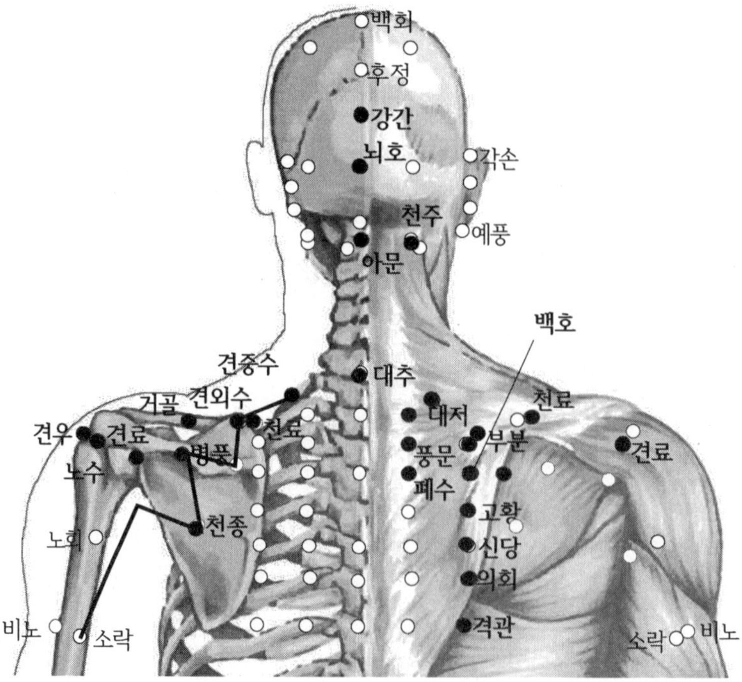

「그림 4-6」 견갑거근 통증 부위의 경락과 경혈

2. 횡돌극근(橫突棘筋)

척추신경 후지의 지배를 받는 경부판상근의 심부에 위치한 횡돌극근은 두반극근(頭半棘筋)과 경반극근(經半棘筋) 및 다열근(多裂筋)을 일컫는 것으로 한쪽만 수축할 경우에는 목의 회전운동을 시키고 양쪽이 수축할 경우에는 목을 신전시키는 기능을 한다.

1) 다열근

다열근은 경추의 신전과 측굴등의 기능을 하는 천배근의 근육이다.

제4번과 5번의 경추 부위와 후두하부의(뒷머리의 아래쪽)에서 통증과 압통이 나타나며 견갑골의 안쪽 면을 지나 어깨의 중앙부위까지 통증이 나타나며 목을 천천히 돌리면 돌아가게 되기도 한다(그림 4-7).

이와같이 횡돌극근의 이상인 경우 즉 다열근인 경우에는 **대장경**의 ⑯거골혈과 **소장경**의⑪천종혈 ⑫병풍혈 ⑬곡원혈 ⑭견외수혈 ⑮견중수혈 및 **방광경**의 ⑧낙각혈 ⑨옥침혈 ⑩천주혈 ⑪대저혈 ⑫풍문혈 ⑬폐수혈 ⑭궐음수혈 ⑮심수혈 ⑯독수혈 ⑰격수혈과 ㊳부분혈 ㊴백호혈 ㊵고황혈 ㊶신당혈 ㊷의회혈 ㊸격관혈 등과 그리고 **삼초경**의 ⑮천료혈 및 **담경**의 ⑫완골혈 ⑬본신혈 ⑰정영혈 ⑱승령혈 ⑲뇌공혈 ⑳풍지혈 ㉑견정혈과 **독맥**의 ⑫신주혈 ⑬도도혈 ⑭대추혈 ⑮아문혈 ⑯풍부혈 ⑰뇌호혈 ⑱강간혈 ⑲후정혈 등을 지압과 아울러 마사지 등을 하여 기혈이 순행하도록 하여 준다(그림 4-10).

2) 두반극근

두반극근은 경수신경(경추 제1번~5번)의 지배를 받아 경추를 신전시키는 등의 기능을 하는 심배근의 근육이다.

두반극근의 통증은 평소 머리를 숙이고 공부나 업무를 보는 경우 이상이 나타날 수 있으며 목이 잘 돌아가지 않거나 경추골을 중심으로 뻣뻣한 느낌을 자주 받게 되고 후두융기 아래 근육의 부착 부위에서 바늘로 찌르는듯한 통증이 뼈속 깊은 곳에서 발생하는 것 같은 느낌을 받게 되며 후끈하게 열이나는듯한 작열통이 나타나게 되고 후두부에서 띠 모양으로 머리를 감싸고 돌아 측두부와 눈의 위 쪽에 집중적으로 나타난다(그림 4-8). 이러한 경우에는 **독맥**의 ⑭대추혈 ⑮아문혈 ⑯풍부혈 ⑰뇌호혈 ⑱강간혈 ⑲후정혈 등과 **방광경**의 ②찬죽혈 ③미충혈 ④곡차혈 ⑨옥침혈 ⑩천주혈 및 **담경**의 ③

상관(객주인)혈 ④함염혈 ⑤현로혈 ⑥현리혈 ⑧솔곡혈 ⑨천충혈 ⑫완골혈 ⑬본신혈 ⑭양백혈 ⑮임읍혈 ⑱승령혈 ⑲뇌공혈 ⑳풍지혈, **삼초경**의 ⑯천유혈 ⑰예풍혈 ㉓사죽공혈 등을 지압과 마시지 등을 하여 주도록 한다.

3) 경반극근

경반극근은 경수신경(경추 제3번~6번)의 지배를 받아 경추의 신전과 척추의 회전 및 측굴등의 기능을 하는 심배근의 근육이다.

경추 제2번과 3번의 수평이 되는 부위에서 후두개골(뒤통수)과 정수리 쪽으로 연관된 통증이 나타나며 머리가 흔들리게 되면 상당한 두통이 발생할 수가 있다. 그리고 뒷덜미(후경부)의 긴장에 의해 두통과 목의 통증이 나타나며 뒷덜미 근육들의 손상으로 목과 머리의 운동장애를 일으키고 폐색으로 목(후두부)이 쑤시는 듯한 통증과 뒷머리에 열이 나는 것 같은 증상이 나타나게 된다(그림 4-9). 이러한 경우 목근육의 이완과 **독맥**의 ⑭대추혈 ⑮아문혈 ⑯풍부혈 ⑰뇌호혈 ⑱강간혈 ⑲후정혈 ⑳백회혈 등과 **방광경**의 ⑩천주혈 ⑨옥침혈 ⑧낙각혈 및 **담경**의 ㉑견정혈 ⑳풍지혈 ⑲뇌공혈 ⑱승령혈 ⑫ 완골혈 ⑪ 규음혈 ⑩부백혈 ⑨천충혈과 **삼초경**의 ⑯천유혈 ⑰예풍혈 등을 지압과 마사지를 하여 주도록 한다.

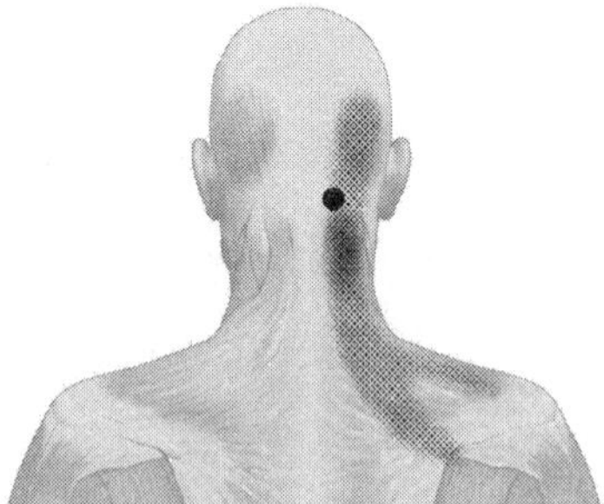
「그림 4-7」 다열근의 발통점과 연관통

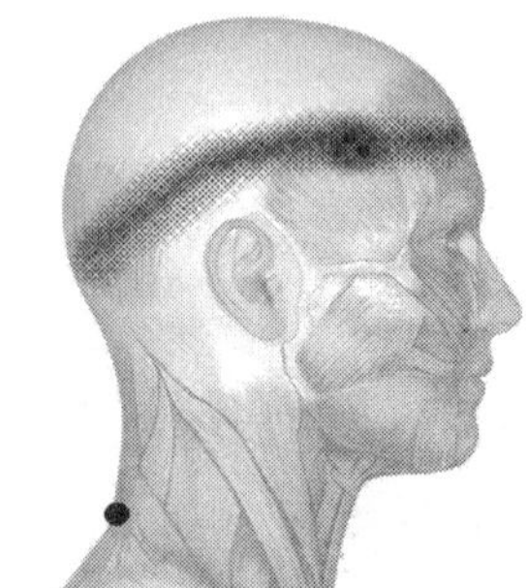
「그림 4-8」 두반극근의 발통점과 연관통

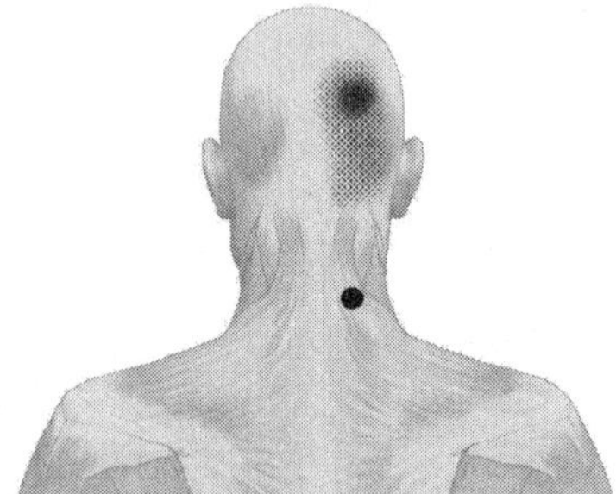
「그림 4-9」 경반극근의 발통점과 연관통

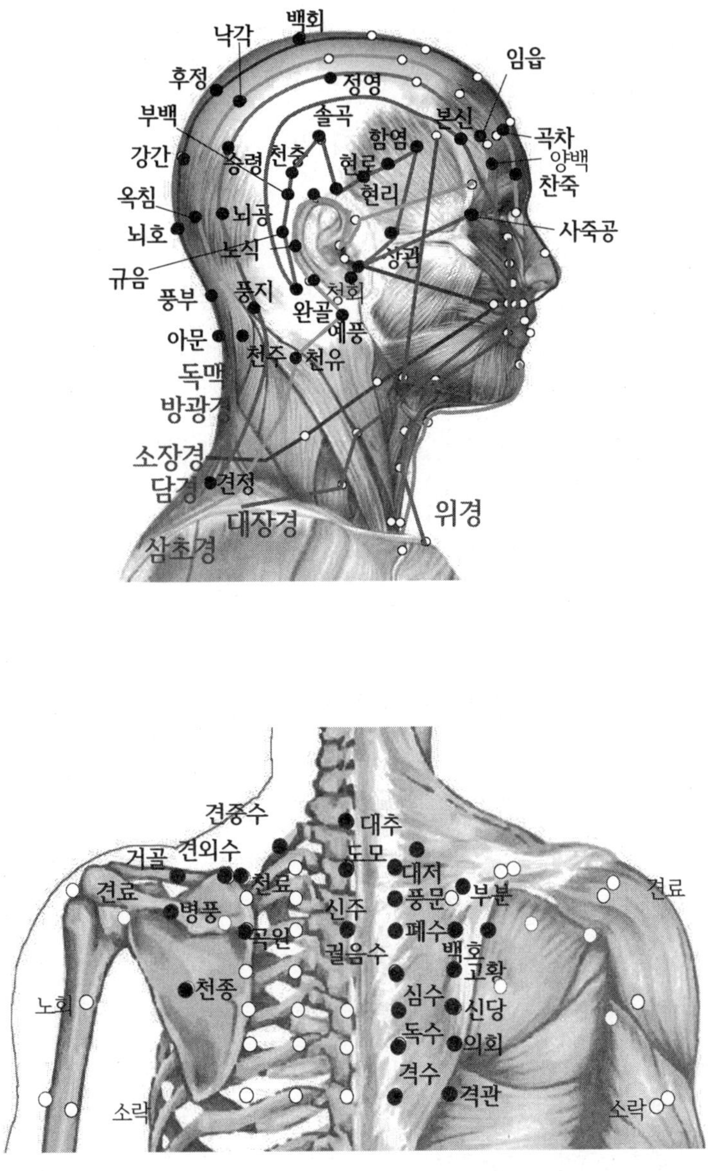

「그림 4-10」 횡돌극근 통증 부위의 경락과 경혈

3. 승모근 (僧帽筋)

승모근은 제11뇌신경(부신경)과 경수신경(경추 제3번, 4번)의 지배를 받아 견갑골을 올리고 내리는 것과 젖힘 등의 작용을하는 천배근의 근육이다.

승모근은 흉쇄유돌근과 더불어 교감신경이 비교적 많이 분포된 대표적인 스트레스 근육의 하나로 정서적인 긴장의 영향을 직접 받아 근육의 긴장과 통증이 잘 발생하는 근육의 하나이다.

따라서 정신적인 스트레스를 많이 받는 사람들이나 운전자와 사무직 종사자들 또는 장시간 무거운 배낭이나 등짐을 지는 경우 대부분이 승모근 상부가 긴장이 되고 단단하게 굳게 되어 목덜미와 뒷덜미가 뻐근하고 어깨죽지가 묵직하다고 호소를 한다.

승모근의 상부에서 통증이 발생을 하면 목덜미와 뒷골 및 어깨쪽으로 연관통이 나타난다. 연관통은 묵직하고 뻐근한 느낌이 처음에는 목덜미와 어깨죽지에서 시작하여 점차 위쪽으로 올라가고 심한 경우에는 유양돌기를 중심으로 격렬한 통증이 반복되기도 하며 측두부를 지나 안구의 뒤까지 확산이 되고 때로는 하악각으로 통증이 몰리는 경우도 있게 되며 심한 어지러움을 호소하기도 한다. 따라서 이러한 경우에는 **대장경**의 ⑮견우혈 ⑯거골혈 ⑰천정혈 등과 **소장경**의 ⑩노수혈 ⑪천종혈 ⑫병풍혈 ⑬곡원혈 ⑮견중수혈 ⑯천창혈을 그리고 **방광경**의 ⑩천주혈 ⑨옥침혈과 **삼초경**의 ⑭견료혈 ⑮천료혈 ⑯천유혈 ⑰예풍혈 ⑲노식혈 ⑳각손혈 ㉑사죽공혈에 이르는 경혈들과 **담경**의 ③상관혈 ⑤함염혈 ⑦곡빈혈 ⑧솔곡혈 ⑫완골혈 ⑰정영혈 ⑲뇌공혈 ⑳풍지혈 ㉑견정혈에 이르는 경혈 등을 지압과 아울러 마사지를 하여 주도록 한다(그림 4-11).

그리고 견갑골의 내측 상부에 통증이 발생하면 제6번 7번 경추와 흉추 1번 및 통증이 발생한 중간 부위에 찢어지는 듯한 통증이 나타난다. 따라서 그림 4-12의 ②, ③, ⑤ 부위의 통증은 **독맥**의 ⑩영대혈 ⑪신도혈 ⑫신주혈 ⑬도도혈 ⑭대추혈 ⑮아문혈과 **방광경**의 ⑩천주혈 ⑪대저혈 ⑫풍문혈 ⑬폐수혈 ⑭궐음수혈 ⑮심수혈 ⑯독수혈 ⑰격수혈 ㊳부분혈 ㊴백호혈 ㊵고황혈 ㊶신당혈 ㊷의희혈 ㊸격관혈 등과 **소장경**의 ⑩노수혈 ⑪천종혈 ⑫병풍혈 ⑬곡원혈 ⑭견외수혈 ⑮견중수혈 등을 그리고 **대장경**의 ⑮견우혈 ⑯거골혈과 **삼초경**의 ⑭견료혈 ⑮천료혈 등을 지압과 마사지를 하며 그림 4-12의 ⑤는 **대장경**의 ⑮견우혈 ⑯거골혈 ⑰천정혈과 **위경**의 ⑫결분혈 및 **소장경**의 ⑩노수혈 ⑫병풍혈 ⑯천창혈과 **삼초경**의 ⑭견료혈 ⑮천료혈 ⑯천유혈 등을 그리고 **담경**의 ⑳풍지혈 ㉑견정혈 등을 지압과 마사지 등을 하여 기혈이 순행 하도록 하여 준다(그림 4-13).

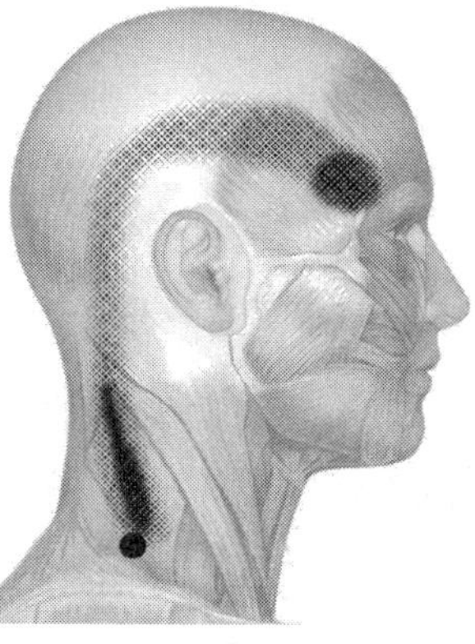

「그림 4-11」 승모근(상부)의 발통점과 연관통

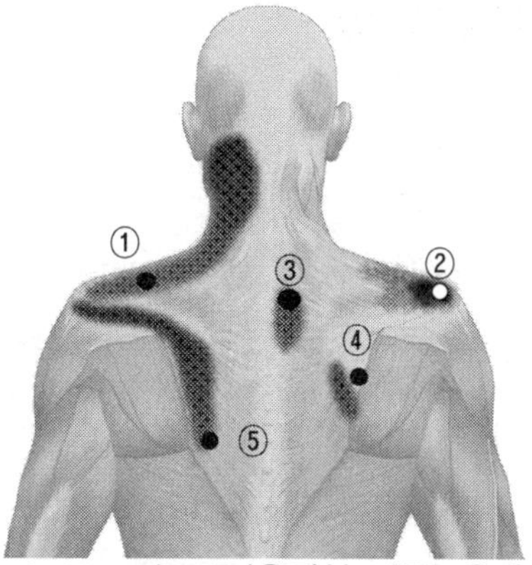

「그림 4-12」 승모근(②견봉 안쪽, ③내측상부, ④견갑골 내측, ⑤하부)의 발통점과 연관통

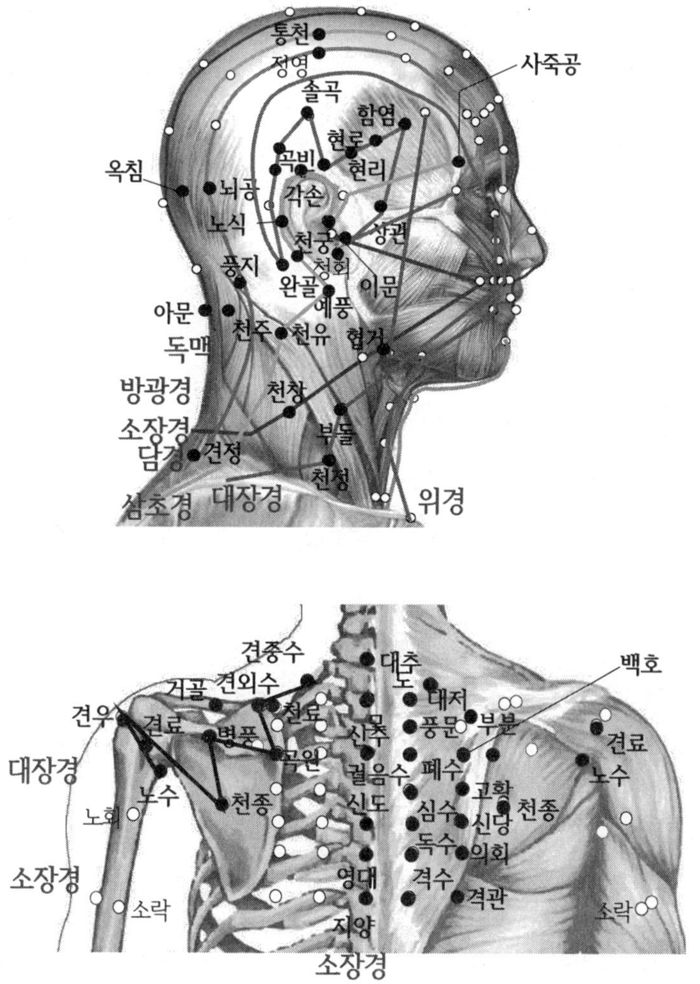

「그림 4-13」 승모근 통증 부위의 경락과 경혈

4. 판상근(板狀筋)

경수신경(경추2번~4번)의 지배를 받는 판상근은 두판상근(頭板狀筋)과 경판상근(脛板狀筋)으로 이루어진 근육이다.

두판상근은 한쪽만 수축을 하였을 때에는 머리를 옆으로 굴곡을 시키며 양쪽이 수축을 하였을 경우에는 목을 신전시키는 기능을 한다. 두판상근에 통증이 발생을 하게 되면 연관통은 아픈 쪽의 정수리에 나타나고 목을 앞으로 숙이게 되면 목 뒤가 당기면서 뻣뻣하고 무거운 통증을 느끼기도 한다(그림 4-14). 그리고 경판상근은 한쪽만 수축을 하였을 때에는 머리를 회전시키며 양쪽이 수축을 하였을 경우에는 목을 신전시키는 기능을 한다.

경판상근의 위쪽에 통증이 발생하면 아픈쪽의 머릿속에서 눈의 뒷부분까지 눈동자가 빠지는 것 같은 통증이 나타나고 같은 쪽에 시력 장애가 발생하며 경판상근의 아래쪽에 통증이 발생하게 되면 아픈쪽의 목부분과 어깨죽지 부위가 끊어지는 것 같은 아픈 연관통이 나타나게 된다(그림 4-15). 따라서 두판상근인 경우에는 **방광경**의 ⑦통천혈 ⑧낙각혈 ⑨옥침혈 ⑩천주혈과 **삼초경**의 ⑰예풍혈 및 **담경**의 ⑫완골혈 ⑲뇌공혈 ⑳풍지혈을 그리고 **독맥**의 ⑭대추혈 ⑮아문혈 ⑯풍부혈 ⑰뇌호혈 ⑱강간혈 ⑲후정혈 ⑳백회혈 ㉑전정혈 등을 경판상근인 경우에는 **대장경**의 ⑯거골혈 ⑰천정혈과 **소장경**의 ⑮견중수혈 ⑯천창혈 및 **방광경**의 ⑩천주혈 등을 그리고 **삼초경**의 ⑭견료혈 ⑮천료혈 ⑯천유혈 ⑰예풍혈 ⑱계맥혈 ⑲노식혈 ⑳각손혈 ㉑이문혈 ㉒화료혈 ㉓사죽공혈 및 **담경**의 ①동자료혈 ②객주인혈 ④함염혈 ⑤현로혈 ⑥현리혈 ⑦곡빈혈 ⑧솔곡혈 ⑩부백혈 ⑪규음혈 ⑫완골혈 ⑲뇌공혈 ⑳풍지혈과 **독맥**의 ⑭대추혈 ⑮아문혈 ⑯풍부혈 ⑰뇌호혈 ⑱강간혈 ⑲후정혈 ⑳백회혈 등에 지압과 아울러 마사지 등을 하여 준다(그림 4-16).

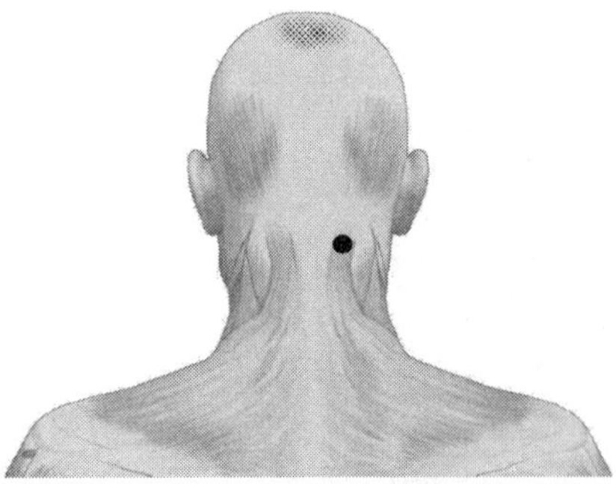

「그림 4-14」 판상근(두판상근)의 발통점과 연관통

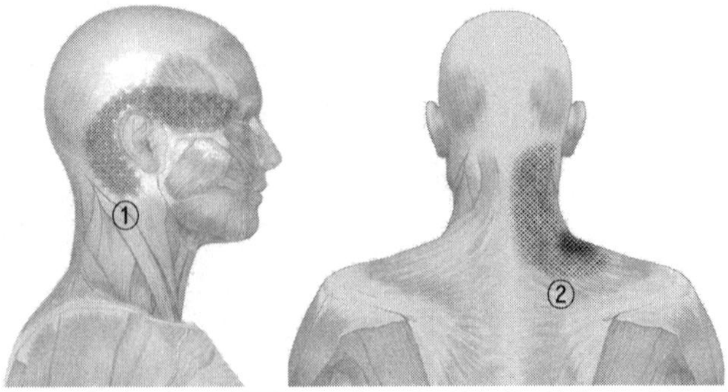

「그림 4-15」 판상근(경판상근 ①상부 ②하부)의 발통점과 연관통

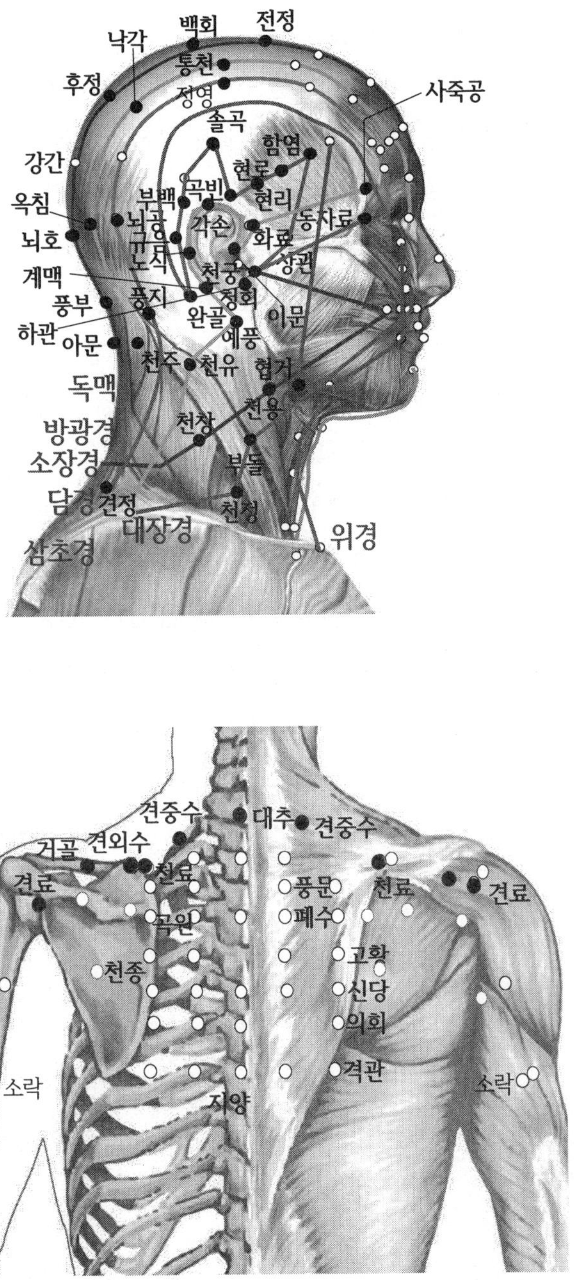

「그림 4-16」 판상근 통증 부위의 경락과 경혈

5. 흉쇄유돌근(胸鎖乳突筋)

흉쇄유돌근은 제11뇌신경(부신경)과 경수신경(경추 제2번, 3번)의 지배를 받아 목의 측굴과 전굴을 시키는 등의 기능을 하는 천경근의 근육이다.

대개 어지럼증을 동반하며 눈과 귀에 질환이 자주 발생을 한다면 의심해볼 필요가 있다. 그리고 한 쪽의 흉쇄유돌근에만 통증이 발생을 하게 되면 고개는 발생한 쪽으로 기울게 되고 얼굴은 반대쪽으로 회전이 되어 어깨가 한 쪽으로 기울게 된다. 따라서 양쪽 어깨의 높이가 차이가 있게 되며 또한 목이 완전히 돌아가지 않거나 돌리려 할 때 통증이(목을 왼쪽으로 돌릴 때 오른쪽에서 통증이 발생하게 된다) 있다면 승모근과 함께 살펴볼 필요가 있을 것이다(그림 4-17). 그리고 흉쇄유돌근의 흉골지에 이상이 있는 경우에는 **대장경**의 ⑰천정혈 ⑱부돌혈과 **위경**의 ①승읍혈 ②사백혈 ③거료혈 ⑤대영혈 ⑥협거혈 ⑦하관혈 ⑨인영혈 ⑩수돌혈 ⑪기사혈 ⑫결분혈 및 **소장경**의 ⑯천창혈 ⑰천용혈 ⑱관료혈 등과 **방광경**의 ①정명혈 ②찬죽혈 ③미충혈 ⑩천주혈 등을 그리고 **삼초경**의 ⑯천유혈 ⑰예풍혈 ㉓사죽공혈 및 **담경**의 ①동자료혈 ③객주인혈 ⑫완골혈 ⑭양백혈 ⑳풍지혈 등을 지압과 아울러 마사지 등을 하여 기혈이 순행하도록 하여 준다(그림 4-18).

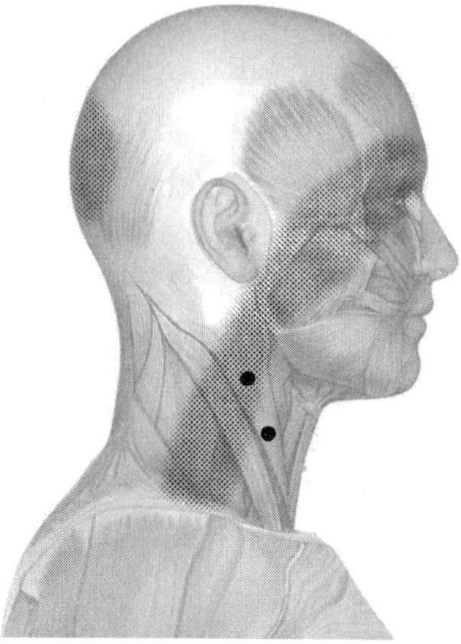

「그림 4-17」 흉쇄유돌근(흉골지)의 발통점과 연관통

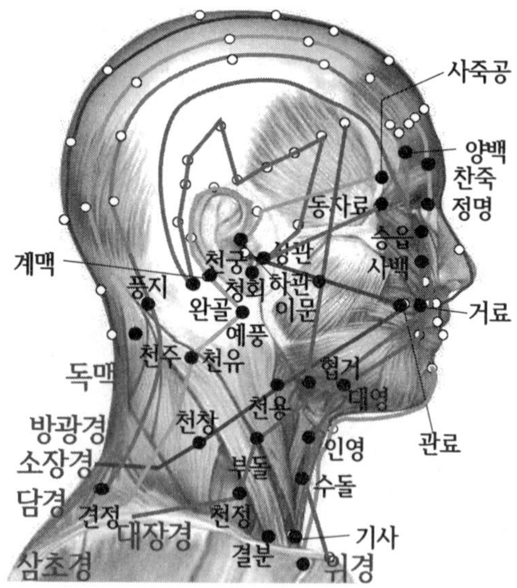

「그림 4-18」 흉쇄유돌근(흉골지) 통증 부위의 경락과 경혈

위와 같이 열거한 근육들의 이상으로 인하여 통증(항강증)의 발생과 연관된 통증이 나타나게 되면

1. 우선 스트레스 등으로 뒷목이 뻑뻑하게 굳고 통증이나 목의 움직임이 불편할 때 그리고 비염이나 눈의 피로 등이 있다면 양쪽 눈썹 중간부위(미간)에 위치하고 있는 인당혈을 지압과 마사지를 해주며 목과 어깨 근육이 경결(굳어있거나 뭉쳐있는)되어 생긴 통증과 두통이나 눈의 피로 등에는 아픈쪽 반대편의 관자놀이(태양혈; 현고혈)에 지압과 마사지를 해주면 효과가 있을 것이다. 그리고 두개골 밑 후두하근 부위에 있는
   담경의 ⑳풍지혈과
   방광경의 ⑩천주혈 및
   독맥의 ⑮아문혈과 ⑭대추혈을 그리고
2. 승모근 부위에 있는 **삼초경**의 ⑮천료혈 및 ⑭견료혈과
   담경의 ㉑견정(肩井)혈 및
   소장경의 ⑮견중수혈과 ⑪천종 및 ⑨견정(肩貞)혈에 지압을 하고
3. 목 옆면 흉쇄유돌근과 사각근 부위에 있는
   담경의 ⑫완골혈과
   삼초경의 ⑰예풍혈 및 ⑯천유혈과
   소장경의 ⑯천창혈 및 ⑰천용혈을 그리고
   대장경의 ⑰천정혈 및 ⑱부돌혈과
   위경의 ⑨인영혈 및 ⑩수돌혈 ⑪기사혈에 지압을 한다.

그리고 팔이 저리고 아픈 증상이 있다면

4. **폐경**의 ①중부혈 ⑤척택혈 ⑩어제혈 등 엄지 손가락에 이르는 경락과
5. **대장경**의 ⑮견우혈 ⑪곡지혈 ④합곡혈(둘째 손가락 쪽)과
6. **심경**의 ②청령혈 ③소해(少海)혈 ⑦신문혈(새끼 손가락 쪽) 및
7. **심포경**의 ③곡택혈 ④극문혈 ⑥내관혈 ⑦대능혈(셋째 손가락쪽) 등에 지압과 마사지 및 찜질을 하여 혈액과 기의 순환을 원활하게 해준다면 많은 도움이 될 것이다(그림 4-19).

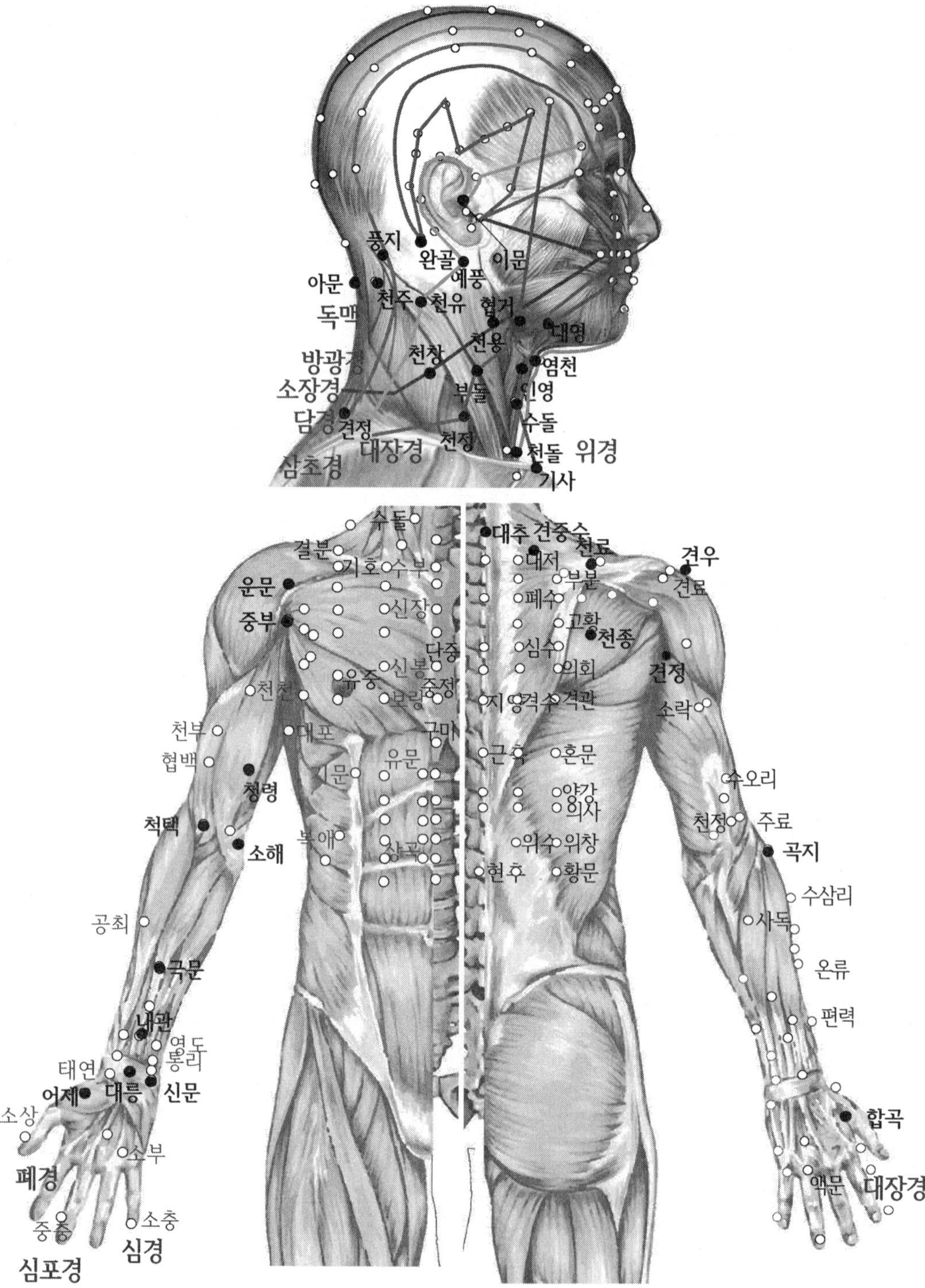

「그림 4-19」 항강증 부위의 경락과 경혈

Ⅳ. 연하곤란증(삼키기 힘들 때)

감기 또는 말을 많이 하였을 때 목이 붓거나 건조해져 음식물을 삼키기 곤란한 경우가 발생할 수가 있다. 이럴 때 다음과 같은 근육들을 살펴본다면 도움이 될 것이다.

1. 이복근

이복근은 제5뇌신경(전복)과 제7뇌신경(후복)의 지배를 받아 턱(입)을 벌리는 등의 기능을 하는 근육이며, 아래턱의 가장자리를 가늘게 싸고 있는 근육으로 이복근의 전복섬유에 통증이 발생하게 되면 앞 이빨 쪽으로 연관통이 나타나게 되며 이복근의 후복과 설골근에 통증이 발생하게 되면 머리와 목에 통증이 나타나게 된다. 따라서 감기에 걸려 편도선이 붓고 목이 아파 침조차 삼키기가 곤란하고 귀 밑 쪽으로 통증이 발생하게 된다(그림 4-20). 이러한 때 전복인 경우에는 **임맥**의 ㉓염천혈 ㉔승장혈과 **위경**의 ⑤대영혈 ⑨인영혈 ⑩수돌혈을 후복인 경우에는 **임맥**의 ㉓염천혈과 **위경**의 ⑤대영혈 ⑥협거혈 ⑨인영혈 및 **대장경**의 ⑱부돌혈을 그리고 **소장경**의 ⑯천창혈 ⑰천용혈과 **삼초경**의 ⑯천유혈 ⑰예풍혈 ⑱계맥혈 ⑲노식혈 및 **담경**의 ⑩부백혈 ⑪두규음혈 ⑫완골혈 ⑱승령혈 ⑲뇌공혈 ⑳풍지혈 등을 지압과 아울러 마사지를 하여 준다(그림 4-21).

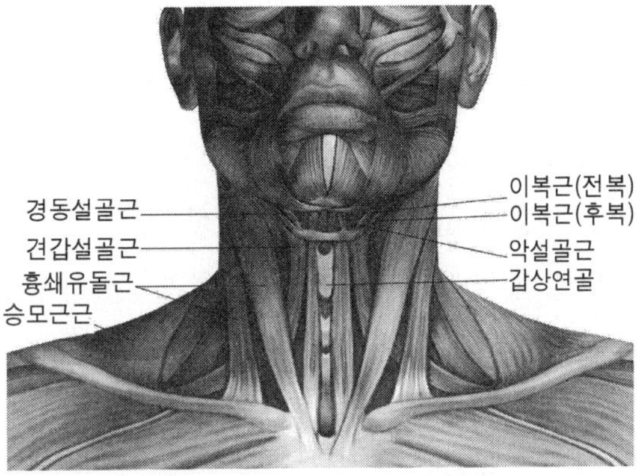

「그림 4-20」 이복근(①전복 ②후복)의 연관통

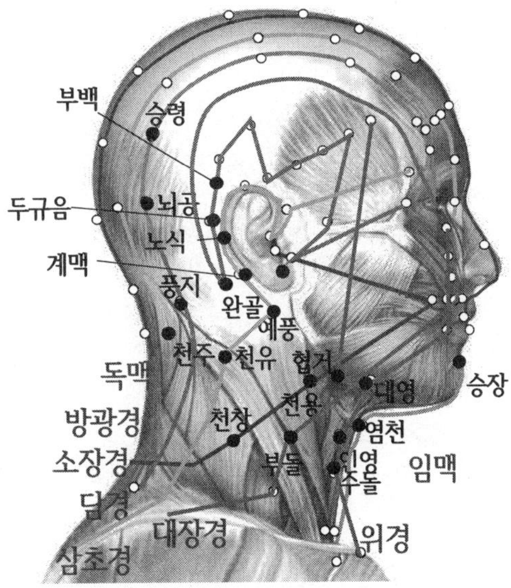

「그림 4-21」 이복근 통증부위의 경락과 경혈

2. 내측익돌근(內側翼突筋)

삼차신경의 분지인 하악신경의 지배를 받는 내측익돌근은 입을 다물거나 턱을 당기며 좌우운동을 시키는 기능을 한다. 통증이 발생을 하게 되면 턱을 움직일 때(입을 벌리거나 음식물을 씹을 때 등) 악관절 주변의 통증과 귓 속 깊숙이 은근한 통증 및 개구장애가 발생을 하며 입속의 통증과 아울러 물을 삼킬 때 목구멍이 따가운 통증이 발생하고 두통을 호소하기도 한다(그림 4-22). 따라서 이러한 경우에는

위경의 ③거료혈 ⑤대영혈 ⑥협거혈 ⑦하관혈과

소장경의 ⑰천용혈 ⑱관료혈 ⑲청궁혈 및

방광경의 ⑩천주혈 및

삼초경의 ⑯천유혈 ⑰예풍혈 ⑱계맥혈 ㉑이문혈 ㉒화료혈 등과

담경의 ②청회혈 ③상관(객주인)혈 ⑫완골혈 ㉑풍지혈 등에 지압과 아울러 마사지를 하여 준다(그림 4-23).

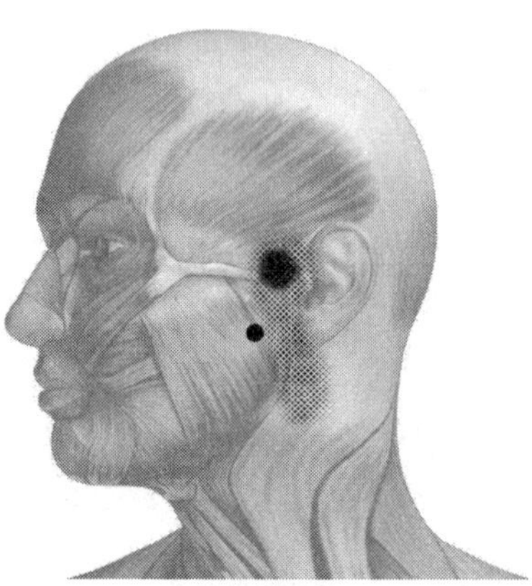

「그림 4-22」 내측익돌근의 발통점과 연관통

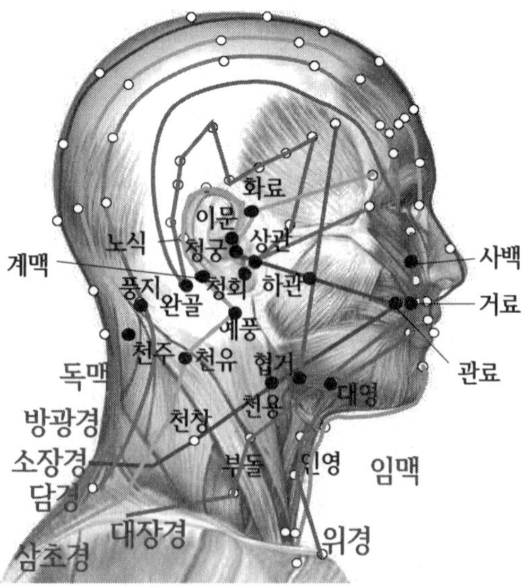

「그림 4-23」 내·외측익돌근 통증부위의 경락과 경혈

3. 외측익돌근(外側翼突筋)

하악신경의 지배를 받는 외측익돌근은 턱을 앞으로 내밀고 입을 벌리며 턱을 한쪽만 수축을 하게 되면 내측익돌근과 함께 측방운동작용을 한다. 저작근 중 통증이 많이 발생하는 근육이나 치통은 수반하지 않으며 그에 의한 연관된 통증은 주로 악관절 주변과 상악동에 나타난다(그림 4-24). 따라서 이러한 때에는

위경의 ②사백혈 ③거료혈 ⑦하관혈 등과

소장경의 ⑱관료혈 및 ⑲청궁혈 및

삼초경의 ㉑아문혈 ㉒화료혈을 그리고

담경의 ②청회혈 ③상관(객주인)혈 등을 지압과 아울러 마사지 해 준다(그림 4-25).

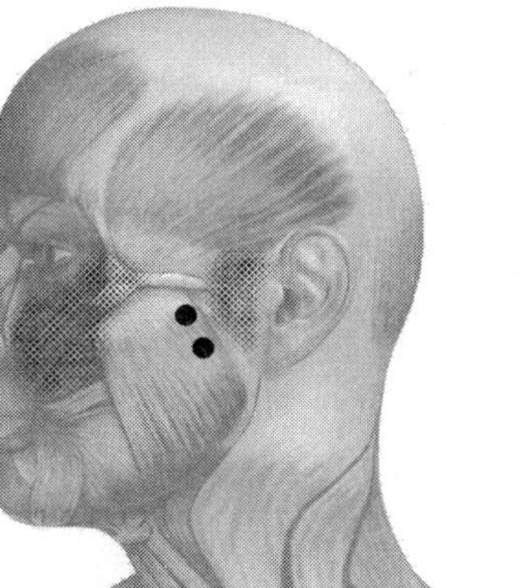

「그림 4-24」 외측익돌근의 발통점과 연관통

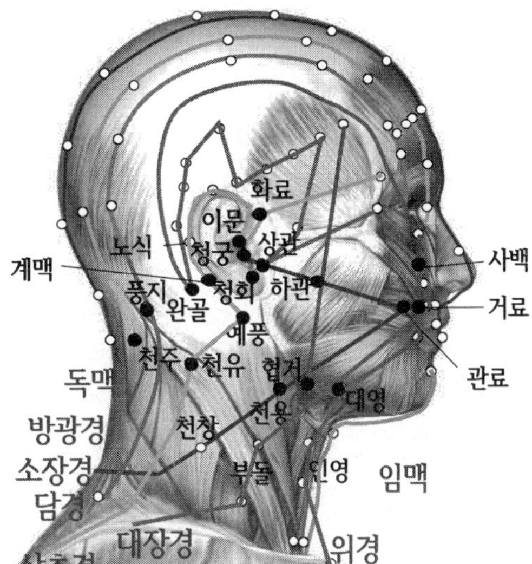

「그림 4-25」 내·외측익돌근 통증부위의 경락과 경혈

Ⅴ. 목디스크 (염좌 捻挫)

교통사고 등으로 목에 강한 충격을 받았을 때 즉 생리적인 한계보다 강하게 움직였다 뒤돌아온 상태인 염좌의 경우에 목뼈(경추)를 지지하고 있는 일부의 인대나 근육들의 손상으로 인하여 어깨가 뻣뻣하거나 두통 등의 여러 증상들이 나타날 수가 있게 된다.

이러한 때 정밀 검사가 필요하겠지만 우선

독맥의 ⑭대추혈 ⑮아문혈과

방광경의 ⑩천주혈 및

담경의 ㉒견정혈 ⑳풍지혈 ⑫완골혈을 그리고

폐경의 ⑤척택혈과

대장경의 ⑱부돌혈 ⑰천정혈 ⑯거골혈 ⑮견우혈 ⑫주료혈 ⑪곡지혈 ④합곡혈에 이르는 경락 및

심포경의 ③곡택혈 ④극문혈 ⑦대능혈에 이르는 경락과

심경의 ③소해혈 ⑦신문혈 및

삼초경의 ⑭견료혈 ⑮천료혈 ⑯천유혈 등을 지압과 마사지를 한 후 경추의 이완과 교정을 해주게 되면 좋을 것이다(그림 4-26).

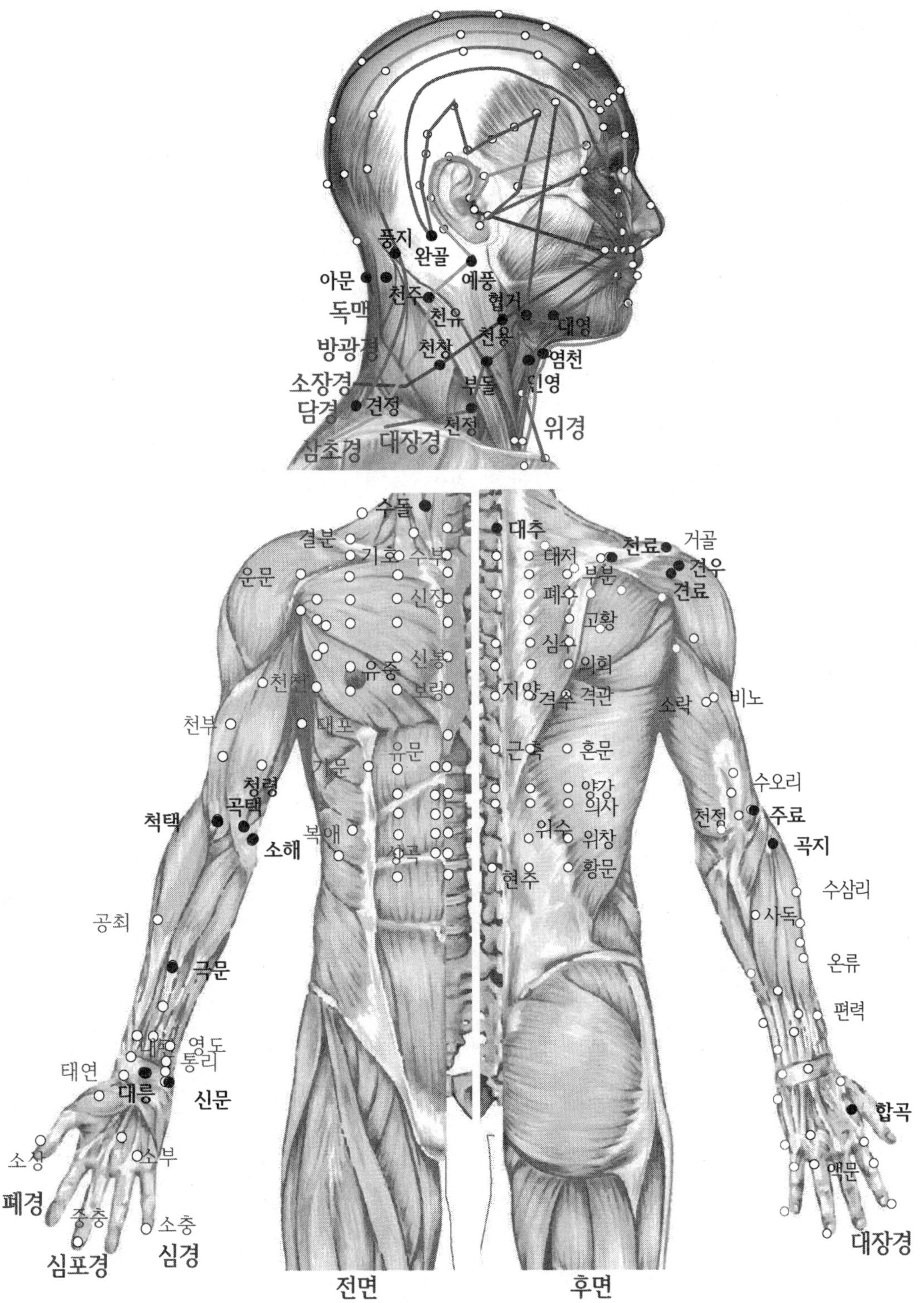

「그림 4-26」 목디스크 부위의 경락과 경혈

Ⅵ. 목전면의 근육

후두 및 기관지를 싸고 있는 흉골, 설골근, 갑상설골근, 흉골갑상근 등이 있으며 이들 근육들의 긴장은 후두부에 압박을 주어 후두를 좁아지게 함으로써 순환 장애를 일으키게 되어 호흡을 할 때나 음식물이 지나갈 때 통증이 발생하게 된다.

평소 말을 많이 하거나 가래가 많이 생기고 목이 자주 쉬는 경우 또는 목이 답답하거나 무언가 목에 걸려 있는 것 같은 느낌이 있는 경우에는 이들 근육들을 살펴볼 필요가 있을 것이다. 그리고 이러한 증상 등으로 연관된 통증이 발생할 경우에는

1. 우선 엄지와 인지 손가락 사이 **대장경**의 ④합곡혈과 목젖아래 부위에 위치하고 있는 **임맥**의 ㉒천돌혈 ㉓염천혈을 그리고
2. 두개골 밑(뒷덜미) 부위에 위치하고 있는 **독맥**의 ⑯아문혈과 **방광경**의 ⑩천주혈 및 **담경**의 ⑳풍지혈을 눌러주고
3. 흉쇄유돌근과 사각근 등이 위치하고 있는 부위의 **소장경**의 ⑯천창혈과 ⑰천용혈 및 **대장경**의 ⑰천정혈과 ⑱부돌혈을
4. 그리고 **위경**의 ⑨인영혈과 ⑩수돌혈 및 ⑪기사혈 ⑫결분혈에 지압과 함께 마사지와 찜질을 해주면 좋을 것이다(그림 4-27).

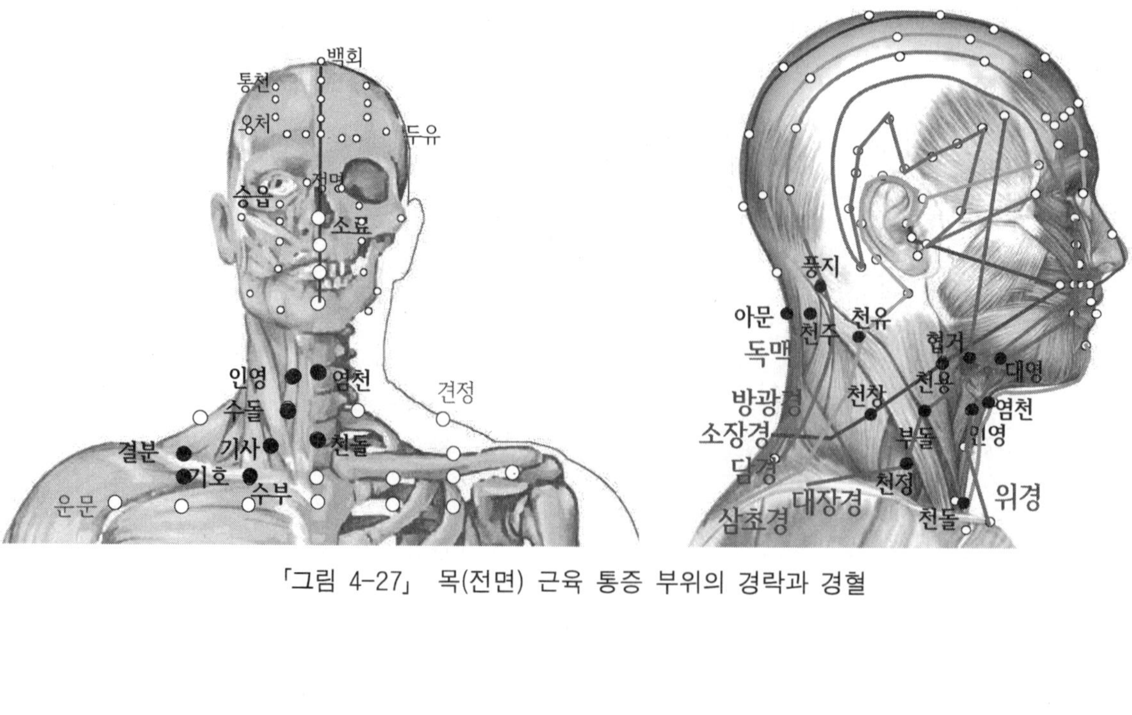

「그림 4-27」 목(전면) 근육 통증 부위의 경락과 경혈

Ⅶ. 목근육의 이완

직립 생활을 하는 인간에게 있어 목은 호흡이나 연하 및 발성 기능 등이 있겠지만 무엇보다 머리를 지탱하고 목을 움직이는 기능을 들 수가 있을 것이다.

그러나 이러한 기능들이 바르지 못한 자세나 고정된 자세로 장시간 있게 된다면 사고가 아니더라도 목의 근육들은 경직이 되어 기혈의 순행이 원활하게 이루어지지 않게 되며 또한 여러 가지 병적인 증상들이 나타날 수가 있게 된다.

따라서 평소 바른 자세와 함께 목운동을 통하여 경추관절의 움직임을 원활하게 해주고 근육들을 부드럽게 해주는 것이 중요하다 할 것이다.

1. 근육의 이완

턱을 같은 쪽 어깨 위로 돌려주거나(사진 4-1) 한손으로 반대쪽 관좌놀이 부위를 잡아 턱 끝이 하늘을 향하게 하여 흉쇄유돌근을 이완시켜 주도록 한다(사진 4-2).

「사진 4-1」 목 근육의 이완

「사진 4-2」 목 근육의 이완

또한 한손으로 반대편 옆 머리 부위를 잡아 숨을 내쉬면서 당겨 턱이 당기는 팔과 같은쪽 쇄골뼈에 닿도록하여 견갑거근이나 두판상근 및 경판상근 등을 이완시켜 주거나 한다(사진 4-3).

한손은 뒤로하여 허리를 감싸주며 다른 한손은 반대쪽의 관좌놀이 부위를 잡아 숨을 내쉬면서 당겨 승모근 등을 이완시켜준다(사진 4-4).

「사진 4-3」 목 근육의 이완

「사진 4-4」 목 근육의 이완

그리고

- 환자는 누운 자세에서 머리를 오른쪽으로 기울이게 하고 교정자는 환자의 왼쪽 목 근육에 지압과 마사지를 한 후 교정자는 환자의 오른쪽에 위치하여(오른쪽 옆굽힘의 경우) 오른손으로 환자의 왼쪽 어깨를 잡아 고정을 하고 왼손은 환자의 왼쪽 얼굴을 오른쪽으로 당겨 왼쪽 목의 근육을 이완시켜 주도록 하는 방법과 한다(사진 4-5).

- 환자는 누운 자세에서 얼굴을 오른쪽으로 돌려주며 교정자는 환자의 왼쪽 목근육에 지압과 마사지를 한다. 그리고 교정자는 환자의 오른쪽에 위치하여 오른손으로는 환자의 왼쪽 어깨를 잡아 고정을 시키고 왼손은 환자의 목뼈 위 뒤통수 부위를 잡아 오른쪽으로 당겨 환자의 왼쪽 목 근육을 이완시키면서 돌려준다(옆 돌림). 이때 환자의 턱은 오른쪽 쇄골쪽이나 어깨 위를 향하도록 하는 방법 등이 있으며(사진 4-6).

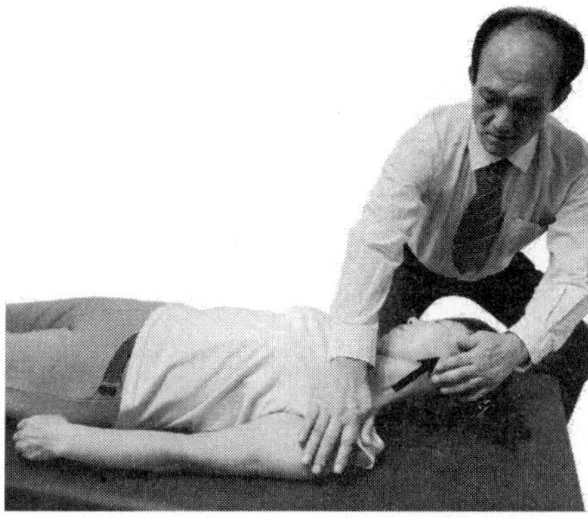

「사진 4-5」 목 근육의 이완

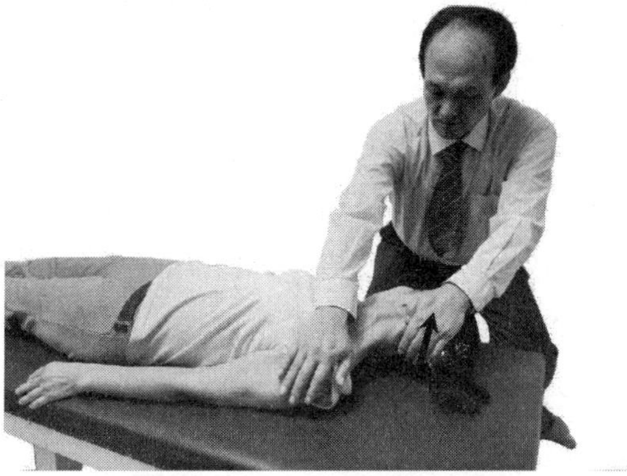

「사진 4-6」 목 근육의 이완

• 또한 다른 방법으로는 환자는 엎드린 상태에서 양팔을 침대 밖으로 늘어뜨리고 턱을 침대 위에 올려놓은 자세에서 머리를 오른쪽으로 기울이게 하고 교정자는 환자의 왼쪽 목 근육에 지압과 마사지를 하여준다. 그리고 교정자는 환자의 오른쪽에 위치하여 왼손으로 환자의 왼쪽 어깨를 잡아 고정을 하고 오른손은 환자의 왼쪽 얼굴을 오른쪽으로 당겨(오른쪽 옆굽힘) 왼쪽 목의 근육을 이완시켜주도록 한다(사진 4-7). 그리고

• 환자는 엎드린 상태에서 양팔을 침대 밖으로 늘어뜨리고 얼굴은 오른쪽으로 돌려 침대에 올려놓은 자세에서 교정자는 환자의 왼쪽 목의 근육에 지압과 마사지를 한다. 그리고 교정자는 환자의 오른쪽에 위치하여 왼손으로 환자의 왼쪽 어깨를 잡아 고정을 시키고 오른손은 환자의 목뼈위 뒤통수 부위를 잡아 오른쪽으로 당겨(옆 돌림) 왼쪽 목 근육을 이완시키며 돌려준다(사진 4-8).

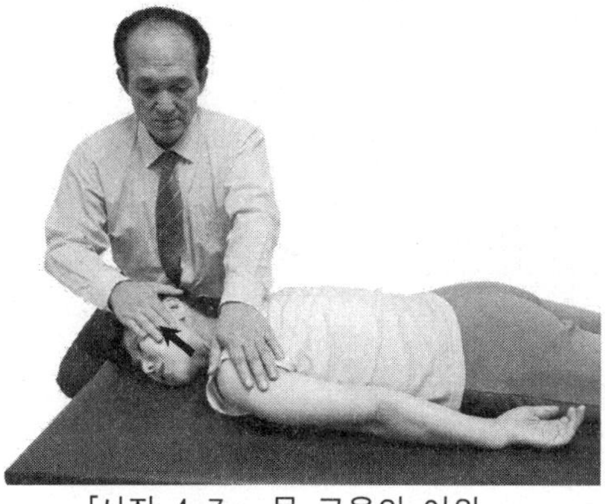

「사진 4-7」 목 근육의 이완

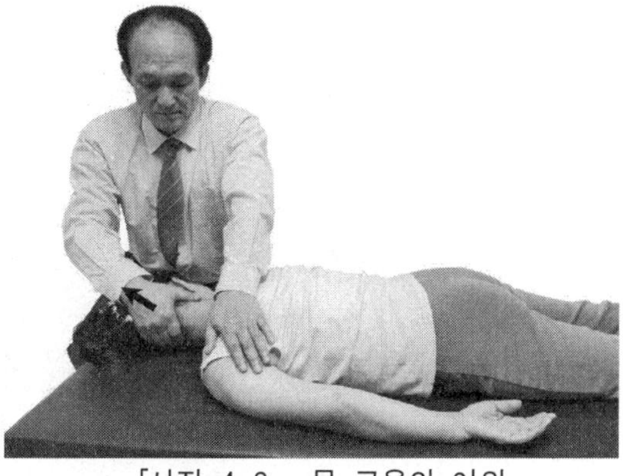

「사진 4-8」 목 근육의 이완

• 그리고 환자의 머리가 침대 밖으로 나오도록 누운 상태에서 교정자는 환자의 머리 위쪽에 앉아 한손으로 환자의 뒤통수를 받쳐 잡고 다른 손으로는 목의 근육들을 풀어준 후 (사진 4-9).

• 이어서 양손으로 환자의 뒤통수를 받쳐 잡아 엄지로는 현고혈(관좌놀이)을 나머지 손가락들은 뒷목의 머리 밑 부위에 위치하고 있는 아문혈, **방광경**의 ⑩천주혈, **담경**의 ⑳풍지혈 등을 동시에 지압을 하면서 3~4초 정도 목을 당겨 이완을 시켜준다 (사진 4-10).

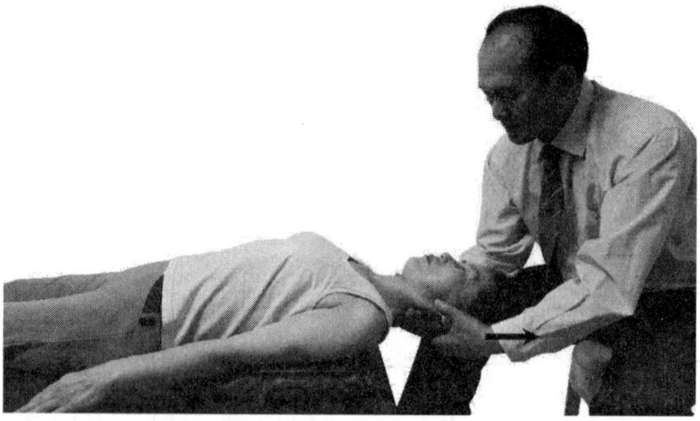

「사진 4-9」 목 근육의 이완

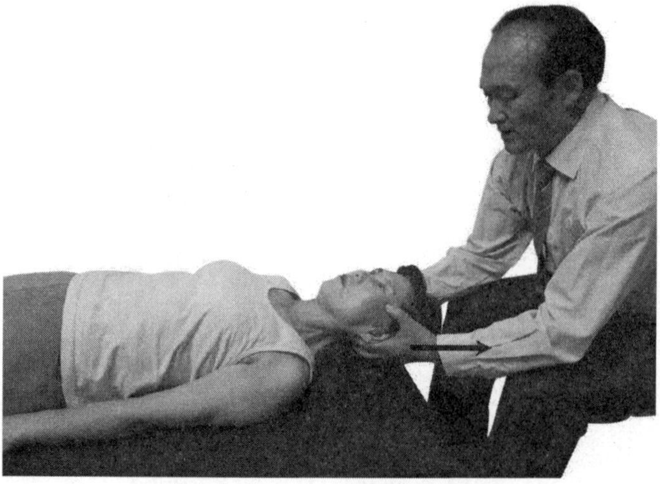

「사진 4-10」 목 근육의 이완

Ⅷ. 경추의 교정

- 환자가 침대에 누운 상태에서 교정자는 환자의 머리 위쪽에 위치하여 한손으로 환자의 목뼈 위 뒤통수를 받쳐 잡고 다른 손으로는 환자의 턱 밑을 받쳐 잡아 당겨 목을 이완시켜 주는 방법과(사진 4-11).

- 환자가 침대에 누운 상태에서 교정자는 환자의 머리 위쪽에 위치하여 수건으로 환자의 목뼈 위 뒤통수를 감싸 견인시 머리가 빠지지 않도록 환자의 이마 앞 쪽에서 새끼줄을 꼬듯이 감아 양손으로 잡는다. 그리고 수건을 목이 몸과 수평이 되게 당겨 목을 이완시켜 주며 더 이상 이완되지 않는 상태에서 순간 추력을 하여 목뼈를 교정하는 방법(사진 4-12) 및

- 환자의 머리가 침대 밖으로 나오도록 누운 상태에서 교정자는 환자의 머리 위 오른쪽에 위치하여(왼쪽으로 교정할 경우) 왼손으로 환자의 뒤통수를 받쳐 잡고 오른손으로는 환자의 오른쪽 턱을 감싸 잡아 환자의 머리를 지그시 당겨 목을 이완시키며 환자의 목이 더 이상 돌아가지 않을 때까지 왼쪽으로 지그시 돌린 후 순간 추력하여 목(경추)을 교정하는 방법 등이 있다(사진 4-13).

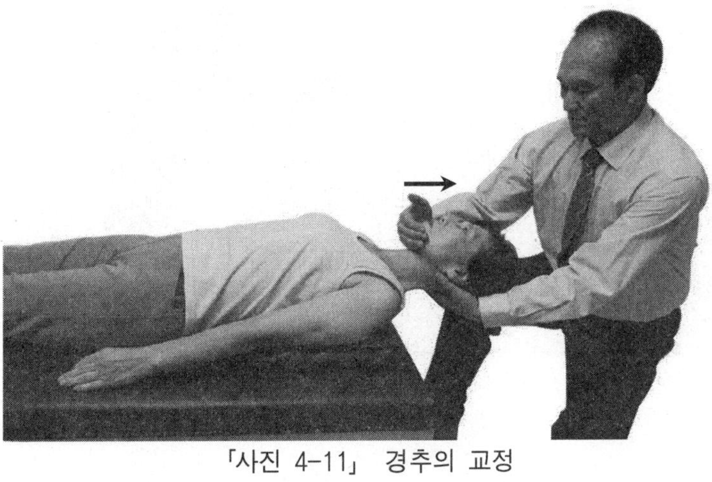

「사진 4-11」 경추의 교정

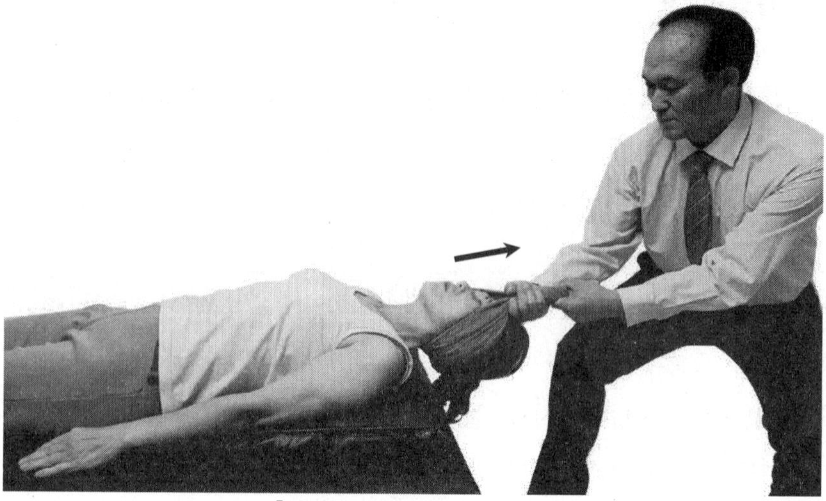

「사진 4-12」 경추의 교정

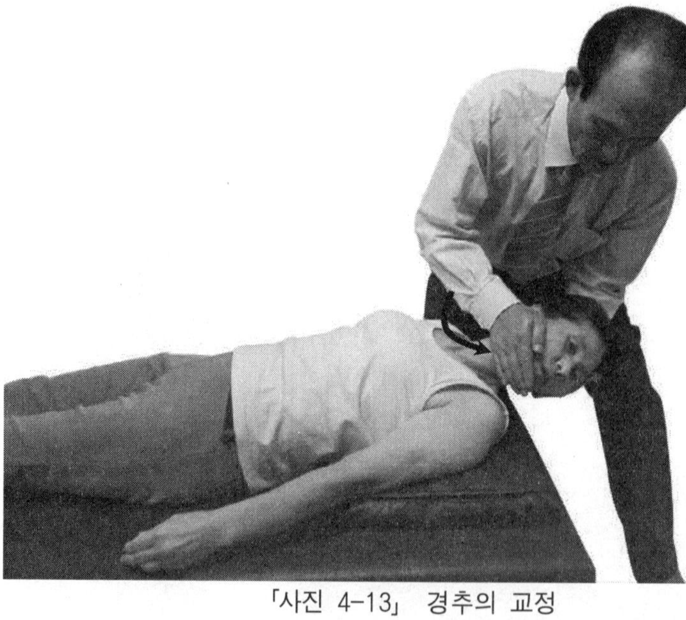

「사진 4-13」 경추의 교정

제5장. 어깨와 등의 통증

Ⅰ. 흉부(가슴) 및 어깨와 배부(등)의 근육

어깨와 등 부위의 통증과 연관된 근육들을 살펴보면 경부(목)의 근육에는 천경근으로 광경근과 흉쇄유돌근이 심경근으로는 사각근 등이 있으며 배부(등)에는 천배근으로 승모근, 견갑거근, 대·소능형근, 광배근 등이 심배근으로는 상·하후거근, 판상근(두판, 경판상근), 척추기립근(장늑근, 최장근, 극근), 횡돌극근(반극근, 다열근, 회선근 등)등 있다. 그리고 흉부(가슴)의 천흉근으로 대흉근, 소흉근, 전거근, 쇄골하근 등이 심흉근으로는 내·외늑간극 늑골거근, 늑하근 등이 있으며 어깨 관절과 견갑골 부위에는 삼각근, 극상근, 극하근, 소원근, 대원근, 견갑하근 등이 있다(그림 5-1).

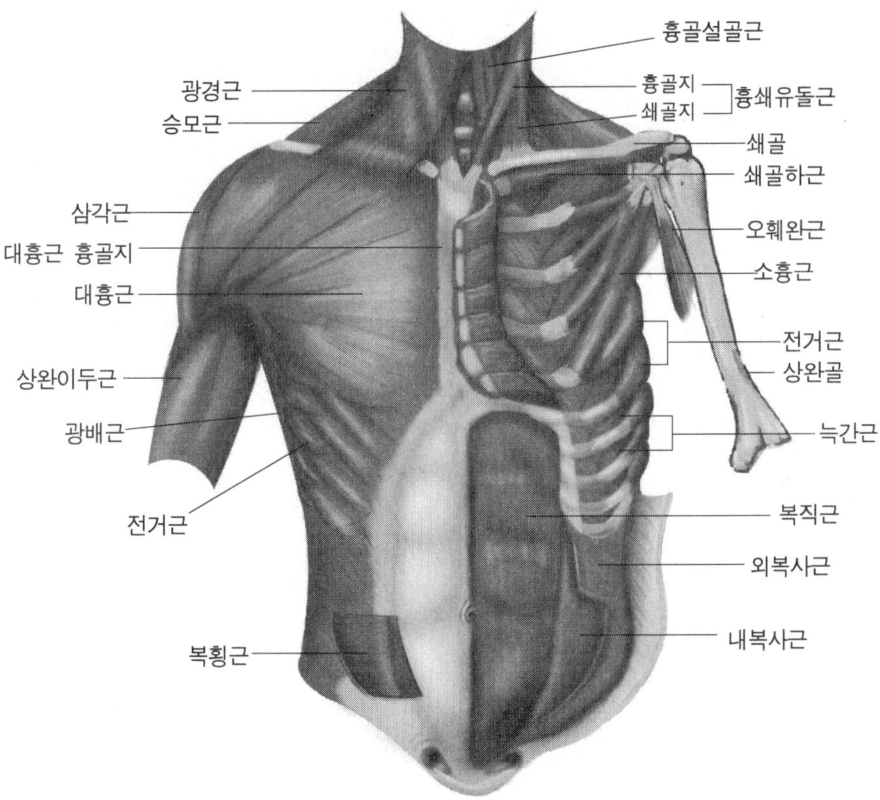

①흉부(가슴)

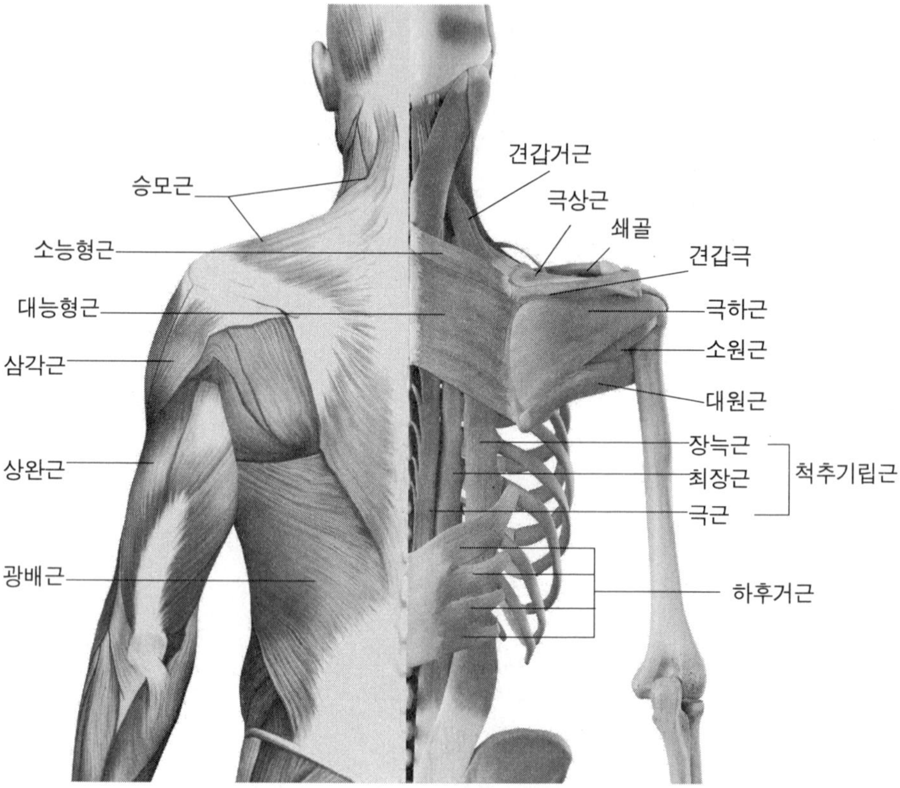

② 배부(등)

「그림 5-1」 흉부 및 어깨와 등의 근육

Ⅱ. 흉부 및 어깨와 등의 경락과 경혈

어깨와 등의 경락으로는 **폐경**(①중부혈 ②운문혈), **대장경**(⑮견우혈 ⑯거골혈 ⑰천정혈), **위경**(⑪기사혈 ⑫결분혈 ⑬기호혈), **소장경**(⑨견정(肩貞)혈 ⑩노수혈 ⑪천종혈 ⑫병풍혈 ⑬곡원혈 ⑭견외수혈 ⑮견중수혈), **방광경**(⑪대저혈 ⑫풍문혈 ⑬폐수혈 ⑭궐음수 ⑮심수 ⑯독수혈 ⑰격수혈 ㊳부분혈 ㊴백호혈 ㊵고황혈 ㊶신당혈 ㊷의회혈 ㊸격관혈), **신경**의(㉗수부혈), **삼초경**(⑬노회혈 ⑭견료혈 ⑮천료혈), **담경**(㉑견정(肩井)혈), **독맥**(⑨지양혈 ⑩영대혈 ⑪신도혈 ⑫신주혈 ⑬도도혈 ⑭대추혈) 등이 흐르고 있다(그림 5-2).

따라서 이러한 근육 및 신경과 경락에 이상이 발생하게 된다면 그에 의한 병증 또한 나타나게 되는 것은 당연지사라 할 것이다.

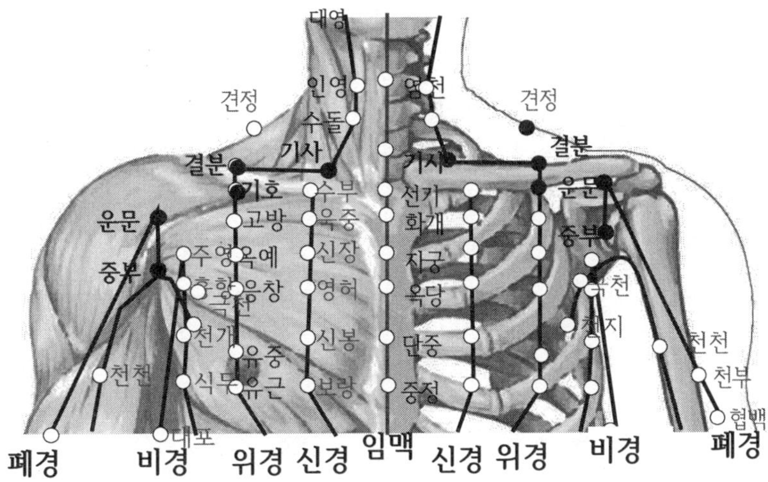

① 흉부

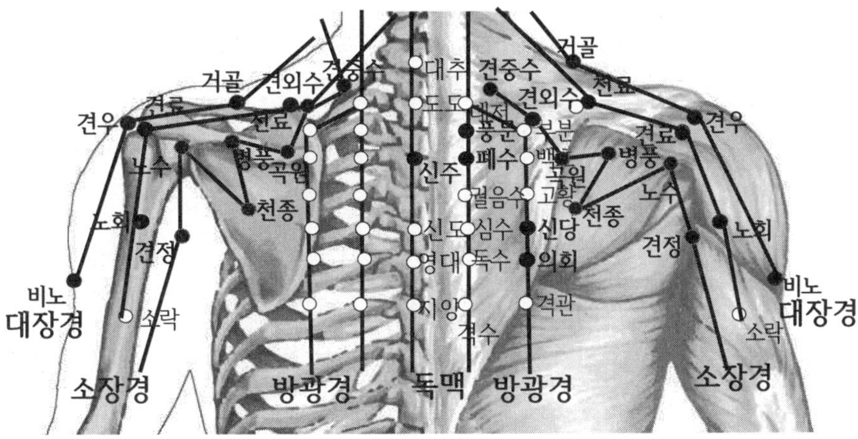

② 배부

「그림 5-2」 흉부 및 어깨와 등의 경락과 경혈

Ⅲ. 흉부 및 어깨와 등의 통증과 연관통

어깨 앞면 부위의 통증

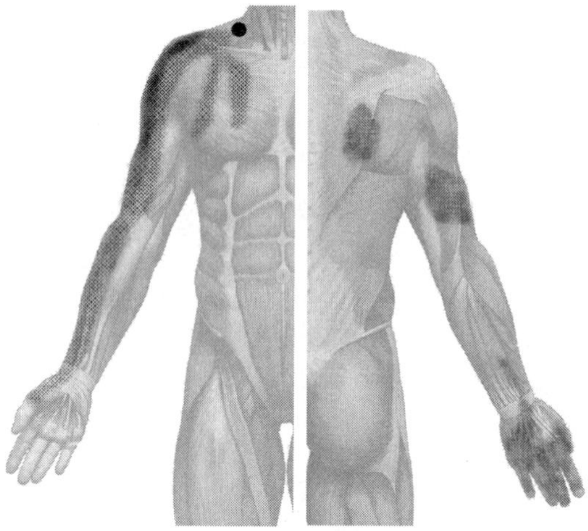

전면 후면

사각근

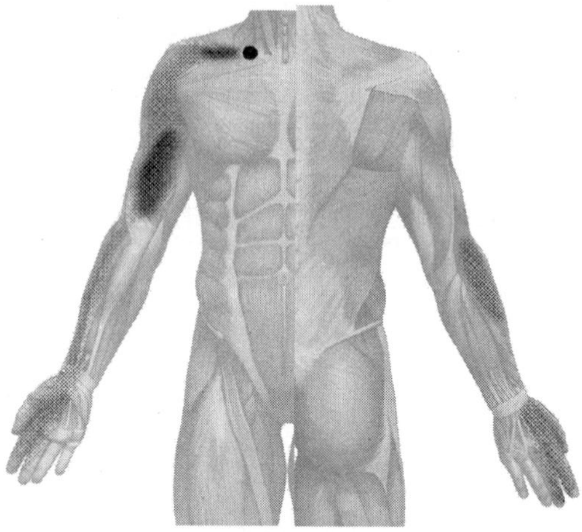

전면 후면

쇄골하근

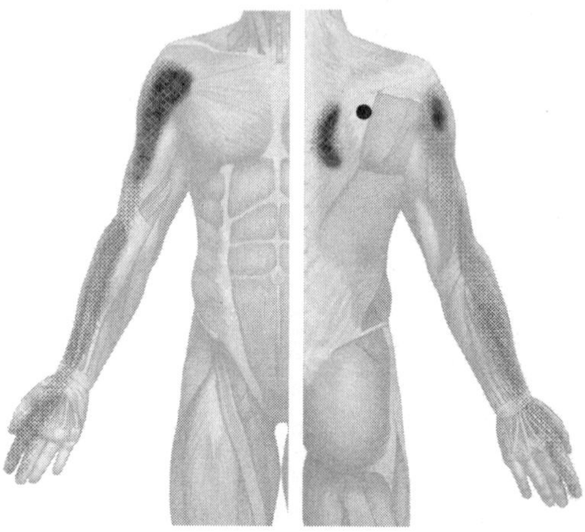

전면 후면

극하근

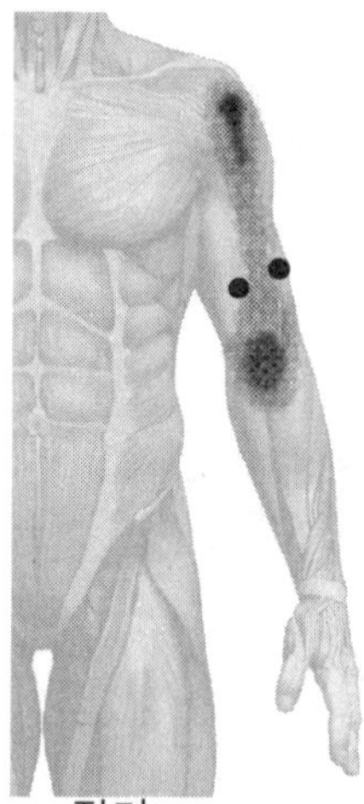

전면

상완이두근

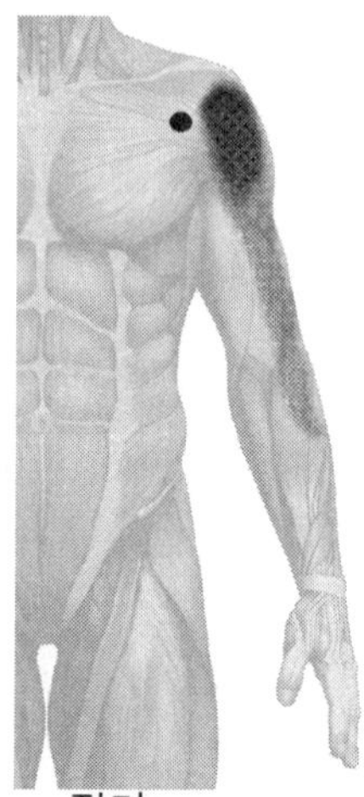

전면

삼각근(전)

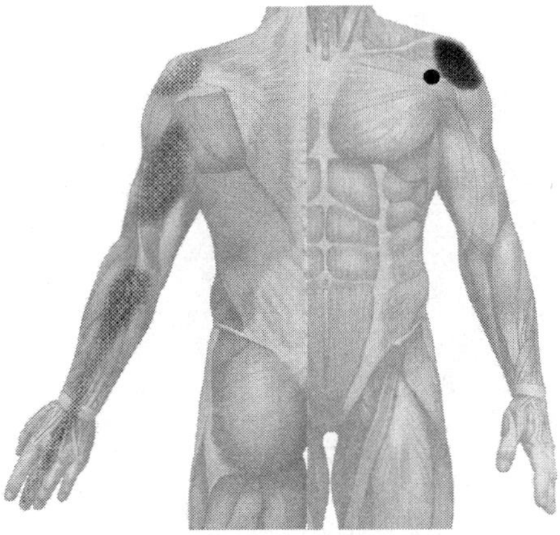

후면 전면
오구(훼)완근

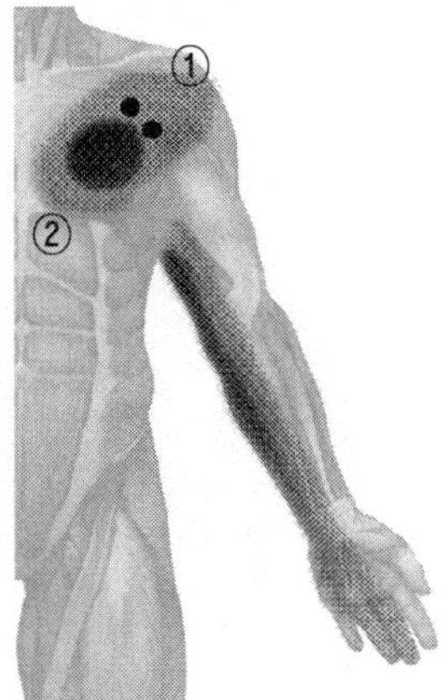

①쇄골두 ②흉골두
대흉근

어깨 옆면 부위의 통증

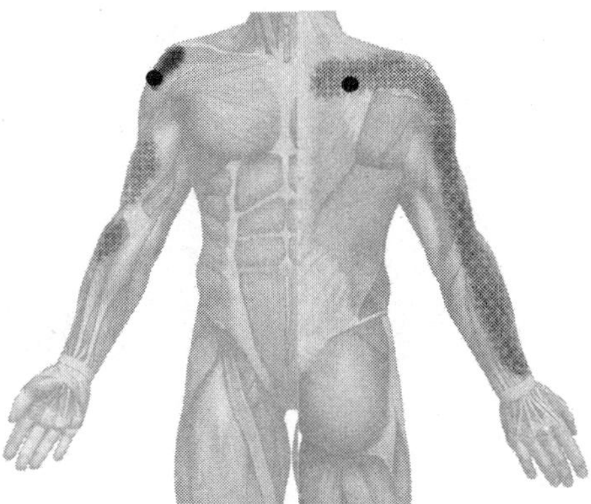

전면 후면
극상근

어깨(뒤)와 등 부위의 통증

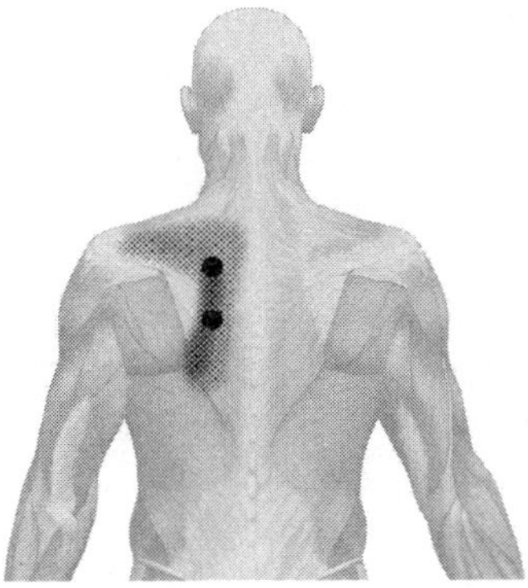

능형근

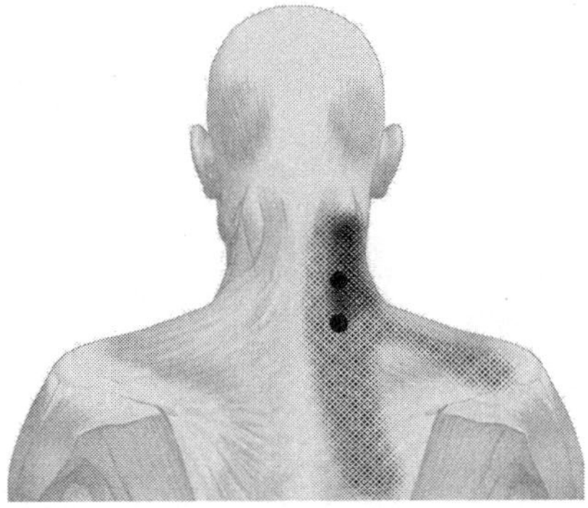

견갑거근

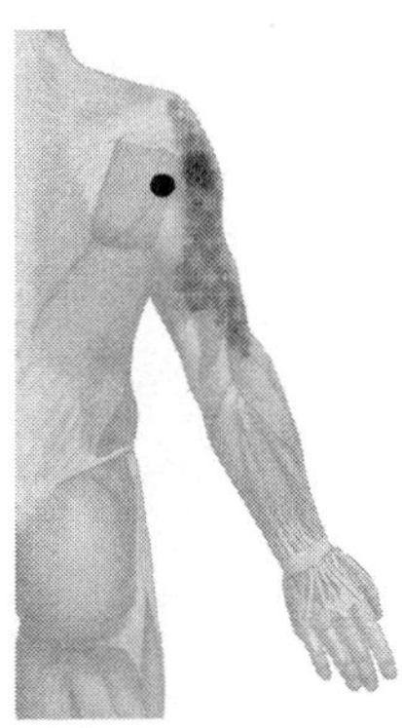

소원근

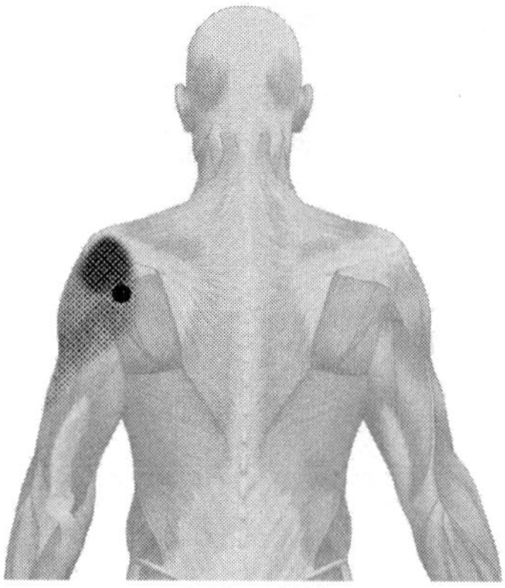
삼각근(후)

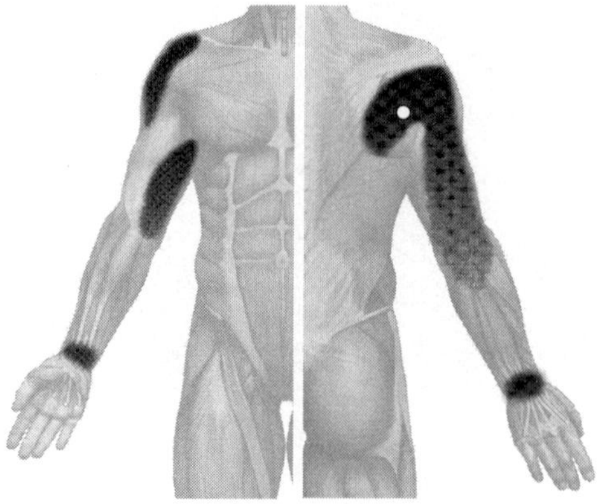
견갑하근

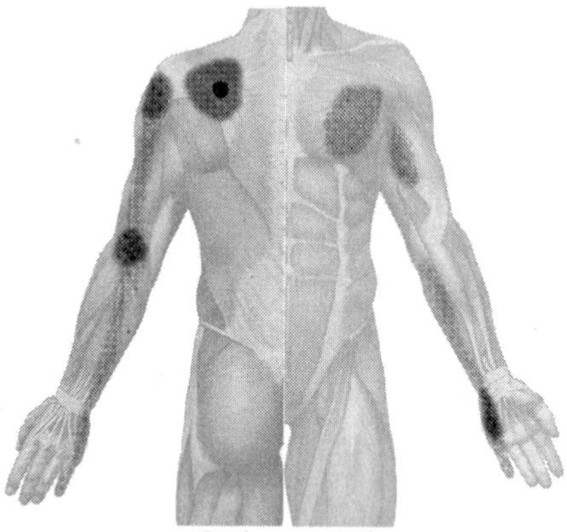
후면 전면
상후거근

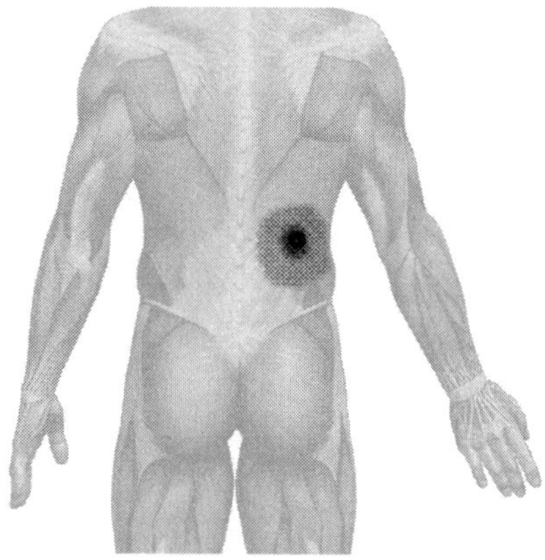
하후거근

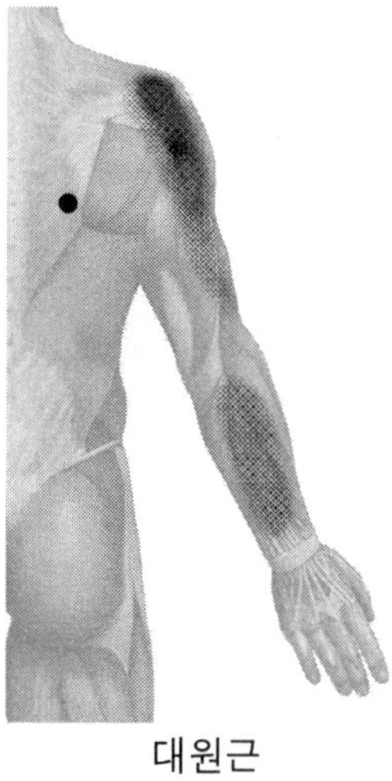
대원근

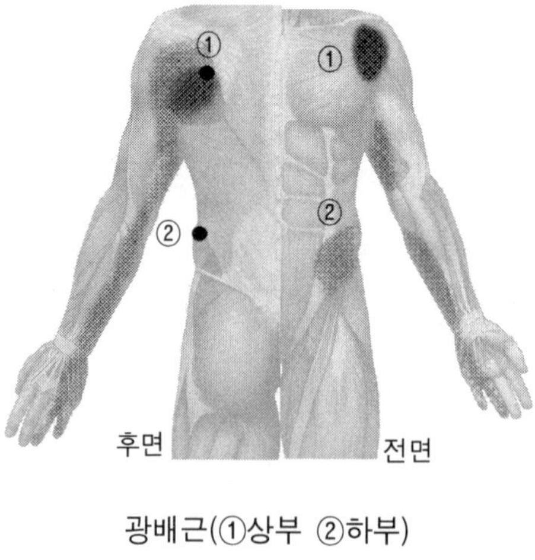

광배근(①상부 ②하부)

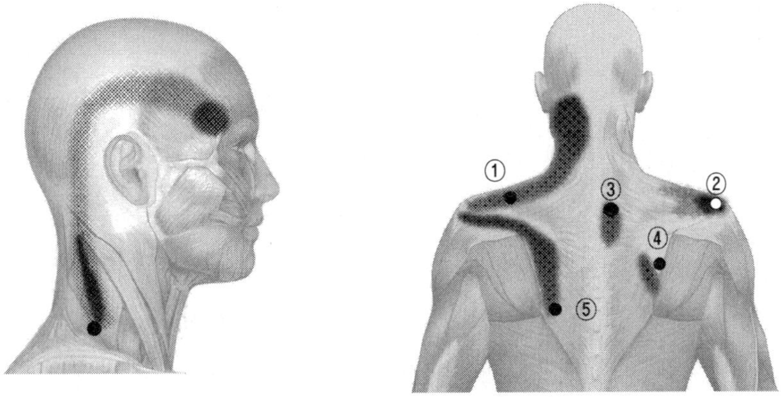

(①상부 ②견봉 안쪽 ③견갑골 내측상부 ④견갑골 내측 ⑤견갑골 하부)
승모근

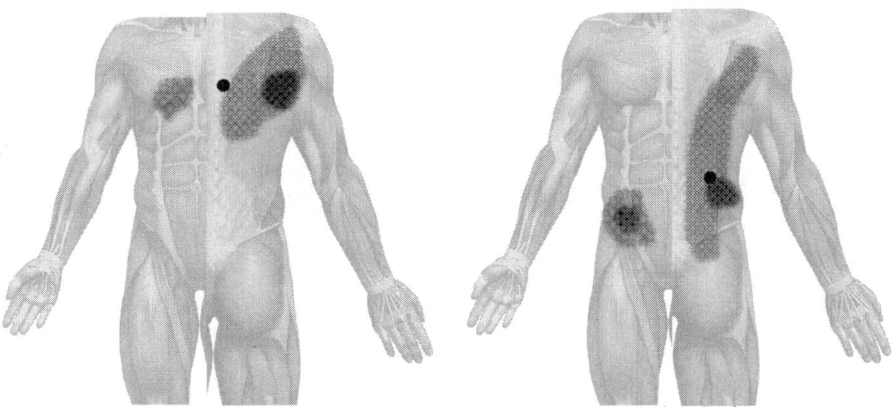

전면　후면
①흉추1번

전면　후면
②흉추11번

흉장늑근

「그림 5-3」 어깨와 등의 발통점과 연관통

Ⅳ. 어깨의 통증

어깨의 통증은 심한 경우에는 손까지 연관된 통증이 확산되어 일상생활은 물론 잠을 잘 때에도 고통을 주기도 한다. 그리고 잘못 판단을 하게 되면 경추(목) 디스크 초기로 오인하기 쉬우며 환자 또한 오랜 고통 속에 자포자기를 하여 통증을 안고 살아가는 경우도 간혹 볼 수가 있다. 만약 부득이하게 경제적 여건이나 주어진 생활환경 등이 여유롭지 않아 어찌할 수 없는 상황이라면 아픈쪽 넷째 발가락과 새끼발가락이 갈라지는 위쪽 **담경**의 ㊹지오회혈과 그 옆 새끼발가락 바깥쪽 모서리 부위 위치하고 있는 **방광경**의 ㊼족통곡혈 부위를 3~5분정도 마사지를 하여 주게 되면 어깨의 통증이나 팔을 들어 올리는데 많은 도움이 될 것이다.

평소 건강을 유지하기 위해서 어깨를 제껴 가슴을 활짝 펴는 바른 자세를 유지하고 어깨 관절 운동을 통하여 근육의 경직을 피하고 부드럽게 유지해주는 것이 중요하다 할 것이다.

1. 목과 어깨와 팔의 신경통(경완 증후군)

아침에 잠을 깨어 자리에서 일어나게 되면 어깨와 팔이 묵직하면서 저리고 심한 경우에는 손가락 까지도 뻣뻣하고 쥐가 나는 듯이 저린 증상에 당혹스러워 하는 경우가 있을 수 있다.

이는 목뼈(경추)를 구성하고 있는 추간판의 이상에 의해 팔로 이어지는 신경이나 혈관 등이 압박되어 기혈이 순행되지 못함으로써 나타나는 증상으로 볼 수가 있다. 이러한 경우에는

1. **독맥**의 ⑬도도혈 ⑭대추혈 ⑮아문혈을 온찜과 마사지 등을 충분히 해주고 이어서
2. **방광경**의 ⑩천주혈과 **삼초경**의 ⑯천유혈을 그리고
3. **담경**의 ⑳풍지혈 ㉑견정혈에 이르는 경락과
4. **소장경**의 ⑩노수혈 ⑪천종혈 ⑫병풍혈 ⑬곡원혈 ⑭견외수혈 ⑮견중수혈 등과
5. 흉쇄유돌근과 사각근 부위의 경혈들 즉 **소장경**의 ⑰천용혈 ⑯천창혈과 **대장경**의 ⑱부돌혈 ⑰천정혈 및 **위경**의 ⑩수돌혈 ⑪기사혈 ⑫결분혈을 그리고
6. **신경**의 ㉗수부혈과 **위경**의 ⑬기호혈 및 **폐경**의 ①중부혈 ②운문혈 등을 지압과 마사지를 해주며 평소 목뼈를 이완시켜주는 동작과 아울러 부드럽게 풀어주는 운

동을 병행하여 주면 좋을 것이다.

그리고 어깨의 통증이 팔꿈치 까지 연관된 통증이 나타난다면 **위경**의 ⑫결분혈과 ⑬기호혈 **임맥**의 ㉒천돌혈 주변을 함께 풀어주게 되면 좋을 것이다(그림 5-4).

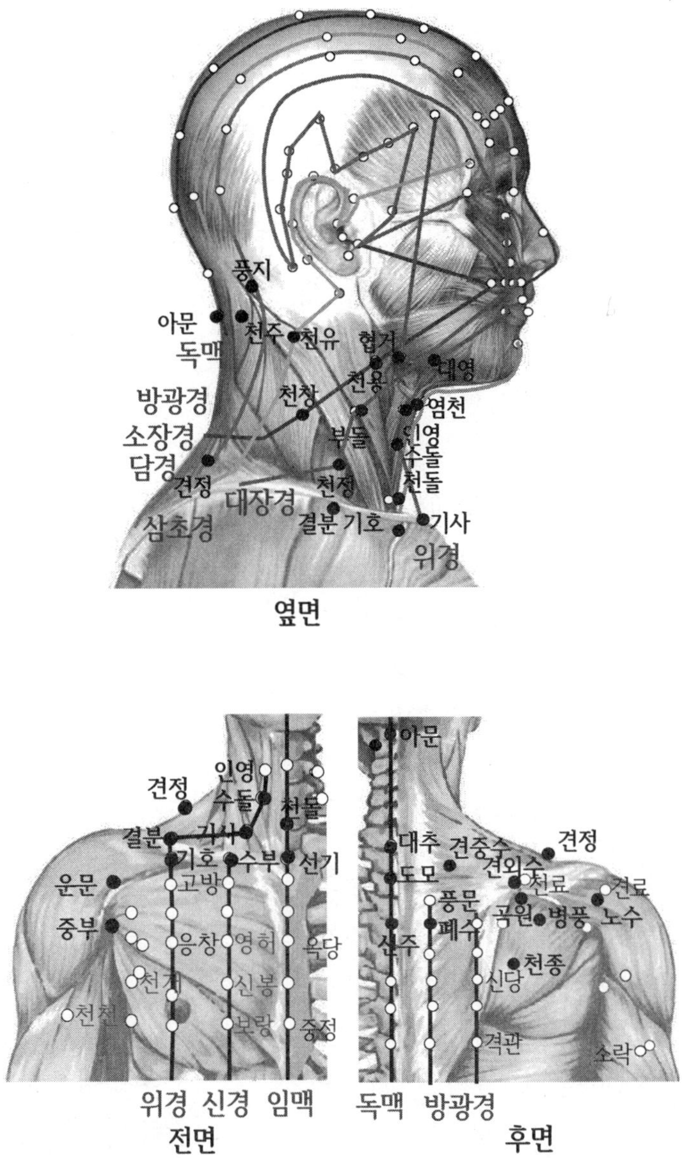

「그림 5-4」 경완증후근의 경락과 경혈

2. 오십견(동견관절)

일반적으로 50대를 전후하여 특히 여자들에게 많이 발생한다 하여 오십견이라고도 불리우고 있다.

통증의 초기에는 어깨관절을 중심으로 통증이 나타나다가 손목 부위까지도 확산이 되며 심한 경우에는 어깨 관절의 움직임 뿐만이 아니라 휴식 시는 물론 밤에도 통증이 계속되어 잠을 이루지 못하게 되기도 한다. 이러한 통증의 주된 원인으로는 견갑하근, 극상근, 극하근, 소원근 등의 이상에 의한 것으로 특히 견갑하근에 통증이 발생하여 외전과 외측회전이 제한이 되고 또한 장기화되면 그에 따른 대흉근, 소흉근, 삼각근 광배근과 전삼각근 대원근 등에 2차적인 통증이 발생하게 되어 병증이 심해지게 된다.

이에 통증이 발생한 근육은 물론 경락들 즉

1. **독맥**의 ⑫신주혈 ⑬도도혈 ⑭대추혈 ⑮아문혈과 **방광경**의 ⑩천주혈 및 **담경**의 ⑳풍지혈과 **삼초경**의 ⑯천유혈을 그리고
2. **담경**의 ⑳풍지혈 ㉑견정혈과 **대장경**의⑯거골혈 ⑮견우혈 ⑭비노혈 및 **삼초경**의 ⑯천유혈 ⑮천료혈 ⑭견료혈 ⑬노회혈에 지압과 마사지를 하고 또한
3. **방광경**의 ⑩천주혈 ⑪대저혈 ⑬폐수혈 ⑭궐음수혈 ⑱간수혈 및 ㊳부분혈 ㊴백호혈 ㊵고황혈 ㊶신당혈에 이르는 경락의 경혈 등과
4. **소장경**의 ⑩노수혈 ⑪천종혈 ⑫병풍혈 ⑬곡원혈 ⑭견외수혈 ⑮견중수혈을 그리고
5. **신경**의 ㉗수부혈 및 **위경**의 ⑪기사혈 ⑫결분혈 ⑬기호혈 등과 **폐경**의 ①중부혈 ②운문혈 등을 지압과 마사지 등을 하여 기혈이 순행하도록 하여주며(그림 5-5) 양발을 어깨 넓이로 벌린 후 허리를 구부리고(90°정도) 아픈 쪽 팔에 적당한 무게의 아령등을 들고 전 · 후와 좌우로 흔드는 동작이나 기구운동 등을 하여주도록 한다(사진 5-1).

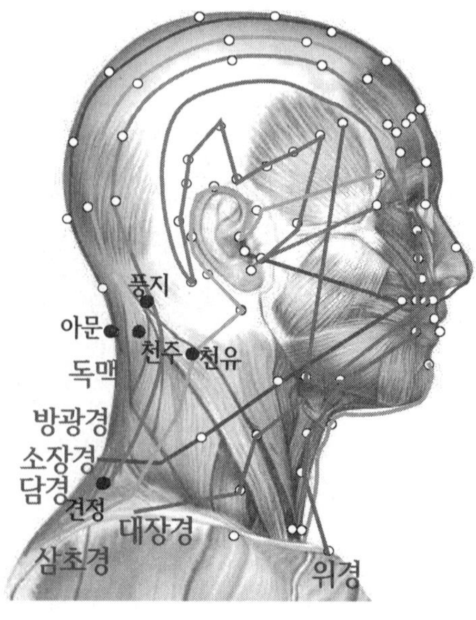

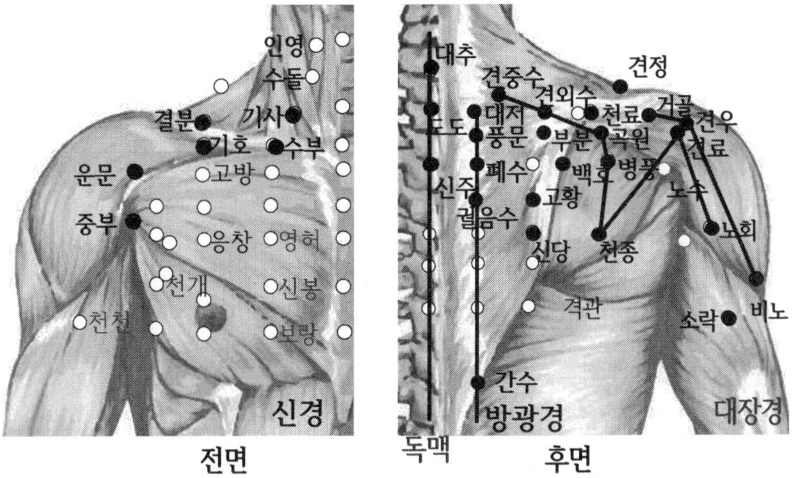

「그림 5-5」 오십견의 경락과 경혈

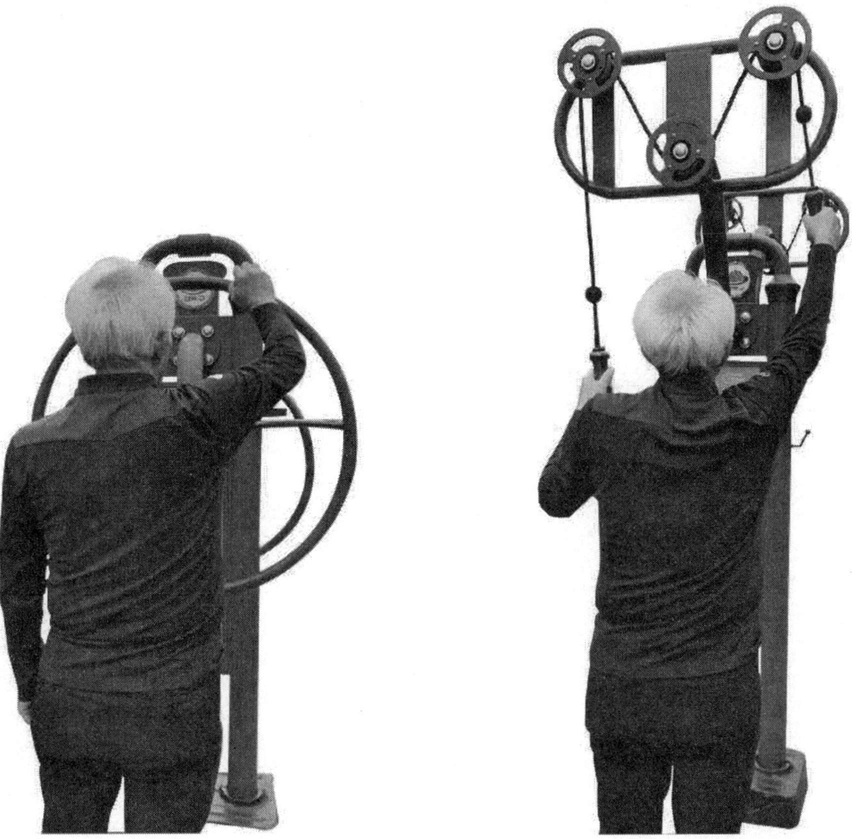

「사진 5-1」 오십견의 기구 운동

3. 어깨의 결림

어깨가 결리는 증상의 주요원인으로는 피로가 누적되어 어깨 부위에 기혈이 원활하게 순행하지 못하여 발생하는 것으로 보며 어깨가 결리면서 머리가 무거우며 또한 잠을 잤는데도 덜잔 것 같이 졸리면서 쉽게 피로해지는 현상들이 나타나게 된다. 평소에 기지개를 자주 펴줌과 아울러 목운동과 팔운동을 자주 하여 근육을 이완시켜 주고 목욕이나 온찜질을 하게 되면 많은 도움이 될 것이다. 그리고

1. **독맥**의 ⑫신주혈 ⑬도도혈 ⑭대추혈 ⑮아문혈과 **방광경**의 ⑩천주혈 및 **담경**의 ⑳풍지혈과 **삼초경**의 ⑯천유혈을 그리고
2. **방광경**의 ⑩천주혈에서 **담경**의 ㉑견정혈 쪽으로 지압과 마사지를 해주고
3. **방광경**의 ⑩천주혈에서 ⑪대저혈 ⑬폐수혈 ⑭궐음수혈 ⑱간수혈 쪽과 ㊳부분혈 ㊴백호혈 ㊵고황혈 ㊶신당혈에 이르는 경혈에 지압과 마사지를 한다. 또한
4. **소장경**의 ⑩노수혈 ⑪천종혈 ⑫병풍혈 ⑬곡원혈 ⑭견외수혈 ⑮견중수혈과
5. **대장경**의 ⑭비노혈 ⑮견우혈 ⑯거골혈 및 **삼초경**의 ⑭견료혈 ⑮천료혈등과
6. **신경**의 ㉗수부혈 및 **위경**의 ⑬기호혈과 **폐경**의 ①중부혈 ②운문혈 쪽으로 지압과 마사지를 하여 기혈이 순행하도록 해준다(그림 5-6).

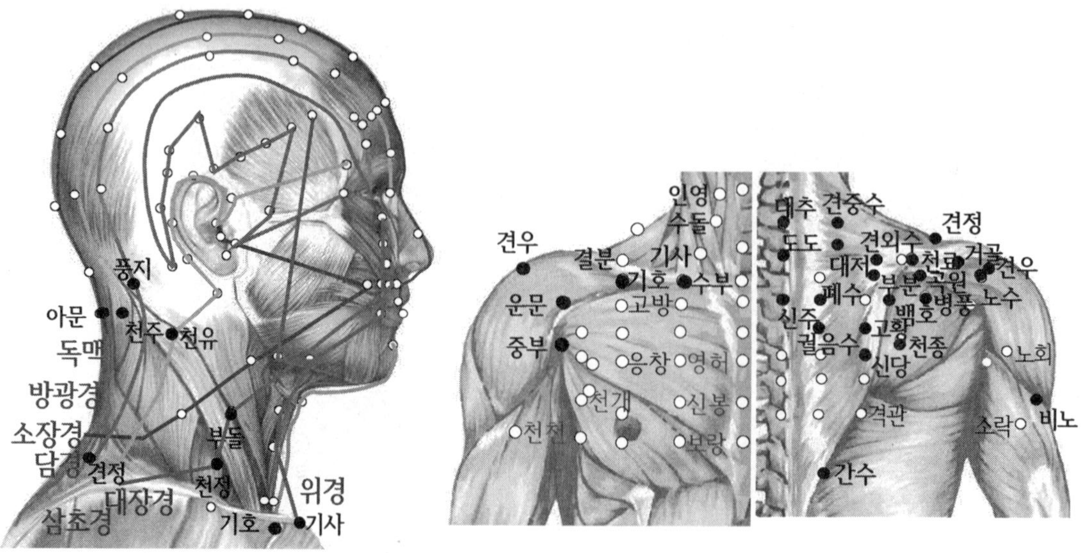

「그림 5-6」 어깨 결림의 경락과 경혈

V. 어깨 앞면 부위의 통증

어깨 앞면 부위의 통증은 팔을 움직일 때 특히 팔을 앞으로 들어 올리기가 힘이 들며 수면 중에도 아프고 쑤셔서 잠을 설치기도 한다. 연관된 근육으로는 사각근, 쇄골하근, 극하근, 삼각근(전면), 상완이두근, 오구(훼)완근, 대흉근, 소흉근 등이 있으며 이를 살펴보면

1. 사각근

사각근은 경수신경(경추 제2번~제7번)의 지배를 받는 심경근의 근육으로 경부(목)의 측면에 위치하고 있으며 전사각근(경추3번~6번), 중사각근(경추2번~7번), 후사각근(경추5번~7번)으로 구성되어 경추를 측굴을 시키고 제1, 2늑골을 위로 당겨 호흡근으로 기능을 하고 있다.

어깨가 아파 지압을 하여도 시원하지 않으며 팔과 어깨 전체가 저리고 손까지 문제가 생기며 가슴과 등에도 통증이 발생한다면 사각근을 의심해볼 필요가 있다.

통증은 팔을 머리 위로 들고 있으면 덜하게 되나 밤과 새벽에 심하며 엄지(첫째 손가락)와 인지(둘째 손가락)가 저리고 마비가 되는듯하며 심한 경우에는 손에 쥐고 있는 물건을 갑자기 떨어뜨리고 손가락과 손등이 부으며 아침에 일어나면 손이 뻣뻣하나 손을 쓰게 되면 감소하게 된다.

그리고 전사각근의 연관된 통증은 어깨의 뒤쪽으로 확산이 되어 양쪽 견갑골 사이에 집중적으로 나타나게 되며(그림 5-7의 ①) 중사각근과 후사각근 상부에서 통증이 발생을 하게 되면 어깨의 앞쪽에 통증이 나타나 상완(상박)의 앞과 뒷면 및 요골 부위를 거쳐 엄지(첫째 손가락)와 인지(둘째 손가락)로 통증이 확산되어 나타난다. 그리고 중사각근이나 후사각근의 아래 쪽에서 통증이 발생하게 되면 흉부의 앞과 젖꼭지까지 쑤시는 듯한 통증이 나타나게 된다(그림 5-7의 ②). 이러한 경우에 사각근 및 연관된 통증이 나타나는 부위의 경락들 즉

폐경의 ①중부혈 ④협백혈 ⑥공최혈 ⑩어제혈에 이르는 경락과

대장경의 ⑱부돌혈 ⑰천정(天鼎)혈 ⑯거골혈 ⑮견우혈 ⑭비노혈 ⑪곡지혈 ⑤양계혈 ④합곡혈에 이르는 경락 및

위경의 ⑨인영혈 ⑫결분혈 ⑬기호혈 ⑭고방혈을 그리고

소장경의 ⑪천종혈 ⑯천창혈 ⑰천용혈과

방광경의 ㊳부분혈 ㊴백호혈 ㊵고황혈 ㊶신당혈 ㊷의회혈 ㊸격관혈 및

담경의 ㉑견정(肩井)혈과

독맥의 ⑪신주혈 등에 지압과 마사지를 해주고(그림 5-8) 누운(환자)자세에서 양손으로 목과 머리를 받쳐 잡아 몸과 수평이 되도록 당겨 근육을 이완시켜주거나(사진 5-2의 ①), 앉은(환자) 자세에서 턱은 반대 쪽 어깨위로 돌린 후 아픈 팔을 허리 위로 돌리며 반대쪽 어깨 뒤로 서서히 제껴 근육을 신전시켜준다(사진 5-2의 ②).

그리고 자가 운동으로는 기지개를 자주 펴서 긴장된 근육을 이완시켜주고 또한 한손으로 아픈쪽 손목을 잡아 지그시 당겨주는 동시에 숨을 천천히 내쉬면서 머리를 반대편으로 기울여(약 8초 정도) 근육을 이완시켜주도록 한다(사진 5-2의 ③).

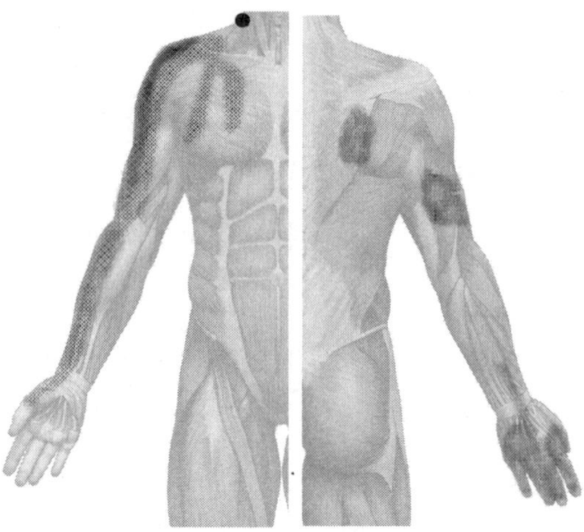

전면 후면

「그림 5-7」 사각근의 발통점과 연관통

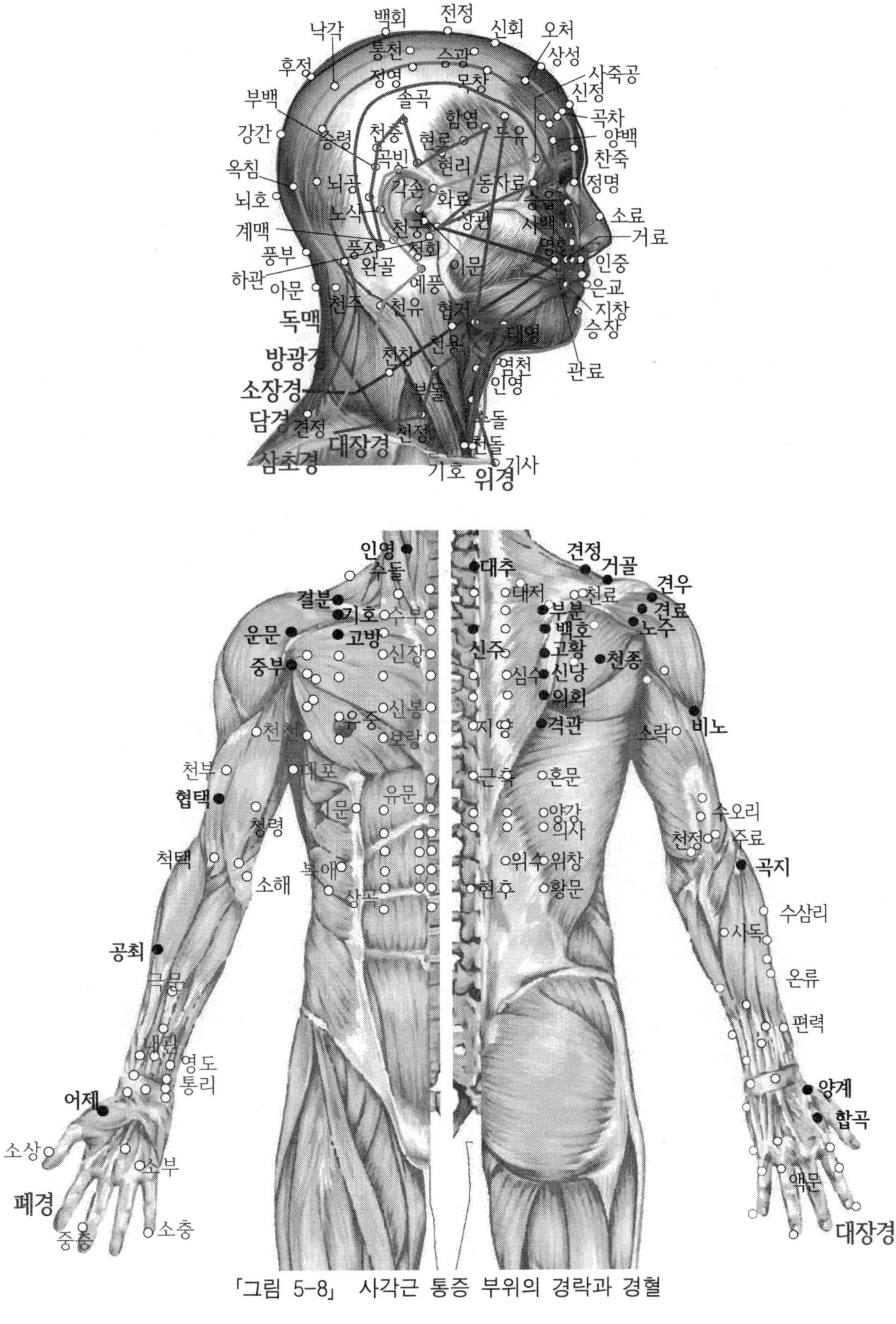

「그림 5-8」 사각근 통증 부위의 경락과 경혈

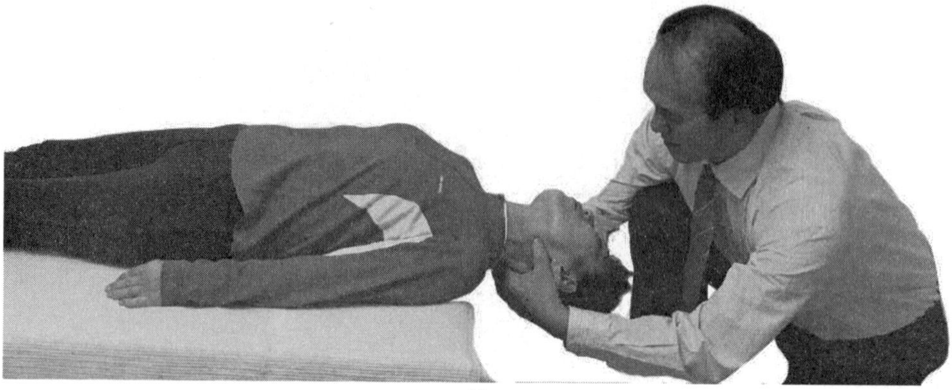

①

②

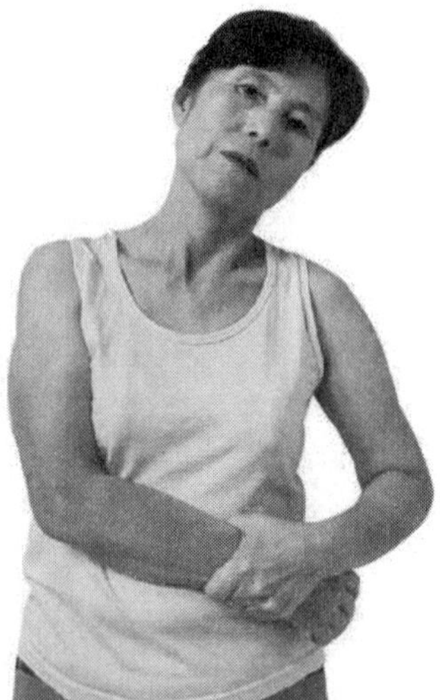

③

「사진 5-2」 사각근의 이완

2. 오구(훼)완근

오구완근은 근피신경(경추제6번, 7번)의 지배를 받는 상완(상박)의 근육으로 상완(상박)의 굴곡과 내전 등의 기능을 한다.

그리고 통증이 발생하게 되면 어깨 앞쪽에 통증이 나타나며 심한 경우에는 팔의 뒷부분을 타고 내려가 손등과 중지(가운데 손가락)까지 확산이 되어 저리고 쑤시면서 따가운 통증이 나타나기도 하며 열중 쉬어 자세나 아기를 업는 자세를 취할 때 통증이 심하게 나타나고 또한 팔을 앞이나 옆으로 높게 뻗을 수가 없게 된다(그림 5-9).

이러한 경우 오구(훼)완근의 주변에 흐르는 경락들 즉 **폐경**의 ①중부혈 ②운문혈

대장경의 ⑭비노혈 ⑮견우혈 ⑯거골혈과

소장경의 ⑧소해혈 ⑨견정혈 ⑩노수혈 ⑪천종혈 ⑫병풍혈 및

삼초경의 ⑭견료혈에서 ⑬노회혈 ⑪청냉연혈 ⑨사독혈 ④양지혈 ③중저혈에 이르는 경혈에 지압과 마사지를 해주고(그림 5-10) 아픈 팔의 팔굽관절을 구부리게 하여 한손으로 환자의 어깨를 잡고 다른 손으로는 팔굽관절을 받쳐 잡아 뒤로 당겨 스트레칭을 시켜주거나 양손을 뒤로 하여 책상의 모서리를 잡고 자세를 낮추어 뒤로 팔굽혀 펴기 동작을 취하도록 한다(사진 5-3의 ①).

그리고 스스로가 양팔을 새끼를 꼬듯이 틀어 깍지를 끼어 기지개를 펴듯이 들어 올려 오구완근을 수축시켜 주는 동작(사진 5-3의 ②)과 양손을 등 뒤로 잡아 견갑골이 닿도록 어깨를 제껴 오구완근을 이완시켜주도록 한다(사진 5-3의 ③).

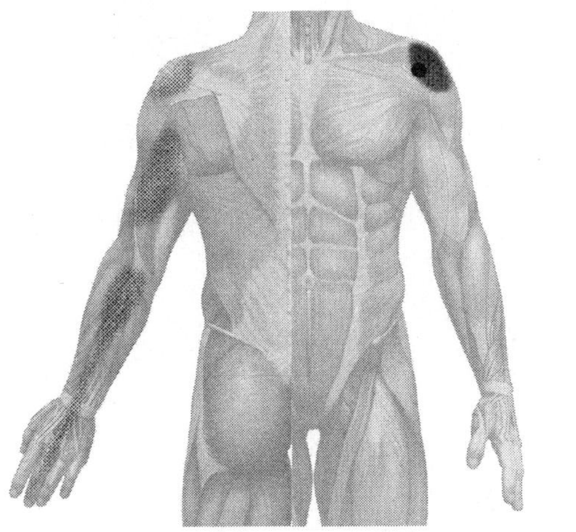

후면 전면

「그림 5-9」 오구(훼)완근의 발통점과 연관통

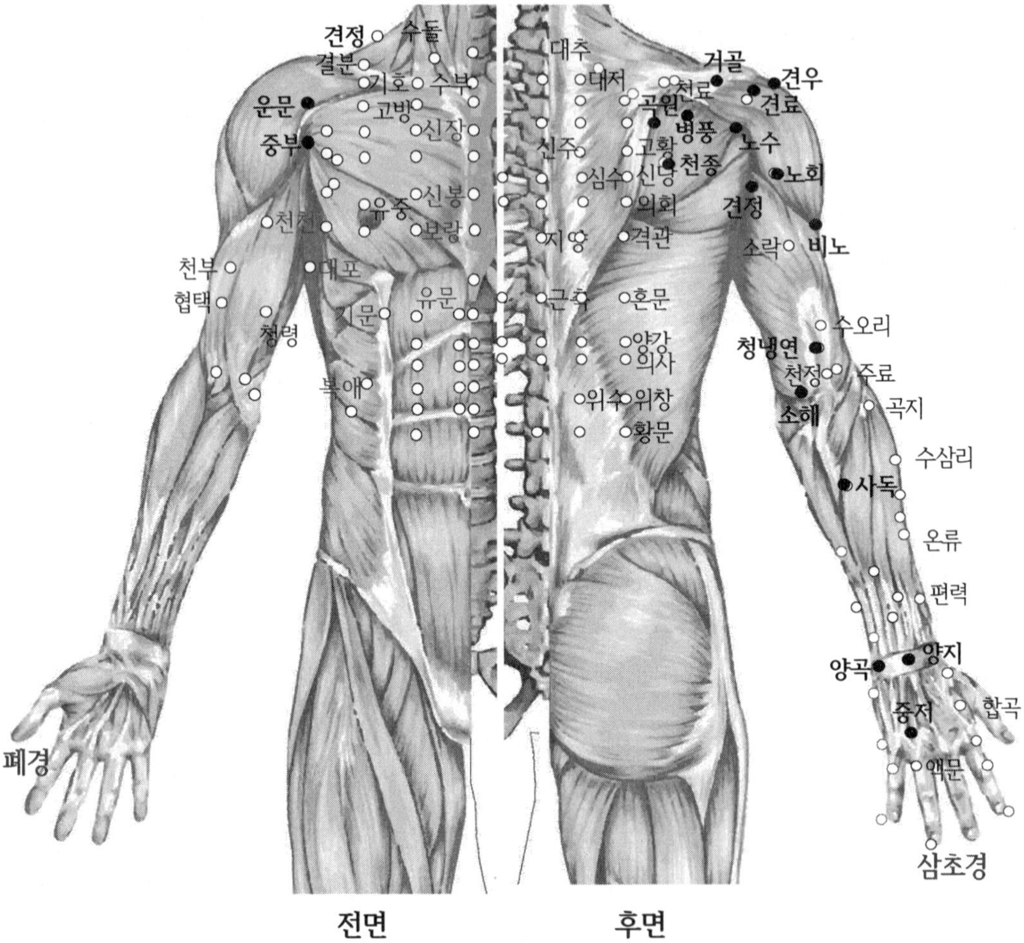

「그림 5-10」 오구(훼)완근 통증 부위의 경락과 경혈

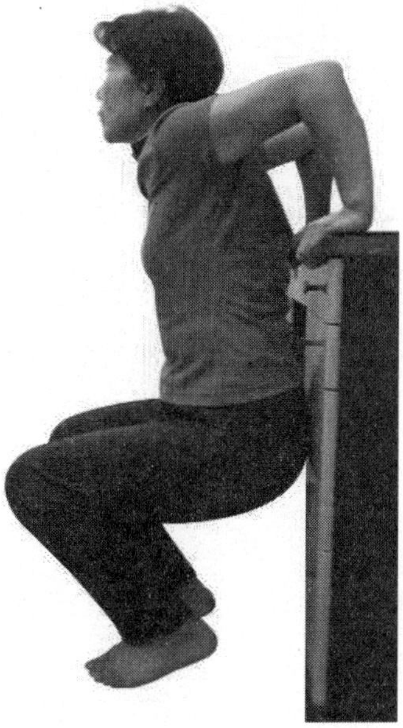

①

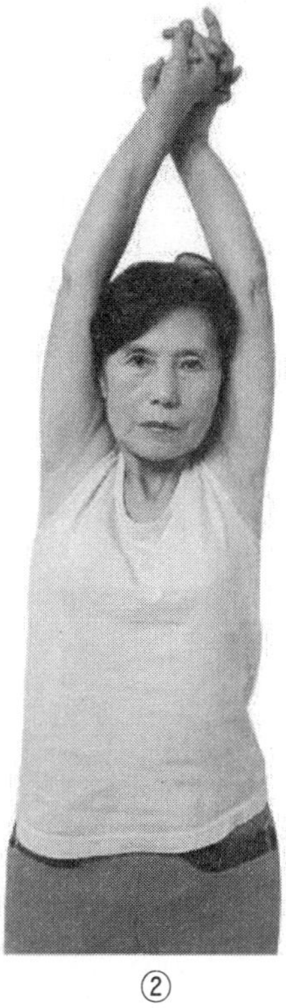

②

③

「사진 5-3」 오구(훼)완근의 운동

3. 쇄골하근

쇄골하근은 쇄골하신경의 지배를 받아 어깨 관절의 내전을 돕는 천흉근의 근육으로 주로 어깨 관절을 수평으로 하여 내전 및 외전을 할 때 쇄골 밑과 어깨의 앞쪽에 통증이 나타나며 심한 경우에는 상완(상박)의 앞쪽 면과 전완(하완, 하박)의 요골쪽 팔굽관절과 엄지(첫째 손가락)와 인지(둘째 손가락) 및 중지(가운데 손가락)의 손등과 손바닥 부위까지 통증이 확산되어 나타난다(그림 5-11). 이러한 경우에 쇄골하근육에 자리하고 있는

위경의 ⑬기호혈과

신경의 ㉗수부혈 및

폐경의 ①중부혈 ②운문혈 ④협백혈 ⑤척택혈 ⑥공최혈 ⑩어제혈 ⑪소상혈에 이르는 경락 및

대장경의 ①상양혈 ④합곡혈 ⑤양계혈 ⑦온류혈 ⑪곡지혈, 그리고

심포경의 ②천천혈 ③곡택혈 ⑥내관혈 ⑧노궁혈 ⑨중충에 이르는 경락의 경혈을 지압과 마사지를 통하여 근육의 이완과 함께 혈행의 순환을 원활하게 해준다(그림 5-12).

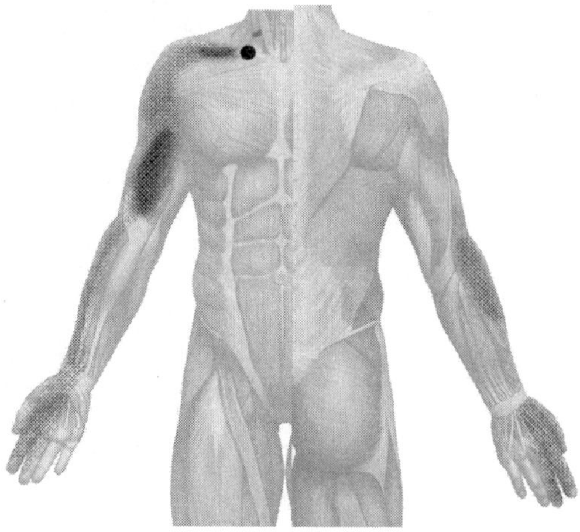

「그림 5-11」 쇄골하근의 발통점과 연관통

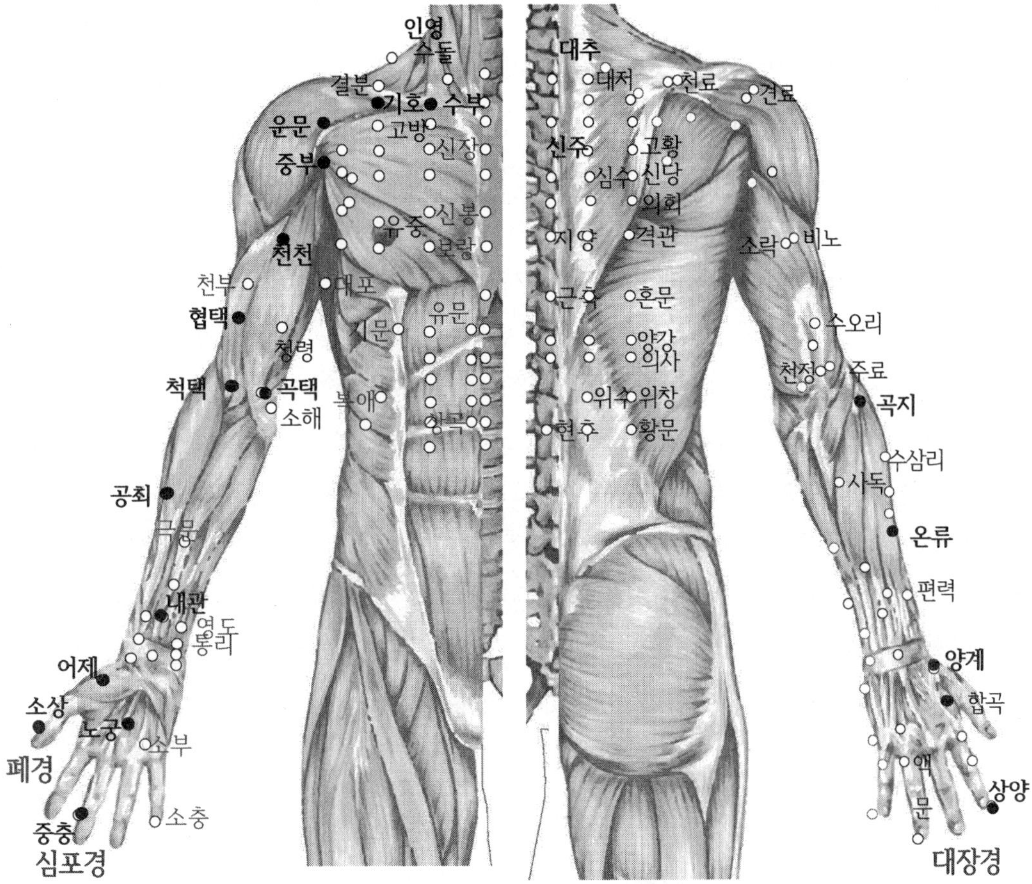

그림 5-12」 쇄골하근 통증 부위의 경락과 경혈

4. 극하근

견갑상신경(경추 제5번, 6번)의 지배를 받는 견갑대의 근육으로 극하근은 견갑골 부위에 위치하여 팔을 바깥쪽으로 돌릴 때 사용되는(상완의 외측회전) 근육으로 통증이 발생하게 되면 견갑골 안쪽으로 결리고 쑤시는 듯한 통증이 나타나고 연관된 통증은 어깨의 앞쪽(견관절 전면)에 나타나며 심한 경우에는 상완(박)의 전측면과 하완(전완, 하박)의 측면을 따라 손의 요골 쪽으로 내려가 엄지(첫째 손가락)와 인지(둘째손가락) 및 중지(가운데 손가락) 까지 통증이 확산되어 주먹을 힘있게 쥐지도 못하며 손을 허리 뒤로 돌려 스커트의 등쪽 단추를 끼우거나 지퍼를 올리기가 힘들게 된다(그림 5-13). 이러한 경우에는 엎드린 자세에서 극하근 부위의 경혈들. 즉 **소장경**의 ⑪천종혈을 위시하여 ⑨견정(肩貞)혈 ⑩노수혈 ⑪천종혈 ⑫병풍혈 ⑬곡원혈과 아울러 **독맥**의 ⑨지양혈 ⑩영대혈 ⑪신도혈 ⑫신주혈 ⑬도도혈을 그리고 **방광경**의 ㊳부분혈 ㊴백호혈 ㊵고황혈 ㊶신당혈 ㊷의회혈 ㊸격관혈 등을 지압과 아울러 마사지를 해주며 심한 경우에는 누운 자세에서 **대장경**의 ⑭비노혈에서 ⑫주료혈 ⑪곡지혈 ⑦온류혈 ⑤양계혈 ④합곡혈과 인지(둘째 손가락)의 ①상양혈에 이르는 경락과 함께 **폐경**의 ③천부혈에서 ⑤척택혈 ⑥공최혈 ⑨태연혈 ⑩어제혈과 엄지손가락의 ⑪소상혈에 이르는 경락을 지압과 함께 마사지를 하여 기혈의 순환을 원활하게 해준다(그림 5-14).

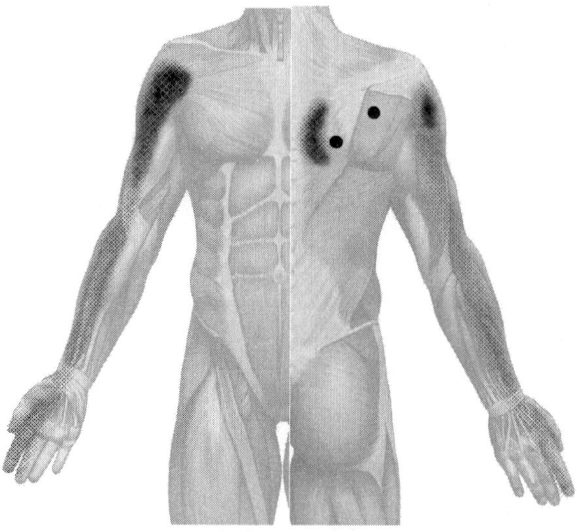

전면 후면

「그림 5-13」 극하근의 발통점과 연관통

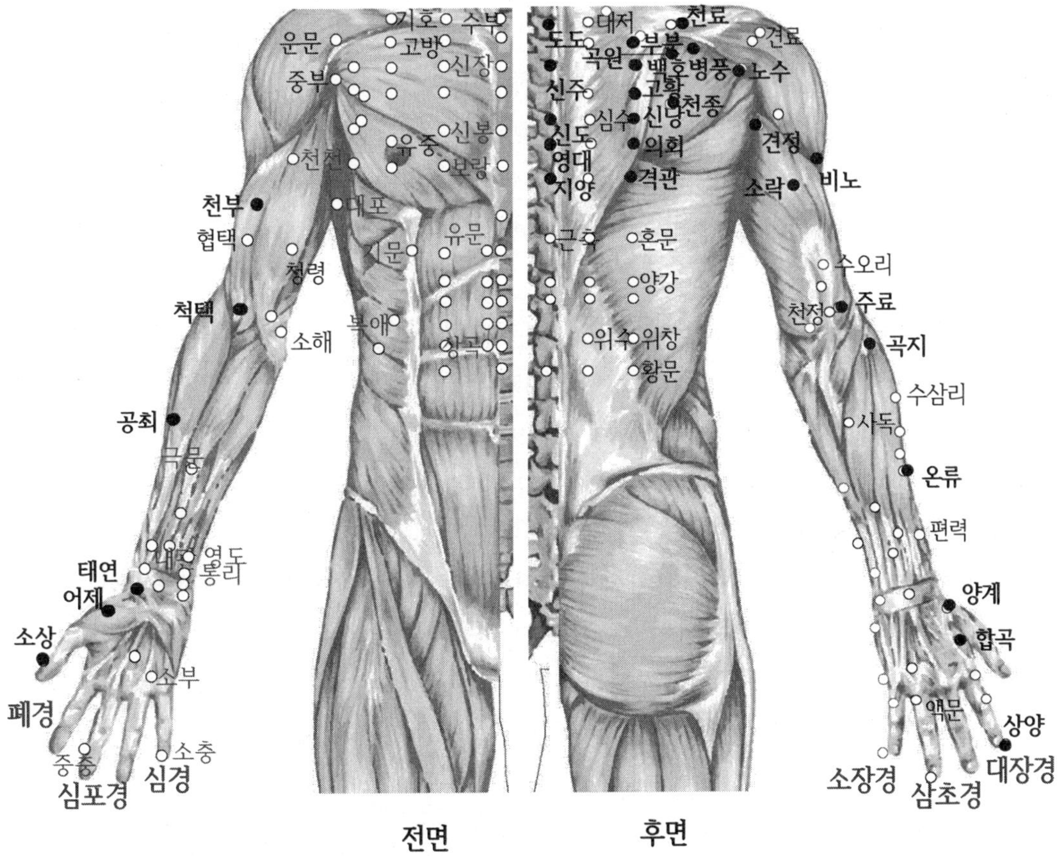

「그림 5-14」 극하근 통증 부위의 경락과 경혈

5. 삼각근(전면)

액와신경(경추5번, 6번)의 지배를 받는 견갑대의 삼각근은 편의상 전면, 중간, 후면으로 구분을 한다. 그리고 전면 부위의 삼각근은 상완의 굴곡과 내측회전등에 관여를 하며 중간 부위의 삼각근은 상완의 외전근으로 작용을 하고 후면 부위의 삼각근은 신전근으로의 작용과 외측회전에도 관여를 하고 있다. 삼각근의 전면 부위에 통증이 발생하게 되면은 어깨관절의 앞쪽과 옆면에 통증이 나타나며 팔을 앞으로 들어 수평을 유지하기가 힘이 들며 또한 손바닥을 앞쪽으로 향하게 하여 어깨 관절을 외전시키게 되면은 통증이 나타나게 된다(그림 5-15). 이러한 경우에는

- 옆으로 누운 자세에서 **대장경**의 ⑯거골혈 ⑮견우혈과 ⑭비노혈에 지압과 마사지를 하고
- 누운자세에서 **폐경**의 ①중부혈과 ②운문혈 및 ③천부혈에 이르는 경락에 지압과 마사지를 하여 경직된 삼각근을 이완시켜주어 기혈의 순환을 원활하게 해주도록 한다(그림 5-16).
- 그리고 앉은 자세에서 양손을 뒤로 하여 의자의 등받이를 잡거나 난간의 봉 등을 잡고 좌 · 우 어깨를 교차하여 앞으로 내미는 동작과 아울러 양어깨를 동시에 내밀어 삼각근을 이완시켜주거나(사진 5-4의 ①) 양손으로 낮은 철봉 등을 잡고 자세를 낮추면서 양팔을 교차하여 주며 또한 동시에 양팔을 지그시 매달리거나 난간 등의 봉을 잡고 삼각근을 이완시켜준다(사진 5-4의 ②). 물론 (사진 5-4의 ③)과 같은 운동 기구 시설을 이용할 수 있다면 더욱 도움이 될 것이다.

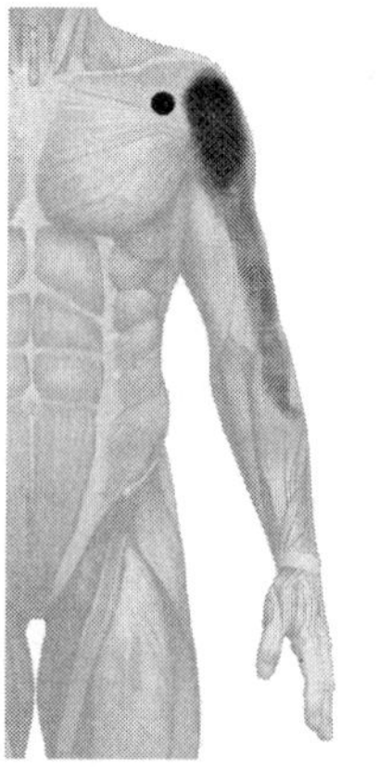

「그림 5-15」 삼각근(전면)의 발통점과 연관통

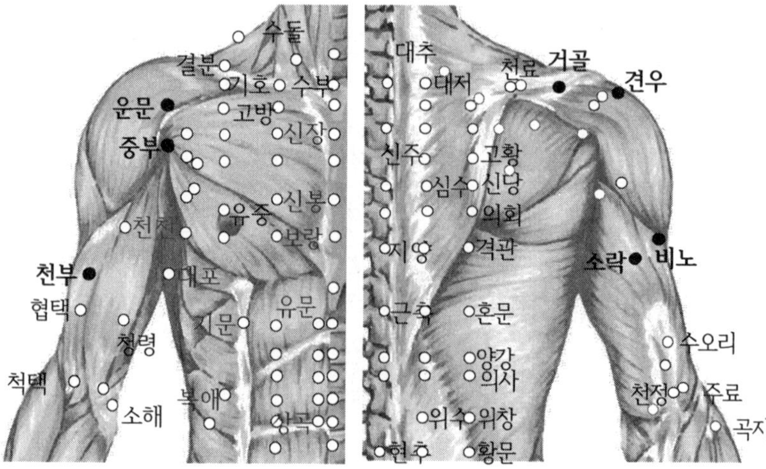

「그림 5-16」 삼각근(전) 통증 부위의 경락과 경혈

①

②

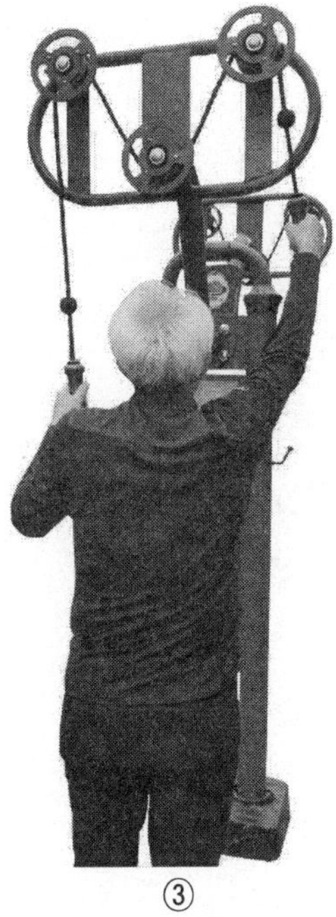

③

「사진 5-4」 삼각근의 이완 운동

6. 상완이두근(이두박근)

상완이두근은 근피신경(경추5번, 6번, 7번)의 지배를 받는 상완(상박)의 근육으로 물건을 들어올리거나(전완의 굴곡) 전완(하박)의 외전과 굴곡등의 기능을 하는 근육으로 보통 알통이라고도 불리우는 근육이다.

근육의 통증 발생은 주로 무거운 물건을 많이 옮기거나 오랜시간 들고 있는 경우 또는 무리한 운동으로 근육에 피로가 누적되는 경우에 통증이 발생할 수가 있다.

통증은 어깨의 앞쪽에 끊어질 듯한 통증과 힘줄이 당기는 듯한 통증이 나타나며 또한 팔굽관절(주관절)이 접히는 부위에 쑤시는 듯한 통증이 나타나고 팔을 어깨 위로 들어올려 어깨관절이 외전이나 굴곡될 때 어깨와 상완(상박)의 앞쪽과 승모근의 일부까지도 통증이 확산되어 나타나게 된다(그림 5-17). 관련된 경락으로는 **폐경**(쪽)의 ①중부혈 ②운문혈 ③천부혈 ④협백혈 ⑤척택혈 등과 **심포경**의 ②천천혈 ③곡택혈 및 **대장경**의 ⑯거골혈 ⑮견우혈 ⑭비노혈 ⑬오리혈 **심경**의 ②청령혈 ③소해혈과 **담경**의 ㉑견정혈 등에 지압과 아울러 마사지를 해준다(그림 5-18). 그리고 자가 운동으로는 양팔을 뒤로하여 한 손으로 아픈 팔을 잡아 감내할 수 있는 위치까지 지그시 당긴 후 잠시 멈춰 근육을 이완시켜주거나(사진 5-5의 ①) 앉은 자세에서 양팔을 뒤로하여 의자의 등받이를 잡은 후 어깨를 밑으로 지그시 누르면서 앞으로 내밀고 이어서 몸을 반대편 어깨 쪽으로 틀면서 숨을 내쉬어 근육을 이완시켜준다(사진 5-5의 ②).

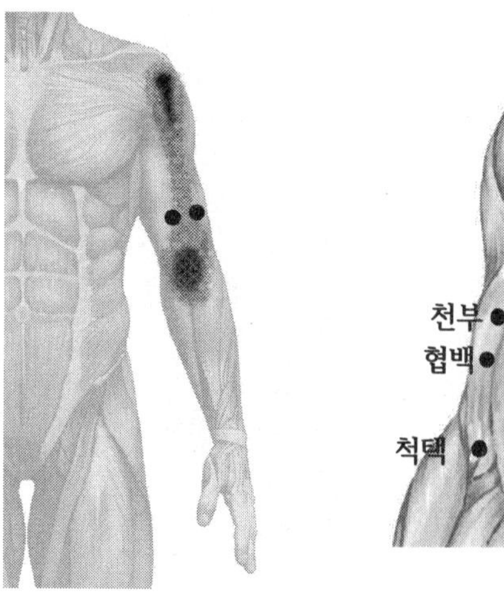

「그림 5-17」 상완이두근의 발통점과 연관통

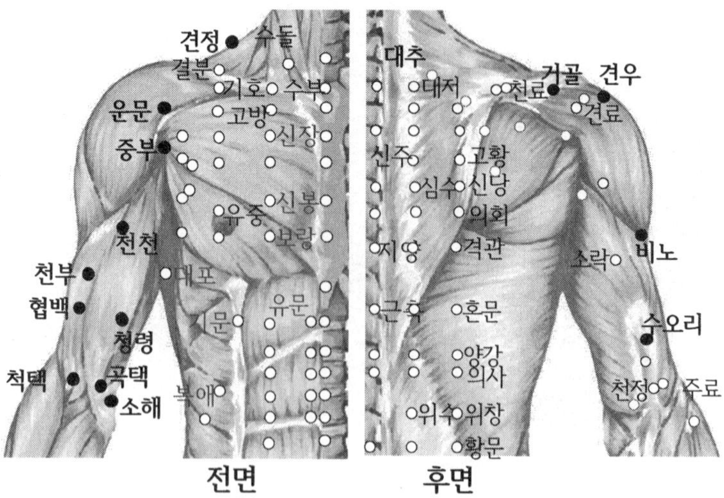

「그림 5-18」 상완이두근 통증 부위의 경락과 경혈

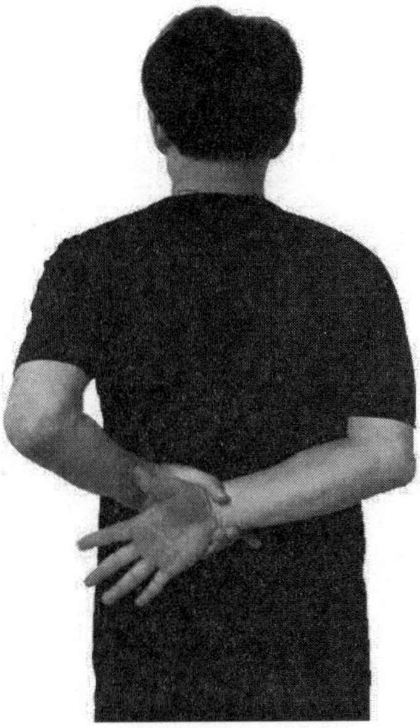

①

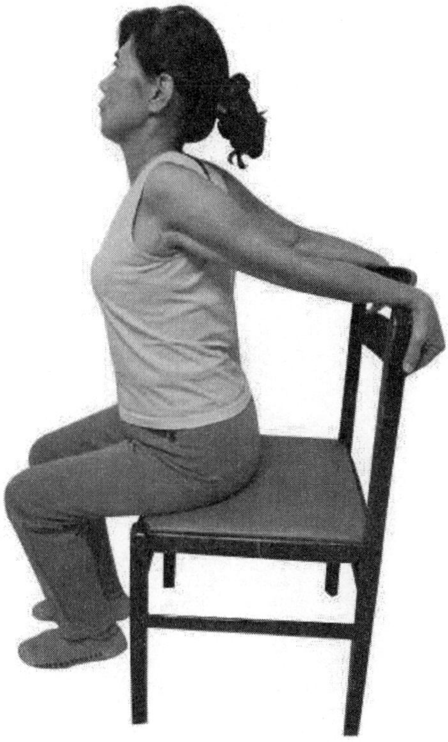

②

「사진 5-5」 상완이두근의 이완 운동

7. 소흉근

소흉근은 흉신경(경추8번과 흉추1번)의 지배를 받아 견갑골을 전하방으로 당겨 고정을 시키는 기능을 하는 천흉근의 근육으로 대흉근의 하부에 위치하고 있다. 이러한 소흉근에 통증이 발생을 하게 되면은 어깨 관절의 앞쪽과 늑골이 가끔씩 결리듯이 아프고 숨을 쉴 때 어깨의 앞쪽이 뜨끔거리기도 한다. 그리고 심한 경우에는 앞가슴과 팔의 안쪽면을 따라 척골쪽 손바닥과 약지(넷째 손가락)와 소지(새끼 손가락)까지 확산이 되어 손이 차고 저린 증상과 함께 통증이 나타나고 상완의 굴곡과 외전 및 외측회전이 제한되어 팔을 앞으로 뻗은 상태에서 들어 올리거나 뒤로 제끼는 동작 등이 제한을 받게 된다(그림 5-19). 이러한 경우 대흉근에 연관된 경락에 지압과 마사지를 한 후

폐경의 ①중부혈 ②운문혈과 **비경**의 ⑰식두혈 ⑱천계혈 ⑲흉향혈 ⑳주영혈 및 **심경**의 ①극천혈 ②청령혈 ③소해혈 ⑦신문혈 ⑧소부혈 ⑨소충혈 및

소장경의 ①소택혈 ⑤양곡혈 ⑦지정혈 ⑧소해혈을 그리고,

심포경의 ①천지혈 ②천천혈 ③곡택혈 ④극문혈 ⑤간사혈 ⑥내관혈 ⑦대릉혈 ⑧노궁혈 ⑨중충혈 등을 지압과 함께 마사지 등을 하여 기의 순환을 원활하게 하도록 해주고(그림 5-20). 누운자세에서 아픈팔을 머리 위쪽으로 지긋이 당겨 이완을 시켜주거나(사진 5-6의 ①) 스스로 양팔을 등 뒤로 깍지를 끼어 견갑골이 서로 닿도록 가슴을 제껴 펴주도록 한다(사진 5-6의 ②).

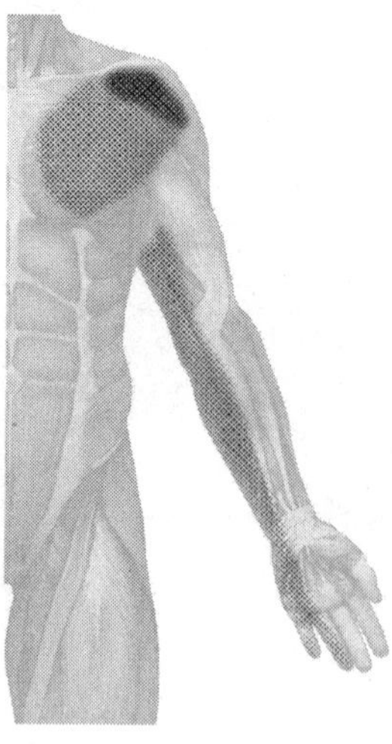

「그림 5-19」 소흉근의 발통점과 연관통

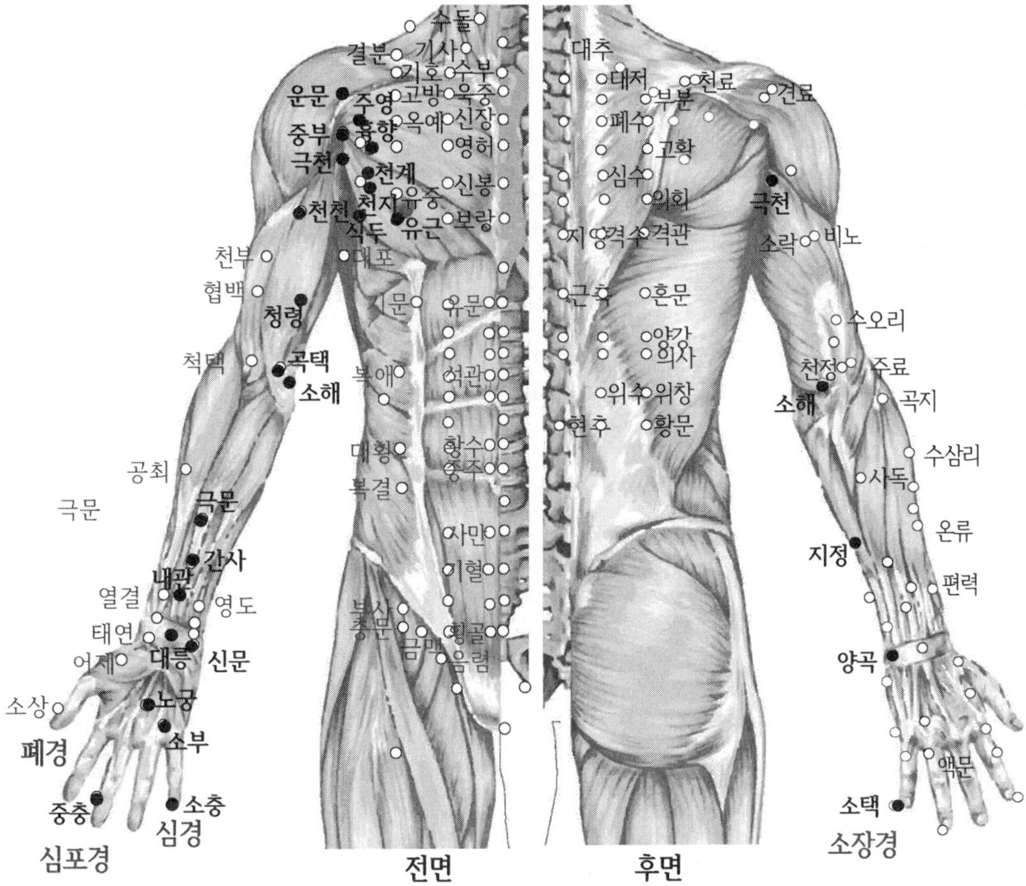

「그림 5-20」 소흉근 통증 부위의 경락과 경혈

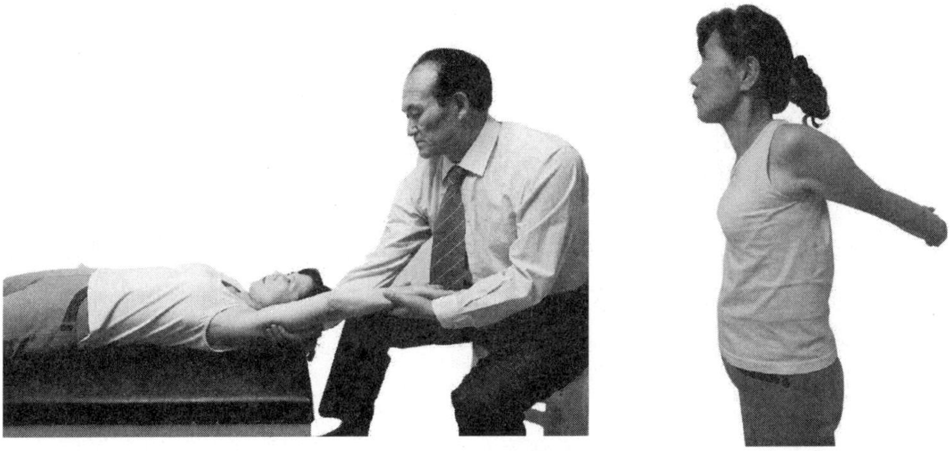

① ②

「사진 5-6」 소흉근의 이완 운동

8. 대흉근

대흉근은 흉추신경(경추5번, 6번, 7번, 8번과 흉추1번)의 지배를 받아 상완의 내전과 내측회전 등의 기능을 하는 천흉근의 근육으로 쇄골두, 흉골두, 늑골두로 구성이 되어 있으며 평소 등이 굽고 가슴이 오므라든 사람인 경우에는 그만큼 통증이 발생할 가능성이 높다고 할 수가 있다.

대흉근의 쇄골두에 통증이 발생을 하게 되면 발생주변과 어깨쪽으로 통증이 나타나게 되며 대흉근의 흉골두에 발생하면 흉부와 팔의 안쪽면을 따라 상완골의 내과는 물론 중지(가운데 손가락)와 약지(넷째 손가락) 및 소지(다섯째 손가락)까지 통증이 확산되어 나타난다(그림 5-21).

또한 늑골두에 통증이 발생하게 되면 주로 유방쪽에 통증이 나타나며 스치기만 하여도 아프며 부종까지도 발생하게 된다.

대흉근 부위의 경락에는

위경의 ⑬기호혈 ⑭고방혈 ⑮옥예혈 ⑯응창혈 ⑰유중혈 ⑱유근혈 등과

비경의 ⑰식두혈 ⑱천계혈 ⑲흉향혈 ⑳주영혈 및

신경의 ㉒보랑혈 ㉓신봉혈 ㉔영허혈 ㉕신장혈 ㉖욱중혈 ㉗수부혈

심경의 ①극천혈 ②청령혈 ③소해혈 ⑦신문혈 및

소장경의 ①소택혈 ④완골혈 ⑤양곡혈 ⑦지정혈과

대장경의 ⑭비노혈 ⑮견우혈 등과

심포경의 ①천지혈 등이 위치하여 기능을 하고 있다(그림 5-22).

따라서 대흉근의 이상에 의해 통증이 발생하게 되면 편안하게 누운 자세에서 양팔을 구부린 자세와(머리 위로 역기를 들어 올리듯이) 만세를 부르듯이 양팔을 벌린 자세를 취하게 하여 지압과 마사지를 해주고 문틀이나 평행봉을 잡고 몸을 앞으로 내밀어 대흉근을 이완 시켜 주도록 한다. 그리고 양손은 지면을 짚고 엎드려뻗친 자세에서 팔굽혀펴기를 하거나 팔의 힘이 약한 경우라면 양 무릎을 꿇은 자세에서라도 팔굽혀펴기를 수회에 걸쳐 반복하여 흉근은 물론 삼각근, 상완이두근, 상완삼두근, 완요굴근, 척추수근굴근 등이 운동이 되게 한다(사진 5-7).

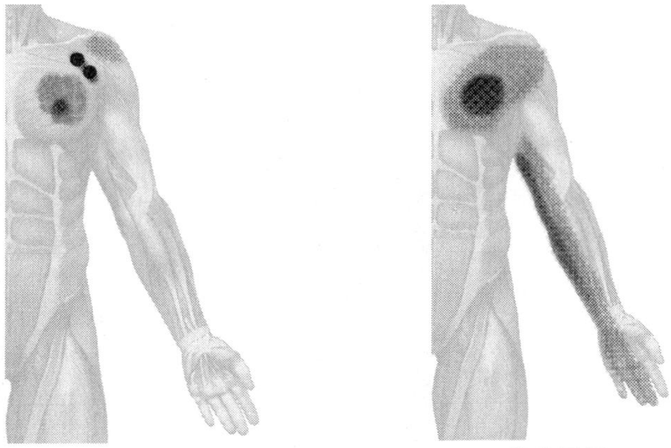

①쇄골두 ②흉골두

「그림 5-21」 대흉근의 발통점과 연관통

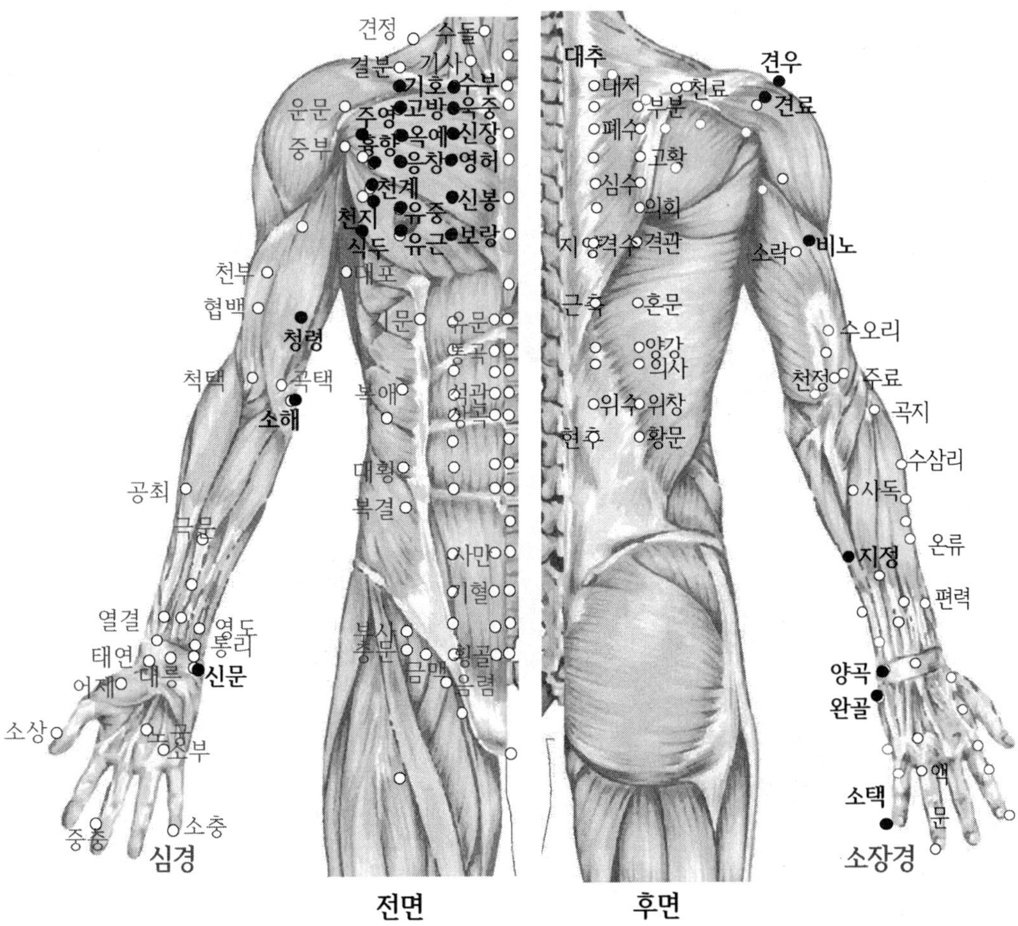

「그림 5-22」 대흉근 통증 부위의 경락과 경혈

①쇄골두

②흉골두

③늑골두

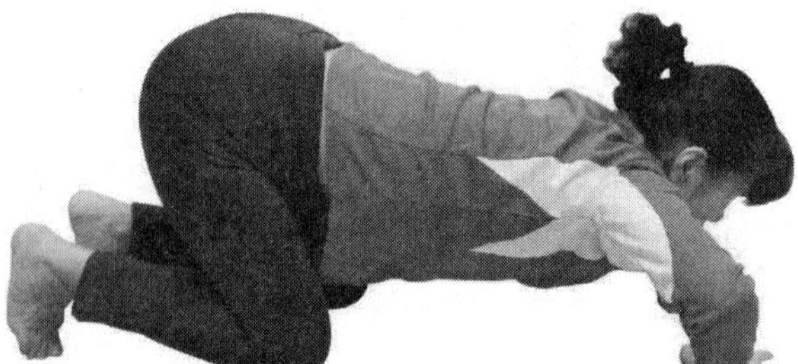
④

⑤

「사진 5-7」 대흉근의 이완 운동

Ⅵ. 어깨 옆면의 통증

1. 극상근

극상근은 견갑상 신경의 지배를 받아 상완(상박)의 외측회전 등의 기능을 하는 견갑대의 근육이다.

비오는 날이나 저기압일 때 어깨가 무겁거나 쑤셔서 주무르거나 파스를 붙이는 경우가 있다. 극상근의 통증은 주로 승모근이나 극하근의 통증이 발생시 이차적으로 동반되어 나타나며 삼각근의 중간부위를 중심으로 심부통이 나타나고 어깨 주변과 팔의 요골쪽면(엄지 손가락쪽 뼈)을 따라 손목관절의 윗부분까지 확산이 되어 머리를 빗거나 어깨관절을 밖으로 돌릴 때(상완의 외전) 통증으로 동작에 제한을 받게 된다(그림 5-23). 이러한 경우에는 **대장경**의 ⑯거골혈 ⑮견우혈 ⑭비노혈 ⑫주료혈 ⑪곡지혈 ⑩수삼리혈 ⑨상렴혈 ⑥편력혈과 **소장경**의 ⑩노수혈 ⑪천종혈 ⑫병풍혈 ⑬곡원혈 ⑭견외수혈 ⑮견중수혈에 이르는 경락 및 **삼초경**의 ⑪청냉연혈 ⑫소락혈 ⑬노회혈 ⑭견료혈 ⑮천료혈을 그리고 **담경**의 ㉑견정혈 등을 지압과 마사지 등을 통하여 기혈의 순환이 원활하도록 해준다(그림 5-24).

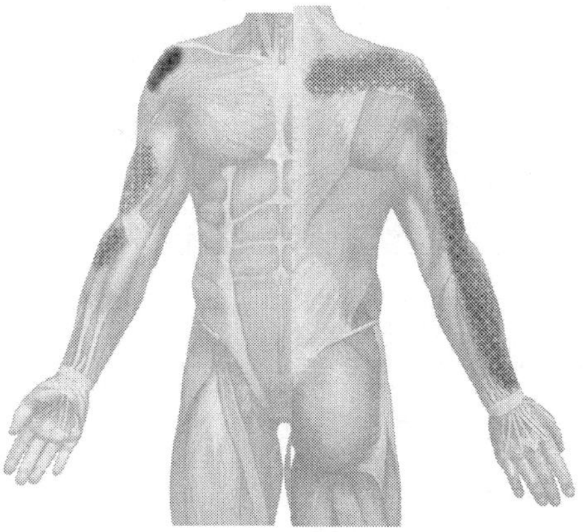

전면 후면

「그림 5-23」 극상근의 발통점과 연관통

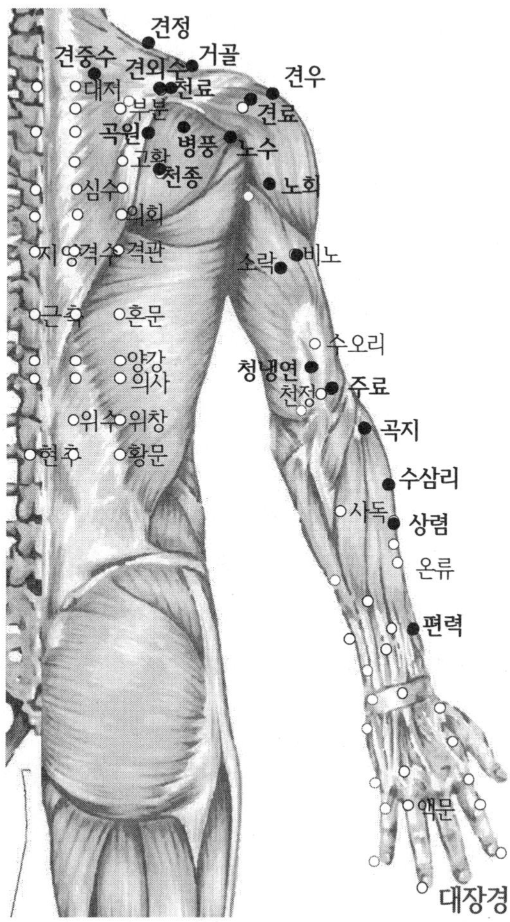

「그림 5-24」 극상근 통증 부위의 경락과 경혈

Ⅶ. 어깨의 뒷면과 등의 통증

1. 승모근

승모근은 제11뇌신경(부신경)과 경수신경(경추 제3번, 4번)의 지배를 받아 머리를 옆과 뒤로 굽히게 하고 견갑골을 위와 아래로 당기는 등의 기능을 하는 천배근의 근육이다.

승모근의 통증 발생 부위는 크게 상부와 중간부위 및 하부로 나누어 볼 수가 있는데 상부에서 통증이 발생하게 되면 그에 의한 연관된 통증으로 어깨쭉지가 묵직하고 목덜미가 뻐근하게 된다. 그리고 심한 경우에는 목덜미와 측두부를 지나 눈까지 통증이 확산되어 나타나고 어지러움을 호소하기도 한다(그림 5-25의 ①). 그리고 중간부위 즉 견갑골 안쪽의 상부에서 발생을 하게 되면 발생부위와 경추 제6번과 제7번과 흉추부위에 찢어지는 듯한 통증이 나타나며(그림 5-25의 ②, ③) 견봉의 안쪽에서 발생하게 되면 발생부위에 찌르는 듯한 통증이 나타나고 옷이 스치기만 하여도 심한 통증이 나타난다(그림 5-25의 ④). 또한 승모근의 하부 즉 견갑골 하부의 옆에서 통증이 발생하게 되면 견갑골의 안쪽을 따라 견봉 쪽으로의 통증과 어깨가 시린 증상 등이 나타나기도 한다(그림 5-25의 ⑤). 따라서 상부의 통증 발생은 해당 부위의 경락들인 **대장경**의 ⑮견우혈 ⑯거골혈 ⑰천정혈과 **소장경**의 ⑩노수혈 ⑪천종혈 ⑫병풍혈 ⑬곡원혈 ⑭견외수혈 ⑮견중수혈 ⑯천창혈을 그리고 **방광경**의 ⑩천주혈, ⑨옥침혈과 **삼초경**의 ⑭견료혈 ⑮천료혈 ⑯천유혈 ⑰예풍혈 ⑱계맥혈 ⑲노식혈 ⑳각손혈 ㉑사죽공혈 및 **담경**의 ③상관혈 ④함염혈 ⑤현로혈 ⑦곡빈혈 ⑧솔곡혈 ⑨천충혈 ⑩부백혈 ⑪두규음혈 ⑫완골혈 ⑬본신혈 ⑮두임읍혈 ⑯목창혈 ⑰정영혈 ⑲뇌공혈 ⑳풍지혈 ㉑견정혈 등을 지압과 마사지를 하고 중간 부위의 통증 발생은 **방광경**의 ⑪대저혈 ⑫풍문혈 ⑬폐수혈 ⑭궐음수혈 ⑮심수혈 ⑰격수혈 및 ㊳부분혈 ㊴백호혈 ㊵고황혈 ㊶신당혈 ㊷의회혈과 **독맥**의 ⑬도도혈 ⑭대추혈을 그리고 **삼초경**의 ⑭견료혈 ⑮천료혈 ⑯천유혈과 **담경**의 ㉑견정혈 등에 지압과 마사지를 해주고 하부의 통증 발생은 **소장경**의 ⑩노수혈 ⑪천종혈 ⑫병풍혈 ⑬곡원혈 ⑭견외수혈과 **방광경**의 ㊳부분혈 ㊴백호혈 ㊵고황혈 ㊶신당혈 ㊷의회혈 ㊸격관혈 등에 지압과 마사지 또는 온찜질을 하여 근육의 이완은 물론 기혈이 순행하도록 하여 준다(그림 5-26). 또한 누운 자세에서 한 손으로는 아픈쪽 어깨를 허리쪽으로 누르면서 또 다른 손으로는 고개(머리)를 반대쪽으로 서서히 당겨 근육을 이완시켜주거나(사진 5-8의 ①) 스스로 한 손으로 반대편의 아픈쪽 머리를 잡아 서서히 당겨 근육을 이완시켜준다(사진 5-8의 ②). 그리고 어깨를 편 바른 자세에서 등 뒤로 양손을 잡아 상·하로 움직여 근육을 강화시켜 주도록 한다(사진 5-8의 ③).

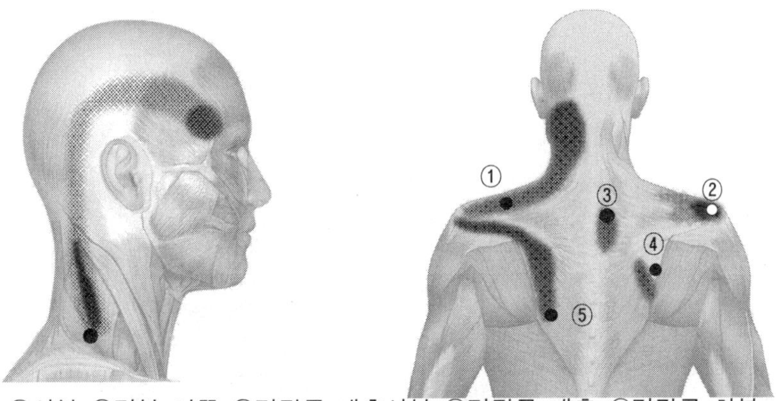

①상부 ②견봉 안쪽 ③견갑골 내측상부 ④견갑골 내측 ⑤견갑골 하부

「그림 5-25」 승모근의 발통점과 연관통

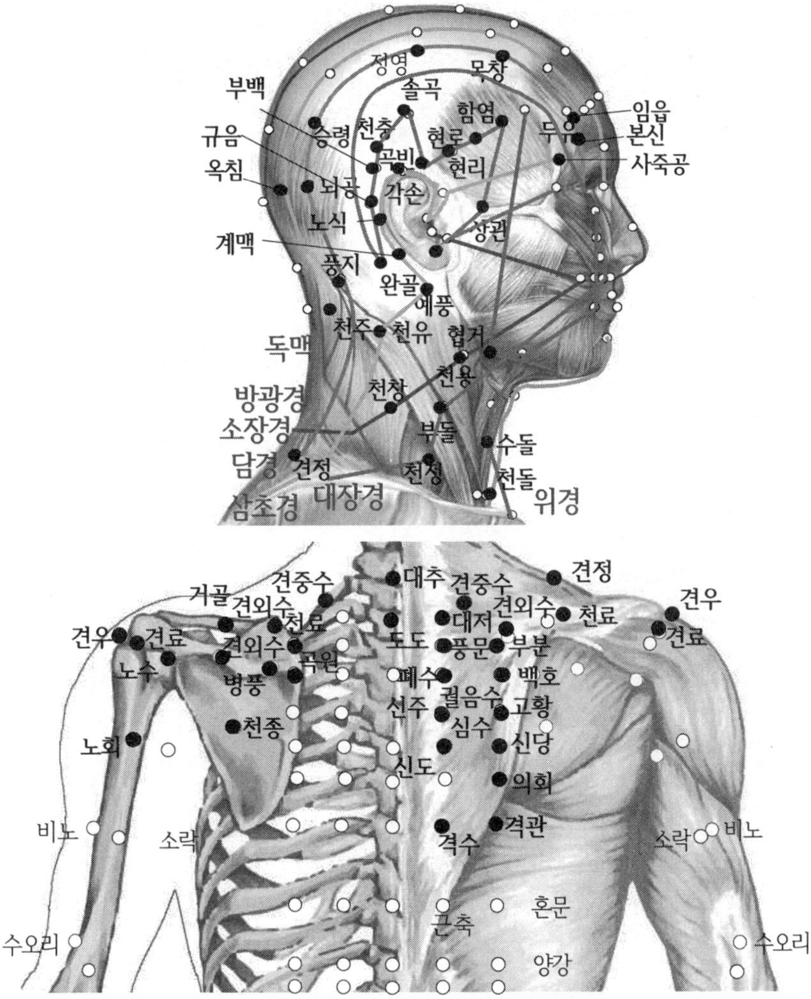

「그림 5-26」 승모근 통증 부위의 경락과 경혈

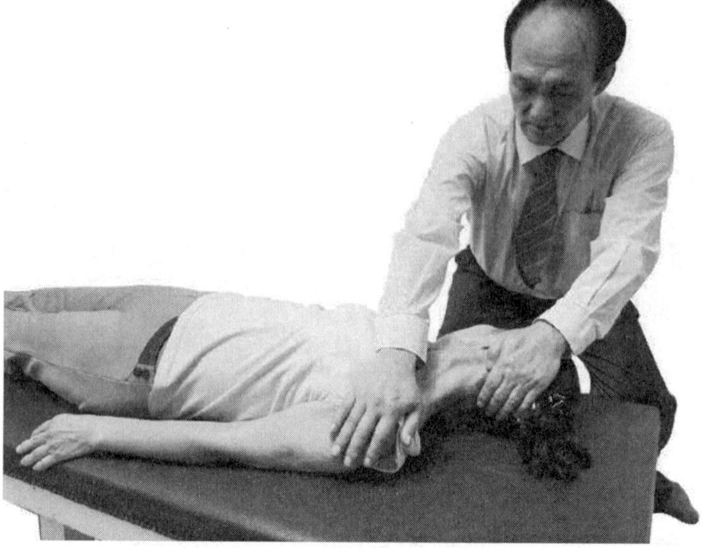

①

②

③

「사진 5-8」 승모근의 이완 운동

2. 하후거근

흉수신경(흉추9번~12번)의 지배를 받으며 늑골을 아래로 당겨 숨을 내쉴 때(호기시) 횡경막이 상승하는 것을 방지하는 등의 기능을 한다. 하후거근에 통증이 발생하게 되면 쑤시는 듯한 통증이 발생한 부위와 그주변에 나타나게 된다. (보통 흉추9번~12번 늑골의 표면) (그림 5-27) 이에

독맥의 ⑥척중혈 ⑧근축혈 ⑨지양혈과

방광경의 ⑰격수혈 ⑱간수혈 ⑲담수혈 ⑳비수혈 ㉑위수혈 및 ㊻격관혈 ㊼혼문혈 ㊽양강혈 ㊾의사혈 ㊿위창혈 등을 지압과 마사지 등을 하여 준다(그림 5-28).

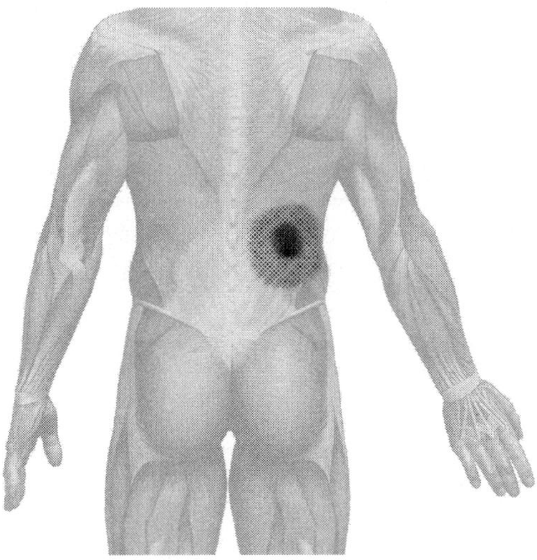

「그림 5-27」 하후거근의 발통점과 연관통

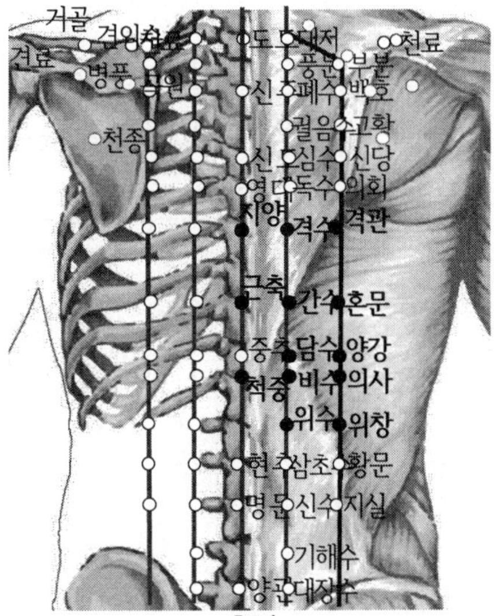

「그림 5-28」 하후거근 통증 부위의 경락과 경혈

3. 횡돌극근(다열근)

횡돌극근은 경수신경 후지의 지배를 받아 경부(목)를 좌 · 우로 돌리거나 신전시키는 등의 기능을 하는 심배근의 근육이다. 다열근의 통증이 경추4번과 5번 및 후두하부위에서 발생을 하게 되면 견갑골의 안쪽과 어깨의 중앙부위까지 연관된 통증이 나타나며 또한 통증이 만성화하게 되면 같은쪽 목 부위에 통증 및 마비감과 열감을 동반하는 후두피 신경통이 발생하게 되며 목의 굴곡이 제한되고 베개를 베개 되면 통증의 발생부위가 압박을 받게 되어 통증이 나타나게 된다(그림 5-29). 이에 횡돌극근과 통증부위의 경락들 즉 **독맥**의 ⑲후정혈 ⑱강간혈 ⑰뇌호혈 ⑯풍부혈 ⑮아문혈 ⑭대추혈 ⑬도도혈 ⑫신주혈 ⑪신도혈과 **방광경**의 ⑧낙각혈 ⑨옥침혈 ⑩천주혈 ㊳부분혈 ㊴백호혈 ㊵고황혈 ㊶신당혈 ㊷의회혈 ㊸격관혈 ⑩대저혈 ⑫풍문혈 ⑬폐수혈 ⑭궐음수혈 ⑮심수혈 ⑯독수혈 ⑰격수혈 및 **삼초경**의 ⑭견료혈 ⑮천료혈 ⑯천유혈 ㉓사죽공혈 등과 **담경**의 ㉑견정(肩井)혈 ⑳풍지혈 ⑲뇌공혈 ⑱승령혈 ⑰정영혈 ⑬본신혈 ⑫완골혈 그리고 **소장경**의 ⑪천종혈 ⑫병풍혈 ⑬곡원혈 ⑭견외수혈 ⑮견중수혈 등을 지압과 마사지를 하여 근육을 이완시켜주어 기혈이 순행하도록 해주고 통증의 발생부위에 냉찜질을 해주면 좋을 것이다. 그리고 누운자세에서 한손으로 환자의 머리를 받쳐주고 다른 손으로는 목의 근육을 이완시켜준 후 양손으로 환자의 머리를 받쳐 잡아 **독맥**의 ⑮아문혈과 **방광경**의 ⑩ 천주혈 **담경**의 ⑳풍지혈 및 **삼초경**의 ⑯천유혈 등을 지압하고(그림 5-30). 양손으로 머리를 지그시 당겨 근육을 이완시켜주도록 한다(사진 5-9).

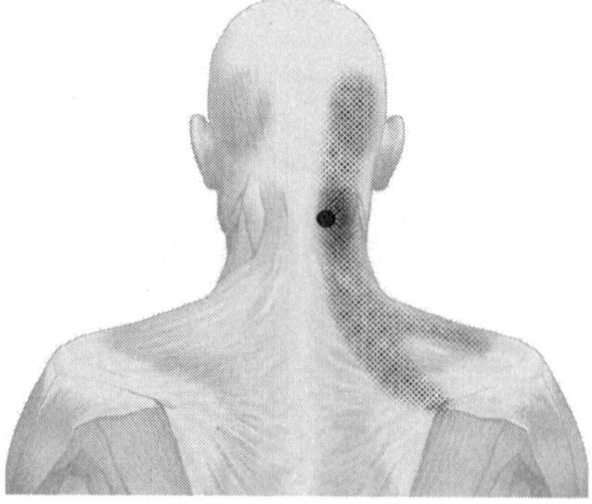

「그림 5-29」 횡돌극근(다열근)의 발통점과 연관통

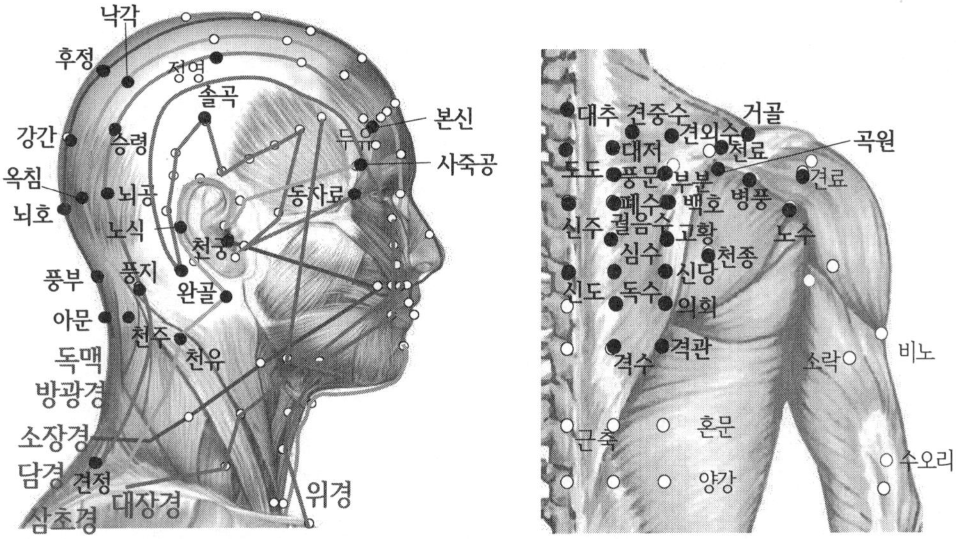

「그림 5-30」 횡돌극근(다열근) 통증 부위의 경락과 경혈

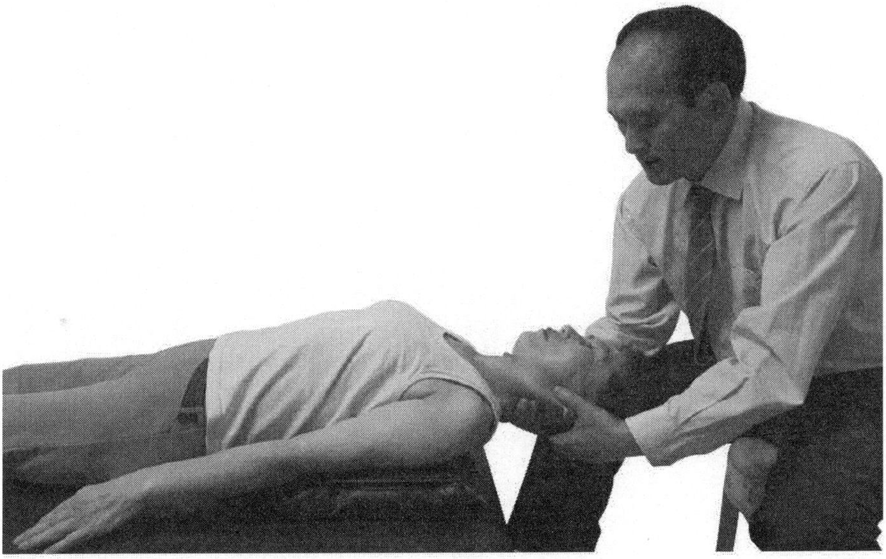

「사진 5-9」 횡돌극근(다열근) 이완

4. 능형근

능형근은 견갑배신경(경추 제5번)의 지배를 받는 근육으로 견갑골을 안쪽으로 당기고 올리는 등의 기능을 하는 천배근의 근육으로 대능형근(경추7번, 흉추1번)과 소능형근(흉추2번~5번)으로 되어있다. 능형근의 통증 발생은 주변 근육(견갑거근, 승모근, 극상근, 극하근 등)의 통증 발생에 의해 2차적으로 잘 발생이 되며 쑤시는 듯한 통증이 견갑골 안쪽 모서리를 따라 극상와 부위까지 확산이 된다(그림 5-31).

주위의 경락으로

방광경의 ㊶부분혈 ㊷백호혈 ㊸고황혈 ㊹신당혈 ㊺의회혈 ㊻격관혈 및 ⑪대저혈 ⑫풍문혈 ⑬폐수혈 ⑭궐음수혈 ⑮심수혈 ⑰격수혈과

소장경의 ⑩노수혈 ⑪천종혈 ⑫병풍혈 ⑬곡원혈 ⑭견외수혈 ⑮견중수혈 및

삼초경의 ⑮천료혈 등에 지압과 마사지를 하여 근육의 이완은 물론 기혈이 순행하도록 해준다(그림 5-32).

그리고 근육의 이완은 시선을 오른쪽으로 향하게 하고 오른팔을 왼쪽 가슴 앞으로 뻗은 후 왼팔은 구부려 오른팔 팔꿈치 위를 밑에서 감싸잡아 왼쪽으로 당겨주는 동작을 번갈아(좌 · 우)하여 근육을 이완시켜 주도록 한다(사진 5-10).

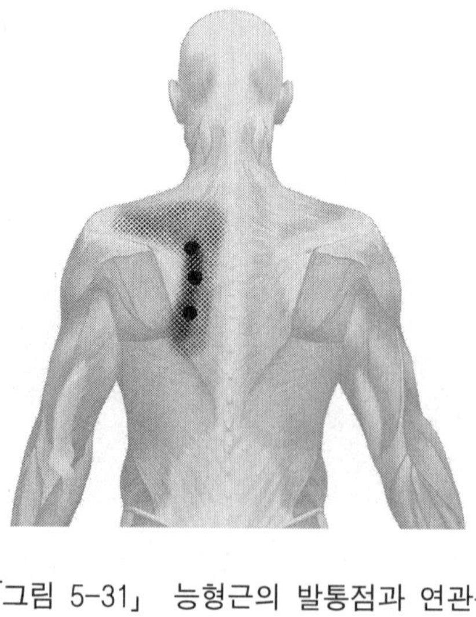

「그림 5-31」 능형근의 발통점과 연관통

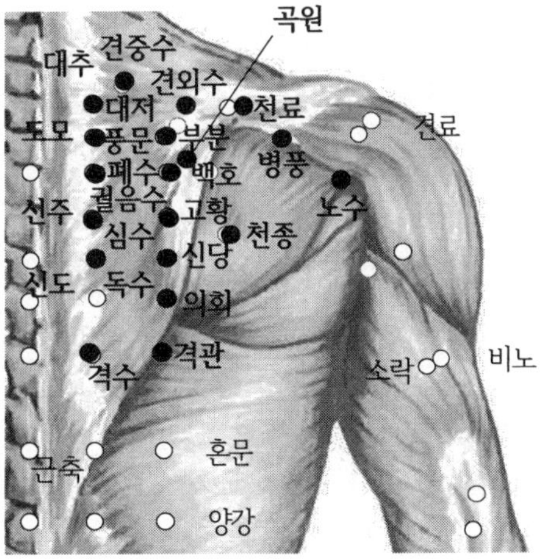

「그림 5-32」 능형근 통증 부위의 경락과 경혈

「사진 5-10」 능형근의 이완운동

5. 견갑거근

견갑거근은 경수신경(경추3번, 4번)과 견갑배신경(경추 5번)의 지배를 받아 견갑골을 들어 올리고 회전 등의 기능을 하는 천배근으로 통증이 발생하게 되면 그에 의한 연관된 통증은 견갑골의 안쪽 모서리를 따라 어깨죽지까지 확산이 되며 초기에는 목을 돌릴 때 통증이 나타나지만 심한 경우에는 목의 경직과 목을 움직이지 않을 때에도 통증이 계속되어 나타나게 된다(그림 5-33). 이러한 경우에는

소장경의 ⑩노수혈 ⑪천종혈 ⑫병풍혈 ⑬곡원혈 ⑭견외수혈 ⑮견중수혈과

대장경의 ⑯거골혈 및

삼초경의 ⑭견료혈 ⑮천료혈을 그리고 **담경**의 ⑤현로혈 ㉑견정(肩井)혈과

방광경의 ⑩천주혈 ⑪대저혈 ⑫풍문혈 ㊳부분혈 ㊴백호혈 ㊵고황혈 ㊶신당혈 ㊷의회혈 ㊸격관혈과

독맥의 ⑫신주혈 ⑭대추혈 ⑮아문혈 ⑯풍부혈 ⑰뇌호혈 ⑱강간혈 등을 지압과 마사지를 하여 근육을 이완시켜주어 기혈이 순행 하도록 하며(그림 5-34). 목을 아픈쪽 반대편으로 돌려 턱이 가슴에 닿도록 숙여준 후 건강한 쪽 손으로 아픈 쪽의 머리를 잡아 서서히 당겨 근육을 이완시켜 주도록 한다(사진 5-11).

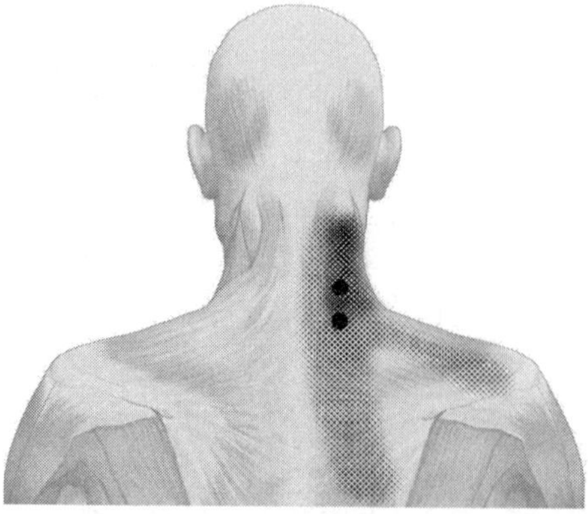

「그림 5-33」 견갑거근의 발통점과 연관통

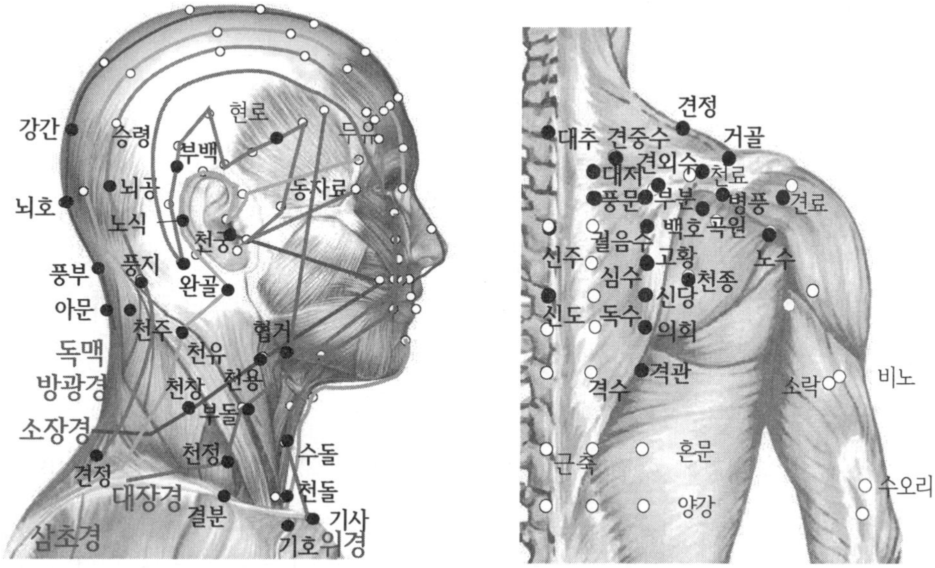

「그림 5-34」 견갑거근 통증 부위의 경락과 경혈

「사진 5-11」 견갑거근의 이완운동

6. 삼각근(뒷면)

삼각근은 어깨를 감싸고 있는 표층의 근육으로 액와신경(경추 제5번, 6번)의 지배를 받으며 후삼각근은 신전 및 외측회전등의 기능을 하는 근육이다.

삼각근의 뒷면 즉 후삼각근에 통증이 발생하게 되면 어깨의 뒤쪽 부위가 뻐근하고 무거우며 어깨 관절의 뒷부분과 삼각근의 중간부위에 통증이 나타나며 심한 경우에는 손바닥을 뒤로 향하게 하여 어깨 관절을 외전시키게 되면 통증이 나타나 팔을 등 뒤로 돌리는 것이 힘들게 된다(그림 5-35). 이러한 경우 엎드린 자세에서

삼초경의 ⑬노회혈 ⑭견료혈 ⑮천료혈과

소장경의 ⑨견정혈 ⑩노수혈 ⑪천종혈 ⑫병풍혈 ⑬곡원혈 등을 지압과 마사지를 하여 근육의 이완은 물론 기혈이 순행하도록 해준다(그림 5-36).

그리고 낮은 철봉 등을 잡은 상태에서 몸을 뒤로 당겨 삼각근을 이완시켜 주거나(사진 5-12의 ①, ②). 깍지를 낀 양손을 앞으로 뻗어 올려 근육을 이완시켜 주도록 한다(사진 5-12의 ③).

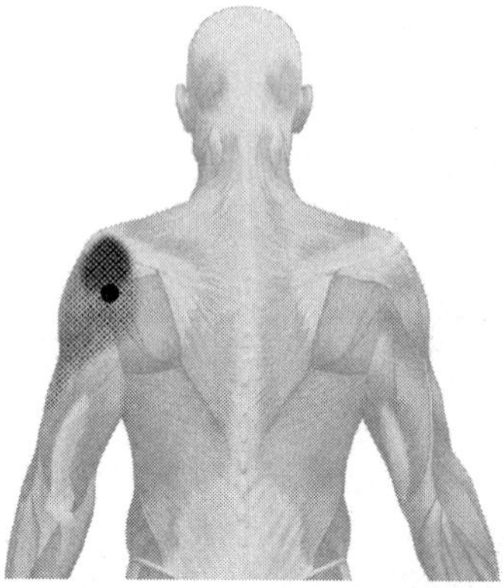

「그림 5-35」 삼각근(후면)의 발통점과 연관통

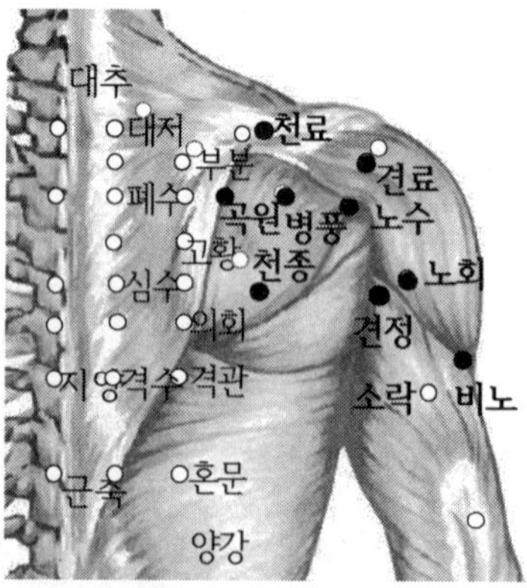

「그림 5-36」 삼각근(뒷면) 통증 부위의 경락과 경혈

①

②

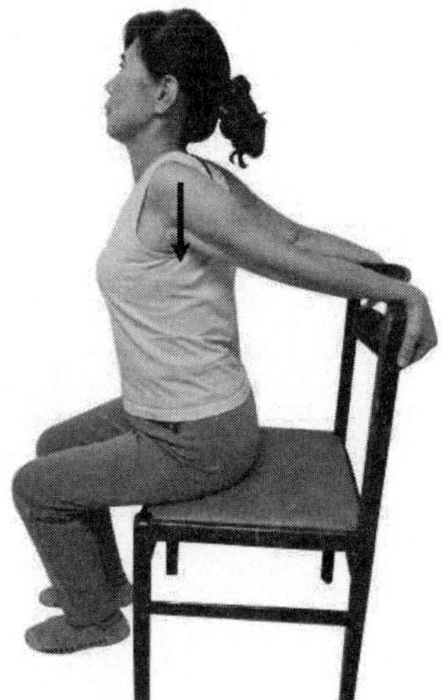

③

「사진 5-12」 삼각근 이완운동

7. 삼두박근(상완삼두근)

삼두박근은 요골신경의 지배를 받아 팔굽관절(주관절)을 신전시키는 등의 기능을 하며 장두, 외측두, 내측두로 이루어진 상완의 근육이다.

통증의 발생은 평소 무리하게 팔굽혀펴기를 하거나 옆으로 누워 한손으로 얼굴을 받치고 TV를 보거나 또는 무거운 물건을 오래도록 들고 있거나 운반을 하는 경우 등은 통증이 발생할 가능성이 높다고 할 것이다.

그리고 삼두박근의 장두에서 통증이 발생하게 되면은 어깨의 뒤쪽에서 상완(상박)과 전완(하박)의 뒤쪽까지 통증이 나타나며 어깨 관절의 외전과 팔굽관절의 신전에 제한을 받게 된다(그림 5-37). 이에 삼두박근과 통증 부위의 경락들 즉 **대장경**의 ⑯거골혈 ⑮견우혈 ⑭비노혈 ⑬수오리혈 ⑫주료혈 ⑪곡지혈과 **삼초경**의 ⑮천료혈 ⑭견료혈 ⑬노회혈 ⑫소락혈 ⑪청냉연혈 ⑩천정혈 ⑨사독혈 ⑥지구혈 ⑤외관혈 ④양지혈 ③중저혈에 이르는 경혈들과 **소장경**의 ①소택혈 ②전곡혈 ③후계혈 ④완골혈 ⑤양곡혈 ⑥양로혈 ⑦지정혈 ⑧소해(小海)혈 ⑨견정(肩貞)혈 ⑩노수혈 ⑪천종혈 ⑫병풍혈 ⑬곡원혈 ⑭견외수혈 ⑮견중수혈을 그리고 **심경**의 ②청령혈 ③소해(小海)혈과 **담경**의 ㉑견정(肩井혈 등에 지압과 마사지를 하여 기혈이 순행하도록 하여준다(그림 5-38).

그리고 오른팔을 구부려 팔꿈치가 위를 향하게 올린 후 왼손으로 팔꿈치나 오른 손목을 잡아 숨을 내쉬면서 몸 뒤쪽으로 당겨 근육을 이완시켜 주도록 한다(사진 5-13).

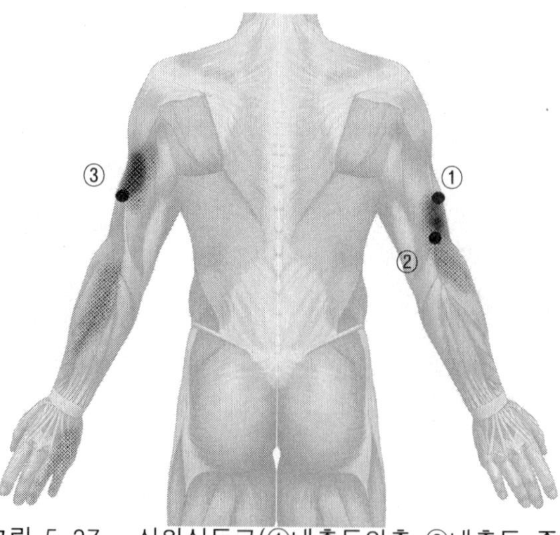

「그림 5-37」 상완삼두근(①내측두외측 ②내측두 중간 ③외측두)의 발통점과 연관통

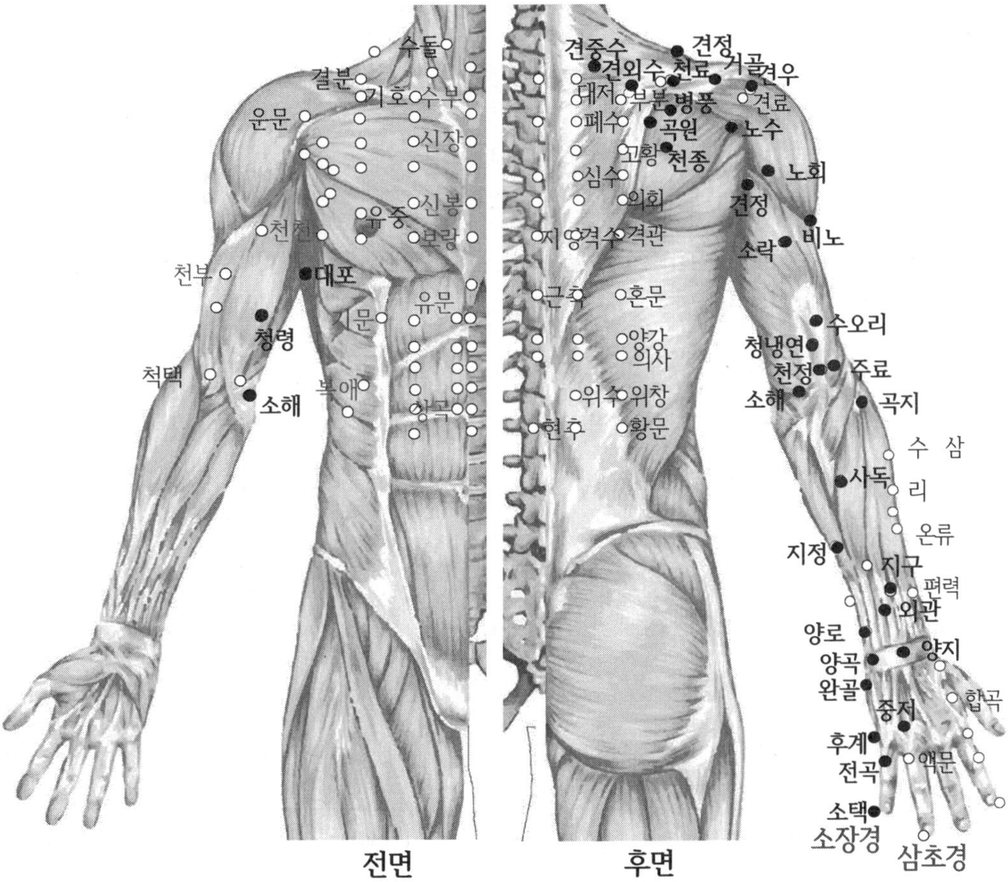

「그림 5-38」 삼두박근 통증 부위의 경락과 경혈

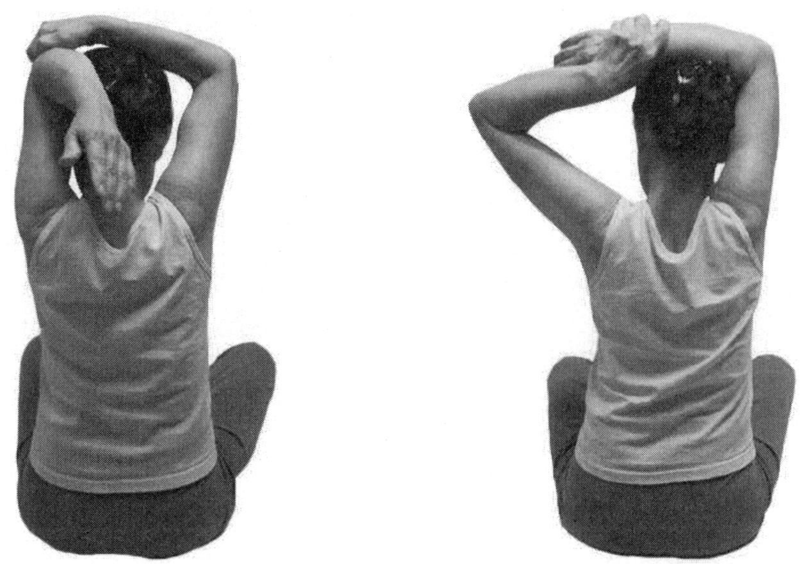

「사진 5-13」 삼두박근의 이완운동

8. 견갑하근

견갑하근은 견갑하신경(경추제5번, 6번)의 지배를 받아 상완(상박)의 내전 및 내측회전 등의 기능을 하는 견갑골에 의해 가려져있는 견갑대의 근육으로 극상근, 극하근, 소원근 등과 함께 회전근개(回轉筋蓋)를 구성하는 오십견의 대표적인 근육이다.

근육에 통증이 발생하게 되면 어깨 뒤쪽(후삼각근부위)이 쑤시고 결리며 심한 경우에는 어깨를 건드리기만 하여도 소스라치게 놀라고 잠을 자기도 힘들게 된다. 그리고 연관된 통증이 견갑골과 상완(상박)의 뒤쪽을 따라 손목부위까지 확산이 되어 손등쪽에 압통과 통증이 나타나고 손목 주위가 욱씬거리고 시큰거리며 손의 기능은 물론 어깨 관절의 외전과 외측회전이 제한되고 심한 경우에는 팔을 들어올리기 힘들게 된다(그림 5-39).

견갑하근 및 통증 부위의 경락들 즉 **독맥**의 ⑪신도혈 ⑫신주혈 ⑭대추혈과 **소장경**의 ⑨견정혈 ⑩노수혈 ⑪천종혈 ⑫병풍혈 ⑬곡원혈 ⑭견외수혈 및 **대장경**의 ⑯거골혈 ⑮견우혈 ⑭비노혈 ⑫ 주료혈 ⑪곡지혈 등을 그리고 **삼초경**의 ⑭견료혈 ⑬노회혈 ⑪청냉연혈 ⑩천정혈 ⑥지구혈 ⑤외관혈 ④양지혈과 **심포경**의 ②천천혈 ③곡택혈 ⑥내관혈 ⑦대릉혈 및 **심경**의 ①극천혈 ②청령혈 ③소해혈 등에 지압과 마사지를 해준다(그림 5-40). 자가운동으로는 평소에 기지개를 자주 펴주도록 하며 또한 양손을 깍지를 끼고 기지개를 펴듯이 머리 위로 올려 팔이 귀에 닿도록 해주어 이완된 오구완근을 수축시켜 주도록 하며 또한 철봉 등을 잡고 자세를 낮추어 근육을 이완시켜 주도록 한다(사진 5-14). 특히 팔에 기브스를 하였거나 산모와 같이 겨드랑이를 붙이고 장시간 있는 경우에는 견갑하근육 등이 수축되어 굳어 있을 수 있으므로 주의를 기울여야 할 것이다.

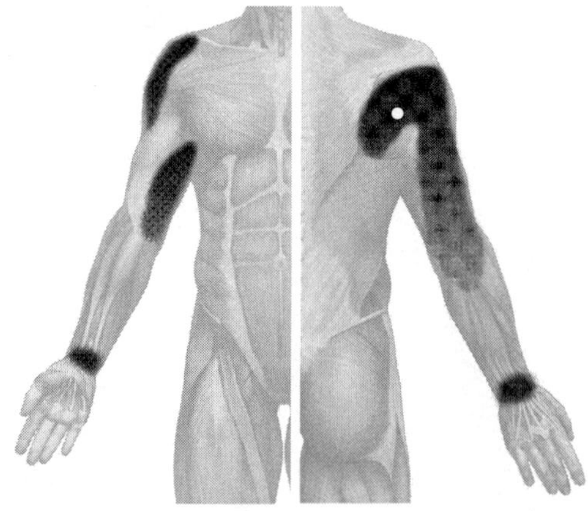

「그림 5-39」 견갑하근의 발통점과 연관통

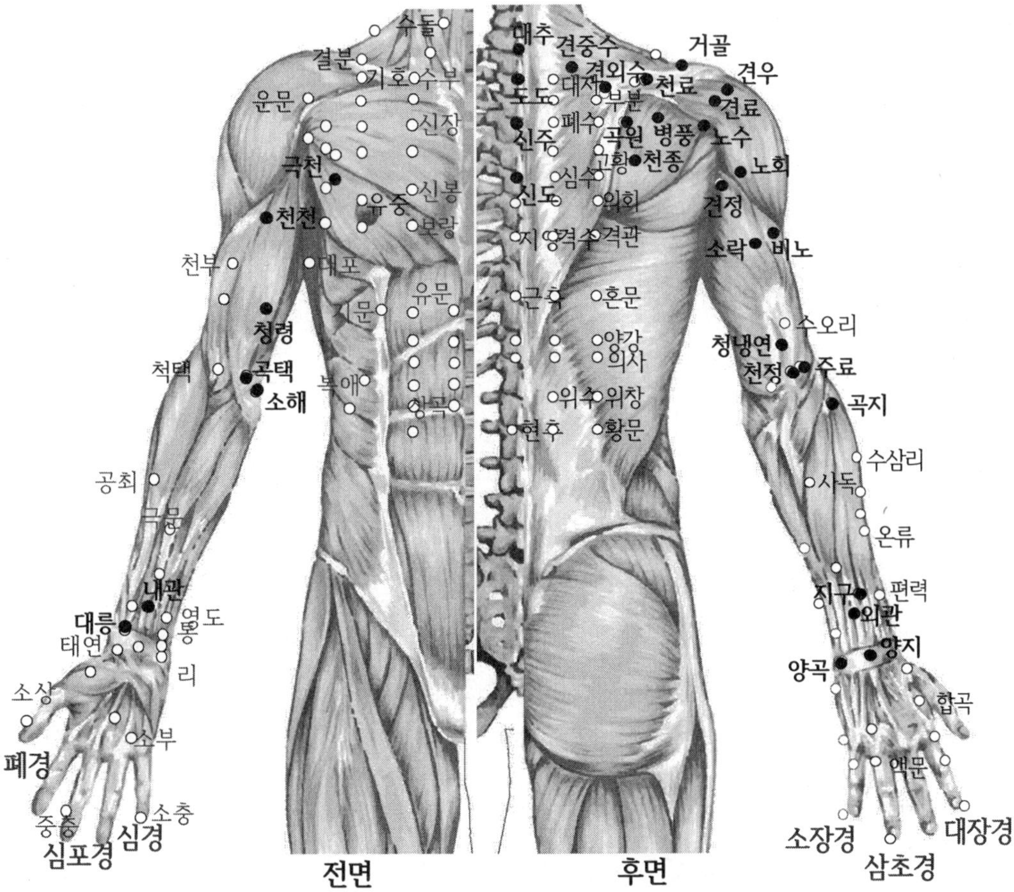

「그림 5-40」 견갑하근 통증 부위의 경락과 경혈

「사진 5-14」 견갑하근의 이완운동

9. 대원근

대원근은 견갑하신경(경추 6번, 7번)의 지배를 받아 상완(상박)의 내전과 내측회전 등의 기능을 하는 견갑대의 근육이다. 대원근의 통증 발생은 주로 견갑골 안쪽 모서리의 중간부위와 후액와주름(겨드랑이 쪽)부위에서 발생을 하며 연관된 통증은 어깨의 뒤쪽에 나타나며 심한 경우에는 전완(하박)의 뒷부분까지 확산이 되어 나타나기도 한다.

그리고 통증은 일반적으로 팔을 돌리거나 움직일 때에는 불편함이 없지만 특정한 각도나 동작(테니스 서브, 핸들의 조작 등)을 할 때 순간적으로 발생을 하여 팔을 들어 올리거나 더 이상 힘을 주지 못하게 된다. 주로 대원근은 90° 이상에서 소원근은 그 이하에서 어깨 관절의 외전과 팔굽관절(주관절)이 굴곡된 상태에서 어깨 관절을 외측회전을 하게 되면 통증이 발생하게 된다(그림 5-41).

그리고 환자가 옆으로(모로) 누운자세에서 팔을 얼굴 쪽으로 올리게하여 대원근의 마사지는 물론 주변의 경락들 즉 **비경**의 ㉑대포혈 및 **담경**의 ㉒연액혈 ㉓첩근혈 등과 **대장경**의 ⑯거골혈 ⑮견우혈 ⑭비노혈 및 **소장경**의 ⑨견정혈 ⑩노수혈 ⑪천종혈과 **삼초경**의 ⑭견료혈 ⑬노회혈 ⑫소락혈 ⑧삼양락혈 등을 지압과 마사지를 하여 기혈이 순행 하도록 하여준다(그림 5-42).

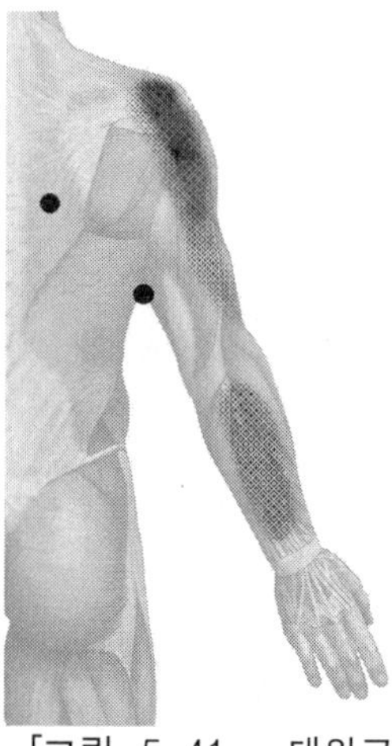

「그림 5-41」 대원근의 발통점과 연관통

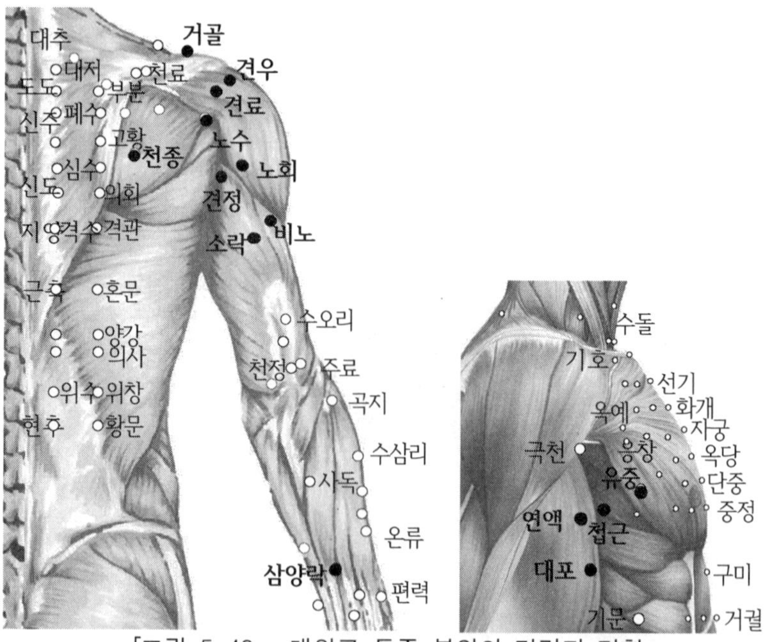

「그림 5-42」 대원근 통증 부위의 경락과 경혈

10. 소원근

소원근은 액와신경(경추 5번, 6번)의 지배를 받아 상완(상박)의 외측회전 등의 기능을 하는 견갑대의 근육으로 환자 스스로가 아픈지점을 정확하게 지적할 수 있으며 통증 부위도 작아(보통 동전 크기) 기능에 약간의 제한을 받게 된다.

통증은 극하근에 통증이 발생하게되면 주로 2차적으로 발생을 하게 되며 어깨의 뒤쪽에 통증이 나타나게 된다(그림 5-43).

따라서 일차적으로 극하근의 통증을 다스린 후 어깨의 뒤쪽에 통증이 남아 있다면 소원근의 통증을 살펴 다스려야 할 것이다.

소원근 주위의 경락들을 엎드린 자세에서

대장경의 ⑬수오리혈 ⑭비노혈 ⑮견우혈과

삼초경의 ⑫소락혈 ⑬노회혈 ⑭견료혈 등과

소장경의 ⑨견정혈 ⑩노수혈 ⑪천종혈 ⑫병풍혈 ⑬곡원혈 등에 지압과 마사지를 한 후 옆으로 누운 상태에서 팔을 머리쪽으로 올리게 하여

비경의 ㉑대포혈과

담경의 ㉒연액혈 ㉓첩근혈 및

심경의 ①극천혈 등에 지압과 마사지를 하여 준다(그림 5-44).

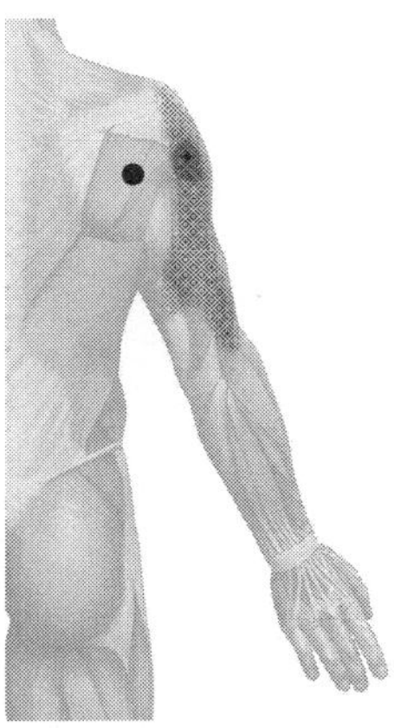

「그림 5-43」 소원근의 발통점과 연관통

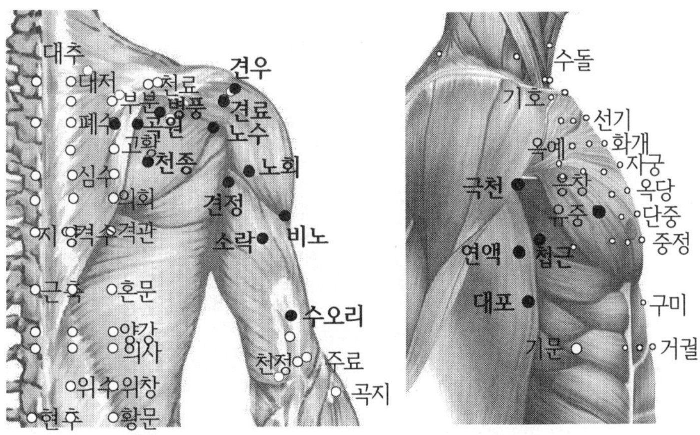

「그림 5-44」 소원근 통증 부위의 경락과 경혈

11. 상후거근

상후거근은 흉수신경(흉추1번~4번)의 지배를 받는 근육으로 늑골을 내리거나 흉강을 좁히는 기능을 하는 하후거근과는 반대로 늑골을 올리거나 흉강을 넓히는 기능을 하는 근육이다. 상후거근에 통증이 발생하면 견갑골의 상부와 삼각근의 뒷부위에 쑤시는 듯한 심부통증과 상완(상박)의 뒤쪽과 전완(하박)의 척골 부위를 따라 소지(새끼 손가락) 쪽으로 연관된 통증이 나타나고 또한 가슴의 앞쪽으로도 흉통이 나타나기도 한다(그림 5-45). 이에 상후거근과 통증 부위의 경락들 즉

독맥의 ⑭대추혈 ⑬도도혈 ⑫신주혈 ⑪신도혈과

방광경의 ⑪대저혈 ⑫풍문혈 ⑬폐수혈 ⑭궐음수혈 및 ㊳부분혈 ㊴백호혈 ㊵고황혈 ㊶신당혈을 그리고

소장경의 ⑮견중수혈 ⑭견외수혈 ⑬곡원혈 ⑫병풍혈 ⑪천종혈 ⑩노수혈 ⑨견정혈 ⑧소해혈 ⑦지정혈 ④완골혈 ①소택혈 등에 이르는 경락의 경혈들과

심경의 ①극천혈 ②청령혈 ③소해(小海)혈 ⑦신문혈 ⑧소부혈 ⑨소충혈 및

삼초경의 ⑭견료혈 ⑬노회혈 ⑫소락혈 ⑩천정혈 ④양지혈 ①관충혈에 이르는 경락의 경혈들을 지압과 마사지를 하고 흉통 부위의 경혈들 **위경**의 ⑬기호혈 ⑭고방혈 ⑮옥예혈 ⑯응창혈과

신경의 ㉗수부혈 ㉖욱중혈 ㉕신장혈 ㉔영허혈 및

비경의 ⑱천계혈 ⑲흉향혈 ⑳주영혈 ㉑대포혈 등에 지압과 마사지를 하여 준다(그림 5-46).

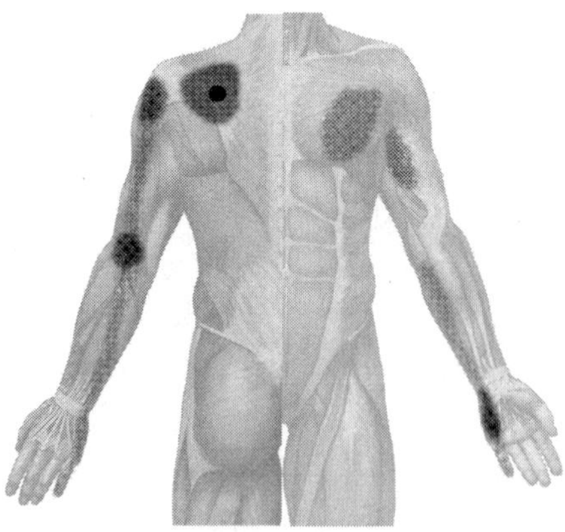

「그림 5-45」 상후거근의 발통점과 연관통

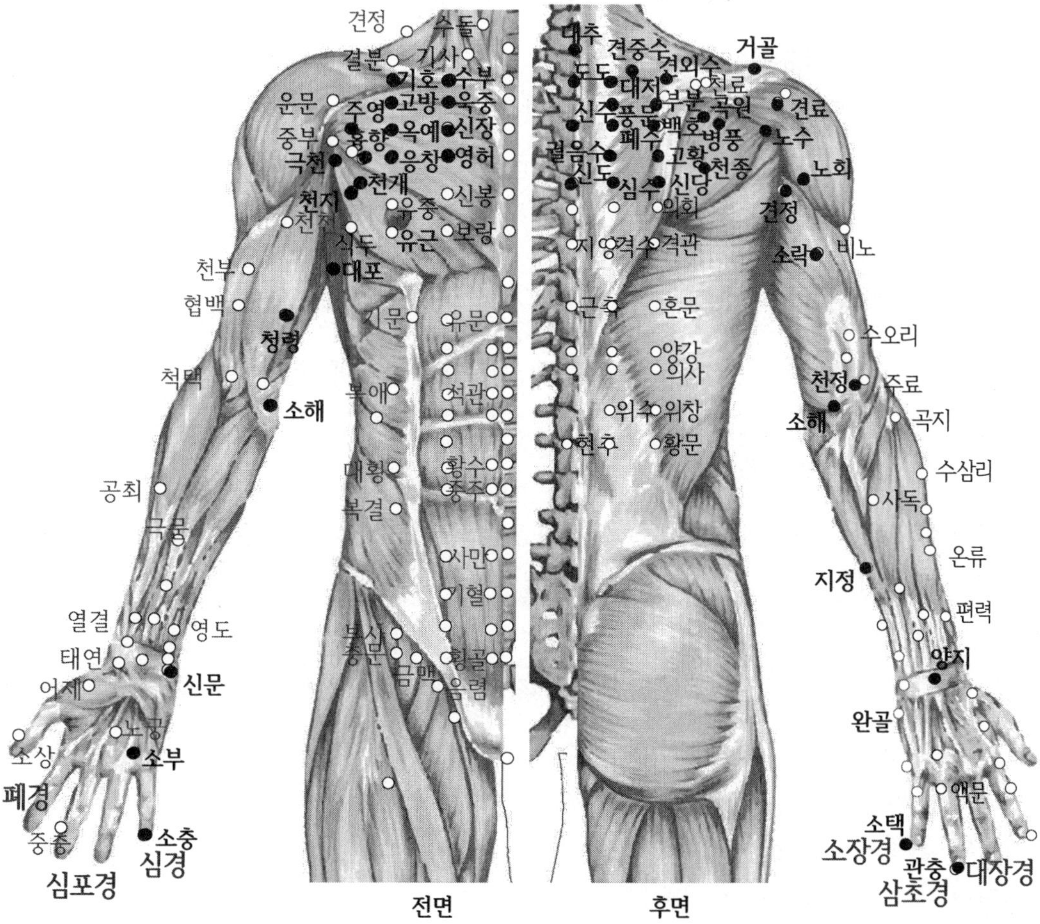

「그림 5-46」 상후거근 통증 부위의 경락과 경혈

12. 흉장늑근

척추기립근은 골반에서 두개골까지 이어지는 장늑근(흉장늑근, 요장늑근, 경장늑근)과 최장근(흉최장근, 경최장근, 두최장근) 및 극근(흉극근, 경극근, 두극근) 등으로 척수신경의 지배를 받아 척추의 기립근이면서 척추의 측굴(한쪽근의 수축시)과 신전(양쪽근의 작용시)의 기능을 하는 근육들이다.

흉장늑근의 상부(흉추6번)에서 통증이 발생을 하면 그로인한 연관된 통증은 견갑골 안쪽면의 아래쪽 부위와 그주변에 통증이 나타나 가슴까지도 확산을 하게 된다(그림 5-47의 ①). 그리고 하부(흉추11번)에서 발생을 하게 되면 옆구리의 통증은 물론 요추부위에서 견갑골을 지나는 연관된 통증이 나타나게 되며 심한 경우에는 복부의 옆구리쪽에도 확산이 되어 나타나기도 하여 소화가 잘 안되고 가슴이 답답하며 등이 결리는 증상 등이 나타나게 된다(그림 5-47의 ②). 따라서 상부에서 발생한 경우에는

방광경 배부3행의 ㊶부분혈 ㊷백호혈 ㊸고황혈 ㊹신당혈 ㊺의회혈 ㊻격관혈 ㊼혼문혈 ㊽양강혈 ㊾의사혈 등과

소장경의 ⑨견정(肩貞)혈 ⑩노수혈 ⑪천종혈 ⑫병풍혈 ⑬곡원혈 ⑭견외수혈 및

위경의 ⑯응창혈 ⑰유중혈 ⑱유근혈 ⑲불용혈 등을 그리고 하부에서 발생한 경우에는

방광경 배부3행의 ㊻격관혈 ㊼혼문혈 ㊽양강혈 ㊾의사혈 ㊿위창혈 51황문혈 52지실혈 등과

소장경의 ⑩노수혈 ⑪천종혈 ⑫병풍혈 ⑬곡원혈 등을 그리고

위경의 ㉔활육문혈과

담경의 ㉕경문혈 ㉖대맥혈 및

간경의 ⑬장문혈 등을 지압과 마사지 등을 하여준다(그림 5-48).

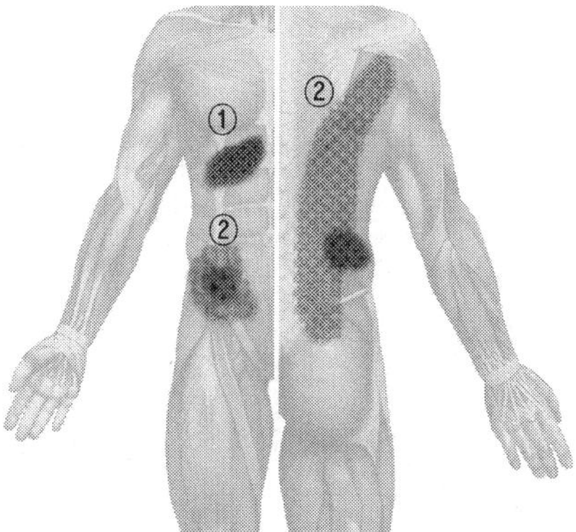

전면 후면

① 흉장늑근(흉추6번) ② 흉장늑근(흉추11번)

「그림 5-47」 흉장늑근의 발통점과 연관통

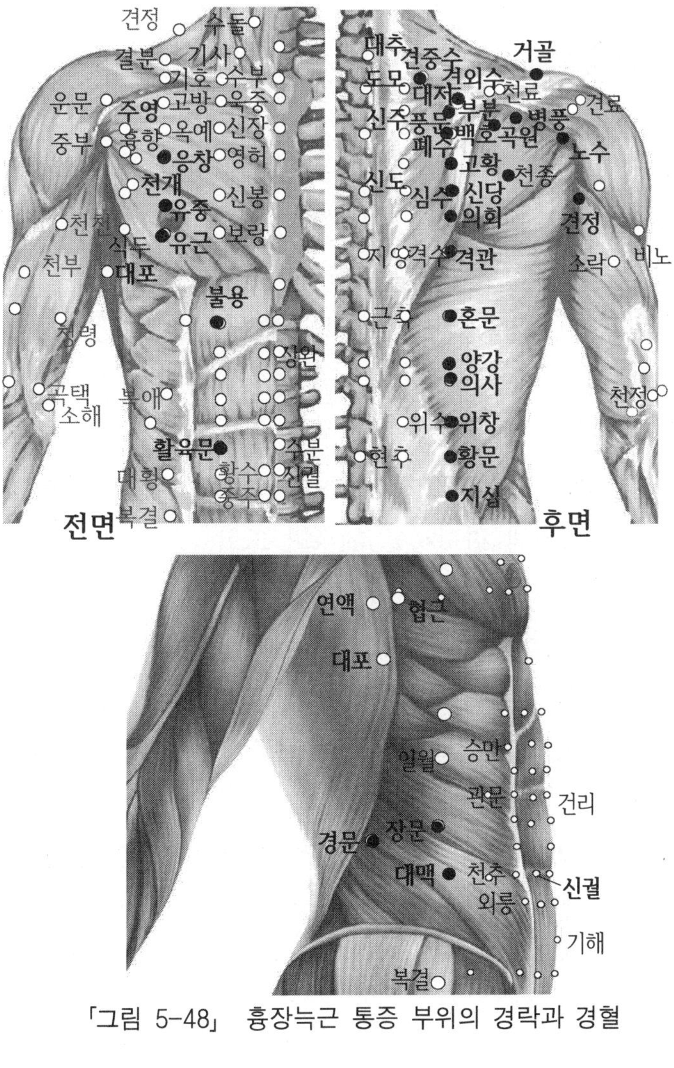

「그림 5-48」 흉장늑근 통증 부위의 경락과 경혈

13. 광배근

광배근은 경수신경(경추6번, 7번, 8번)의 지배를 받아 상완(상박)의 신전과 내전 및 내측회전등의 기능을 하는 천배근의 근육으로 줄다리기와 같이 물체를 당기거나 내리칠 때 등에 작용을 한다.

광배근의 통증 발생이 겨드랑이 밑(후액와) 주름에서 발생하게 되면 견갑골 안쪽면의 아래부위에서 통증이 나타나 인접한 부위를 중심으로 쑤시는 듯한 통증이 나타나며 심한 경우에는 팔의 뒤 안쪽면을 따라 약지(넷째 손가락)와 소지(다섯째 손가락)까지 통증이 확산되어 나타나게 된다. 그리고 광배근의 아래쪽에서 통증이 발생하게되면 옆구리와 어깨의 앞쪽에서 심부통증이 나타나게 된다(그림 5-49). 이에 광배근과 통증부위의 경락들 즉

독맥의 ⑪신도혈 ⑩영대혈 ⑨지양혈 ⑧근축혈 ⑦중추혈 ⑥척중혈 ⑤현추혈 ④명문혈과

방광경의 ㊶신당혈 ㊷의희혈 ㊸격관혈 ㊹혼문혈 ㊺양강혈 ㊻의사혈 ㊼위창혈 ㊽황문혈 ㊾지실혈 및 ⑮심수혈 ⑰격수혈 ⑱간수혈 ⑲담수혈 ⑳비수혈 ㉑위수혈 ㉒삼초수혈 ㉓신수혈을 그리고

소장경의 ⑬곡원혈 ⑫병풍혈 ⑪천종혈 ⑩노수혈 ⑨견정혈 ⑧소해혈 ⑦지정혈 ④완골혈 ①소택혈 등과

심경의 ①극천혈 ②청령혈 ③소해혈 ⑦신문혈 ⑨소충혈 등을 그리고

삼초경의 ⑬노회혈 ⑫소락혈 ⑩천정혈 ⑨사독혈 ④양지혈 ①관충혈에 이르는 경락의 경혈들을 지압과 마사지를 해주며 또한

광배근의 아래쪽에서 통증이 발생을 하였다면

폐경의 ①중부혈 ②운문혈과

담경의 ㉕경문혈 ㉖대맥혈 ㉗오추혈 ㉘유도혈 및

간경의 ⑬장문혈 등에 지압과 마사지를 하여 근육의 이완과 기혈이 순행하도록 하여준다(그림 5-50).

그리고 양손은 합장을 하거나 비틀어 깍지를 낀 후 머리 위로 올려 옆구리 운동을 하듯이 숨을 내쉬면서 상체를 양옆으로 수그려 근육을 이완시켜 주도록 한다(사진 5-15).

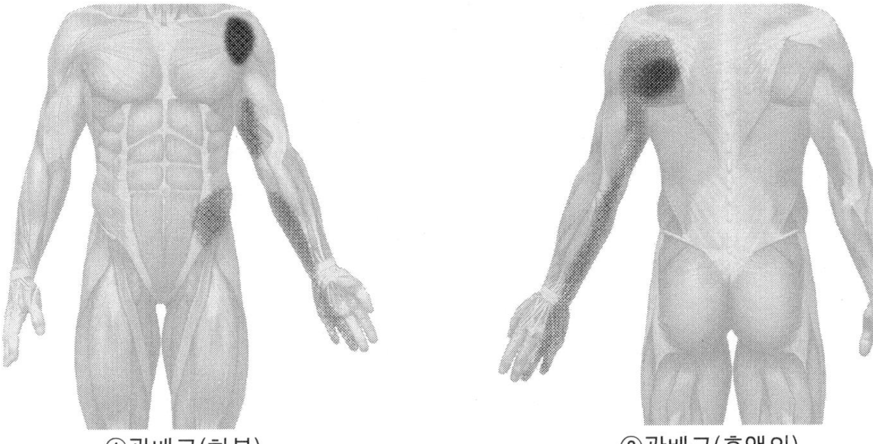

①광배근(하부) ②광배근(후액와)

「그림 5-49」 광배근의 발통점과 연관통

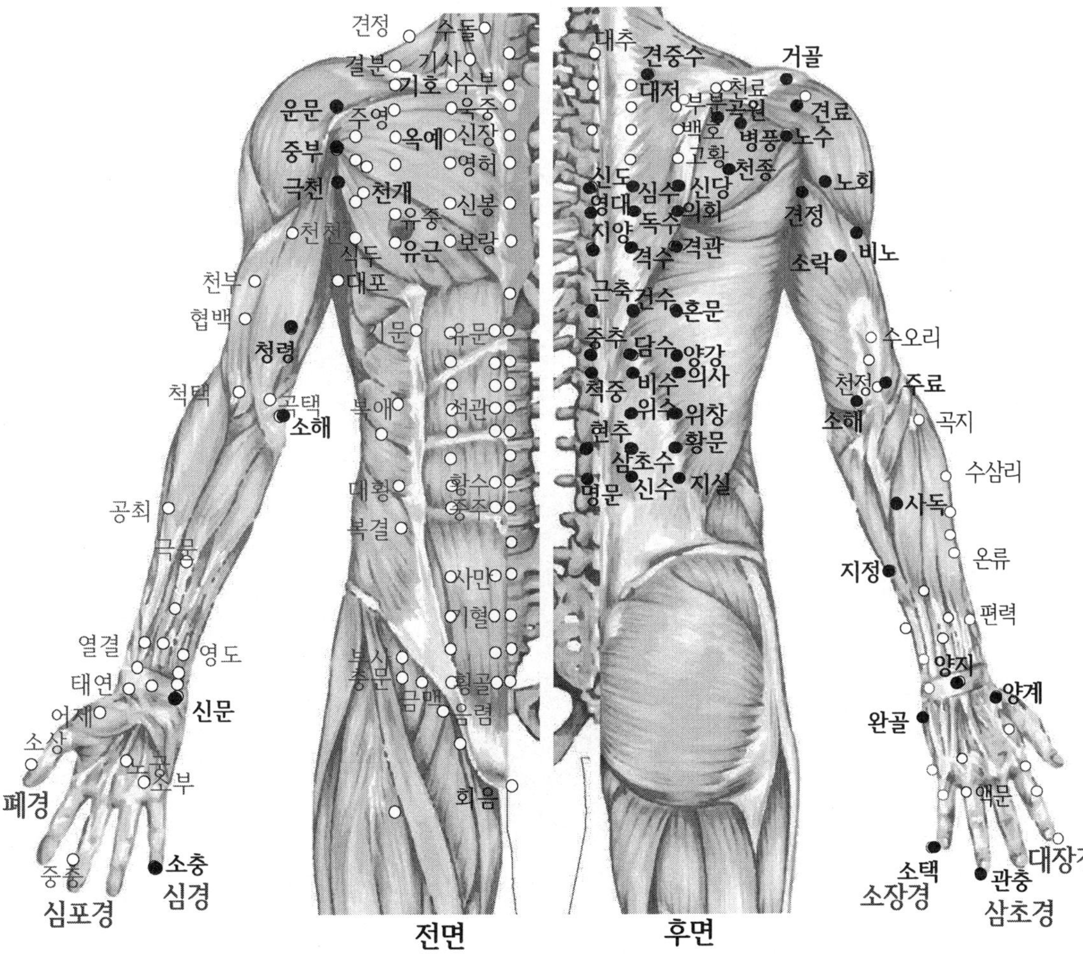

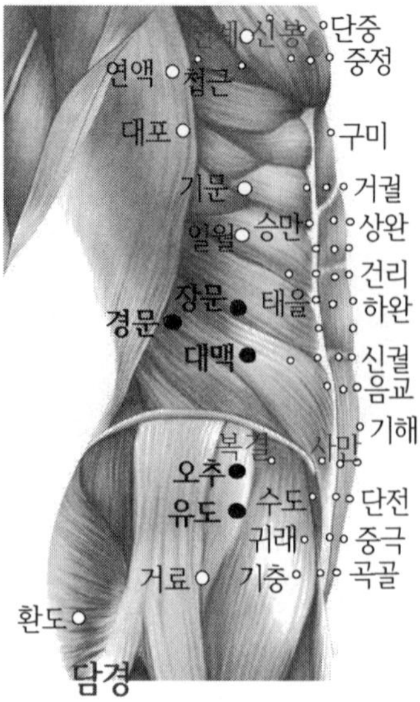

「그림 5-50」 광배근 통증 부위의 경락과 경혈

「사진 5-15」 광배근의 이완운동

Ⅷ. 가슴과 옆구리가 결릴 때(늑간신경통)

숨을 크게 쉬거나 말을 크게 하여도 옆구리가 결리면서 통증이 나타나 순간적으로 움직임을 멈추게 하는 경우가 있다. 이러한 경우에는 등 뒤 몸의 정중선(등뼈)으로부터 양옆으로 약 1.5촌 가량 떨어져 주행을 하는

방광경의 (배부2행) ⑮심수혈 ⑰격수혈 ⑱간수혈 ⑳비수혈 ㉒삼초수혈 등과 정중선으로부터 약 3촌 가량 떨어저 주행을 하는

방광경의(배부3행) ㊹신당혈 ㊺의회혈 ㊻격관혈 ㊽양강혈 ㊾의사혈 ㊿위창혈 ㊶황문혈 등을 온찜과 함께 마사지를 하여 풀어준 후 이어서 옆구리 쪽으로 갈비뼈와 뼈 사이를 손가락으로 마사지를 하여 준다. 그리고 옆으로 눕게 하여(이때 팔은 머리 위쪽으로 올리게 한다) 늑골 사이를 같은 방법으로 풀어준 후 똑바로 눕게 하여 동일한 방법으로 앞가슴쪽과 앞쪽 몸의 정중선에 위치하고 있는

임맥의 ⑰전(단)중혈 ⑭거궐혈 ⑫중완혈 ⑨수분혈에 이르는 경락을 함께 마사지를 하도록한다(그림 5-51). 그리고 마사지를 할 때 처음에는 간지럼을 태우듯이 약한 힘으로 표층의 근육을 풀어준후 점차로 힘을 주어 심층의 근육을 풀어주도록 해야 한다.

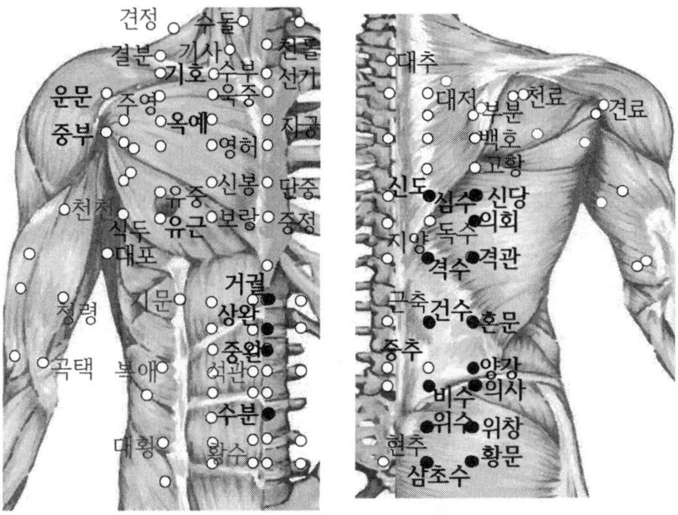

전면　　　후면

「그림 5-51」 늑간 신경통 부위의 경락과 경혈

Ⅸ. 굽어진 등 (고양이 등)

등이 굽는 것은 노화에서 오는 강직성척추염이라 하며, 가벼운 증상은 40~50대를 넘는 남성의 대부분에 해당된다 해도 과언은 아니다. 요즈음 도시에서는 등이 굽어진 모습을 보기가 쉽지않으나 아직도 농촌에서는 허리가 굽어서 앞으로 숙인 채 걷고 있는 노인을 어렵지 않게 만날 수가 있다. 이는 하루종일 허리를 구부리고 힘든 농삿일을 계속하다보니 어쩔 수 없이 노화현상이 병으로 변하게 된 것일 것이다.. 따라서 등이 심하게 굽어지게 되면 숨이 차고, 가슴이 답답하고, 기침이 나며, 손이 저리고 아픈 증상들과 함께 위장상태 또한 나빠져서 변비까지 생기게 되는 상황에 처하게 된다.

이러한 경우에는 허리를 반듯이 펴고 엎드리지 못하기 때문에 낮은 베개나 이불 등을 접어 가슴이나 배 쪽에 받쳐준 후

담경의 ⑧견정(肩井)혈과

방광경의 ⑬폐수혈 ⑰격수혈 ⑱간수혈 ㉓신수혈 ㉗소장수혈에 이르는 경락과 경혈에 약하게 지압을 하고(독맥이나 흉추와 요추는 누르지 말 것) 마사지를 하여 굳어있는 근육들을 부드럽게 하여준 후 누운 자세에서 양발을 엉덩이 쪽으로 당겨 양 무릎을 세워준 상태에서

폐경의 ①중부혈과

임맥의 ⑰단중혈 ⑭거궐혈 ⑫중완혈과

간경의 ⑭기문혈과

신경의 ⑯황수혈 및

위경의 ㉗대거혈 ㉞양구혈 ㊱족삼리혈 ㊶해계혈에 지압과 마사지를 하고 이어서

비경의 ⑨음릉천혈 ⑩혈해혈과

신경의 ⑨축빈혈 등을 지압과 마사지를 하여 혈행이 원활하게 순행하도록 하여준다 (그림 5-52).

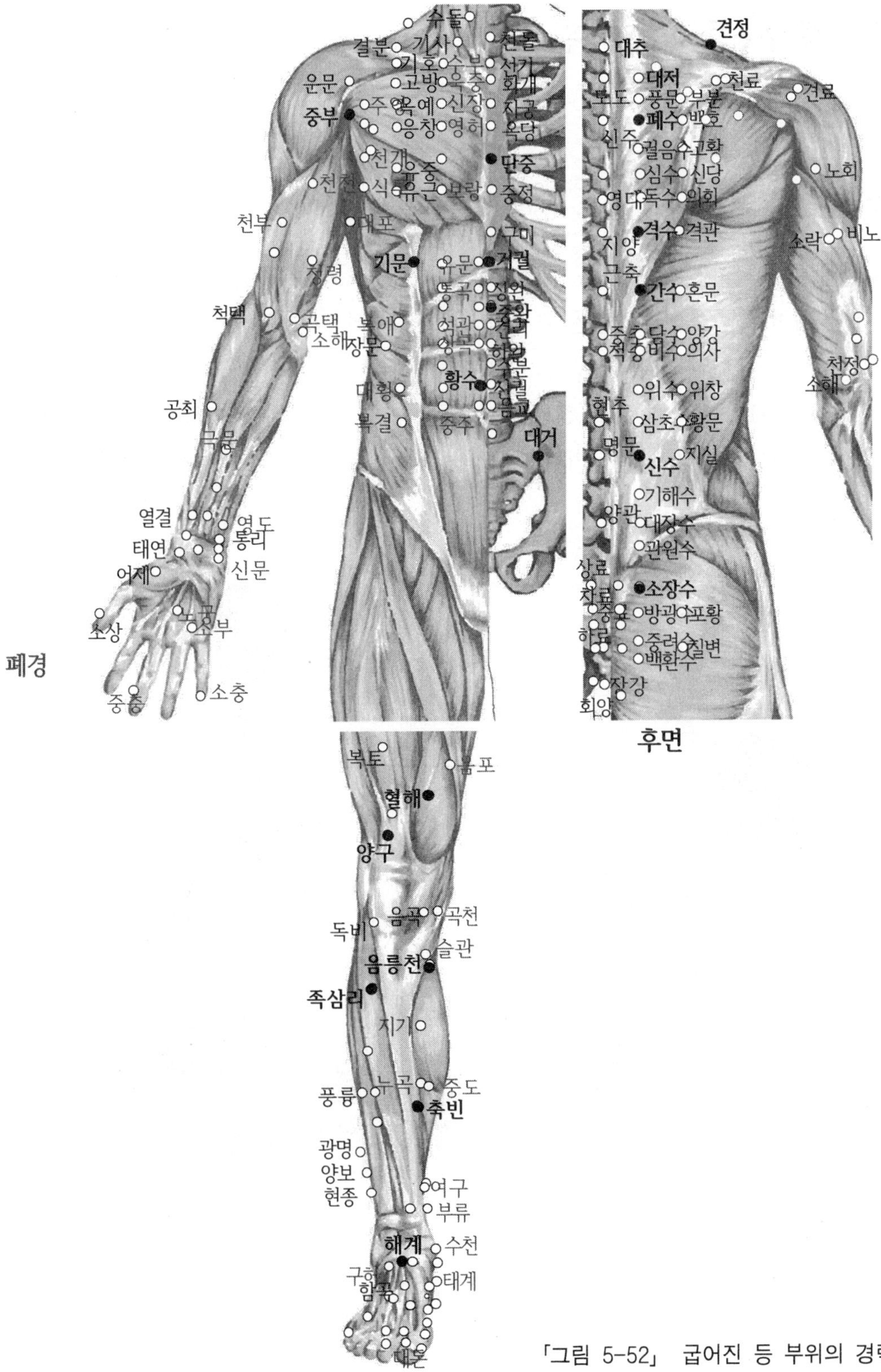

「그림 5-52」 굽어진 등 부위의 경락과 경혈

제6장. 흉추(등)의 이완과 교정

Ⅰ. 흉추의 이완

환자가 의자 등에 앉아 양손을 목 뒤로 올려 깍지를 끼거나 또는 팔장을 끼어 이마에 댄 자세를 취하게 한 후 교정자는 환자의 정면에 서서 양손을 환자의 팔 사이로 넣어 손끝으로 흉추(등뼈)의 좌 · 우 횡돌기(가로돌기) 부위에 대준다(사진 6-1). 그리고 교정자의 양팔(전완)로 환자의 양팔(전완)을 들어올려 주면서 동시에 양손으로 흉추 부위를 누르면서 몸쪽으로 당겨 환자의 흉추와 근육을 이완시켜 주도록 한다(사진 6-2).

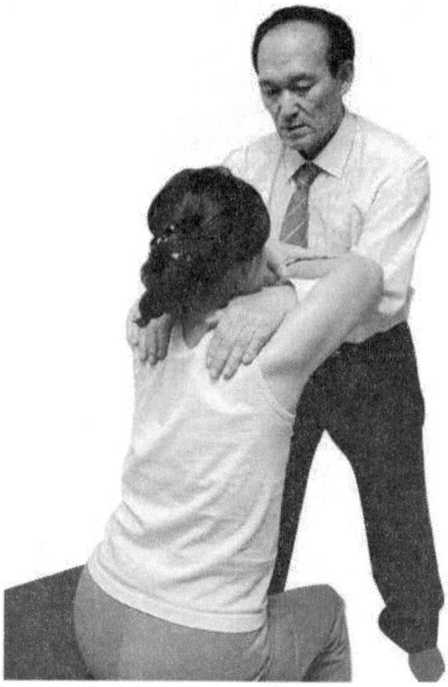

「사진 6-1」 흉추의 이완

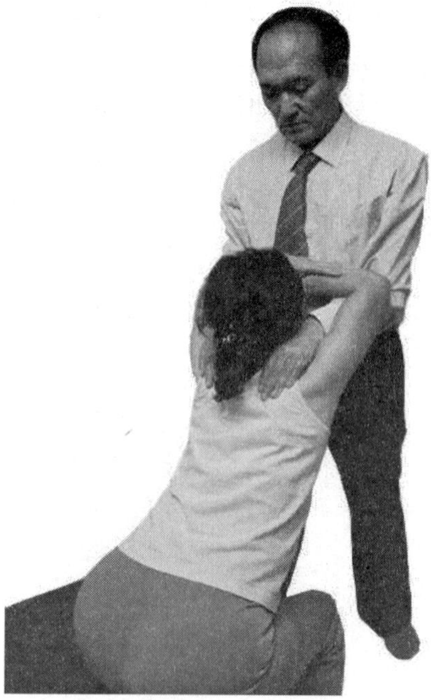

「사진 6-2」 흉추의 이완

Ⅱ. 흉추(등뼈)의 교정 방법

1. 교정에 활용되는 신체의 부위

변위된 척추의 교정에 있어 신체의 여러 부위를 이용하여 다양한 방법으로 이루어질 수가 있다. 그중 몇 가지를 소개해보면

1) 모지

지압에서 말하는 모지는 엄지손가락의 말절골 즉 손도장을 찍는 지문이 있는 부위로써 경혈에 지압과 경결(굳은)된 근육의 마사지 외에도 어린이나 여성 및 허약한 사람들의 변위된 흉추 등을 교정하는데 활용할 수가 있다(사진 6-3).

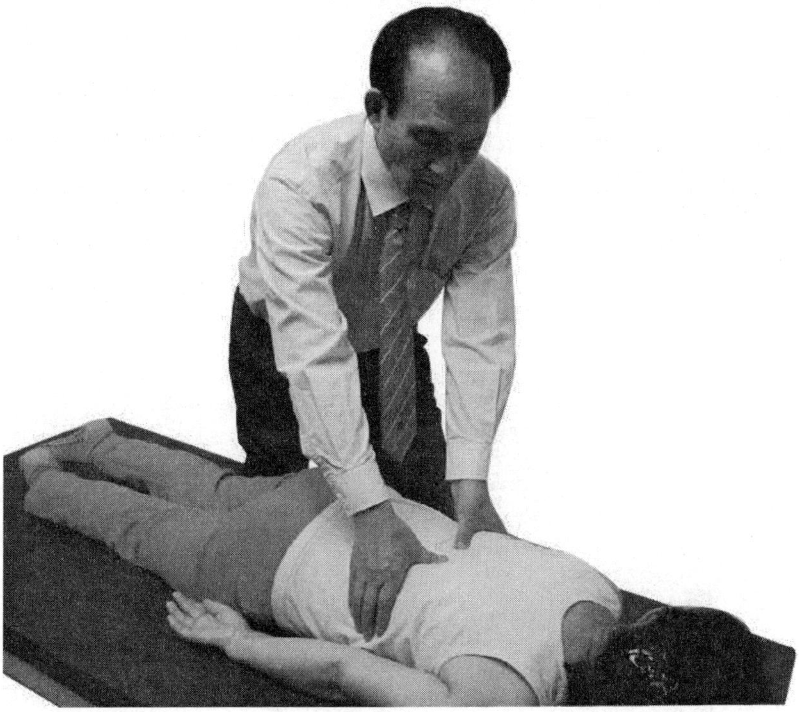

「사진 6-3」 모지(엄지 손가락)

2) 장(손바닥)

「사진 6-4」 장(손바닥)

장이란 손바닥의 손목쪽 수근골 부위로 주로 삼각골, 두상골, 유두골, 원상골의 손바닥 쪽 면을 이용하여 큰 힘을 필요로하는 둔부의 근육들을 이완시켜 주거나 등과 허리 및 둔부와 대퇴 등을 교정하는데 활용을 하고 있다(사진 6-4).

3) 절관수

「사진 6-5」 절관수

절관수는 둘째 손가락(인지) 이하 네 손가락의 끝부위(말절골)를 말아 손바닥의 끝부위(기절골)에 대주고 이어서 엄지 손가락(모지)을 구부려 모지의 말절골과 기절골의 옆면으로 나머지 손가락의 손톱쪽(말절골)을 받쳐준 상태에서 손가락의 중절골과 기절골 사이의 관절을 말하는 것으로 무술에서는 절관수라 말하고 있다. 이러한 절관수를 이용하여 변위된 흉추를 교정하는데 활용할 수가 있다(사진 6-5).

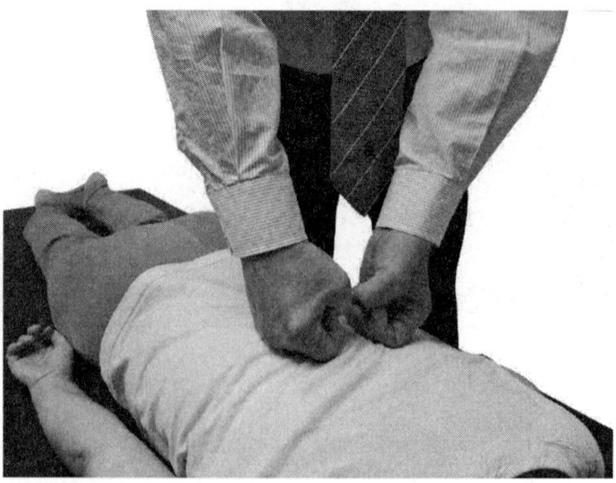

4) 수도

수도는 새끼 손가락쪽 중수골 부위로 중수골(수도)과 손목 쪽의 유구골 및 두상골을 함께 활용하여 변위된 흉추를 교정할 수가 있다(사진 6-6).

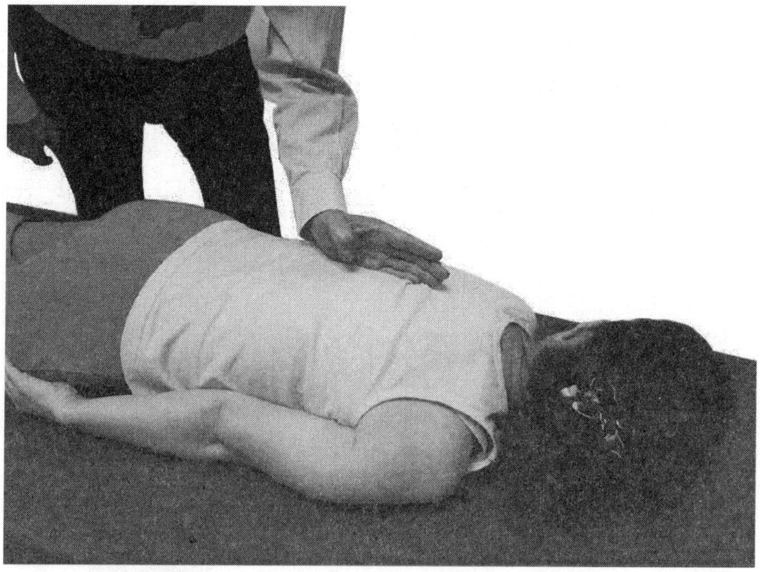

「사진 6-6」 수도

2. 변위된 유형에 따른 교정 방법

1) 융기(돌출)

흉추의 일부가 등쪽(후방)으로 변위(융기)된 경우(그림 6-1)에는 환자가 가슴쪽에 낮고 넓은 베개 등을 받치고 엎드린 자세에서 교정자의 양손 모지 즉 왼손 모지는 환자의 왼쪽 횡돌기(가로돌기)를 오른손 모지는 환자의 오른쪽 횡돌기(가로돌기)를 동시에 가슴쪽으로 눌러(급압) 교정을 하거나 교정자의 왼손 두상골을 환자의 왼쪽 횡돌기에 오른손 두상골은 환자의 오른쪽 횡돌기를 동시에 가슴쪽으로 누른 후 급압을 하여 변위된 흉추 뼈를 교정한다(사진 6-7).

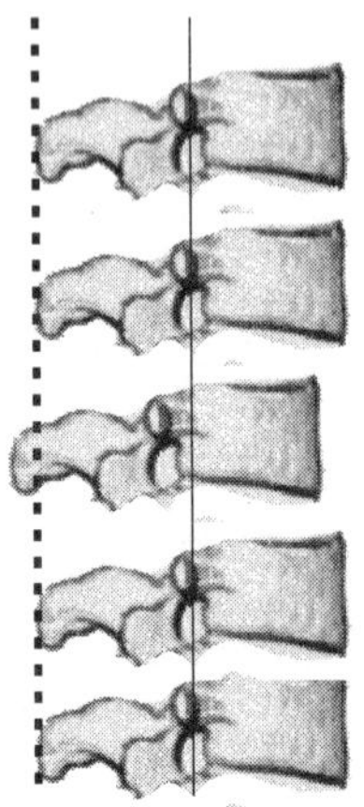

「그림 6-1」 융기(돌출)의 형태

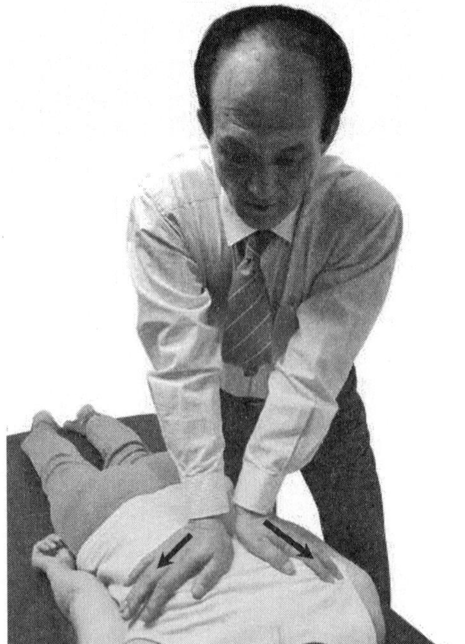

「사진 6-7」 융기(돌출)의 교정

2) 하방

흉추의 일부가 밑으로(하방) 내려져 흉추의 간격이 좁아지게 변위된 경우에는(그림 6-2). 환자가 가슴쪽에 낮고 넓은 베개 등을 받치고 엎드린 자세에서 교정자의 양손 모지로 환자의 같은쪽 횡돌기의 아래부위를 동시에 어깨 쪽으로 누른 후 급압을 하여 교정을 하거나 교정자의 양손 장 즉 왼손 두상골은 환자의 왼쪽 횡돌기 아래 부위를 오른손 두상골은 환자의 오른쪽 횡돌기의 아래부위를 위쪽(어깨쪽)으로 누른 후 급압을 하여 교정을 한다(사진 6-8).

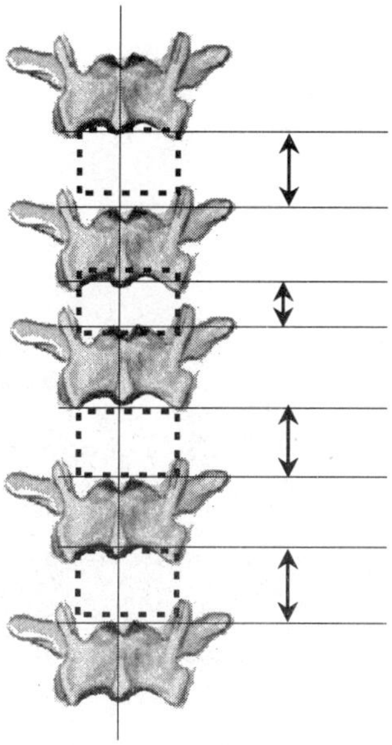

「그림 6-2」 하방의 변위형태

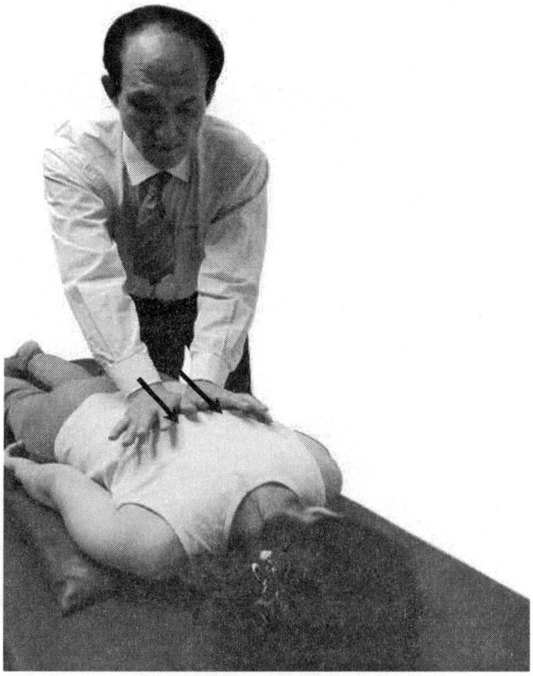

「사진 6-8」 하방의 교정

3) 후좌방

흉추의 일부 극돌기(가시돌기)가 등의 왼쪽으로 왼쪽 횡돌기는 앞쪽(가슴쪽)으로 오른쪽 횡돌기는 등쪽으로 변위가 된(그림 6-3) 경우에는 환자가 가슴에 낮고 넓은 베개 등을 받치고 엎드린 자세에서 교정자의 오른손 모지로 환자의 오른쪽 횡돌기를 앞쪽(가슴쪽)으로 누른 후 급압을 하여 교정을 하거나 교정자의 오른손 장(두상골)으로 환자의 오른쪽 횡돌기를 앞쪽으로 누른 후 급압을 하여 교정을 한다(사진 6-9).

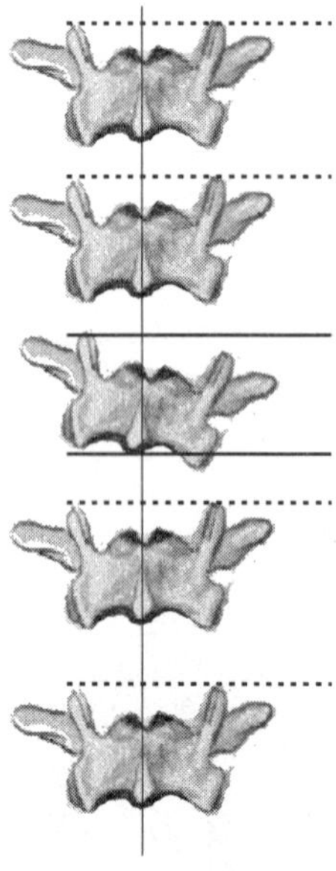

「그림 6-3」 후좌방의 변위형태

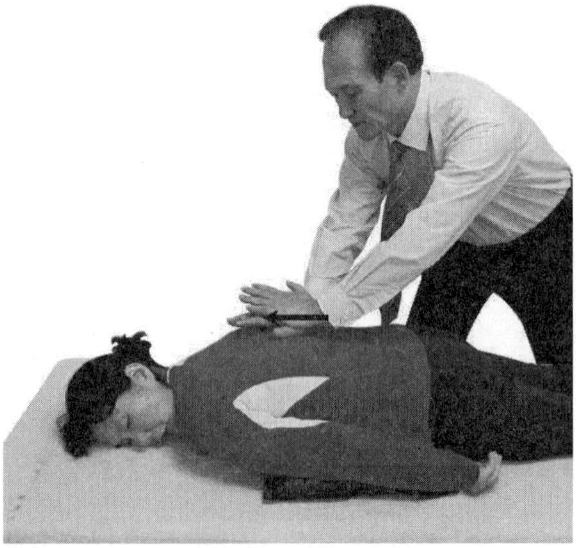

「사진 6-9」 후좌방의 교정

4) 좌하방

흉추의 일부횡돌기(가로돌기) 중 왼쪽 횡돌기는 아래로, 오른쪽 횡돌기는 위쪽으로 변위가 된 경우에는(그림 6-4의 ①, ②) 환자가 가슴쪽에 낮고 넓은 베개 등을 받치고 엎드린 자세에서 교정자의 왼손 모지는 환자의 왼쪽 횡돌기 아래 부위를 위쪽(어깨쪽)으로 오른손 모지는 환자의 오른쪽 횡돌기의 위 부위를 아래쪽(허리쪽)으로 동시에 누른 후 급압을 하여 교정을 하거나(그림 6-10의 ③) 교정자의 양손을 X자로 교차하여 왼손장(두상골)으로 환자의 오른쪽 횡돌기 윗부위를 아래쪽(허리쪽)으로 오른손 장(두상골)은 환자의 왼쪽 횡돌기의 아래 부위를 위쪽(어깨쪽)으로 동시에 누른후 급압을 하여 변위된 부위를 교정한다(그림 6-10).

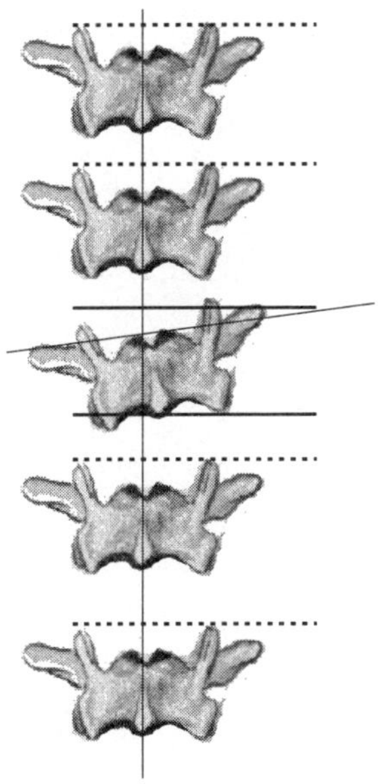

「그림 6-4」 좌하방의 변위형태

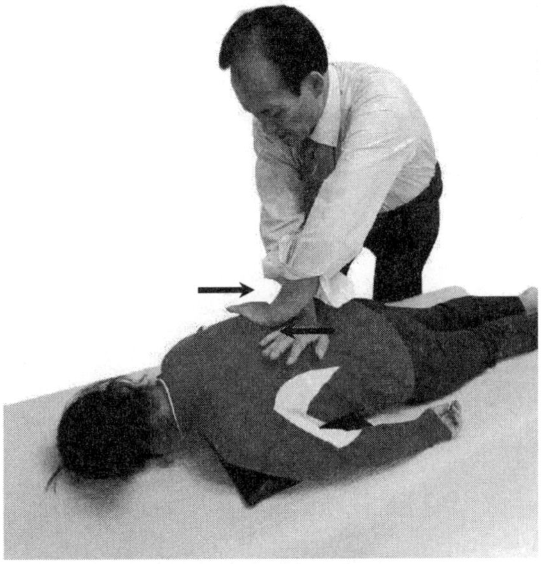

「사진 6-10」 좌하방의 교정

3. 몸통 돌림

흉추나 요추의 일부가 「그림 6-5」와 같이 오른쪽으로 탈구 등의 변위가 되어 왼쪽 뒤로 몸통을 돌려 교정을 하고자 할 때 환자를 등받이가 없는 의자나 진찰대 끝에 걸터 앉게 하여 양손을 목 뒤로 깍지를 끼게 하거나 팔장을 끼게 한 후 교정자는 환자의 등 뒤에 서서 환자가 깍지를 낀 경우에는 교정자의 왼팔로 환자의 왼쪽 겨드랑이 밑으로 넣어 오른팔의 어깨 밑 부위를 잡으며(사진 6-11의 ①) 팔장을 낀 경우에는 교정자의 왼팔로 환자의 왼쪽에서 가슴쪽으로 하여 오른팔 팔꿈치 위쪽을 잡는다(사진 6-11의 ②) 그리고 교정자의 오른팔은 환자의 척추와 수직이 되게 환자가 앉은 의자의 높낮이를 조절하거나 교정자의 자세를 조절하여 오른손 장(중수골의 어제혈 부위)으로 교정하고자 하는 척추의 오른쪽 횡돌기(가로돌기)에 대준후(그림 6-11의 ③, ④) 양손으로 환자의 몸통을 왼쪽 뒤로 한계 부위까지 수평으로 돌려준 후 급압을 하여 교정을 한다(사진 6-11의 ⑤, ⑥).

또한 변위된 상태에 따라 앞서의 자세에서 환자의 왼쪽 어깨를 옆으로 기울이게(옆굽힘)하여 흉추의 아래쪽 부위를 왼쪽 뒤로 돌려주는 방법(사진 6-11의 ⑦)과 환자의 왼쪽 어깨를 옆으로 기울이게(옆굽힘)하고 몸을 곧게 편 상태에서 요추를 왼쪽 뒤로 돌려 교정을 하는(사진 6-11의 ⑧). 다양한 방법들을 활용할 수가 있을 것이다.

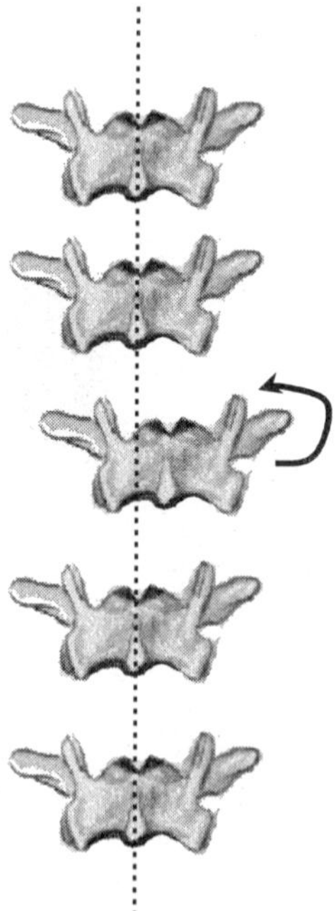

「그림 6-5」 변위된 형태

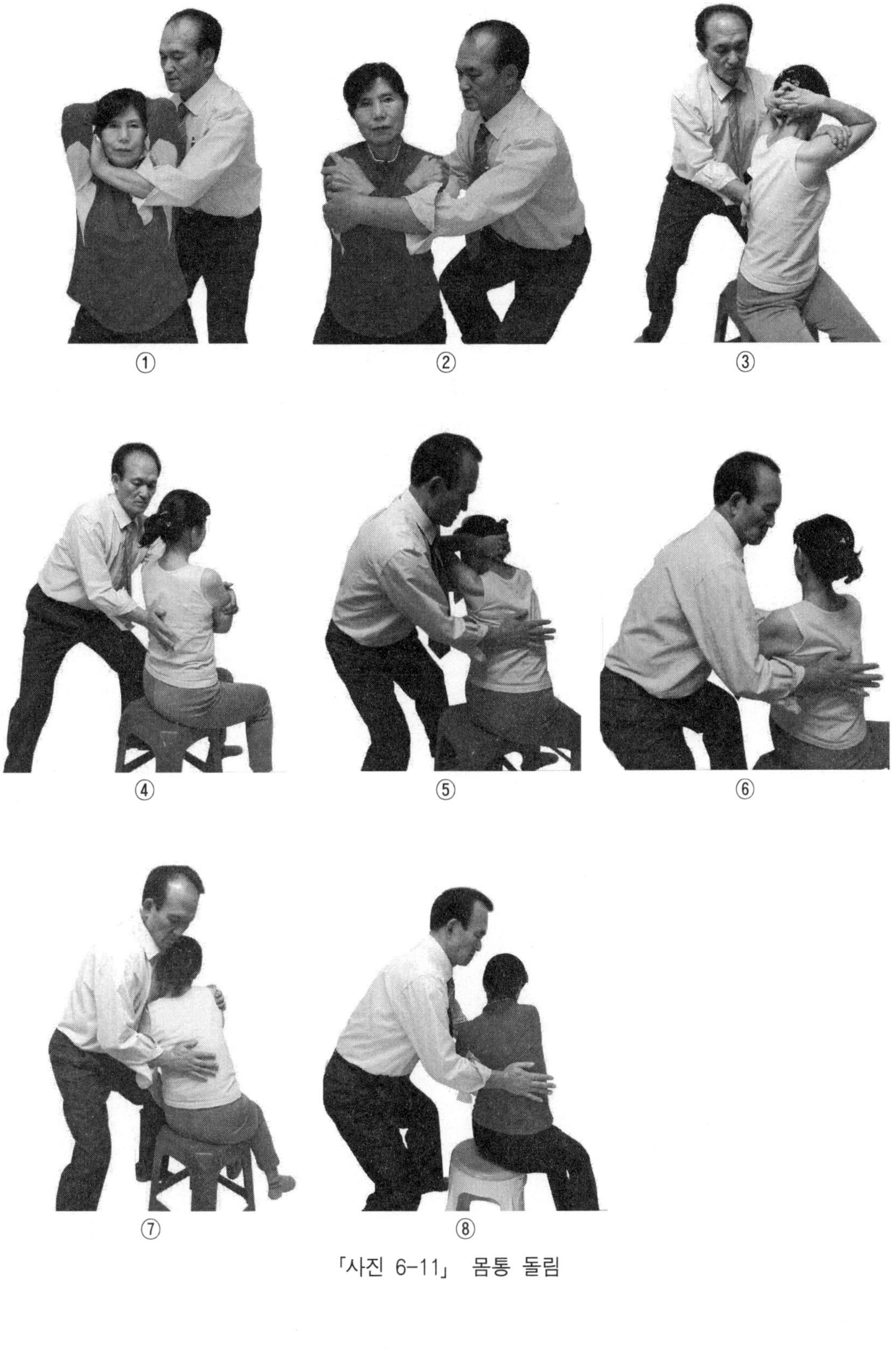

「사진 6-11」 몸통 돌림

4. 추켜올림

환자를 등받이가 없는 의자나 진찰대에 걸터 앉아 양손을 목 뒤로 올려 팔꿈치가 앞쪽을 향하게 깍지를 끼게 한다. 그리고 교정자는 환자의 등 뒤에 서서 양손을 환자의 양쪽 겨드랑이 밑으로 넣어 환자의 양손목을 잡으며 교정자의 가슴과 환자의 등 사이에 몇겹으로 접은 수건 등을 대고 밀착을 시키고(사진 6-12의 ①) 환자의 겨드랑이를 추켜 올린 후 교정자의 상체를 뒤로 약간 제끼면서 급압을 하여 환자의 변위된 흉추의 중간 부위를 교정토록 한다(사진 6-12의 ②) 그리고 만약 변위된 흉추의 부위가 위쪽인 경우에는 깍지 낀 환자의 팔꿈치를 옆으로 벌려 머리 위쪽을 향하게 하여 교정자의 양손으로 환자의 깍지낀 양손을 포개 잡아 앞서의 방법과 같이 교정을 하며(사진 6-13) 변위된 흉추의 부위가 아래쪽일 경우에는 깍지 낀 환자의 팔꿈치가 밑을 향하게 하고 교정자의 양손은 환자의 손목 위쪽을 잡아(사진 6-14) 앞서의 방법과 같이 교정을 한다.

또한 다른 방법으로 환자가 등받이가 없는 의자에 앉아 양손을 목 뒤로 하여 깍지를 낀 자세에서 교정자는 양손을 환자의 겨드랑이 밑으로 넣어 환자의 양팔을 잡으며 한쪽 발을 의자 다리의 보강 목 등에 올리고 무릎은 교정을 하고자하는 변위된 흉추의 횡돌기(가로돌기) 부위에 수건 등을 대어 받친다. 그리고 교정자의 양팔로 환자의 겨드랑이를 추켜 올린 후 교정자의 몸쪽으로 약간 당기면서 위로 급압을 하여 교정을 한다(사진 6-15).

①　　　　　　　　　　　　②

「사진 6-12」 추켜 올림(흉추 중간 부위)

「사진 6-13」 추켜 올림(흉추 위쪽 부위)

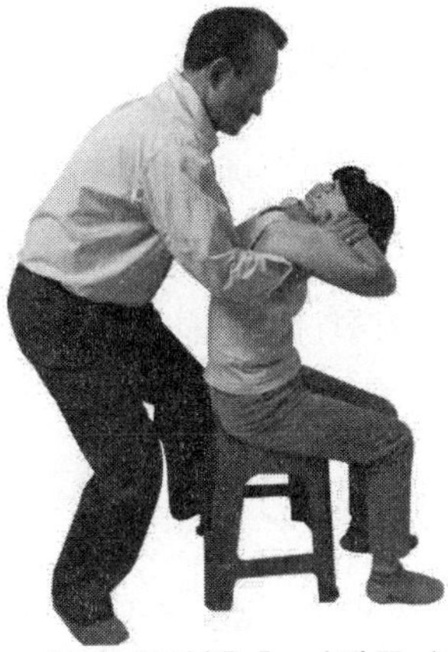

「사진 6-14」 추켜 올림(흉추 아래쪽 부위)

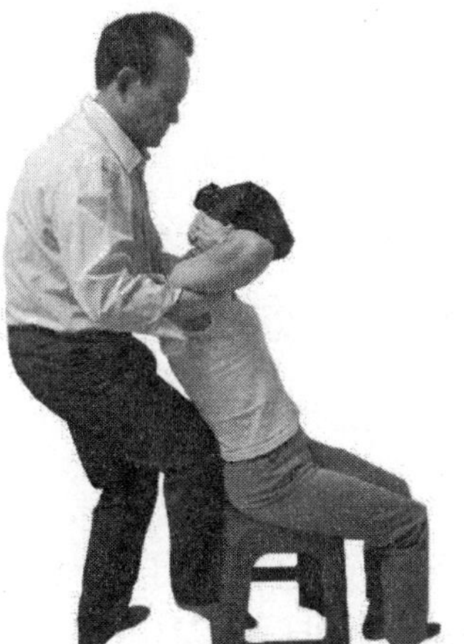

「그림 6-15」 추켜 올림

제7장. 팔과 손목 및 손의 근육

Ⅰ. 팔과 손목의 근육

팔(상지)은 어깨 관절 밑에서 팔굽관절 사이의 상완(상박)과 팔굽관절 밑에서 손목관절 사이의 전완(하박)으로 구분할 수가 있으며 팔의 근육으로는 팔과 어깨를 이어주는 견갑대의 근육과 상완(상박) 부위의 근육 및 전완(하박) 부위의 근육 그리고 손목이하의 손(수지) 부위의 근육으로 구별할 수가 있다(그림7-1).

1. 견갑대의 근육

견갑대의 근육으로는 ·삼각근(상완의 외전과 내·외측 회전) ·견갑하근(상완의 내전과 내측회전) ·극상근(상완의 외전) ·극하근(상완의 외측회전) ·소원근(상완의 내전과 외측회전) ·대원근(상완의 내전과 내측회전) 등이 있다.

2. 상완(상박)의 근육

상완(상박)의 근육으로는·상완이두근(전완의 굴곡과 상완의 외전 및 내전) ·상완삼두근(전완의 신전) ·상완근(전완의 굴곡) ·오구(훼)완근(전완의 굴곡과 내전) ·주근(전완의 신전) 등이 있다.

3. 전완(하박)의 근육

전완의 근육으로는 굴곡근과 신전근으로 구별을 할 수가 있다.

1) 굴근

원회내근(팔굽관절의 굴곡과 전완의 회내)·요측수근굴근(전완의 굴곡과 손목의 외전)·척측수근굴근(손목의 굴곡과 내전)·장장근(손목의 굴근)·장무(모)지굴근(무지말절골의 굴근)·천지굴근(제2지~5지의 굴곡)·심지굴근(제2지~5지의 굴곡과 손목의 굴곡) 등이 있으며

2) 신전근

전완(하박)의 신전근으로는 · 장요측수근신근(손목의 신전과 외전) · 척측수근신근(손목의 신전과 외전) · 단요측수근신근(손목의 신전과 외전) · 장무(모)지외전근(모지와 손목의 외전) · 장무(모)지신근(모지의 신전과 외전) · 단무(모)지신근(모지의 신전과 외전) · 소지신근(제5지의 신전) · 지신근(제2지~제5지와 손목의 신전) · 시지신근(제2지의 신전) · 회외근(전완의 회외) 등이 있다.

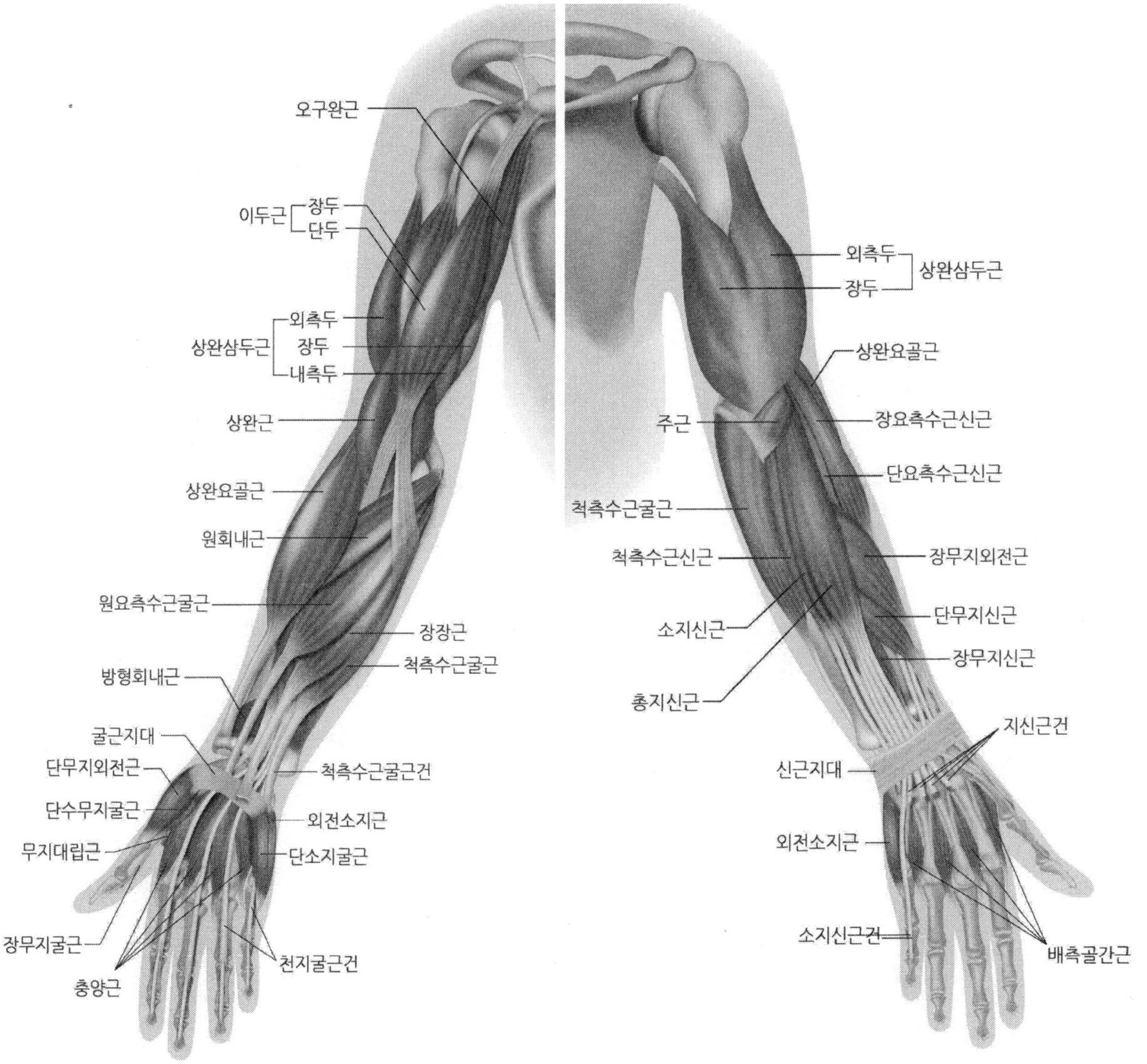

①전(손바닥 쪽) 표층 ②후(손등 쪽) 표층

「그림 7-1」 상지(팔)의 근육

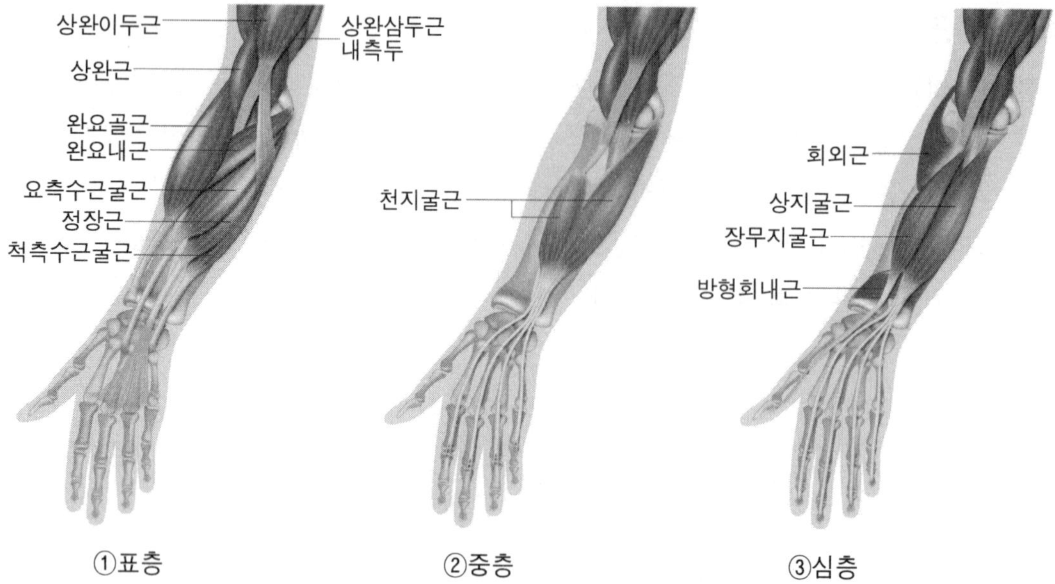

「그림 7-2」 전완(손바닥 쪽))의 근육(①표층, ②중층, ③심층)

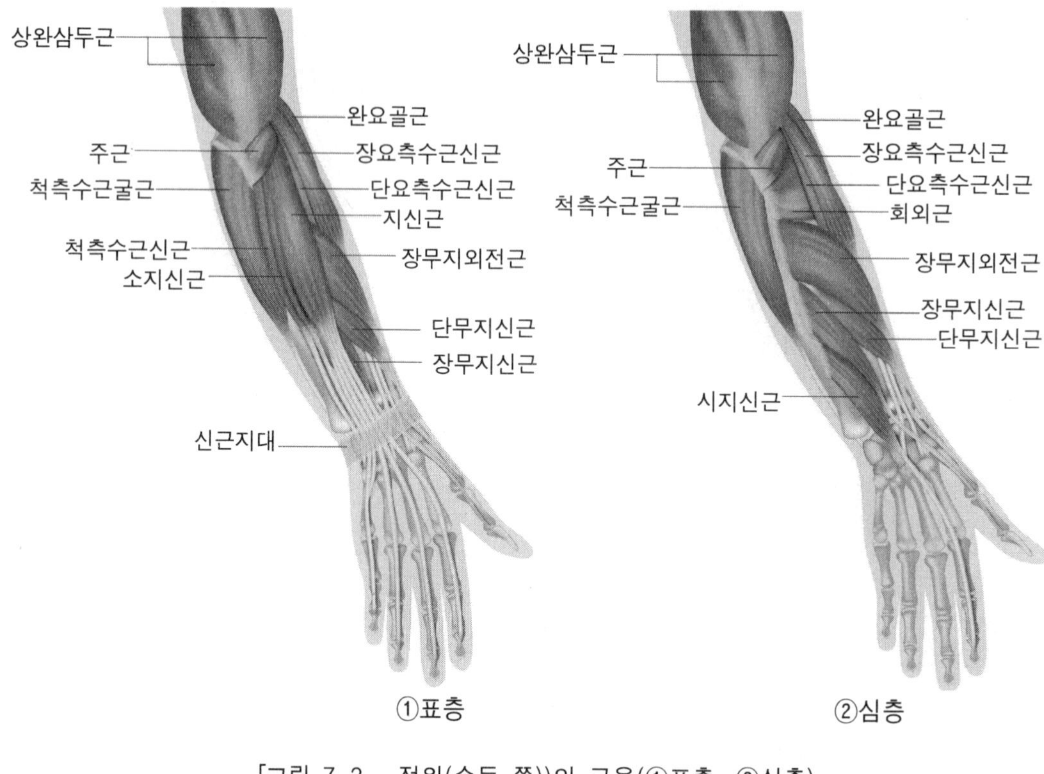

「그림 7-3」 전완(손등 쪽))의 근육(①표층, ②심층)

Ⅱ. 팔과 손목 및 손의 발통점과 연관통

1. 팔의 통증

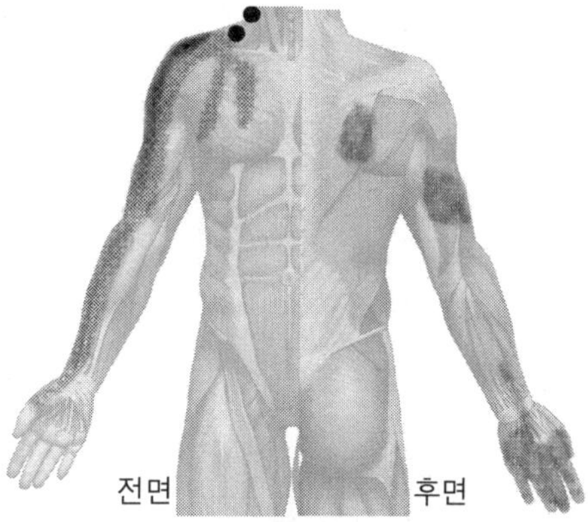

사각근

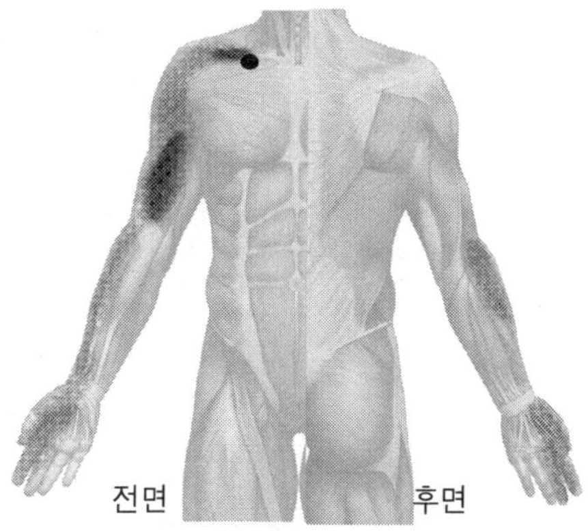

쇄골하근

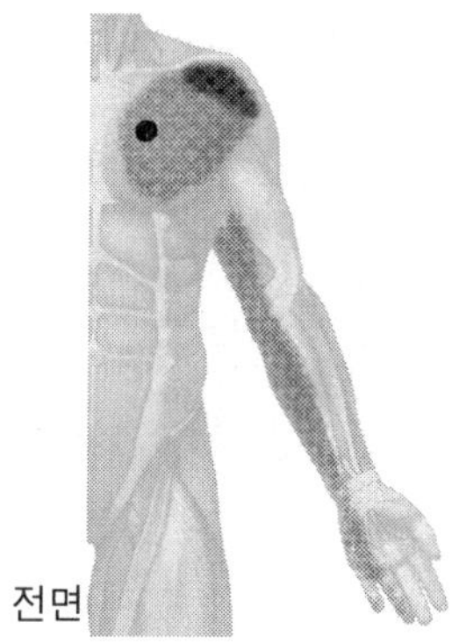

소흉근

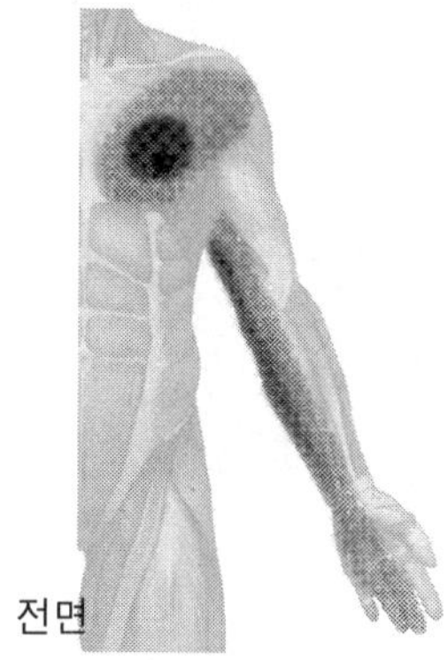

대흉근(흉골두)

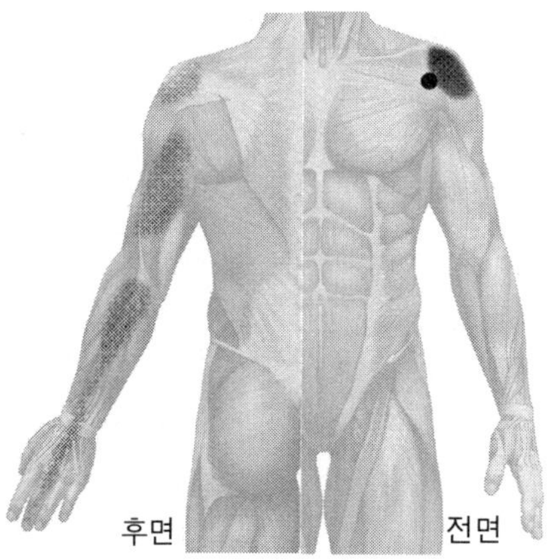

오구(훼)완근

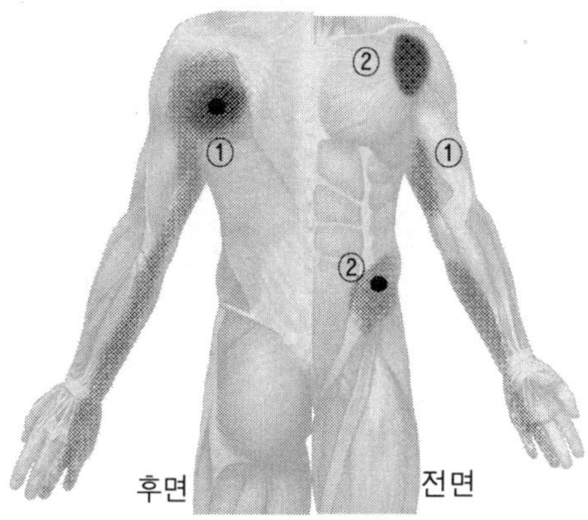

광배근(①상부 ②하부)

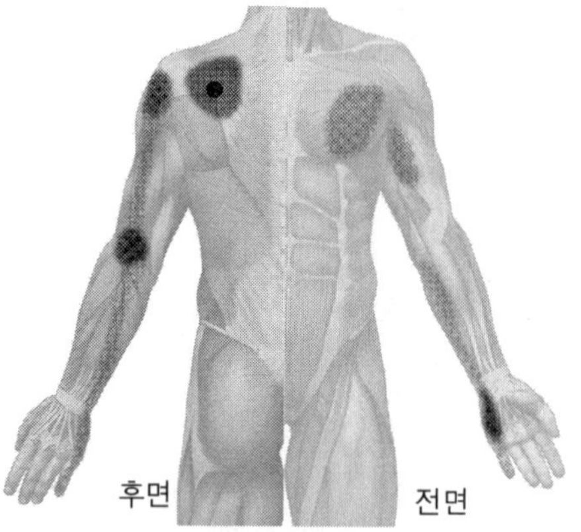

상후거근

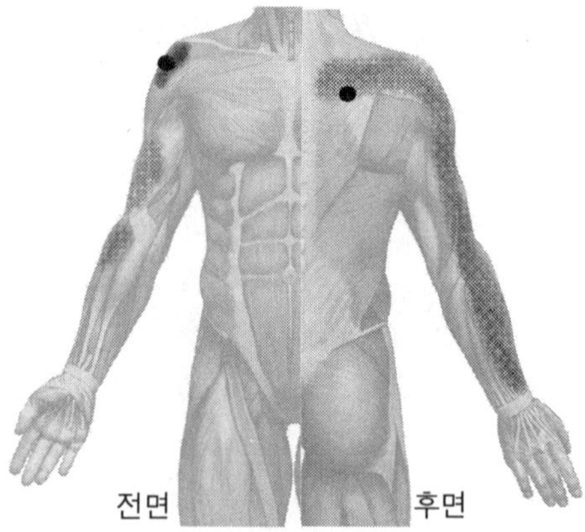

극상근

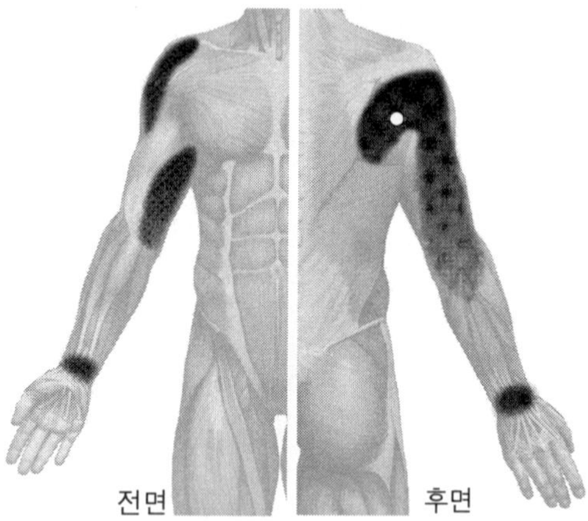

견갑하근

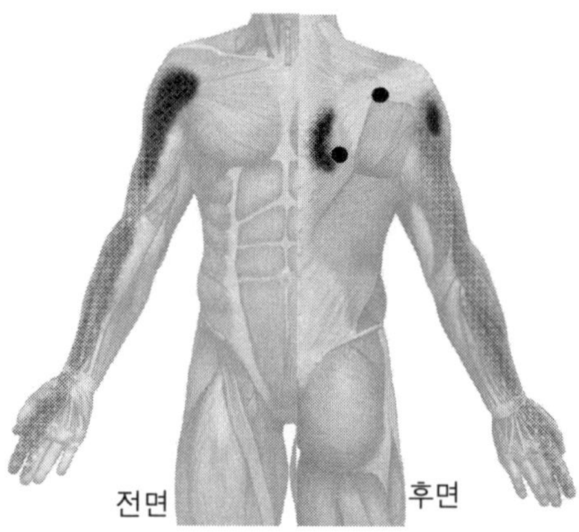

극하근

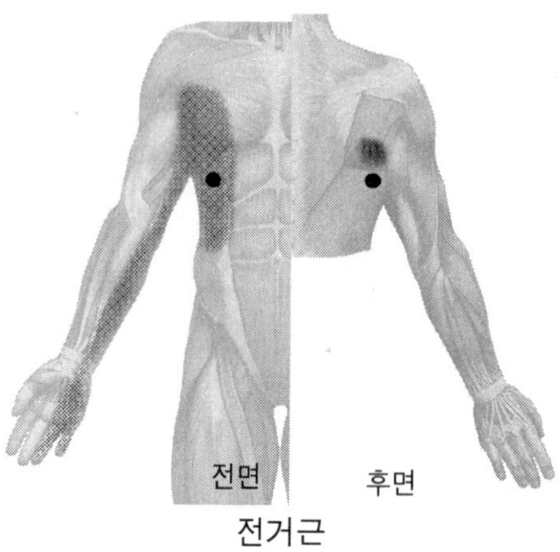

전거근

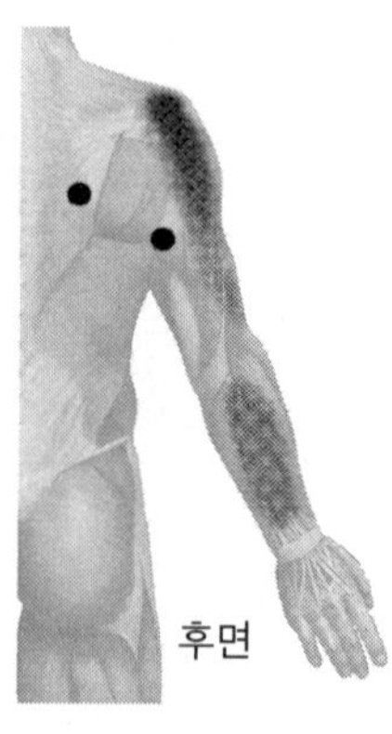

대원근

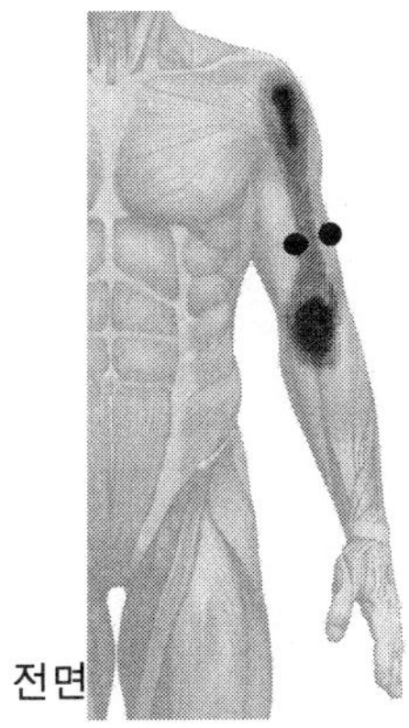

상완이두근

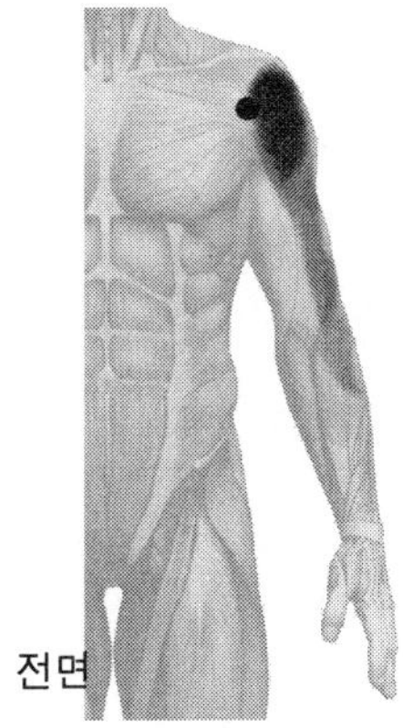

전삼각근

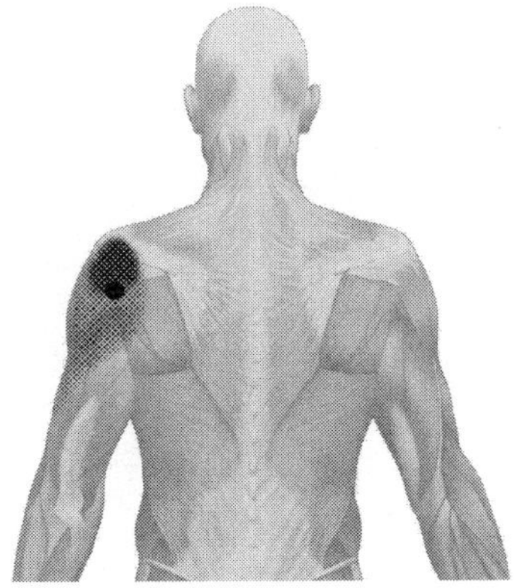

후삼각근

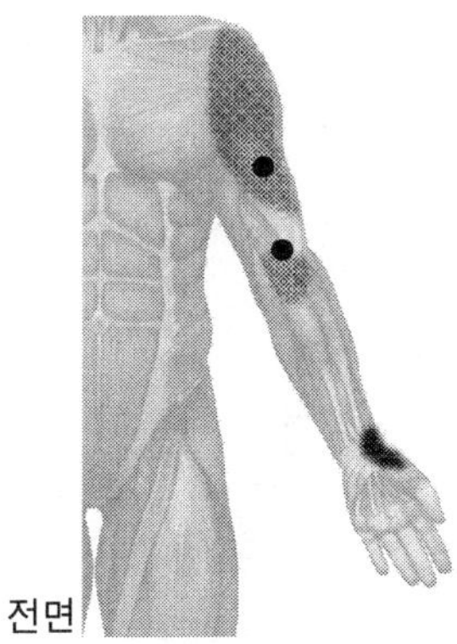

상완근

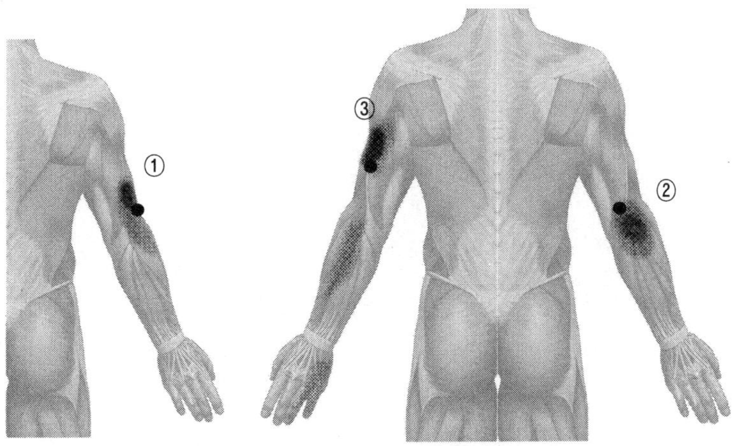

상완삼두근(1.내측두외측 2.내측두 중간 3.외측두)

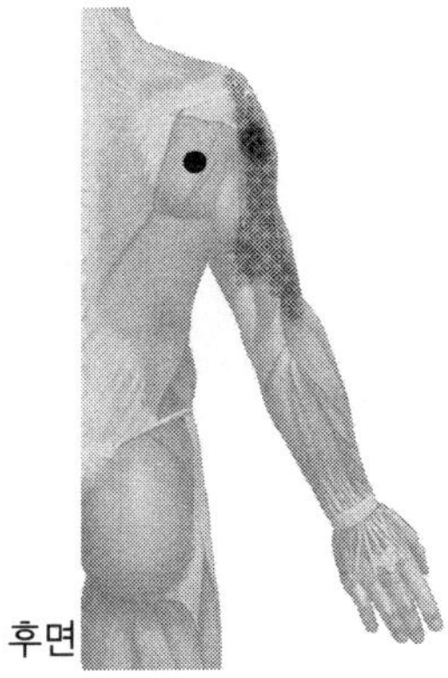

소원근

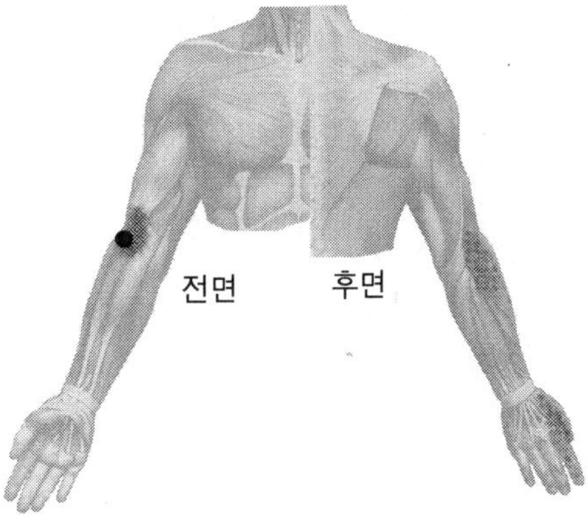

회외근

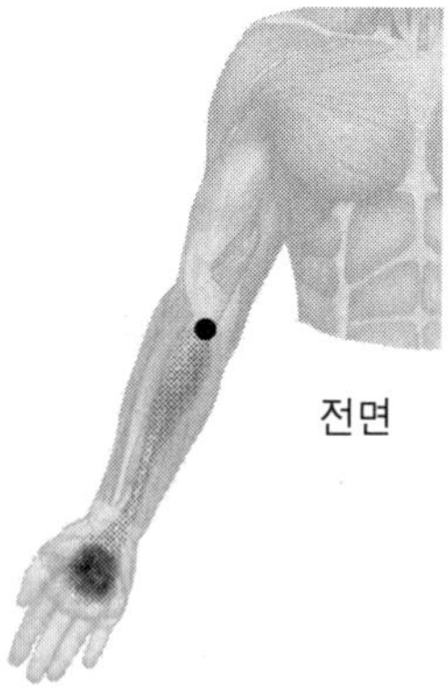

장장근

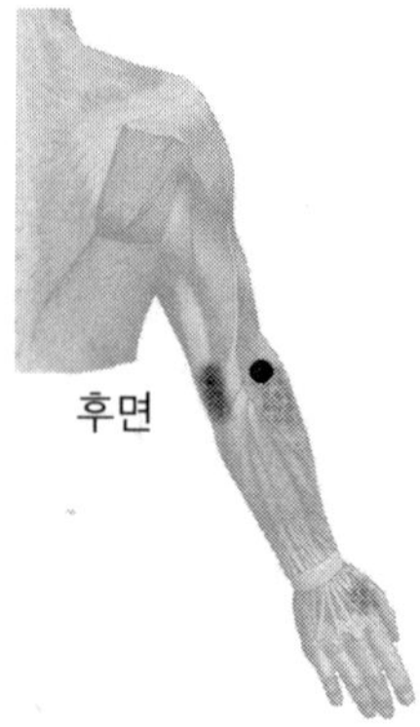

완요골근

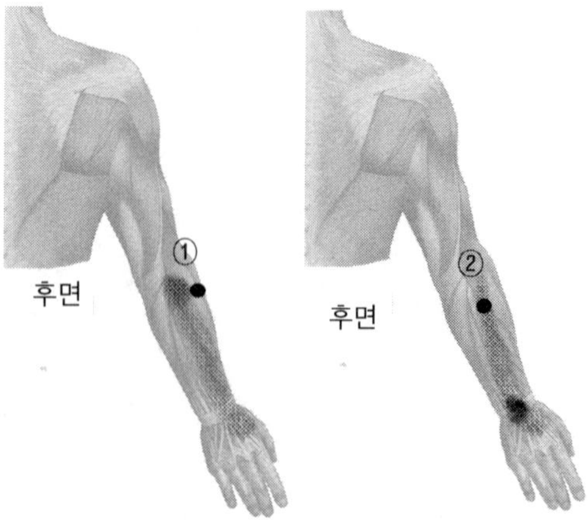

수근신근(①장요측 ②단요측)

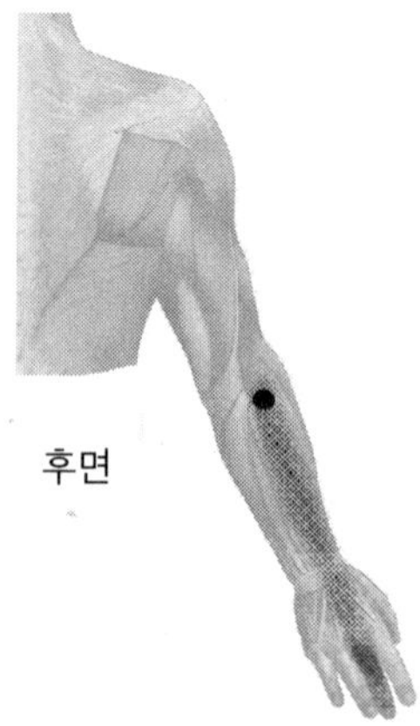

중지신전근

「그림 7-4의 ①」 팔의 통증

2. 손목의 통증

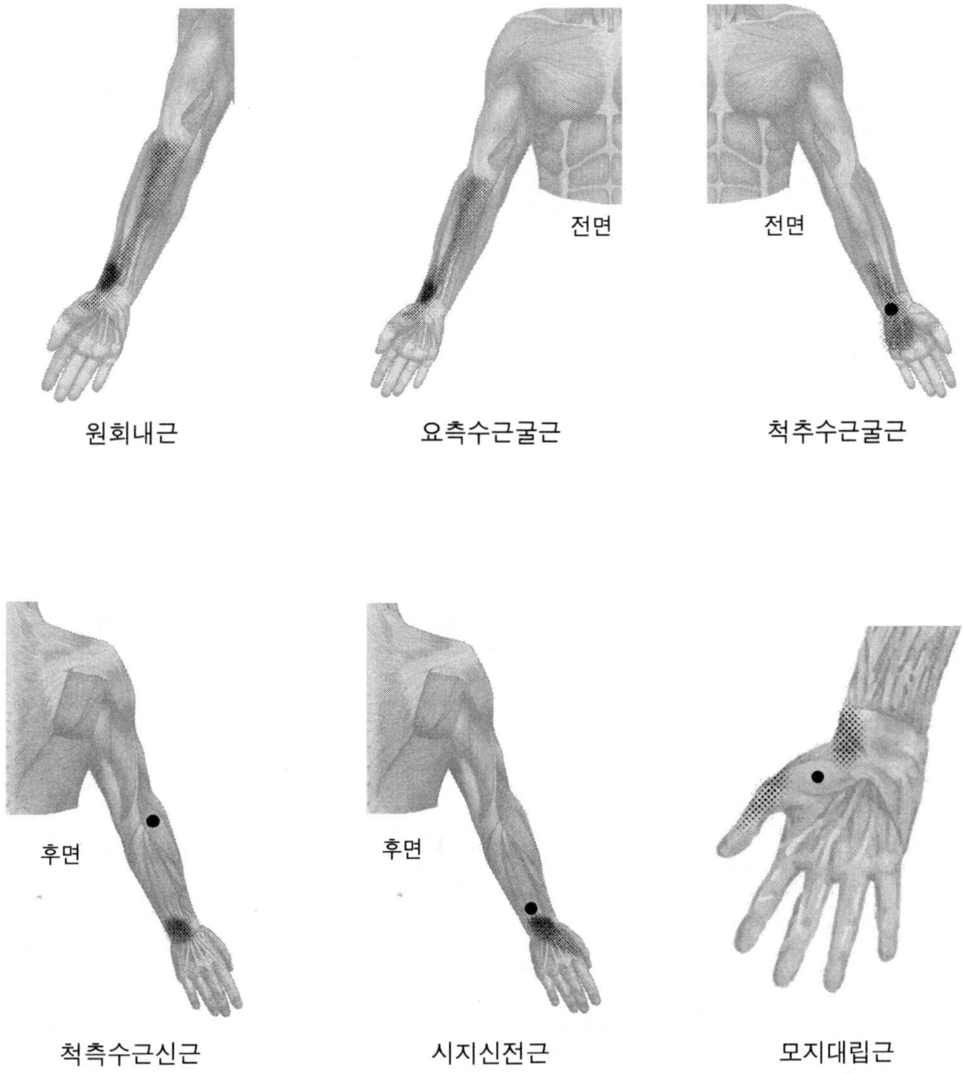

「그림 7-4의 ②」 손목의 통증

3. 손의 통증

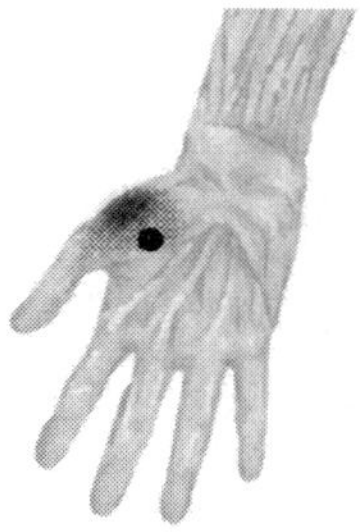

모지내전근

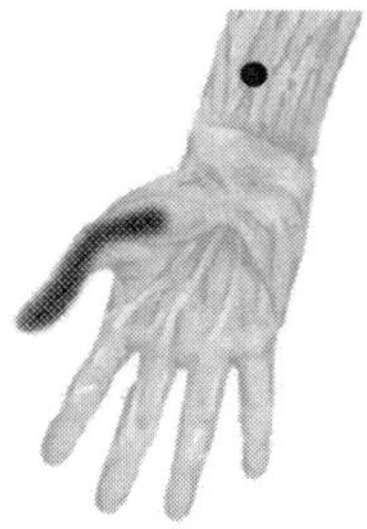

장모지굴근

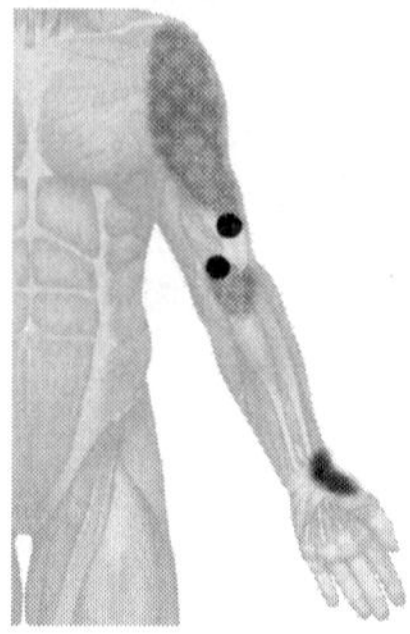

상완근

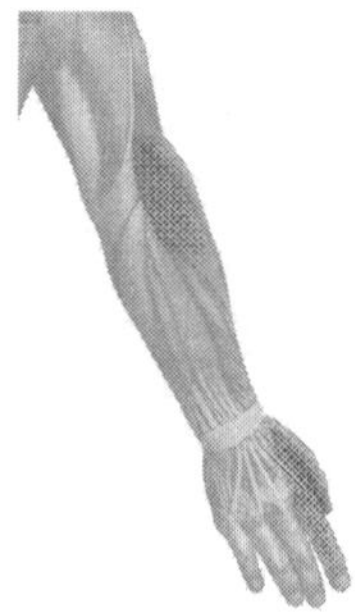

회외근

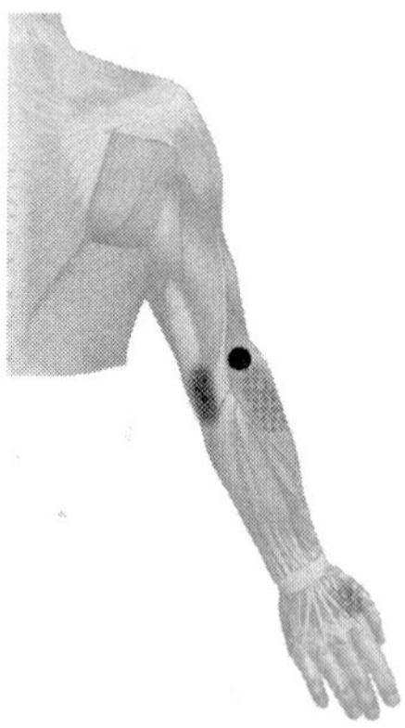

완요골근

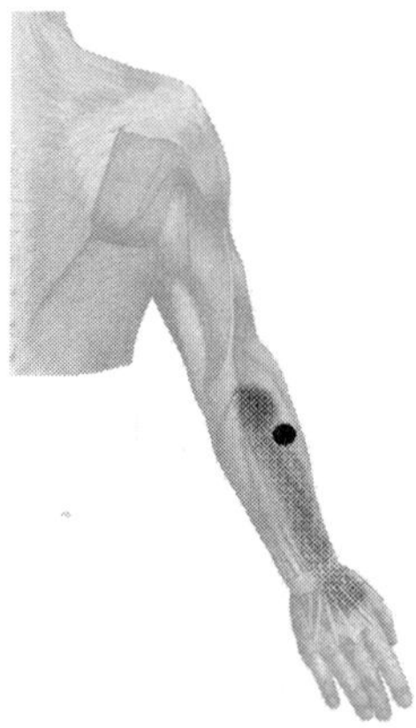

장요측수근신근

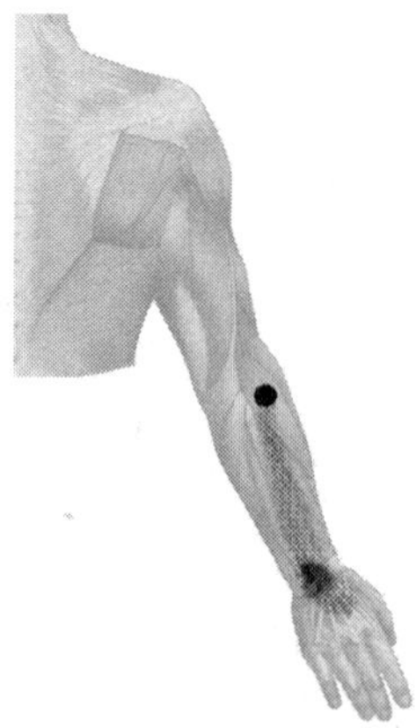

단요측수근신근

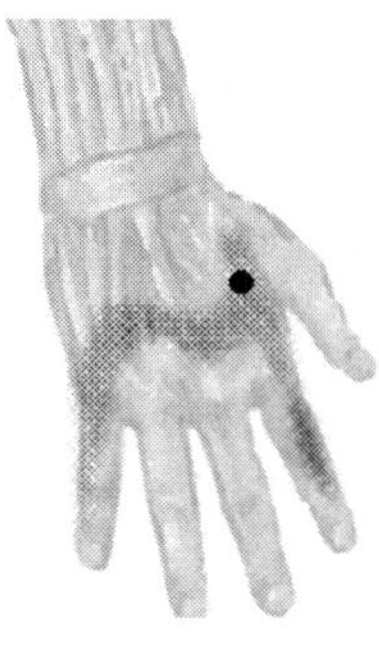

제1배측골간근(손등쪽)

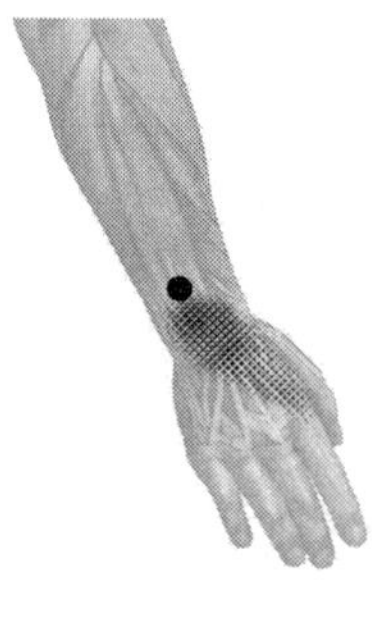

시지신전근

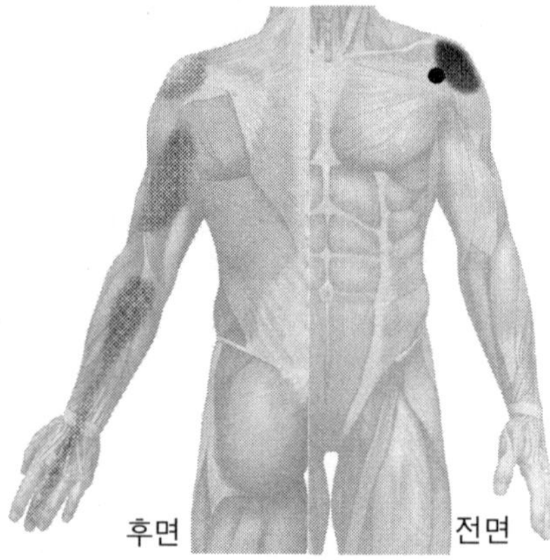

오구(훼)완근

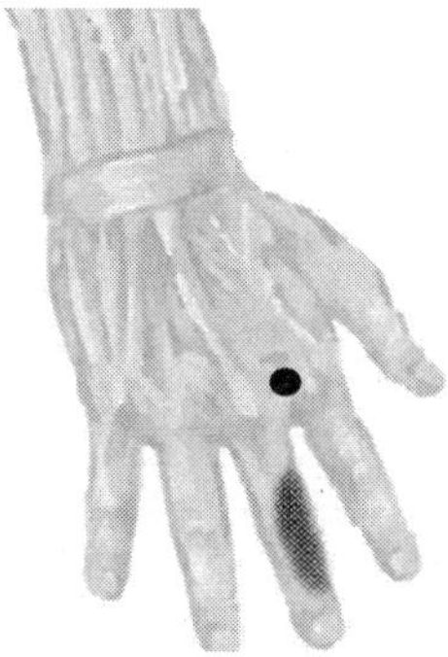

제2배측골간근

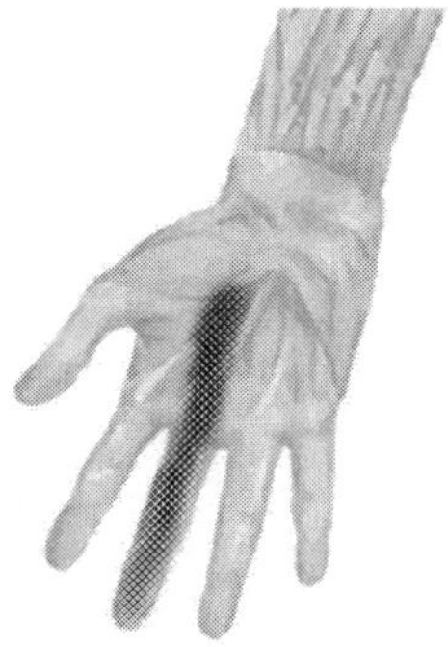

수지굴근

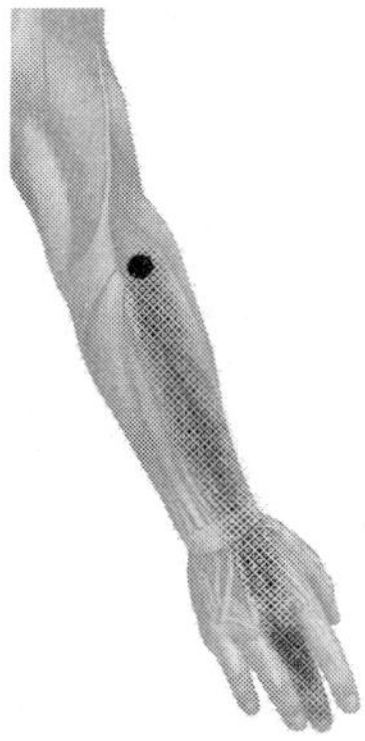

중지신전근

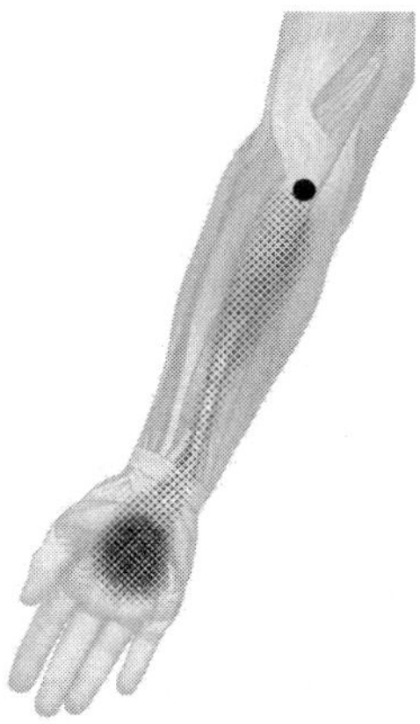

장장근

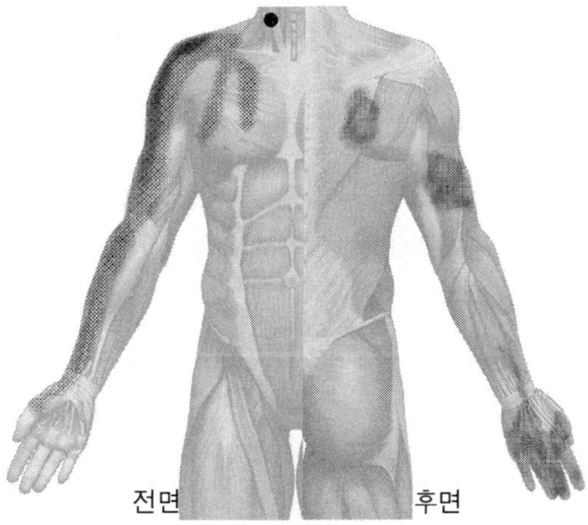

사각근

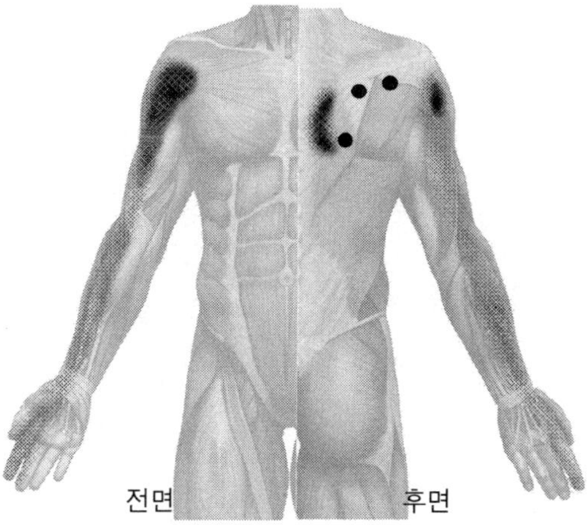

극하근

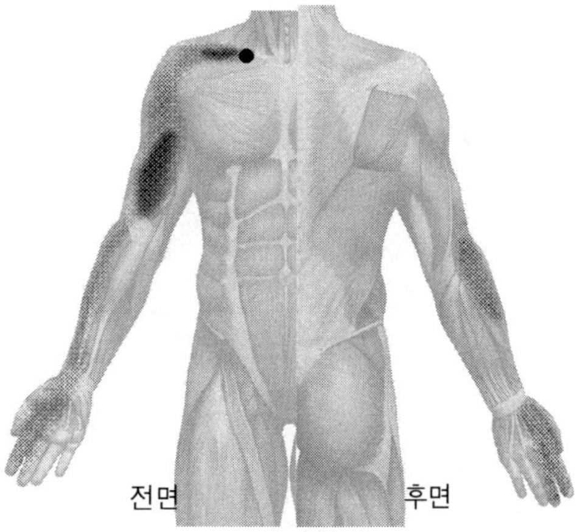

쇄골하근

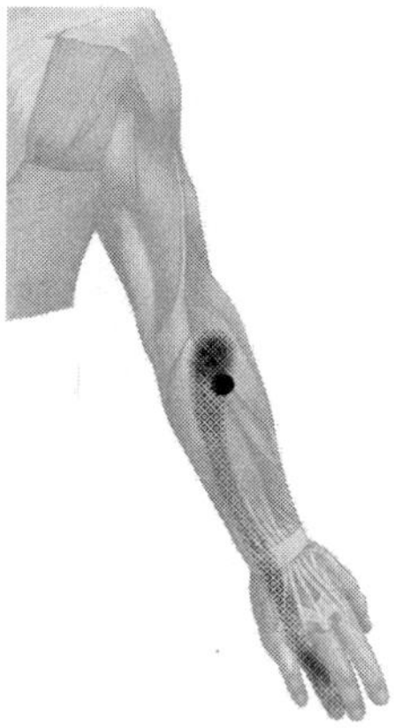

약지신전근

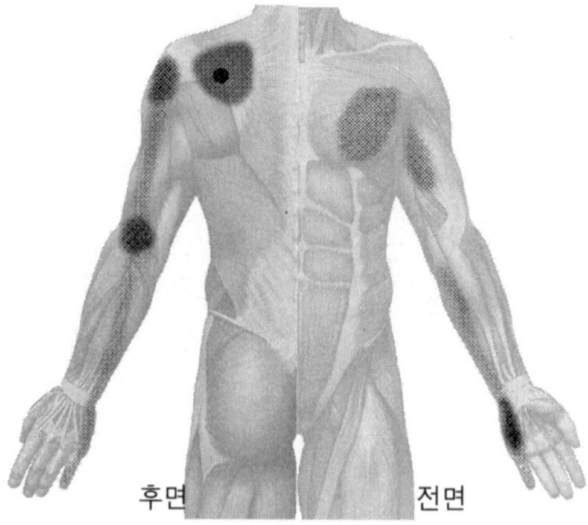

상후거근

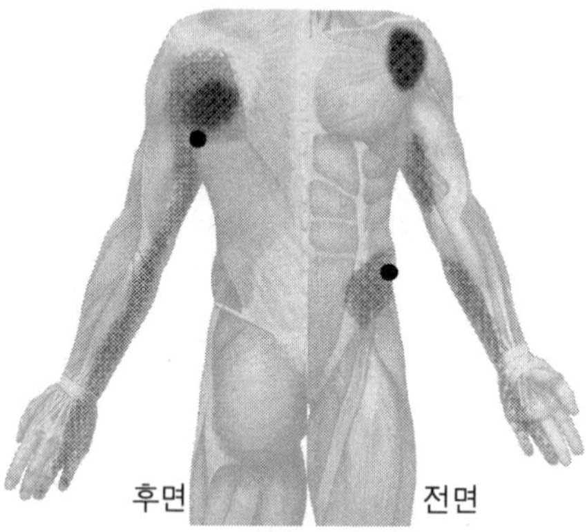

광배근

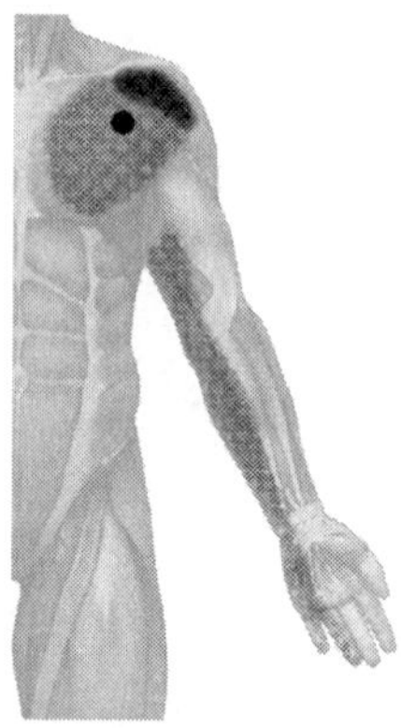

소흉근

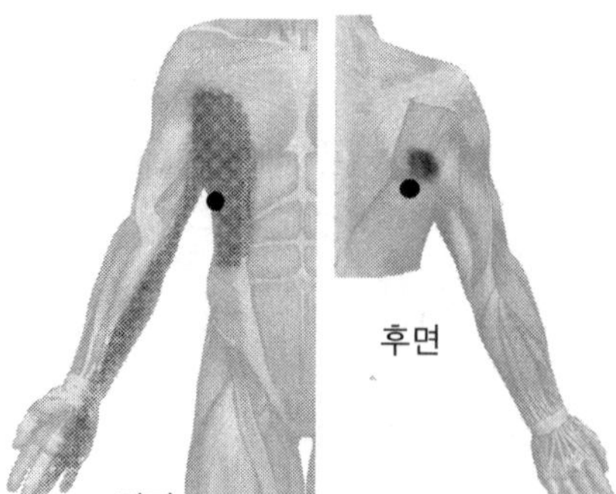

전거근

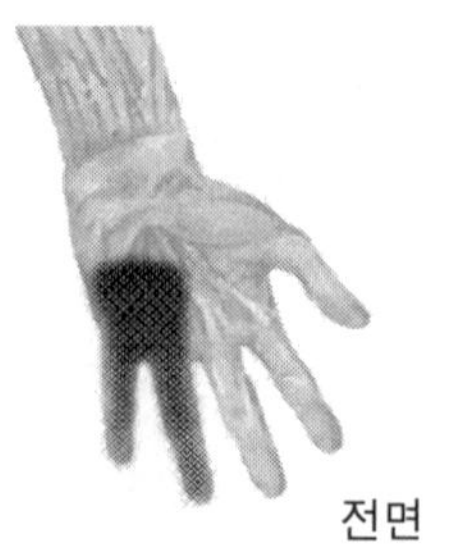

수지굴근

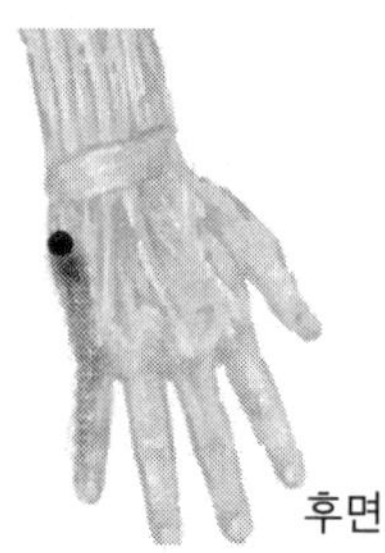

소지외전근

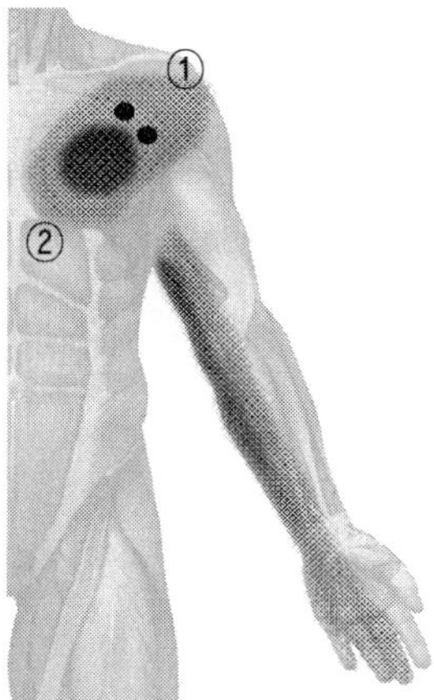

대흉근(①쇄골두 ②흉골두)

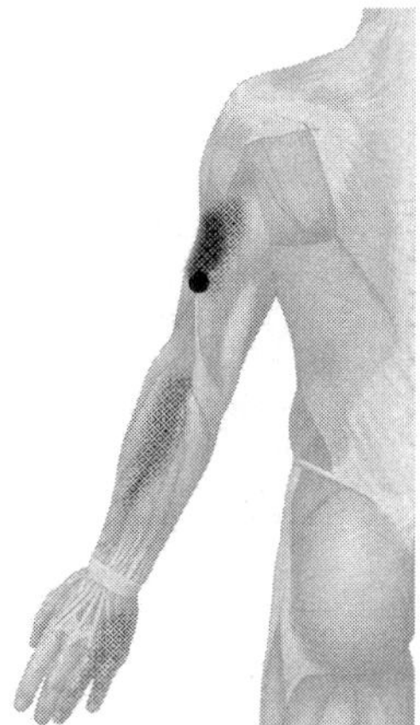

상완삼두근(외측두)

「그림 7-4의 ③」 손의 통증

Ⅲ. 팔과 손의 경락과 경혈

팔에 위치하여 기능을 하고 있는 경락과 경혈들을 살펴보면

1. **폐경**의 ③천부 ④협백 ⑤척택 ⑥공최 ⑦열결 ⑧경거 ⑨태연 ⑩어제 ⑪소상(엄지 손톱 옆)혈과
2. **대장경**의 ①상양(둘째 손가락의 손톱 옆) ②이간 ③삼간 ④합곡 ⑤양계 ⑥편력 ⑦온류 ⑧하렴 ⑨상렴 ⑩수삼리 ⑪곡지 ⑫주료 ⑬오리 ⑭비노 ⑮견우혈과
3. **심경**의 ②청령 ③소해(少海) ④영도 ⑤통리 ⑥음극 ⑦심문 ⑧소부 ⑨소충(새끼 손가락 손톱 옆)혈이 그리고
4. **소장경**의 ①소택(새끼 손가락의 손톱 옆) ②전곡 ③후계 ④완골 ⑤양곡 ⑥양로 ⑦지정 ⑧소해(小海) ⑨견정(肩貞) ⑩노수혈과
5. **심포경**의 ②천천 ③곡택 ④극문 ⑤간사 ⑥내관 ⑦태릉 ⑧노궁 ⑨중충(가운데 손가락 손톱 옆)혈과
6. **삼초경**의 ①관충(넷째 손가락의 손톱 옆) ②액문 ③중저 ④양지 ⑤외관 ⑥지구 ⑦회종 ⑧삼양락 ⑨사독 ⑩천정 ⑪청랭연 ⑫소락 ⑬노회 ⑭견료혈이 위치하고 있어 해당 경락의 기혈의 흐름이 원활하지 못하게 되면 이곳(경혈)에 반응이 나타나게 된다(그림 7-5).

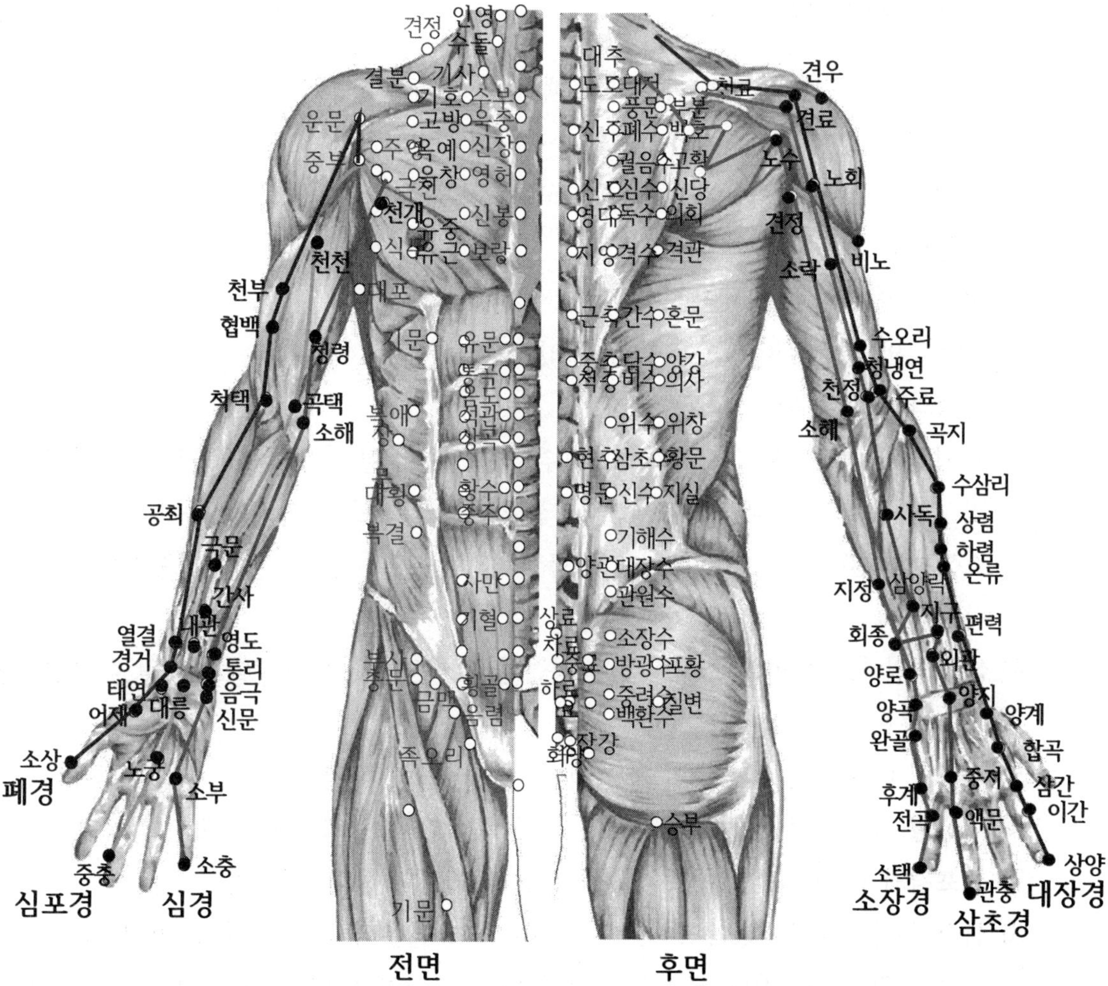

「그림 7-5」 팔과 손의 경락과 경혈

Ⅳ. 팔의통증

1. 팔이 저릴 때

무거운 등짐을 지거나 배낭이나 핸드백 등을 오래도록 메고 있게 되면 근육이 경직되고 연관된 신경이 마비되어 기혈이 순행되지 못함으로써 팔이 저리거나 힘이 없고 마비가 되는 경우를 겪을 수가 있다. 이러한 경우에는

1) **방광경**의 ⑩천주혈과
   담경의 ⑳풍지혈 ㉑견정혈 및
   삼초경의 ⑭견료혈 ⑮천료혈을 그리고
2) **독맥**의 ⑭대추혈과
   방광경의 ⑪대저혈 ⑫풍문혈 ⑬폐수혈 ⑭궐음수혈 ⑮심수혈 ⑰격수혈 ㉓신수혈 및 ㊶부분혈 ㊷백호혈 ㊸고황혈 ㊹신당혈 ㊺의회혈 ㊻격관혈 등과
3) **소장경**의 ⑩노수혈 ⑪천종혈 ⑫병풍혈 ⑬곡원혈 ⑭견외수혈 ⑮견중수혈 등을 그리고
4) **삼초경**의 ⑬노회혈 ⑫소락혈 ⑪청랭연혈 ⑩천정혈 ⑧삼양락혈 ⑤외관혈 ④양지혈에 이르는 경락 및 경혈들과
5) **폐경**의 ①중부혈 ②운문혈 ⑤척택혈 ⑥공최혈 ⑨태연혈과
6) **대장경** ⑯거골혈 ⑮견우혈 ⑭비노혈 ⑪곡지혈 ⑤양계혈에 이르는 경락과
7) **심포경**의 ②천천혈 ③곡택혈 ④극문혈 ⑥내관혈 ⑦대능혈 및
8) **심경**의 ③소해혈 ⑦신문혈 등을 살펴보다 보면은 유독 통증을 느끼게 되는 경혈이나 경결(뭉쳐있거나 굳어있는)된 부위를 발견하게 될 것이다. 따라서 이상부위와 경락 및 경혈에 온찜질과 지압 및 마사지를 해주도록 한다(그림 7-6).

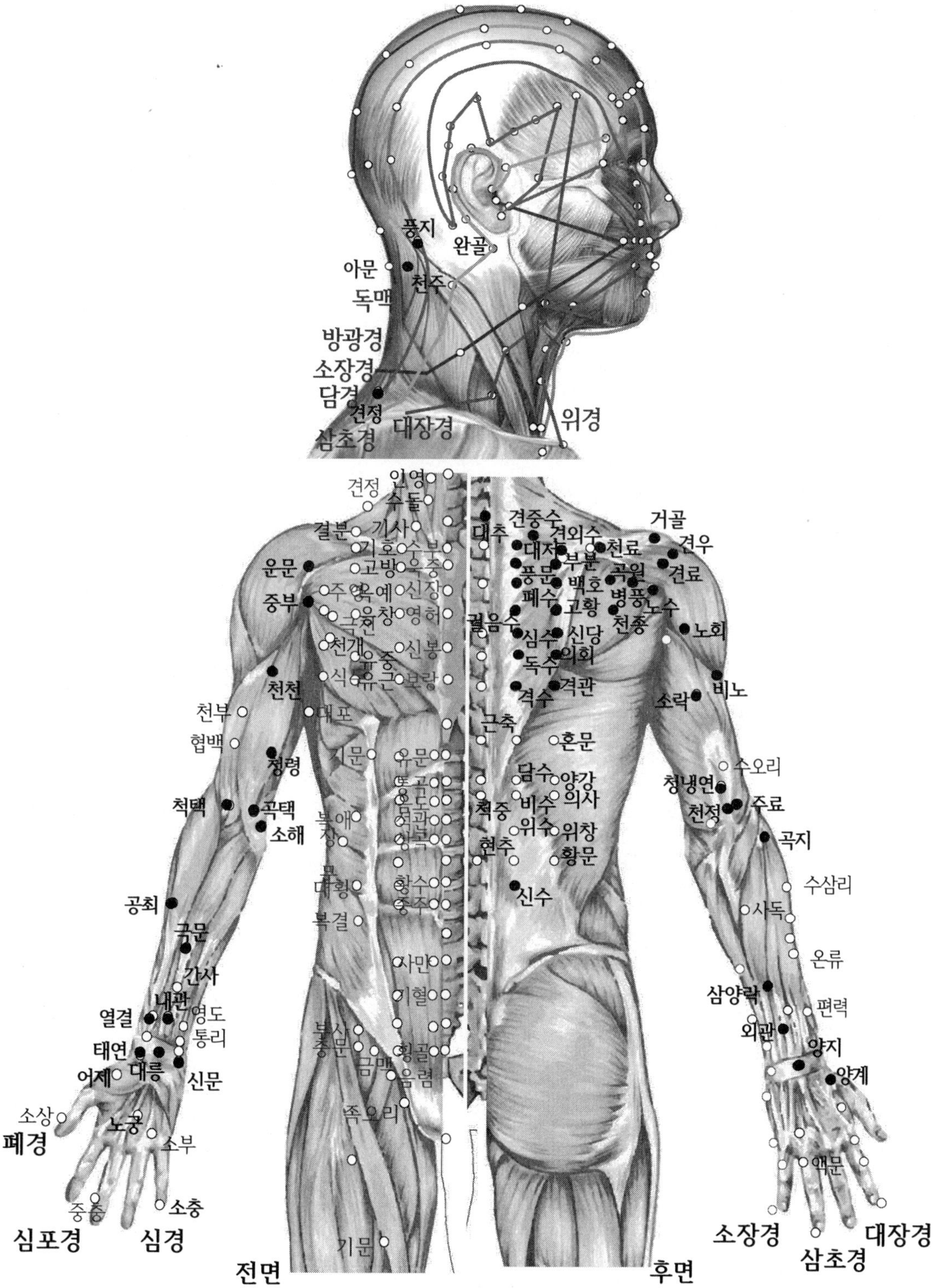

「그림 7-6」 팔과 손이 저릴 때의 경락과 경혈

2. 팔의 신경통

팔에 나타나는 신경통은 목(경추)에서 겨드랑이와 엄지 손가락 쪽으로 통증이 나타나는 요골신경통과 어깨쭉지에서 손바닥 가운데 쪽으로 통증이 나타나는 정중신경통 및 팔의 앞쪽에서 새끼 손가락 쪽으로 통증이 나타나는 척골신경통으로 구별을 할 수가 있으며 통증이 나타나는 해당 신경 부위의 경락과 경혈들에 지압과 마사지 및 온찜질을 해주게 되면 도움이 될 것이다. 따라서 목 뒤

1) **독맥**의 ⑭대추혈 ⑮아문혈과
 방광경의 ⑩천주혈 및
 담경의 ⑳풍지혈, ㉑견정혈과
 삼초경의 ⑭견료혈 ⑮천료혈 등과
2) **대장경**의 ⑯거골혈 ⑮견우혈 ⑭비노혈 ⑪곡지혈 ⑩수삼리혈 ④합곡혈 및
 폐경의 ④협백혈 ⑤척택혈 ⑥공최혈 ⑨태연혈에 이르는 경락을(요골 신경통)
3) 위의 1항과 **폐경**의 ④협백혈 ⑤척택혈 및
 심포경의 ④극문혈 ⑥내관혈 ⑦대릉혈 ⑧노궁혈에 이르는 경락을(정중신경통) 또한
4) **폐경**의 ④협백혈과
 심경의 ③소해혈 ⑤통리혈 ⑦신문혈 등을(척골신경통) 온찜과 지압 및 마사지 등을 해주어 기혈이 순행하도록 하여 준다(그림 7-7).

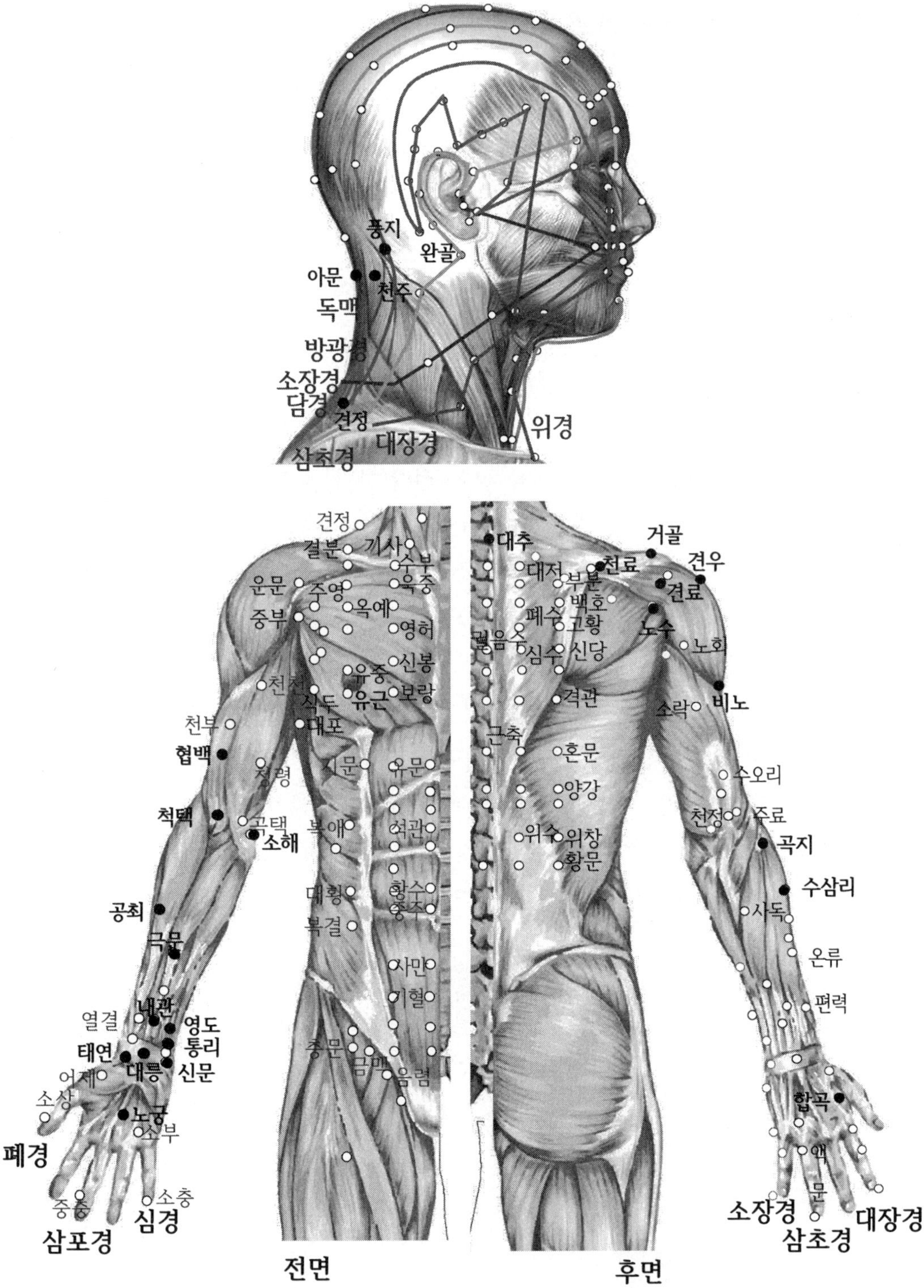

「그림 7-7」 팔 신경통의 경락과 경혈

3. 테니스 엘보(상완외과통)

상완골의 외측상과에 통증을 동반하는 증상군들로써 팔굽관절(주관절)의 외측상과와 관련된(기시 또는 부착) 근육들 즉 회외근, 상완요골근, 요측수근신근, 지신근, 상완삼두근, 주근 등의 이상으로 통증이 발생되고 그로 인한 연관된 통증들이 나타나게 되는 것이라 할 수가 있다.

따라서 이와 같은 근육들의 이상유무를 살펴보고 그에 따른 적절한 대처 방법들을 강구하여야 할 것이다.

1) 회외근

요골신경(경추5번, 6번)의 지배를 받아 전완(하박)을 밖으로 돌리는(회외) 기능을 하는 근육으로 테니스 엘보의 주된 원인이 되는 근육중 하나이다.

일례로 테니스의 백스트로크 동작시 팔굽관절을 쭉 편 상태에서 공이 라켓의 모서리 등에 빗맞게 되거나 빨래를 짤 때와 같이 비트는 동작을 많이 할수록 발생될 가능성이 높다고 할 수가 있다.

통증은 상완골외측상과와 팔굽관절의 바깥쪽에 나타나며 심한 경우에는 엄지 손가락의 손등쪽 부위로 확산이 되어 엄지 손가락이 저리거나 인지(둘째 손가락) 등이 따끔거리기도 한다(그림 7-8). 이러한 경우에는 **대장경**의 ③삼간혈 ④합곡혈 ⑤양계혈 ⑩수삼리혈 ⑪곡지혈 ⑫주료혈에 이르는 경락과 **폐경**의 ④협백혈 ⑤척택혈 ⑥공최혈 등에 지압과 마사지 및 얼음찜질 등을 해주게 되면 좋을 것이다(그림 7-9).

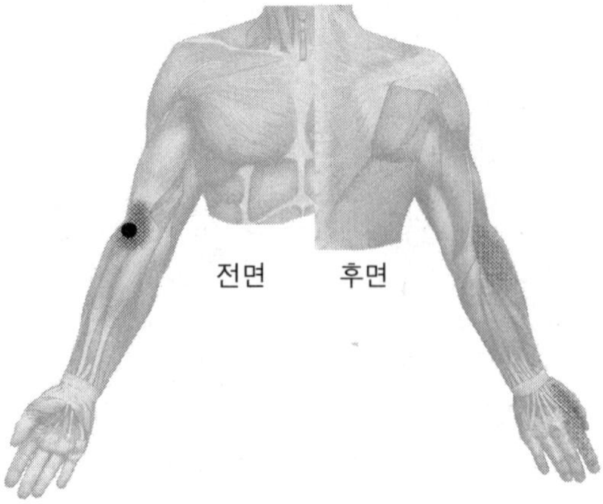

「그림 7-8」 회외근의 발통점과 연관통

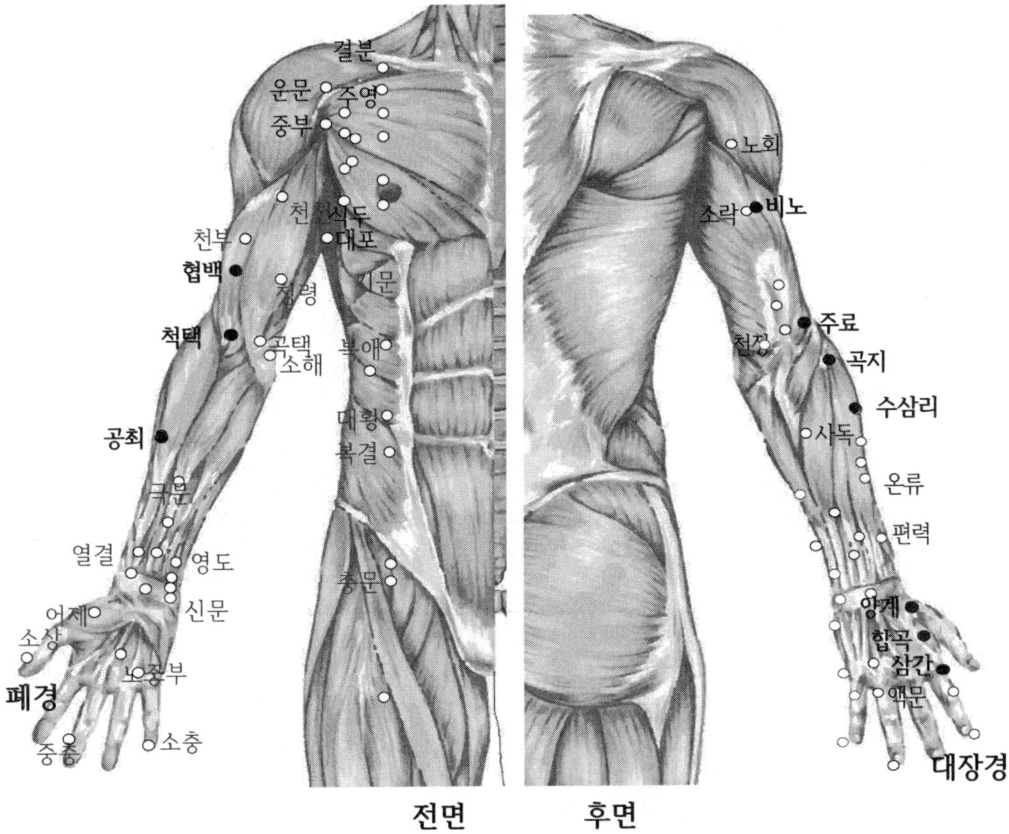

「그림 7-9」 회외근 통증 부위의 경락과 경혈

2) 상완요골근

요골신경(경추5번, 6번)의 지배를 받아 팔굽관절(주관절)의 굴곡과 분리를 방지하는 근육으로 상완골의 외측상과와 엄지 및 인지(둘째 손가락)의 손등쪽 부위에 연관된 통증이 나타나게 된다(그림 7-10). 이는 무거운 짐을 올리고 내리는 일에 종사를 하거나 과도하게 기구 운동을 하였을 경우에 발생될 가능성이 높다 하겠다.

이러한 경우에는 **대장경**의 ④합곡혈 ⑤양계혈 ⑥편력혈 ⑦온류혈 ⑧하렴혈 ⑨상렴혈 ⑩수삼리혈 ⑪곡지혈 ⑫주료혈에 이르는 경혈에 지압과 마사지 및 얼음찜을 해주면 도움이 될 것이다(그림 7-11).

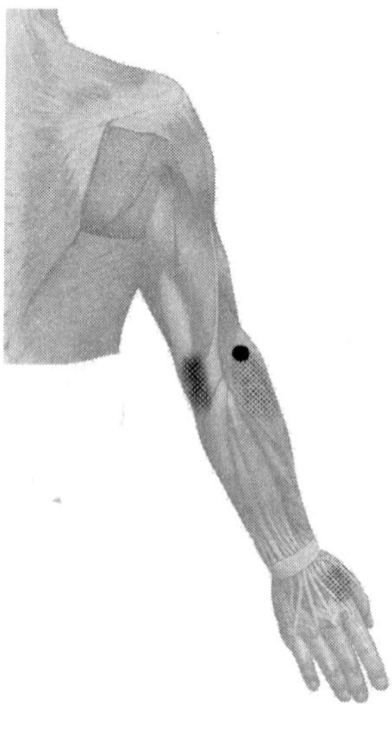

「그림 7-10」 상완요골근의 발통점과 연관통

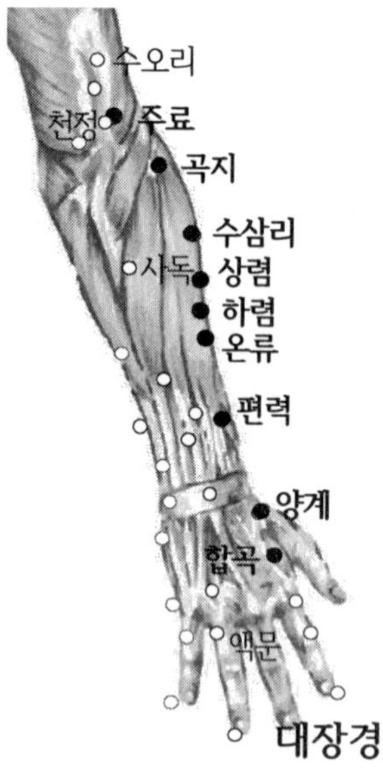

「그림 7-11」 상완요골근 통증 부위의 경락과 경혈

3) 요측 수근신근

요골신경(경추 6번, 7번)의 지배를 받아 손목의 신전과 요(골)측 외전 기능을 하는 근육으로 장요측수근신근과 단요측수근신근으로 구별을 할 수가 있다.

(1) 장요측 수근신근 : 상완골의 외측상과와 전완(하박)을 지나 엄지와 인지(둘째 손가락)의 손등쪽부위(④합곡혈)에 통증이 나타나고 악수나 물건을 힘있게 쥘 때 통증이 나타나게 된다(그림 7-12의 ①). 이러한 경우에는 회외근과 상완요골근의 이상과 마찬가지로

대장경의 ④합곡혈 ⑤양계혈 ⑥편력혈 ⑦온류혈 ⑧하렴혈 ⑨상렴혈 ⑩수삼리혈 ⑪곡지혈 ⑫주료혈 등에 지압 및 마사지 등을 하여준다.

(2) 단요측 수근신근 : 손목과 손등의 중앙부위 쪽으로 찌릿하게 저린 통증이 나타난다(그림 7-12의 ②). 경락으로는

대장경의 ⑤양계혈 ⑥편력혈 ⑦온류혈 ⑧하렴혈 ⑨상렴혈 ⑩수삼리혈 ⑪곡지혈 ⑫주료혈에 이르는 경락과

삼초경의 ③중저혈 ④양지혈 ⑤외관혈 ⑥지구혈 ⑦회종혈 ⑧삼양락혈 ⑨사독혈 등에 지압과 마사지 등을 하여 기혈이 순행 하도록 해준다(그림 7-13).

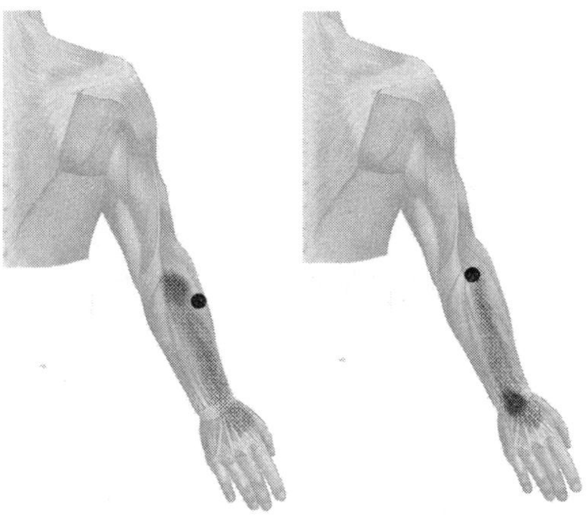

장요측수근신근　　단요측수근신근

「그림 7-12」 수근신근의 발통점과 연관통

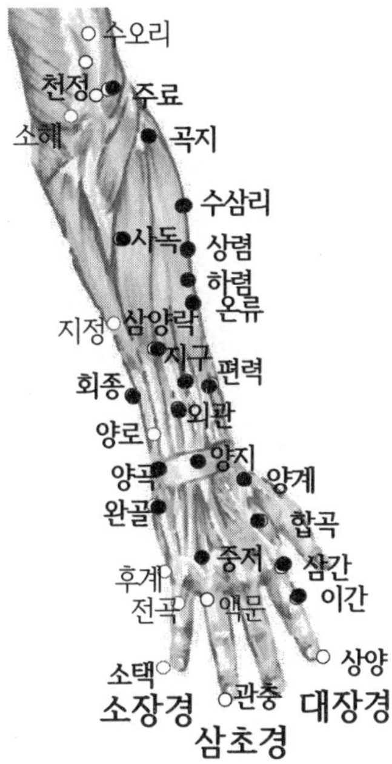

「그림 7-13」 요측수근신근 통증 부위의 경락과 경혈

4) 상완삼두근

요골신경(경추6번, 7번)의 지배를 받아 팔굽관절의 신전(펴는) 기능을 하는 근육으로 삼두근의 내측두 바깥쪽에서 통증이 발생하게 되면 그에 의한 연관된 통증은 외측상과에 주로 나타나며 테니스 엘보의 주된 원인이 되는 근육중 하나이다(그림 7-14). 이러한 경우에는

소장경의 ①소택혈 ②전곡혈 ③후계혈 ④완골혈 ⑤양곡혈 ⑥양로혈 ⑦지정혈 ⑧소해혈 ⑨견정혈 ⑩노수혈 ⑪천종혈 ⑫병풍혈 ⑬곡원혈 ⑭견외수혈 ⑮견중수혈과

삼초경의 ③중저혈 ④양지혈 ⑤외관혈 ⑥지구혈 ⑨사독혈 ⑩천정혈 ⑪천냉연혈 ⑫소락혈 ⑬노회혈 ⑭견료혈 ⑮천료혈 및

대장경의 ⑪곡지혈 ⑫주료혈 ⑬수오리혈 ⑭비노혈 ⑮견우혈 ⑯거골혈 등을 지압과 마사지 등을 하여 주도록 한다(그림 7-15).

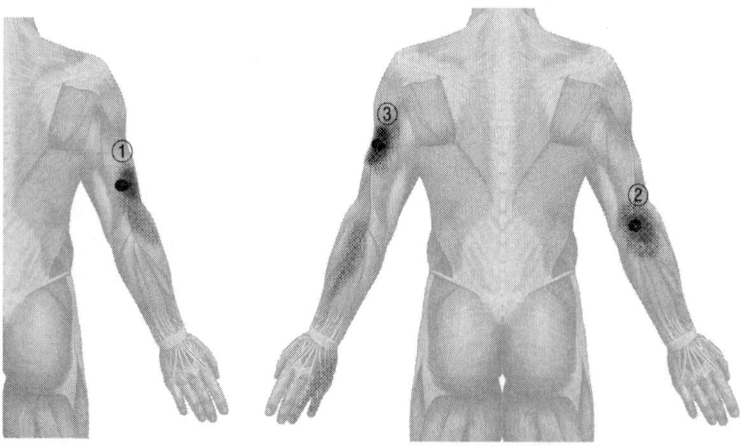

①내측두 외측 ②내측두 중간 ③외측두

「그림 7-14」 상완삼두근의 발통점과 연관통

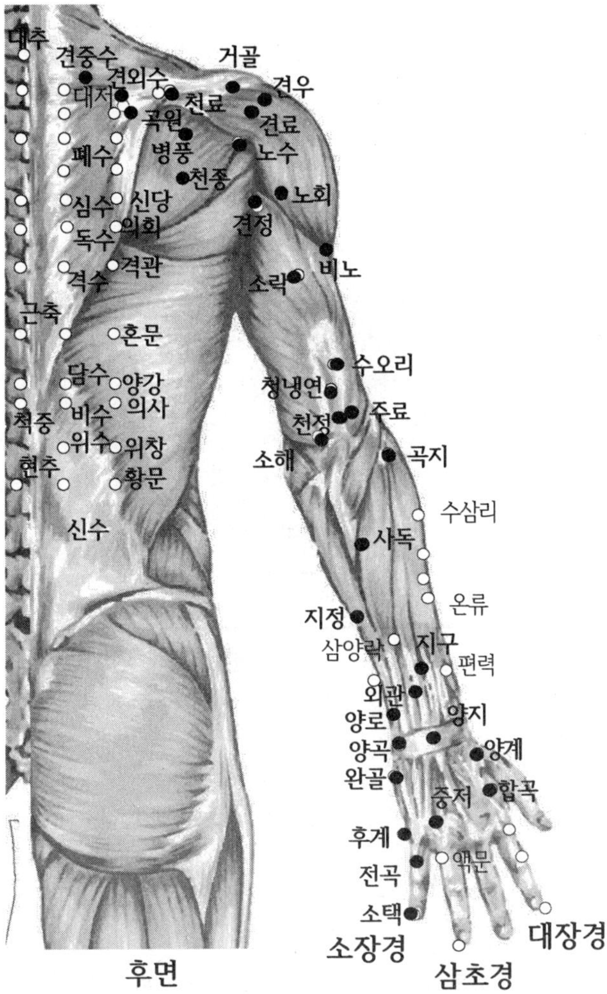

「그림 7-15」 상완삼두근 통증 부위의 경락과 경혈

5) 지신근

요골신경(경추 6번, 7번)의 지배를 받아 제2지~5지와 손목을 신전시키는 기능을 하는 근육으로 통증이 발생하게 되면 손가락이 경직되어 뻣뻣하고 시리며 심한 경우에는 통증성 경련이 일어나게 된다. 또한 밤에 잠을 이루는데 지장이 있으며 악수나 손을 힘있게 쥐는 것이 힘들어진다. 경락으로는

대장경의 ④합곡혈 ⑤양계혈 ⑥편력혈 ⑦온류혈 ⑧하렴혈 ⑨상렴혈 ⑩수삼리혈 ⑪곡지혈 ⑫주료혈에 이르는 경락에 마사지와 지압 등을 하여 준다(그림 7-16).

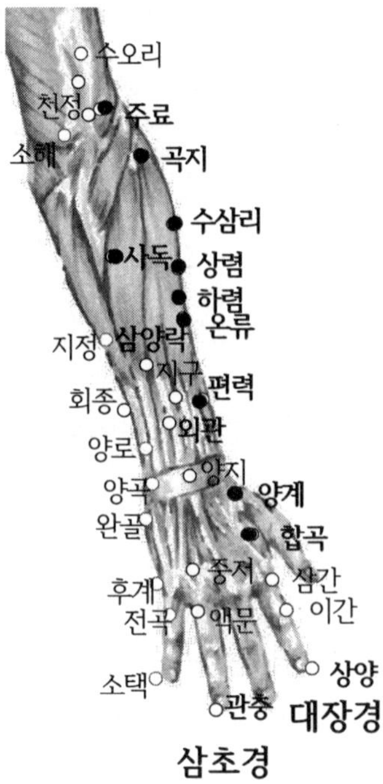

「그림 7-16」 지신근 통증 부위의 경락과 경혈

6) 주근(팔꿈치근)

요골신경(경추 7번, 8번)의 지배를 받아 팔굽관절의 신전기능을 하는 근육으로 팔굽관절을 강하게 또는 과도하게 신전(펴는)을 반복하게 되면 손끝이 저리거나 팔굽관절을 굽히는데 이상이 발생할 수가 있게 된다.

이러한 경우에는 주근은 물론

대장경의 ⑩수삼리혈 ⑪곡지혈 ⑫주료혈 등에 지압과 마사지를 하여 기혈이 순행하도록 한다(그림 7-17).

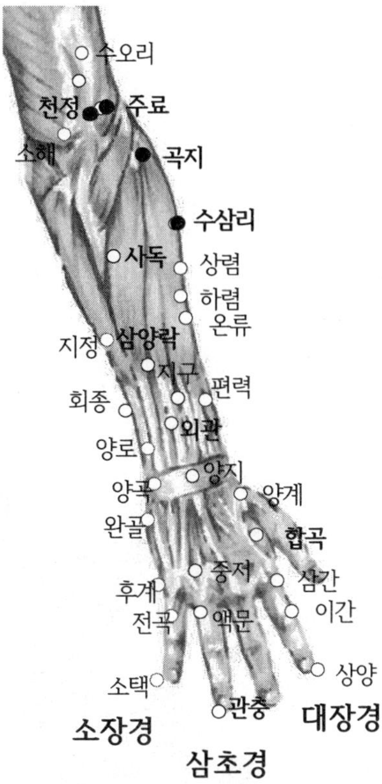

「그림 7-17」 주근 통증 부위의 경락과 경혈

7) 운동

• 곡권으로 적을 공격 하듯이 팔굽관절을 쭉 편 상태에서 손목관절을 구부려 수 초 동안 멈춰 근육을 이완(신전)시켜주거나(사진 7-1의 ①)

• 장저로 적을 공격하듯이 팔굽관절을 쭉 편 상태에서 손가락을 어깨 쪽으로 제껴 수 초동안 멈춰 근육을 이완(신전)시켜준다. 이때 다른 손으로 손가락을 제껴 이완을 시켜주면 좋을 것이다(사진 7-1의 ②). 그리고

• 합기도의 유단자 단전 호흡에서와 같이 팔굽관절을 구부려 준 상태에서 손목 관절을 구부려 근육을 이완(신전) 시켜준다. 이때 다른 손으로 손등을 눌러 신전을 시켜주면 좋을 것이다(사진 7-1의 ③).

그리고 지압이나 마사지를 함에 있어 손가락에 힘이 없거나 경락과 경혈을 잘 이해하지 못한다면 팔을 탁자나 책상 등에 올려놓고 칼국수를 만들기 위해 밀가루 반죽을 하여 늘려 주듯이 음료수 병이나 봉 등을 이용하여 근육을 문질러 준다면 많은 도움이 될 것이다.

팔의 통증은 팔 부위의 근육에 의해 발생된 경우와 그 외 다른 부위의 근육에 의해 연관되어 나타나게 된 경우로 구별할 수가 있을 것이다.

①손목이완 ②손목이완 ③손목이완

「사진 7-1」 손목근육의 이완 운동

V. 팔의 근육에 의한 통증

1. 회외근

요골신경(경추 제5번, 6번)의 지배를 받아 전완(하박)을 밖으로 돌리는(회외)기능을 하는 근육으로 테니스엘보의 주된 원인이 되는 근육중 하나이다. 연관된 통증은 상완골 외측상과와 팔굽관절의 바깥쪽에 압통이 나타나고 심한 경우에는 엄지손가락의 손등쪽 부위로 확산이 되어 엄지손가락이 저리거나 인지와 약지 손가락이 따끔거리기도 한다(그림 7-18).

이에 통증 부위의 경락들 즉

폐경의 ⑤척택혈 ⑥공최혈 등과

대장경의 ③삼간혈 ④합곡혈 ⑤양계혈 ⑩수삼리혈 ⑪곡지혈 ⑫주료혈 등에 지압과 마사지를 하여 기혈이 순행하도록 하여 준다(그림 7-19).

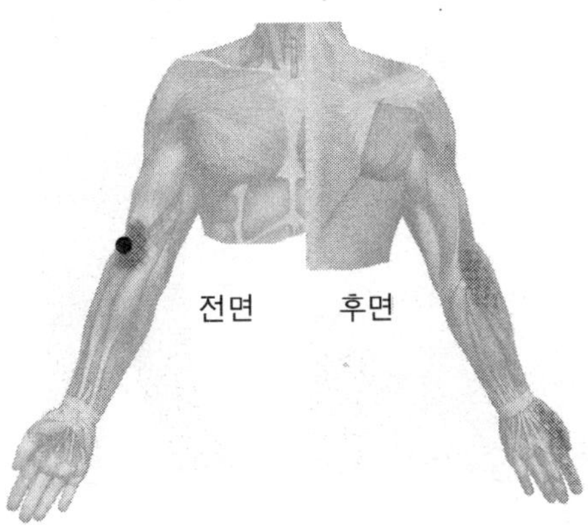

「그림 7-18」 회외근의 통증

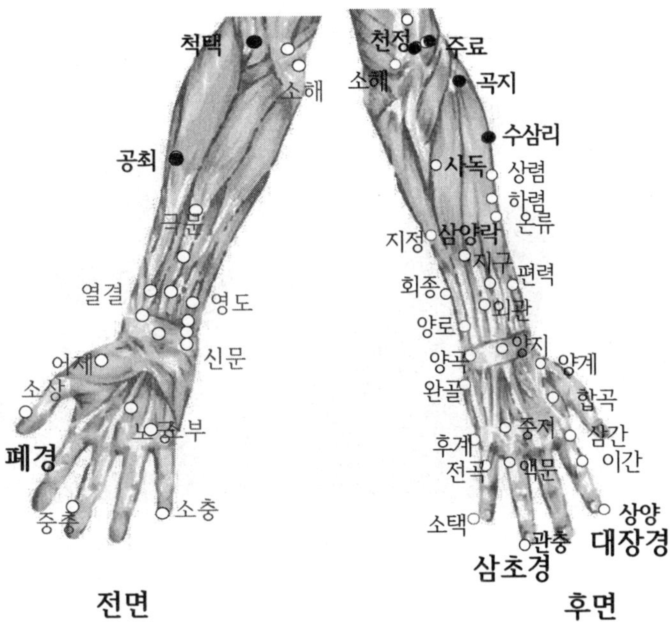

「그림 7-19」 회외근 통증 부위의 경락과 경혈

2. 상완근

근피신경(경추 제5번, 6번)의 지배를 받는 상완이두근의 심부에 위치하고 있는 근육으로 전완(하박)을 구부리는(굴곡)기능을 하며 연관된 통증은 엄지 손가락의 손등쪽 부위에 나타나고 심한 경우에는 팔굽관절이 접히는 부위와 어깨관절과 상완(상박)의 앞부위까지 확산된다. 그리고 팔을 펴거나 엄지 손가락을 움직이게 되면 통증이 나타나며 팔굽관절의 안쪽이 쑤시고 아려서 잠을 설치기도 한다(그림 7-20). 이러한 경우에 통증 부위의 경락들 즉 **대장경**의 ④합곡혈 ⑤양계혈 ⑫주료혈 ⑬오리혈 ⑭비노혈 ⑮견우혈 등과 **폐경**의 ③천부혈 ④협백혈 ⑤척택혈 ⑥공최혈 ⑧경거혈⑨태연혈과 **심포경**의 ③곡택혈 등에 지압과 마사지를 해주고(그림 7-21) 앉은 자세에서 베개 등을 팔굽관절에 받치고 다른손으로는 아픈쪽 팔의 손바닥쪽 손가락을 잡아 제껴 줌으로써 주관절의 신전을 유도하도록 한다(사진 7-2).

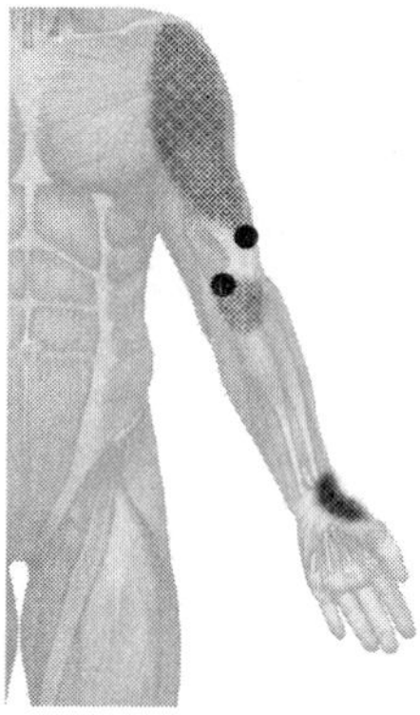

「그림 7-20」 상완근의 발통점과 연관통

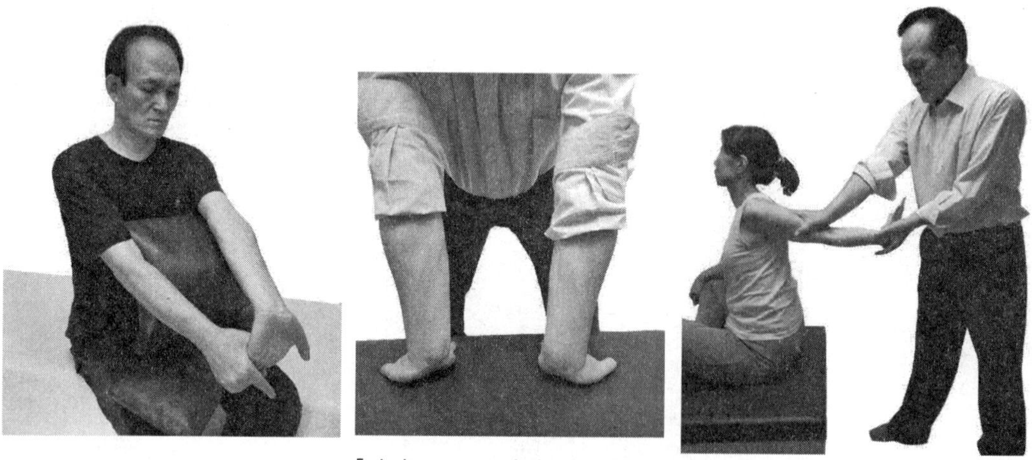

「사진 7-2」 상완근의 이완 운동

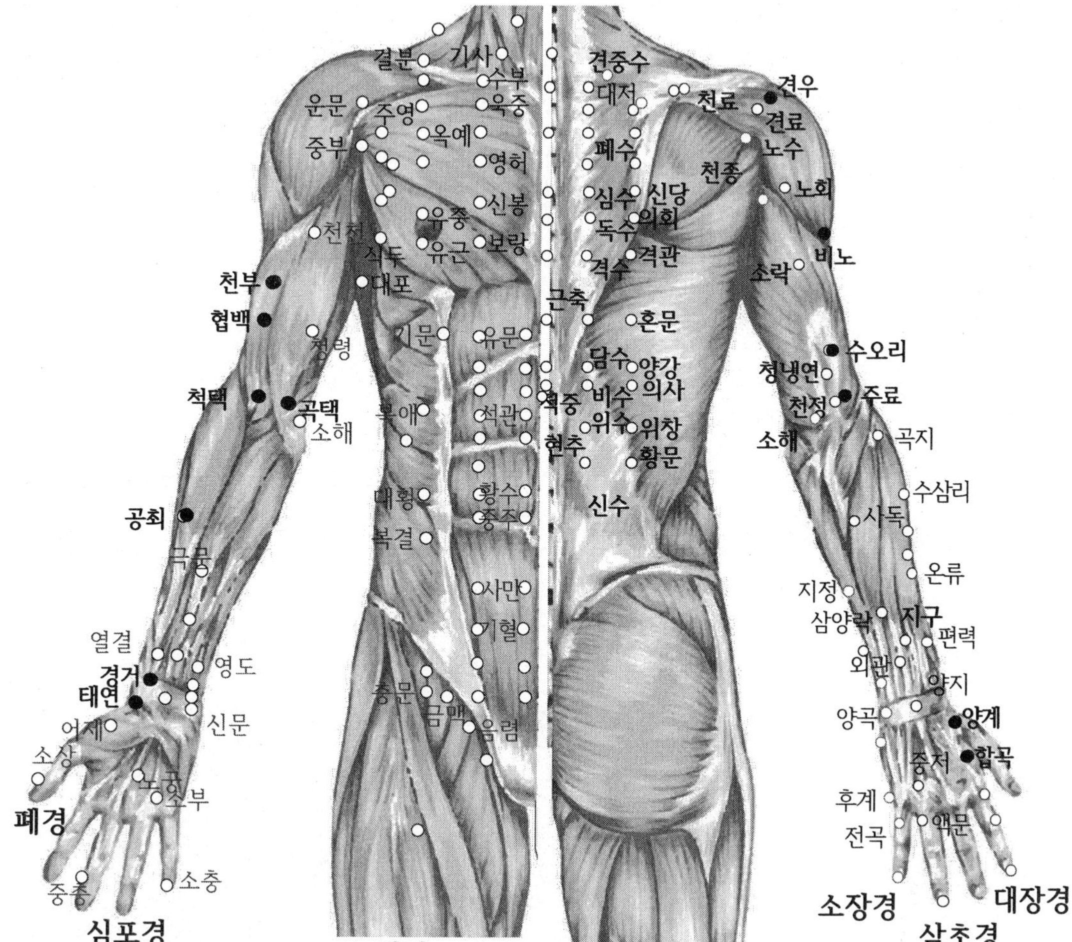

「그림 7-21」 상완근 통증 부위의 경락과 경혈

3. 상완이두근(이두박근)

근피신경(경추 제5번, 6번, 7번)의 지배를 받는 근육으로 물건을 들어 올리거나(전완의굴곡)상완(상박)의 외전 및 내전의 기능을 하는 근육으로 보통 알통이라고도 불리우는 근육이다.

어깨의 앞쪽이 끊어질듯한 통증과 힘줄이 당기는 듯한 통증이 나타나며 또한 팔굽관절(주관절)이 접히는 부위에 쑤시는 듯한 통증이 나타나게 된다. 그리고 팔을 어깨 위로 들어올려 어깨관절이 외전이나 굴곡될 때 어깨와 상완의 앞쪽과 승모근의 일부까지도 통증이 확산된다(그림 7-22). 이러한 경우에

폐경의 ①중부혈 ②운문혈 ③천부혈 ④협백혈 ⑤척택혈과

심포경의 ②천천혈 ③곡택혈 및

대장경의 ⑬수오리혈 ⑭비노혈 ⑮견우혈 ⑯거골혈과

심경의 ②청령혈 ③소해혈과

담경의 ㉑견정혈 등을 지압과 마사지 등을 해준다(그림 7-23).

그리고 엎드린 자세에서 한 손으로 아픈 쪽 견갑골을 눌러 고정을 시켜주면서 다른 손으로는 아픈 팔을 감싸 팔꿈치 부위를 잡아 지그시 머리 쪽으로 올려 근육을 이완시켜주도록 한다(사진 7-3).

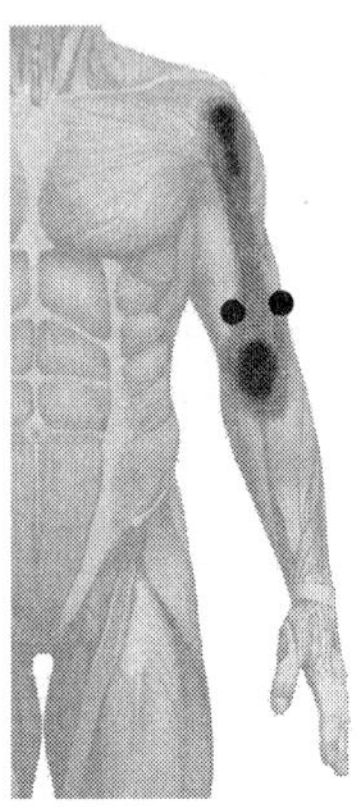

「그림 7-22」 상완이두근의 발통점과 연관통

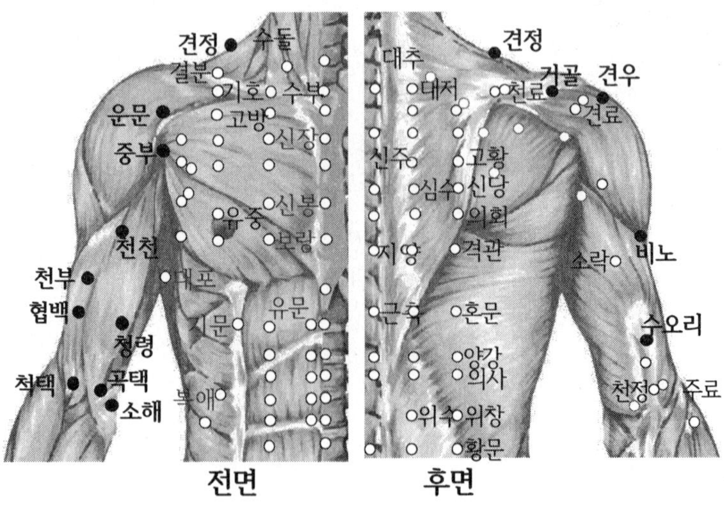

「그림 7-23」 상완이두근 통증 부위의 경락과 경혈

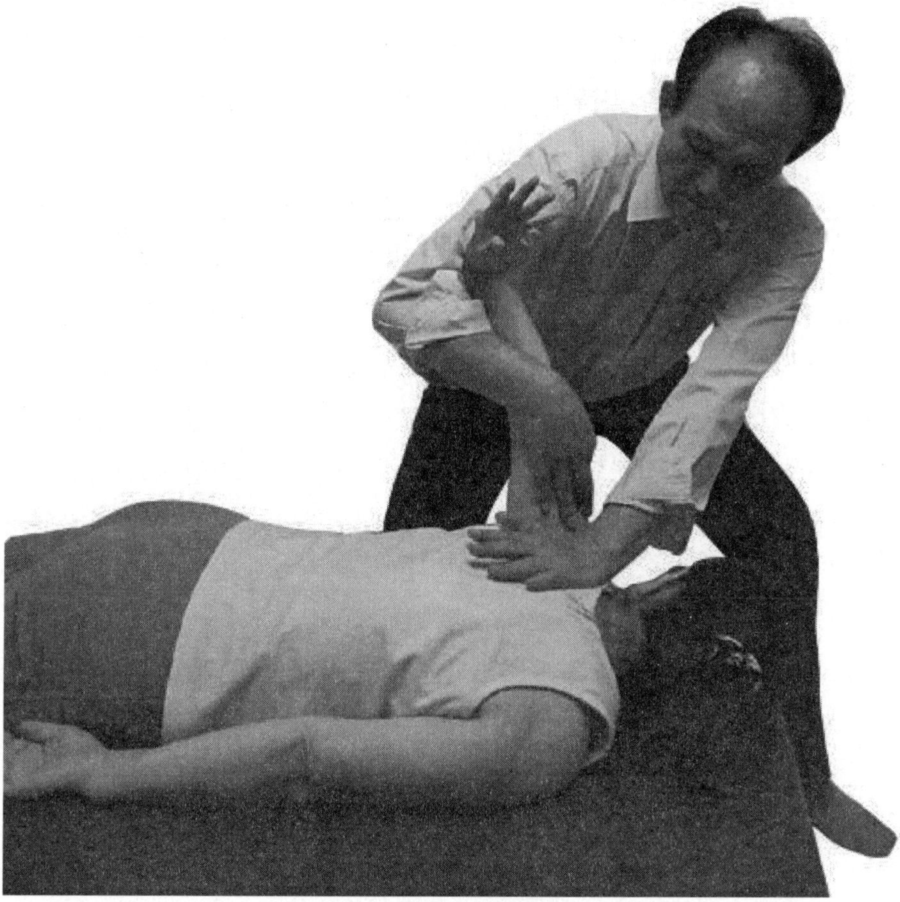

「사진 7-3」 상완이두근 이완 운동

4. 상완삼두근(삼두박근)

요골신경(경추 제5번, 6번)의 지배를 받아 주관절(팔굽관절)의 신전(펴는)기능을 하는 근육으로 테니스나 팔굽혀펴기 또는 무거운 물건을 운반하거나 오래 들고 있는 경우 등을 무리하여 하게 되면 부상을 초래할 수가 있다.

통증이 장두에서 발생을 하게 되면 연관통은 어깨 뒤쪽에서 전완(하박)의 뒤쪽으로 나타나며 외측두에서 발생하면 상완(상박)의 뒷쪽에서 통증이 나타나며 심한 경우에는 전완(하박)의 뒤를 지나 약지(넷째 손가락)와 소지(다섯째 손가락)까지 확산이 된다. 그리고 내측두에서 발생을 하면 주관절(팔굽관절) 주위에 나타나게 되나 내측두 바깥쪽에서 발생하면 연관된 통증은 외측상과에 주로 나타나 테니스 엘보를 일으키는 주요원인이 되기도 한다(그림 7-24). 이러한 경우에는 **소장경**의 ①소택혈 ②전곡혈 ③후계혈 ④완골혈 ⑤양곡혈 ⑥양로혈 ⑦지정혈 ⑧소해혈 ⑨견정혈 ⑩노수혈 ⑪천종혈 ⑫병풍혈 ⑬곡원혈 ⑭견외수혈 ⑮견중수혈과 **삼초경**의 ③중저혈 ④양지혈 ⑤외관혈 ⑥지구혈 ⑦회종혈 ⑨사독혈 ⑩천정혈 ⑪청랭연혈 ⑫소락혈 ⑬노회혈 ⑭견로혈 ⑮천료혈 및 **심경**의 ②청령혈 ③소해혈과 **담경**의 ㉑견정혈 **대장경**의 ⑪곡지혈 ⑫주료혈 ⑬수오리혈 ⑭비노혈 ⑮견우혈 ⑯거골혈 등에 지압과 마사지 등을 해주고(그림 7-25) 의자에 앉은 자세에서 팔을 구부려 팔꿈치가 위로 향하게 한후 한손으로 견갑골을 받쳐 잡으며 다른 손으로는 팔꿈치 위쪽을 받쳐 잡아 등 뒤 쪽으로 들어올려 삼두박근을 이완시켜 준다(사진 7-4).

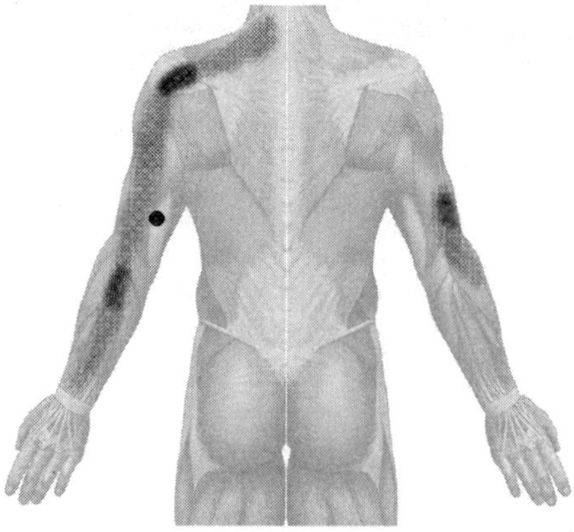

「그림 7-24」 상완삼두근의 발통점과 연관통

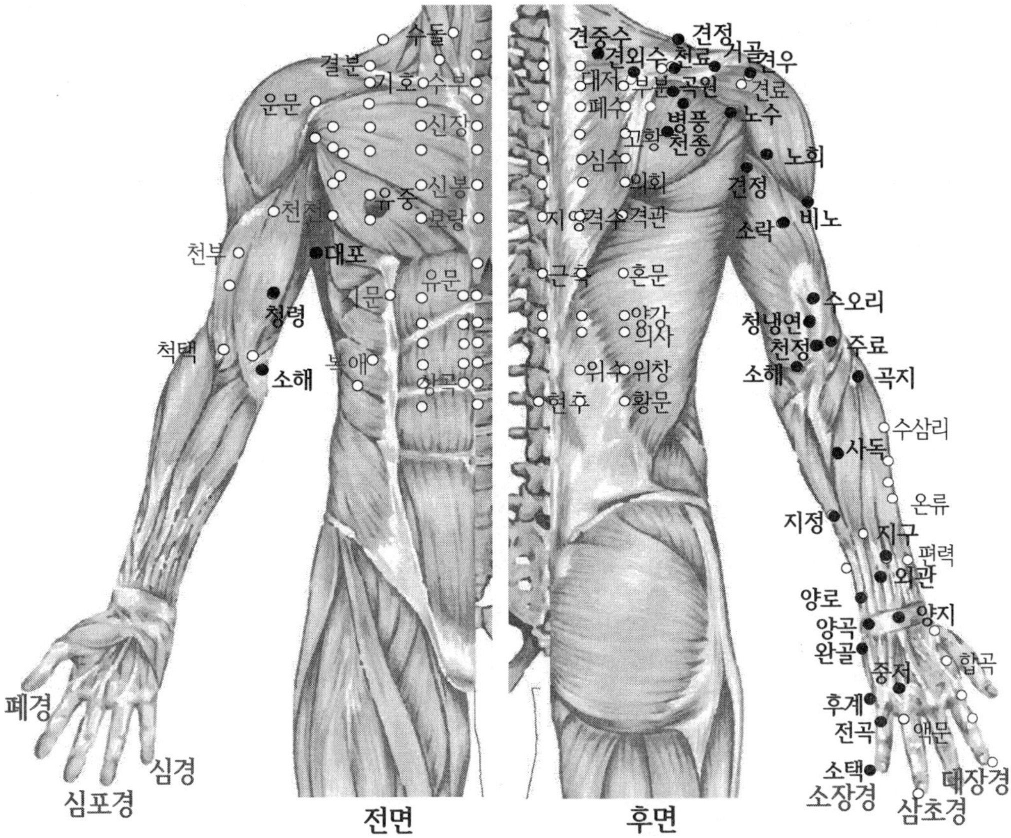

「그림 7-25」 상완삼두근 통증 부위의 경락과 경혈

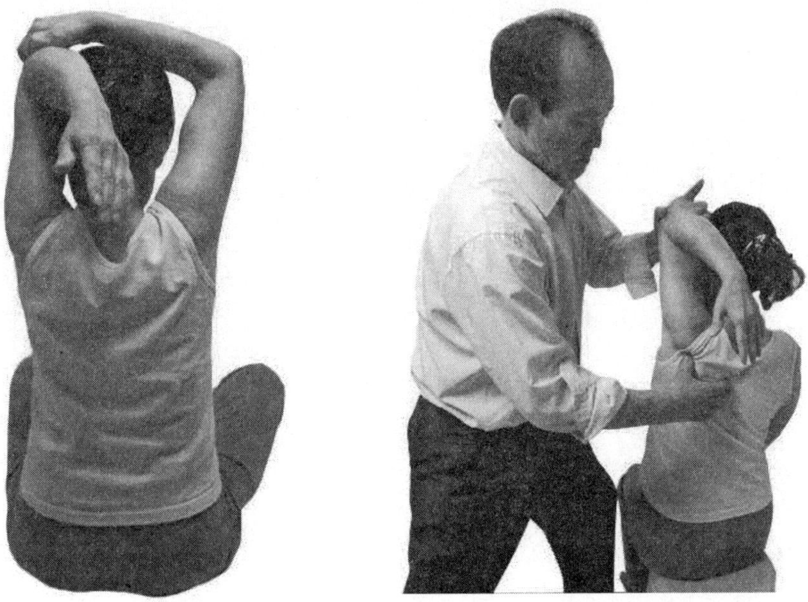

「사진 7-4」 상완삼두근의 이완 운동

5. 오구(훼)완근

근피신경(경추 제6번, 7번)의 지배를 받아 상완(상박)의 굴곡과 내전의 기능을 하는 근육으로 어깨 앞쪽에 통증이 나타나며 심한 경우에는 팔의 뒷부분을 지나 손등과 중지(셋째 손가락)까지 확산이 되어 저리고 쑤시면서 따가운 통증이 나타나기도 하며 등을 긁거나 팔을 앞면과 옆면으로 높게 뻗을 수가 없게 된다(그림 7-26). 이러한 경우에는 통증이 나타나는 부위의 경락들 즉

폐경의 ①중부혈 ②운문혈과

대장경의 ⑯거골혈 ⑮견우혈 ⑭비노혈 및

소장경의 ⑧소해혈 ⑨견정혈 ⑩노수혈 ⑪천종혈 ⑫병풍혈 등을 그리고

삼초경의 ③중저혈 ④양지혈 ⑤외관혈 ⑨사독혈 ⑪청냉연혈 ⑬노회혈 ⑭견료혈 등에 지압과 마사지 등을 하여 기혈이 순행하도록 하여 준다(그림 7-27).

그리고 아픈쪽 손목을 구부리게 하여 손가락이 겨드랑이에 닿도록 한 후 한손으로는 어깨를 받쳐 잡고 다른 손으로는 팔굽관절을 잡아 뒤로 제껴 오구완근을 이완시켜 주도록 하며(사진 7-5) 평소에 스스로 양팔을 벌려 뒤로 제껴 주는 동작이나 아픈 팔을 머리 높이로 들어 기둥이나 봉 등을 잡은 후 한 발을 앞으로 내딛고 몸을 앞으로 내밀어 근육을 이완시켜 주도록 한다.

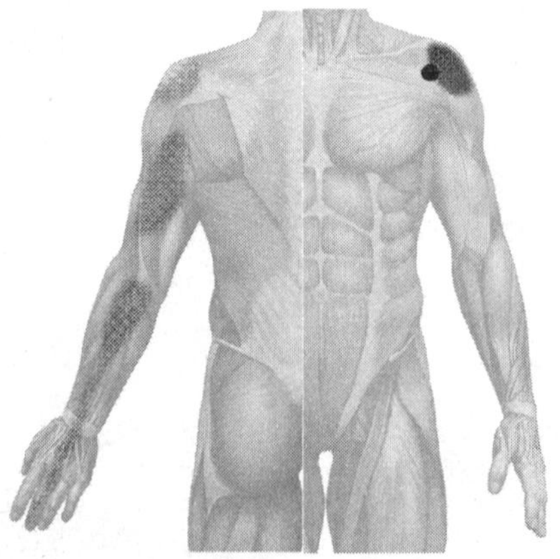

「그림 7-26」 오구완근의 발통점과 연관통

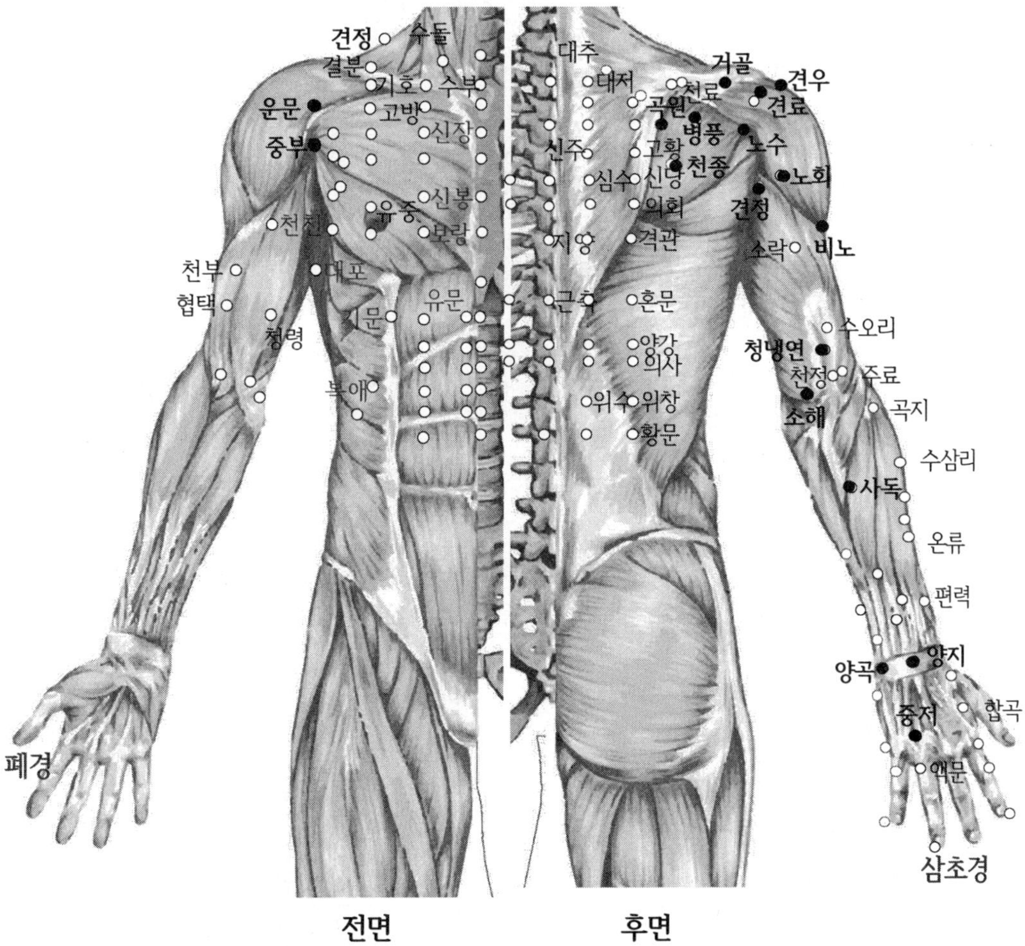

「그림 7-27」 오구완근 통증 부위의 경락과 경혈

「사진 7-5」 오구완근의 이완 운동

Ⅵ. 팔의 다른 부위 근육들에 의한 팔의 통증

1. 사각근(斜角筋)

사각근은 경추신경(경추 제2번~제7번)의 지배를 받는 경부(목)의 심경근으로 사각근(중사각근, 후사각근)에 의한 연관된 통증으로 상완(상박)의 앞면과 뒷면 및 요골부위를 거쳐 엄지와 인지(둘째손가락)로 통증이 확산되어 엄지와 인지가 저리고 마비가 되는 듯 하며 심한 경우에는 손에 쥐고 있는 물건을 떨어뜨리게 되고 손가락과 손등이 부으며 아침에 일어나면 손이 뻣뻣하게 되기도 한다. 그리고 전사각근의 연관된 통증은 어깨의 뒤쪽으로 확산이 되어 양쪽 견갑골 사이에 집중적으로 나타나게 되며 중사각근과 후사각근 상부에서 통증이 발생을 하게 되면 어깨의 앞쪽에 통증이 나타나 상완(상박)의 앞과 뒷면 및 요골 부위를 거쳐 엄지(첫째 손가락)와 인지(둘째 손가락)로 통증이 확산되어 나타난다. 그리고 중사각근이나 후사각근의 아래 쪽에서 통증이 발생하게 되면 흉부의 앞과 젖꼭지까지 쑤시는 듯한 통증이 나타나게 된다(그림 7-28). 이러한 경우에 사각근 및 연관된 통증이 나타나는 부위의 경락들 즉 **폐경**의 ①중부혈 ④협백혈 ⑥공최혈 ⑩어제혈에 이르는 경락과 **대장경**의 ⑱부돌혈 ⑰천정(天鼎)혈 ⑯거골혈 ⑮견우혈 ⑪곡지혈 ④합곡혈에 이르는 경락 및 **위경**의 ⑨인영혈 ⑫결분혈 ⑬기호혈 ⑭고방혈을 그리고 **소장경**의 ⑪천종혈 ⑯천창혈 ⑰천용혈과 **삼초경**의 ③중저혈 ⑤외관혈 ⑨사독혈 ⑩천정혈 ⑪청냉연혈 ⑬노회혈 ⑭천료혈 ⑯천유혈 ⑰예풍혈에 이르는 경혈과 **방광경**의 ㊳부분혈 ㊴백호혈 ㊵고황혈 ㊶신당혈 ㊷의회혈 ㊸격관혈 및 **담경**의 ㉑견정(肩井)혈과 **독맥**의 ⑪신주혈 등에 지압과 마사지를 해주고(그림 7-29) 누운(환자)자세에서 양손으로 목과 머리를 받쳐 잡아 몸과 수평이 되도록 당겨 근육을 이완시켜주거나(사진 7-6의 ①) 앉은(환자) 자세에서 몸을 환자의 등에 밀착시켜 주고 한손으로는 어깨와 늑골을 고정시켜주며 다른 한손으로는 머리를 아픈 반대쪽으로 서서히 돌리면서 근육을 신전시켜준다. 이때 환자는 숨을 천천히 내쉬도록 한다(사진 7-6의 ②). 그리고 자가 운동으로는 기지개를 자주 펴서 긴장된 근육을 이완시켜주고 또한 한손으로 아픈쪽 손목을 잡아 지그시 당겨주는 동시에 숨을 천천히 내쉬면서 머리를 반대편으로 기울여(약 8초 정도) 근육을 이완시켜주도록 한다(사진 7-6의 ③).

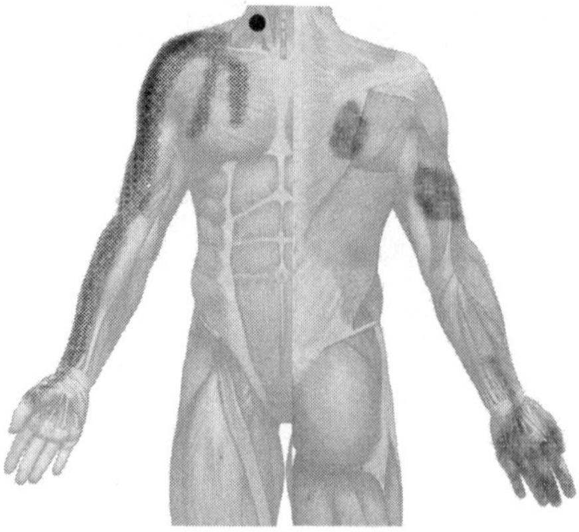

전면　　후면

「그림 7-28」 사각근의 발통점과 연관통

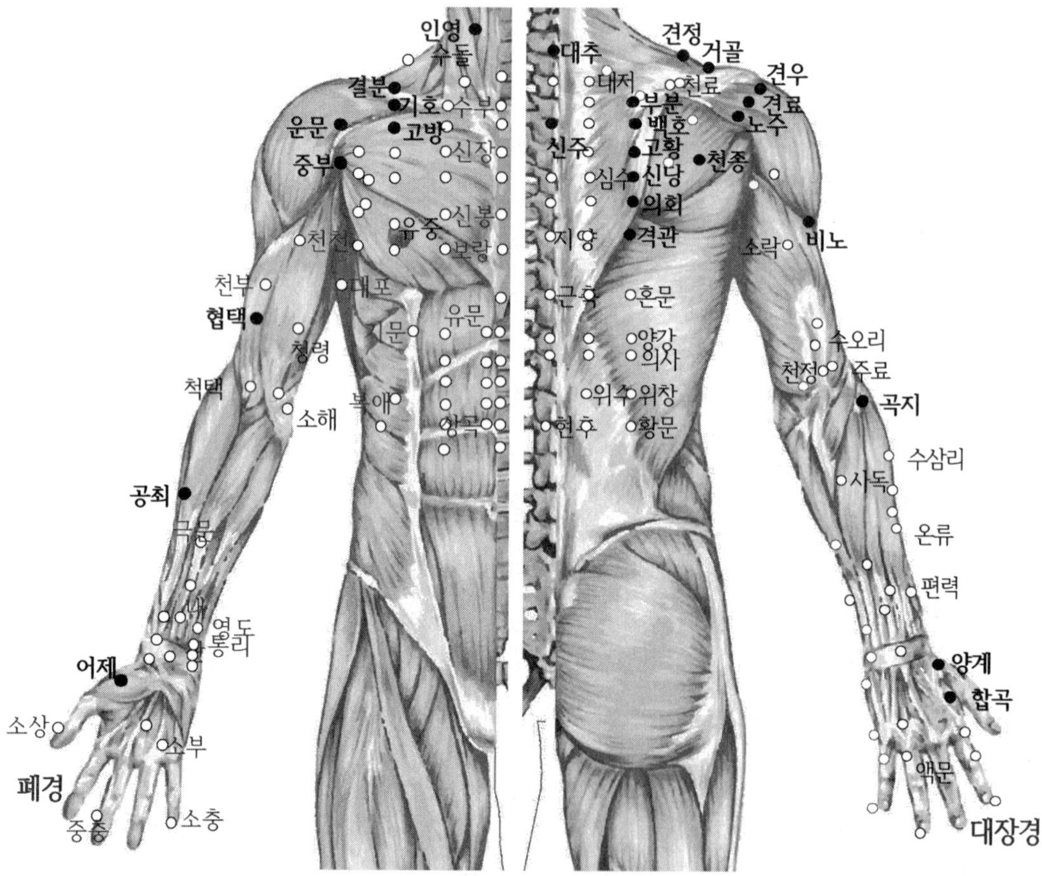

「그림 7-29」 사각근 통증 부위의 경락과 경혈

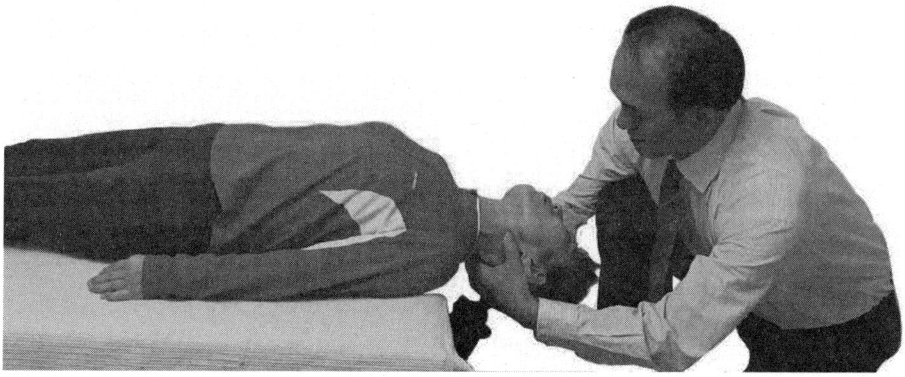

①

②

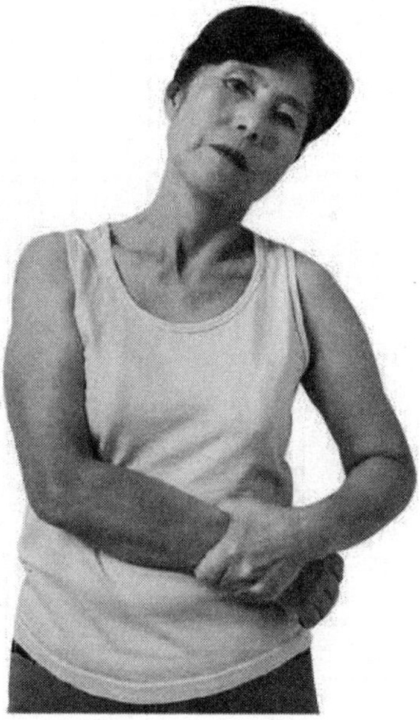

③

「사진 7-6」 사각근의 이완 운동

2. 쇄골하근(鎖骨下筋)

쇄골하곤은 쇄골하신경의 지배를 받아 어깨 관절의 내전을 돕는 천흉부의 근육으로 통증이 심한 경우에는 상완(상박)의 앞쪽 면과 전완(하박)의 요골쪽 팔굽관절과 엄지와 인지(둘째 손가락) 및 중지(셋째 손가락)의 손등과 손바닥 부위까지 통증이 나타난다(그림 7-30). 이러한 경우에 쇄골하근육에 자리하고 있는

위경의 ⑬기호혈과

폐경의 ①중부혈 ②운문혈 ④협백혈 ⑤척택혈 ⑥공최혈 ⑩어제혈에 이르는 경락 및

대장경의 ①상양혈 ④합곡혈 ⑤양계혈 ⑦온류혈 ⑪곡지혈 그리고

심포경의 ②천천혈 ③곡택혈 ⑥내관혈 ⑧노궁혈 ⑨중충혈에 이르는 경락의 경혈을 지압과 마사지를 통하여 근육의 이완과 함께 혈행의 순환을 원활하게 해준다(그림 7-31).

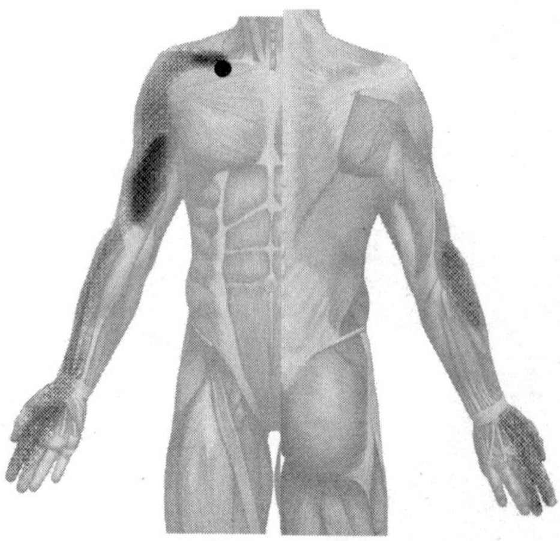

「그림 7-30」 쇄골하근의 발통점과 연관통

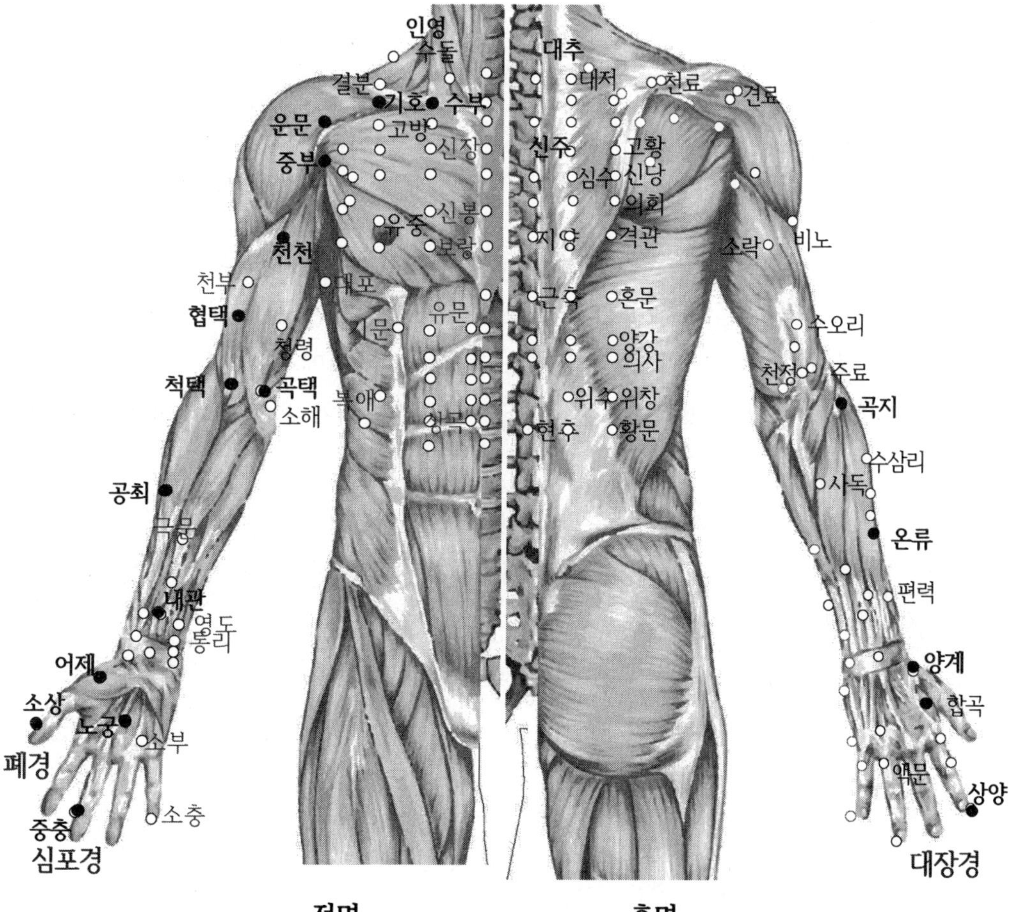

「그림 7-31」 쇄골하근 통증 부위의 경락과 경혈

3. 극하근(棘下筋)

극하근은 견갑상신경(경추 제5번, 6번)의 지배를 받는 견갑대의 근육으로 통증에 의한 상완(상박)의 전측면과 전완(하박)의 측면을 따라 손의 요골 쪽으로 내려가 엄지와 인지(둘째 손가락) 및 중지(셋째 손가락) 까지 확산이 되어 주먹을 힘있게 쥐지 못하며 손이 허리 뒤로 돌아가지 않게 되어 스커트의 등쪽 단추를 채우거나 지퍼를 올리기가 힘들게 된다(그림 7-32). 이러한 경우에는 엎드린 자세에서 극하근 부위의 경혈들. 즉

소장경의 ⑪천종혈을 위시하여 ⑨견정(肩貞)혈 ⑩노수혈 ⑪천종혈 ⑫병풍혈 ⑬곡원혈과 아울러

독맥의 ⑨지양혈 ⑩영대혈 ⑪신도혈 ⑫신주혈 ⑬도도혈을 그리고

방광경의 ㊳부분혈 ㊴백호혈 ㊵고황혈 ㊶신당혈 ㊷의회혈 ㊸격관혈 등을 지압과 아울러 마사지를 해주며 심한 경우에는 누운 자세에서

대장경의 ⑭비노혈 ⑪곡지혈 ⑤양계혈에서 인지(둘째손가락)의 ①상양혈에 이르는 경락과 함께

폐경의 ③천부혈 ⑤척택혈 ⑥공최혈 ⑧태연혈 ⑩어제혈에서 엄지손가락의 ⑪소상혈에 이르는 경락을 지압과 함께 마사지를 하여 기혈의 순환을 원활하게 해준다(그림 7-33).

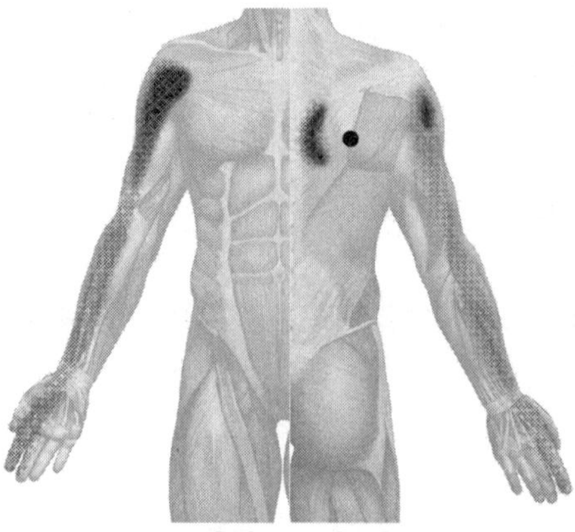

전면　　후면

「그림 7-32」 극하근의 발통점과 연관통

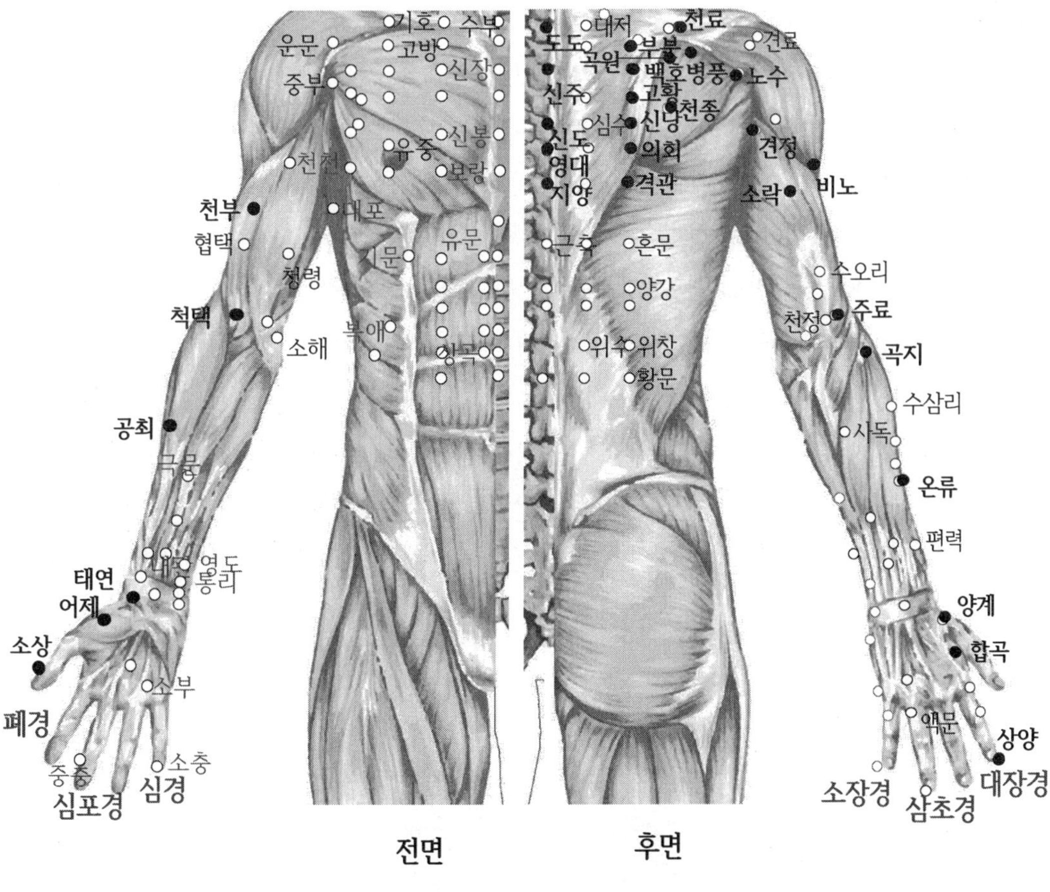

「그림 7-33」 극하근 통증 부위의 경락과 경혈

4. 견갑하근(肩甲下筋)

견갑하근은 견갑하신경(경추 제5번, 6번)의 지배를 받는 견갑골에 의해 가려져 있는 견갑대의 근육으로 통증이 심한 경우에는 견갑골과 상완(상박)의 뒤쪽을 따라 손목 부위까지 확산이 되어 손등 쪽에 통증이 나타나고 손목 주위가 욱씬거리고 시큰거리며 팔을 들어 올리지도 못하게 된다(그림 7-34). 견갑하근 및 통증 부위의 경락들 즉

독맥의 ⑪신도혈 ⑫신주혈 ⑭대추혈과

소장경의 ⑨견정혈 ⑩노수혈 ⑪천종혈 ⑫병풍혈 ⑬곡원혈 ⑭견외수혈 및

대장경의 ⑯거골혈 ⑮견우혈 ⑭비노혈 등을 그리고

삼초경의 ⑭견료혈 ⑬노회혈 ⑪청냉연혈 ⑩천정혈 ⑥지구혈 ⑤외관혈 ④양지혈과

심포경의 ⑥내관혈 ⑦태릉혈 및

심경의 ①극천혈 ②청령혈 ③소해혈 등에 지압과 마사지를 해준다(그림 7-35). 그리고 자가운동으로는 평소에 기지개를 자주 펴주도록 하며 또한 양손을 깍지를 끼고 기지개를 펴듯이 머리 위로 올려 팔이 귀에 닿도록 해주어 이완된 오구완근을 수축시켜 주도록 하며 또한 철봉 등을 잡고 자세를 낮추어 근육을 이완시켜 주도록 한다. 특히 팔에 기브스를 하였거나 산모와 같이 겨드랑이를 붙이고 장시간 있는 경우에는 견갑하 근육 등이 수축되어 굳어 있을수 있으므로 주위를 기울여야 할 것이다(사진 7-7).

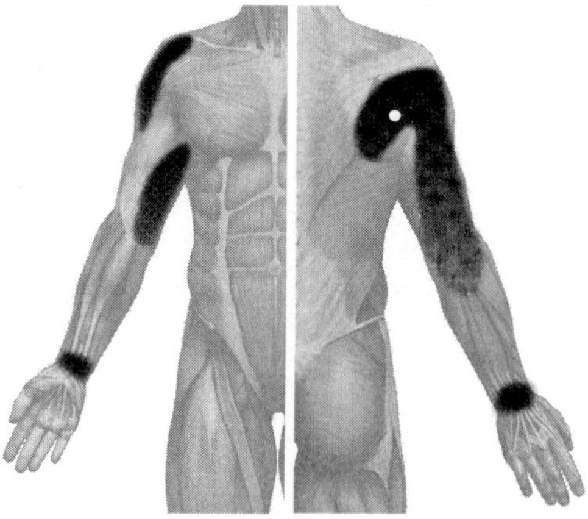

전면　　후면

「그림 7-34」」 견갑하근의 발통점과 연관통

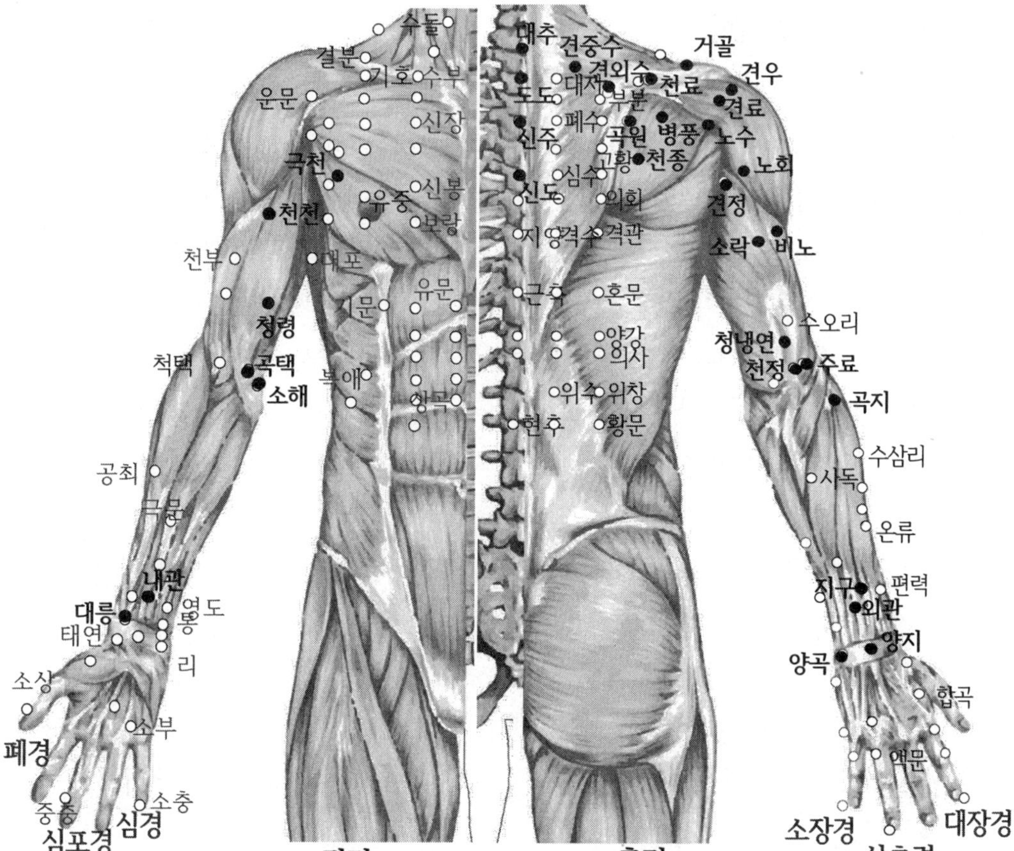

「그림 7-35」 견갑하근 통증 부위의 경락과 경혈

「사진 7-7」 견갑하근의 운동

5. 전삼각근(三角筋)

전 · 삼각근은 액와신경(경추 제5번, 6번)의 지배를 받는 견갑대의 근육으로 전면 부위의 삼각근은 상완(상박)의 굴곡과 내측회전에 관여를 하며 통증이 발생하면 어깨 관절의 앞면과 옆면에 통증이 나타나고 팔을 앞으로 들어올려 수평을 유지하기가 힘이 들며 또한 손바닥을 앞쪽으로 향하게 하여 어깨 관절을 외전시키게 되면은 통증이 나타나게 된다(그림 7-36). 이러한 경우에는 옆으로 누운 자세에서

대장경의 ⑯거골혈 ⑮견우혈과 ⑭비노혈에 지압과 마사지를 하고

누운자세에서 **폐경**의 ①중부혈과 ②운문혈 및 ③천부혈에 이르는 경락에 지압과 마사지를 하여 경직된 삼각근을 이완시켜주어 기혈의 순환을 원활하게 해주도록 한다(그림 7-37).

그리고 앉은 자세에서 양손을 뒤로 하여 의자의 등받이를 잡거나 난간의 봉 등을 잡고 좌 · 우 어깨를 교차하여 앞으로 내미는 동작과 아울러 양어깨를 동시에 내밀어 삼각근을 이완시켜주거나(사진 7-8의 ①) 양손으로 낮은 철봉 등을 잡고 자세를 낮추면서 양팔을 교차하여 주며 또한 동시에 양팔을 지그시 매달리게 함으로써 삼각근을 이완시켜준다(사진 7-8의 ②). 물론「사진 7-8의 ③」과 같은 운동 기구 시설을 이용할 수 있다면 더욱 도움이 될 것이다.

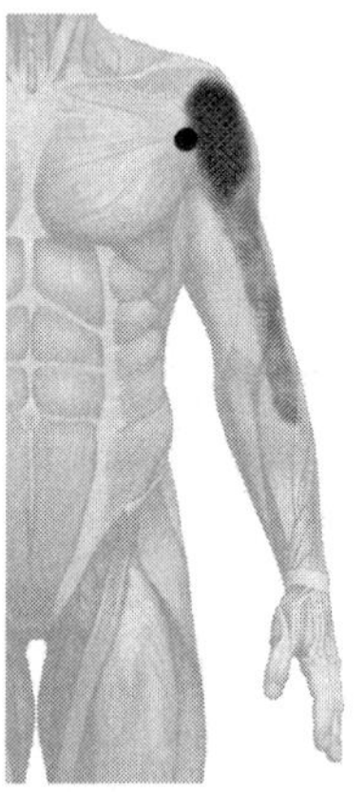

전면

「그림 7-36」 전삼각근의 발통점과 연관통

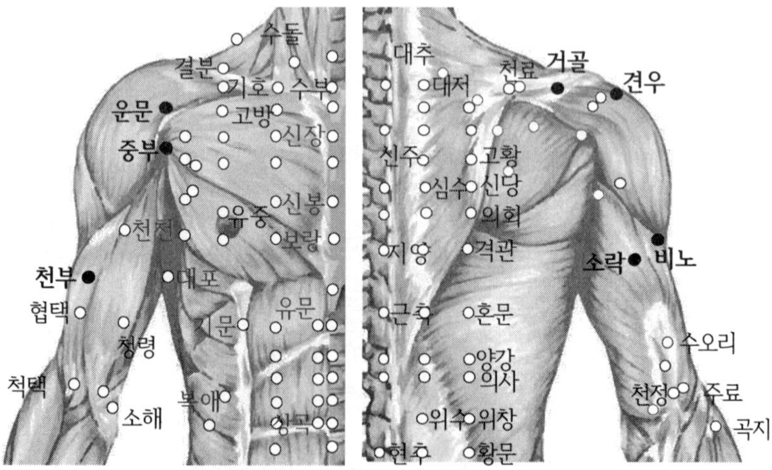

전면 후면

「그림 7-37」 전삼각근 통증 부위의 경락과 경혈

「사진 7-8」 삼각근의 이완 운동

6. 극상근(棘上筋)

극상근은 견갑상 신경의 지배를 받아 상완(상박)의 외측회전 등의 기능을 하는 견갑대의 근육이다. 비오는 날이나 저기압일 때 어깨가 무겁거나 쑤셔서 주무르거나 파스를 붙이는 경우가 있다. 극상근의 통증은 주로 승모근이나 극하근의 통증이 발생시 이차적으로 동반되어 나타나며 삼각근의 중간부위를 중심으로 심부통이 나타나고 어깨주변과 팔의 요골쪽면(엄지 손가락쪽 뼈)을 따라 손목관절의 윗부분까지 확산이 되어 머리를 빗거나 어깨관절을 밖으로 돌릴 때(상완의 외전) 통증으로 동작에 제한을 받게 된다(그림 7-38).

이러한 경우에는 **대장경**의 ⑯거골혈 ⑮견우혈 ⑭비노혈 ⑫주료혈 ⑪곡지혈 등과 **소장경**의 ⑩노수혈 ⑪천종혈 ⑫병풍혈 ⑬곡원혈 ⑭견외수혈 ⑮견중수혈에 이르는 경락 및 **삼초경**의 ⑩천정혈 ⑪청냉연혈 ⑫소락혈 ⑬노회혈 ⑭견료혈 ⑮천료혈을 그리고 **담경**의 ㉑견정혈 등을 지압과 마사지 등을 통하여 기혈의 순환이 원활하도록 해준다(그림 7-39).

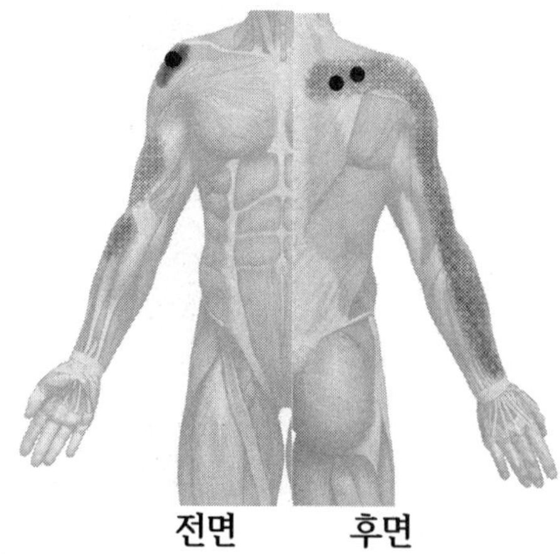

「그림 7-38」 극상근의 발통점과 연관통

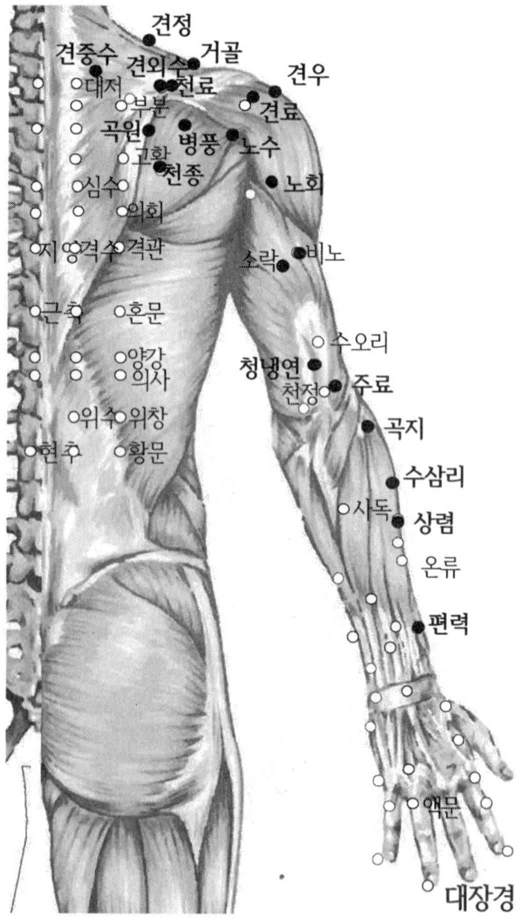

「그림 7-39」 극상근 통증 부위의 경락과 경혈

7. 소원근(小円筋)

소원근은 액와신경(경추 제5번, 6번)의 지배를 받아 상완(상박)의 외측회전 등의 기능을 하는 견갑대의 근육으로 주로 극하근에 통증이 발생하게 되면 2차적으로 발생을 하게 되며 어깨의 뒤쪽에 통증이 나타나게 된다(그림 7-40).

따라서 일차적으로 극하근의 통증을 다스린 후 어깨의 뒤쪽에 통증이 남아 있다면 소원근의 통증을 살펴 다스려야 할 것이다. 이러한 경우에는 엎드린 자세에서

대장경의 ⑬수오리혈 ⑭비노혈 ⑮견우혈과

삼초경의 ⑫소락혈 ⑬노회혈 ⑭견료혈 및

소장경의 ⑨견정혈 ⑩노수혈 ⑪천종혈 ⑫병풍혈 ⑬곡원혈 등에 지압과 마사지를 한 후 옆으로 누운 상태에서 팔을 머리쪽으로 올리게 하여

비경의 ㉑대포혈과

담경의 ㉒연액혈 ㉓첩근혈 및

심경의 ①극천혈 등에 지압과 마사지를 하여 준다(그림 7-41).

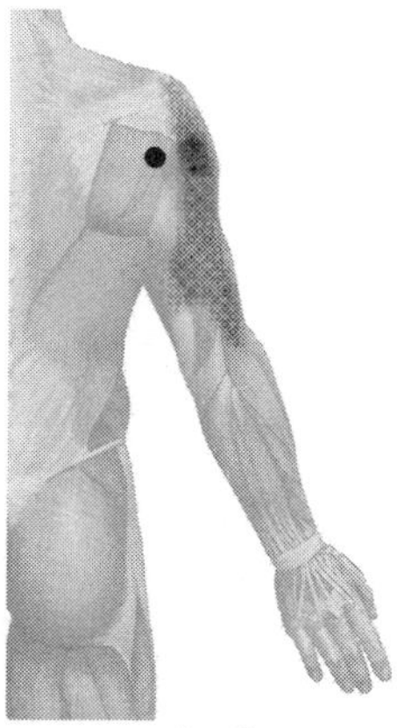

후면

「그림 7-40」 소원근의 발통점과 연관통

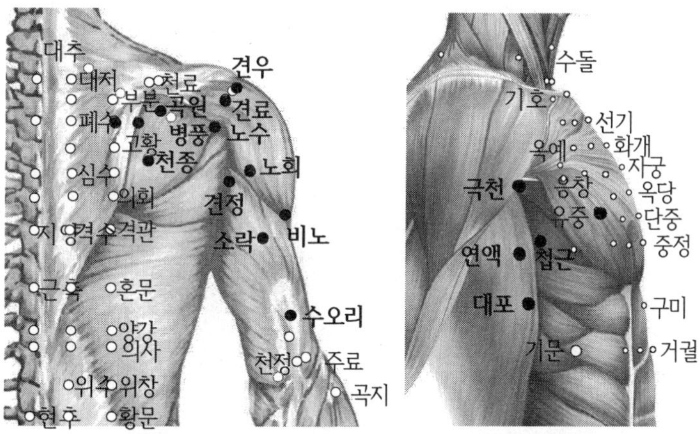

후면 측면

「그림 7-41」 소원근 통증 부위의 경락과 경혈

8. 상후거근(上後鋸筋)

상후거근은 흉수신경(흉추1번~4번)의 지배를 받는 등의 심배근으로 통증이 발생하게 되면 견갑골의 상부와 삼각근의 뒷부위에 쑤시는 듯한 통증이 나타나며 심한 경우에는 상완(상박)의 뒤쪽과 전완(하박)의 척골 부위를 따라 소지(새끼손가락) 쪽으로 연관된 통증이 나타나고 또한 가슴의 앞쪽으로도 흉통이 나타나기도 한다(그림 7-42). 이에 상후거근과 통증 부위의 경락들 즉

독맥의 ⑭대추혈 ⑬도도혈 ⑫신주혈 ⑪신도혈과

방광경의 ⑪대저혈 ⑫풍문혈 ⑬폐수혈 ⑭궐음수혈 및 ㊳부분혈 ㊴백호혈 ㊵고황혈 ㊶신당혈을 그리고

소장경의 ⑮견중수혈 ⑭견외수혈 ⑬곡원혈 ⑫병풍혈 ⑪천종혈 ⑩노수혈 ⑨견정혈 ⑧소해혈 ⑦지정혈 ④완골혈 ①소택혈 등에 이르는 경락의 경혈들과

심경의 ①극천혈 ②청령혈 ③소해(小海)혈 ⑦신문혈 ⑧소부혈 ⑨소충혈 및

삼초경의 ⑭견료혈 ⑬노회혈 ⑫소락혈 ⑩천정혈 ④양지혈 ①관충혈에 이르는 경락의 경혈들을 지압과 마사지를 하고 흉통 부위의 경혈들

위경의 ⑬기호혈 ⑭고방혈 ⑮옥예혈 ⑯응창혈과

신경의 ㉗수부혈 ㉖욱중혈 ㉕신장혈 ㉔영허혈 및

비경의 ⑱천계혈 ⑲흉향혈 ⑳주영혈 ㉑대포혈 등에 지압과 마사지를 하여 준다(그림 7-43).

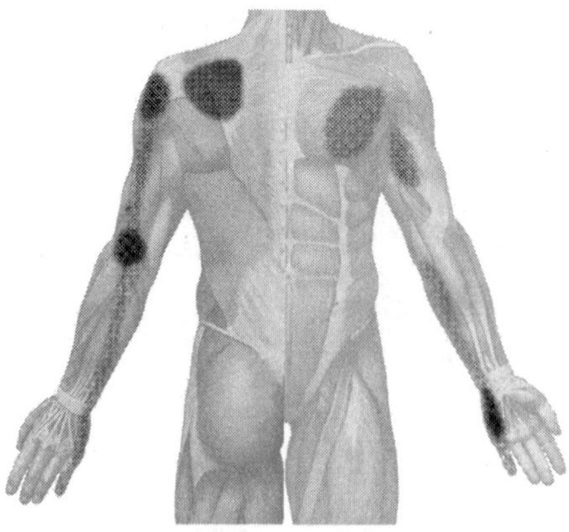

「그림 7-42」 상후거근의 발통점과 연관통

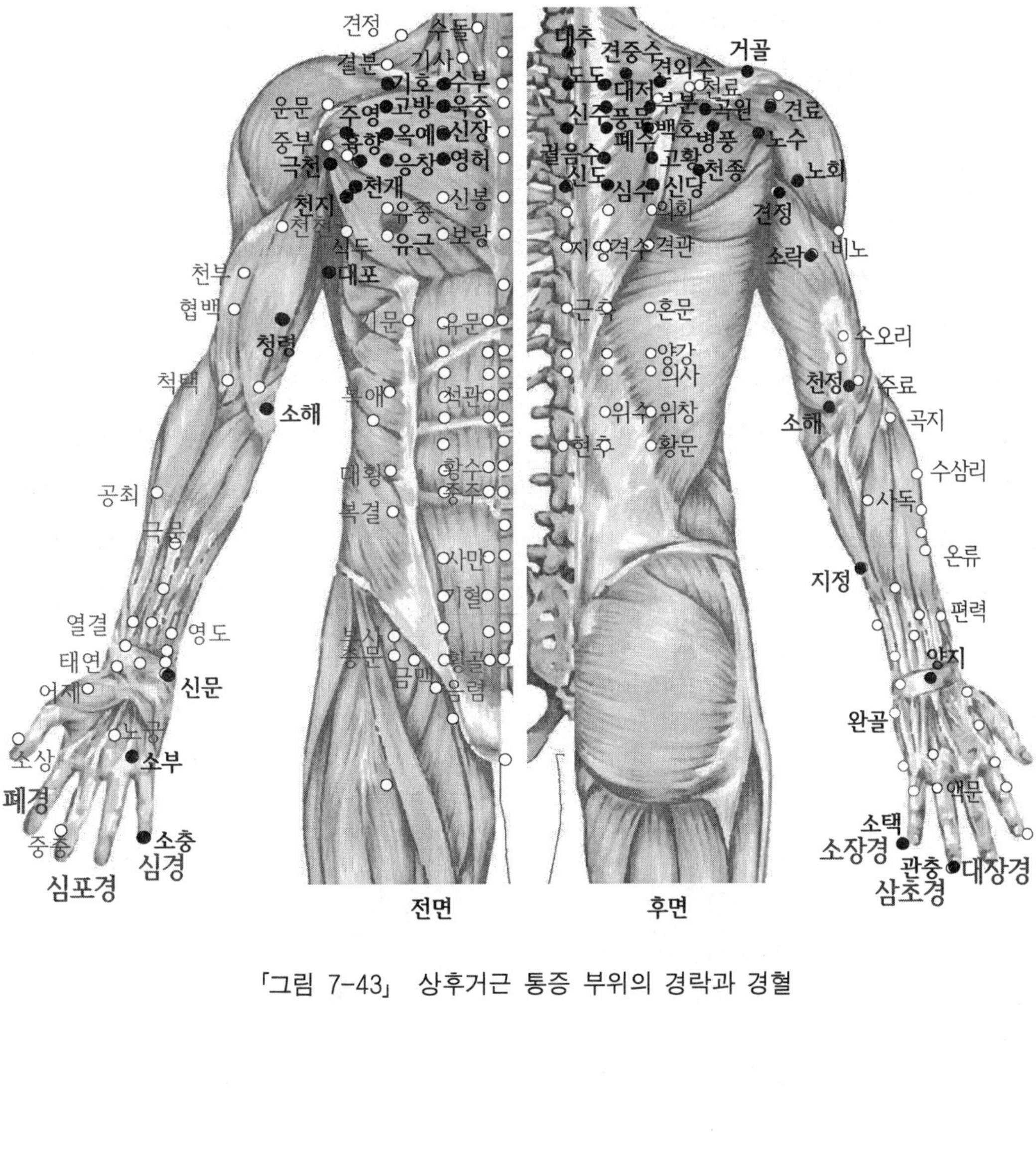

「그림 7-43」 상후거근 통증 부위의 경락과 경혈

9. 대흉근(大胸筋)

대흉근은 흉수신경(경추5번~8번과 흉추1번)의 지배를 받는 천흉부의 근육으로 대흉근의 흉골두에서 통증이 발생을 하게 되면 흉부와 팔의 안쪽면을 따라 상완골의 내과는 물론 중지(가운데 손가락)와 약지(넷째 손가락) 및 소지(다섯째 손가락)까지 통증이 확산되어 나타나게 되어 어깨관절의 외전을 제한받게 된다(그림 7-44).

대흉근 부위의 경락에는

위경의 ⑬기호혈 ⑭고방혈 ⑮옥혜혈 ⑯응창혈 ⑰유중혈 ⑱유근혈 등과

비경의 ⑰식두혈 ⑱천계혈 ⑲흉향혈 ⑳주영혈 및

신경의 ㉒보랑혈 ㉓신봉혈 ㉔영허혈 ㉕신장혈 ㉖욱중혈 ㉗수부혈 등과

심포경의 ①천지혈 및

대장경 ⑭비노혈 ⑮견우혈과

심경의 ①극천혈 ②청령혈 ③소해(小海)혈 ⑦신문혈 ⑧소충혈과

소장경의 ①소택혈 ④완골혈 ⑤양곡혈 ⑦지정혈 등이 위치하여 기능을 하고 있다. 따라서 대흉근의 이상에 의해 통증이 발생하게 되면 편안하게 누운 자세에서 양팔을 구부린 자세와(머리 위로 역기를 들어 올리듯이) 만세를 부르듯이 양팔을 벌린 자세를 취하게 하여 지압과 마사지를 해주고 문틀이나 평행봉을 잡고 몸을 앞으로 내밀어 대흉근을 이완 시켜 주도록 한다(그림 7-45).

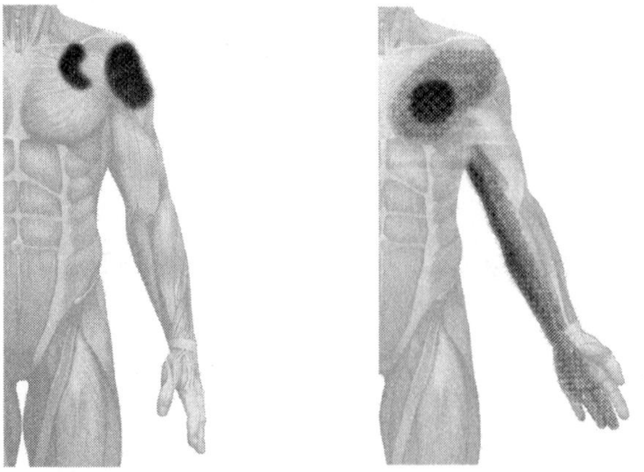

①쇄골두 ②흉골두

「그림 7-44」 대흉근의 발통점과 연관통

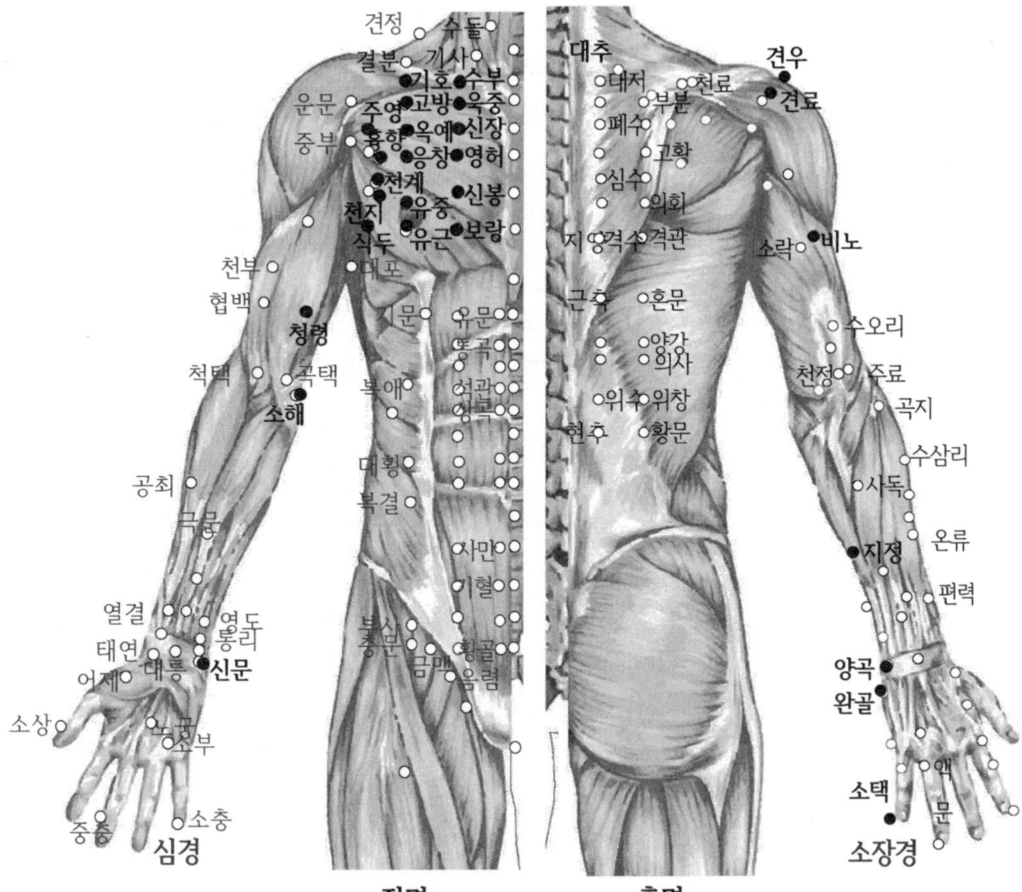

「그림 7-45」 대흉근 통증 부위의 경락과 경혈

10. 전거근(前鋸筋)

장흉신경(경추5번, 6번, 7번)의 지배를 받는 전거근은 견갑골을 위와 바깥쪽과 앞으로 움직이게 하며 견갑골을 앞으로 당겨 흉곽에 고정을 하는 근육으로 전거근의 연관통은 주로 흉부의 측면과 견갑골의 내측에서 나타난다. 초기에는 심호흡을 할 때나 활동을 할 때 흉부의 측면에서 국소적인 통증이 나타나며, 심한 경우에는 안정시에도 흉통이 계속되며 팔의 안쪽면을 따라 손바닥과 약지(네째손가락)와 애지(다섯째손가락)까지 확산이 되기도 한다(그림 7-46).

따라서 전거근에 통증이 발생을 하게되면 발생된 부위에 따라 제1늑간은 ⑭고방혈(**위경**) ①중부혈(**폐경**) ⑪대저혈(**방광경**) 쪽으로 제2늑간은 ⑮옥예혈(**위경**) ⑳주영혈(**비경**) ㊳부분혈(**방광경**) 쪽으로 제3늑간은 ⑯응창혈(**위경**) ⑲흉향혈(**비경**) ㊴백호혈(**방광경**) 쪽으로 제4늑간은 ⑰유중혈(**위경**) ⑱천계혈(**비경**) ㊵고황혈(**방광경**) 쪽으로 제5늑간 부위는 ⑱유근혈(**위경**) ⑰식두혈(**비경**) ①극천혈(**심경**) ㊶신당혈(**방광경**) 쪽으로 제6늑간 부위는 ⑲불용혈(**위경**) ㉓첩근혈(**담경**) ㊷의회혈(**방광경**) 쪽으로 제7늑간 부위는 ㉑대포(**비경**) ㉒연액혈(**담경**) ㊸격관혈(**방광경**) 쪽으로 늑골(갈비뼈)과 늑골 사이의 늑간을 따라 손가락으로 부드럽게 마사지를 하여 수축된 근육을 이완시켜주고 아울러 헤어드라이기나 따뜻한 물수건 등을 활용하여 온찜을 해주게 되면 도움이 될 것이다. 그리고 심한 경우에는 **심경**의 ①극천혈 ②청령혈 ③소해혈 ④영도혈 ⑤통리혈 ⑥음극혈 ⑦신문혈 ⑧소부혈 ⑨소충혈과 아울러 **소장경**의 ①소택혈 ②전곡혈 ③후계혈 ④완골혈 ⑤양곡혈 ⑥양로혈 ⑦지정혈 ⑧소해혈 ⑨천정혈 ⑩천종혈 ⑫병풍혈 ⑬곡원혈 ⑰견외수혈 등을 그리고 **심포경**의 ③곡택혈 ④극문혈 ⑤간사혈 ⑥내관혈 ⑦대릉혈 및 **담경**의 ㉑견정혈 ㉒연액혈 ㉓첩근혈과 **간경**의 ⑭기문혈 등에 지압과 아울러 마사지를 해주도록 한다(그림 7-47).

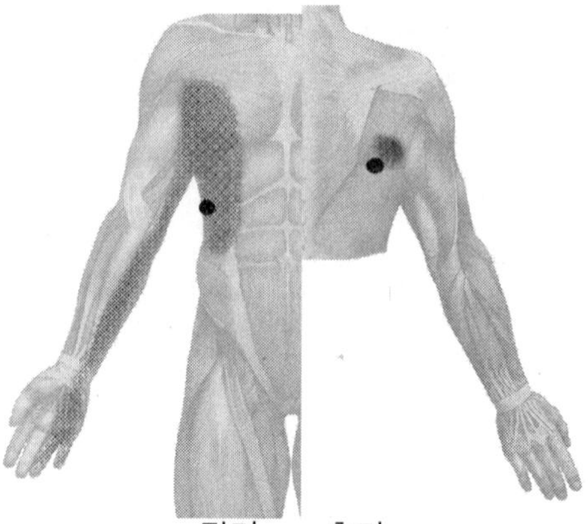
전면　　후면

「그림 7-46」 전거근의 발통점과 연관통

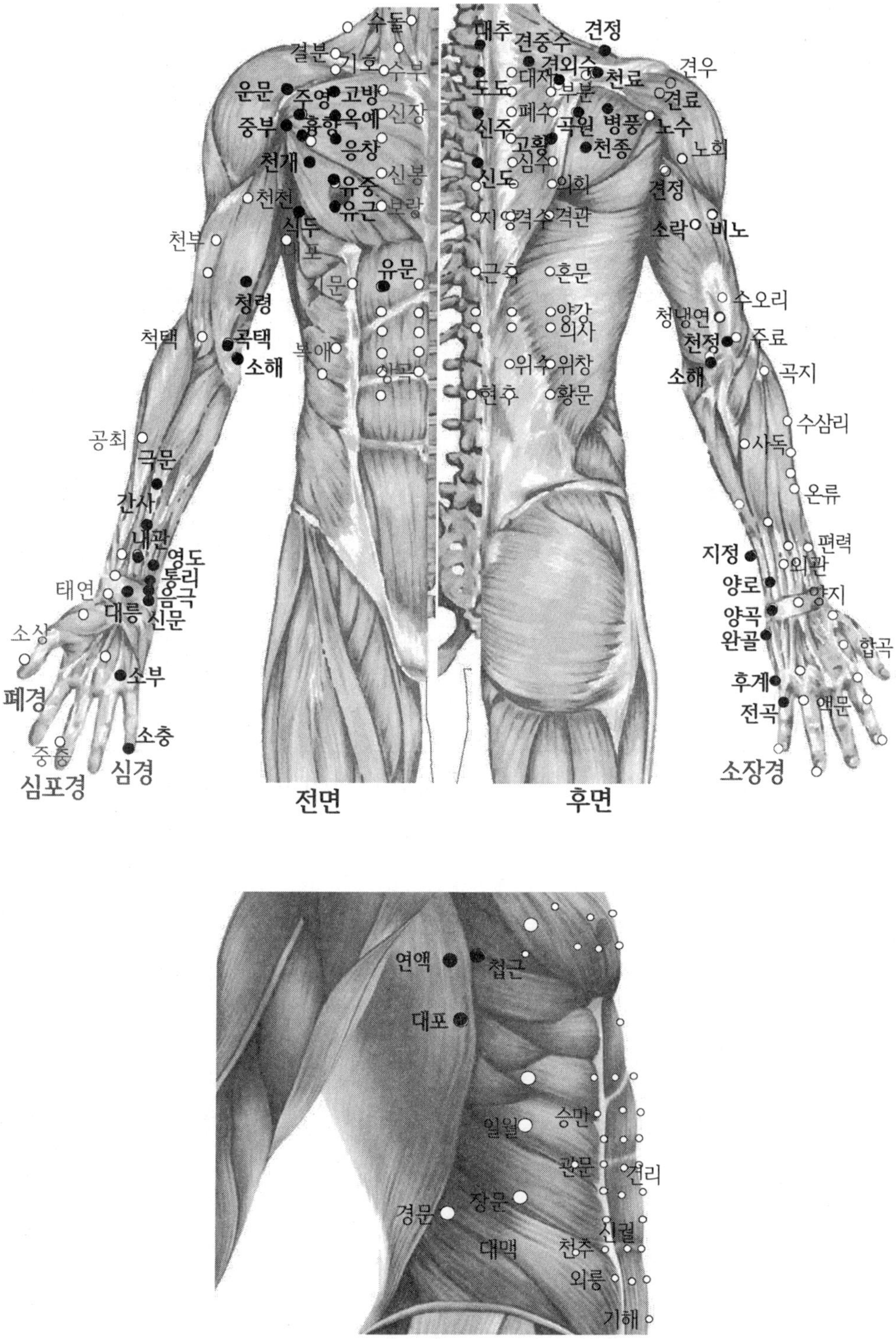

「그림 7-47」 전거근 통증 부위의 경락과 경혈

11. 광배근(光背筋)

광배근은 경수신경(경추 제6번~8번)의 지배를 받는 천배근의 근육으로 통증이 겨드랑이 밑(후액와)주름에서 발생을 하게 되면 견갑골 안쪽면의 아래 부위에서 통증이 나타나 인접한 부위를 중심으로 쑤시는 듯한 통증이 나타나며 심한 경우에는 팔의 뒤 안쪽면을 따라 약지(넷째 손가락)와 소지(다섯째 손가락)까지 통증이 확산되어 나타나게 된다.

그리고 광배근의 아래쪽에서 통증이 발생하게되면 옆구리와 어깨의 앞쪽에서 심부통증이 나타나게 된다(그림 7-48). 이에 광배근과 통증부위의 경락들 즉

독맥의 ⑪신도혈 ⑩영대혈 ⑨지양혈 ⑧근축혈 ⑦중추혈 ⑥척중혈 ⑤현추혈 ④명문혈과

방광경의 ㊶신당혈 ㊷의회혈 ㊸격관혈 ㊹혼문혈 ㊺양강혈 ㊻의사혈 ㊼위창혈 ㊽황문혈 ㊾지실혈 및 ⑮심수혈 ⑰격수혈 ⑱간수혈 ⑲담수혈 ⑳비수혈 ㉑위수혈 ㉒삼초수혈 ㉓신수혈을 그리고

소장경의 ⑬곡원혈 ⑫병풍혈 ⑪천종혈 ⑩노수혈 ⑨견정혈 ⑧소해혈 ⑦지정혈 ④완골혈 ①소택혈 등과

심경의 ①극천혈 ②청령혈 ③소해혈 ⑦신문혈 ⑨소충혈 등을 그리고

삼초경의 ⑬노회혈 ⑫소락혈 ⑩천정혈 ⑨사독혈 ④양지혈 ①관충혈에 이르는 경락의 경혈들을 지압과 마사지를 해주며 또한 광배근의 아래쪽에서 통증이 발생을 하였다면

폐경의 ①중부혈 ②운문혈과 **담경**의 ㉕경문혈 ㉖대맥혈 ㉗오추혈 ㉘유도혈 및

간경의 ⑬장문혈 등에 지압과 마사지를 하여 근육의 이완과 기혈이 순행하도록 하여준다(그림 7-49).

그리고 양손은 합장을 하거나 비틀어 깍지를 낀 후 머리 위로 올려 옆구리 운동을 하듯이 숨을 내쉬면서 상체를 양옆으로 수그려 근육을 이완시켜 주도록 한다(사진 7-9).

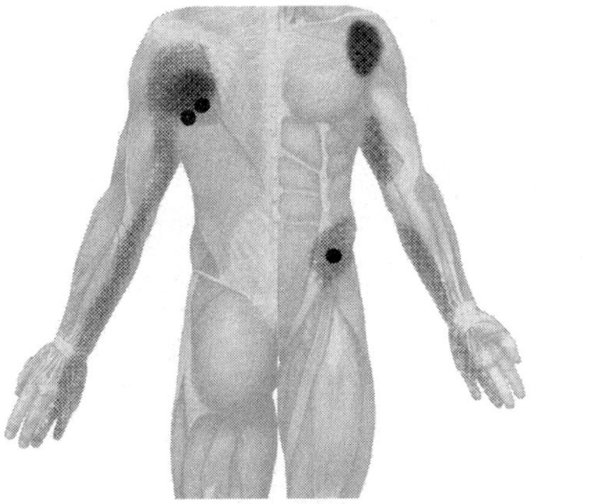

「그림 7-48」 광배근의 발통점과 연관통

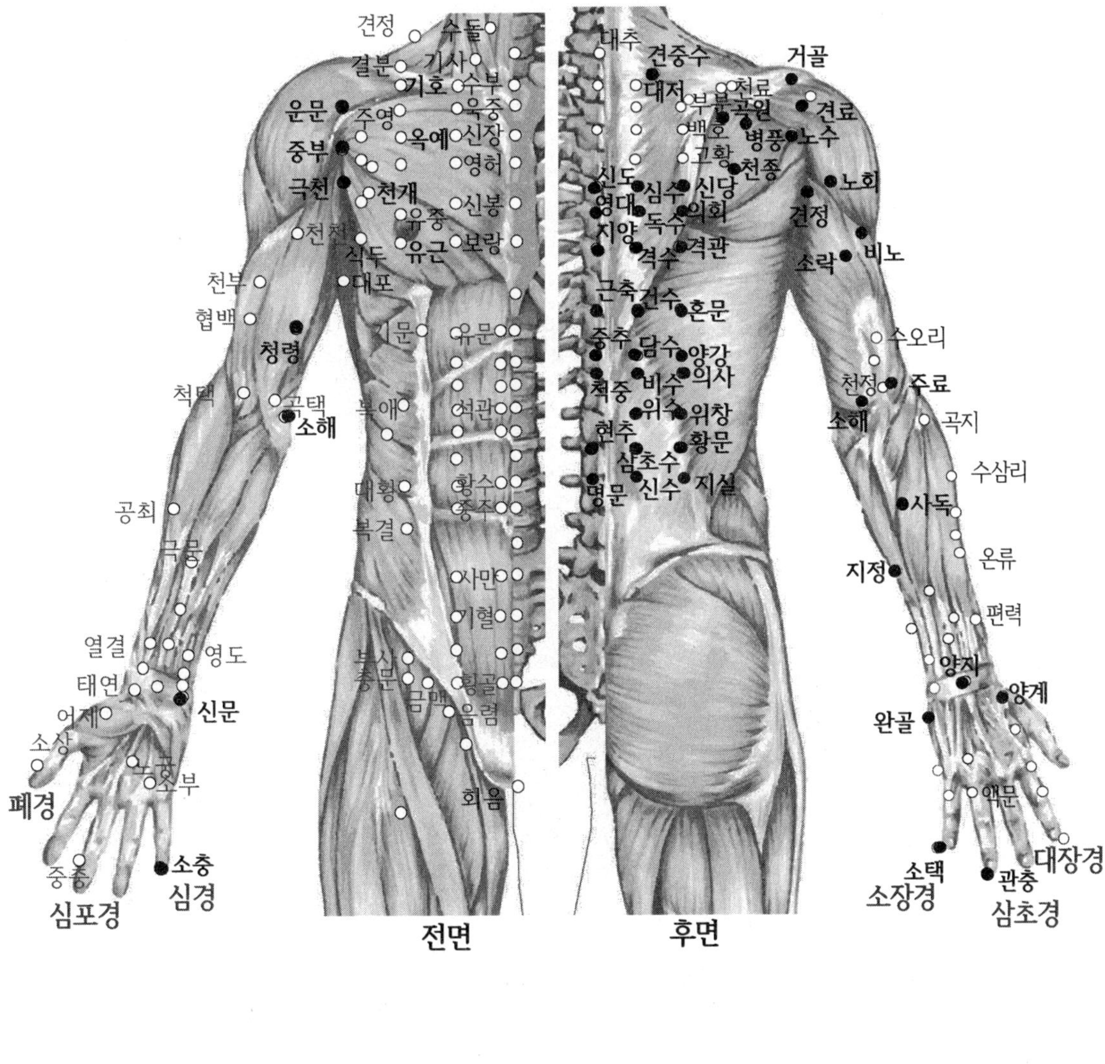

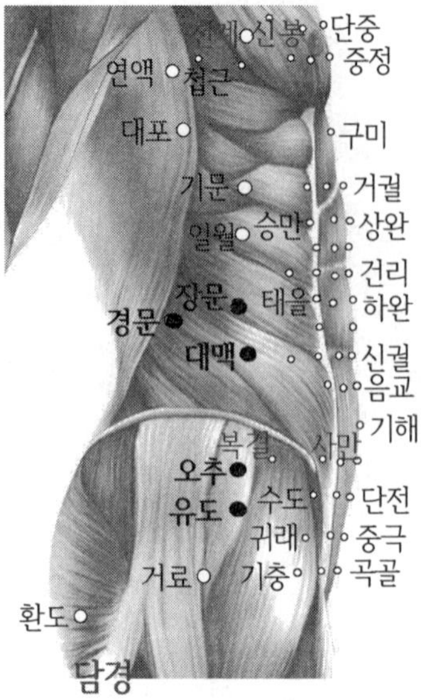

「그림 7-49」 광배근 통증 부위의 경락과 경혈

「사진 7-9」 광배근의 이완 운동

12. 대원근(大円筋)

대원근은 견갑하신경(경추 제6번, 7번)의 지배를 받는 견갑대의 근육으로 통증의 발생은 주로 견갑골 안쪽 모서리의 중간 부위와 후액와주름(겨드랑이쪽)부위에서 발생을 하며 연관된 통증은 어깨의 뒤쪽에 나타나며 심한 경우에는 전완(하박)의 뒷부분까지 확산이 되어 나타나기도 한다. 그리고 통증은 특정한 각도나 동작을 할 때 순간적으로 발생을 하여 팔을 들어 올리거나 더 이상의 힘을 주지 못하게 되는 특징을 가지고 있으며 주로 대원근은 90° 이상에서 소원근은 그 이하에서 어깨 관절의 외전과 팔굽관절(주관절)이 굴곡된 상태에서 어깨 관절을 외측회전을 하게 되면 통증이 발생하게 된다(그림 7-50).

그리고 환자가 옆으로(모로) 누운자세에서 팔을 얼굴 쪽으로 올리게하여 대원근의 마사지는 물론 주변의 경락들

비경의 ㉑대포혈 및 **담경**의 ㉒연액혈 ㉓첩근혈 등과 **대장경**의 ⑯거골혈 ⑮견우혈 ⑭비뇨혈 및 **소장경**의 ⑨견정혈 ⑩노수혈 ⑪천종혈과 **삼초경**의 ⑭견료혈 ⑬노회혈 ⑫소락혈 ⑧삼양락혈 등을 지압과 마사지를 하여 기혈이 순행 하도록 하여준다(그림 7-51).

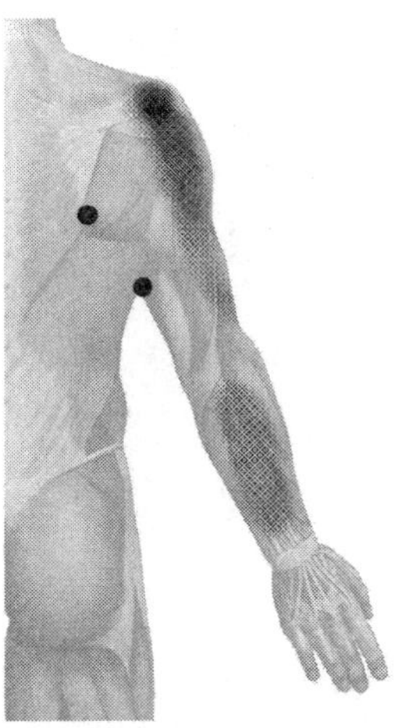

「그림 7-50」 대원근의 발통점과 연관통

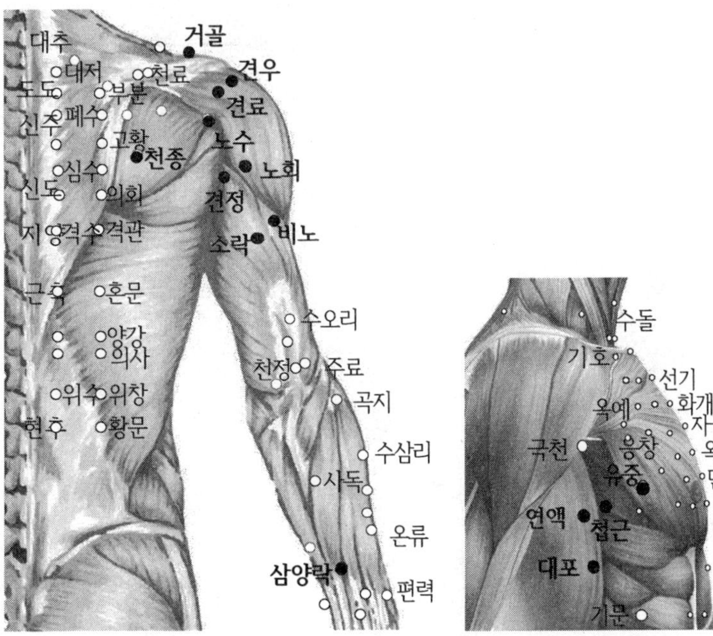

「그림 7-51」 대원근 통증 부위의 경락과 경혈

13. 소흉근(小胸筋)

소흉근은 흉수신경(경추 제8번과 흉추1번)의 지배를 받는 천흉근의 근육으로 통증이 심한 경우에는 앞가슴과 팔의 안쪽면을 따라 척골쪽 손바닥과 약지(넷째 손가락)와 소지(새끼 손가락)까지 확산이 되어 손이 차고 손바닥이 저린 증상과 통증이 나타나고 상완(상박)의 굴곡과 외전 및 외측회전이 제한되어 팔을 앞으로 뻗어 들어올리거나 뒤로 제끼는 동작 등이 제한을 받게 된다(그림 7-52). 이러한 경우에는 **폐경**의 ①중부혈 ②운문혈과 **비경**의 ⑰식두혈 ⑱천계혈 ⑲흉향혈 ⑳주영혈 및 **폐경**의 ①중부혈 ②운문혈과 **심경**의 ①극천혈 ②청영혈 ③소해혈 ④영도혈 ⑤통리혈 ⑥음극혈 ⑦신문혈 ⑧소부혈 ⑨소충혈 등과 **소장경**의 ①소택혈 ⑤양곡혈 ⑦지정혈 ⑧소해혈을 그리고 **심포경**의 ①천지혈 ②천천혈 ③곡택혈 ④극문혈 ⑤간사혈 ⑥내관혈 ⑦대릉혈 ⑧노궁혈 ⑨중충혈 등을 지압과 함께 마사지 등을 하여 기의 순환을 원활하게 하도록 해주고(그림 7-53) 누운자세에서 아픈팔을 머리 위쪽으로 지긋이 당겨 이완을 시켜주거나(사진 7-10의 ①) 스스로 양팔을 등 뒤로 깍지를 끼어 견갑골이 서로 닿도록 가슴을 제껴 펴주도록 한다(사진 7-10의 ②).

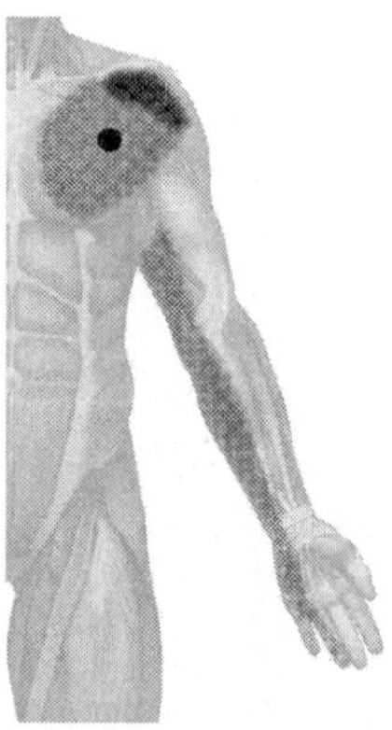

「그림 7-52」
소흉근의 발통점과 연관통

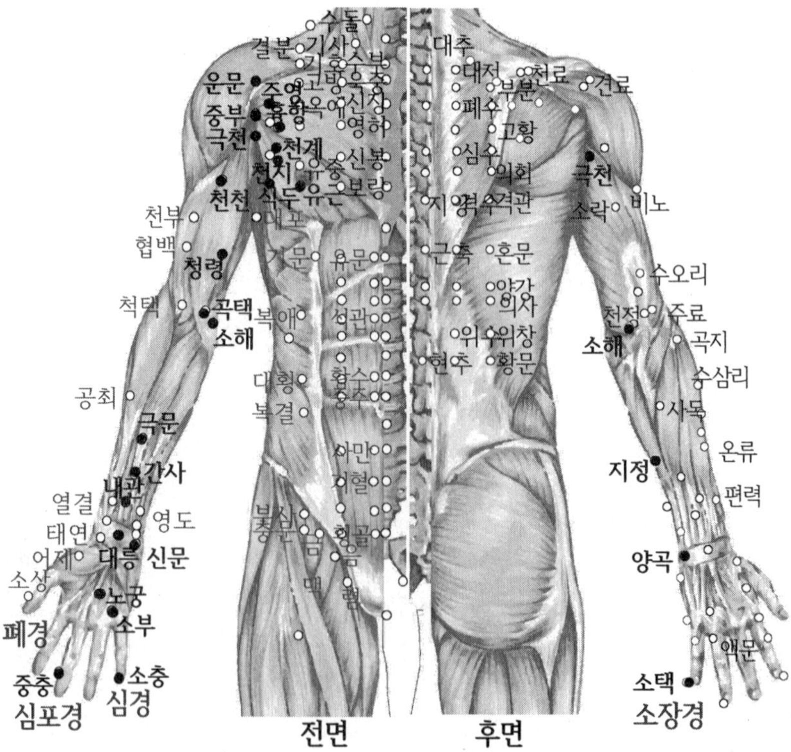

「그림 7-53」 소흉근 통증 부위의 경락과 경혈

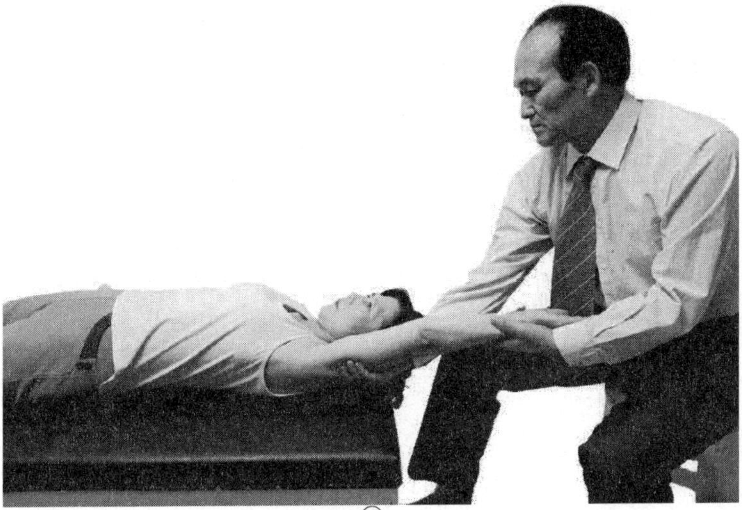

①

②

「사진 7-10」 소흉근의 이완 운동

14. 후삼각근(三角筋)

후삼각근은 액와신경(경추 제5번, 6번)의 지배를 받는 근육으로 삼각근의 뒷면 부위(후삼각근)에서 통증이 발생하게 되면 어깨의 뒤쪽 부위가 뻐근하고 무거우며 어깨 관절의 뒷부분과 삼각근의 중간 부위에 통증이 나타나며 심한 경우에는 손바닥을 뒤로 향하게 하여 어깨관절을 외전시키게 되면 통증이 나타나 팔을 등 뒤로 돌리는 동작이 힘들게 된다(그림 7-54).

이러한 경우 엎드린 자세에서

삼초경의 ⑬노회혈 ⑭견료혈 ⑮천료혈과

소장경의 ⑨견정혈 ⑩노수혈 ⑪천종혈 ⑫병풍혈 ⑬곡원혈 등을 지압과 마사지를 하여 근육의 이완은 물론 기혈이 순행하도록 해준다(그림 7-55).

그리고 낮은 철봉 등을 잡은 상태에서 몸을 뒤로 당겨 삼각근을 이완시켜 주거나 깍지를 낀 양손을 앞으로 뻗어 올려 근육을 이완시켜 주도록 한다(사진 7-11).

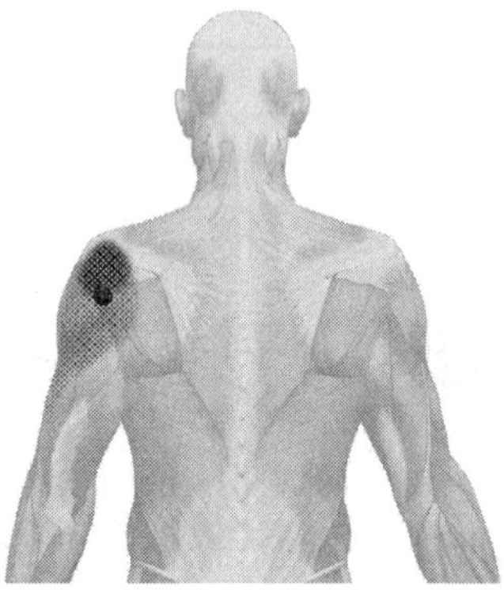

「그림 7-54」 후삼각근의 발통점과 연관통

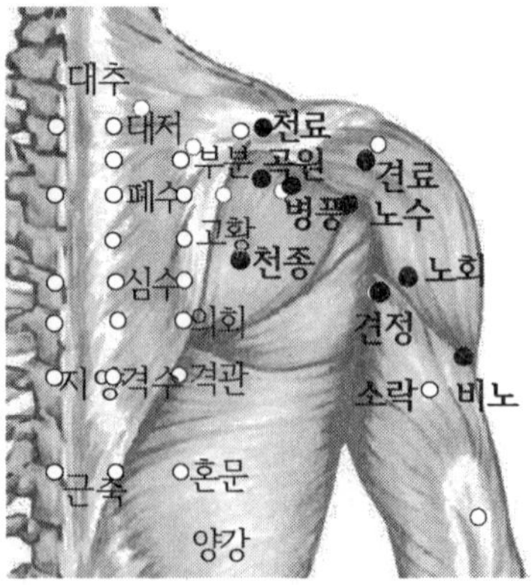

후면

「그림 7-55」 후삼각근 통증 부위의 경락과 경혈

①

②

③

「사진 7-11」 삼각근 이완 운동

Ⅶ. 손목의 통증

손목을 신전시키는 근육으로는 장요측수근신근(손목의 신전과 외전)과 단요측수근신근(손목의 신전과 요골쪽 외전) 및 척측수근신근(손목의 신전과 척골쪽 외전)등이 있으며 굴곡을 시키는 근육으로는 요측수근굴근(손목의 굴곡과 요골쪽 외전)과 척측수근굴근(손목의 굴곡과 척골쪽 외전) 및 장장근(손목의 굴곡) 등이 있다. 그리고 손목이 찌릿찌릿하게 저리거나 시큰거릴 때에는 우선 **폐경**의 ②운문혈을 다스려본다. 운문혈은 이 밖에 어깨 통증이나 오십견, 가슴 통증 및 기침 등에도 효과가 있을 것이다. 손목의 통증에 관련된 근육들을 살펴보면

1. 원회내근

정중신경(경추 제6번, 7번, 흉추1번)의 지배를 받아 전완(하박)의 굴곡과 회내를 시키는 기능을 하며 손목의 요골쪽 부위에 통증이 나타나 심한 경우에는 전완(팔굽관절 아래에서 손목 부위 까지의 팔)의 앞쪽을 거쳐 통증이 확산되어 나타난다(그림 7-56).

이러한 경우에는에 통증 부위의 경락인 **폐경**의 ⑤척택혈 ⑥공최혈 ⑦열결혈 ⑧경거혈 ⑨태연혈 ⑩어제혈 등과 **심포경**의 ③곡택혈 ④극문혈 ⑦대릉혈 및 **심경**의 ③소해혈 등에 지압과 마사지 등을 해준다(그림 7-57). 그리고 책상 위에 손가락이 몸 쪽을 향하게 짚고 팔굽관절을 쭉 편 상태에서 몸을 뒤쪽으로 움직여주거나(사진 7-12의 ①), 또는 양손을 깍지 끼어 만세를 부르듯이 팔을 펴서 손바닥이 하늘을 향하게 하거나(사진 7-12의 ②) 양손을 깍지끼어 손바닥이 앞을 향하게 팔을 펴주는 동작(사진 7-12의 ③). 등으로 원회내근과 요측·척측수근굴근 및 상완이두근 등을 이완시켜 주도록 한다.

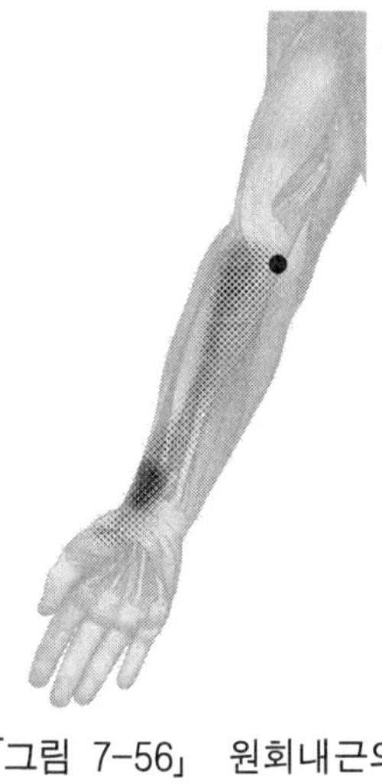

「그림 7-56」 원회내근의 발통점과 연관통

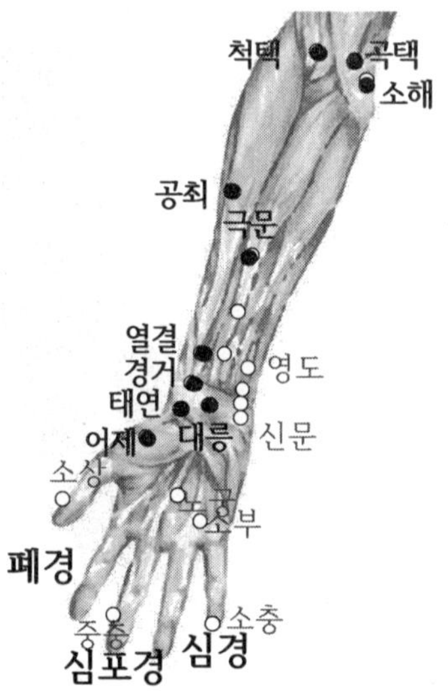

「그림 7-57」 원회내근 통증 부위의 경락과 경혈

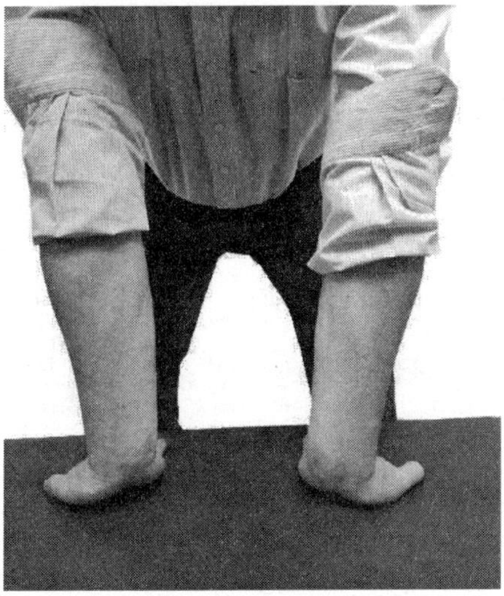

①

②

③

「사진 7-12」 원회내근의 이완 운동

2. 요측수근굴근

정중신경(경추 제6번, 7번, 흉추 1번)의 지배를 받아 손목을 구부리고 요골 쪽으로 외전을 시키는 기능을 하며 통증은 손목의 안쪽(손바닥쪽) 가로주름에서 엄지 손가락 쪽으로 쑤시는 듯한 통증이 나타나며 심한 경우에는 손바닥쪽과 팔 쪽으로도 확산이 되어 나타난다(그림 7-58). 이러한 경우에는

폐경의 ⑥공최혈 ⑦열결혈 ⑧경거혈 ⑨태연혈 ⑩어제혈 등과

심경의 ③소해혈 및

심포경의 ③곡택혈 ④극문혈 ⑤간사혈 ⑥내관혈 ⑦대릉혈 등에 지압과 마사지 등을 통하여 기혈이 순행하도록 해주게되면 좋을 것이다(그림 7-59).

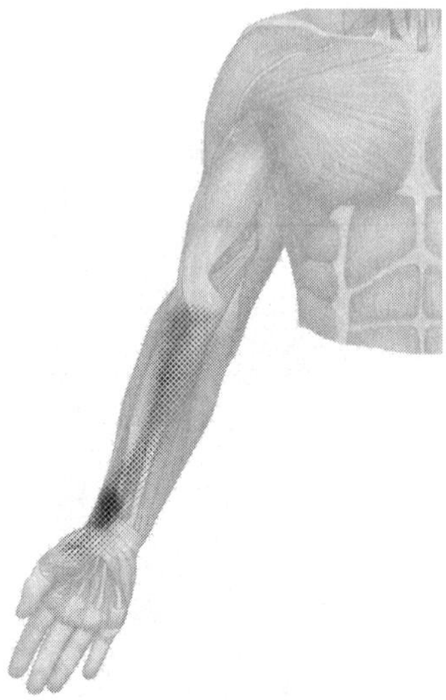

「그림 7-58」 요측수근굴근의 발통점과 연관통

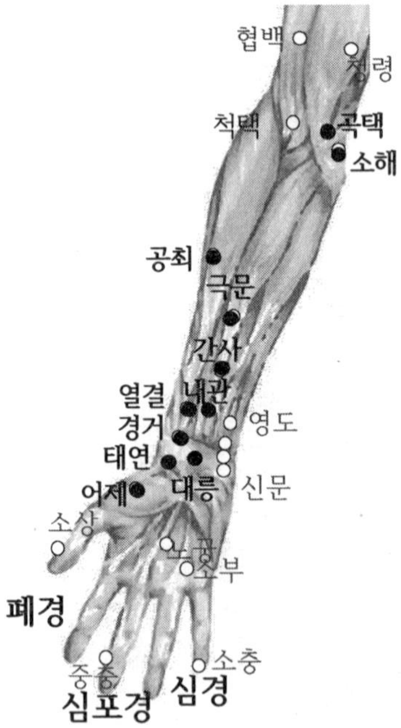

「그림 7-59」 요측수근굴근 통증 부위의 경락과 경혈

3. 모지대립근

정중신경(경추 제6번, 7번)의 지배를 받아 모지(제1중수골)을 내전과 굴곡 및 내측회전을 시키는 기능을 하며 또한 모지를 소지(다섯째 손가락) 쪽으로 당겨 물건을 잡는데 역할을 한다.

통증은 엄지 손가락 부위와 요골쪽 손목 부위에 나타난다(그림 7-60).

이러한 경우에는 **폐경**의 ⑦열결혈 ⑧경거혈 ⑨태연혈 ⑩어제혈 ⑪소상혈 및 **대장경**의 ⑤양계혈 등에 지압과 마사지 등을 해준다(그림 7-61).

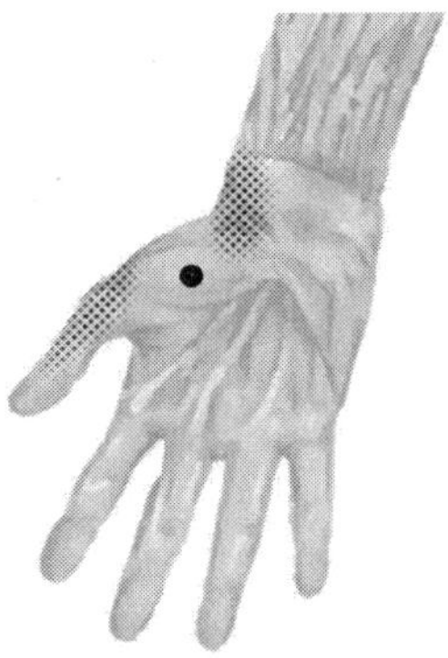

「그림 7-60」 모지대립근의 발통점과 연관통

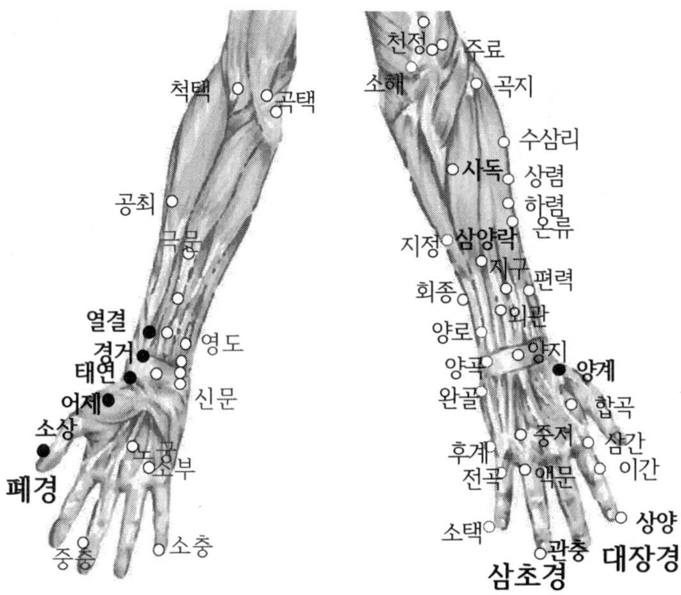

「그림 7-61」 모지대립근 통증 부위의 경락과 경혈

4. 시지신근

요골신경의 지배를 받아 시지(인지, 둘째 손가락)를 신전과 내전을 시키는 기능을 하며 손목과 손등 부위에 연관된 통증이 주로 나타난다(그림 7-62). 이러한 경우에는

대장경의 ⑪곡지혈 ⑩수삼리혈 ⑨상렴혈 ⑧하렴혈 ⑦온류혈 ⑥편력혈 ⑤양계혈 ④합곡혈 등과

삼초경의 ⑧삼양락혈 ⑦회종혈 ⑥지구혈 ⑤외관혈 ④양지혈 등에 지압과 마사지 및 온찜질을 해주게 되면 도움이 될 것이다(그림 7-63).

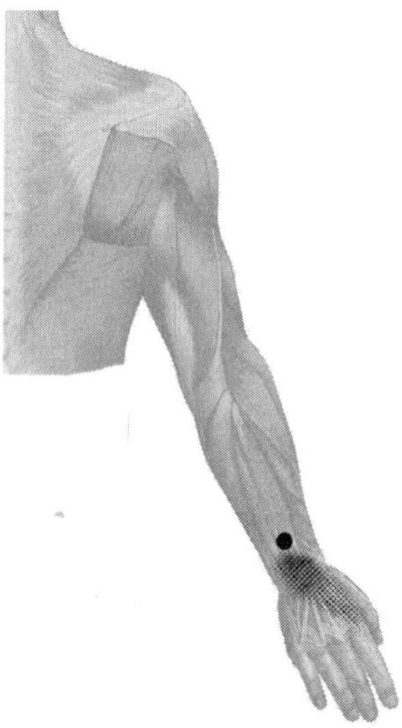

「그림 7-62」 시지신근의 발통점과 연관통

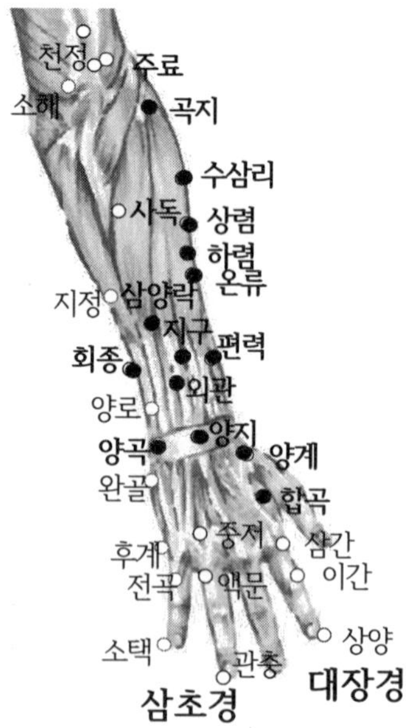

「그림 7-63」 시지신근 통증 부위의 경락과 경혈

5. 척측수근신근

요골신경의 지배를 받아 손목의 신전과 내전의 기능을 하며 연관된 통증은 손목의 척골 쪽에 나타난다(그림 7-64). 이러한 경우에는 **소장경**(쪽)의 ④완골혈 ⑤양곡혈 ⑥양로혈 ⑦지정혈 ⑧소해혈 등과 **삼초경**의 ④양지혈 ⑤외관혈 ⑥지구혈 및 **심경**의 ④영도혈 ⑥음극혈 ⑦신문혈 등에 지압과 마사지 등을 해준다(그림 7-65). 그리고 앞으로 팔을 뻗은 상태에서 손목관절을 구부리고 다른손으로는 엄지와 인지 사이로 구부린 손을 잡아(엄지 손가락이 손바닥 쪽 오게)손목을 구부려주어 주근과 단·장요측수근신근 및 척측수근신근 등을 이완시켜 주도록 한다(사진 7-13).

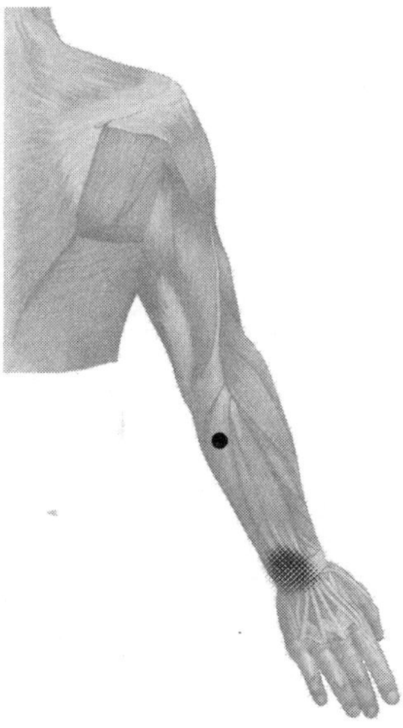

「그림 7-64」 척측수근신근의 발통점과 연관통

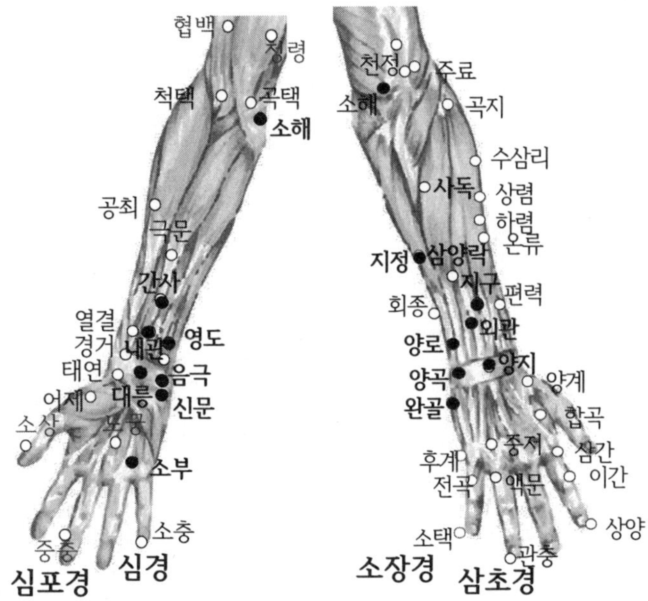

「그림 7-65」 척측수근신근 통증 부위의 경락과 경혈

「사진 7-13」 척측수근신근의 이완 운동

6. 척측수근굴근

척골신경(경추 8번, 흉추 1번)의 지배를 받아 손목을 구부리고 내전을 시키며 손바닥 쪽 손목의 척측부위에 통증이 나타난다(그림 7-66). 이러한 경우에는 **심경**의 ③소해(少海)혈 ④영도혈 ⑤통리혈 ⑥음극혈 ⑦신문혈 ⑧소부혈 등과 **심포경**의 ⑤간사혈 ⑥내관혈 ⑦대릉혈 및 **소장경**의 ④완골혈 ⑤양곡혈 ⑥양로혈 ⑦지정혈 등을 지압과 마사지 등을 하여 기혈이 순행하도록 하여 준다(그림 7-67).

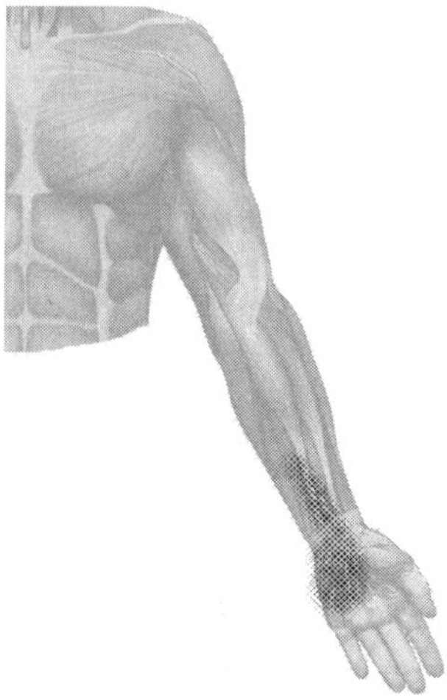

「그림 7-66」 척측수근굴근의 발통점과 연관통

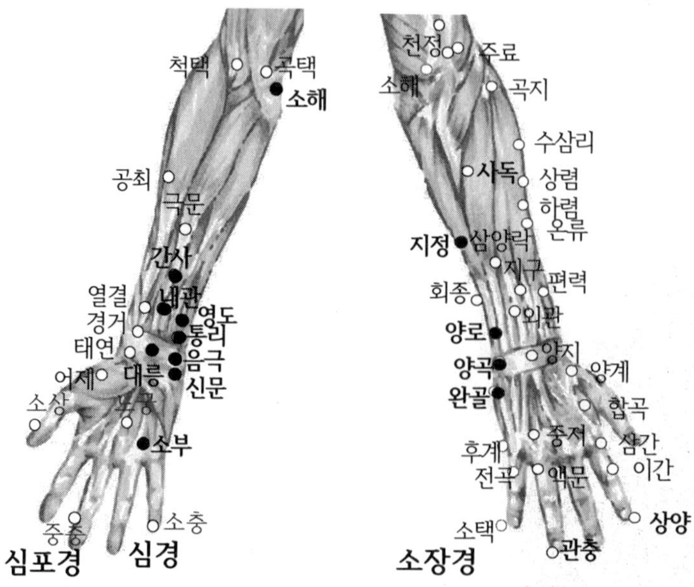

「그림 7-67」 척측수근굴근 통증 부위의 경락과 경혈

Ⅷ. 손(수지)의 통증

1. 손(수지)의 근육

손의 근육으로는 굴근으로 · 천지굴근(정중신경의 지배, 중절골과 손목의 굴곡) · 심지굴근(정중신경과 척골신경의 지배, 말절골의 굴곡) · 장모지굴근(정중신경의 지배, 모지 말절골의 굴곡)이 있으며 또한

무(모)지내전근(척골신경의 지배, 모지의 내전) · 무(모)지대립근(정중신경의 지배, 제1중수골의 내전과 내측회전) 등이 있다. 그리고 손가락의 뼈 사이에는 · 충양근(제1, 2충양근은 정중신경이 제3, 4충양근은 척골신경이 지배를 하며 중수지절 관절의 굴곡과 지골간 관절은 신전) · 골간근(척골신경의 지배, 배측골간근은 손가락의 외전을 장측골간근은 손가락의 내전을) · 소지외전근(척골신경의 지배 소지근위지절의 굴곡) 등이 위치하여 기능을 하고 있다(그림 7-68).

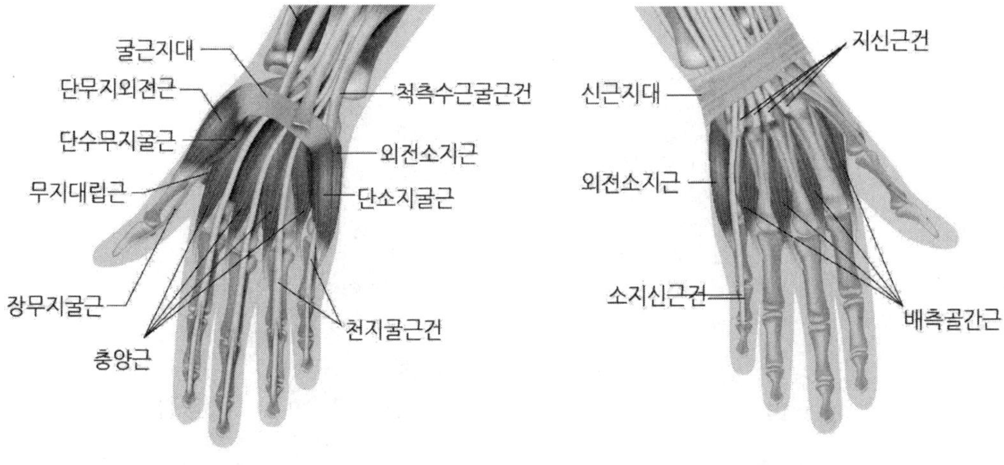

「그림 7-68」 손의 근육

2. 손(수지)의 경락과 경혈

손의 경락들은 손등쪽으로 흐르는 경락과 손바닥 쪽으로 흐르는 경락들로 구별을 할 수가 있다.

손등쪽에는 둘째 손가락(인지) 쪽에 **대장경**의 ①상양혈 ②이간형 ③삼간혈 ④합곡혈 ⑤양계혈이 있으며 특히 합곡혈의 양옆은 목과 허리에 해당하며 상체 뒷면의 통증을 줄일 수 있다. 또한 인지 쪽은 목에 해당하여 목과 등과 허리의 통증을 제어하고 두통과 만성피로 및 부종 등을 해소할 수가 있다. 그리고

넷째 손가락(약지) 쪽에는 **삼초경**의 ①관충혈 ②액문혈 ③중저혈 ④양지혈이 있으며

다섯째 손가락(소지)에는 **소장경**의 ①소택혈 ②전곡혈 ③후계혈 ④완골혈 ⑤양곡혈이 있다.

손바닥 쪽에는 첫째 손가락(모지) 쪽에 **폐경**의 ⑨태연혈 ⑩어제혈 ⑪소상혈이 그리고 셋째 손가락(중지) 쪽에는 삼포경의 ⑦대릉혈 ⑧노궁혈 ⑨중충혈이 다섯째 손가락(소지) 안쪽에는 **심경**의 ⑦신문혈 ⑧소부혈 ⑨소충혈이 위치하고 있다(그림 7-69).

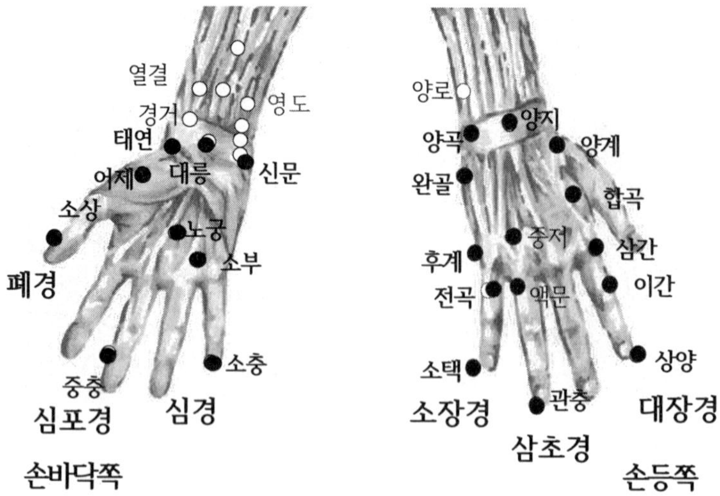

「그림 7-69」 손의 경락과 경혈

3. 방아쇠 손가락

방아쇠 손가락은 총을 목표물에 겨냥을 하여 방아쇠를 당긴 것과 같은 구부려진 모양을 하여 붙여진 이름이다. 이는 손가락을 구부리게 하는 힘줄(수지굴곡건) 즉 중수지관절(손등쪽 손가락의 첫 번째 뼈)의 앞쪽에서 수지굴근의 힘줄(건)이 비대되거나 건초가 협착이 되는 경우에 주로 엄지와 중지(가운데 손가락) 및 약지(넷째 손가락)에 발생을 하며 구부러진 손가락을 펼 때(신전)에는 외부의 힘에 의해 강제로 펴야 하며 펴질 때에는 힘줄(건)이 마찰을 받아 손가락 관절의 마디에서 딱 소리가 나면서 통증을 느끼게 되기도 한다. 그리고 심한 경우에는 손가락을 구부리는(굴곡) 동작 또한 잘 되지 않으며 손가락이 뻣뻣하게 굳어 있기도 한다. 또한 이혈에 의해 순환이 원활하게 이루어지지 않는 경우에는 야간에 통증이 심해지기도 한다. 이러한 경우에는 손을 온열이나 따뜻한 물에 담그고 마사지를 해주며

엄지 손가락 방아쇠인 경우는 **폐경**의 ⑨태연혈 ⑩어제혈 ⑪소상혈과

대장경의 ④합곡혈 ⑤양계혈을 그리고

중지(가운데 손가락)의 경우는

심포경의 ⑥내관혈 ⑦대릉혈 ⑧노궁혈 ⑨중충혈을 약지(넷째 손가락)는

삼초경의 ①관충혈 ②액문혈 ③중저혈 ④양지혈 등을 지압과 마사지 등을 하여 준다(그림 7-70).

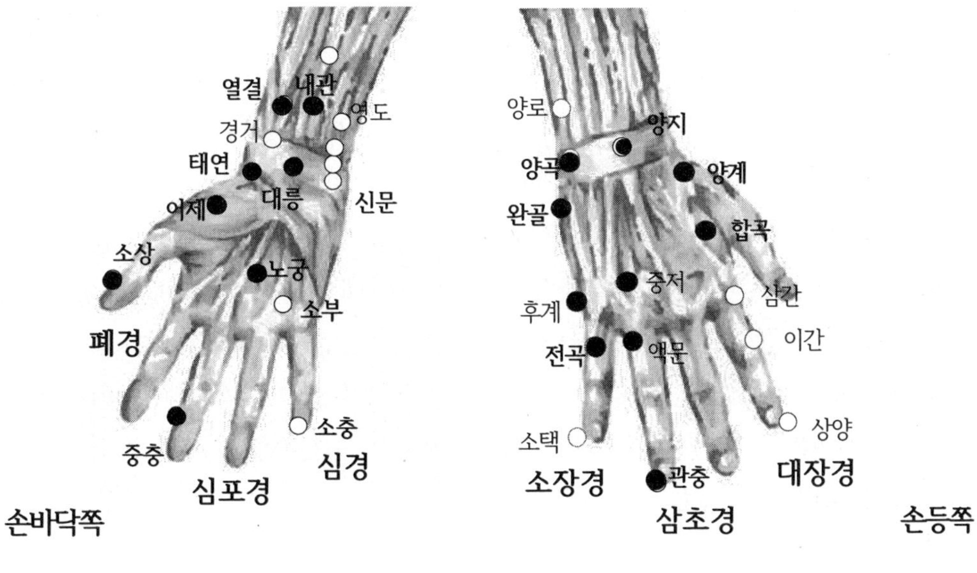

「그림 7-70」 방아쇠 손가락과 연관된 경락과 경혈

4. 손가락이 저릴 때

어릴적에 집안의 어르신께서 망치로도 잘 부서지지 않는 가래호두를 손 안에서 굴리어 서로 부딪치며 내던 청아한 소리와 어르신의 모습이 세월이 지난 오늘날에도 생생하게 떠오르고 있다. 손에는 앞서 언급을 하였듯이 많은 신경과 근육들은 물론 경락과 경혈들이 위치하여 주어진 기능들을 수행하고 있지만 많은 사람들은 그 중요함을 간과한채 혹사를 시키고 있다가 결국에는 손의 이상으로 인하여 아픔을 호소하고 있는 것이 현실이라 할 수 있을 것이다. 이에 여러 운동들 차치하고라도 평소에 기지개를 자주 펴주고 손을 씻을 때에는 따뜻한 물에 잠시라도 담갔다가 비누거품이 많이 일어날 때까지 손을 충분히 비벼가며 마사지를 해주고 자주 박수를 치듯이 손바닥을 서로 부딪쳐 손에 위치하고 있는 경혈들을 자극시켜주는 것이 좋을 것이다. 그리고 손가락의 끝이 마비가 되고 감각이 없어지는 증상들은 목뼈(경추)의 이상으로 인하여 손가락으로 이어지는 신경이 압박되는 경우에 발생할 수가 있으며 특히 흉쇄유돌근이나 사각근의 이상과 그 밑을 지나는 혈관 등이 압박을 받게 되어 기혈이 순행되지 못함으로써 발생되는 것이라 볼 수가 있다.

따라서 엄지 손가락과 둘째 손가락(인지)의 이상은 경추 제5번과 6번을 넷째 손가락(약지)과 다섯째 손가락(소지)의 이상은 경추 제6번과 7번 및 흉추의 이상을 의심하여 살펴보면 좋을 것이다. 그리고 흉쇄유돌근과 사각근 부위의 경락들 즉 **소장경**의 ⑰천용혈 ⑯천창혈과 **대장경**의 ⑱부돌혈 ⑰천정혈 및 **위경**의 ⑩수돌혈 ⑪기사혈 ⑫결분혈에 이르는 방향의 경혈(그림의 ①)과 **신경**의 ㉗수부혈과 **위경**의 ⑬기호혈 및 **폐경**의 ②운문혈 방향(그림의②)으로 온찜과 마사지 및 지압을 하며 아울러 팔 부위에 주행하는 경락들인 **폐경**의 ①중부혈 ③천부혈 ⑤척택혈 ⑦열결혈 ⑨태연혈(엄지 손가락쪽) 등과 **대장경**의 둘째 손가락 쪽 ④합곡혈 ⑥편력혈 ⑩수삼리혈 ⑪곡지혈 ⑭비노혈 ⑮견우혈 및 **심포경**의 ②천천혈 ③곡택혈 ④극문혈 ⑥내관혈 ⑦대릉혈 ⑨중충혈(셋째 손가락)등을 그리고 **삼초경**의 관충혈(넷째 손가락) ④양지혈 ⑧삼양락혈 ⑩천정혈 ⑪소락혈 ⑭견료혈 등과 **심경**의 ③소해혈 ④영도혈 ⑦신문혈 ⑨소충혈(다섯째 손가락의 안쪽) 및 **소장경**의 ①소택혈(다섯째 손가락의 바깥쪽) ④완골혈 ⑦지정혈 ⑧소해혈 ⑩노수혈들 중 이상증상이 나타나는 경락의 경혈들에 지압과 마사지 및 온찜질을 해주도록 한다(그림 7-71).

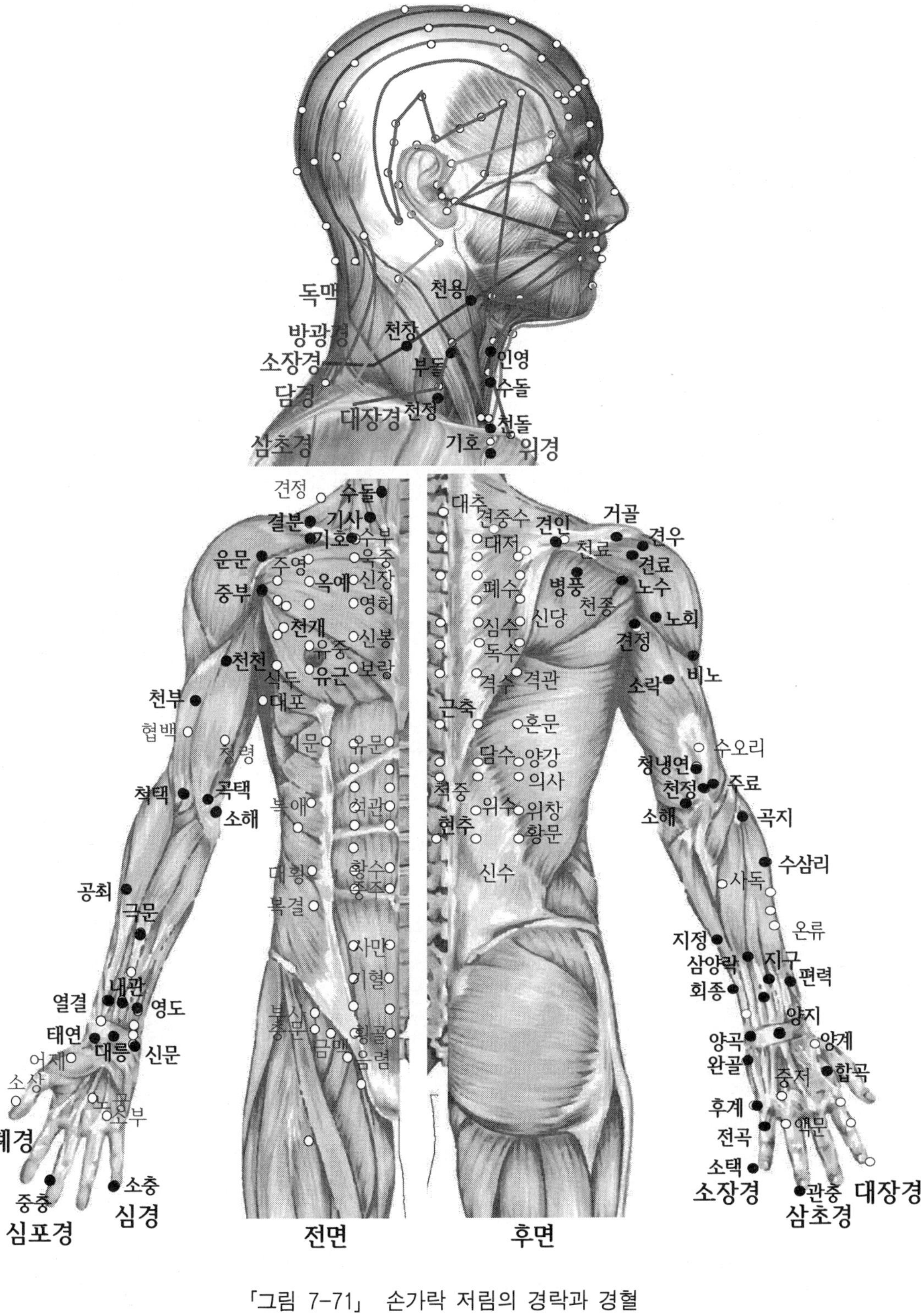

「그림 7-71」 손가락 저림의 경락과 경혈

Ⅸ. 손가락의 통증

1. 모지(엄지 손가락)부위의 통증

1) 모지내전근

척골신경(경추 제8번과 흉추 제1번)의 지배를 받아 모지의 굴곡과 내전 및 외전에 관여를 하며 엄지 손가락의 손바닥 쪽 부위(어제혈)에 통증이 나타나 엄지 손가락 쪽으로 확산을 한다(그림 7-72). 이에 **폐경**의 ⑩어제혈 ⑪소상혈과 **심포경**의 ⑧노궁혈 등을 지압과 아울러 마사지 등을 해준다.

2) 장모지굴근

손가락의 굴근에는 장모지굴근과 심지굴근 및 천지굴근 등이 있으며 수지굴근에 통증이 발생을 하게 되면 연관된 통증은 해당 손가락에 감전된 것 같은 찌릿한 통증이 손가락의 끝부위까지 확산을 하게 된다. 장모지굴근은 정중신경(경추 제6번, 7번, 흉추 1번)의 지배를 받아 엄지 손가락의 끝마디를 굴곡시키는 기능을 하며 엄지 손가락 부위에 통증이 나타난다(그림 7-73). 이러한 경우에는 **폐경**의 ⑤척택혈 ⑥공최혈 ⑦열결혈 ⑧경거혈 ⑨태연혈 ⑩어제혈 ⑪소상혈에 지압과 마사지 및 온찜질을 해주면 좋을 것이다(그림 7-74).

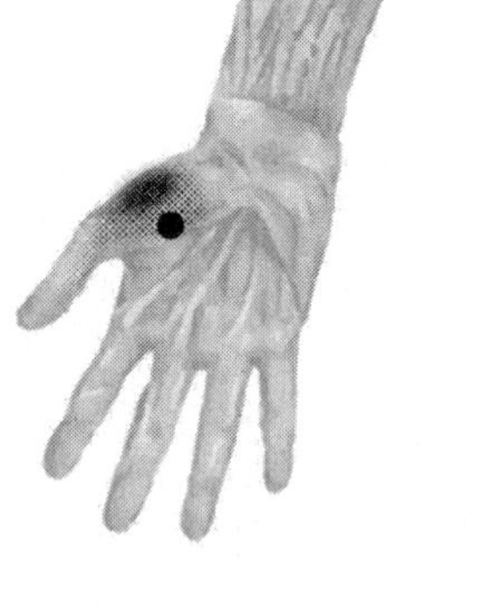

「그림 7-72」 모지내전근의 발통점과 연관통

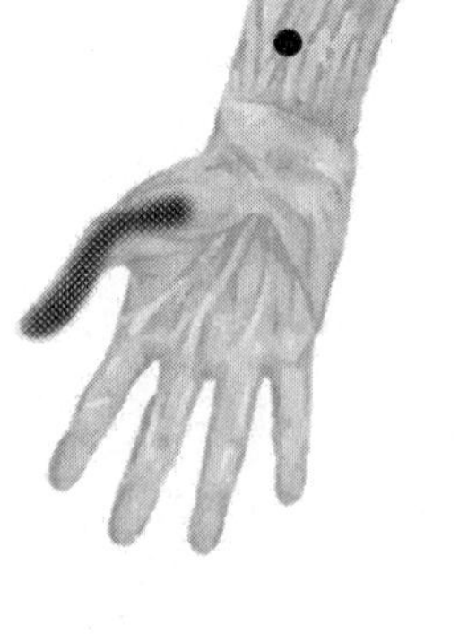

「그림 7-73」 장모지굴근의 발통점과 연관통

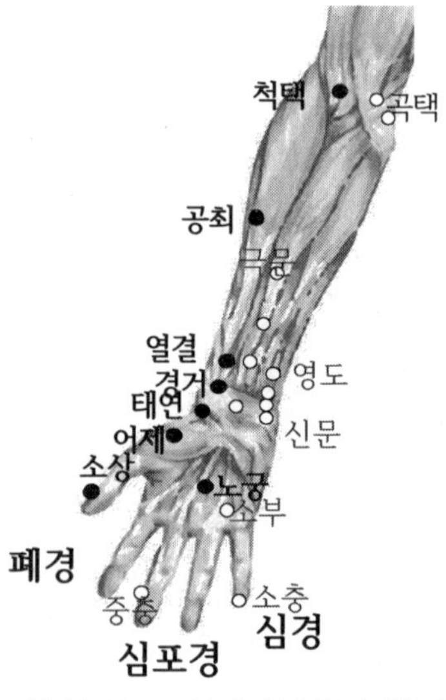

「그림 7-74」 모지내전근과 장모지굴근 통증 부위의 경락과 경혈

3) 견갑하근(肩胛下筋)

견갑하신경(흉추5번, 6번)의 지배를 받는 견갑하근은 견관절(상완)을 내전 및 내측회전을 시키며 극상근 · 극하근, 소원근 등과 함께 회전근개(回轉筋蓋)를 구성한다.

견갑하근에 통증이 발생하게 되면 오십견 증세인 견관절의 운동장애(외전 및 외측회전등)가 나타나며 연관통은 어깨 뒷부분의 후삼각근 부위에 나타나서 견갑골과 상완의 뒷부분을 따라 손목부위까지 확산하며 어깨 뒤쪽이 쑤시고 결리며 심한 경우에는 어깨를 건드리기만 해도 기절할 것 같은 통증이 오며 잠을 자기도 힘들게 된다. 또한 손바닥보다 손등 쪽이 압통과 통증이 많으며 손목 주위가 욱씬거리고 시큰거리며 심하면 손이 제대로 기능을 못하고 팔을 들어올리거나 팔을 들어올려(어깨높이) 뒤로 뻗기가 힘든 오십견의 대표적인 근육으로 어깨 관절염의 초기로 오인하기도 한다(그림 7-75). 견갑하근 및 통증 부위의 경락들 즉

독맥의 ⑪신도혈 ⑫신주혈 ⑭대추혈과

소장경의 ④완골혈 ⑤양곡혈 ⑥양로혈 ⑧소해(小海)혈 ⑨견정혈 ⑩노수혈 ⑪천종혈 ⑫병풍혈 ⑬곡원혈 ⑭견외수혈 및

대장경의 ⑯거골혈 ⑮견우혈 ⑭비노혈 ⑫주료혈 ⑪곡지혈 ⑤양계혈 등을 그리고

삼초경의 ⑭견료혈 ⑬노회혈 ⑫소락혈 ⑪청냉연혈 ⑩천정혈 ⑥지구혈 ⑤외관혈 ④양지혈과

심포경의 ②천천혈 ③곡택혈 ⑥내관혈 ⑦대릉혈 및

심경의 ①극천혈 ②청령혈 ③소해혈 등에 지압과 마사지를 해준다(그림 7-76).

자가운동으로는 평소에 기지개를 자주 펴주도록 하며 또한 양손을 깍지를 끼고 기지개를 펴듯이 머리 위로 올려 팔이 귀에 닿도록 해주어 이완된 오구완근을 수축시켜 주도록 하며 또한 철봉 등을 잡고 자세를 낮추어 근육을 이완시켜 주도록 한다. 특히 팔에 기브스를 하였거나 산모와 같이 겨드랑이를 붙이고 장시간 있는 경우에는 견갑하근육 등이 수축되어 굳어 있을 수 있으므로 주위를 기울여야 할 것이다.

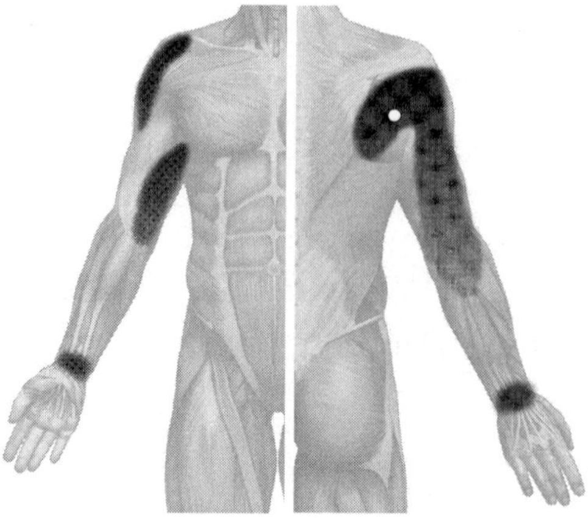

전면 후면

「그림 7-75」 견갑하근의 발통점과 연관통

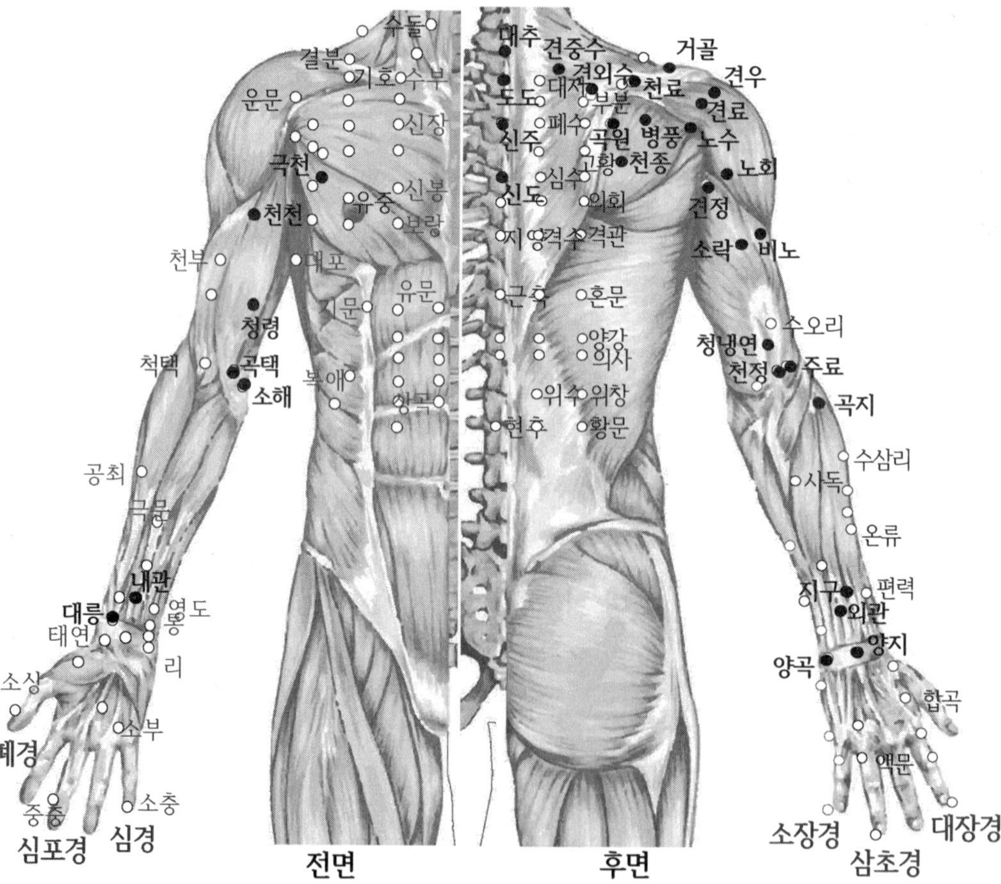

전면 후면

「그림 7-76」 견갑하근 통증 부위의 경락과 경혈

4) 회외근(回外筋)

요골신경(경추5번, 6번)의 지배를 받는 회외근은 전완(아래쪽 팔)을 밖으로 돌리는(회외) 기능을 하며 상완골외측상과와 요골의 윤상인대 및 척골의 회외근능선 등에서 요골의 상부 3분의1 부위 외측면에 부착을 한다.

회외근은 테니스 엘보의 주된 원인이 되는 근육 중 하나로 아기를 안고 젖을 먹이거나 청소 용역 업에 종사하는 경우 또는 손 빨래를 많이 하여 비틀어 짜는 경우 등은 회외근에 통증이 발생할 가능성이 높다 하겠다.

회외근에 통증이 발생을 하게 되면 그에 따른 연관된 통증은 상완골 외측상과와 주관절(팔굽관절) 바깥쪽에 압통이 나타나며 심한 경우에는 엄지 손가락의 손등쪽(합곡혈)부위로 확산이 되어 엄지손가락이 저리거나 둘째와 넷째 손가락이 따끔거리는 통증이 나타나기도 한다(그림 7-77). 이에 통증 부위의 경락들 즉

폐경의 ⑤척택혈 ⑥공최혈 등과

대장경의 ③삼간혈 ④합곡혈 ⑤양계혈 ⑩수삼리혈 ⑪곡지혈 ⑫주료혈 등에 지압과 마사지를 하여 기혈이 순행하도록 하여 준다(그림 7-78).

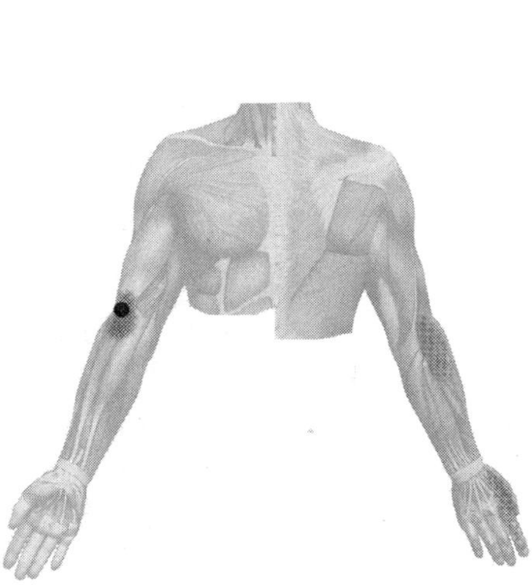

「그림 7-77」 회외근의 발통점과 연관통

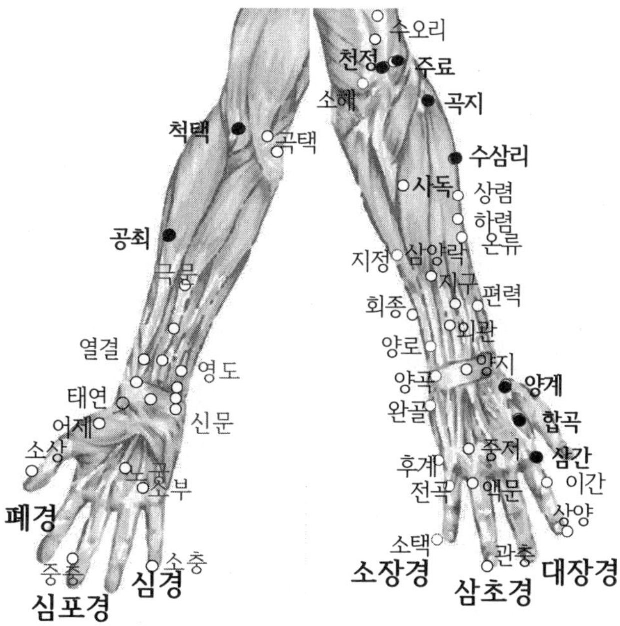

「그림 7-78」 회외근 통증 부위의 경락과 경혈

5) 상완근(上腕筋)

근피신경(경추5번, 6번)의 지배를 받는 상완근은 전완(팔)을 구부리는(굴근) 기능을 하며 상완근에 통증이 발생하게 되면 그에 따른 연관된 통증은 엄지 손가락의 손등 쪽 부위에 통증이 나타나며 심한 경우에는 주관절(팔굽관절)의 접히는 부위와 견관절(어깨관절)과 상완(팔)의 위쪽 앞 부위 까지 통증이 확산된다(그림 7-79). 그리고 팔(주관절)을 쭉 펴게(신전) 되거나 엄지 손가락을 움직이게 되면 통증이 나타나며 팔굽관절 안쪽이 쑤시고 아려 잠을 설치기도 한다. 이러한 경우에 통증 부위의 경락들 즉

대장경의 ④합곡혈 ⑤양계혈 ⑫주료혈 ⑬오리혈 ⑭비노혈 ⑮견우혈 등과 **심포경**의 ③곡택혈 및 **폐경**의 ③천부혈 ④협백혈 ⑤척택혈 ⑥공최혈 ⑧경거혈 ⑨태연혈 등에 지압과 마사지를 해주고(그림 7-80), 앉은 자세에서 베개 등을 팔굽관절에 받치고 다른 손으로는 아픈쪽 팔의 손바닥쪽 손가락을 잡아 제껴 줌으로써 주관절의 신전을 유도하도록 한다(사진 7-14).

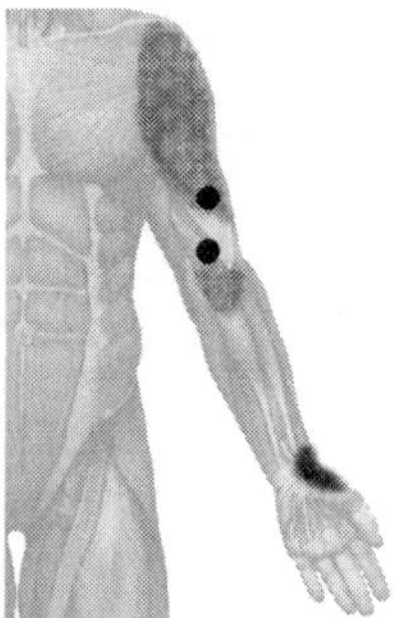

「그림 7-79」 상완근의 발통점과 연관통

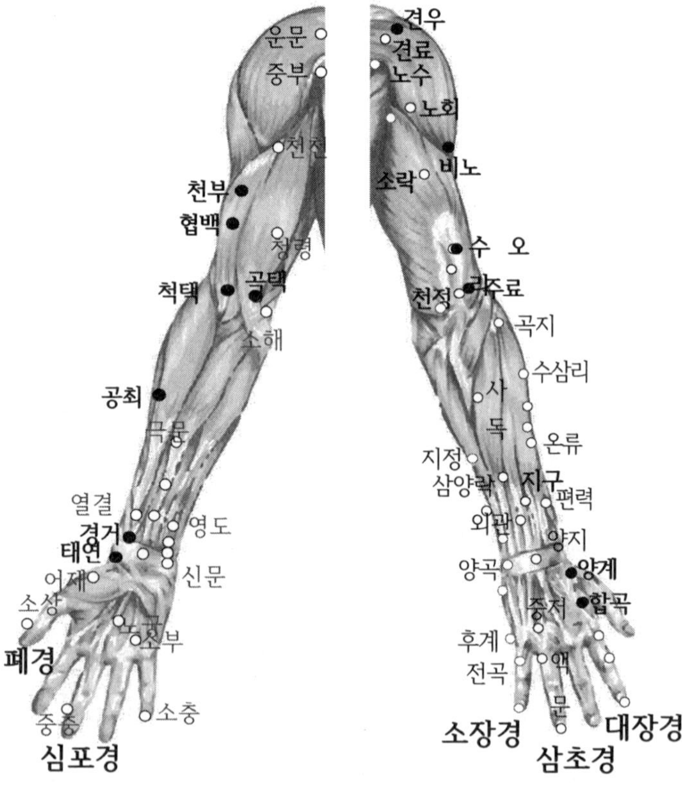

「그림 7-80」 상완근 통증 부위의 경락과 경혈

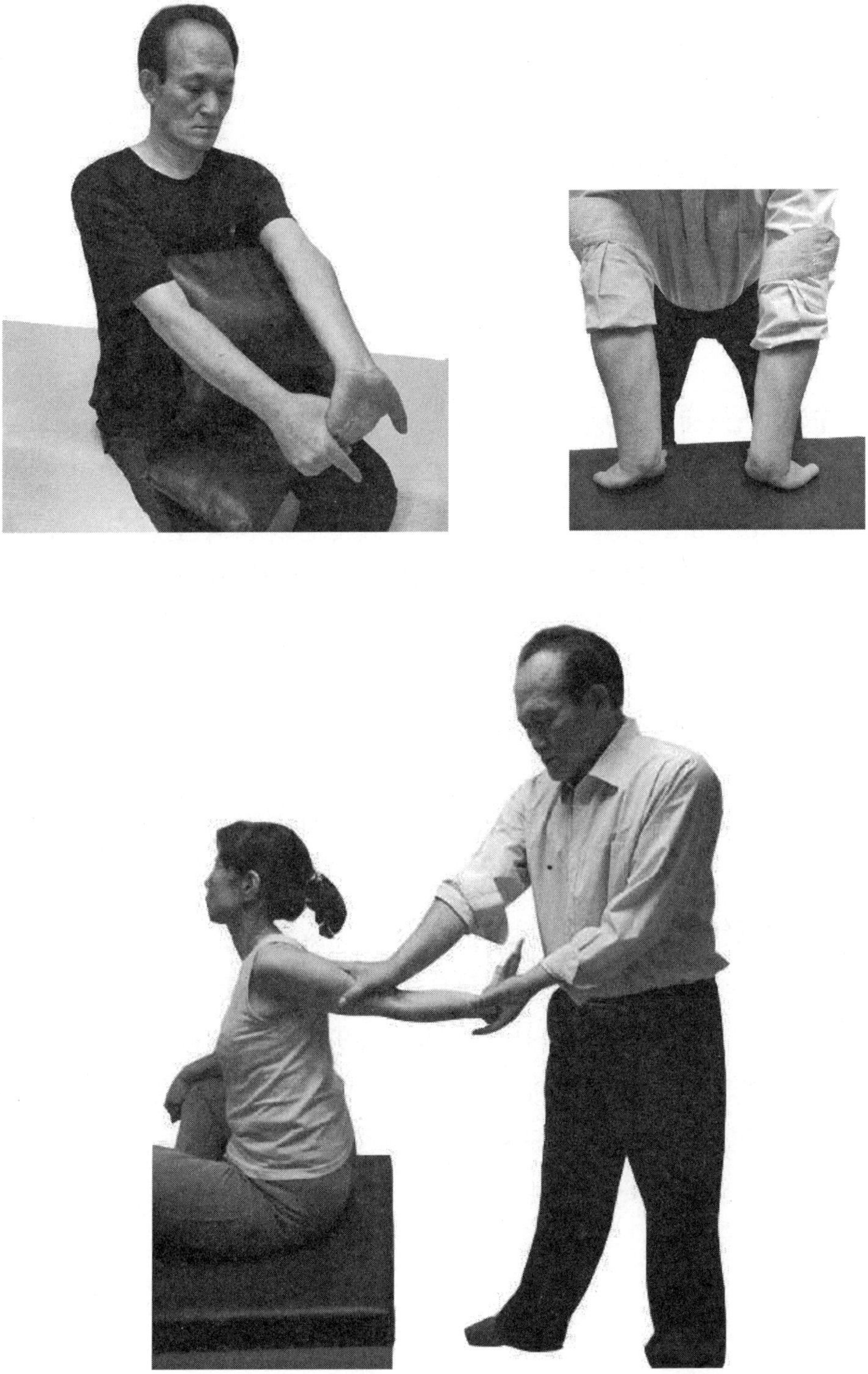

「사진 7-14」 상완근의 이완 운동

6) 완요골근

요골신경(경추5번, 6번)의 지배를 받아 주관절(팔굽관절)의 굴곡과 분리를 방지하는 근육으로 장요측수신근과 회외근을 덮고 있는 얇은 근육이다. 그리고 통증이 발생하면 상완골의 외측상과와 엄지 손가락의 손등 쪽 부위에 연관된 통증이 나타난다(그림 7-81). 이러한 경우에는

대장경의 ⑬수오리혈 ⑫주료혈 ⑪곡지혈 ⑩수삼리혈 ⑤양계혈 ④합곡혈과

폐경의 ⑤척택혈 ⑥공최혈 ⑨태연혈 등을 지압과 아울러 마사지를 해준다.

7) 장요측수근신근(제2중수골에 부착)

요골신경의 지배를 받는 수근신근은 장요측수근신근과 단요측수근신근 및 척추수근신근으로 이루어져 기능을 하고 있다. 장요측수근신근은 손목의 신전과 요측 외전의 기능을 하며 상완(상박)의 외측상과와 전완(하박)을 거쳐 엄지 손가락의 손등쪽 부위에 연관된 통증이 나타나고 악수나 물건을 잡을 때 손아귀의 힘이 약화되고 통증으로 인하여 물건을 떨어뜨리게 된다(그림 7-82). 그리고 통증 부위의 경락으로는

대장경의 ⑤양계혈 ⑥편력혈 ⑦온류혈 ⑧하렴혈 ⑨상렴혈 ⑩수삼리혈 ⑪곡지혈 ⑫주료혈 및

삼초경의 ④양지혈 ⑨사독혈 ⑩천정혈 등에 지압과 마사지 등을 해준다. 그리고

8) 단요측수근신근(제3중수골에 부착)

손목의 신전과 요측외전의 기능을 하며 연관된 통증은 손목과 손등의 중앙부위 쪽으로 손등이 찌릿하게 저린 통증이 나타난다(그림 7-83). 그리고 통증 부위의 경락으로는 **대장경**의 ⑤양계혈에서 ⑪곡지혈에 이르는 경혈 외에

삼초경의 ④양지혈 ⑤외관혈 ⑥지구혈 ⑦회종혈 ⑧삼양락혈 ⑨사독혈 등에 지압과 마사지 등을 해준다(그림 7-84).

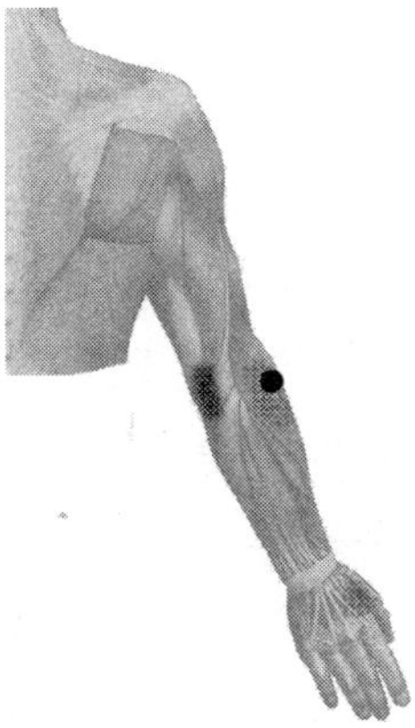

「그림 7-81」 완요골근의 발통점과 연관통

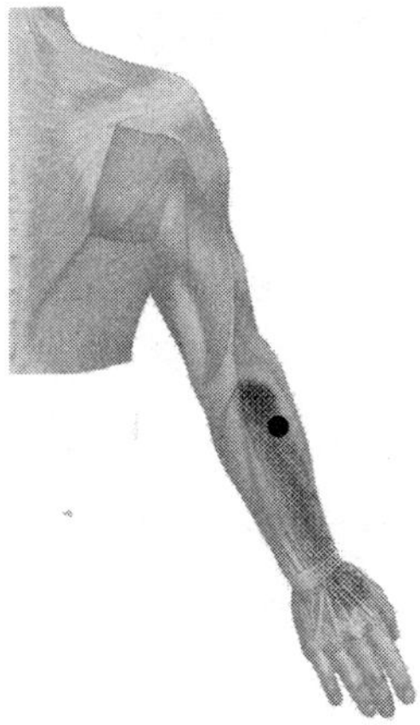

「그림 7-82」 장요측수근신근의 발통점과 연관통

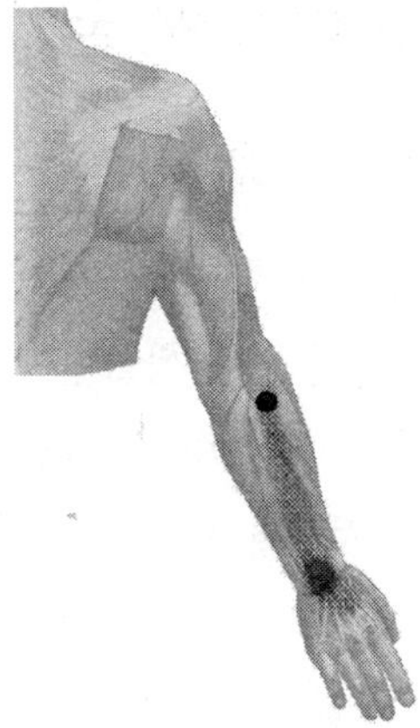

「그림 7-83」 단요측수근신근의 발통점과 연관통

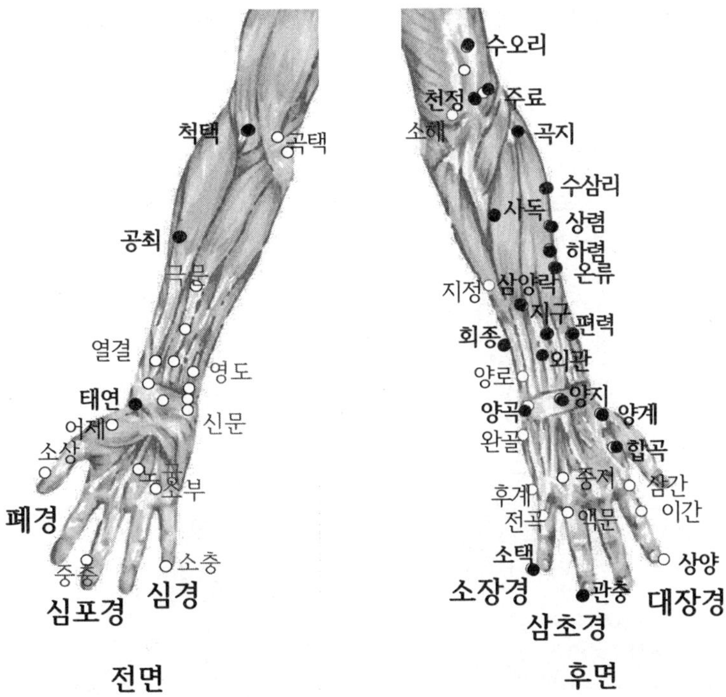

「그림 7-84」 완요골근, 장요 · 단요측수근신근 통증 부위의 경락과 경혈

2. 인지(둘째 손가락) 부위의 통증

1) 골간골(제1배측)

손가락의 뼈 사이에는 충양근과 골간근(배측골간근, 장측골간근) 및 소지외전근이 있다. 골간근은 척골신경(경추신경 8번과 흉추신경 1번)의 지배를 받으며 배측(손등쪽) 골간근은 손가락의 외전을 장측(손바닥 쪽)골간근은 손가락의 내전 기능을 하고 있다. 그리고 제1배측골간근에 통증이 발생하면 연관된 통증은 인지(둘째 손가락)의 엄지 손가락 쪽 면에 나타나며 심한 경우에는 손등과 손바닥 및 새끼 손가락 쪽으로도 확산이 되어 나타나기도 한다. 다른 골간근 또한 골간근이 부착한 해당 손가락 쪽으로 연관된 통증이 나타나게 되며(그림 7-85) 이러한 통증으로 인하여 손가락의 굴곡과 내전이 제한되고 단추를 채우거나 물건들을 잡는 등의 행동에 제한을 받게 된다. 이러한 경우에는

대장경의 ⑤양계혈 ④합곡혈 ③삼간혈 ②이간혈 ①상양혈 등과 **삼초경**의 ④양지혈 ③중저혈 및 **심포경**의 ⑧노궁혈 및 **소장경**의 ③후계혈 ②전곡혈 ①소택혈 등을 지압과 마사지 및 온찜질을 해주면 도움이 될 것이다(그림 7-86).

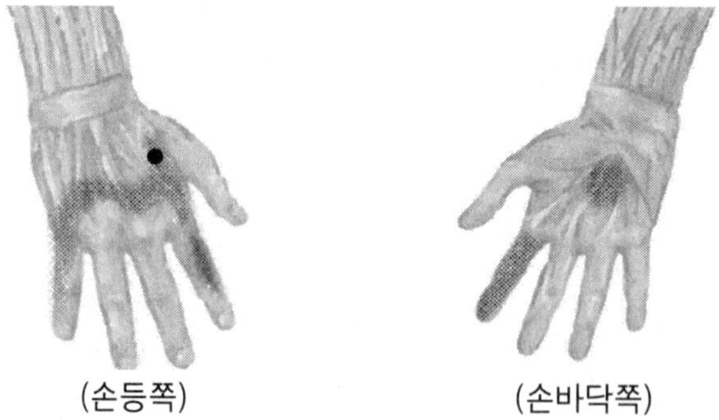

「그림 7-85」 골간골(제1배측)의 발통점과 연관통

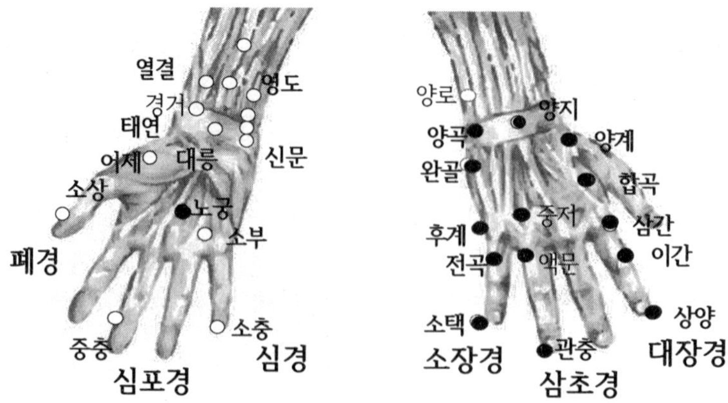

「그림 7-86」 골간골(제1배측) 통증 부위의 경락과 경혈

3. 중지(가운데 손가락)부위의 통증

1) 오구완근(烏口腕筋)

근피신경(경추6번, 7번)의 지배를 받는 오구완근은 견관절의 굴곡과 내전을 보조하고 상완골두를 견갑골의 관절와에 고정을 시키는 기능을 한다.

오구완근에 통증이 발생하는 것은 주변의 근육(삼각근, 상완이두근의 단두, 삼완삼두근의 장두, 극상근 등) 들에 통증이 발생될 때 이차적으로 발생 되는 것이 대부분이다. 따라서 주변 근육들의 통증 치료 후에도 어깨 앞쪽에 통증이 계속되고 있다면 오구완근에 의한 통증을 의심하여야 할 것이다. 오구완근에 통증이 발생하면 그에 따른 연관된 통증은 어깨 앞쪽에 집중되며 심한 경우에는 상완(팔)의 뒷부분을 지나 손등과 중지(가운데손가락) 까지도 확산이 되어 저리고 쑤시면서 따가운 통증이 나타날수도 있으며 등을 긁거나 앞면과 옆면으로 팔을 높게 뻗을 수 없게 된다(그림 7-87). 이러한 경우 오구(훼)완근의 주변에 흐르는 경락들 즉

폐경의 ①중부혈 ②운문혈

대장경의 ⑭비노혈 ⑮견우혈 ⑯거골혈과

소장경의 ⑧소해혈 ⑨견정혈 ⑩노수혈 ⑪천종혈 ⑫병풍혈 및

삼초경의 ⑭견료혈에서 ⑬노히혈 ⑪천냉연혈 ⑩천정혈 ⑨사독혈 ⑧삼양락혈 ④양지혈 ③중저혈에 이르는 경혈에 지압과 마사지를 해주고(그림 7-88) 아픈 팔의 팔굽관절을 구부리게하여 한손으로 환자의 어깨를 잡고 다른 손으로는 팔굽관절을 받쳐 잡아 뒤로 당겨 스트레칭을 시켜준다(사진 7-15의 ①).

그리고 스스로가 양팔을 새끼를 꼬듯이 틀어 깍지를 끼어 기지개를 펴듯이 들어 올려 오구완근을 수축시켜 주는 동작(사진 7-15의 ②)과 양손을 등 뒤로 잡아 견갑골이 닿도록 어깨를 제껴 오구완근을 이완시켜주도록 한다(사진 7-15의 ③).

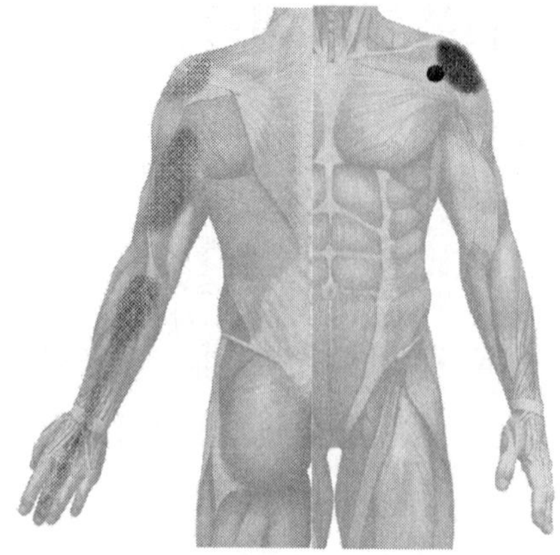

「그림 7-87」 오구완근의 발통점과 연관통

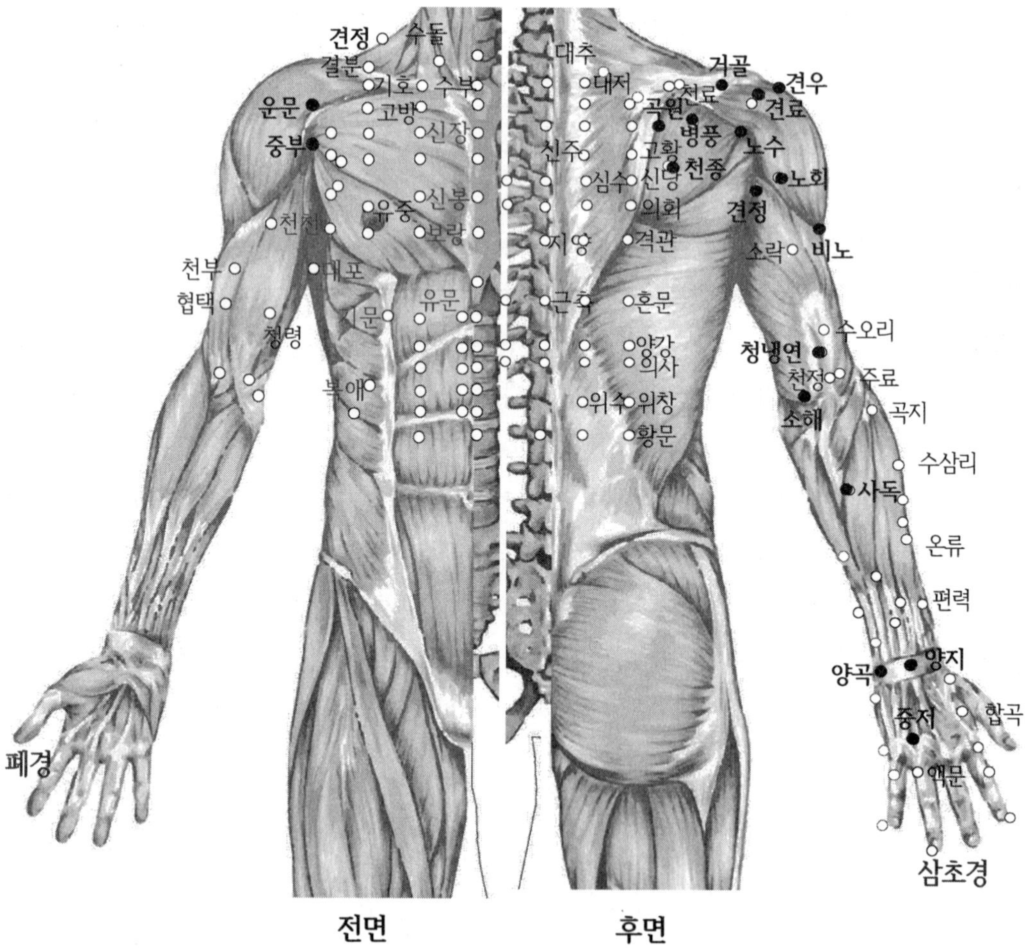

「그림 7-88」 오구완근 통증 부위의 경락과 경혈

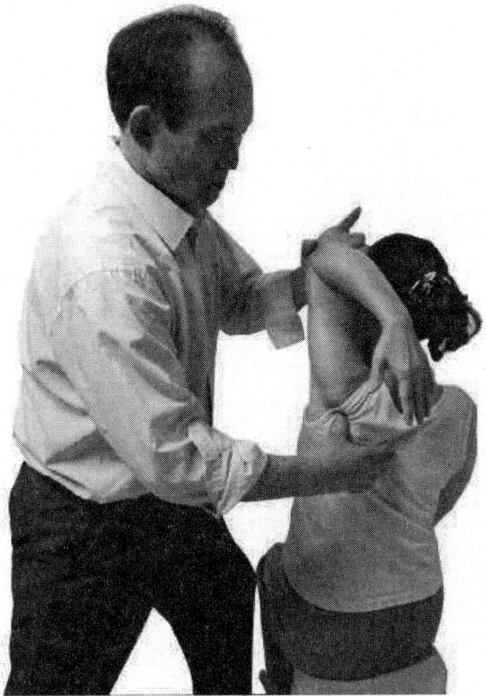

①

②

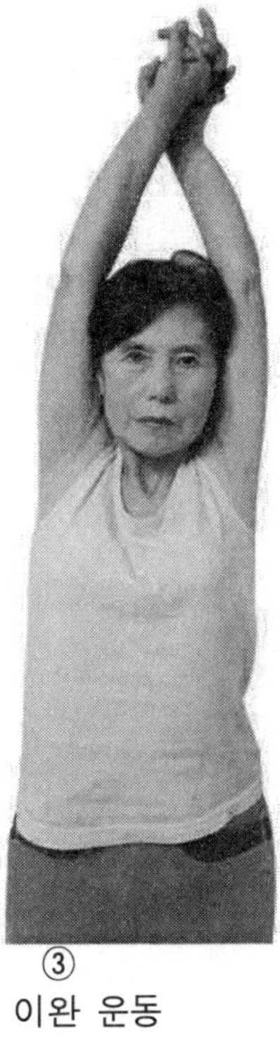

③

「사진 7-15」 오구완근의 이완 운동

2) 골간근(제2배측)

제2배측(손등 쪽)골간근에 통증이 발생을 하게 되면 가운데 손가락의 엄지 손가락 쪽 면에 통증이 나타나게 되며 이로 인하여 여러 행동에 제약을 받게 된다(그림 7-89). 이러한 경우에는

심포경의 ③곡택혈 ④극문혈 ⑤간사혈 ⑥내관혈 ⑦대릉혈 ⑧노궁혈 ⑨중충혈 및

삼초경의 ④양지혈과 가운데 손가락의 중수골에 지압과 마사지 및 온찜질을 해주면 좋을 것이다(그림 7-90).

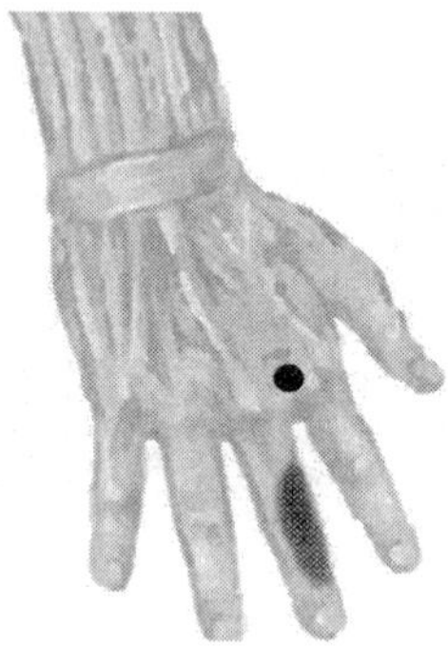

「그림 7-89」 골간근(제2배측) 발통점과 연관통

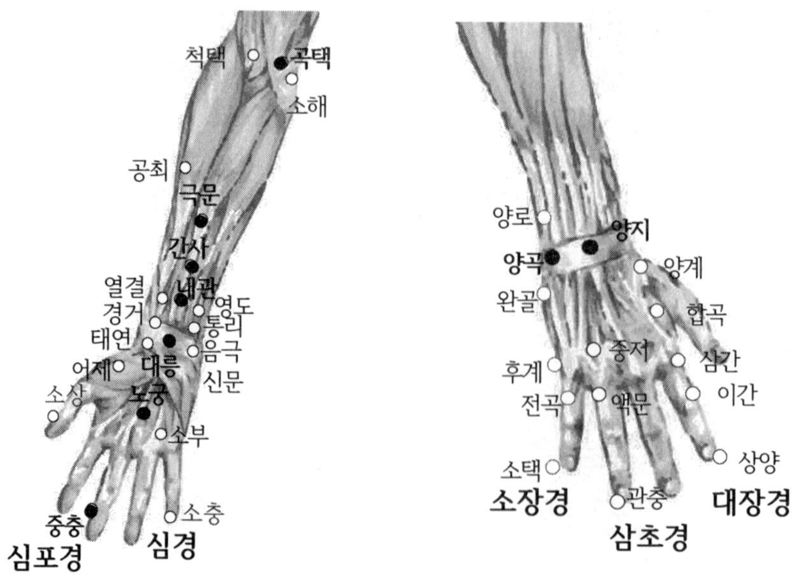

「그림 7-90」 골간근(제2배측) 통증 부위의 경락과 경혈

3) 중지신근

요골신경의 지배를 받는 지신근은 손가락과 손목의 신전 기능을 하며 통증이 발생을 하게 되면 손가락의 강직과 통증은 물론 근위지골간 관절에 압통이 유발되기도 한다. 중지신근 또한 연관된 통증이 전완(하박)과 손목 및 손등과 손가락까지(손가락의 끝마디 이전까지) 확산이 되며 손가락 관절이 강직되고 욱씬거리며 악력 또한 약화가 된다(그림 7-91). 이러한 경우에는

대장경의 ④합곡혈 ⑤양계혈 ⑥편력혈 ⑦온류혈 ⑧하렴혈 ⑨상렴혈 ⑩수삼리혈 ⑪곡지혈과

삼초경의 ②액문혈 ③중저혈 ④양지혈 ⑤외관혈 ⑥지구혈 ⑧삼양락혈 ⑨사독혈 ⑩천정혈 등에 지압과 마사지 및 온찜질을 해준다(그림 7-92).

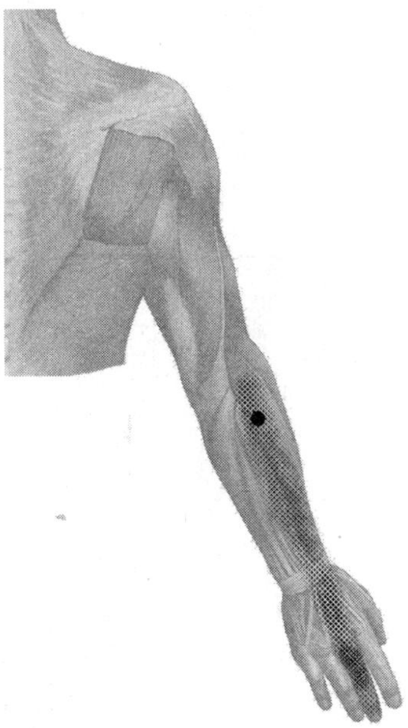

「그림 7-91」 중지신근의 발통점과 연관통

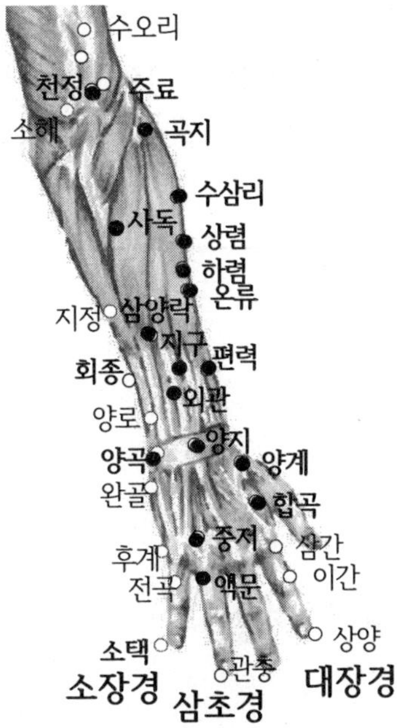

「그림 7-92」 중지신근 통증 부위의 경락과 경혈

4) 수지(손가락)굴근

손가락을 구부리는 근육(수지굴근)에는 장모지굴근과 심지굴근 및 천지굴근 등이 있다. 그리고 심지굴근과 천지굴근에 통증이 발생을 하게 되면 해당 손가락에 감전된 것과 같은 찌릿한 통증이 수지신근과는 달리 손가락의 끝까지 나타나게 되며, 심한 경우에는 지속적인 통증으로 잠을 이루기가 힘들어진다(그림 7-93).

(1) 심지굴근 : 척골신경과 정중신경의 지배를 받으며 말절골을 굴곡시키는(제2지~제5지) 기능을 한다.

(2) 천지굴근 : 정중신경의 지배를 받아 손가락(제2지~제5지)의 중절골과 손을 굴곡시키는 기능을 한다. 따라서 통증이 발생되었다면 해당 경락의 경혈에 즉 둘째 손가락(인지)의 경우에는 **대장경**의 ①상양혈 ②이간혈 ③삼간혈 ④합곡혈 ⑤양계혈 등을 셋째 손가락(중지)은 **심포경**의 ③곡택혈 ④극문혈 ⑥내관혈 ⑦대릉혈 ⑧노궁혈 ⑨중충혈 등을 넷째 손가락(약지)은 **삼초경**의 ①관충혈 ②액문혈 ③중저혈 ④양지혈 ⑤외관혈 등을 다섯째 손가락(소지)에는 **심경**의 ⑦신문혈 ⑧소부혈 ⑨소충혈과 **소장경**의 ①소택혈 ②전곡혈 ③후계혈 ④완골혈 ⑤양곡혈 등을 지압과 마사지 및 온찜질을 하여 기혈이 순행하도록 해주면 좋을 것이다(그림 7-94).

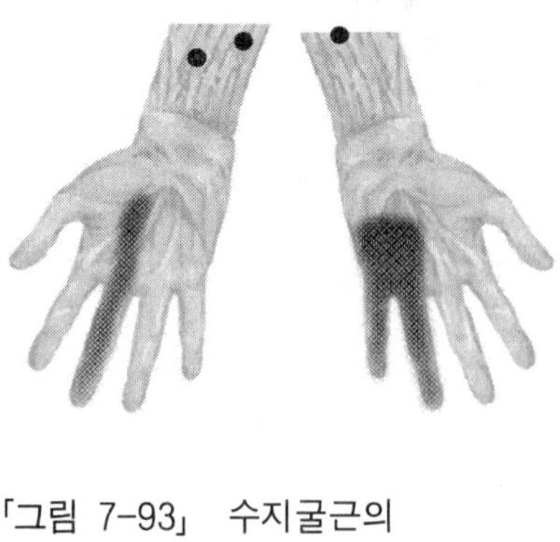

「그림 7-93」 수지굴근의 발통점과 연관통

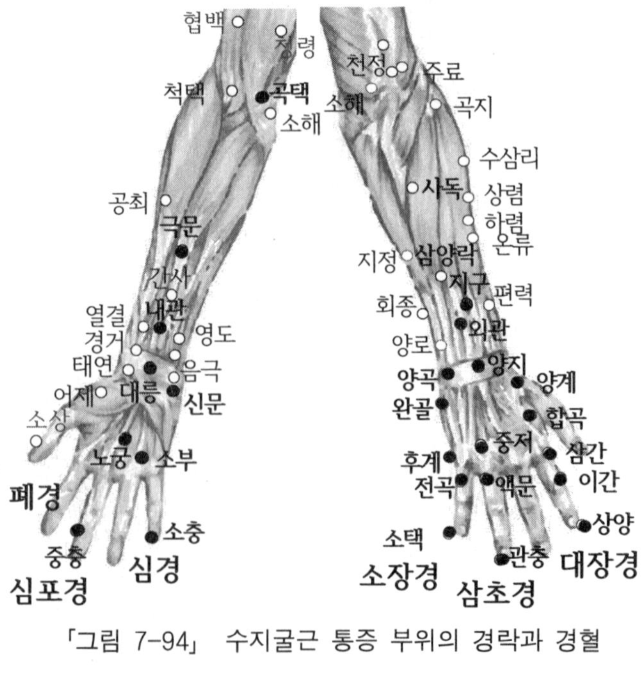

「그림 7-94」 수지굴근 통증 부위의 경락과 경혈

(3) 장장근

정중신경(경추 제5번, 6번, 7번, 흉추 제1번)의 지배를 받아 일부 손바닥의 감각과 손가락의 움직임 및 손목을 구부리고 뒤집는 등의 기능을 하며 연관된 통증은 손바닥을 중심으로 따끔거리는 통증이 나타난다(그림 7-95). 이러한 경우에는

심포경의 ③곡택혈 ④극문혈 ⑤간사혈 ⑥내관혈 ⑦대릉혈 ⑧노궁혈과

폐경의 ⑥공최혈 ⑦열결혈 및

심경의 ③소해(少海)혈 ⑧소부혈 등을 지압과 마사지 및 온찜 등을 해주도록 한다(그림 7-96).

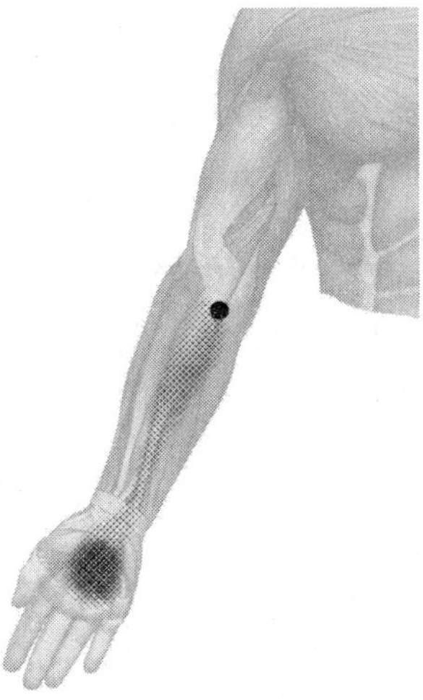

「그림 7-95」 장장근의 발통점과 연관통

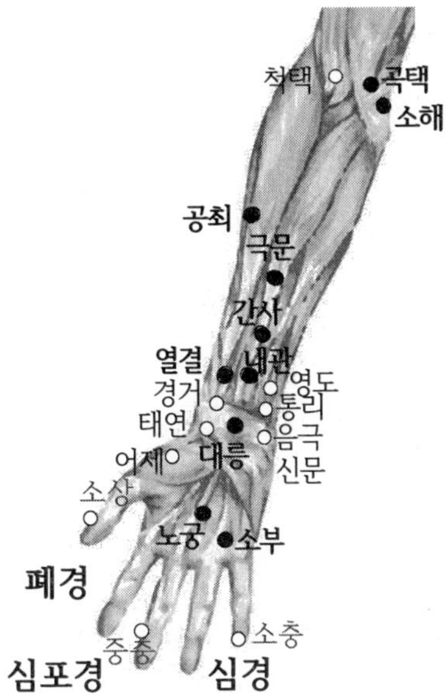

「그림 7-96」 장장근 통증 부위의 경락과 경혈

4. 엄지, 인지(둘째), 중지(셋째) 손가락 부위의 통증

1) 사각근

사각근은 경수신경(제2번~제7번)의 지배를 받는 심경근의 근육으로 전사각근(경추3번~6번), 중사각근(경추2번~7번), 후사각근(경추5번~7번)으로 구성되어 경추를 측굴을 시키고 제1, 2늑골을 위로 당겨 호흡근으로 기능을 하고 있다.

어깨가 아파 지압을 하여도 시원하지 않으며 팔과 어깨 전체가 저리고 손까지 문제가 생기며 가슴과 등에도 통증이 발생한다면 사각근을 의심해볼 필요가 있다.

통증은 팔을 머리 위로 들고 있으면 덜하게 되나 밤과 새벽에 심하며 엄지(첫째 손가락)와 인지(둘째 손가락)가 저리고 마비가 되는듯하며 심한 경우에는 손에 쥐고 있는 물건을 갑자기 떨어뜨리고 손가락과 손등이 부으며 아침에 일어나면 손이 뻣뻣하나 손을 쓰게 되면 감소하게 된다.

그리고 전사각근의 연관된 통증은 어깨의 뒤쪽으로 확산이 되어 양쪽 견갑골 사이에 집중적으로 나타나게 되며 중사각근과 후사각근 상부에서 통증이 발생을 하게 되면 어깨의 앞쪽에 통증이 나타나 상완(상박)의 앞과 뒷면 및 요골 부위를 거쳐 엄지(첫째 손가락)와 인지(둘째 손가락)로 통증이 확산되어 나타난다. 그리고 중사각근이나 후사각근의 아래 쪽에서 통증이 발생하게 되면 흉부의 앞과 젖꼭지까지 쑤시는 듯한 통증이 나타나게 된다(그림 7-97). 이러한 경우에 사각근 및 연관된 통증이 나타나는 부위의 경락들 즉 **폐경**의 ①중부혈 ④협백혈 ⑥공최혈 ⑩어제혈에 이르는 경락과 **대장경**의 ⑱부돌혈 ⑰천정(天鼎)혈 ⑯거골혈 ⑮견우혈 ⑫주료혈 ⑪곡지혈 ④합곡혈에 이르는 경락 및 **위경**의 ⑨인영혈 ⑪기사혈 ⑫결분혈 ⑬기호혈 ⑭고방혈을 그리고 **소장경**의 ⑪천종혈 ⑯천창혈 ⑰천용혈과 **삼초경**의 ③중저혈 ④양지혈 ⑤외관혈 ⑨사독혈 ⑩천정혈 ⑪청냉연혈 ⑬노회혈 ⑭천료혈 ⑯천유혈 ⑰예풍혈에 이르는 경혈과**방광경**의 ㊶부분혈 ㊷백호혈 ㊸고황혈 ㊹신당혈 ㊺의회혈 ㊻격관혈 및 **담경**의 ㉑견정(肩井)혈 및 **독맥**의 ⑭대추혈 ⑪신주혈 등에 지압과 마사지를 해주고(그림 7-98) 누운(환자)자세에서 양손으로 목과 머리를 받쳐 잡아 몸과 수평이 되도록 당겨 근육을 이완시켜주거나(사진 7-16의 ①) 앉은(환자) 자세에서 몸을 환자의 등에 밀착시켜 주고 한손으로는 어깨와 늑골을 고정시키고 다른 한손으로는 머리를 아픈 반대쪽으로 서서히 돌리면서 근육을 신전시켜준다. 이때 환자는 숨을 천천히 내쉬도록 한다(사진 7-16의 ②).

그리고 자가 운동으로는 기지개를 자주 펴서 긴장된 근육을 이완시켜주고 또한 한손으로 아픈쪽 손을 잡아 지그시 당겨주는 동시에 숨을 천천히 내쉬면서 머리를 반대편 으로 기울여(약 8초 정도) 근육을 이완시켜주도록 한다(사진 7-16의 ③).

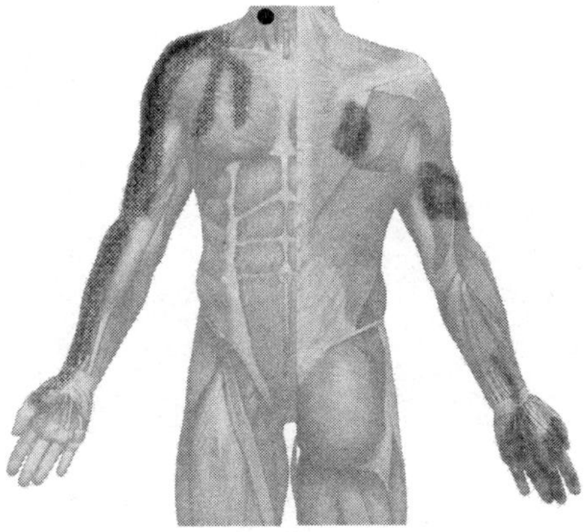

전면 후면

「그림 7-97」 사각근의 발통점과 연관통

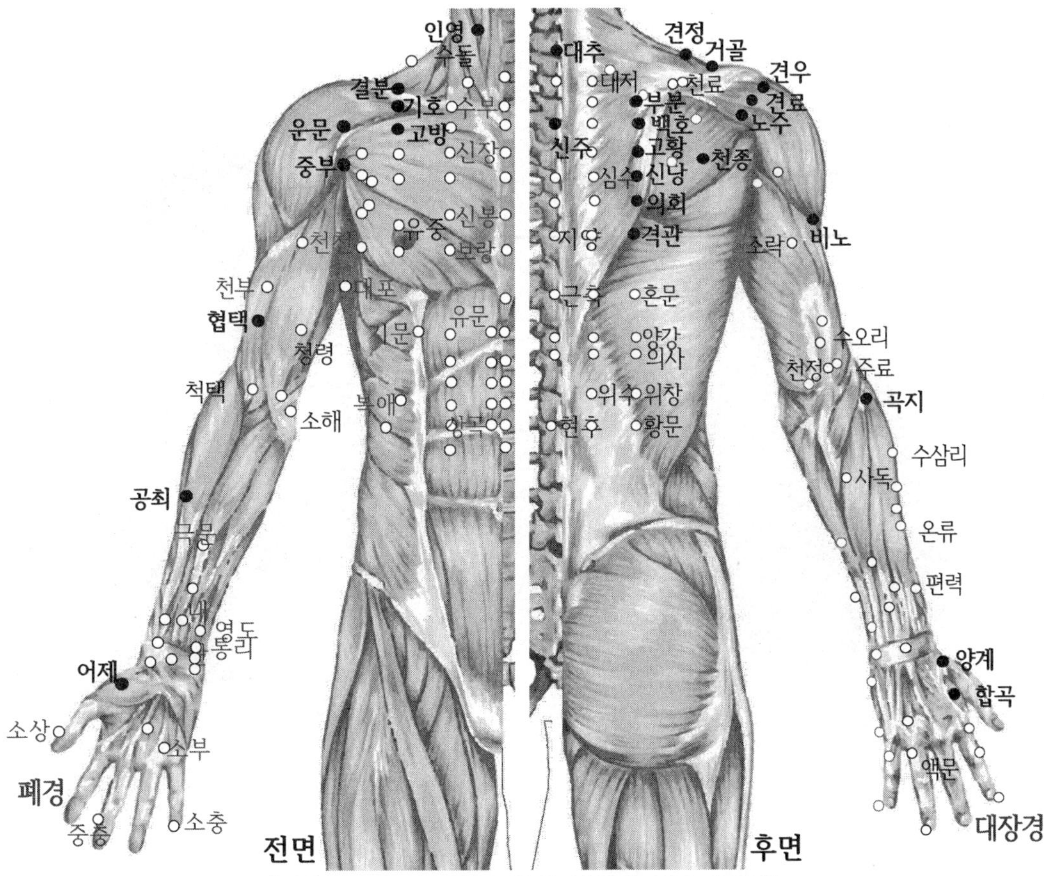

「그림 7-98」 사각근 통증 부위의 경락과 경혈

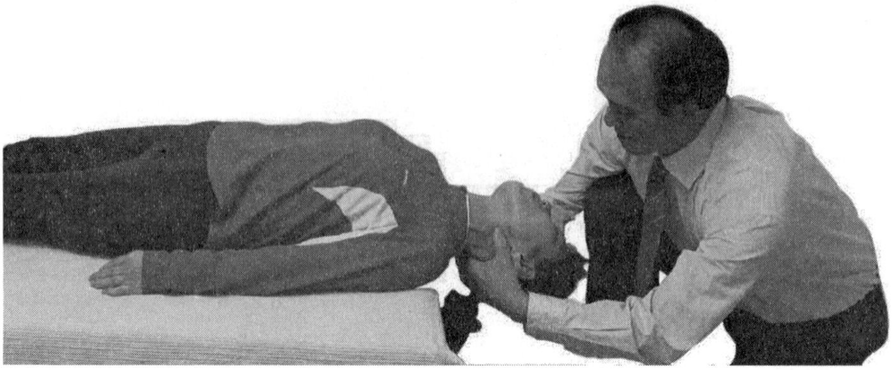

①

②

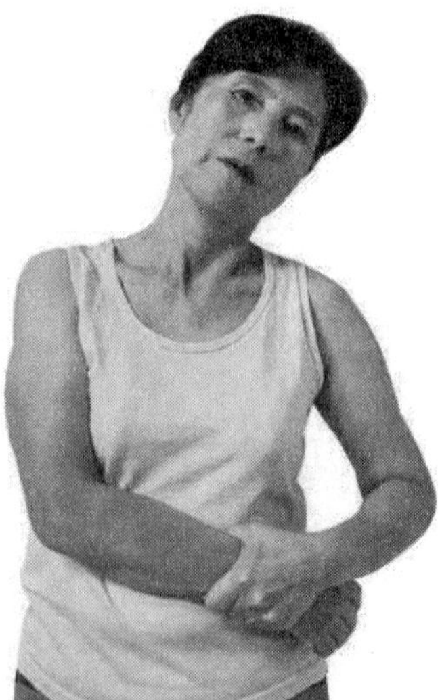

③

「사진 7-16」 사각근의 이완 운동

2) 극하근(棘下筋)

견갑상신경(경추 제5번, 6번)의 지배를 받는 견갑대의 극하근은 견갑골 부위에 위치하여 팔을 바깥쪽으로 돌릴 때 사용되는(상완의 외측회전) 근육으로 통증이 발생하게 되면 견갑골 안쪽으로 결리고 쑤시는 듯한 통증이 나타나고 연관된 통증은 어깨의 앞쪽(견관절 전면)에 나타나며 심한 경우에는 상완(박)의 전측면과 하완(전완, 하박)의 측면을 따라 손의 요골 쪽으로 내려가 엄지(첫째 손가락)와 인지(둘째 손가락) 및 중지(가운데 손가락) 까지 통증이 확산되어 주먹을 힘있게 쥐지도 못하며 손을 허리 뒤로 돌려 스커트의 등쪽 단추를 끼우거나 지퍼를 올리기가 힘들게 된다(그림 7-99). 이러한 경우에는 엎드린 자세에서 극하근 부위의 경혈들, 즉

소장경의 ⑪천종혈을 위시하여 ⑨견정(肩貞)혈 ⑩노수혈 ⑪천종혈 ⑫병풍혈 ⑬곡원혈과 아울러

독맥의 ⑨지양혈 ⑩영대혈 ⑪신도혈 ⑫신주혈 ⑬도도혈을 그리고

방광경의 ㊳부분혈 ㊴백호혈 ㊵고황혈 ㊶신당혈 ㊷의회혈 ㊸격관혈 등을 지압과 아울러 마사지를 해주며 심한 경우에는 누운 자세에서

대장경의 ⑭비노혈에서 ⑪곡지혈 ⑦온류혈 ⑤양계혈 ④합곡혈과 인지(둘째 손가락)의 ①상양혈에 이르는 경락과 함께

폐경의 ③천부혈 ⑤척택혈 ⑥공최혈 ⑨태연혈과 엄지 손가락의 ⑪소상혈에 이르는 경락을 지압과 함께 마사지를 하여 기혈의 순환을 원활하게 해준다(그림 7-100).

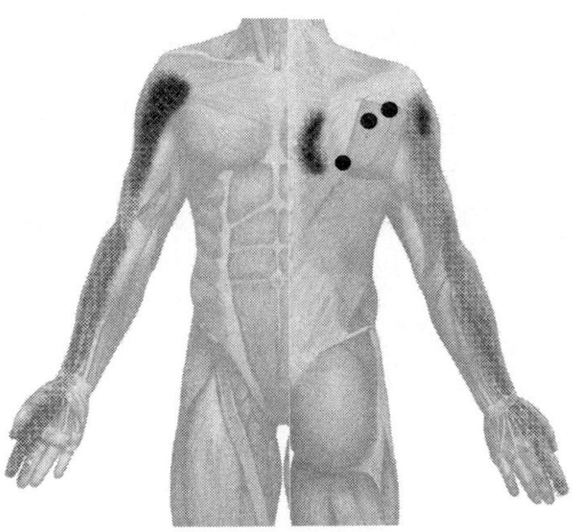

「그림 7-99」 극하근의 발통점과 연관통

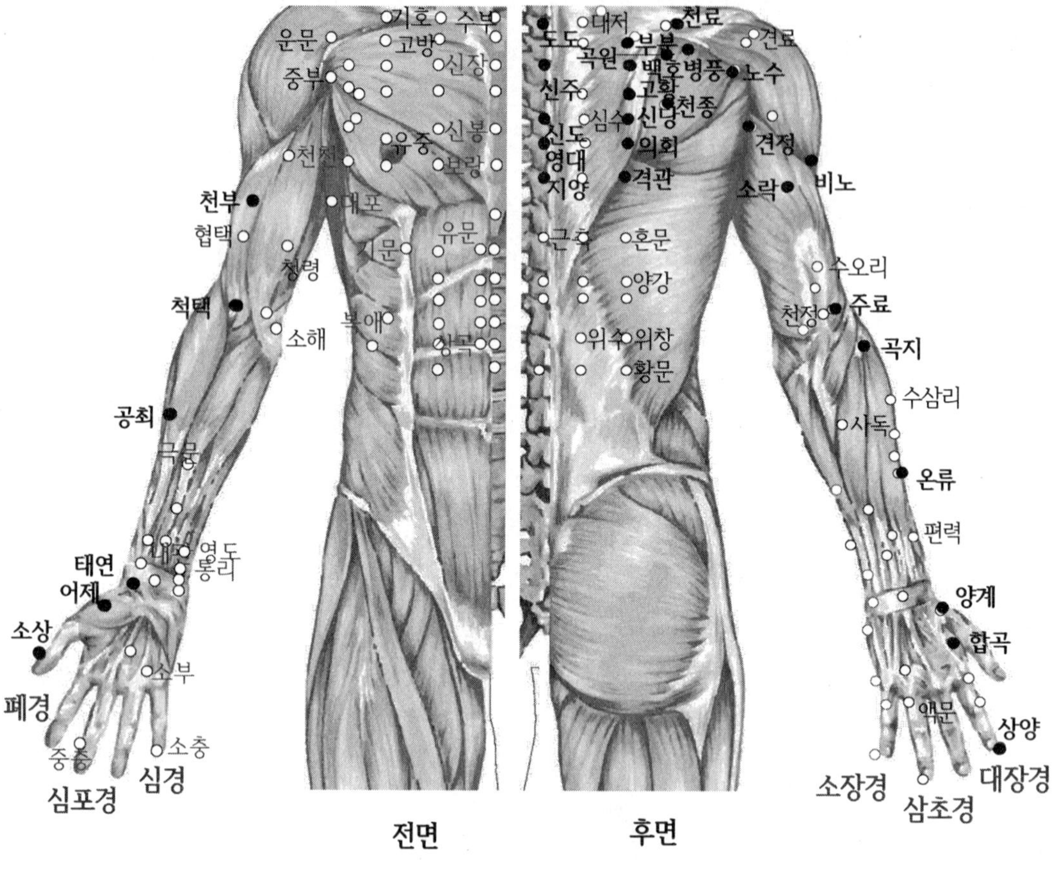

「그림 7-100」 극하근 통증 부위의 경락과 경혈

3) 쇄골하근(鎖骨下筋)

쇄골하근은 쇄골하신경의 지배를 받아 어깨 관절의 내전을 돕는 천흉근의 근육으로 주로 어깨 관절을 수평으로 하여 내전 및 외전을 할 때 쇄골 밑과 어깨의 앞쪽에 통증이 나타나며 심한 경우에는 상완(상박)의 앞쪽 면과 전완(하완, 하박)의 요골쪽 팔굽관절과 엄지(첫째 손가락)와 인지(둘째 손가락) 및 중지(가운데 손가락)의 손등과 손바닥 부위까지 통증이 확산되어 나타난다(그림 7-101). 이러한 경우에 쇄골하근육에 자리하고 있는

위경의 ⑬기호혈과

신경의 ㉗수부혈 및

폐경의 ①중부혈 ②운문혈 ④협백혈 ⑤척택혈 ⑥공최혈 ⑩어제혈 ⑪소상혈에 이르는 경락과

대장경의 ①상양혈 ④합곡혈 ⑤양계혈 ⑦온류혈 ⑪곡지혈 그리고

심포경의 ②천천혈 ③곡택혈 ⑥내관혈 ⑧노궁혈 ⑨중충혈에 이르는 경락의 경혈을 지압과 마사지를 통하여 근육의 이완과 함께 혈행의 순환을 원활하게 해준다(그림 7-102).

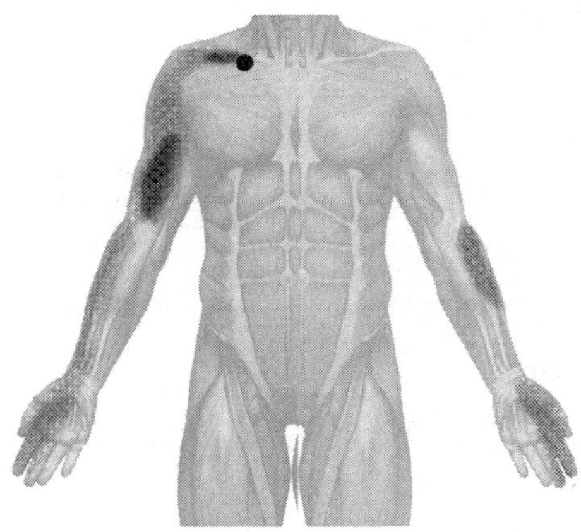

「그림 7-101」 쇄골하근의 발통점과 연관통

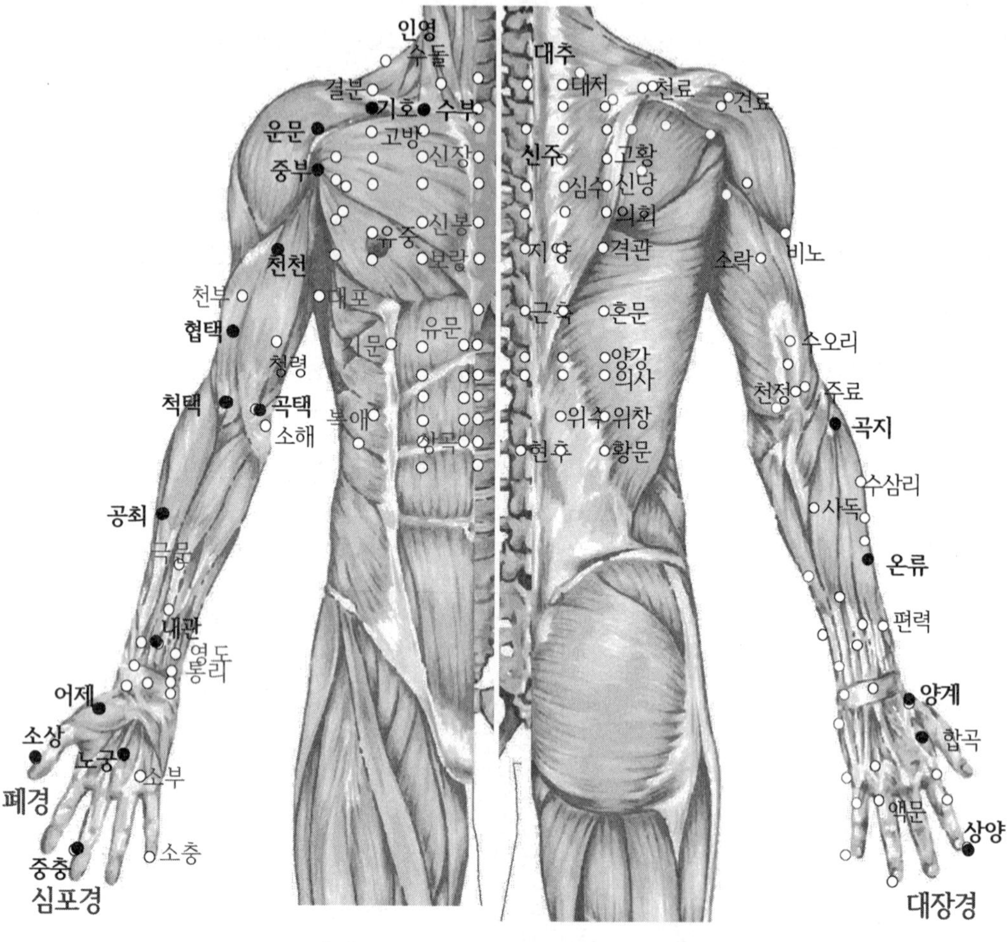

「그림 7-102」 쇄골하근 통증 부위의 경락과 경혈

5. 약지(넷째 손가락)와 소지(다섯째 손가락) 부위의 통증

1) 수지신전근

요골신경의 지배를 받아 손가락의 신전기능을 하는 근육으로 지신근, 시지신근, 소지신근 등이 있으며 통증이 발생을 하게 되면 연관된 통증은 전완(하박)의 손등 쪽 부위에서 손등과 손가락의 중절골까지 확산되어 나타나게 되며 해당 손가락을 구부리게 되면 손바닥에 닿지 않게 된다.

(1) 지신근 : 요골신경(경추6번, 7번)의 지배를 받아 지골 즉 둘째 손가락(제2지 인지)에서 다섯째 손가락(소지, 제5지)과 손목의 신전기능을 하며 통증이 발생하면 손아귀 힘이 약화되고 손을 쎄게 쥐게 되면 통증이 심하게 나타나며 심한 경우에는 통증으로 잠을 이루기가 힘들어진다. 또한 지신근의 경직으로 손가락의 굴곡이 제한되고 손가락 관절의 통증과 마디의 경직성 경련이 나타날 수가 있으며 약지(넷째 손가락)와 소지(다섯째 손가락)의 경우에는 통증으로 따로 움직일 수가 없게 된다(그림 7-103). 경락으로는 **대장경**의 ④합곡혈 ⑤양계혈 ⑥편력혈 ⑦온류혈 ⑧하렴혈 ⑨상렴혈 ⑩수삼리혈 ⑪곡지혈 ⑫주료혈에 이르는 경락에 마사지와 지압 및 온찜 등을 하여 준다(그림 7-104).

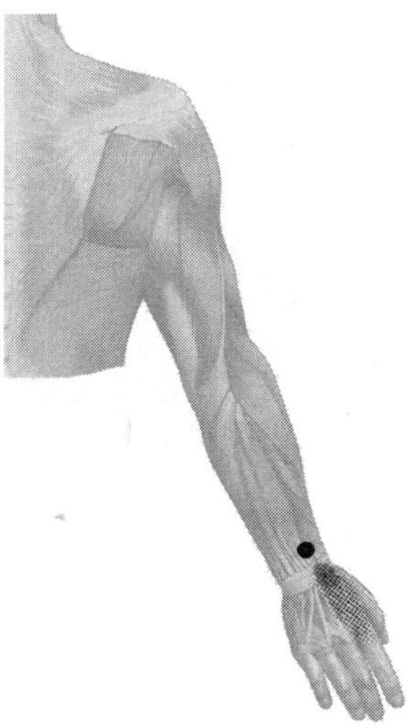

「그림 7-103」 지신근의 발통점과 연관통

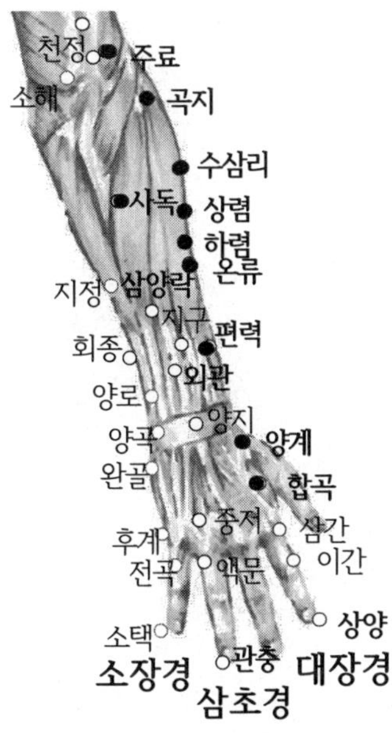

「그림 7-104」 지신근 통증 부위의 경락과 경혈

(2) 시지신근 : 인지(둘째 손가락)의 신전기능을 하며 통증이 발생하게 되면 손등과 손목에 연관된 통증이 나타나게 된다. 따라서 약지(넷째 손가락)에 통증이 발생하게 되면 연관된 통증이 상완골 외측상과 까지 확산이 되며 또한 손아귀 힘이 약화되고 손을 쎄게 잡게 되면 심한 통증이 나타나며 심한 경우에는 잠을 이루지 못하기도 한다(그림 7-105). 이러한 경우에는

삼초경의 ①관충혈 ②액문혈 ③중저혈 ④양지혈 ⑤외관혈 ⑥지구혈 ⑦회종혈 ⑧삼양락혈 ⑨사독혈 등과

대장경의 ⑥편력혈 ⑦온류혈 ⑧하렴혈 ⑨상렴혈 ⑩수삼리혈 ⑪곡지혈 등에 지압과 마사지 및 온찜질을 하여 준다(그림 7-106).

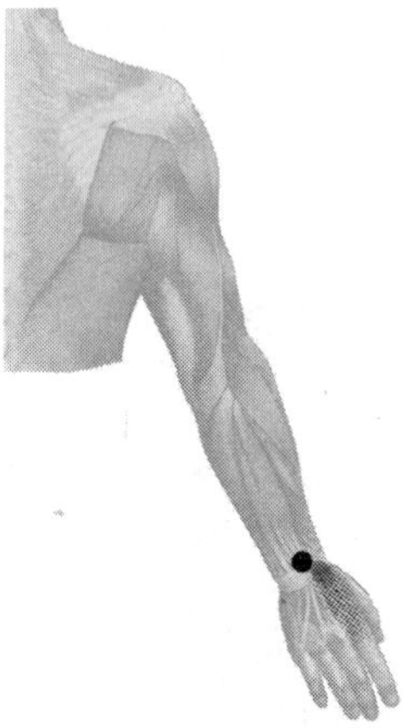

「그림 7-105」 시지신근의 발통점과 연관통

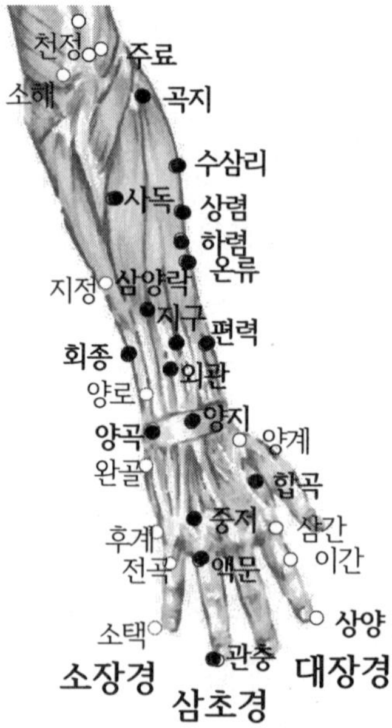

「그림 7-106」 시지신근(약지) 통증 부위의 경락과 경혈

(3) 소지외전근 : 척골신경(경추신경 8번과 흉추신경 1번)의 지배를 받아 소지(다섯째 손가락)의 근위지절을 굴곡 시키는 기능을 하며 통증은 소지의 바깥쪽 면을 따라 확산을 하게 된다(그림 7-107). 이러한 경우에는
소장경의 ①소택혈 ②전곡혈 ③후계혈 ④완골혈 ⑤양곡혈 ⑥양로혈 ⑦지정혈 ⑧소해혈 등에 지압과 마사지 및 온찜을 해주면 도움이 될 것이다(그림 7-108).

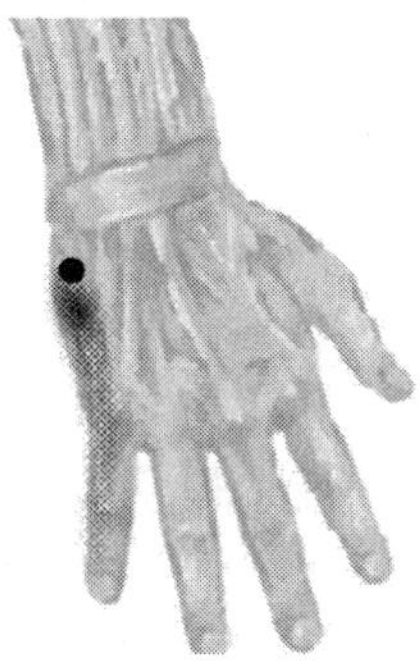

「그림 7-107」 소지외전근의 발통점과 연관통

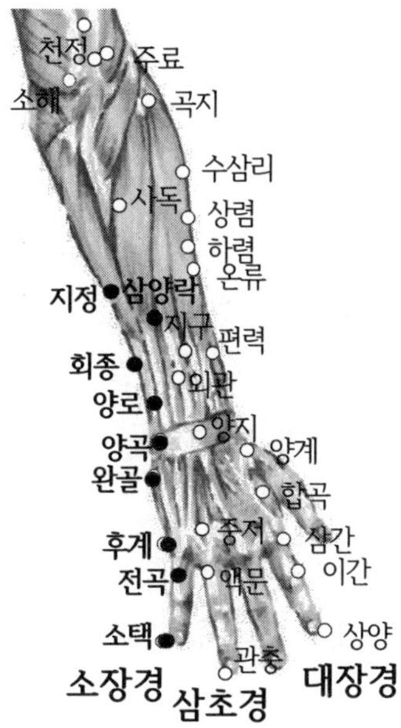

「그림 7-108」 소지외전근 통증 부위의 경락과 경혈

2) 상후거근(上後鋸筋)

상후거근은 흉수신경(흉추1번~4번)의 지배를 받는 근육으로 늑골을 내리거나 흉강을 좁히는 기능을 하는 하후거근과는 반대로 늑골을 올리거나 흉강을 넓히는 기능을 하는 근육이다. 상후거근에 통증이 발생하면 견갑골의 상부와 삼각근의 뒷부위에 쑤시는 듯한 심부통증과 상완(상박)의 뒤쪽과 전완(하박)의 척골 부위를 따라 소지(새끼 손가락) 쪽으로 연관된 통증이 나타나고 또한 가슴의 앞쪽으로도 흉통이 나타나기도 한다(그림 7-109). 이에 상후거근과 통증 부위의 경락들 즉

독맥의 ⑭대추혈 ⑬도도혈 ⑫신주혈 ⑪신도혈과

방광경의 ⑪대저혈 ⑫풍문혈 ⑬폐수혈 ⑭궐음수혈 및 ㊳부분혈 ㊴백호혈 ㊵고황혈 ㊶신당혈을 그리고

소장경의 ⑮견중수혈 ⑭견외수혈 ⑬곡원혈 ⑫병풍혈 ⑪천종혈 ⑩노수혈 ⑨견정혈 ⑧소해혈 ⑦지정혈 ④완골혈 ①소택혈 등에 이르는 경락의 경혈들과

심경의 ①극천혈 ②청령혈 ③소해(小海)혈 ⑦신문혈 ⑧소부혈 ⑨소충혈 및

삼초경의 ⑭견료혈 ⑬노회혈 ⑫소락혈 ⑩천정혈 ④양지혈 ①관충혈에 이르는 경락의 경혈들을 지압과 마사지를 하고 흉통 부위의 경혈들

위경의 ⑬기호혈 ⑭고방혈 ⑮옥예혈 ⑯승창혈과

신경의 ㉗수부혈 ㉖욱중혈 ㉕신장혈 ㉔영허혈 및

비경의 ⑱천계혈 ⑲흉향혈 ⑳주영혈 ㉑대포혈 등에 지압과 마사지를 하여 준다(그림 7-110).

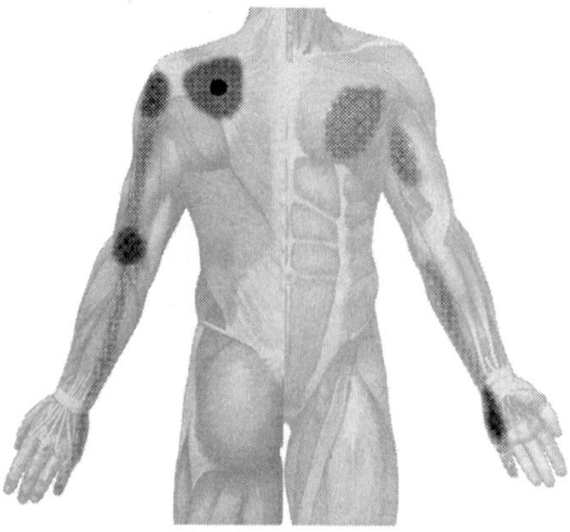

후면 전면

「그림 7-109」 상후거근의 발통점과 연관통

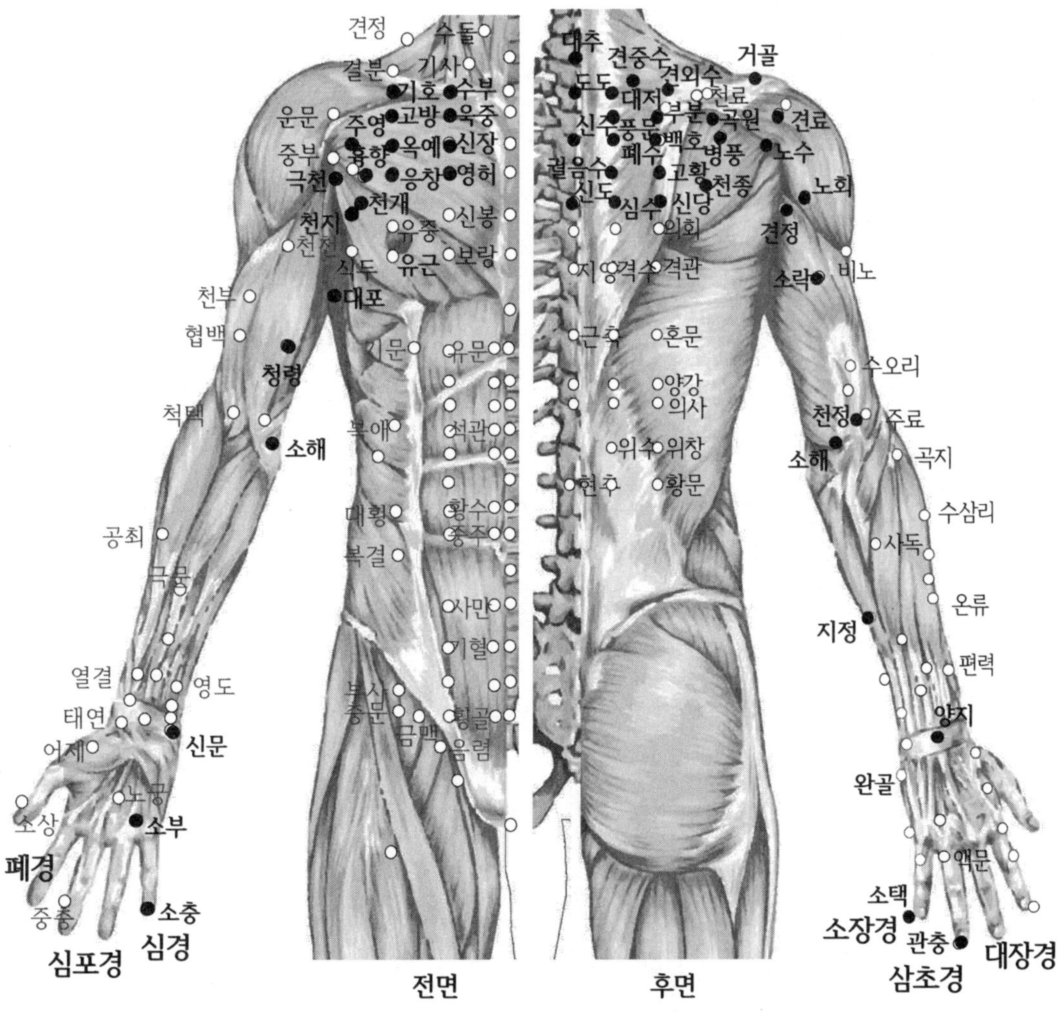

「그림 7-110」 상후거근 통증 부위의 경락과 경혈

3) 전거근(前鋸筋)

장흉신경(경추5번, 6번, 7번)의 지배를 받는 전거근은 견갑골을 위와 바깥쪽과 앞으로 움직이게 하며 견갑골을 앞으로 당겨 흉곽에 고정을 하는 근육으로 전거근의 상부섬유는 제1늑골에서 견갑골 상각에 부착을 하며 중간 섬유는 제2늑골과 제3늑골에서 견갑골 추골연에 부착을 하고 하부섬유는 제4늑골~제8늑골에서 견갑골의 하각에 부착을 한다.

전거근의 연관통은 주로 흉부의 측면과 견갑골의 내측에서 나타난다. 초기에는 심호흡을 할 때나 활동을 할 때 흉부의 측면에서 국소적인 통증이 나타나며, 심한 경우에는 안정시에도 흉통이 계속되며 팔의 안쪽면을 따라 손바닥과 약지(네째손가락)와 애지(다섯째손가락)까지 확산이 되기도 한다(그림 7-111). 따라서

비경의 ⑰식두혈 ⑱천계혈 ⑲휴향혈 ⑳주영혈 ㉑대포혈과

심경의 ①극천혈 ②청령혈 ③소해혈 ④영도혈 ⑤통리혈 ⑥음극혈 ⑦신문혈 ⑧소부혈 ⑨소충혈과 아울러

소장경의 ①소택혈 ②전곡혈 ③후계혈 ④완골혈 ⑤양곡혈 ⑥양로혈 ⑦지정혈 ⑧소해혈 ⑨천정혈 ⑩노수혈 ⑪천종혈 ⑫병풍혈 ⑬곡원혈 ⑰견외수혈 등을 그리고

심포경의 ③곡택혈 ④극문혈 ⑤간사혈 ⑥내관혈 ⑦대릉혈 및

담경의 ㉑견정혈 ㉒연액혈 ㉓첩근혈과

간경의 ⑭기문혈 및

담경의 등에 지압과 아울러 마사지를 해주도록 한다(그림 7-112).

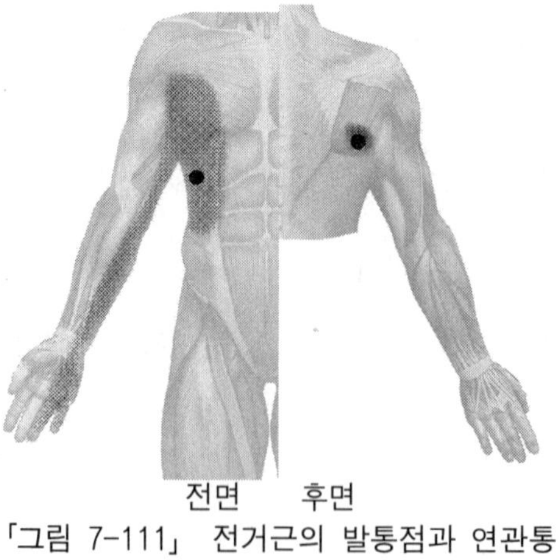

전면　　후면

「그림 7-111」 전거근의 발통점과 연관통

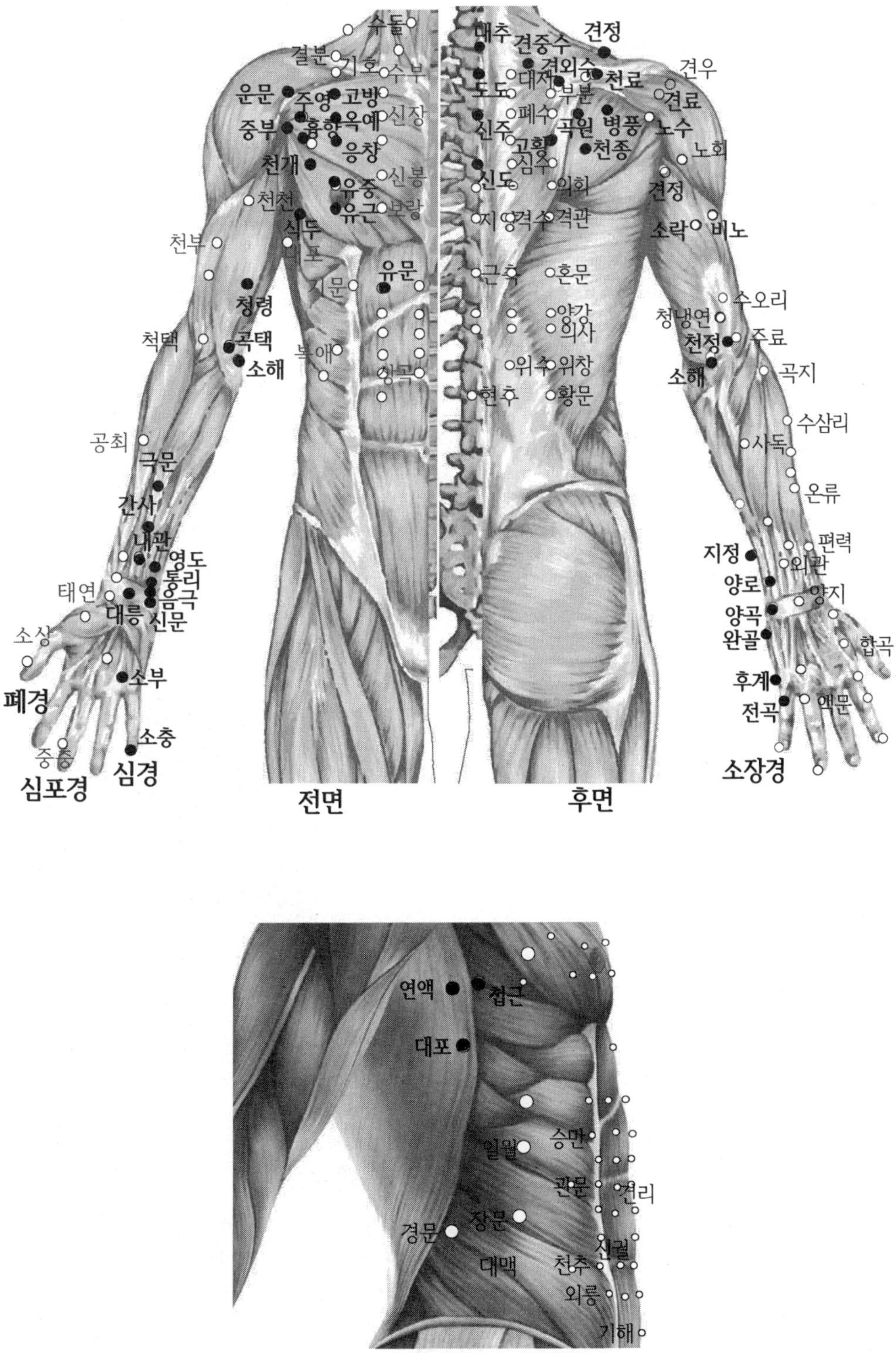

「그림 7-112」 전거근 통증 부위의 경락과 경혈

4) 소흉근(小胸筋)

소흉근은 흉근신경(경추8번과 흉추1번)의 지배를 받아 견갑골을 전하방으로 당겨 고정을 시키는 기능을 하는 천흉근의 근육으로 소흉근에 통증이 발생을 하게 되면은 어깨 관절의 앞쪽과 늑골이 가끔씩 결리듯이 아프고 숨을 쉴 때 어깨의 앞쪽이 뜨끔거리기도 한다. 그리고 심한 경우에는 앞가슴과 팔의 안쪽면을 따라 척골쪽 손바닥과 약지(넷째 손가락)와 소지(새끼 손가락)까지 확산이 되어 손이 차고 저린 증상과 함께 통증이 나타나고 상완의 굴곡과 외전 및 외측회전이 제한되어 팔을 앞으로 뻗은 상태에서 들어 올리거나 뒤로 제끼는 동작 등이 제한을 받게 된다(그림 7-113). 이러한 경우 대흉근에 연관된 경락의 지압과 마사지를 한 후 **폐경**의 ①중부혈 ②운문혈과 **심경**의 ①극천혈에서 ②청령혈 ③소해혈 ⑦신문혈 ⑧소부혈 ⑨소충혈 및 **심포경**의 ①천지혈 ②천천혈 ③곡택혈 ④극문혈 ⑥내관혈 ⑦대릉혈 ⑧노궁혈 ⑨중충혈 등을 지압과 함께 마사지 등을 하여 기의 순환을 원활하게 하도록 해주고(그림 7-114) 누운자세에서 아픈 팔을 머리 위쪽으로 지긋이 당겨 이완을 시켜주거나 스스로 양팔을 등 뒤로 깍지를 끼어 견갑골이 서로 닿도록 가슴을 제껴 펴주도록 한다(사진 7-17).

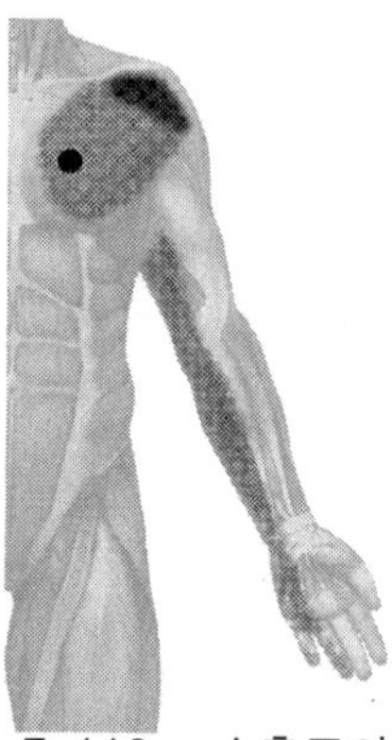

「그림 7-113」 소흉근의 발통점과 연관통

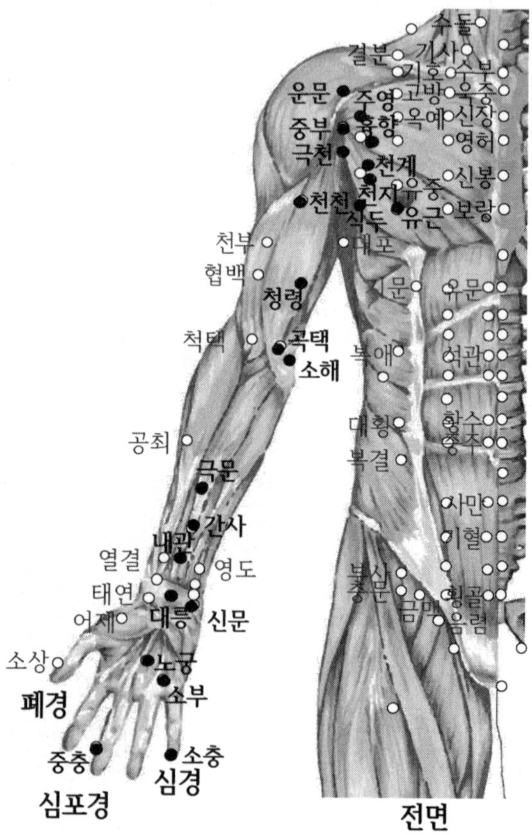

「그림 7-114」 소흉근 통증 부위의 경락과 경혈

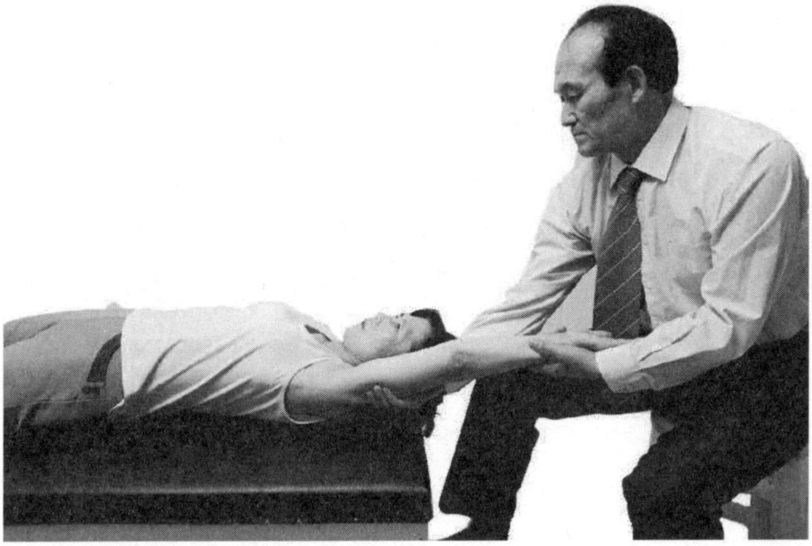

①

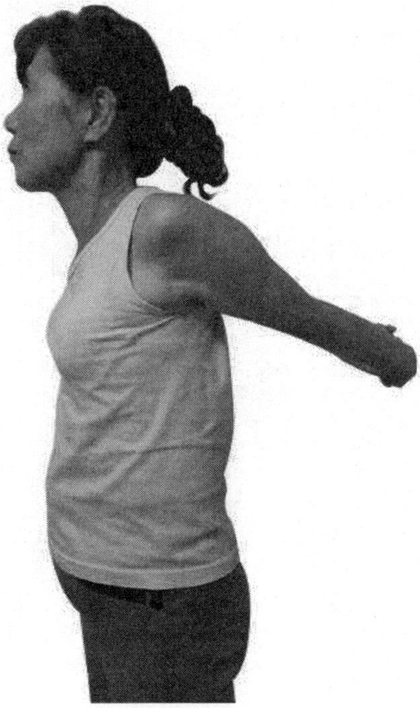

②

「사진 7-17」 소흉근의 이완 운동

5) 광배근(廣背筋)

광배근은 경수신경(경추6번, 7번, 8번)의 지배를 받아 상완(상박)의 신전과 내전 및 내측회전의 기능을 하는 천배근의 근육으로 광배근의 통증 발생이 겨드랑이 밑(후액와) 주름에서 발생하게 되면 견갑골 안쪽면의 아래부위에서 통증이 나타나 인접한 부위를 중심으로 쑤시는 듯한 통증이 나타나며 심한 경우에는 팔의 뒤 안쪽면을 따라 약지(넷째 손가락)와 소지(다섯째 손가락)까지 통증이 확산되어 나타나게 된다. 그리고 광배근의 아래쪽에서 통증이 발생하게되면 옆구리와 어깨의 앞쪽에서 심부통증이 나타나게 된다(그림 7-115).

이에 광배근과 통증부위의 경락들 즉 **독맥**의 ⑪신도혈 ⑩영대혈 ⑨지양혈 ⑧근축혈 ⑦중추혈 ⑥척중혈 ⑤현추혈 ④명문혈과 **방광경**의 ㊶신당혈 ㊷의회혈 ㊸격관혈 ㊹혼문혈 ㊺양강혈 ㊻의사혈 ㊼위창혈 ㊽황문혈 ㊾지실혈 및 ⑮심수혈 ⑰격수혈 ⑱간수혈 ⑲담수혈 ⑳비수혈 ㉑위수혈 ㉒삼초수혈 ㉓신수혈을 그리고 **소장경**의 ⑬곡원혈 ⑫병풍혈 ⑪천종혈 ⑩노수혈 ⑨견정혈 ⑧소해혈 ⑦지정혈 ④완골혈 ①소택혈 등과 **심경**의 ①극천혈 ②청령혈 ③소해혈 ⑦신문혈 ⑨소충혈 등을 그리고 **삼초경**의 ⑬노회혈 ⑫소락혈 ⑩천정혈 ⑨사독혈 ④양지혈 ①관충혈에 이르는 경락의 경혈들을 지압과 마사지를 해주며 또한 광배근의 아래쪽에서 통증이 발생을 하였다면 **폐경**의 ①중부혈 ②운문혈과 **담경**의 ㉕경문혈 ㉖대맥혈 ㉗오추혈 ㉘유도혈 및 **간경**의 ⑬장문혈 등에 지압과 마사지를 하여 근육의 이완과 기혈이 순행하도록 하여 준다(그림 7-116). 그리고 양손은 합장을 하거나 비틀어 깍지를 낀 후 머리 위로 올려 옆구리 운동을 하듯이 숨을 내쉬면서 상체를 양옆으로 수그려 근육을 이완시켜 주도록 한다(사진 7-18).

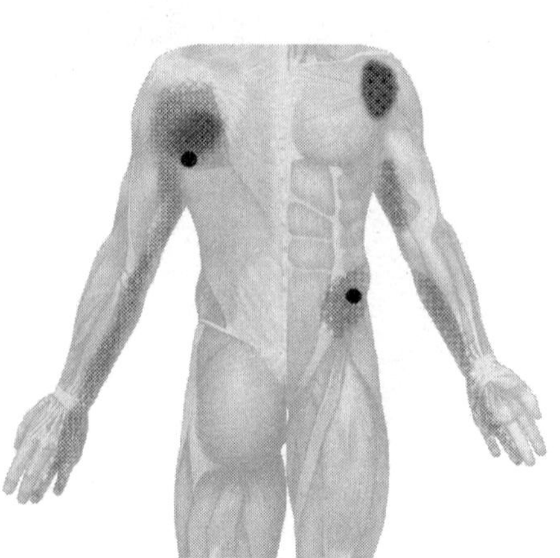

「그림 7-115」 광배근의 발통점과 연관통

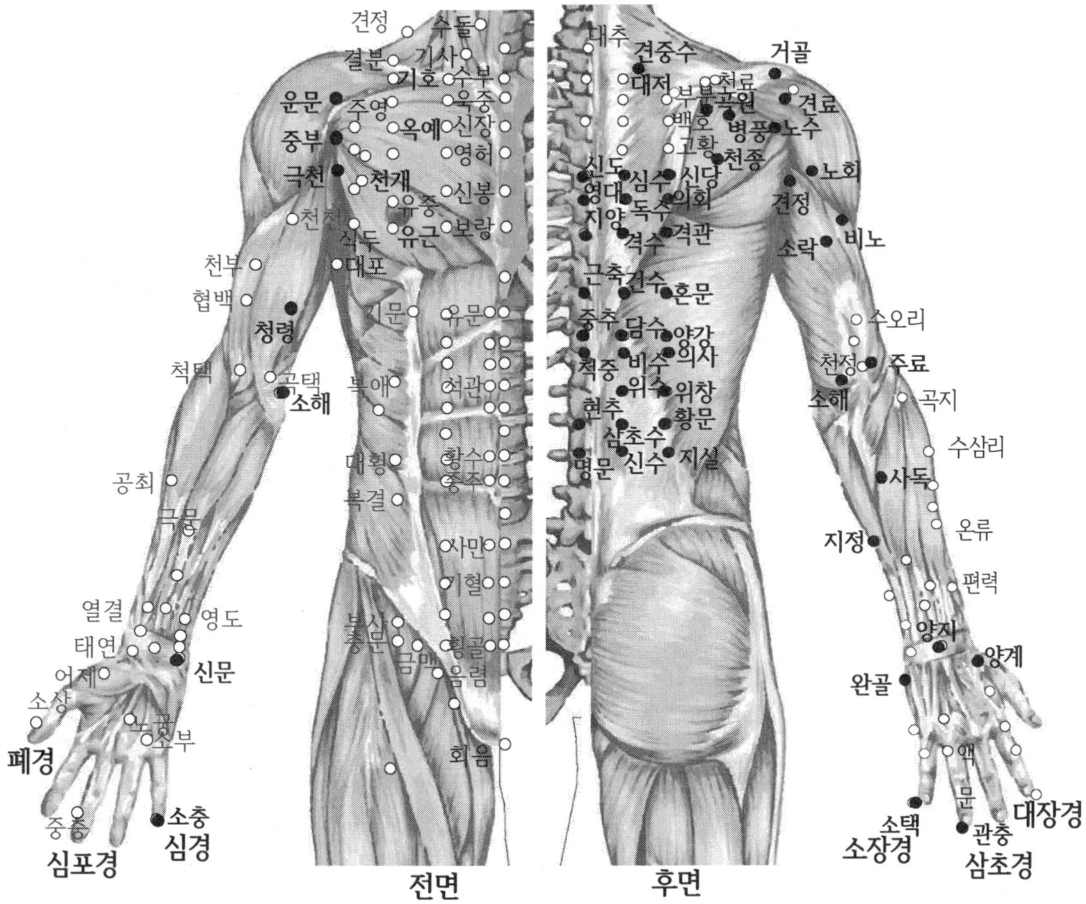

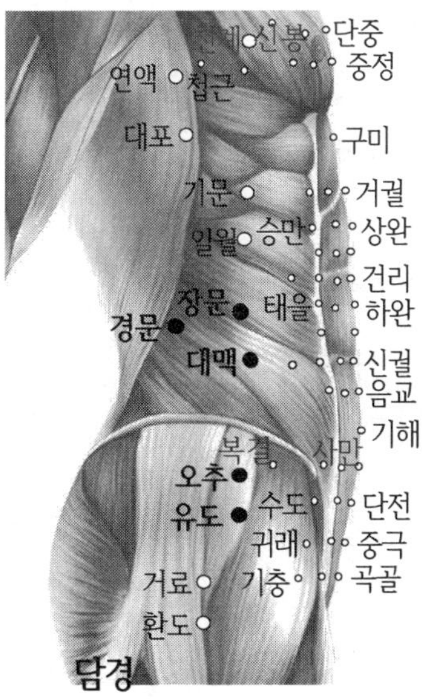

「그림 7-116」 광배근 통증 부위의 경락과 경혈

「사진 7-18」 광배근의 이완 운동

6) 상완삼두근(上腕三頭筋)

요골신경(경추6번, 7번)의 지배를 받는 근육으로 팔굽관절(주관절)의 신전기능을 하는 팔 뒷부분의 근육이며 장두와 외측두(外側頭) 및 내측두(內側頭) 세갈래로 시작되는 근육이다. 장두(長頭)는 견갑골의 관절하결절에서 내측두는 상완골 뒤쪽 요골신경의 안쪽 아래에서 외측두는 상완골 뒤쪽 요골신경의 바깥쪽 아래에서 시작된 후 합쳐져 척골의 주두에 부착을 한다. 상완삼두근은 주관절의 신전을 힘있게 하는 운동을 하는 경우나 무거운 물건을 운반하거나 오래도록 들고 있는 경우 또는 등근육에 지속적으로 힘을 가하는 경우 등에 손쉽게 부상을 초래하게 된다.

장두에 통증이 발생하게 되면 그에 따른 연관된 통증은 어깨의 뒤쪽에서 전완의 뒤쪽으로 길게 통증이 나타나며 내측두에 통증이 발생하게 되면 그에 따른 연관된 통증은 팔굽관절(주관절) 주위에 나타나며 또한 내측두의 바깥쪽에서 발생하면 주로 외측상과 주위에 통증이 나타나고 내측두 중앙 부위에서 발생하게 되면 주두에 통증과 압통이 나타나며 내측두 안쪽 부위에서 발생하면 상완골 내측상과에 통증이 나타난다.

그리고 외측두에 통증이 발생하면 그에 따른 연관된 통증은 통증의 발생 부위를 중심으로 나타나며 심한 경우에는 전완의 뒤쪽과 넷째 손가락(약지)와 다섯째 손가락(애지)까지 확산이 되기도 한다(그림 7-117). 따라서 이러한 경우에는 **소장경**의 ①소택혈 ②전곡혈 ③후계혈 ④완골혈 ⑤양곡혈 ⑥양로혈 ⑦지정혈 ⑧소해혈 ⑨견정혈 ⑩노수혈 ⑪천종혈 ⑫병풍혈 ⑬곡원혈 ⑭견외수혈 ⑮견중수혈과 **삼초경**의 ③중저혈 ④양지혈 ⑤외관혈 ⑥지구혈 ⑨사독혈 ⑩천정혈 ⑪청랭연혈 ⑫소락혈 ⑬노회혈 ⑭견료혈 ⑮천료혈 및 **심경**의 ②청령혈 ③소해혈과 **담경**의 ㉑견정혈 그리고, **대장경**의 ⑯거골혈 ⑮견유혈 ⑭비노혈 ⑬수오리혈 ⑪곡지혈 ⑫주료혈 등을 지압과 마사지 등을 하여주도록 한다(그림 7-118).

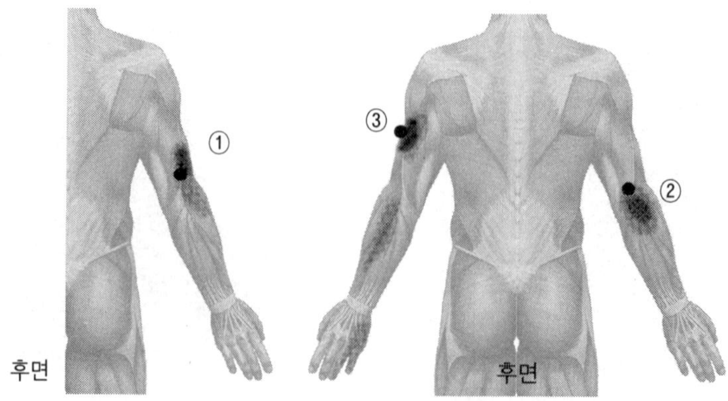

「그림 7-117」 상완삼두근(①내측두외측근, ②내측두중간, ③외측두)의 발통점과 연관통

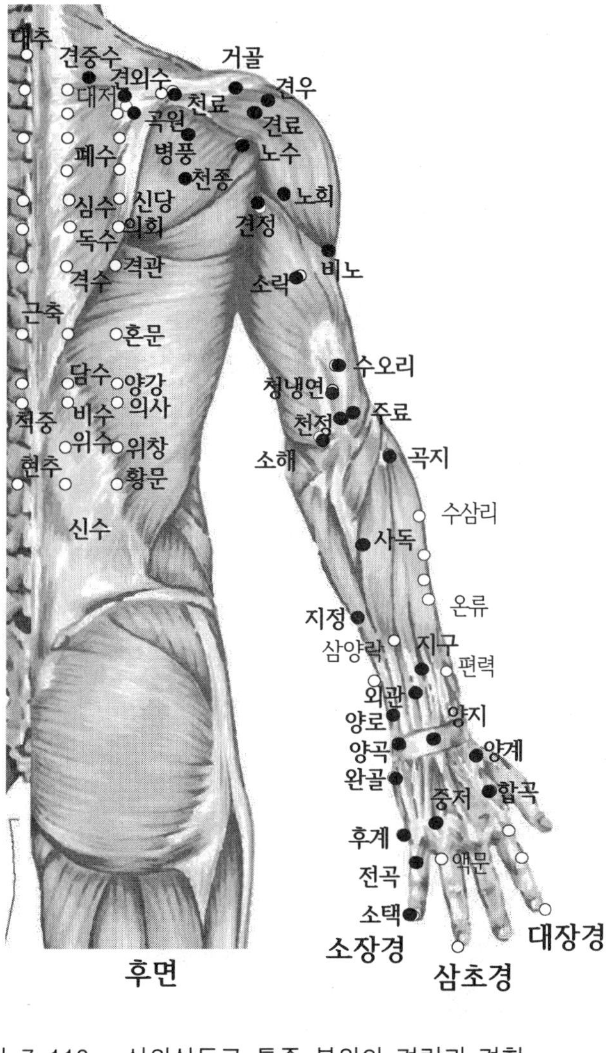

「그림 7-118」 상완삼두근 통증 부위의 경락과 경혈

7) 수지(손가락)굴근

손가락을 구부리는 근육(수지굴근)에는 장모지굴근과 심지굴근 및 천지굴근 등이 있다. 그리고 심지굴근과 천지굴근에 통증이 발생을 하게 되면 해당 손가락에 감전된 것과 같은 찌릿한 통증이 수지신근과는 달리 손가락의 끝까지 나타나게 되며(그림 7-119), 심한 경우에는 지속적인 통증으로 잠을 이루기가 힘들어진다.

(1) 심지굴근 : 척골신경과 정중신경의 지배를 받으며 말절골을 굴곡시키는(제2지~제5지) 기능을 한다.

(2) 천지굴근 : 정중신경의 지배를 받아 손가락(제2지~제5지)의 중절골과 손을 굴곡시키는 기능을 한다. 따라서 통증이 발생되었다면 해당 경락의 경혈에 즉 넷째 손가락(약지)은 **삼초경**의 ①관충혈 ②액문혈 ③중저혈 ④양지혈 ⑤외관혈 등을 다섯째 손가락(소지)에는 **심경**의 ③소해(小海)혈 ⑦신문혈 ⑧소부혈 ⑨소충혈과 **소장경**의 ①소택혈 ②전곡혈 ③후계혈 ④완골혈 ⑤양곡혈 등을 지압과 마사지 및 온찜질을 하여 기혈이 순행하도록 해주면 좋을 것이다(그림 7-120).

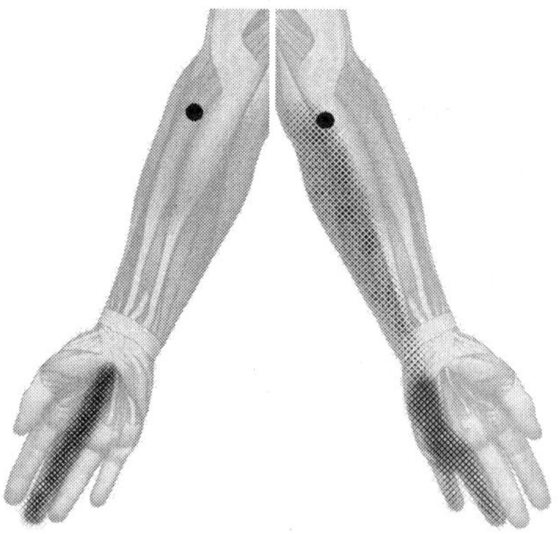

「그림 7-119」 수지굴근(천지굴근)의 발통점과 연관통

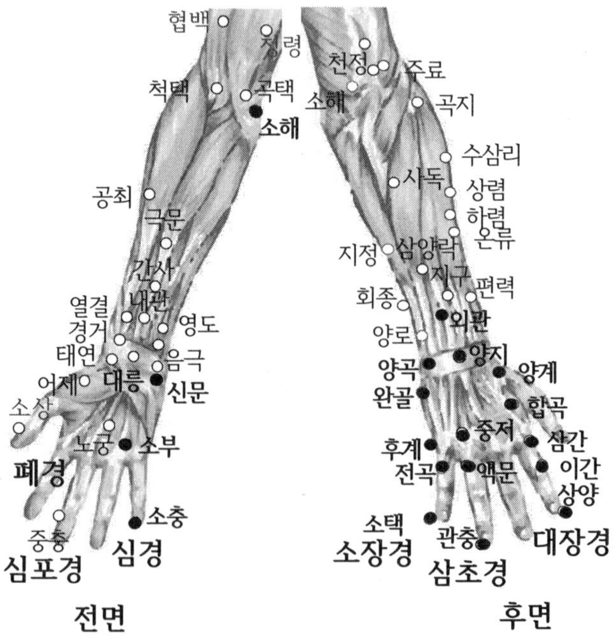

「그림 7-120」 수지굴근(약지, 소지) 통증 부위의 경락과 경혈

제8장. 흉부와 복부의 통증

Ⅰ. 흉부의 근육

흉부(가슴)의 근육에는 표층근으로는

1. 대흉근(상완의 내전 및 내측회전과 늑골을 들어 올려 흡기작용)
2. 소흉근(견갑골을 전하방으로 잡아당기는 작용)
3. 전거근(견갑골을 전방으로 당기거나 회전운동에 관여)
4. 흉골하근(상지대를 하방으로 보강하는 작용) 등이 있으며,

심층근으로는

1. 외늑간근(늑골을 올려 흉곽을 넓혀주는 흡기근)
2. 내늑간근(늑골을 내려 흉곽을 좁혀주는 호기근)
3. 늑골거근(외늑간근을 도와 흡기운동에 관여)
4. 늑하근(내늑간근을 도와 호기운동에 관여)
5. 흉횡근(늑골을 아래로 당겨 흉곽을 좁혀 호기운동에 관여)
6. 횡경막(흡기시 수축을 하면 흉곽이 넓어지고 호기시 이완을 하면 좁아지는 횡경막에 의한 호흡을 복식호흡이라 함) 등이 위치하고 있다(그림 8-1).

Ⅱ. 흉부와 복부의 경락과 경혈

흉부 및 복부의 정중앙선에는 **임맥**의 ②곡골혈 ③중극혈 ④관원혈 ⑤석문혈 ⑥기해혈 ⑦음교혈 ⑧신궐혈 ⑨수분혈 ⑩하완혈 ⑪건리혈 ⑫중완혈 ⑬상완혈 ⑭거궐혈 ⑮구미혈 ⑯중정혈 ⑰전중혈 ⑱옥당혈 ⑲자궁혈 ⑳화개혈 ㉑선기혈 등이 흐르고 있으며 또한 몸의 정중앙선 양옆 1.5촌 부위에

신경의 ⑪횡골혈 ⑫대혁혈 ⑬기혈 ⑭사만혈 ⑮중주혈 ⑯황수혈 ⑰상곡혈 ⑱석관혈 ⑲음도혈 ⑳복통곡혈 ㉑유문혈 ㉒보랑혈 ㉓신봉혈 ㉔영허혈 ㉕신장혈 ㉖욱중혈 ㉗수

부혈 등과

위경의 ⑪기사혈 ⑫결분혈 ⑬기호혈 ⑭고방혈 ⑮옥예혈 ⑯응창혈 ⑰유중혈 ⑱유근혈 ⑲불용혈 ⑳승만혈 ㉑양문혈 ㉒관문혈 ㉓태을혈 ㉔활육문혈 ㉕천추혈 ㉖외릉혈 등이 그리고,

비경의 ⑭복결혈 ⑮대횡혈 ⑯복애혈 ⑰식두혈 ⑱천계혈 ⑲흉향혈 ⑳주영혈 ㉑대포혈 등과

간경의 ⑬장문혈 ⑭기문혈 등이 위치하여 기혈이 순행하도록 하고 있다(그림 8-2).

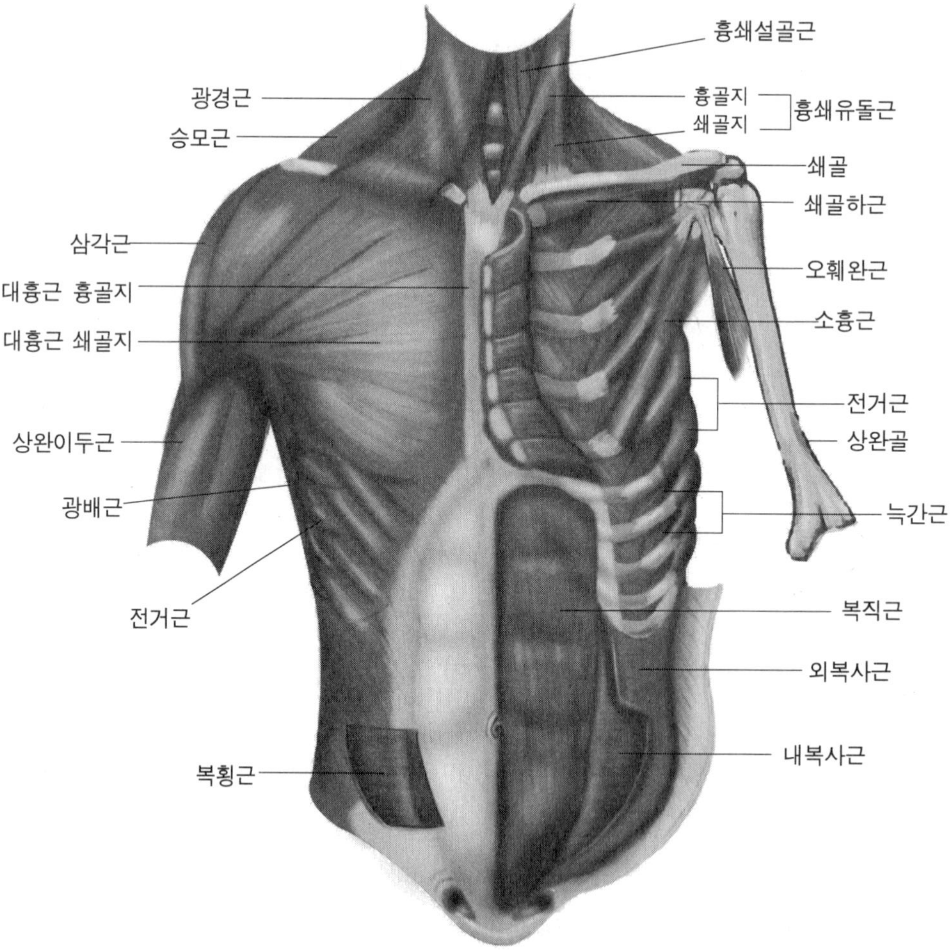

「그림 8-1」 흉부와 복부의 근육

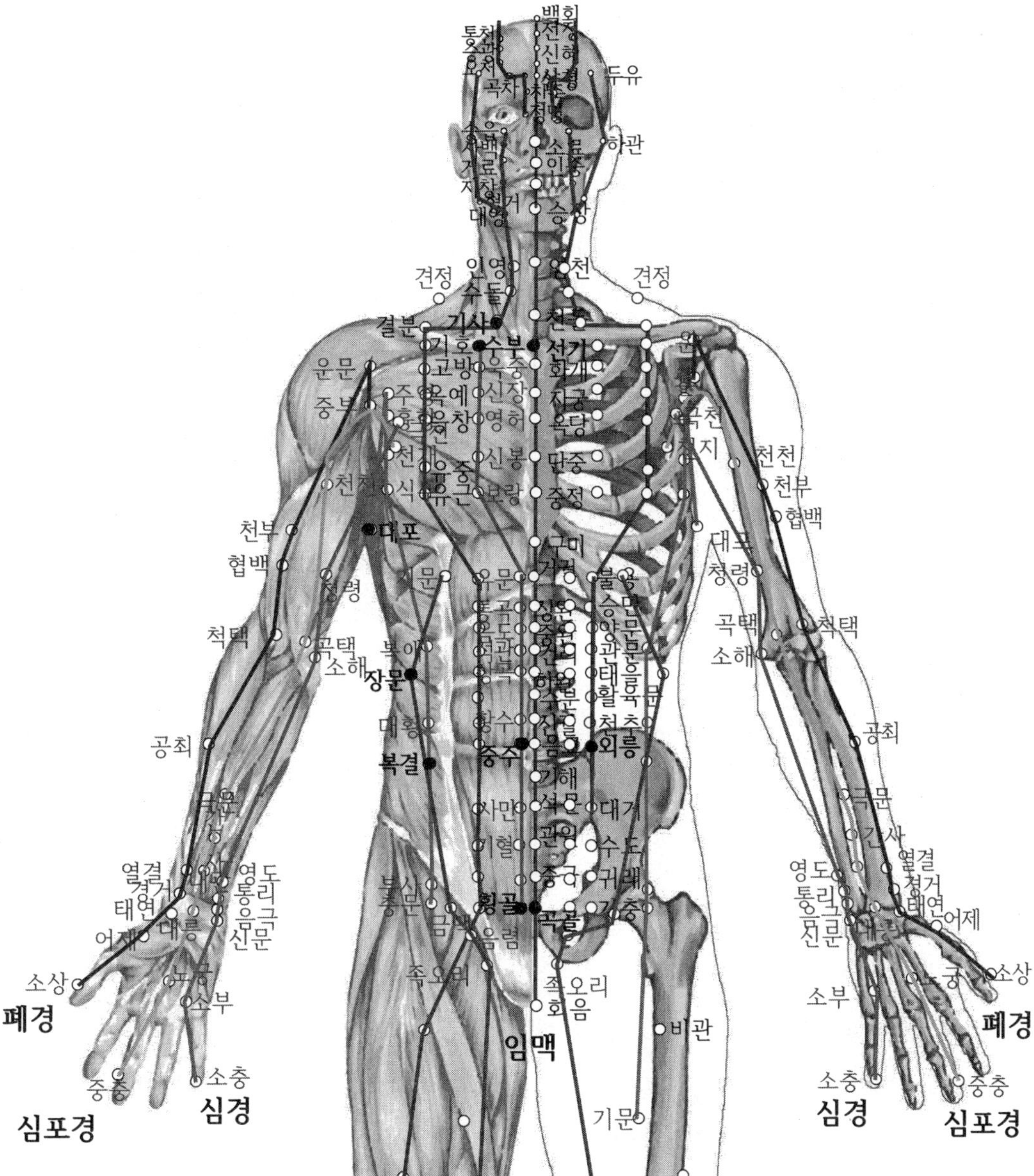

「그림 8-2」 흉부와 복부의 경락과 경혈

Ⅲ. 복부의 통증

1. 복직근

복부의 근육(복근)은 복직근과 내·외복사근 및 복횡근으로 구성되어 체내의 장기를 보호하고 복압을 증가시키며 몸의 굴곡과 아울러 척추 운동 등의 기능을 한다. 그리고 복직근은 늑간신경(흉추 제8번~제12번)의 지배를 받아 척추의 굴곡과 복압을 증가시키는 등의 기능을 하는 근육으로 근육의 통증이 상부에서 발생을 하게 되면 등의 한 가운데 부위에 수평으로 연관된 통증이 나타나며 배꼽 부위에서 발생하면 복부 경련이나 복통 등이 발생할 수가 있다. 또한 근육의 아래 부위에서 통증이 발생을 하게 되면 허리의 요추 부위나 천관절 부위에 연관된 통증이 나타나고 배뇨나 괄약근의 경련 등이 나타날 수가 있게 된다(그림 8-3). 복직근 부위의 경락으로는 몸의 정중선에 위치하고 있는 **임맥**의 ②곡골혈 ③중극혈 ④관원혈 ⑥석문혈 ⑥기해혈 ⑦음교혈 ⑧신궐혈 ⑨수분혈 ⑩하완혈 ⑪건리혈 ⑫중완혈 ⑬상완혈 ⑭거궐혈 ⑮구미혈 등과 그 옆(0.5촌) **신경**의 ⑪횡골혈 ⑫대혁혈 ⑬기혈 ⑭사만혈 ⑮중주혈 ⑯황수혈 ⑰상곡혈 ⑱석관혈 ⑲음도혈 ⑳복통곡혈 ㉑유문혈 및 그옆(정중선 옆 2촌) **위경**의 ⑲불용혈 ⑳승만혈 ㉑양문혈 ㉒관문혈 ㉓태을혈 ㉔활육문혈 ㉕천추혈 ㉖외릉혈 ㉗대거혈 ㉘수도혈 ㉙귀래혈들과 등쪽(배부)에 위치하고 있는 **독맥**의 ③요양관혈 ④명문혈 ⑤현추혈 ⑥척중혈 ⑦중추혈 ⑧근축혈 ⑨지양혈 등을 그리고, **방광경**의 ⑰격수혈 ⑱간수혈 ⑲담수혈 ⑳비수혈 ㉑위수혈 ㉒삼초수혈 ㉓신수혈 ㉔기해수혈 ㉕대장수혈 ㉖관원수혈 ㉗소장수혈 ㉘방광수혈 ㉙중려수혈 ㉚백환수혈 ㉛상료혈 ㉜차료혈 ㉝중료혈 ㊷의회혈 ㊸격관혈 ㊹혼문혈 ㊺양강혈 ㊻의사혈 ㊼위창혈 ㊽황문혈 ㊾지실혈 ㊿포황혈 등 통증의 발생한 부위와 연관된 통증이 나타난 부위를 지압과 마사지 등을 해주도록 한다(그림 8-4).

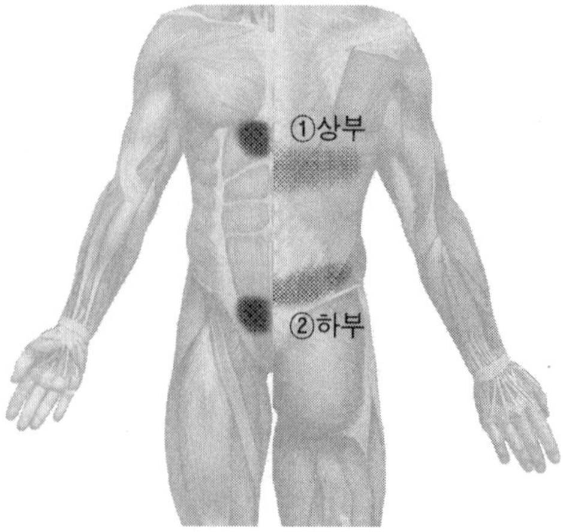

「그림 8-3」 복직근의 발통점과 연관통

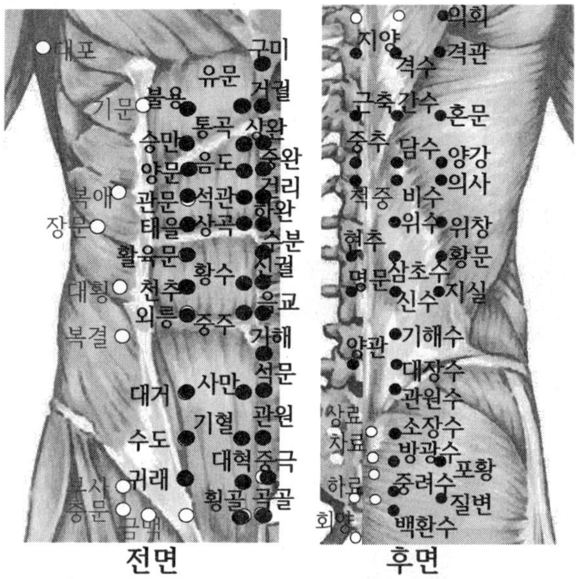

「그림 8-4」 복직근 통증 부위의 경락과 경혈

1) 운동

평소 윗몸 일으키는 동작을 하거나「사진 8-1의 ①, ②」와 같이 다리를 펴고 누운 자세에서 양팔을 벌려 지면에 대주고 머리를 들어 턱을 앞가슴에 붙인 후 양발을 30° 정도 들어 올린 후 양발을 교체하는 동작이나 양발을 30°, 60°, 90°, 120°, 150°, 180° 씩 천천히 들어 올리다 내리는 동작을 실시하여 복직근 외복사근, 내복사근 및 복횡근 등을 운동시켜 주도록 한다「사진 8-2의 ①, ②,③, ④」.

「사진 8-1」 복직근 운동

①

②

③

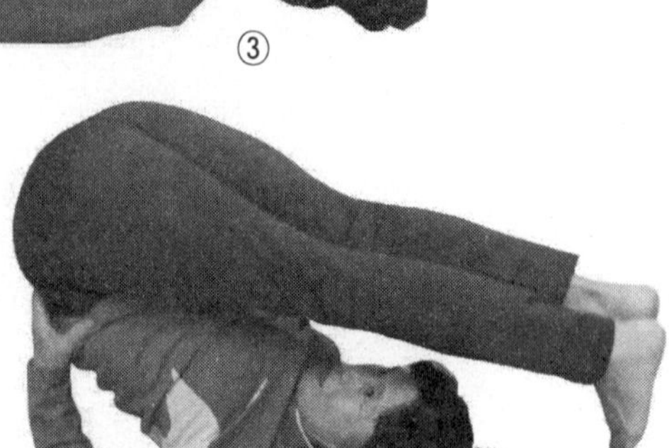

④

「사진 8-2」 복직근 운동

2. 딸꾹질

흔히들 딸꾹질을 하게 되면 무슨 맛있는 것을 혼자 몰래 먹다가 들켰기에 딸꾹질을 하느냐며 물을 마셔 보라거나 깜짝 놀래 주기도 하고 또한 등을 두드려 주기도 한다. 대체로 얼마 지나지 않아 멈추기 때문에 대수롭지 않게 생각들을 하고 있지만 심한 경우에는 몇 년씩 계속되어 고통을 안겨주기도 한다. 이러한 딸꾹질은 횡경막의 경련으로 발생되는 것으로 보며 등쪽의 제8번 흉추 양옆 부위에 위치하고 있는

방광경의 ⑰격수혈과 목 부위

대장경의 ⑪천정혈 및

위경의 ⑪기사혈을 그리고 몸의 정중앙선에 위치하고 있는 명치 아래

임맥의 ⑮구미혈 ⑭거궐혈 ⑬상완혈 ⑫중완혈과 갈비뼈 아래

위경의 ⑲불용혈 및 **간경**의 ⑭기문혈 등을 지압과 아울러 비비듯이 마사지를 해주도록 한다(그림 8-5).

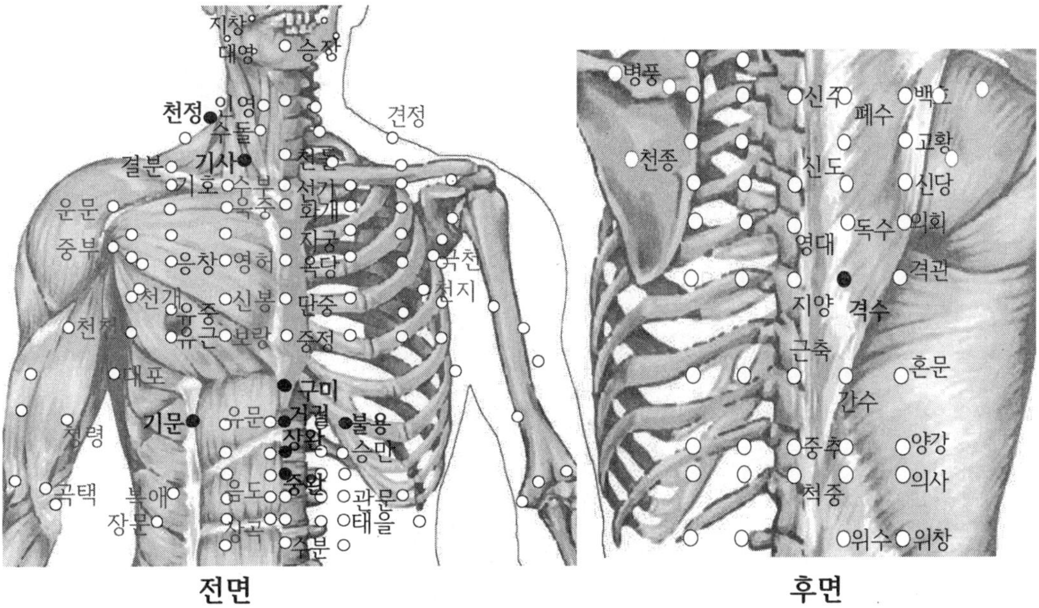

「그림 8-5」 딸꾹질의 경락과 경혈

3. 복사근과 복횡근

내·외 복사근은 늑간신경(흉추 제8번~제12번)의 지배를 받아 양측이 동시에 수축을 하게 되면 복압의 증가와 척추의 굴곡을 한 쪽이 수축을 하게 되면 척추의 측굴과 회전 등의 기능을 한다. 그리고 복횡근은 늑간신경(흉추 제7번)의 지배를 받아 복압을 증가시키는 등의 기능을 하는 근육이다. 복사근(외복사근)의 상부에서 통증이 발생하면 속쓰림 등이 나타나며 하부에서 발생하게 되면 연관된 통증은 서해부(사타구니)를 따라 음낭 쪽으로 확산되어 나타나기도 하며 그로 인하여 배뇨근과 괄약근의 경련이 초래되어 빈뇨와 잔뇨가 생기게 되기도 한다. 그리고 복횡근에 통증이 발생하면 극골의 전연을 횡단하는 상복부에 통증이 나타나기도 한다(그림 8-6). 근육 부위의 경락에는 **위경**의 ⑲불용혈 ⑳승만혈 ㉑양문혈 ㉒관문혈 ㉓태을혈 ㉔활육문혈 ㉕천추혈 ㉖외릉혈 ㉗대거혈 ㉘수도혈 등과 **비경**의 ⑫충문혈 ⑬부사혈 ⑭복결혈 ⑮대횡혈 ⑯복애혈 등에 지압과 마사지 등을 하여 준다(그림 8-7).

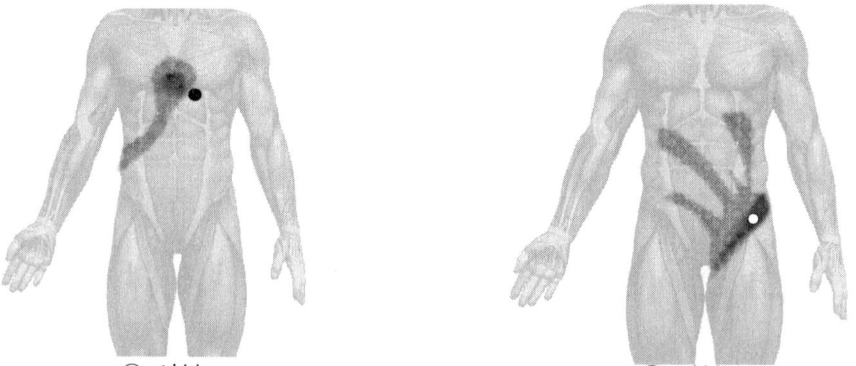

① 상부 　　② 하부

「그림 8-6」 복사근과 복횡근의 발통점과 연관통

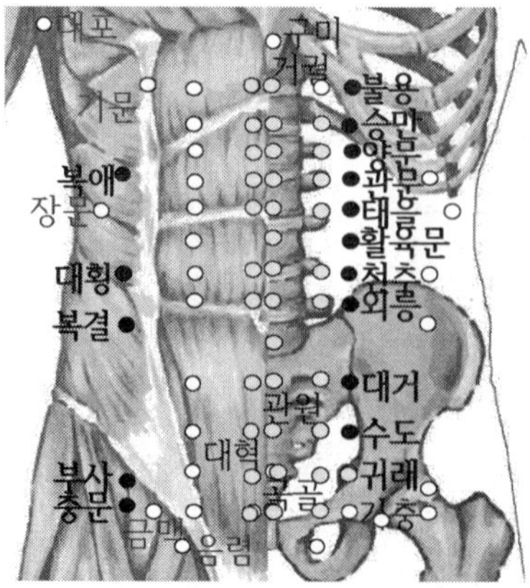

「그림 8-7」 복사근과 복횡근 통증 부위의 경락과 경혈

1) 운동

얼굴을 왼쪽 뒤로 돌리는 동시에 몸을 왼쪽 뒤로 돌리면서 왼손은 왼쪽 뒤로 돌려 허리부위에 대주고 오른손은 왼쪽 대퇴부위에 대주는 동작이나(사진 8-3의 ①) 몸을 왼쪽 뒤로 틀면서 양손을 왼쪽 뒤에 짚고 팔굽혀 펴기를 하듯이 양팔을 구부려 복사근을 이완시켜주며(사진 8-3의 ②), 윗몸일으키기를 하여 왼쪽팔꿈치가 오른발 무릎을 대주는 동작이나(사진 8-3의 ③) 다리를 펴고 누운자세에서 양손을 머리 뒤로 깍지를 낀 다음 숨을 내쉬면서 왼쪽 무릎을 구부려 대각(오른쪽 가슴)으로 들어 올리는 동시에 오른팔 팔꿈치와 닿도록 하여 주는 동작을 좌·우를 반복하여 실시하여 내·외 복사근과 복횡근 및 전거근 등을 운동시켜주도록한다(사진 8-3의 ④).

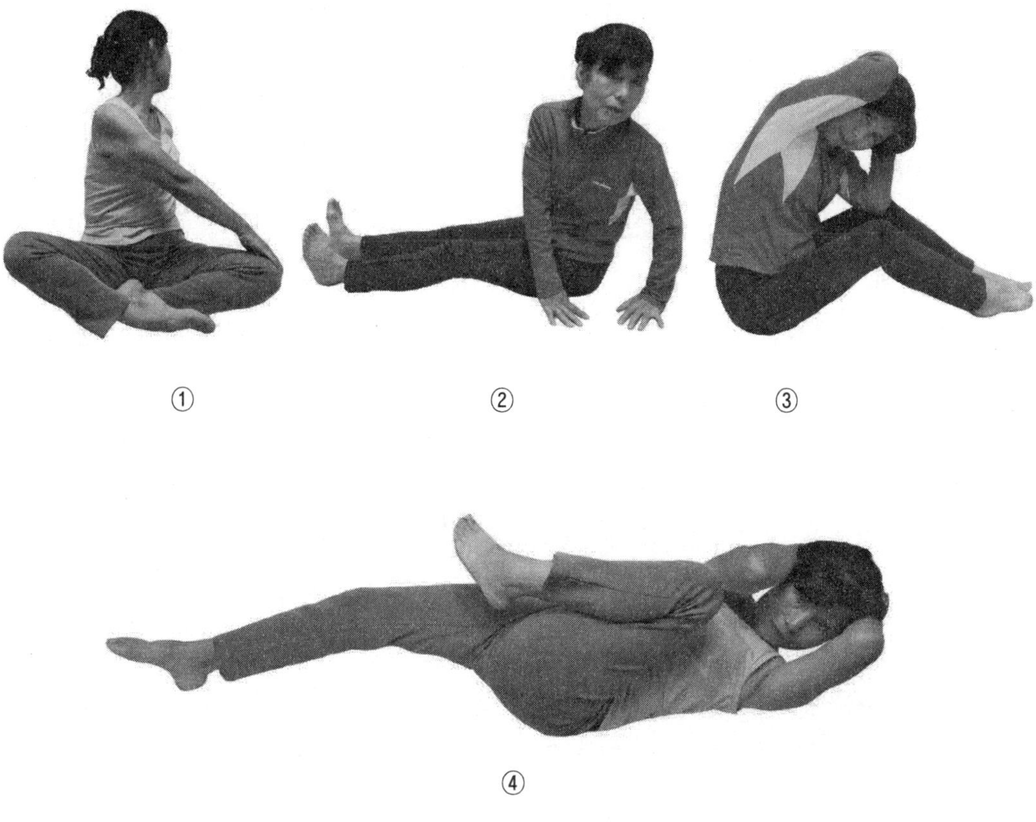

①　②　③

④

「사진 8-3」 복사근과 복횡근의 운동

4. 체했을 때(급체)

어릴적 음식을 먹을 때에 옆에서 지켜보시던 어르신들 께서는 누가 잡으러 쫓아 오는 것도 아닌데 그렇게 못먹고 굶어 죽은 걸신(거지 귀신)이 쓰인 것처럼 허겁지겁 먹게되면 체한다 하시면서 안 뺏어 먹을테니 천천히 꼭꼭 씹어 먹으라고 당부를 하시던 모습이 이 글을 쓰면서 생생하게 떠오르고 있다. 우리들이 음식을 먹게 되면 입에서는 침과 함께 섞어가며 이를 잘게 부셔(저작)주게 된다. 보통 하루에 약 1L~1.5L 정도가 분비되는 무기이온과 유기화합물 및 물의 혼합물인 침(타액) 속에는 탄수화물 분해 효소인 아밀라제(Amylase)가 녹말을 엿당(맥아당, maltase)과 덱스트린(dextrine)으로 분해를 하게 된다.

그리고 잘게 부셔진 음식물은 식도를 거쳐 위로 들어가게 되고 위의 벽 세포 에서는 염산과 위내인자를 분비한다. 분비된 염산은 주세포에서 분비된 펩시노겐(pepsinogen)을 펩신(pepsin)으로 전환을 시켜주며 또한 음식물 속의 세균을 죽이는 역할과 육류 속의 결합조직을 파괴시켜 준다. 그리고 위내인자가 부족하게 되면 B12의 흡수가 저하되어 악성 빈혈을 유발하게 된다. 주세포에서는 소화효소인 펩시노겐을 분비를 하며 펩신은 단백질을 분해하여 유단백질(protase)이나 펩톤(pepton)으로 그리고 동물조직의 세포막을 분해하여 내용물이 흘러 나오게 한다. 이러한 기능들에 의하여 위속으로 들어온 알콜 이외의 음식물들은(식후 2~6시간 정도) 수프와 같은 유미즙의 상태로 소장으로 넘어가 영양소들이 몸으로 흡수하게 된다.

그러나 섭취한 음식물들을 대충 씹어 삼켰거나 식탐에 의해 과식을 하여 위의 기능을 넘어서게 되는 경우에는 위 또한 힘들어 못살겠다하며 파업을 하거나 들어온 음식물들이 용량초과라 거부를 하며 몸 밖으로 배출을 하게 된다. 그러나 아이를 키우다 보면 병원과 약국들이 문을 닫은 한밤 중에 체하여 배가 아프다면서 울게 되는 상황에 닥치게 되면 식은 땀이 나면서 당혹스러울 것이다. 상비약도 준비되어 있지 않고 옛날 할머니들이 바늘로 손을 따주던 모습이 기억은 나지만 어느 손가락을 어떻게 따주는지도 모르니 말이다. 그저 등을 두드려주고 엄마손이 약속이라며 배를 문질러 주는 수밖에…

이러한 경우에는 엎드리게 한 상태에서

독맥의 ⑩영대혈(흉추 제6번 극돌기 아래에 위치하며 위통 등에 효과) ⑨지양혈(흉추7번 극돌기 아래 위치하며 위통 등에 효과) ⑧근축혈(흉추 제9번 극돌기 아래 위치하며 위통 등에 효과)과, 등뼈로부터 양옆으로 약 1.5촌 떨어져있는

방광경의 ⑯독수혈(영대혈 양옆 1.5촌 떨어진 부위. 배가 더부룩하거나 복통 등) ⑰격수혈(지양혈 양옆 1.5촌 떨어진 부위. 소화불량, 토혈 등) ⑱간수혈(근축혈 양옆 1.5촌 떨어진 부위 위질환 등)을 그리고 ㊸격관혈 (⑰격수혈 양옆으로 1.5촌 떨어진 부위, 구토, 식도경련 등) ㊹혼문혈(⑱간수혈 양옆으로 1.5촌 떨어진 부위. 구토, 위통 등) 등을 양손 엄지손가락으로 지장을 찍듯이 눌러주게 되면 흉추에서 툭하는 소리가 나면서 흉추가 교정되기도 하며 위에서 언급한 방광경의 양옆 경혈 중 어느 한쪽의 경혈이 경직되어 있어 아프다면서 만지지도 못하게 한다. 바로 그곳을 풀어주고 눕게하여

위경의 ⑲불용혈 ㉕천추혈 등과

임맥의 ⑧신궐혈(배꼽)에서 ⑫중완혈 ⑭거궐혈 등 배를 문질러 주게 되면 바로 효과가 있을 것이다(그림 8-8).

흉추는 앉은 상태에서 머리를 숙이게 되면 제일 크게 튀어나온 등뼈가 경추(목뼈) 7번이 되며 그 밑의 등뼈가 흉추 1번이 된다. 경황이 없어 흉추를 제대로 찾지를 못하겠다면 토할 때 등을 두드려주던 부위나 여성의 브레지어 끈의 연결 부위 양옆의 등줄기 근육을 만져보면 경직되고 아픈 부위를 쉽게 찾을 수가 있을 것이다.

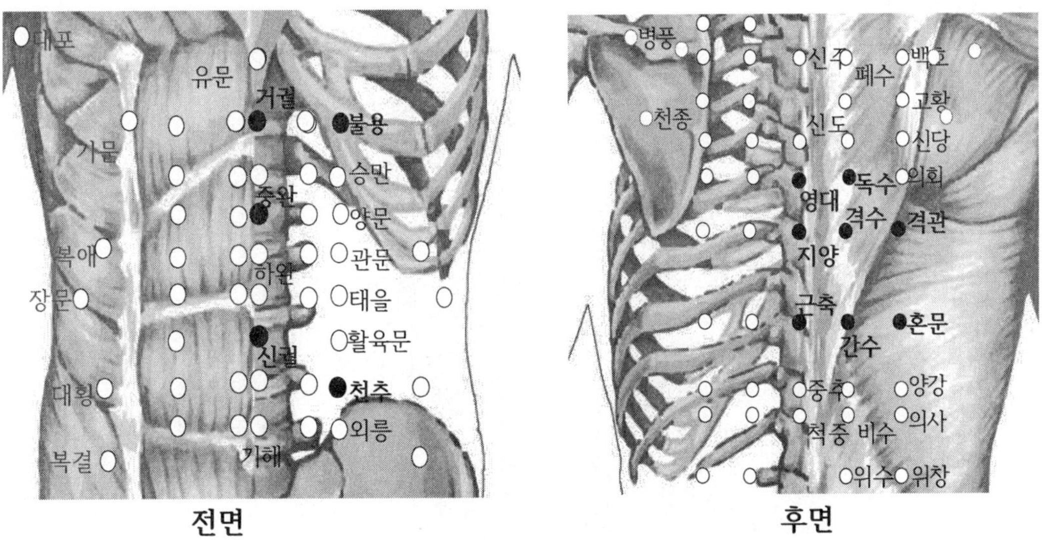

「그림 8-8」 체했을 때의 경락과 경혈

5. 성기능 부전

물질문명의 발달과 아울러 경제성장이 이루워짐에 따라 오늘날에는 육체 노동보다 정신 노동에 종사하는 사람들이 증가되고 있는 추세라 할 것이다.

따라서 이에 비례하여 신체활동의 부족과 아울러 체력은 저하되고 있는 반면에 정신적인 스트레스로 인한 여러 부작용들은 증가되고 있다고 보아도 무방할 것이다.

성기능 부전 또한 부상이나 알콜 또는 각종의 약물 중독과 비만이나 당뇨 등 병적요인 이외에도 정신적인 스트레스로 인한 요인 또한 무시할 수가 없을 것이다.

스트레스가 원인이라면 운동을 통한 체력의 증진과 아울러 환경을 개선하도록 하고 부부가 서로 협력하여 자신감을 심어주며 평소 등 뒤 허리와 엉덩이 부위

방광경의 ㉒삼초수혈 ㉓신수혈 ㉕대장수혈 ㉛상료혈 ㉜차료혈 ㉝중료혈 ㉞하료혈 ㊿③포황혈 ㊿④질변혈 및

독맥의 명문혈 등과

신경의 다리쪽 ⑨축빈혈 ③태계혈을 그리고 하복부 쪽의 ⑧황수혈과

임맥의 ④관원혈 ③중극혈 및 허벅지 안쪽 부위

간경 ⑨음렴혈 ⑪음포혈 등을 지압과 마사지 등을 꾸준히 해준다면 도움이 될 것이다(그림 8-9).

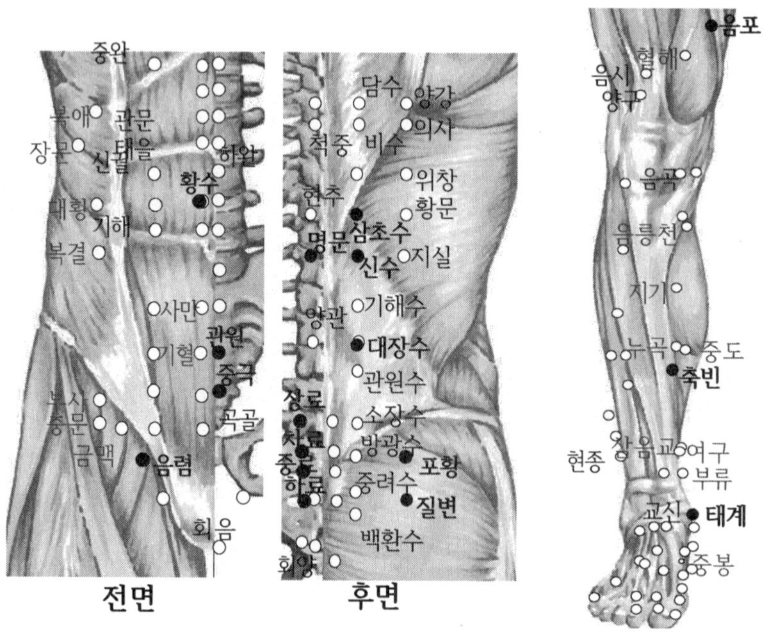

「그림 8-9」 성기능부전의 경락과 경혈

6. 오줌싸개(야뇨증 夜尿症)

자식을 낳아 기르다 보면 어떤 아이는 소변을 일찍 가리는 경우가 있는 반면에 어떤 아이는 그렇지 못하여 이불에 커다란 지도를 그려 놓는 경우가 있을 수 있다.

옛날에는 키를 씌워 동네에서 소금을 받아 오라고도 시켰다지만 요즈음 세상에 어디...... 이러한 오줌싸개는 여러 원인이 있을 수 있겠지만 대체로 몸을 차게 함으로써 하지(다리)가 찬 것이 그 원인일 수가 있다. 따라서 몸의 정중선을 지나는 **임맥**의 여러 경혈 중에서 배꼽(⑧신궐혈)과 치골결합 윗부위인 ②곡골혈을 5등분하여 배꼽으로부터 5분의 3부위에 위치하고 있는 ④관원혈과 5분의 4부위인 ③중극혈 및 ②곡골혈릏 헤어드라이기 등을 활용하여 마사지를 해 준후 허리부위 **방광경**의 ㉓신수혈(제2요추 아래 양옆 1.5촌) ㉘방광수혈(제2천골 아래 양옆 1.5촌) ㊾지실혈(제2요추 아래 양옆 3촌) 등과 **간경**의 ①대돈혈(새끼발가락 쪽 엄지발톱 모서리) ⑤여구혈 ⑨음포혈 및 **위경**의 ㉒관문혈 ㉓태을혈 ㊱족삼리혈을 그리고 **비경**의 ⑥삼음고혈 ⑨음릉천혈과 **신경**의 ③태계혈 등을 따듯하게 지압과 마사지 등을 하여 주게 되면 도움이 될 것이다(그림 8-10).

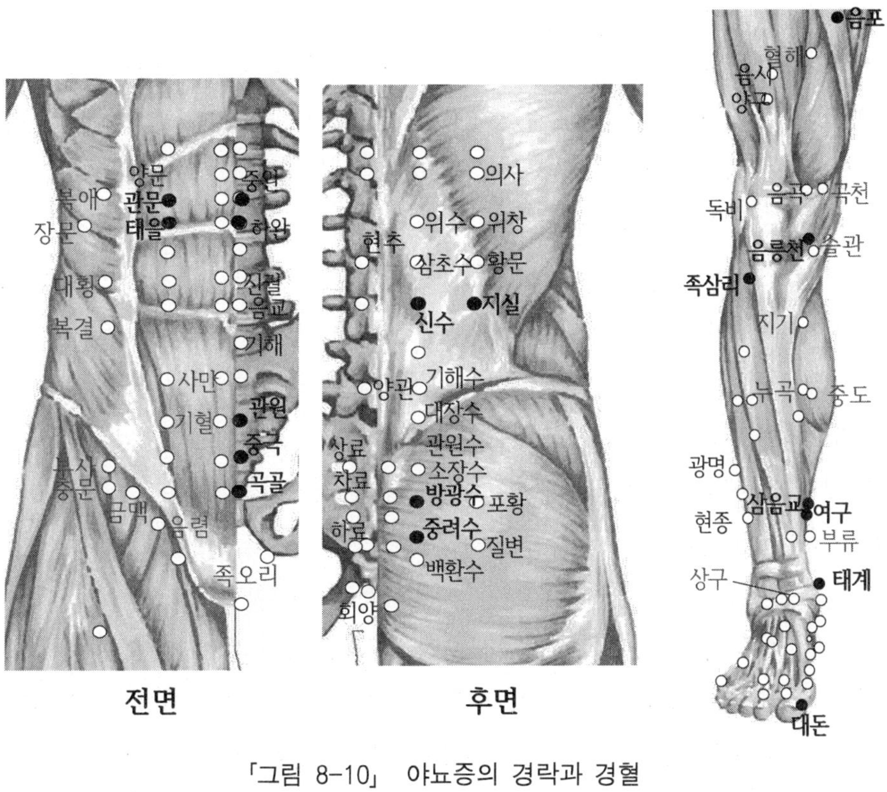

「그림 8-10」 야뇨증의 경락과 경혈

7. 변비

우리들은 하루에 무기이온과 유기화합물 및 물의 혼합액인 타액(침)을 약 1.0L~1.5L씩을 분비하는 것으로 보고 있다. 그리고 이러한 타액속에 탄수화물 분해 효소인 아밀라제(Amylase) 등이 함유 되어 있어 섭취한 음식물들의 저작 및 연하를 촉진시켜 주는 등의 기능들을 하고 있다.

또한 위에서 염산(벽세포)과 펩시노겐(pepsinogen;주세포) 및 점액이 분비되어 펩시노겐은 염산의 도움을 받아 펩신(pepsin)으로 변하여 단백질을 유단백질(protase)이나 펩톤(pepton)으로 분해시키며 점액은 염산과 펩신으로부터 위점막을 보호하는 기능을 가지고 있다.

위에서는 알콜을 흡수하고 섭취한 음식물 들을 소화시켜 수프(유마즙)와 같은 상태로 소장으로 넘기게 하는데 소장은 직경이 3cm 정도이며 길이는 6m~8m의 크기로 12지장과 공장 및 회장으로 구성되어 간으로부터 담즙과 췌장으로부터 췌장액을 받아 음식물의 소화와 흡수를 하게 된다.

그리고 대장은 직경이 6.5cm~7.5cm 정도이며 길이는 1.5m~2m정도의 소화관으로 맹장과 결장 및 직장과 항문으로 구성되어 있다. 맹장(충수)은 감염에 대항을 하는 역할을 하며 결장은 상행결장(간의 위치까지 오른쪽으로 올라감) 및 하행결장(왼쪽으로 내려감)과 S결장(직장에 연결 됨)으로 구성되어 그 기능을 하고 있으며 직장은 20cm 정도의 길이로 항문에서 끝이 난다.

우리들이 섭취하여 소화흡수가 되고 난 찌꺼기가 연동작용으로 직장속으로 들어가게 되면 직장 벽이 신장을 하게 되고 이어서 신경충격이 척수로 전해지며 척수는 직장근을 수축시켜 항문 괄약근을 이완시켜 이들(대변)을 몸 밖으로 배출하게 되는데 대변은 빌리루빈 이란성분으로 갈색을 띄며 결장에 서식하고 있는 혐기성 세균(산소가 존재하면 죽게 되는 세균) 들이 소화 되지 않은 물질들을 분해 할 때 생기는 물질로 인하여 냄새가 나기도 한다.

그리고 결장에서는 우리 몸에 흡수 이용되는 일부 비타민과 그 밖의 분자물질을 만들기도 하지만 상피세포에서 만들어 지는 용종(결장암)이 발생하기 쉬운 곳이며 지방성 음식물들은 담즙 분비를 증가 시키게 되고 장내 세균들이 담즙염을 암 발생 촉진물로 전환시키기 때문에 육류 섭취 시 채소류를 함께 섭취하도록 권하는 이유 일 수도 있다.

섬유성 음식물(채소류)은 수분을 흡수하고 장을 확장시켜 주며 담즙염의 농도를 낮추고 장속 기질의 이동을 쉽게 할 수 있게 해 주는 역할을 하기도 하기 때문이다.

따라서 규칙적인 배변은 대변 속에 있는 발암성 물질에 결장벽이 노출 되는 시간을 줄여 줄 뿐 아니라 대변은 그 사람의 건강 상태를 알 수 있는 중요 한 것으로 과거 왕실에서는 임금의 대변을 매우라 하여 의관으로 하여금 점검토록 하지 않았는가? 하지만 현대인들에 있어 서구화 된 식생활과 불규칙한 생활이나 스트레스는 물로 위장병이나 임신 등 여러 요인들에 의하여 장운동의 둔화와 신경성 등으로 원활한 배변을 못하여 변비로 고생하게 되기도 한다.

이러한 경우에는 **방광경**의 ⑳비수혈(2흉추 밑 양옆 1.5촌부위) ㉒삼초수혈(1요추 밑 양옆 1.5촌부위) ㉕대장수혈(4요추 밑 양옆 1.5촌부위) ㉗소장수혈(1천골 밑 양옆 1.5촌부위) ㉘방광수혈(2천골 밑 양옆 1.5촌부위)과 **임맥**의 ⑫중완혈(명치와 배꼽의 중간) ⑥기해혈(배꼽 아래 1.5촌) ④관원혈(배꼽 아래 3촌) 및 **위경**의 ㉑양문혈(**임맥**의 중완혈 양옆 2촌) ㉕천추혈(배꼽 양옆 2촌) ㉗대거혈(배꼽 아래 **임맥**의 석문혈 양옆 2촌)과 **비경**의 ⑭복결혈 등을 마사지 하여주게 되면 많은 도움이 될 수 있으며, 특히 북채나 만두피를 빚을 때 사용하는 홍두깨 등을 발바닥의 뒤꿈치 앞쪽 움푹 들어간 곳에 대고 체중을 실어 비벼주게 되면 도움이 될 것이다(그림 8-11).

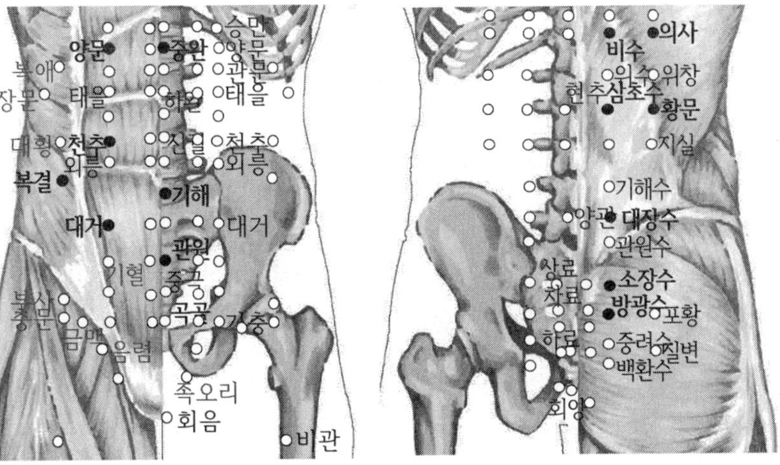

전면 후면

「그림 8-11」 변비의 경락과 경혈

제9장. 허리(요추)와 둔부의 통증

Ⅰ. 허리와 둔부의 경락과 경혈

허리와 둔부 및 다리 부위에 유주를 하고 있는 경락과 경혈들은 전면에는 배꼽(임맥 ⑧신궐혈)을 기준하여 몸의 정중선에 위치하고 있는

1. **임맥**의 ①회음혈 ②곡골혈 ③중극혈 ④관원혈 ⑤석문혈 ⑥기해혈 ⑦음교혈 ⑧신궐혈 등이 있으며 배꼽의 양 옆 0.5촌의 위치에 있는
2. **신경**의 ⑪횡골혈 ⑫대혁혈 ⑬기혈 ⑭사만혈 ⑮중주혈 ⑯황수혈(배꼽 양 옆 0.5촌 부위) 등과
3. **위경**의 ㉕천추혈(배꼽 양 옆 2촌 부위) ㉖외릉혈 ㉗대거혈 ㉘수도혈 ㉙귀래혈 ㉚기충혈
4. **비경**의 ⑫충문혈 ⑬부사혈 ⑭복결혈 ⑮대횡혈(배꼽 양 옆 3.5촌 부위) 및
5. **간경**의 ⑩족오리혈 ⑪음렴혈 ⑫급맥혈(치골 결합의 바깥쪽 부위로 정중선 옆 2.5촌 부위)와
6. **담경**의 ㉕경문혈 (12늑골 아래 부위) ㉖대맥혈(배꼽과 수평이 되는 곳) ㉗오추혈 ㉘유도혈 ㉙거료혈 ㉚환도혈 등이 있으며(그림 9-1) 등쪽으로는 몸의 정중선(척추)으로 유주하는
7. **독맥**의 ①장강혈(꼬리뼈 끝) ②요수혈 ③요양관혈 ④명문혈 ⑤현추혈(제1요추극돌기 아래)과
8. **방광경**의 ㉒삼초수혈(배부2행으로 제1요추극돌기 아래 양옆 1.5촌 부위) ㉓신수혈 ㉔기해수혈 ㉕대장수혈 ㉖관원수혈 ㉗소장수혈 ㉘방광수혈 ㉙중려수혈 ㉚백환수혈 ㉛상료혈 ㉜차료혈 ㉝중료혈 ㉞하료혈 ㉟회양혈 ㊱승부혈과 배부3행의 ㊽황문혈(제1요추극돌기 아래 양옆 3촌 부위) ㊾지실혈 ㊿포황혈 51질변혈 등이 위치하고 있다(그림 9-2).

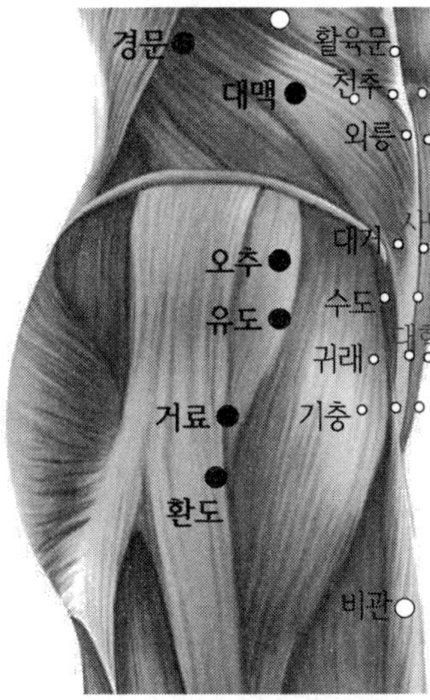

「그림 9-1」 허리와 둔부의 경락과 경혈(측면)

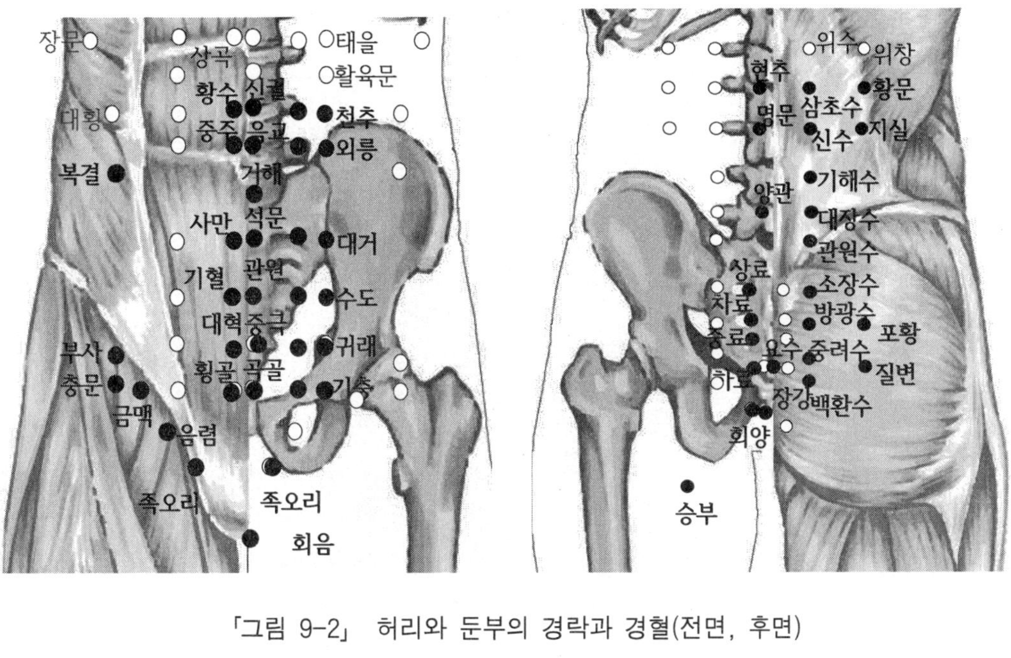

「그림 9-2」 허리와 둔부의 경락과 경혈(전면, 후면)

Ⅱ. 허리의 근육

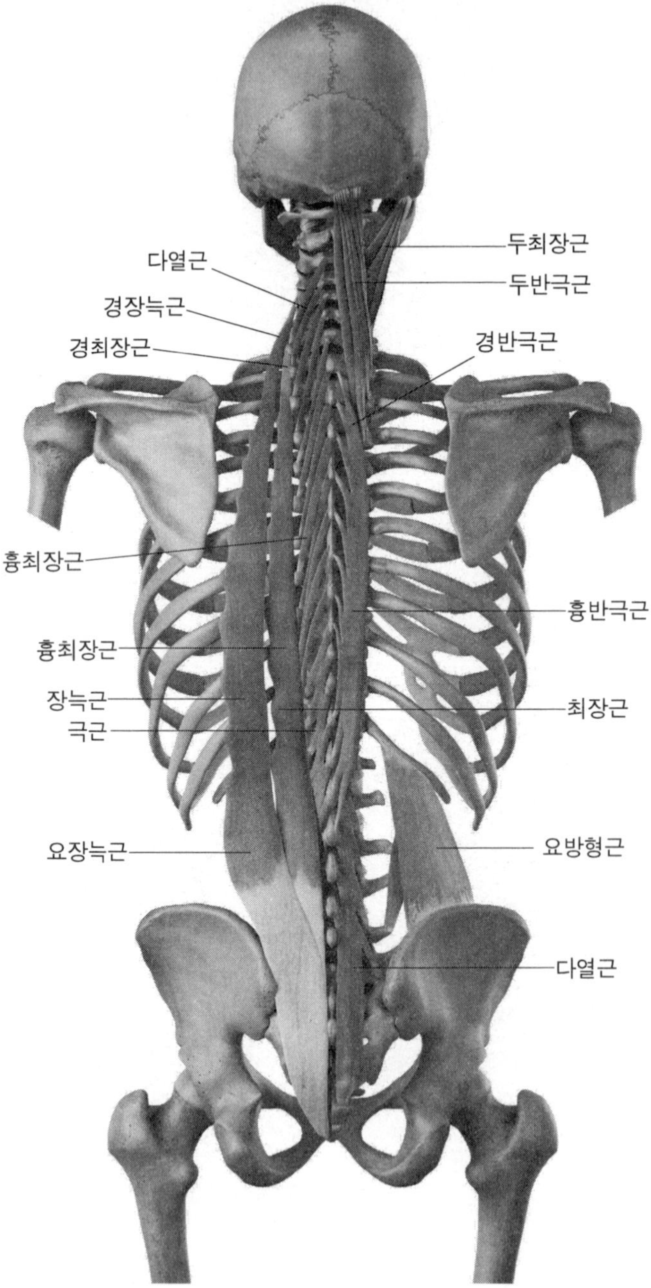

「그림 9-3」 허리의 근육

Ⅲ. 허리의 근육과 통증

1. 허리부위 근육의 통증과 연관통

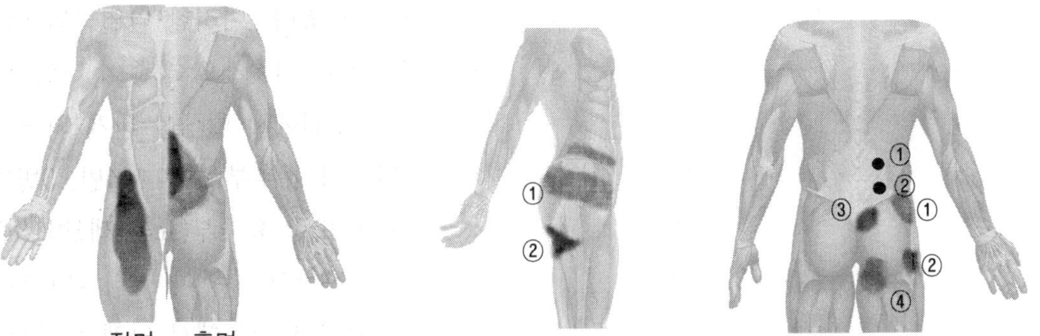

전면 후면
장요근

요방형근(①12늑골 아래 ②장골능 외측하부 ③3요추 ④4요추)

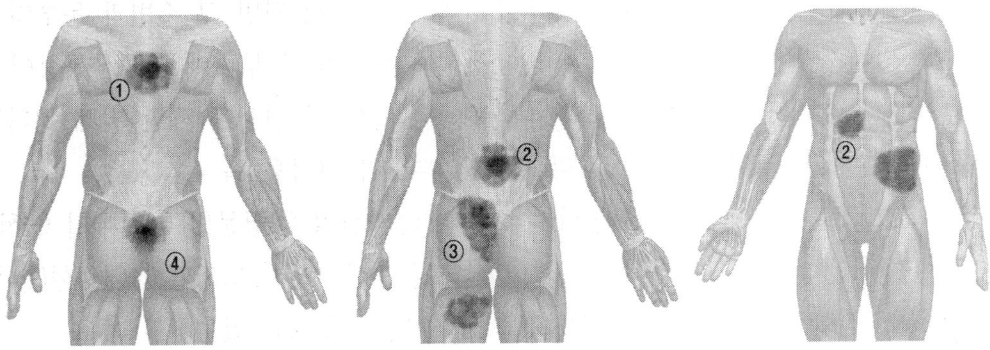

다열근(①흉추 4번, 5번 ②요추 2번 ③요추 5번 ④천추1번)

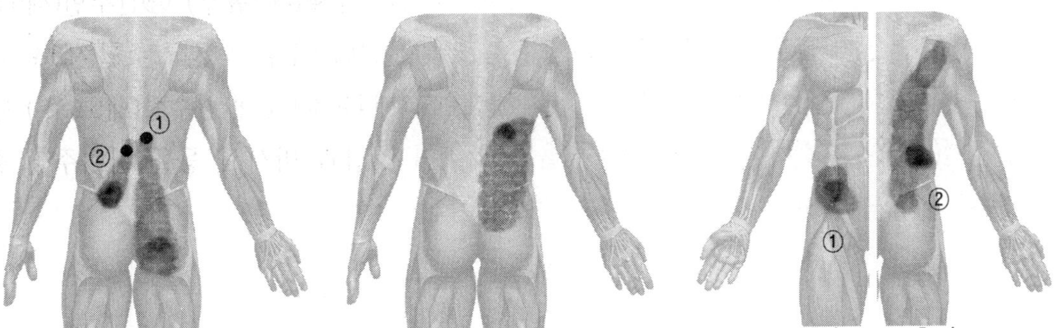

전면 후면

최장근(①흉추10번 ②요추1번) 요장늑근 흉장늑근(①하부 중간 ②흉추 11번)

「그림 9-4」 허리 부위 근육의 발통점과 연관통

2. 다열근

척추기립근의 심부에 위치하고 있는 근육으로는 반극근과 다열근 및 회선근 등이 있으며 다열근은 척추의 2~4분절을 연결하여 유지하는 기능과 아울러 척추의 신전(양쪽)과 어깨를 앞쪽으로 나가게 하는 회전(편측) 기능을 하고 있다. 이러한 다열근의 이상에 의해 근육의 고정(부착)부위가 쑤시며 등 뼈가 아픈 듯이 지속적인 통증이 나타나게 되는 통증은 발생한 부위에 따라 즉 경추(제4번과 5번) 부위에서 발생을 하게 되면 통증은 후두하 부위에서 뒷덜미와 견갑골의 위까지 나타나며 흉추부(흉추 제4번, 5번)에서 발생하면 통증은 그 주변에 나타난다(그림 9-5의 ①). 또한 요추부(요추 제1번~5번)에서 통증이 발생하면 요추부위는 물론 복부 쪽으로도 연관된 통증이 나타나며 특히 요추 제5번 부위에서 발생을 하게되면 대퇴와 하지의 옆면과 뒤쪽에서 아래로 확산이 된다(그림 9-5의 ②).

그리고 천추의 상부(천추 제1번)에서 통증이 발생을 하게 되면 그 주변과 둔부의 안쪽 및 대퇴까지 연관된 통증이 나타나며 심한 경우에는 미골 부위에서 심부통증이 나타나게 되는 등 다열근의 통증으로 체간의 측굴과 회전 및 신전을 제한 받게 된다(그림 9-5의 ③). 이러한 경우에는 통증이 발생한 부위의 경락들 즉

독맥의 ①장강혈(꼬리뼈 부위)로부터 ②요수혈 ③양관혈 ③명문혈 ⑤현추혈 ⑥척중혈 ⑦중추혈 ⑧근축혈 ⑨지양혈 ⑩영대혈 ⑪신도혈 ⑫신주혈 ⑬도도혈 ⑭대추혈(흉추1번)에 이르는 경혈의 이상 유무를 살펴보고 그 주변에 흐르고 있는

방광경의 경혈들 ⑪대저혈(제1흉추) ⑫풍문혈(제2흉추) ⑬폐수혈(제3흉추) ⑭궐음수혈(제4흉추) ⑮심수혈(제5흉추) ⑯독수혈(제6흉추) ⑰격수혈(제7흉추) ⑱간수혈(제9흉추) ⑲담수혈(제10흉추) ⑳비수혈(제11흉추) ㉑위수혈(제12흉추) ㉒삼초수혈(제1요추) ㉓신수혈(제2요추) ㉔기해수혈(제3요추) ㉕대장수혈(제4요추) ㉖관원수혈(제5요추) ㉗소장수혈(제1천추) ㉘방광수혈(제2천추)을 병행하여 지압과 마사지 등을 하여주면 좋을 것이다(그림 9-6).

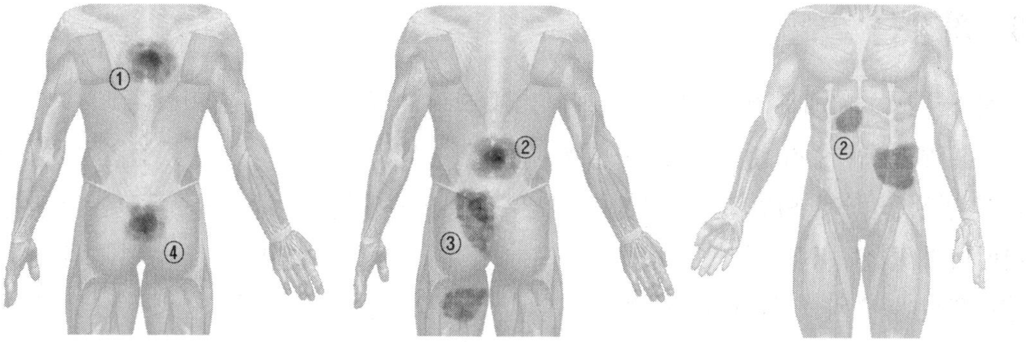

① 흉추부(흉추4번, 5번) ② 요추부(요추2번) ③ 요추(5번) ④천추(1번)
「그림 9-5」 다열근의 발통점과 연관통

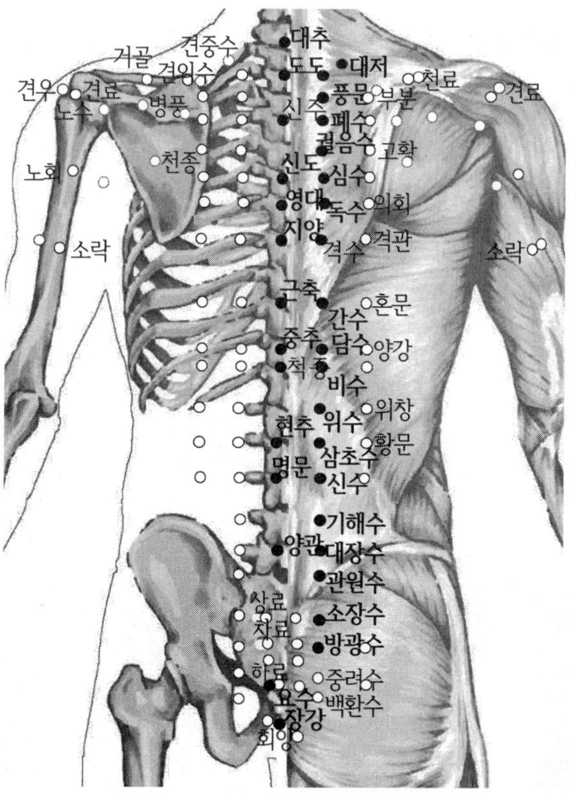

「그림 9-6」 다열근 통증 부위의 경락과 경혈

3. 최장근

척수신경의 지배를 받는 척추기립근 중 최장근은 흉최장근과 경최장근 및 두최장근으로 구별을 할 수가 있다. 그리고 흉최장근의 이상으로 통증이 흉추10번과 11번 부위에서 발생을 하게 되면 그에 의한 연관된 통증은 발통점에서 떨어진 둔부의 끝부위에 나타나며 심한 경우에는 발생한 부위까지 연관된 통증이 이어지게 된다(그림 9-7의 ①). 또한 통증의 발생이 요추1번 부위에서 발생을 하게 되면 장골능의 안쪽으로 통증이 나타나며 심한 경우에는 요추 부위로 확산을 하게 되어 몸을 숙이거나 바로 펴고 걷는 것이 힘이 들며 계단을 오르거나 앉았다 일어서는 동작들이 힘들어진다(그림 9-7의 ②). 이러한 경우에는 배 밑에 베개 등을 받치고 엎드린 자세에서

방광경의 ⑱간수혈(흉추 10번 부위) ⑲담수혈 ⑳비수혈 ㉒삼초수혈 ㉓신수혈 ㉕대장수혈 ㉗소장수혈 ㉘방광수혈 ㉙중려수혈 ㉚백환수혈 ㉛상료혈 ㉜차료혈 ㉝중료혈 ㉞하료혈 ㉟회양혈 ㊱승부혈 및 ㊹혼문혈(흉추 10번 부위) ㊺양강혈 ㊻의사혈 ㊼위창혈 ㊽황문혈(제1요추 부위) ㊾지실혈 ㊿포황혈 51질변혈 등을 지압과 마사지등을 해주고(그림 9-8) 누운 자세에서 한쪽 무릎을 구부려 지면에 대주고 다른 한쪽의 무릎은 구부려 가슴 쪽으로 들어 올려 양팔로 이를 감싸잡아 가슴쪽으로 당겨 근육을 이완시켜 주도록 하며(사진 9-1의 ①) 양발을 교대로 해준 후 양발을 동시에 해주면 좋을 것이다「사진 9-1의 ②).

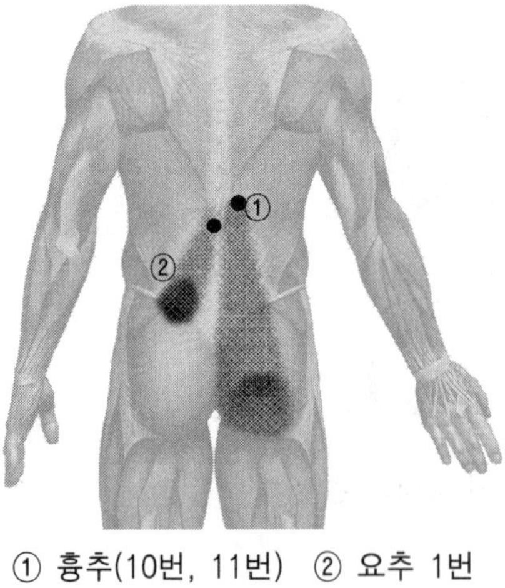

① 흉추(10번, 11번) ② 요추 1번
「그림 9-7」 최장근의 발통점과 연관통

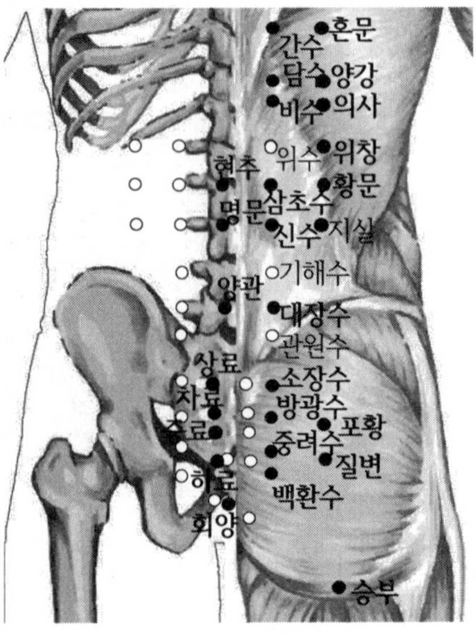

「그림 9-8」 최장근 통증 부위의 경락과 경혈

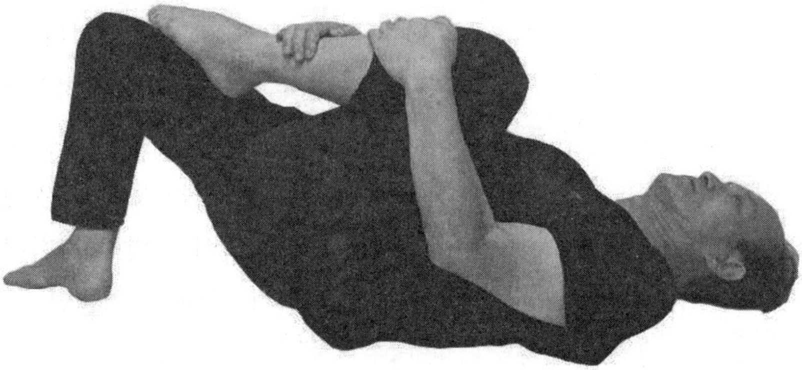

①

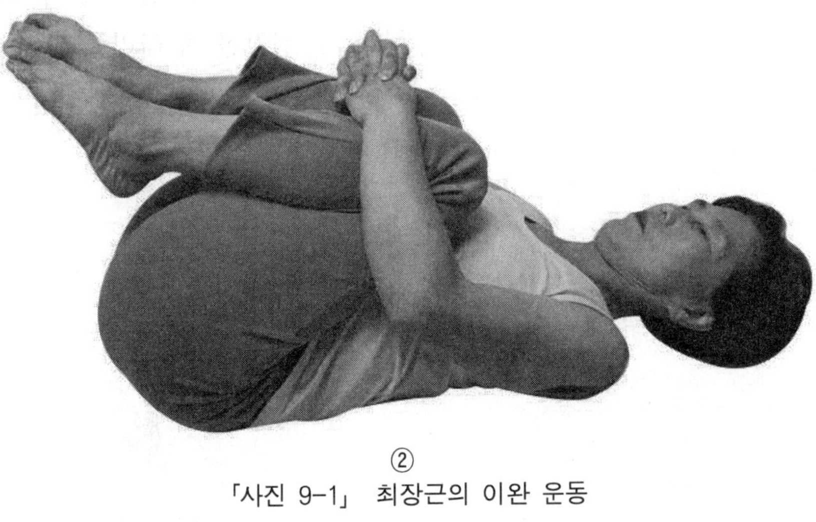

②

「사진 9-1」 최장근의 이완 운동

4. 장요근

장요근은 척수신경(요추 제2~4번)의 지배를 받는 대요근과 장골에서 기시하여 대퇴신경(요추 제2번, 3번)의 지배를 받는 장골근으로 구성이 되어 있다. 그러나 이들 근육들은 복강내에서는 두 개의 근육으로 되어 있다가 골반 내에서는 하나의 근육으로 이루어지게 되는 근육으로 고관절의 굴곡과 자세 유지근으로 기능을 한다. 그리고 장요근에 통증이 발생을 하게 되면 연관된 통증은 요추의 측면을 따라 서해부(사타구니)의 안쪽과 대퇴부의 앞쪽면에까지 통증이 확산되어 나타나기도 하며 기침을 하거나 앉았다가 일어설 때와 배에 힘을 줄 때(배변)등에 허리가 끊어지는 듯한 아픈 통증이 나타나게되며 걸을 때에는 엉덩이를 뒤로 뺀 상태에서 넓적다리를 벌리고 걷게 된다(그림 9-9). 이러한 경우에는 **독맥**의 ③양관혈(제4요추극돌기 아래) ④명문혈 ⑤현추혈(제1요추극돌기 아래) ⑥척중혈과 **방광경**의 ⑳비수혈 ㉑위수혈 ㉒삼초수혈 ㉓신수혈 ㉕대장수혈 ㉘방광수혈 및 ㊽양강혈 ㊾의사혈 ㊿위창혈 51황문혈 52지실혈 등을 그리고 **위경**의 ㉚기충혈 ㉛비관혈 ㉜복토혈과 **비경**의 ⑪기문혈 ⑫충문혈 ⑬부사혈 등을 지압과 마사지 등을 해주며(그림 9-10) 아울러 침대 모서리에 엉덩이를 걸치고 누운자세에서 건강한 쪽 무릎을 구부려 가슴쪽으로 들어 올려 양손으로 잡아준 후 아픈 다리를 약간 들어 올렸다가 숨을 내쉬면서 내려주는 동작을 통하여 장요근을 이완시켜주거나(사진 9-2의 ①) 위와 같은 자세에서 보조자는 한 손으로 건강한 쪽 다리를 잡아 가슴쪽으로 밀어 주는 동시에 다른 손으로는 아픈 쪽 다리를 잡아 밑으로 눌러 주어 근육을 이완시켜 주도록 해준다(사진 9-2의 ②).

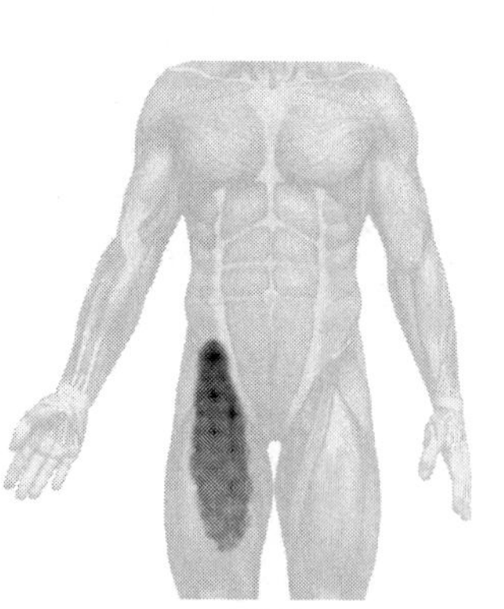

전면

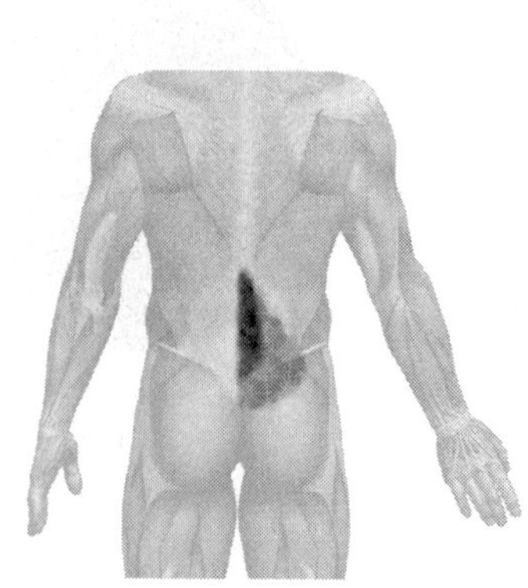

후면

「그림 9-9」 장요근의 발통점과 연관통

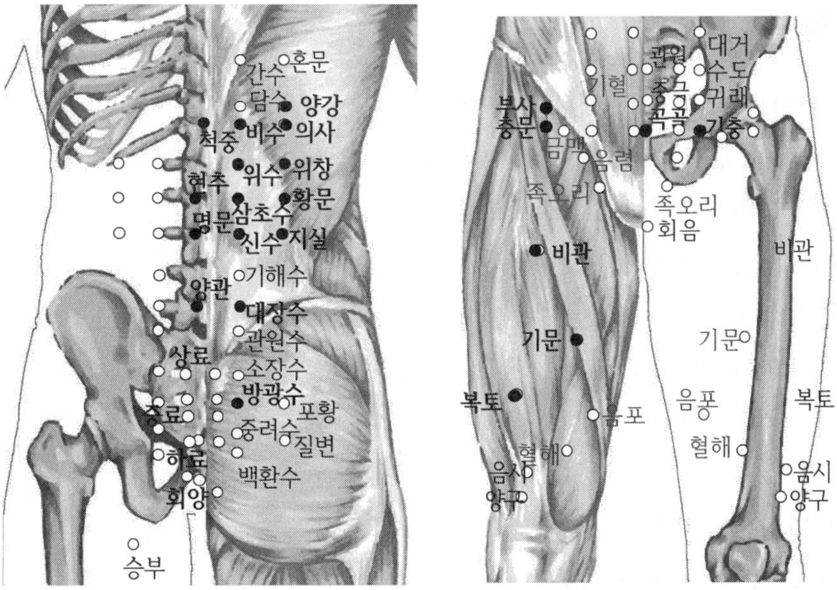

「그림 9-10」 장요근 통증 부위의 경락과 경혈

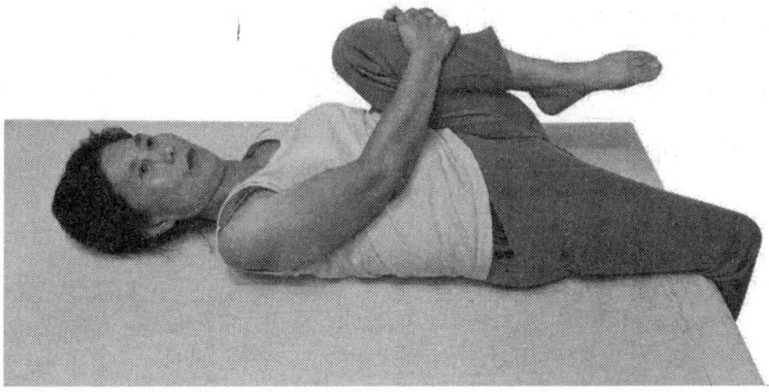

①

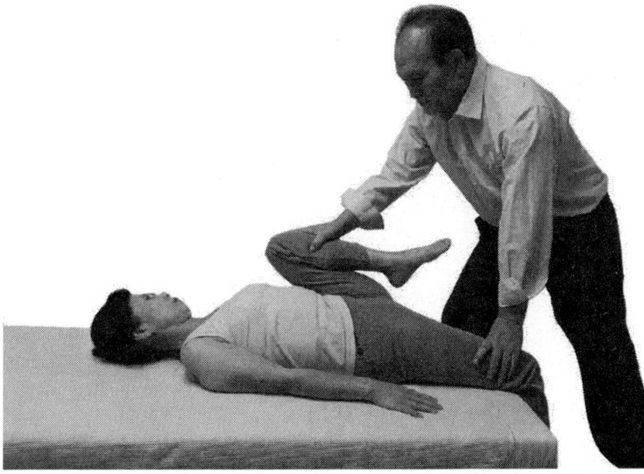

②

「사진 9-2」 장요근의 이완 운동

5. 요방형근

늑골하신경과 요수신경의 지배를 받아 척추의 측굴(한쪽 근육의 수축시)과 요추의 신전(양쪽 근육의 수축시) 및 척추의 측방안전성을 유지하는 등의 기능을 하는 근육으로 요통과 좌골 신경통의 주요 원인이 되는 근육이라 할 수가 있다. 요방형근의 이상으로 통증이 발생을 하게 되면 쑤시는 듯한 연관된 통증이 야간에 심하게 되며 아침에는 더욱 심하여 움직이는 것조차 힘들어지게 된다.

또한 일어서거나 걸을 때 또는 재채기를 할 때 등에는 깜짝 놀랄 정도의 통증으로 고통을 받게 되며 골반 주위의 통증과 아울러 엉치가 결리며 심한 경우에는 허리가 S자 형태로 틀어지기도 한다.

그리고 요방형근의 바깥쪽 위(제12늑골 아래)에서 통증이 발생을 하게되면 장골능과 인접한 하복부 및 서해부 쪽으로도 확산이 되며(그림 9-11의 ①) 장골능에 인접한 바깥쪽 아래 부위에서 발생을 하면 대퇴골의 대전자쪽과 대퇴의 측면 쪽으로 확산이 된다(그림 9-11의 ②). 또한 제3요추 부위에서의 발생은 천장관절부로(그림 9-11의 ③) 제4요추 부위에서의 발생은 엉덩이 아래 쪽에 연관된 통증이 나타나게 된다(그림 9-11의 ④). 이러한 경우에는

독맥의 ③양관혈 ④명문혈과 **방광경**의 ⑲담수혈 ⑳비수혈 ㉑위수혈 ㉒삼초수혈 ㉓신수혈 ㉕대장수혈 ㉗소장수혈 ㉘방광수혈 ㉙중려수혈 ㉚백환수혈 ㉛상료혈 ㉜중료혈 ㉞하료혈 ㊱승부혈 ㊽황문혈 ㊾지실혈 ㊿포황혈 51질변혈을 그리고

담경의 ㉖대맥혈 ㉗오추혈 ㉘유도혈 ㉙거료혈 ㉚환도혈과

위경의 ㉛비관혈 등을 지압과 마사지 등을 하여준다(그림 9-12).

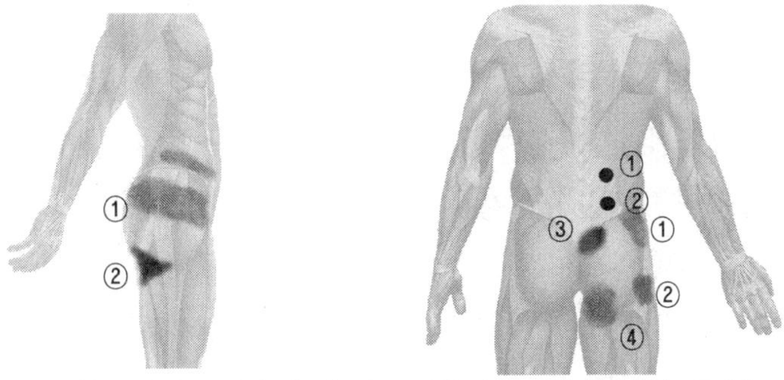

요방형근(①12늑골 아래 ②장골능 외측하부 ③3요추 ④4요추)

「그림 9-11」 요방형근의 발통점과 연관통

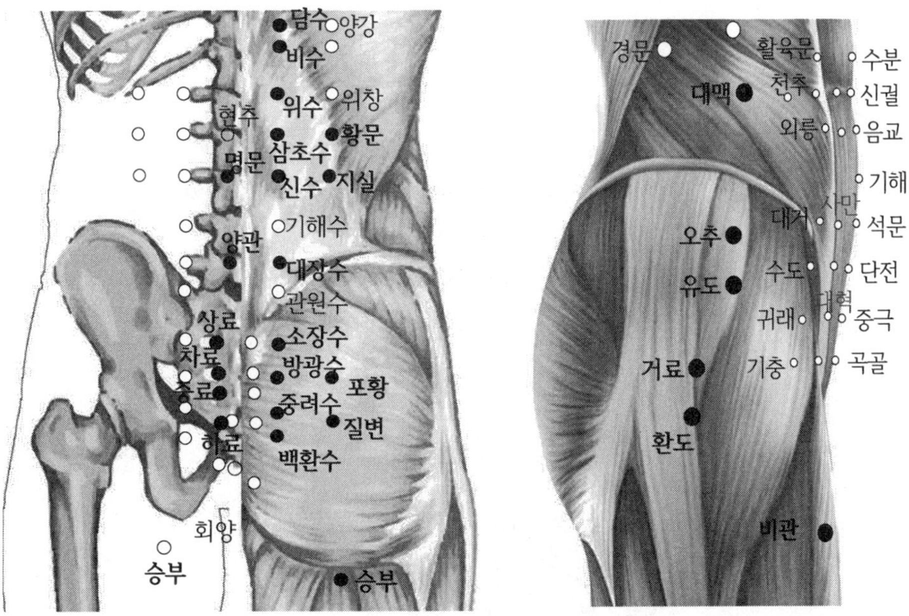

「그림 9-12」 요방형근 통증 부위의 경락과 경혈

6. 요장늑근

통증이 발생(요추1번)을 하게 되면 둔부의 중간과 꼬리뼈(미골)옆 **담경**의 ㉚환도혈 부위에 통증이 나타나며 심한 경우에는 몸을 구부리기가 힘이 들며 고관절에도 통증이 나타나게 된다(그림 9-13). 이러한 경우에는 배 밑에 베개 등을 받치고 엎드린 자세에서

독맥의 ⑥척중혈 ⑤현추혈(요추 1번 부위) ④명문혈 등과

방광경의 ㉑위수혈 ㉒삼초수혈 ㉓신수혈 ㉕대장수혈 ㉗소장수혈 ㉘방광수혈 ㉙중려수혈 ㉚백환수혈 ㉛상료혈 ㉜차료혈 ㉝중료혈 ㉞하료혈과 ㊼위창혈 ㊽황문혈 ㊾지실혈 ㊿포황혈 51질변혈 등에 지압과 마사지 등을 하여 주면 좋을 것이다(그림 9-14).

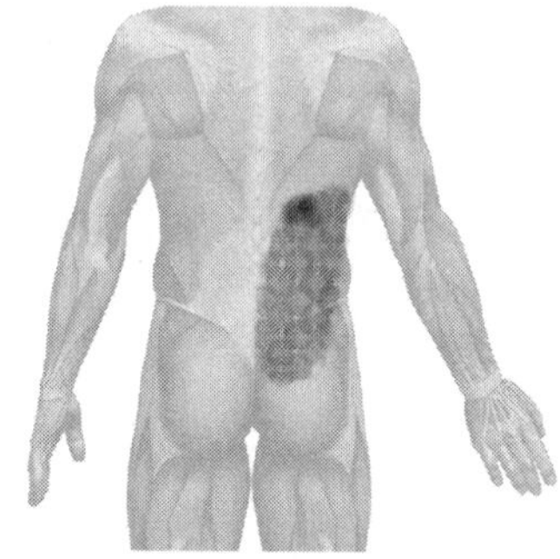

「그림 9-13」 요장늑근의 발통점(요추1번)과 연관통

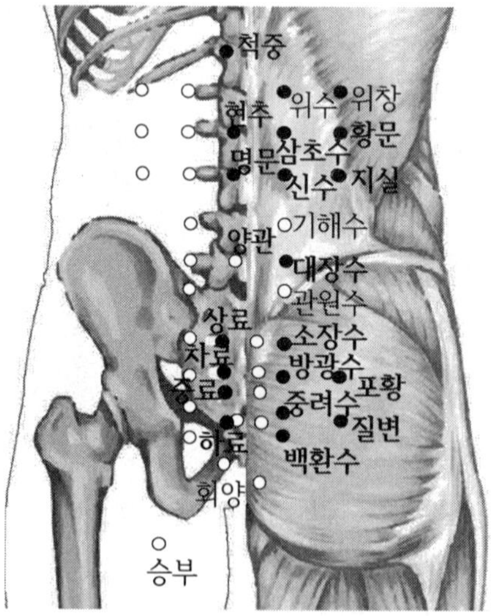

「그림 9-14」 요장늑근 통증 부위의 경락과 경혈

Ⅳ. 허리의 통증

1. 요통

요통의 원인으로는 뼈와 관절 및 근육의 이상이나 산부인과 질환 및 위장병 등에 의해 나타날 수가 있다. 본장에서는 뼈와 근육의 이상에 의한 통증을 위주로 살펴보고자 한다. 허리가 뻐근하거나 통증이 다리로 내려가기만 하면은 디스크로 의심을 하거나 전문적인 진료 없이 섣불리 디스크로 판단을 하는 경우를 종종 보게 된다. 일반적으로 허리의 통증은 허리뼈에 부착되어 있는 근육들을 과도하게 사용을 함으로써 근육이 경직되어 통증이 발생하거나 엉덩이를 앞으로 빼고 비스듬이 등을 의자에 기대어 앉거나 옆으로 누워 한 팔로 얼굴을 받치고 TV를 보는 등 자세가 바르지 못하여 근육에 피로가 누적되었을 경우 또는 아무런 준비 없이 순간적으로 과도한 힘을 사용하였을 때와 사고 등에 의한 것으로 생각을 해볼수가 있겠다.

척추기립근은 척추를 바르게 펴 주는 근육으로 장시간 쪼그려 일을 하거나 허리를 구부리고 일을 하는 경우에는 척추기립근 등이 늘어나 있는 상태이기 때문에 허리가 곧바로 펴지지 못하고 허리와 엉치뼈 주변이 뻐근하면서 시간이 걸리게 된다. 또한 척추기립근들에 통증이 발생하게 되면 처음에는 뼈 마디가 아픈 것처럼 느껴지며 주변 근육들이 단단하게 굳어져 있고 허리를 구부리거나 뒤로 제끼기가 힘들어지게 된다. 이러한 경우에는

독맥의 ⑭대추혈(골반교정 및 골반과 허리통증해소) ⑤현추혈 ④명문혈 ③요양관혈 ②요수혈 ①장강혈과

방광경의 ㉑위수혈 ㉒삼초수혈 ㉓신수혈 ㉕대장수혈 ㉗소장수혈 ㉘방광수혈 ㊱승부혈 ㊾지실혈 ㊿포황혈 51질변혈 57승산혈(허리 및 엉덩이 통증, 쥐 등) 및

위경의 ㉕천추혈 ㊱족삼리혈

비경의 ⑥삼음교혈 ⑨음릉천혈 ⑩혈해혈

신경의 ⑯황수혈

담경의 ㉙거료혈

간경의 ⑪음렴혈

임맥의 ⑫중완혈 등을 지압과 마사지 및 온찜질을 해준 후(그림 9-15) 근육을 이완시켜 주는 운동을 병행하여 주도록 한다(사진 9-3).

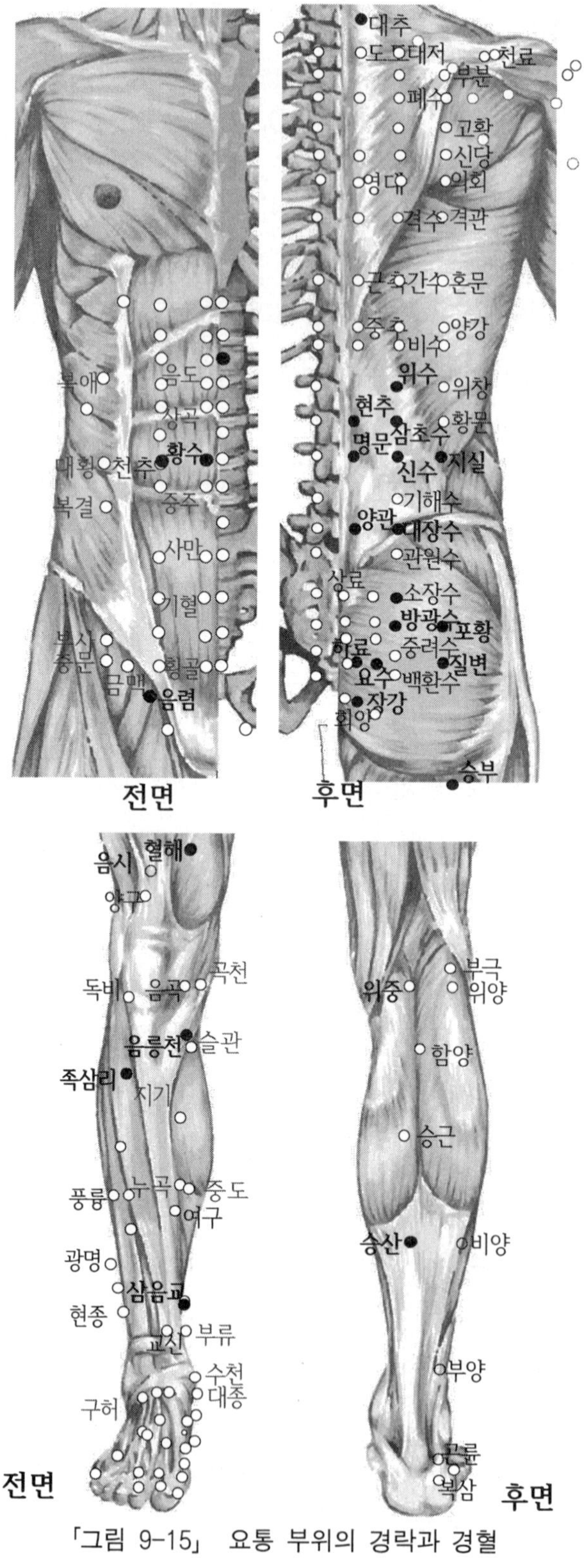

「그림 9-15」 요통 부위의 경락과 경혈

①

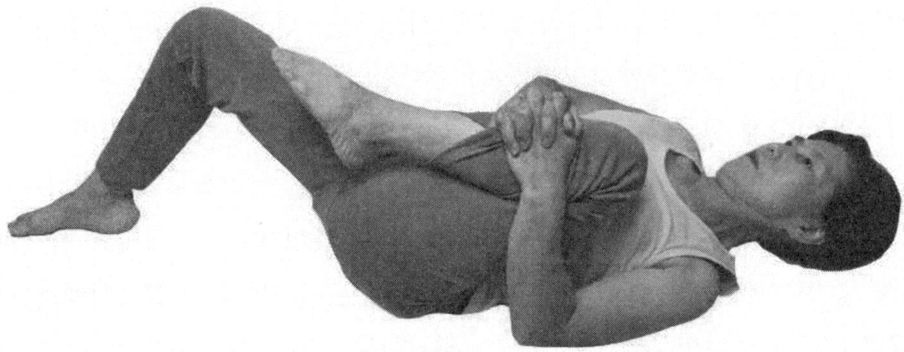

②

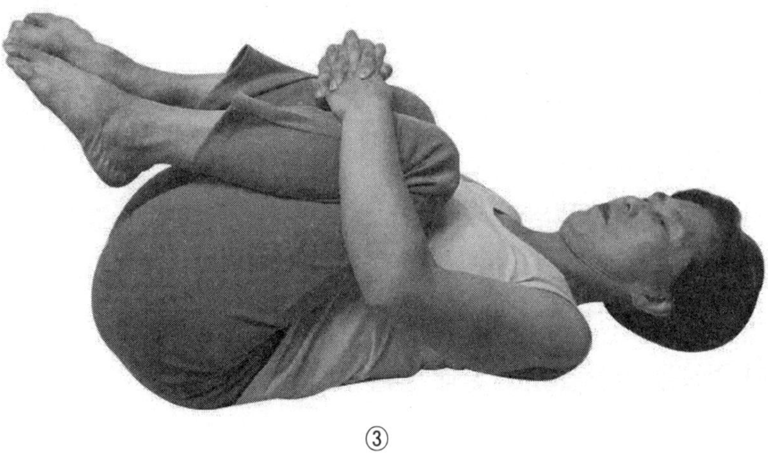

③

「사진 9-3」 요통운동

2. 좌골신경통

좌골은 앉아 있을 때 바닥에 닿는 부위로 장골 및 음부를 둘러싸고 있는 치골과 함께 골반 뼈를 이루고 있으며 좌골신경은 허리뼈 신경과 엉치뼈 신경이 합쳐져 만들어지는 허리 엉치 신경 얼기에서 갈라져 나오는 궁둥신경으로 우리들 몸에서 가장 굵고 긴 신경이며 다리의 감각과 운동을 조절하는 기능을 한다. 또한 좌골신경(궁둥신경)은 무릎 위에서 종아리 신경과 정강신경으로 갈라지기 전 까지는 무릎을 굽히는 기능을 하며 종아리 신경은 다리의 바깥쪽 부분과 발등 일부의 감각 및 발목과 발가락을 위로 제끼는 근육의 움직임에 관여를 하고 정강신경은 발목과 발가락의 섬세한 움직임에 관여를 한다.

좌골신경통은 주로 신경이 압박되어 발생을 하게 되는 경우가 많으며 통증이 발생하면 엉덩이와 허벅지의 바깥쪽에서 시작되어 종아리의 바깥쪽과 뒤쪽을 지나 발등까지 확산이 되어 나타나게 된다. 그리고 통증은 주로 엉덩이가 뻐근하고 저리며 다리 또한 저리고 땡기며 찌릿찌릿한 통증이 나타나고 심한 경우에는 허리를 구부리거나 서서 일을 하게 되면 또는 재채기등 배에 힘을 주게 되면 통증이 더욱 심해지고 발가락까지 화끈거리고 감각이 둔해지기도 한다. 이러한 경우에는 제7번 흉추 밑부위에 위치하고 있는 **독맥**의 ⑭대추혈 양옆 부위를 지압과 마사지를 해준다. 대추혈은 목과 등 그리고 허리의 통증을 제어해주며 한쪽 다리의 길이가 짧아졌을 경우에는 짧아진 반대편을 풀어주게되면 틀어진 골반이 제자리를 찾게 되면서 통증을 해소하게 되는 중요한 혈이다. 그리고

방광경의 ㉒삼초수혈 ㉓신수혈 ㉕대장수혈 ㉘방광수혈 ㉙중려수혈 ㉛상료혈 ㉝중료혈 ㉞하료혈 ㉟회양혈 ㊱승부혈 ㊲은문혈 ㊾지실혈 ㊿포황혈 ⑤①질변혈 ⑤④위중혈 ⑤⑤합안혈 ⑤⑥승근혈 ⑤⑦승산혈 ⑤⑧비양혈 ⑤⑨부양혈 ⑥⓪곤륜혈에 이르는 경락과

담경의 ㉙거료혈 ㉚환도혈 ㉛풍시혈 ㉜중독혈 ㉝슬양관혈 ㉞양릉천혈 ㊱외구혈 ㊴현종혈에 이르는 경락 및 **위경**의 ㊱족삼리혈 ㊲상거허혈 ㊴하거허혈 ㊵풍륭혈 ㊶해계혈 ㊷충양혈에 이르는 경락을 온찜질과 함께 지압과 마사지 등을 하여 주도록 한다(그림 9-16).

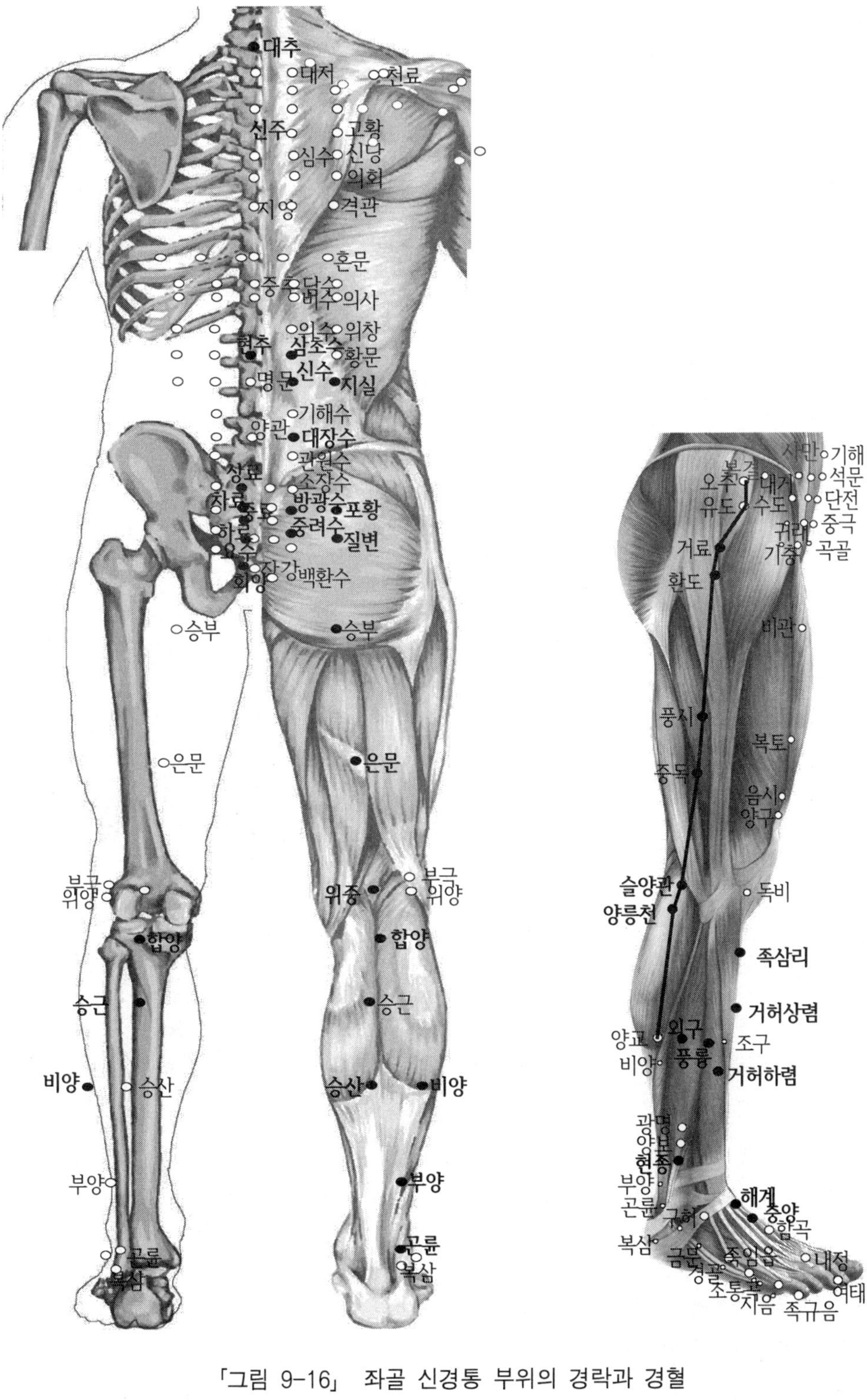

「그림 9-16」 좌골 신경통 부위의 경락과 경혈

1) 신체의 교정

(1) 오른쪽 좌골신경통 몸통 왼쪽 돌림

좌골신경통이라 할지라도 그 원인은 다양할 수가 있을 것이다. 「그림 9-17」과 같이 통증이 있는 오른쪽으로 볼록하게 되어 몸통을 오른쪽 옆으로 구부리거나 오른쪽 뒤로 돌리게 되면 통증이 나타나는 경우가 있다(오른쪽 좌골신경통). 또한 이의 연관된 통증은 요추 제5번 부위의 영역을 따라 대퇴부의 바깥쪽 면과 바깥쪽 복숭아 뼈로 이어져 엄지 발가락 쪽으로 확산되어 나타나게 된다. 따라서 교정자는 환자가 의자 등에 앉아 양손을 목 뒤로 깍지를 끼게 하거나 팔장을 끼게 하고 교정자는 환자의 등 뒤에 서서 환자가 목 뒤로 깍지를 낀 경우에는 왼팔로 환자의 왼쪽 겨드랑이 밑으로 넣어 오른팔의 어깨 밑 부위를 잡으며 팔장을 낀 경우에는 교정자의 왼팔을 환자의 왼쪽에서 가슴 쪽으로 하여 오른팔 팔꿈치 위쪽을 잡는다. 그리고 교정자의 오른손은(중수골어제혈 부위) 교정하고자 하는 요추의 오른쪽 횡돌기에 대준 후 양손으로 환자의 몸통을 왼쪽 뒤로 한계 부위까지 돌려준 후 급압을 하여 몸통을 왼쪽 돌림으로 교정을 하거나(사진 9-4의 ①). 환자가 통증이 있는 오른쪽으로 모로 누운 상태에서 오른 다리는 펴주고 왼쪽 다리는 구부려 발목이 오른쪽 무릎 뒤 오금 부위에 위치하게 오른쪽 다리 위에 올려 무릎이 침대 밖으로 나가도록 한다. 그리고 얼굴을 왼쪽으로 돌리며 오른팔은 45도 정도 벌려 지면에 대주고 왼팔은 손바닥이 하늘을 향하게 하여 왼쪽 뒤로 제껴주도록 하거나 왼팔을 구부려 가슴 쪽을 향한 후 교정자는 환자의 앞쪽에 서서 왼손으로 환자의 왼쪽 어깨 앞(운문혈) 부위에 대어 환자의 왼쪽 어깨를 뒤로 밀어주는 동시에 오른손은 환자의 왼쪽 엉덩이(장골) 부위를 환자의 왼쪽 무릎 방향으로 서서히 당겨 환자의 몸통을 왼쪽 뒤로 한계 부위까지 돌려준 후 급압을 하여 변위된 부위를 교정토록 한다(사진 9-4의 ②).

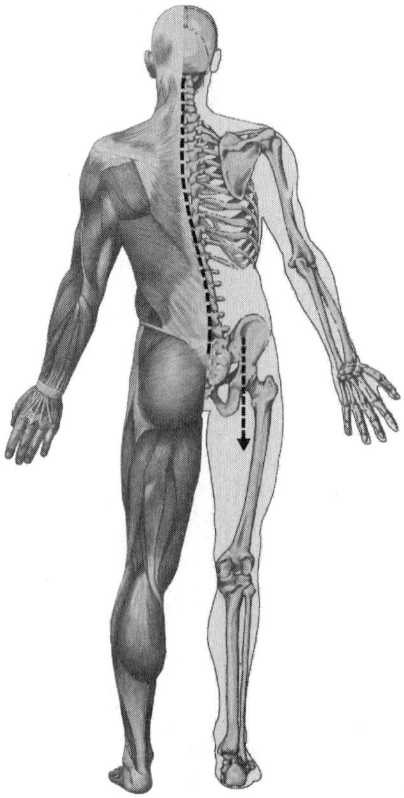

「그림 9-17」 오른쪽 변위

①

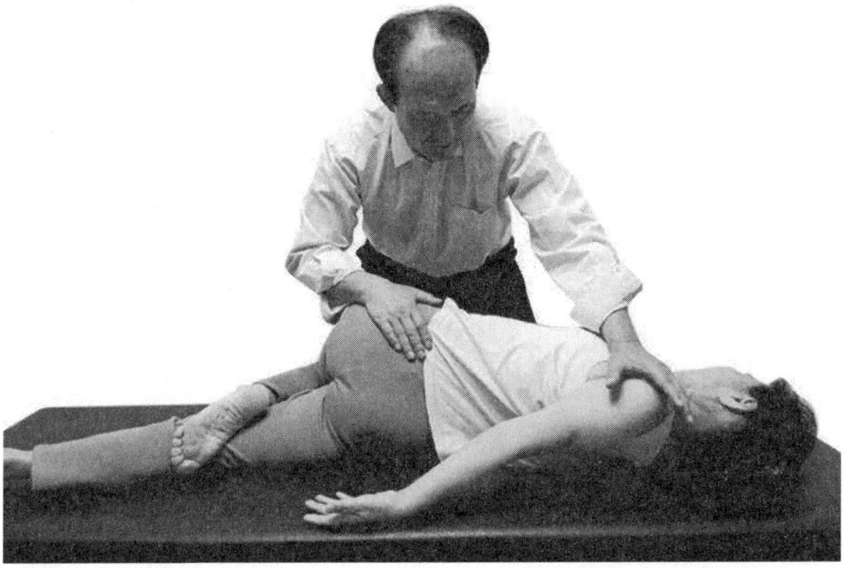

②

「사진 9-4」 오른쪽 좌골 신경통 몸통 왼쪽 돌림

(2) 왼쪽 좌골신경통 몸통 오른쪽 돌림

또한 「그림 9-18」과 같이 통증이 있는 왼쪽으로 오목하게 변위되어 몸통을 왼쪽 옆으로 구부리거나 왼쪽 뒤로 돌리게 되면 통증이 나타나고 또한 연관된 통증이 선추1번 부위의 영역을 따라 오른쪽 대퇴부의 뒤쪽과 뒷꿈치 및 새끼발가락 쪽으로 확산되어 나타나게 된다. 따라서 앞서와 같이 환자가 의자 등에 목 뒤로 깍지를 끼거나 팔장을 끼고 앉은 자세에서 교정자는 환자의 뒤에 서서 환자가 깍지를 낀 경우에는 오른팔로 환자의 오른쪽 겨드랑이 밑으로 넣어 왼팔의 어깨 밑 부위를 잡으며 환자가 팔장을 낀 경우에는 교정자의 오른팔을 환자의 오른쪽에서 가슴 쪽으로 하여 왼팔 팔꿈치 위쪽을 잡으며 왼손 장(중수골 어제혈 부위)은 교정하고자 하는 요추의 왼쪽 횡돌기에 대준 후 양손으로 환자의 몸통을 오른쪽 뒤로 한계부위까지 돌려준 후 급압을 하여 교정을 하거나(사진 9-5의 ①) 환자가 왼쪽으로 모로 누운 상태에서 왼쪽 다리는 펴주고 오른쪽 다리는 구부려 발목이 왼쪽 무릎 뒤 오금부위에 위치하게 왼쪽 다리 위에 올려 무릎이 침대 밖으로 나가도록 한다.

그리고 얼굴을 오른쪽으로 돌리며 왼팔은 45도 정도 벌려 지면에 대주고 오른팔은 손바닥이 하늘을 향하게 하여 오른쪽 뒤로 제껴주도록 한다.

교정자는 환자의 앞쪽에 서서 오른손으로 환자의 오른쪽 어깨 앞(운문혈) 부위에 대어 환자의 오른쪽 어깨를 뒤로 밀어주는 동시에 왼손은 환자의 오른쪽 엉덩이(장골) 부위를 환자의 오른쪽 무릎 방향으로 서서히 당겨 환자의 몸통을 오른쪽 뒤로 한계 부위까지 돌려준 후 급압을 하여 교정을 한다(사진 9-5의 ②).

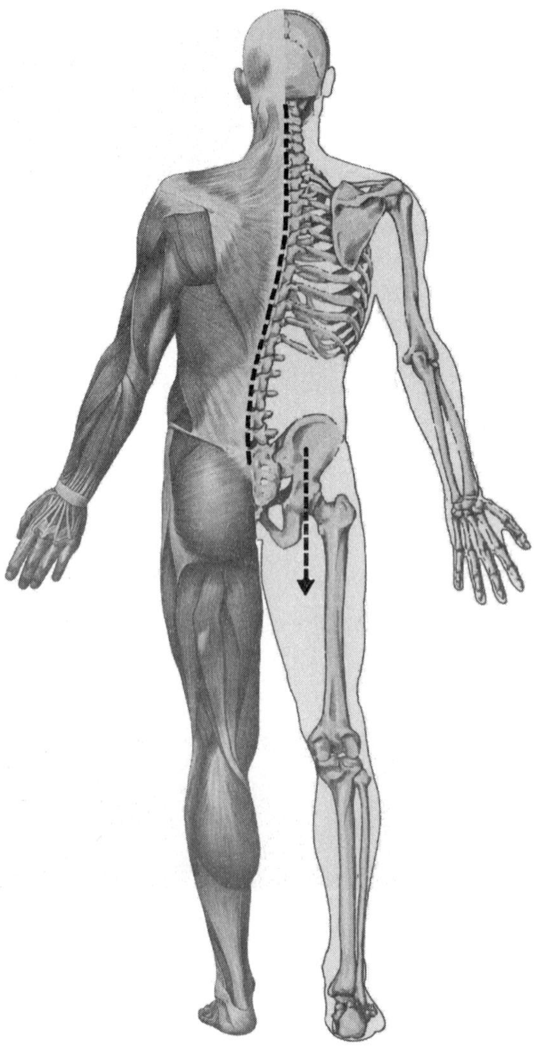

「그림 9-18」 왼쪽 변위

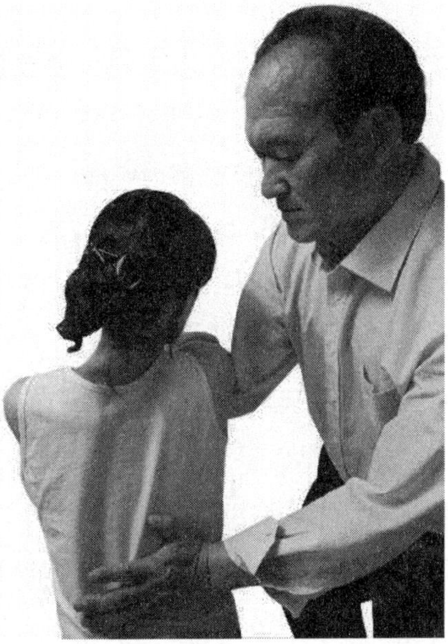

①

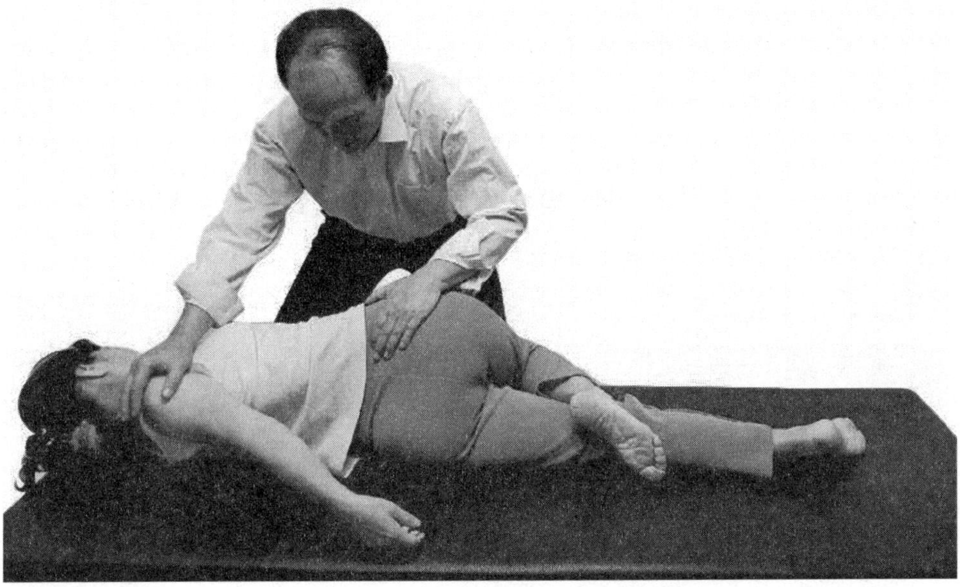

②

「사진 9-5」 왼쪽 좌골 신경통 몸통 오른쪽 돌림

3. 급성요통

앞서 설명한 요통의 경락들 즉 **독맥**의 경혈들과 **방광경**의 경혈들을 지압과 마사지 및 온찜질을 하여 근육의 이완과 더불어 혈행이 순환하도록 해준 후 환자는 누운 자세에서 양쪽 무릎을 구부려 들어주고 교정자는 환자의 다리 쪽에 위치하여 양손으로 환자의 무릎관절 밑 정강이 부위를 잡아 환자의 얼굴 쪽이나 양 어깨 앞으로 서서히 밀어 주는 동작을 통증이 없는 범위 내에서 수차례 반복하여 이완하여 주도록 한다(사진 9-6의 ①). 그리고 환자는 누운 자세에서 오른쪽 무릎을 구부려 올려주고 교정자는 환자의 왼쪽 옆에 위치하여 오른손으로 환자의 오른쪽 어깨를 잡아 고정을 시키면서 왼손으로는 환자의 오른쪽 무릎 밑 부위를 잡아 오른쪽 어깨 앞으로 서서히 밀어주는 동작을 통증이 없는 범위 내에서 수차례 반복을 하여 이완시켜 주며(사진 9-6의 ②) 또한 교정자는 환자의 왼쪽 옆에 위치하여 오른손으로 환자의 왼쪽 어깨를 잡아 고정을 시키면서 왼손으로는 구부린 환자의 오른쪽 무릎 밑을 잡아 환자의 왼쪽 어깨 앞으로 대각선으로 서서히 밀어주는 동작을 통증이 없는 범위 내에서 수차례 반복을 하여 줌으로써(사진 9-6의 ③). 허리의 근육과 관절(요추 및 대퇴골)을 이완시켜 주도록 한다. 또한 요추의 오른쪽 부위에 통증이 있을 경우에는 해당 근육과 경혈들을 지압과 마사지 등을 하여준 후 환자는 오른쪽 옆구리가 지면에 닿도록 오른쪽으로 모로 누운 상태에서 오른쪽 다리는 펴주고 왼쪽 다리는 구부려 발목이 오른쪽 무릎 뒤 오금부위에 위치하게 오른쪽 다리 위에 올려 무릎이 침대 밖으로 나가도록 한다. 그리고 얼굴을 왼쪽으로 돌리며 오른팔은 45도 정도 벌려 지면에 대주고 왼팔은 손바닥이 하늘을 향하게 하여 왼쪽 뒤로 제껴 주도록 한다. 그리고

교정자는 환자의 앞쪽에 서서 오른손으로 환자의 왼쪽 어깨 앞(운문혈) 부위를 잡아 왼쪽 어깨를 등 뒤쪽으로 밀어주는 동시에 왼손은 환자의 엉덩이(장골) 부위에 대어 환자의 왼쪽 무릎방향으로 밀어 이완을 시켜준 후 급압을 하여 변위된 부위를 교정토록 하거나(사진 9-7의 ①) 반대로 요추의 왼쪽 부위에 통증이 있는 경우에는 앞서와 같은 환자의 자세에서 교정자는 환자의 등 뒤에 서서 오른손으로 환자의 엉덩이(장골) 부위에 대어 무릎 쪽으로 밀어주는 동시에 왼손은 환자의 왼쪽 어깨 앞(운문혈) 부위에 대어 오른쪽 어깨를 등 뒤쪽으로 이완을 시켜준 후 급압을 하여 변위된 부위를 교정토록 한다(사진 9-7의 ②).

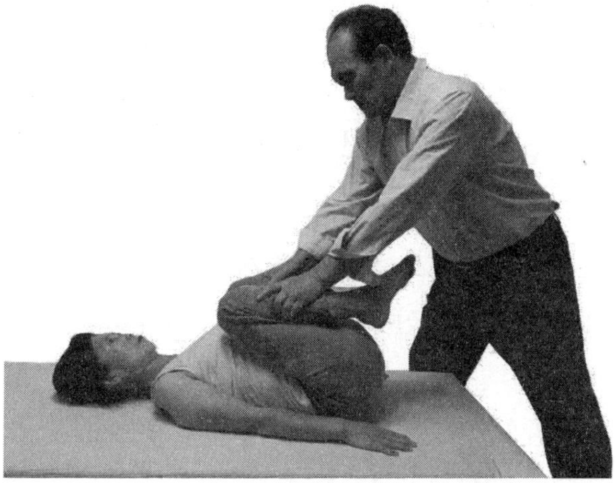
① 양무릎 굽힘

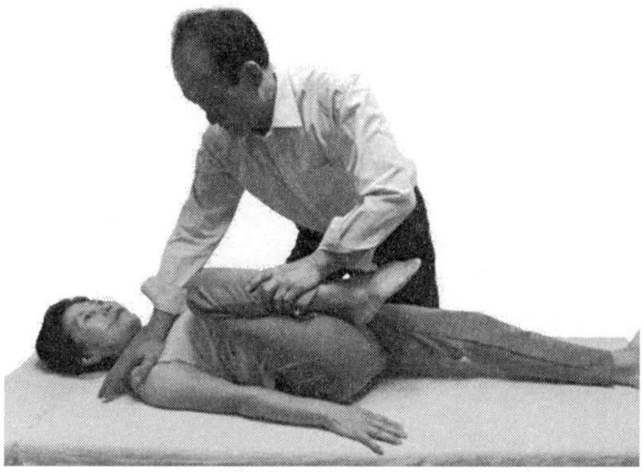
② 한무릎 굽힘

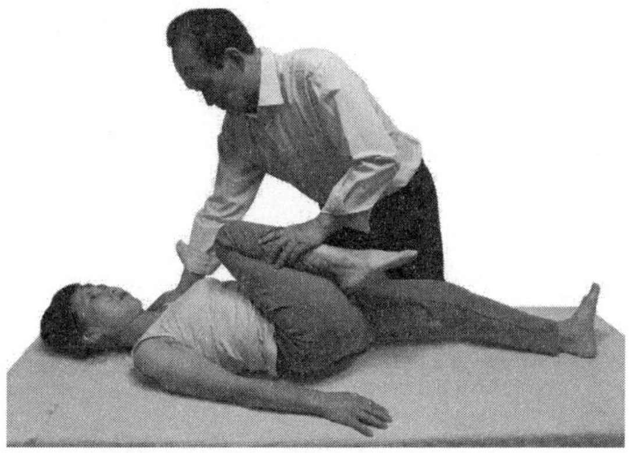
③ 한무릎 반대 굽힘

「사진 9-6」 요통 운동

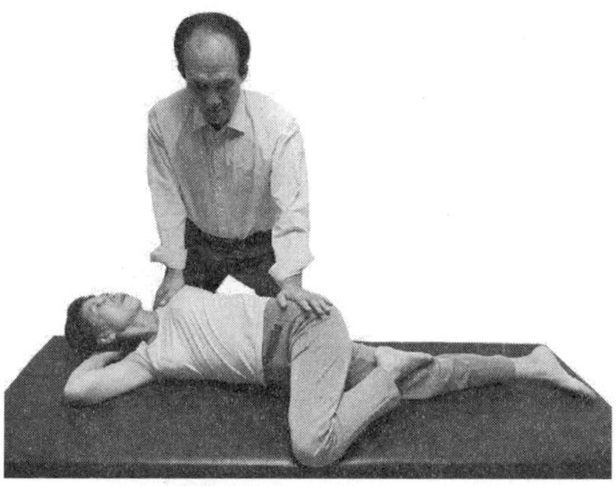
① 몸통 왼쪽 돌림

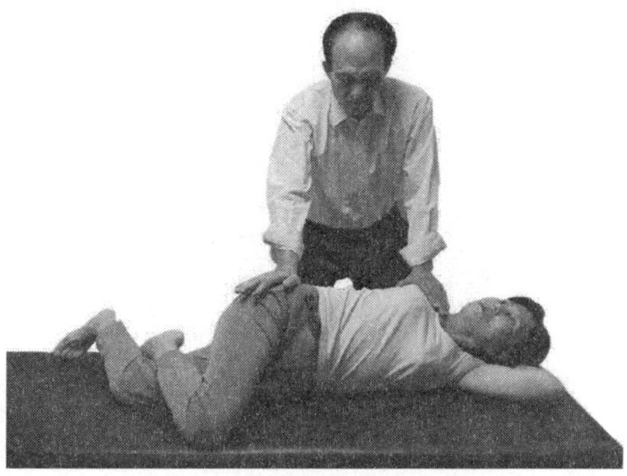
② 몸통 오른쪽 돌림

「사진 9-7」 몸통 돌림

4. 허리와 다리의 통증(디스크)

허리와 무릎과 다리가 아프면서 저리고 쑤시는 증상등은 뼈 마디에 있는 스폰지 같은 조직이 변형되었거나 요추가 변형됨으로써 나타나게 되는 증상으로 중년 이후의 여성들에게 많이 발생되고 있다.

우선 배꼽(단전) 부위에 넓은 베개 등을 받치게 하여 엎드린 자세에서 **방광경**의 ㉒삼초수혈 ㉓신수혈 ㉕대장수혈 ㉗소장수혈 ㉛상료혈 ㉜차료혈 ㊾지실혈 ㊿포황혈 51질변혈 등을 온찜질과 함께 지압과 마사지를 한 후 이어서 ㊱승부혈 ㊲은문혈 52부극혈 53위양혈 54위중혈 55합양혈 56승근혈 57승산혈 58비양혈 59부양혈과 **위경**의 ㊱족삼리혈 ㊲상거허혈 ㊳조구혈 ㊴하거허혈 ㊵풍륭혈 ㊶해계혈 및 **비경**의 ⑨음릉천혈 ⑧지기혈 ⑦누곡혈 ⑥삼음교혈 등을 지압과 마사지 및 온찜질을 해주도록 한다(그림 9-19). 특히 **방광경**의 57승산혈은 허리와 둔부(고관절 통증)의 통증은 물론 다리에 쥐가 나거나 요실금 등에 효과가 있는 혈이다.

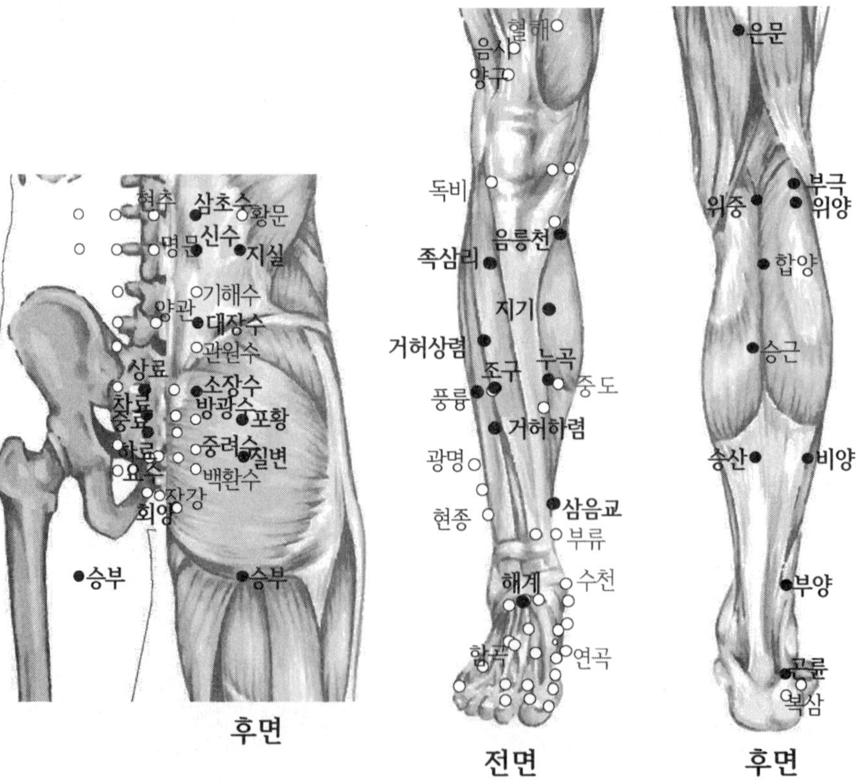

「그림 9-19」 디스크 통증 부위의 경락과 경혈

5. 허리 삔 데

퇴근을 하려다가 무심코 엉거주춤한 자세에서 책상의 밑 서랍을 열려다 삐끗하거나 물건이나 화분 등을 딴 생각을 하면서 대수롭지 않게 들려다가 그만 삐끗하여 그 자리에서 주저앉게 되거나 심한 경우에는 몇일 씩 꼼짝 못하고 누워있게 되는 일을 당하기도 하는 경우가 있다.

젊은 층이라면은 운동부족에 의해 허리를 지지해주는 근육들이 약화 되어 발생할 수도 있겠지만 중년 이상의 경우라면 추간판증이나 변형성척추증 등에 의해 발생할 수가 있게 된다. 이러한 경우에는 당황하지 말고 누운자세에서 **위경**의 ㊶해계혈 ㊱족삼리혈 ㉞양구혈 등과 아울러 배 밑 부위에 넓은 베개 등을 받치고 엎드리게 한 후 허리에 온찜질(아픈 부위에 열이 있으면 냉찜질)과 함께 **방광경**의 ㉒삼초수혈 ㉓신수혈 ㉕대장수혈 ㉗소장수혈 ㉘방광수혈 ㉛상료혈 ㉜차료혈 ㉝중료혈 ㉞하료혈 ㊱승부혈 ㊾지실혈 ⑭위중혈 ㊼승산혈을 지압과 마사지 등을 한 후 교정운동을 통하여 척추를 바르게 해주도록 한다(그림 9-20).

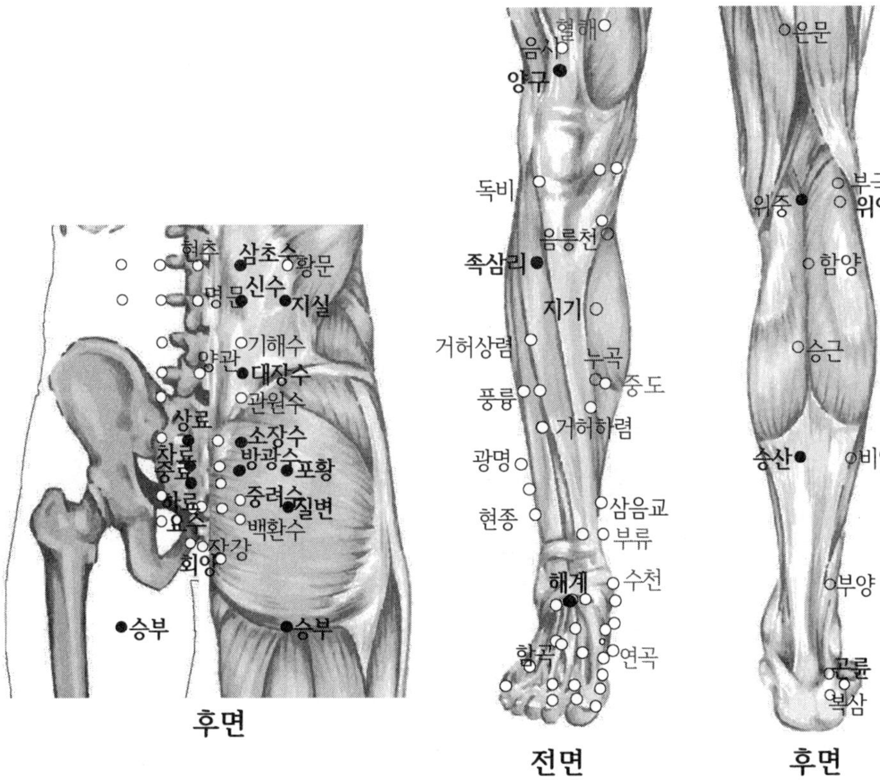

「그림 9-20」 허리 삔 부위의 경락과 경혈

6. S자 허리

평소 다리의 길이가 차이가 있으며 엉치 쪽으로 무거운 통증이 자주 발생하는 경우나 떨어뜨린 물건을 무심코 잡으려고 허리를 구부리다 뜨끔하면서 허리를 못쓰게 되었다면 우선 요방형근의 이상을 의심해볼 필요가 있다.

요방형근의 통증이 제12번 늑골 아래 부위에서 발생을 하게 되면 장골능과 그 인접한 부위 등에 나타나며 제3번 요추 부위에서 발생하면 천장관절부위로 통증이 확산된다. 그리고 제4번 요추 부위에서 발생하면 둔부의 아래쪽에 나타나게 되는데 이러한 통증의 발생으로 인하여 숨을 쉬거나 말을 하는 것 조차 힘이 들며 계단을 오르거나 허리를 펴고 앉거나 똑바로 눕지를 못하여 옆으로 눕게 되고 기침을 하는 등 배에 힘을 주게 되면 통증이 심하게 나타나고 아침에는 네 발로 기어다니게 되기도 한다. 심한 경우에는 허리가 좌·우로 틀어져 S자 곡선이 생기게 된다(그림 9-21). 요방형근에 이상이 있다면 **독맥**의 ⑤현추혈 ④명문혈 ③요양관혈과 **담경**의 ㉕경문혈 ㉖대맥혈 ㉙거료혈 ㉚환도혈 및 **방광경**의 ㉒삼초수혈 ㉓신수혈 ㉕대장수혈 ㉗소장수혈 ㉘방광수혈 ㉚백환수혈 ㉛상료혈 ㉜차료혈 ㉝중료혈 ㉞하료혈 ㊱승부혈 ㊾지실혈 ㊿포황혈 ⑤①질변혈 등을 지압과 마사지등을 하도록 한다(그림 9-22).

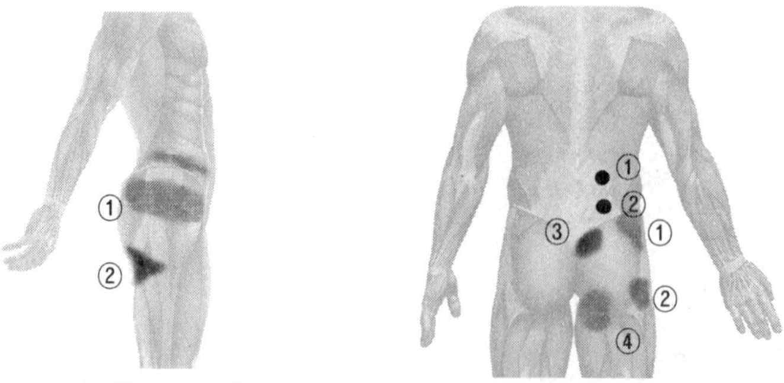

①12늑골 아래 ②장골능 외측하부 ③3요추 ④4요추

「그림 9-21」 S자 허리(요방형근)의 통증과 연관통

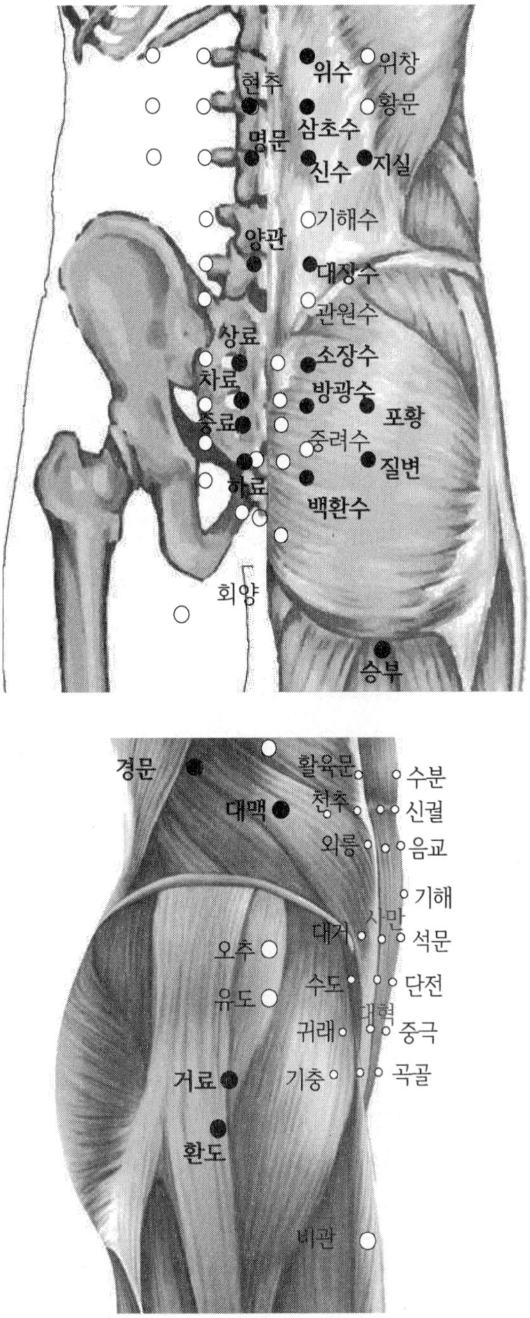

「그림 9-22」 S자 허리 부위의 경락과 경혈

7. 전요추의 통증

허리뼈의 가운데에 수직으로 통증이 있으며 허리뼈 마디 마디가 아프면서 머리를 숙이거나 뒤로 젖힐 때 또는 허리를 구부리거나 펼 때 심한 통증이 있으며 심한 경우에는 심호흡을 하거나 기침을 할 때 등 배에 힘을 주기도 어렵다면 우선 장요근의 이상 유무를 살펴보도록 한다.

장요근은 허리를 구부리거나 펼 때와 고관절을 구부리게 하는 근육으로 통증이 발생을 하게 되면 요추의 옆면을 따라 사타구니와 대퇴부의 앞쪽에까지 연관된 통증이 확산되어 나타나게 된다. 따라서 무릎과 대퇴가 자주 아프고 부으며 복부에 통증이 있고 차가운 사람이라면 장요근의 경직을 의심 해볼 필요가 있을 것이다.

또한 엎드려서 턱을 받치고 TV등을 보거나 독서를 하게 되면 장요근이 늘어나게 되어 문제를 야기 할 수 있으므로 피해야 하며 여성의 경우 양 무릎을 세우고 앉아 양팔로 다리를 감싸듯 앉아있게되면 고관절이 단축된 상태에서 장요근이 짧아지게 되며 같은 자세에서 양팔꿈치를 무릎에 대고 손으로 턱고 받치고 있는 자세에서는 고관절의 굴곡과 장요근이 단축 되고 경직 되기가 쉬우므로 삼가야 할 것이다.

장요근은 척(요)수신경(요추2번, 3번, 4번)의 지배를 받는 대요근과 같은 요수신경(요추1번)의 지배를 받는 소요근 그리고 대퇴신경(요추2번, 3번)의 지배를 받는 장골근으로 구성되어 고관절의 굴곡과 자세를 유지시켜주는 근육으로 장요근의 통증 발생중 대요근은 주로 배곱부위에 발생되며 장골근은 골반 내 장골와에서 발생을 한다. 따라서 장요근에 통증이 발생하면 요추의 측면을 따라 수직으로 나타나며 연관된 통증은 서해부 안쪽을 따라 대퇴부의 앞면에까지 확산되어 나타나 기침을 하거나 서있을 때 또는 앉았다 일어설 때 그리고 배에 힘을 주게 되면 허리가 끊어지는 듯 아픈 통증이 나타나며 보행시에는 엉덩이가 뒤로 빠진 상태에서 넓적다리를 약간 벌리고 걷게 된다(그림 9-23). 이러한 경우에는 이러한 경우에는 **독맥**의 ③양관혈 ④명문혈 ⑤현추혈 ⑥척중혈 ⑦중추혈 ⑭대추혈과 **방광경**의 ⑲담수혈 ⑳비수혈 ㉑위수혈 ㉒삼초수혈 ㉓신수혈 ㉕대장수혈 ㉘방광수혈 및 ㊽양강혈 ㊾의사혈 ㊿위창혈 ⑤①황문혈 ⑤②지실혈 등을 그리고 **위경**의 ㉛비관혈 ㉜복토혈과 **비경**의 ⑪기문혈 ⑫충문혈 ⑬부사혈 등을 지압과 마사지 등을 해주며(그림 9-24) 아울러 침대 모서리에 엉덩이를 걸치고 누운자세에서 건강한 쪽 무릎을 구부려 가슴쪽으로 들어 올려 양손으로 잡아준 후 아픈 다리를 약간 들어 올렸다가 숨을 내쉬면서 내려주는 동작을 통하여 장요근을 이완시켜주거나

(사진 9-8의 ①). 위와 같은 자세에서 보조자는 한 손으로 건강한 쪽 다리를 잡아 가슴 쪽으로 밀어 주는 동시에 다른 손으로는 아픈 쪽 다리를 잡아 밑으로 눌러 주어 근육을 이완시켜 주도록 해준다(사진 9-8의 ②).

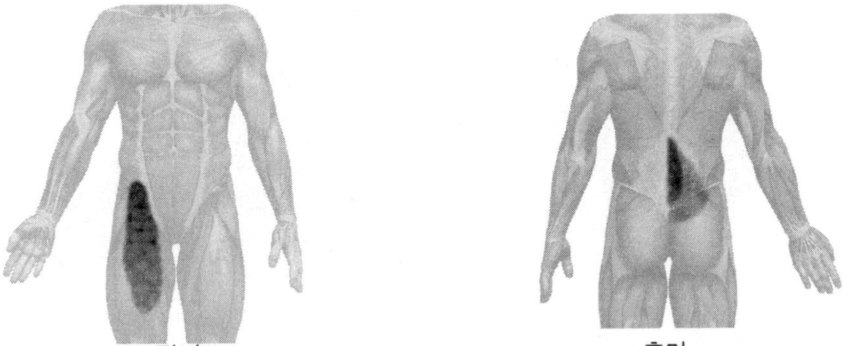

전면　　　　　　　　후면

「그림 9-23」 전요추의 통증과 연관통

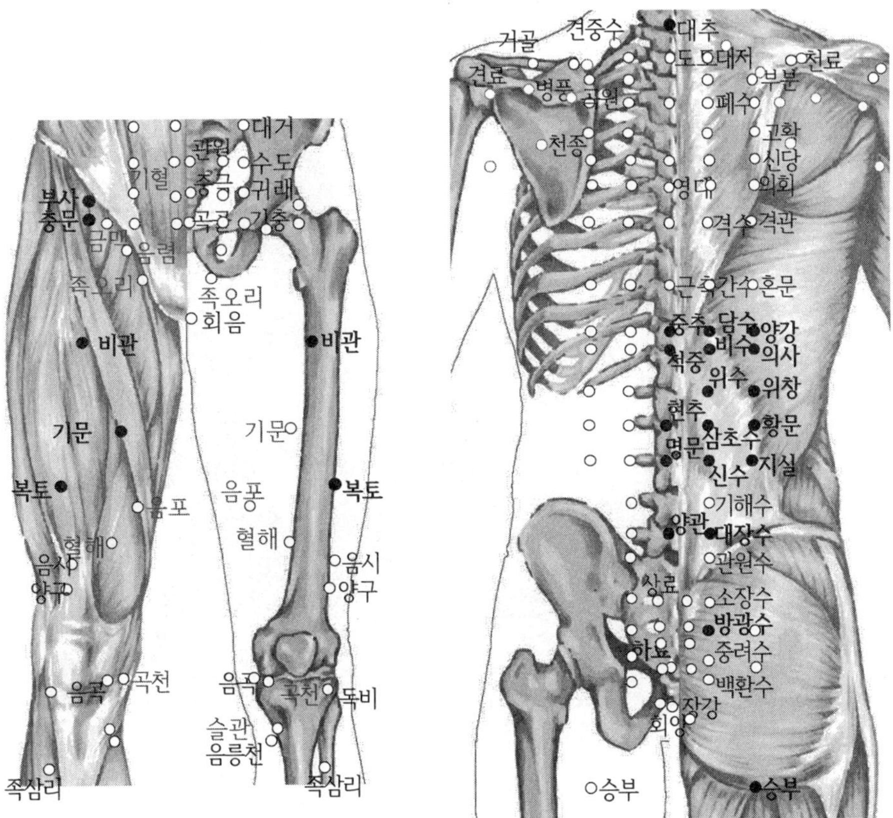

전면　　　　　　　　후면

「그림 9-24」 전요추 통증 부위의 경락과 경혈

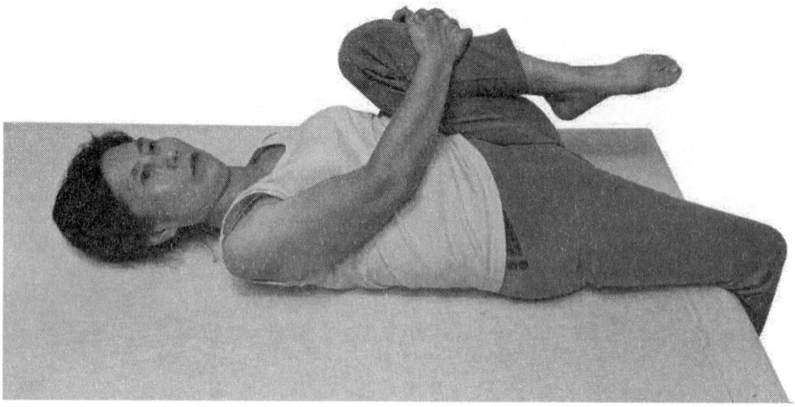

①

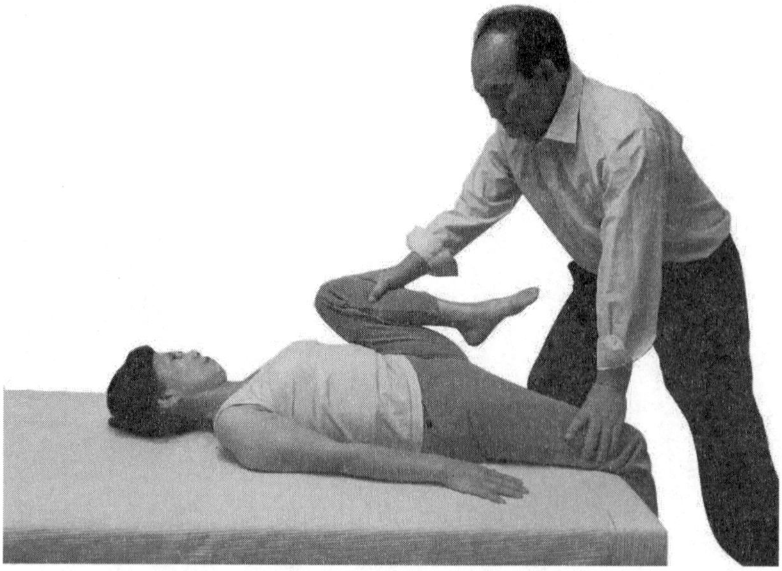

②

「사진 9-8」 전요추(장요근)의 이완 운동

Ⅴ. 허리 근육의 이완운동

1. 허리돌리기

다리를 펴고 앉은 자세에서 왼쪽 다리를 구부려 오른쪽 무릎 바깥쪽에 세워준다. 그리고 얼굴은 왼쪽으로 돌려주며 오른팔은 세워 있는 왼쪽 무릎 바깥쪽으로 올려놓아 팔꿈치 부위로 왼쪽 다리를 오른쪽으로 당겨 주는 동시에 왼팔과 왼쪽 어깨는 왼쪽 뒤로 돌려 허리근육을 이완시켜 준다(사진 9-9).

2. 몸통 돌리기

양팔을 벌리고 누운 자세에서 얼굴을 왼쪽으로 돌리고 왼발은 오른발 바깥쪽으로 넘겨줌으로써 몸통을 왼쪽 뒤로 돌려주어 같은 허리의 근육과 요추를 이완시켜주는 효과를 얻을 수가 있다(사진 9-10).

「사진 9-9」 허리근육의 이완(허리 돌리기)

「사진 9-10」 허리근육의 이완(몸통 돌리기)

3. 허리 틀기

누운 자세에서 오른쪽 다리를 구부려 무릎을 세워준 후 왼쪽 다리를 들어 오른쪽 대퇴부위에 올려 다리를 꼬아주는 자세를 취한다. 그리고 얼굴은 왼쪽으로 돌려주고 왼팔은 손바닥이 하늘을 향하게 하여 왼쪽 어깨 높이로 펴준 후 오른발 대퇴부로 왼쪽 다리를 걸어 오른쪽 옆으로 서서히 당줌으로써 몸통을 왼쪽 뒤로 돌려주는 것과 같이 근육 및 요추를 이완시켜 준다(사진 9-11).

4. 요추의 교정

오른쪽 옆구리가 지면에 닿도록 모로 누운 자세에서 오른쪽 다리는 곧게 펴주고 왼쪽 다리는 구부려 발목이 오른쪽 무릎 관절 위쪽에 대준다. 그리고 오른손은 왼쪽 무릎 관절 위 대퇴부를 잡아 서서히 아래쪽으로 당겨 주는 동시에 얼굴은 왼쪽으로 돌리고 왼팔은 손바닥이 하늘을 향하게 하여 왼쪽 어깨와 함께 몸통을 왼쪽 뒤로 돌려 근육 및 요추를 이완시킨 후 순간 급압을 하여 변위된 요추를 스스로 교정을 할 수가 있다(사진 9-12).

「사진 9-11」 허리근육의 이완(허리 틀기)

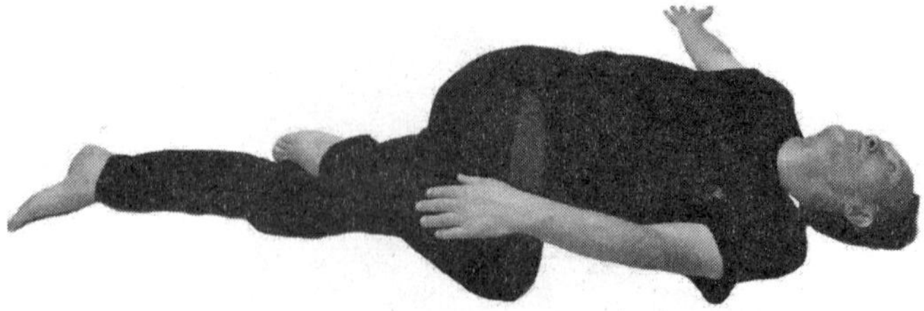

「사진 9-12」 요추 교정

5. 무릎굽힘

자리에 누워서 양쪽 다리를 구부려 무릎을 들어 올린다. 그리고 양팔로 다리를 감싸 잡아 무릎이 자신의 양쪽 어깨에 닿도록 서서히 당겨주거나(사진 9-13의 ①). 또는 한쪽 발을 들어올려 양팔로 감싸 잡은 후 같은 쪽 어깨와(사진 9-13의 ②) 반대쪽 어깨에 닿도록(사진 9-13의 ③) 서서히 당겨주고 풀어주는 동작을 여러번 반복하여 실시함으로써 근육 및 관절(요추 및 대퇴)이 이완되도록 한다.

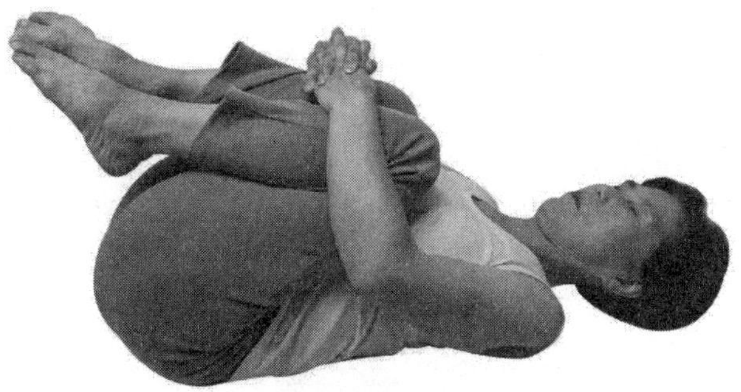

① 양무릎 굽힘

② 한무릎 굽힘

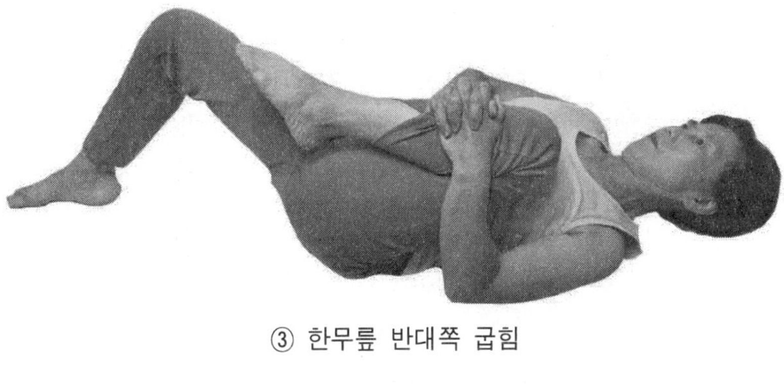

③ 한무릎 반대쪽 굽힘

「사진 9-13」 허리근육의 이완(무릎 굽힘)

Ⅵ. 둔부의 근육

1. 둔부(엉덩이)근육의 통증과 연관통

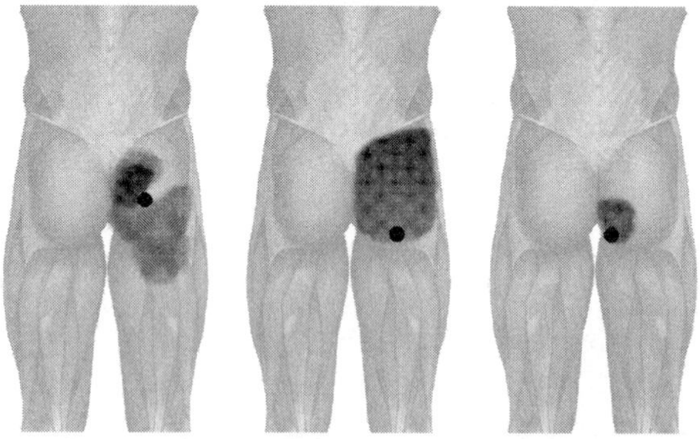

① 천관절 부위 ② 좌골 부위 ③ 미골 부위
대둔근의 발통점과 연관통

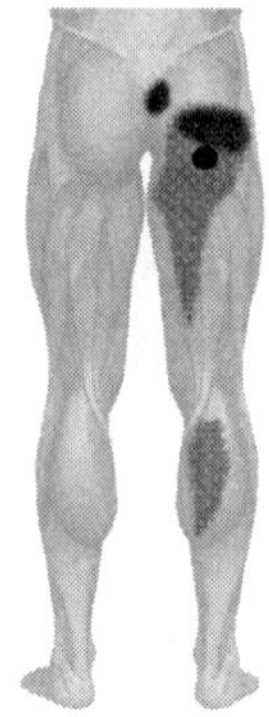

이상근의 발통점과 연관통

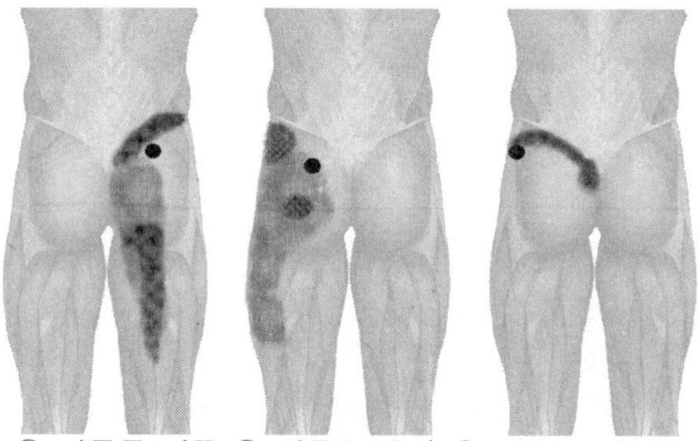

① 장골릉 안쪽 ② 장골릉 중간 ③ 장골릉 바깥쪽
중둔근의 발통점과 연관통

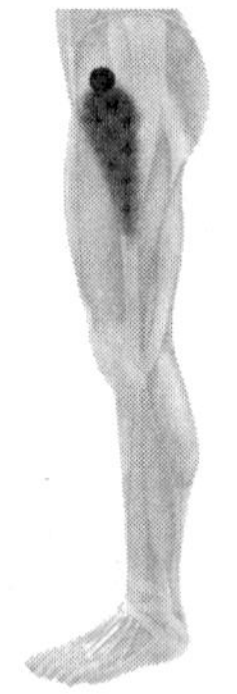

대퇴근막장근의 발통점과 연관통

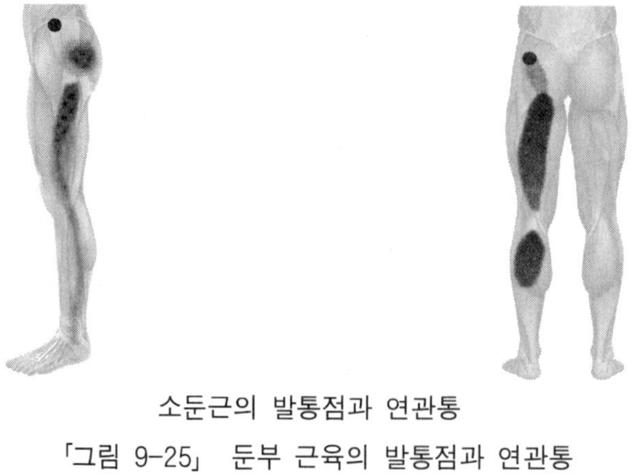

소둔근의 발통점과 연관통

「그림 9-25」 둔부 근육의 발통점과 연관통

2. 대둔근

하둔신경(요추 제5번과 천추 제1번, 2번)의 지배를 받아 고관절의 신전 및 대퇴의 외전과 외측회전의 기능을 하는 근육으로 통증의 발생이 천관절 부위에서 발생을 하게 되면 둔부의 중앙선을 따라 반달 모양으로 확산이 되며 심한 경우에는 대퇴부의 뒤쪽으로 확산되어 나타나기도 한다(그림 9-26의 ①).

그리고 좌골 부위에서 발생을 하면 천추부위와 장골능 아래 고관절 사이에서 통증이 나타나며 심한 경우에는 엉덩이 전체에서 작열하는 통증이 나타난다(그림 9-26의 ②). 또한 미골 부위에서 발생하면 그 주위에 통증이 나타나는 등(그림 9-26의 ③) 대둔근의 이상으로 인하여 통증이 발생하게 되면 허리를 구부리고 경사진 곳을 오를 때 심한 통증을 느끼게 되고 의자에 오래 앉아 있게 되어도 통증의 발생부위가 압박이 되어 힘들게 된다. 이러한 경우에는 둔부에 위치 하고 있는 경락과 경혈들 즉

독맥의 ①장강혈 ②요수혈 ③양관혈 ④명문혈 ⑤현추혈 등과

방광경의 ㉑위수혈 ㉒삼초수혈 ㉓신수혈 ㉕대장수혈 ㉛상료혈 ㉝중료혈 ㉞하료혈 ㉟회양혈 ㊱승부혈 및 ㊼위창혈 ㊽황문혈 ㊾지실혈 ㊿포황혈 51질변혈 등을 지압과 마사지 등을 해준다(그림 9-27).

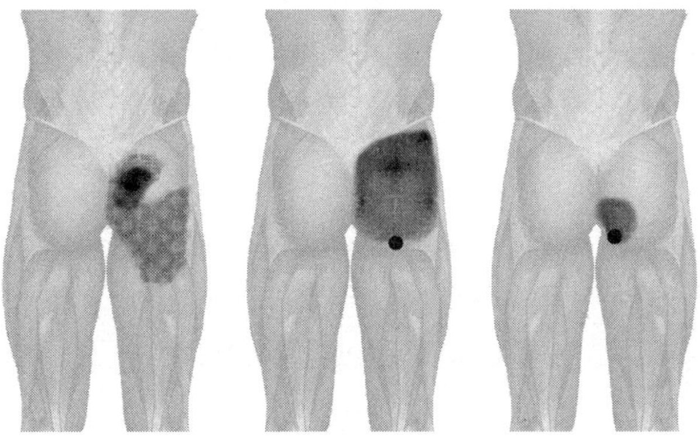

① 천관절 부위 ② 좌골 부위 ③ 미골 부위

「그림 9-26」 대둔근의 발통점과 연관통

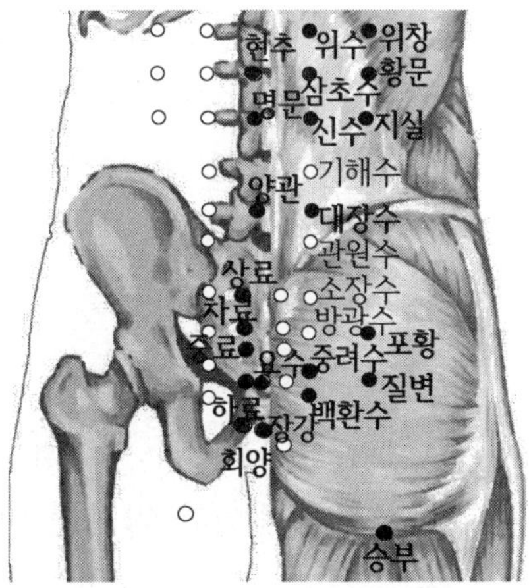

「그림 9-27」 대둔근 통증 부위의 경락과 경혈

3. 중둔근

상둔신경(요추 제4번, 5번, 천추 제1번)의 지배를 받아 대퇴의 외전과 내측회전 및 자세유지 등의 기능을 하는 근육으로 이상이 발생하게 되면 장골능 주변으로 통증이 나타나고 허리가 뻐근하여 주무르거나 두드리게 한다.

그리고 장골능의 안쪽에서 통증이 발생을 하게 되면 그로 인한 연관된 통증은 장골능을 따라 나타나며 심한 경우에는 좌골 결절 아래 대퇴부 까지도 확산하게 된다(그림 9-28의 ①).

또한 장골능의 중간부위에서 통증이 발생하면 둔부의 중심부와 고관절 부위에 연관된 통증이 나타나며 심한 경우에는 대퇴부의 뒤쪽으로도 확산이 되며(그림 9-28의 ②) 장골능의 바깥쪽에서 통증이 발생하게 되면 천관절의 주변에 통증이 나타나며 심한 경우에는 장골능을 따라 확산이 된다(그림 9-28의 ③). 이러한 경우에는 침대 모서리에 옆으로 누운 자세에서(아픈 쪽이 위로 오게) 아픈 쪽의 무릎을 구부리고 건강한 쪽 손으로 아픈쪽 무릎 부위를 잡아 밑으로 당겨 근육을 이완시켜주거나 아픈 쪽 다리를 건강한쪽 다리의 바깥쪽으로 넘긴 후 양팔로 이를 감싸 안아 건강한 몸 쪽으로 당겨 근육을 이완시켜 주도록 한다(사진 9-14).

그리고 둔부에 위치하고 있는 경락의 경혈들 즉

독맥의 ⑤현추혈 ④명문혈 ③양관혈 ②요수혈 ①장강혈과

방광경의 ㉒삼초수혈 ㉓신수혈 ㉕대장수혈 ㉗소장수혈 ㉘방광수혈 ㉛상료혈 ㉝중료혈 ㉞하료혈 ㉟회양혈 ㊱승부혈 ㊲은문혈 및 ㊽황문혈 ㊾지실혈 ㊿포황혈 51질변혈 등과

담경의 ㉙거료혈 ㉚환도혈 등을 지압과 마사지 등을 해준다(그림 9-29).

그리고 편안하게 엎드리게 한 자세에서 지압 등을 해준 후(발등이 지면에 닿게 한다) 양쪽 다리의 길이를 비교해보라 분명히 통증은 물론 다리의 길이가(뒤꿈치 부위를 비교) 같아졌거나 차이가 많이 줄어들었음을 확인할 수가 있을 것이다.

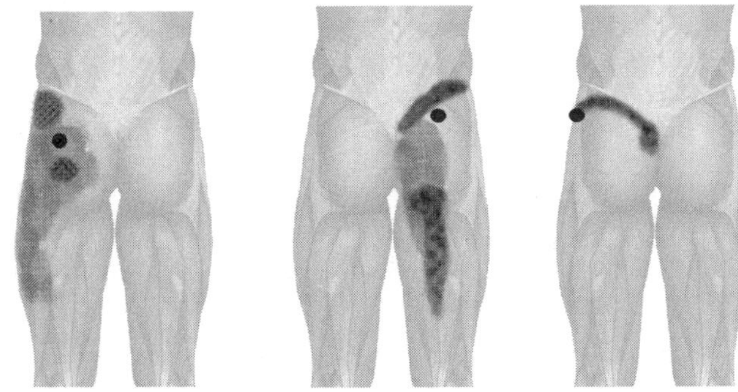

① 장골릉 안쪽 ② 장골릉 중간 ③ 장골릉 바깥쪽

「그림 9-28」 중둔근의 발통점과 연관통

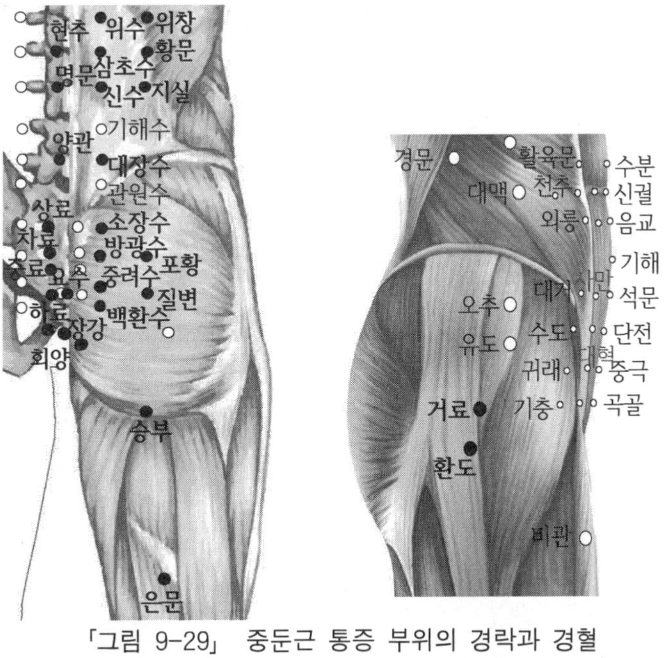

「그림 9-29」 중둔근 통증 부위의 경락과 경혈

「사진 9-14」 대둔근 · 중둔근 · 소둔근의 이완 운동

4. 소둔근

상둔신경(요추 제4번, 5번, 천추 제1번)의 지배를 받아 대퇴의 외전과 내측회전 및 골반의 수평유지 등의 기능을 하는 근육으로 소든군의 앞쪽에서 통증이 발생을 하면 빼근하고 쑤시며 저린 통증이 둔부와 대퇴의 측면(바지의 봉제선)에서 무릎과 하퇴의 측면을 따라 발목까지 확산이 되어 나타나며(그림 9-30의 ①) 소둔근의 뒤쪽에서 통증이 발생하면 그에 의한 연관된 통증은 둔부에서 대퇴와 무릎 뒤(오금) 및 종아리 쪽으로 확산되어(그림 9-30의 ②) 좌골신경통의 증상과 매우 흡사하게 나타나 서있거나 걸을 때 고관절에 심한 통증과 아울러 다리를 절룩거리게 된다.

이에 발생부위가 앞쪽인 경우에는 **독맥**의 ⑤현추혈 ④명문혈 ③양관혈 ②요수혈 ①장강혈 등과 **담경**의 ㉙거료혈 ㉚환도혈 ㉜중독혈 ㉝슬양관혈 ㉞양릉천혈 ㉟양교혈 ㊱외구혈 ㊲광명혈 ㊳양보혈 ㊴현종혈 등을 그리고 발생부위가 뒤쪽인 경우에는 **독맥**의 ⑤현추혈 ④명문혈 ③양관혈 등과 **방광경**의 ㉕대장수혈 ㉗소장수혈 ㉘방광수혈 ㉙중려수혈 ㉛상료혈 ㉝중료혈 ㉞하료혈 ㊱승부혈 ㊲은문혈 ㊿포황혈 51질변혈 52부극혈 53위양혈 54위중혈 55합양혈 56승근혈 57승산혈 등에 지압과 마사지를 하여주고(그림 9-31) 자가운동 또한 중둔근의 방법과 동일하게 하여 주도록 한다.

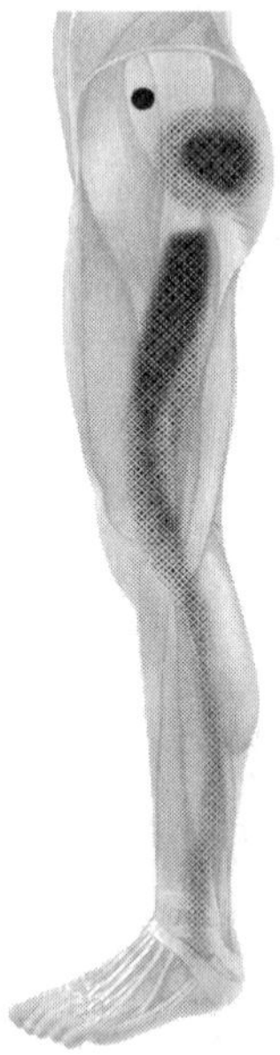

① 소둔근 옆쪽

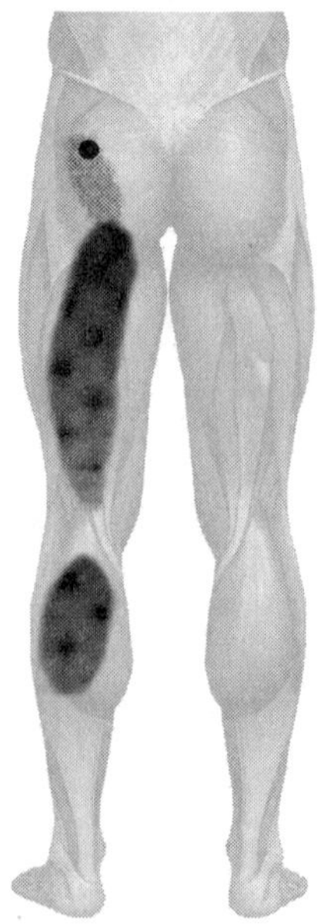

② 소둔근 뒤쪽

「그림 9-30」 소둔근의 발통점과 연관통

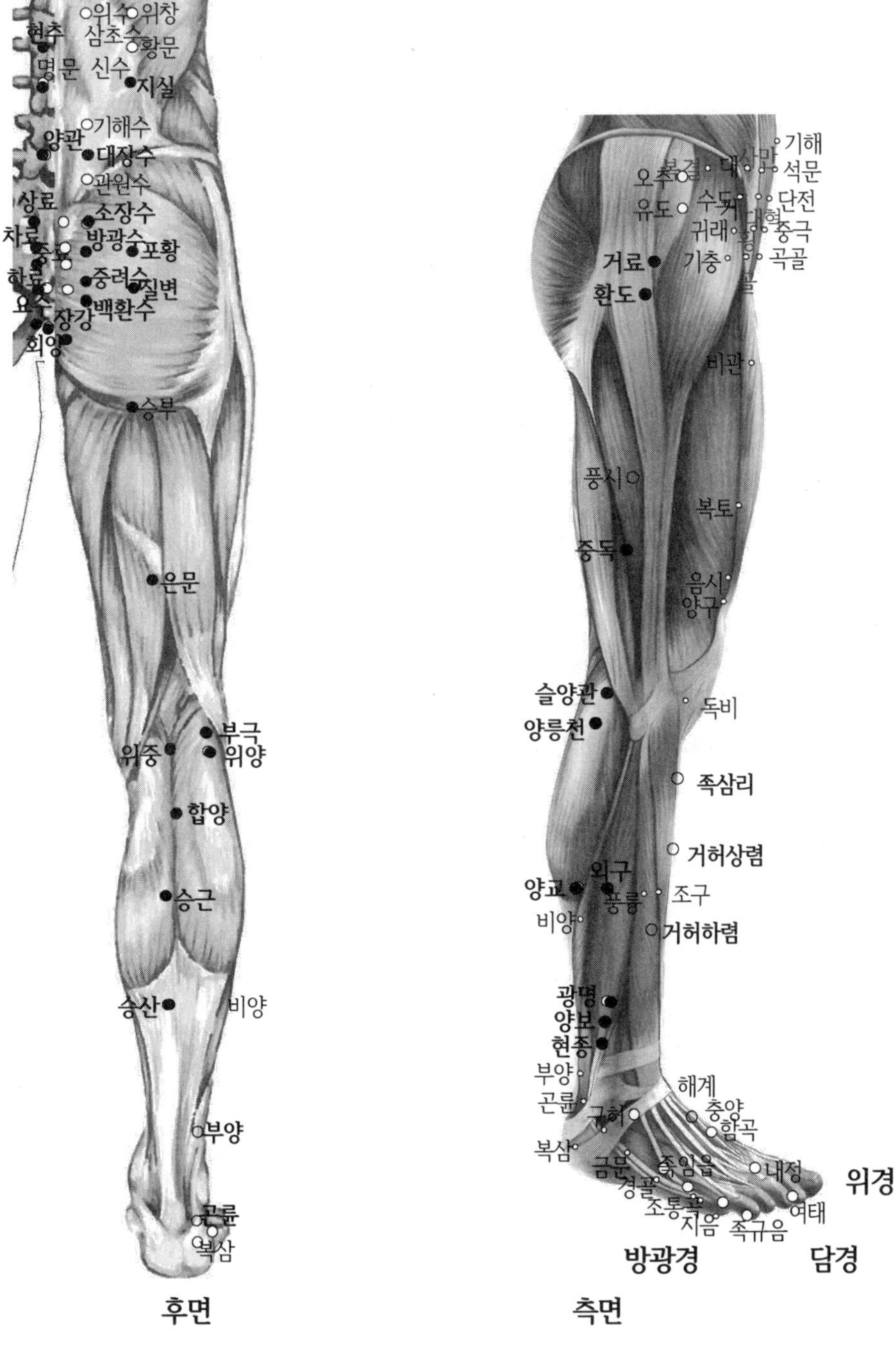

「그림 9-31」 소둔근 통증 부위의 경락과 경혈

5. 이상근

천추신경(천추 제1번, 2번)의 지배를 받아 대퇴의 외전과 내측회전을 제어하는 등의 기능을 하는 근육으로 통증이 발생을 하게 되면 천관절 부위와 고관절 부위를 중심으로 엉덩이 전체에 통증이 나타나고 심한 경우에는 대퇴부의 뒤쪽과 종아리와 발바닥까지 연관된 통증이 나타나며 앉아 있거나 일어설 때 또는 다리를 꼬고 앉아있는 자세(고관절의 굴곡과 내전 및 내측회전)에서는 통증이 심해지게 된다. 그리고 이상근에 의해 좌골신경이 압박되어 나타나게 되는 좌골신경통과 아울러 성교시 음경이 여성의 질벽을 통하여 음부신경을 압박하게 되면 서해부(사타구니)와 음부로 성교통이 나타날 수 있으며 또한 음부정맥을 압박하여 골반 내의 장기에 울혈이 동반되어도 아래가 묵직하고 밑이 빠지는 듯한 통증을 느낄 수가 있게 되고 남자는 성기능장애가 올 수가 있다(그림 9-32). 이러한 경우에는 주위의 경락 및 경혈 들 즉

독맥의 ⑤현추혈 ④명문혈 ③요양관혈 ①장강혈 등과

방광경의 ㉒삼초수혈 ㉓신수혈 ㉕대장수혈 ㉘방광수혈 ㉚백환수혈 ㉛상료혈 ㉝중료혈 ㉞하료혈 ㉟회양혈 ㊱승부혈 ㊲은문혈 ㊿포황혈 51질변혈 52부극혈 54위중혈 55합양혈 56승근혈 57승산혈 등과

담경의 ㉙거료혈 ㉚환도혈 등에 지압과 마사지를 하여 준다(그림 9-33).

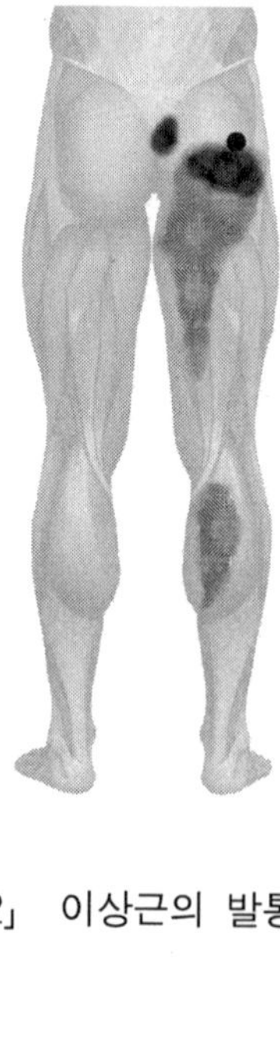

「그림 9-32」 이상근의 발통점과 연관통

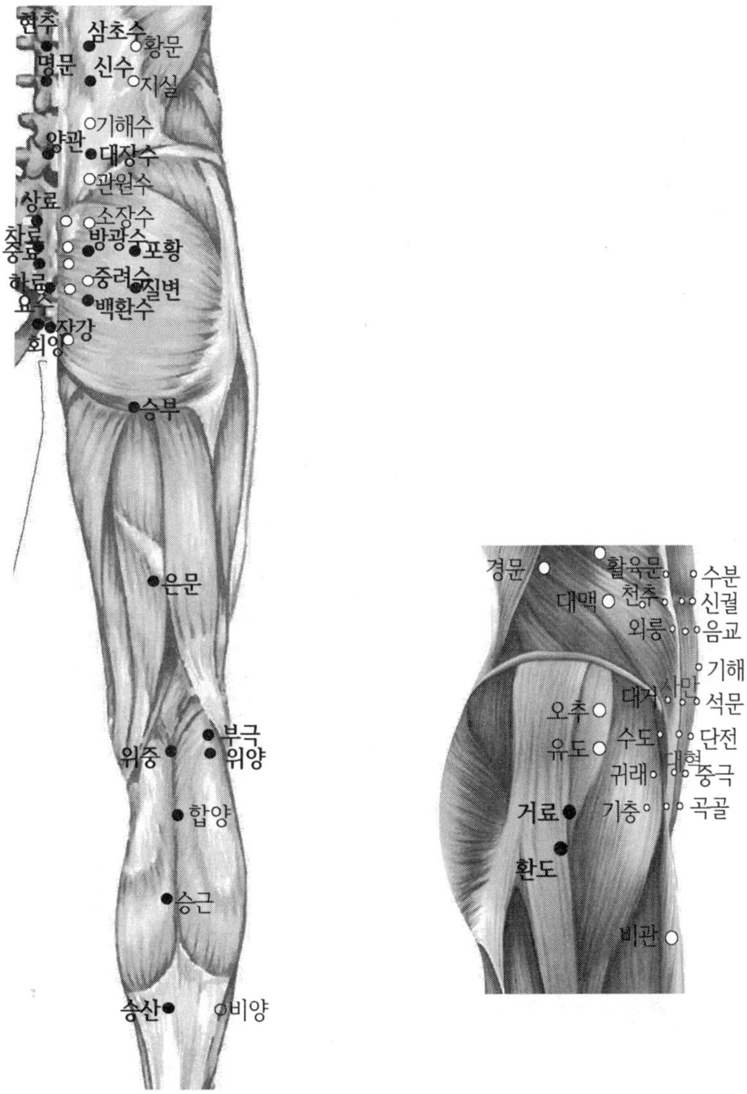

「그림 9-33」 이상근 통증 부위의 경락과 경혈

6. 대퇴근막장근

상둔신경(요추 제4번, 5번, 천추 제1번)의 지배를 받아 대퇴의 외전과 내측회전 및 굴곡 등의 기능을 하는 근육으로 통증이 발생하게 되면 대퇴골의 대전자를 중심으로 나타나 대퇴의 측면(바지의 봉제선)을 따라 밑으로 연관된 통증이 확산되어 고관절을 약간 구부리고 서있게 되며 상체를 뒤로 제끼지 못하고 오래도록 의자에 앉아 있거나 누워 있지도 못하게 된다(그림 9-34).

이러한 경우에는 **담경**의 ㉙거료혈 ㉚환도혈 ㉛풍시혈 ㉜중독혈 등을 지압과 마사지 등을 해주도록 한다(그림 9-35).

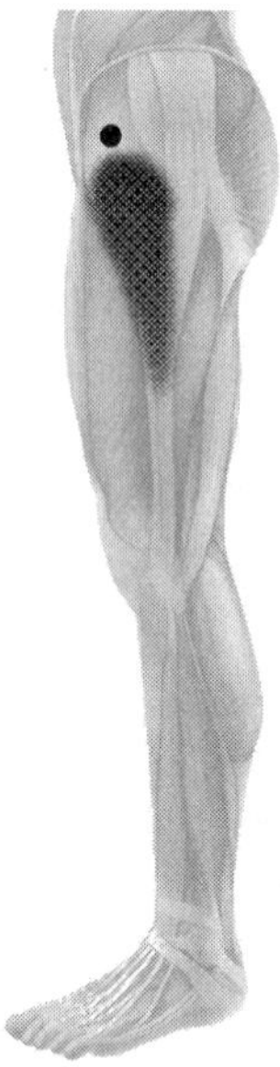

「그림 9-34」 대퇴근막장근의 발통점과 연관통

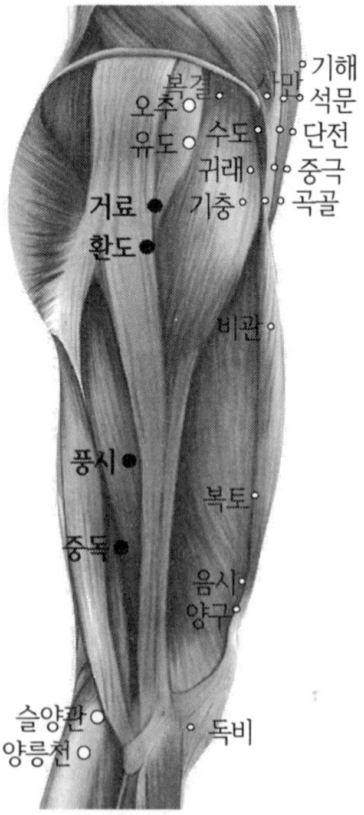

「그림 9-35」 대퇴근막장근 통증 부위의 경락과 경혈

7. 미골(꼬리뼈)의 통증

엉덩방아를 찧으며 넘어지거나 다른 근육들에 의해 통증이 발생할 수가 있으며 통증이 발생을 하게 되면 자리에 앉아 있거나 서있는 것조차 불편하여 안절부절 못하게 되는 경우가 있게 되기도 한다. 이러한 경우에는 우선 대둔근의 이상유무를 살펴보도록 한다. 대둔근의 이상에 의해 천괄절 부위에서 통증이 발생하게 되면(그림 9-36의 ①) 둔부의 중앙을 따라 반달 모양으로 확산이 되고 심한 경우에는 대퇴부의 뒤쪽으로 확산되어 나타나기도 하며 좌골 부위에서 통증이 발생하면 천골 부위와 장골능 아래 고관절 사이에서 통증이 나타나고 심한 경우에는 엉덩이 전체에서 작열하는 통증이 나타나기도 한다(그림 9-36의 ②). 만약 대둔근에 이상이 없는데도 미골통과 대퇴부가 저린 증상이 있다면 요추 제5번 부위의 다열근을 다스려주도록 한다(그림 9-36의 ③). 따라서 **독맥**의 ④명문혈 ③요양관혈 ②요수혈 ①장강혈과 **방광경**의 ㉓신수혈 ㉕대장수혈 ㉗소장수혈 ㉘방광수혈 ㉙중려수혈 ㉚백환수혈 ㉛상료혈 ㉜차료혈 ㉝중료혈 ㉞하료혈 ㊿포황혈 51질변혈 등을 지압과 마사지 등을 하여준다(그림 9-37).

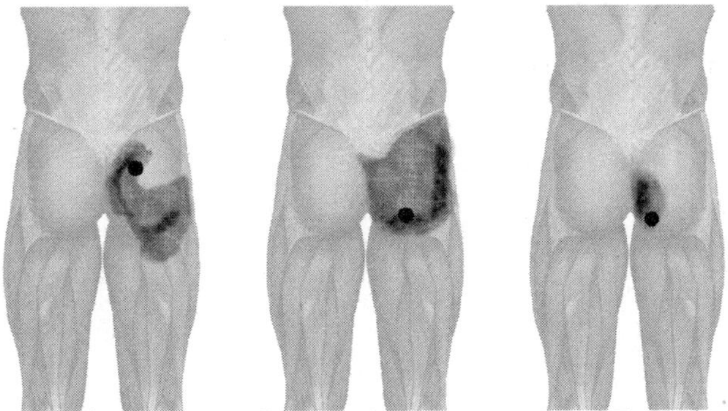

① 천관절 부위　　② 좌골 부위　　③ 미골 부위

「그림 9-36」 미골의 발통점과 연관통

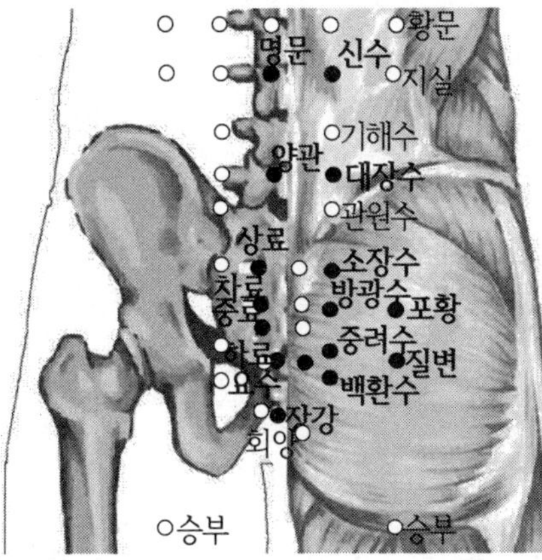

「그림 9-37」 미골 통증 부위의 경락과 경혈

8. 치골과 모음근의 통증

치골(결합)이나 다리 안쪽(사타구니)을 구성하는 모음근(치골근, 장요근)에 나타나는 통증은 과도한 운동으로 인하여 골반이 앞쪽으로 기울어져 있거나 무리한 자세(전굴자세) 등으로 치골이나 이와 연결된 복부의 근육(복직근 등) 및 모음근의 힘줄염 등으로 발생할 수 있으며 또한 흉추(제11번, 12번)와 요추(제1번)의 이상으로 발생할 수가 있다.

특히 흉추 및 요추의 이상에 의해 통증이 발생할 경우에는 대개 요통이나 복통을 호소할 수 있으며 이러한 경우에는 우선 같은 쪽 흉추(제11번, 12번)와 요추(제1번)의 이상유무를 살펴 보는 것이 좋을 것이다(그림 9-38). 그리고 이상이 있을 경우에는

독맥의 ④명문혈 ⑤현추혈 ⑥척중혈 ⑦중추혈과

방광경의 ⑱간수 ⑲담수혈 ⑳비수혈 ㉑위수혈 ㉒삼초수혈 ㉓신수혈 ㊹혼문혈 ㊺양강혈 ㊻의사혈 ㊼위창혈 ㊽황문혈 ㊾지실혈을 그리고

임맥의 ②곡골혈 ③중극혈과

위경의 ㉙귀래혈 ㉚기충혈 ㉛비관혈 및

비경의 ⑫충문혈 ⑬부사혈을 또한

신경의 ⑪횡골혈과

담경의 ㉖대맥혈 ㉗오추혈 ㉘유도혈 ㉙거료혈 및

간경의 ⑩족오리혈 ⑪음렴혈 등을 지압과 마사지 등을 해준 후 교정을 해주도록 한다(그림 9-39).

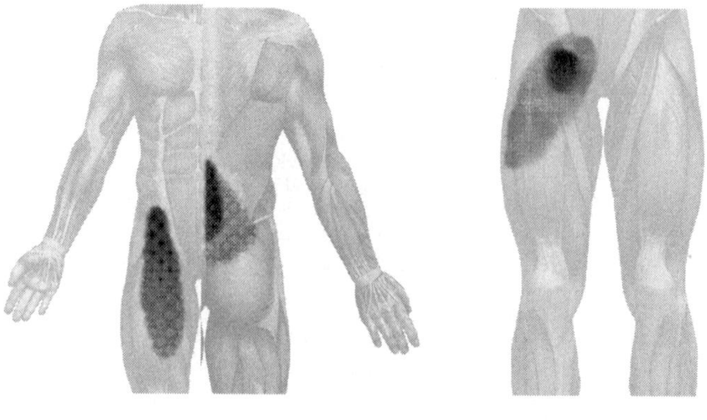

「그림 9-38」 모음근(장요근, 치골근)의 발통점과 연관통

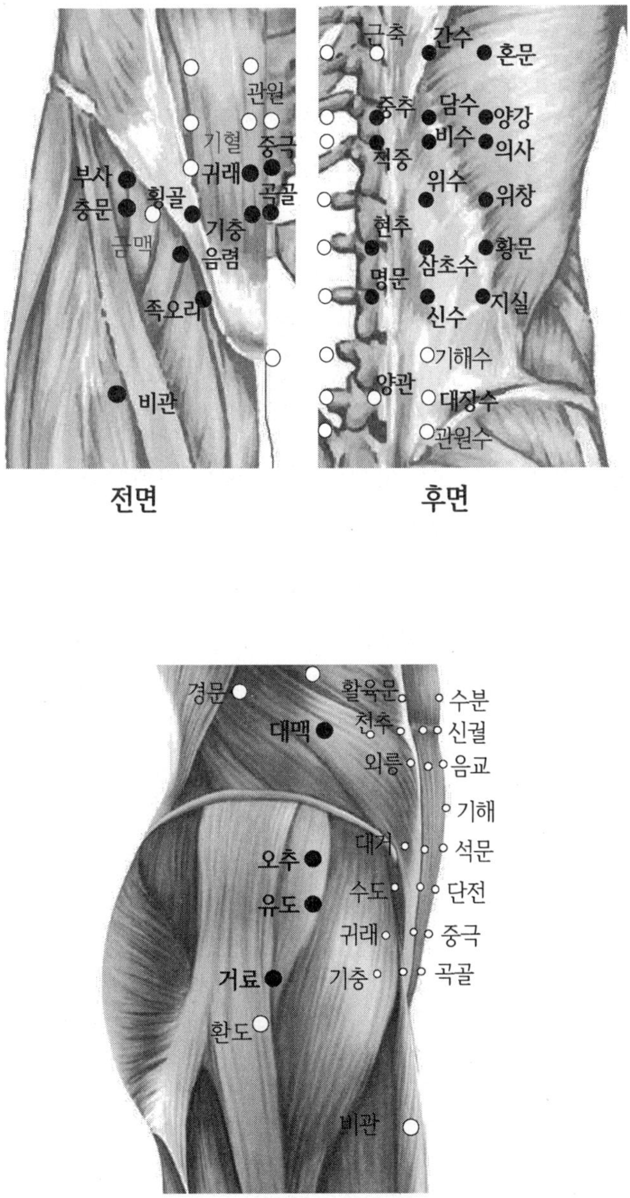

「그림 9-39」 치골근과 모음근 통증 부위의 경락과 경혈

9. 천골통

엉덩이가 시큰거리면서 꼬리뼈가 아플 때에는 중둔근의 이상유무를 살펴보도록 한다. 중둔근의 이상은 온종일 서서 일을 하는 직업이나 엉덩이를 앞으로 빼고 등을 기대어 앉아 있는 습관을 가지고 있는 사람과 엉덩이가 크고 다리에 살이 많은 사람일수록 통증이 발생될 확률이 높다고 할 수가 있다. 중둔근에 통증이 발생하게되면 장골능의 주변(허리띠 부위)으로 통증이 나타나 허리가 뻐근하여 주무르거나 두드리게 된다. 또한 장골능의 안쪽 부위에서 통증이 발생하면 장골능을 따라 연관된 통증이 나타나며 심한 경우에는 좌골결절 아래 대퇴부까지 확산이 되며(그림 9-40의 ①) 장골능의 중간 부위에서 발생하면 둔부의 중심부위와 고관절 부위에 연관된 통증이 나타나며 심한 경우에는 대퇴부의 뒤쪽으로 확산이 되기도 한다(그림 9-40의 ②). 그리고 장골능의 바깥쪽에서 발생을 하면 천관절 주변에서 통증이 나타나며 심한 경우에는 장골능을 따라 확산을 하기도 한다(그림 9-40의 ③). 그리고 이러한 경우에는 중둔근과 같은 방법으로

독맥의 ⑤현추혈 ④명문혈 ③양관혈 ②요수혈과

방광경의 ㉒삼초수혈 ㉓신수혈 ㉕대장수혈 ㉗소장수혈 ㉘방광수혈 ㉛상료혈 ㉝중료혈 ㉞하료혈 ㉟회양혈 ㊱승부혈 ㊲은문혈 및 ㊽황문혈 ㊾지실혈 ㊿포황혈 (51)질변혈 등과

담경의 ㉙거료혈 ㉚환도혈 등을 지압과 마사지 등을 해주고(그림 9-41) 아울러 중둔근의 이완운동을 하면 좋을 것이다.

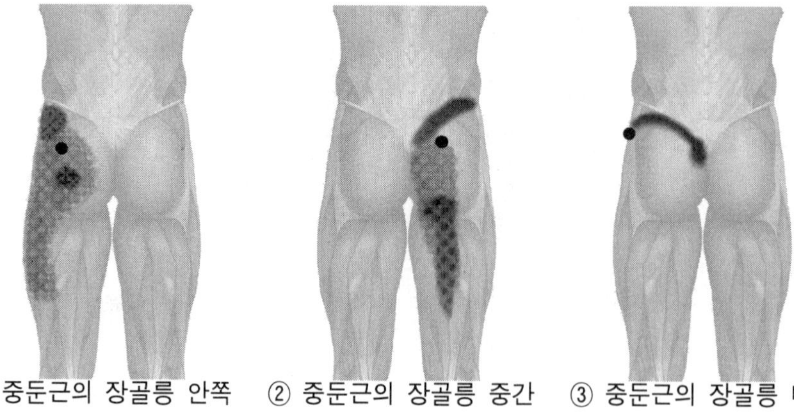

① 중둔근의 장골릉 안쪽 ② 중둔근의 장골릉 중간 ③ 중둔근의 장골릉 바깥쪽

「그림 9-40」 천골통의 발통점과 연관통

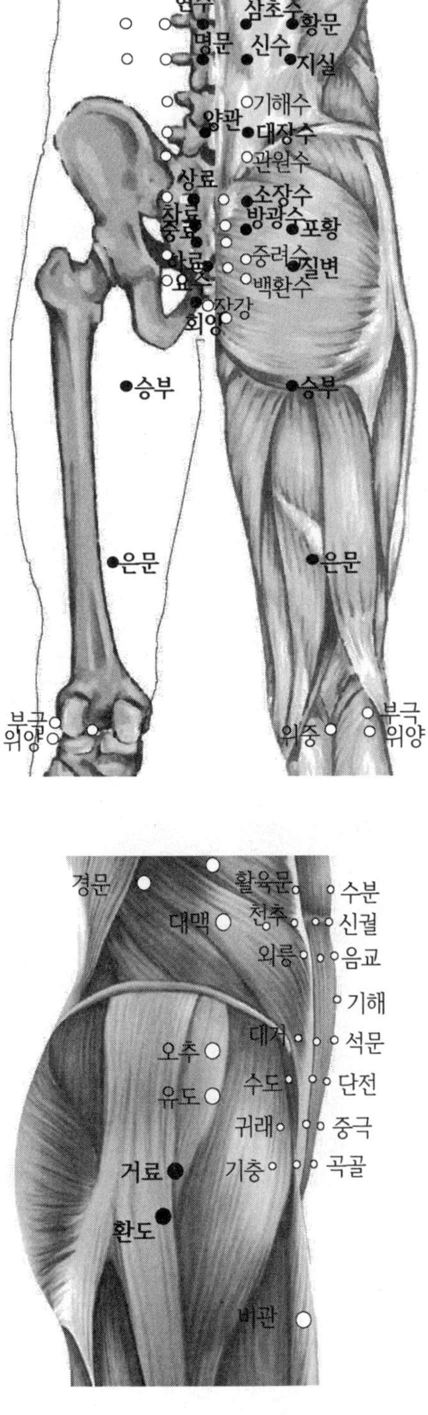

「그림 9-41」 천골통 통증 부위의 경락과 경혈

10. 다리(하지)길이의 차이

다리(하지)길이의 차이는 목뼈(경추)나 엉덩뼈(장골)의 이상 등으로 인하여 실제로 다리의 길이는 변함이 없으나 외견상으로 짧게(단족) 또는 길게(장족) 보이게 되는 것을 말한다. 만약에 이러한 다리의 길이가 차이나게 되면 서있는 자세에서는 몸이 짧은 다리 쪽으로 기울게 되며 상체는 균형을 유지하기 위하여 반대쪽(다리가 긴 쪽)으로 기울이게 되다보니 허리(요추)는 자연히 짧은 다리 쪽으로 볼록하게 변위(척추측만)가 되며 또한 엉덩뼈(장골)와 등뼈(흉추)등이 변위가 되어 결국에는 건강을 잃게 되기도 한다. 따라서 다리(하지)길이의 차이를 일으키는 주요 원인을 살펴보면

1) 다리 길이의 검사

환자가 이마를 바닥에 대고 다리를 모아 곧게 펴고 엎드린 자세에서 교정자는 환자의 목(경추)에서 등(경추)과 허리(요추) 및 엉치(선추와 미골)에 이르는 척추(몸의 정중선)가 일직선을 이루고 있는지를 확인하고 이어서 양쪽 다리 또한 몸의 정중선에 위치하게 하여 다리(하지)의 길이가 같은지를 살펴보도록 한다. 만약에 다리의 길이가 다르다면 목(경추)과 엉덩이(장골) 등의 이상 유무를 살펴보아야 할 것이다(사진 9-15).

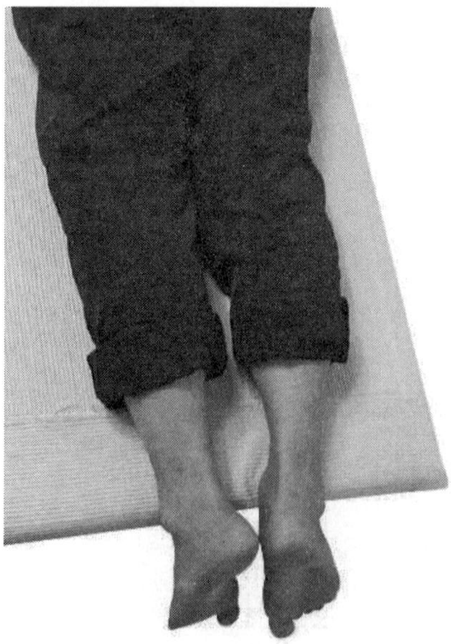

「사진 9-15」 다리(하지)길이의 검사

2) 경추 증후군

(1) 좌·우 경추 증후군

다리의 길이가 다르다면 환자의 얼굴을 왼쪽으로 돌리게 하여 짧았던 다리의 길이가 같아졌는지 또는 길어졌는지를 살펴 보도록 한다. 만일 이와 같은 변화가 있다면 이를 좌경추증후군이라 하며 변화가 없다면 환자의 얼굴을 오른쪽으로 돌리게 하여 살펴 보도록 한다. 이때 변화가 있게 되면 우경추증후군이라 하고 얼굴 방향의 반대쪽 경추에(경추 제1번~3번) 압통과 경결(굳은)이 나타나게 된다. 따라서 이 부위에 마사지와 함께 경추를 교정하여야 할 것이다.

(2) 양측성 경추증후군

검사시 양쪽 다리의 길이가 같았던 상태에서 얼굴을 왼쪽으로 돌리면 왼쪽 다리가 짧아지게되고 오른쪽으로 돌리면 오른쪽 다리가 짧아지게 되는 양측성 경추증후군이 나타나게 되는 경우가 있다. 이는 교통사고 등에 의한 후두골 손상으로 후두골 기저부에 압통과 경결이 나타나고 또한 경추 제2번 극돌기에 심한 통증이 나타나기도 한다. 이러한 경우에는 교정자는 환자가 누운 자세에서 머리 위쪽에 위치하여 양손으로 환자의 두개골 밑 부위를 슬며시 잡아당겨 경추를 이완시킨 후 급압을 하여 교정한다(사진 9-16).

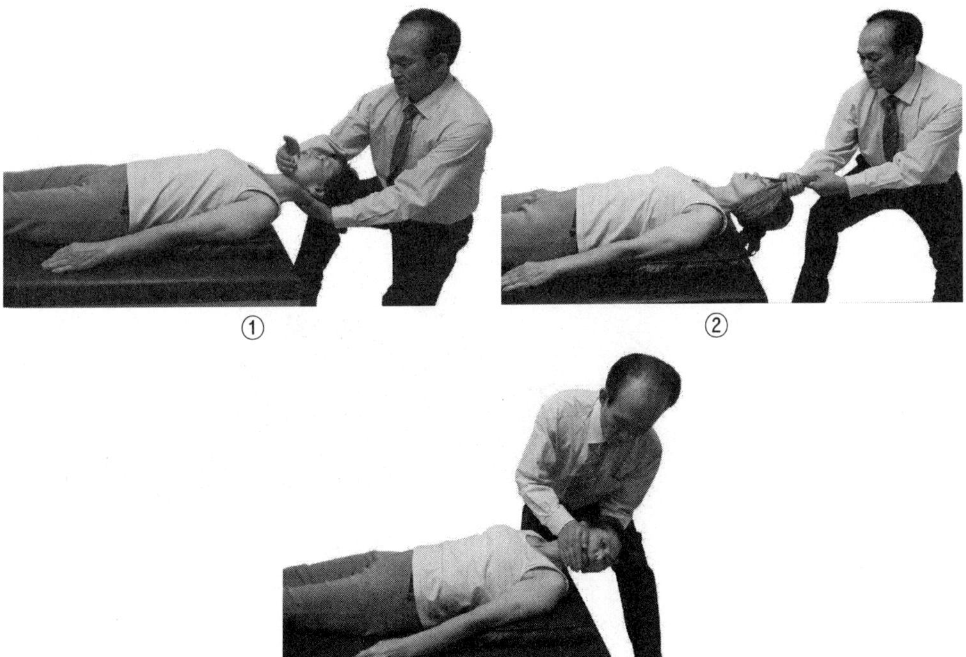

①

②

③

「사진 9-16」 경추 증후군의 교정

11. 엉덩뼈(장골)의 변위

1) 장골의 전상방회전 변위(AS)

장골의 전상방회전 변위가 되어 다리의 길이가 길게 된 경우(그림 9-42).

장골이 앞쪽 위로 회전된 경우에는 변위된 쪽의 다리 길이가 외견상으로 길게 보인다. 이는 엉덩뼈(장골)가 앞쪽으로 회전을 하게 됨에 관골구는 약간 뒤의 아래 쪽으로 이동을 한게 된다. 따라서 대퇴골두는 후하방으로 약간 이동을 하게 되어 다리가 아래쪽으로 내려가기 때문에 외견상으로 길게 보이게 되는 것이다. 따라서 오른쪽 엉덩뼈(장골)가 변위되어 오른쪽 다리의 길이가 길게 된 경우에는 환자는 아픈 오른쪽 다리가 위로 향하게 왼쪽 옆으로 모로 누워 왼쪽 다리를 펴주고 오른쪽 다리는 구부려 오른발목이 왼쪽 오금 부위에 올려놓는다. 교정자는 환자의 앞쪽에 위치하여 오른손으로 환자의 오른쪽 어깨 부위를 고정하고 왼손 장(두상골)은 환자의 오른쪽 좌골 결절 부위를 환자의 전상방 쪽으로 눌러 극한에 이를 때 좌골결절을 전상방으로 강압을 하여 교정한다(사진 9-17).

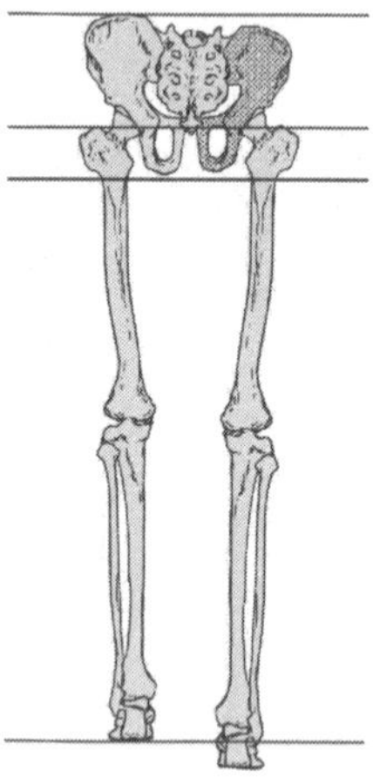

「그림 9-42」 장골의 전상방(우측)회전 변위

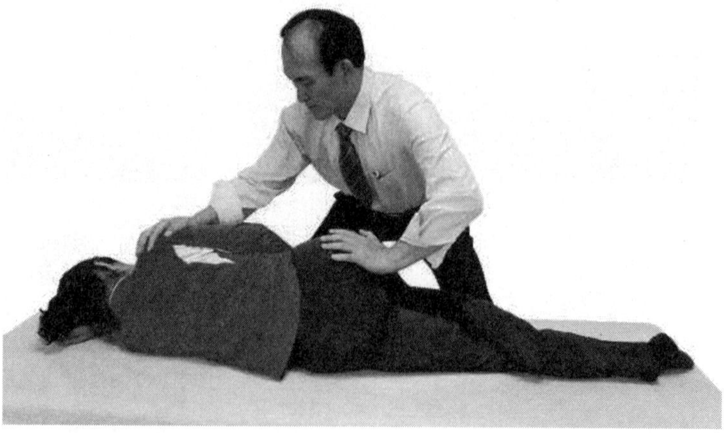

「사진 9-17」 장골의 전상방회전 변위 교정

2) 장골이 후하방으로 변위(PI)

장골이 후하방으로 변위되어 다리의 길이가 짧아진 경우(그림 9-43).

장골이 뒤쪽으로 회전을 하게 됨에 관골구는 앞위쪽으로 이동을 하게 되고 또한 대퇴골두도 약간 전상방으로 이동을 하게 되어 다리가 위로 약간 올라가기 때문에 외견상으로 짧아 보이게 된다. 그리고 이러한 장골의 변위(후하방)는 변위된 쪽의 치골이 상방으로 올라가 결국엔 제5번 요추와 천골(엉치뼈)에 영향을 미치게 되어 반대쪽의 후상장골극의 위와 바깥쪽 부위에 압통을 발생시키기도 한다. 따라서 오른쪽 엉덩뼈(장골)가 변위되어 오른쪽 다리의 길이가 짧아지게 된 경우에는 오른쪽 다리가 위로 향하게 왼쪽 옆으로 모로 누워 왼쪽 다리를 펴주고 오른쪽 다리는 구부려 발목이 왼쪽 무릎 뒤(오금)에 올려놓는다. 교정자는 환자의 앞쪽에 위치하여 오른손으로 환자의 오른쪽 어깨 부위를 고정시키고 왼쪽 장(두상골)은 환자의 오른쪽 상후장골극(엉덩뼈)을 교정자의 앞쪽으로 눌러 극한에 이르는 순간에 전상방으로 급압을 하여 교정한다(사진 9-18).

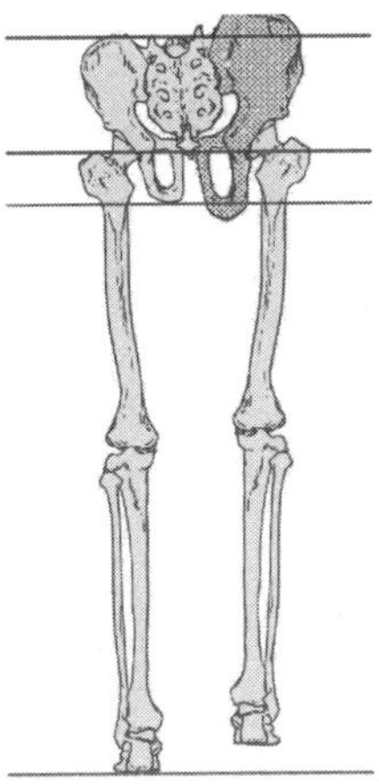

「그림 9-43」 장골의 후하방변위

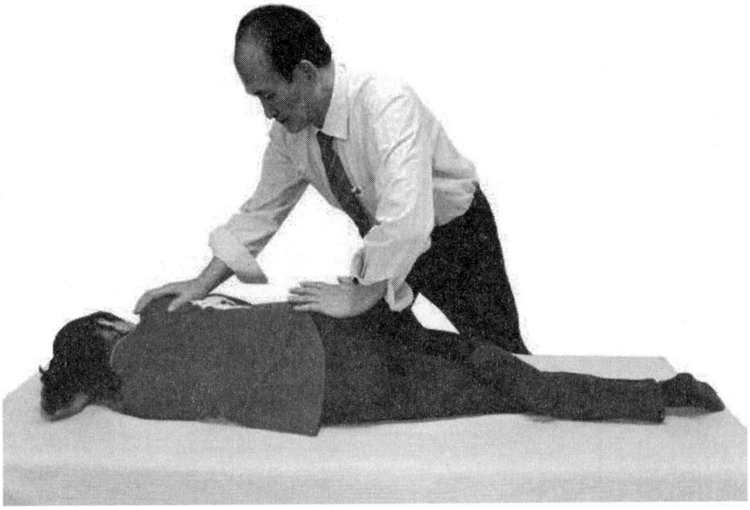

「사진 9-18」 장골의 후하방변위 교정

3) 장골의 회전 변위

(1) 내방변위(IN)

장골이 천골(엉치뼈) 쪽에 가깝게 안 쪽으로 회전된 변위로 상후장골극이 위쪽(머리)으로 올라가 장골이 전상방으로 회전 변위(AS)한 것과 유사하게 다리의 길이가 외견상으로 길게 보인다. 그리고 자연스럽게 서 있는 자세에서 변위된 쪽의 발은 바깥쪽으로 더 벌어져 있으며(그림 9-44의 ②) 또한 누운 자세에서도 몸의 중심선에서도 더 떨어져 있다(그림 9-45의 ②).

(2) 외방변위(EX)

장골이 천골(엉치뼈)보다 바깥쪽으로 회전된 변위로 상후장골극이 다리 쪽으로 내려가 장골이 후하방으로 변위(P1)한 것과 유사하게 다리의 길이가 외견상으로 짧게 보인다. 그리고 서있는 자세에서 변위된 쪽의 발은 안쪽(몸의 중심선)에 가까이 있으며(그림 9-44의 ③) 또한 누운자세에서도 중심선에 가까이 위치하고 있다(그림 9-45의 ③).

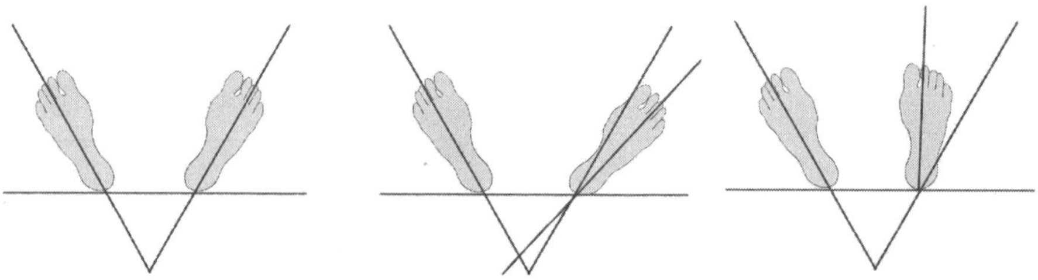

① 정상　② 내방변위　③ 외방변위

「그림 9-44」 장골의 회전변위(서 있는 자세)

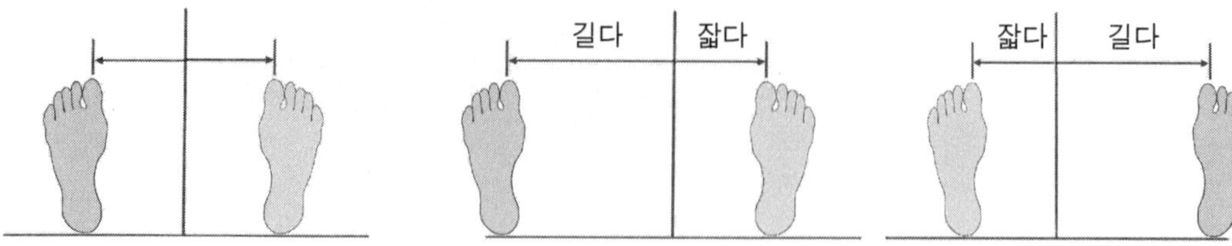

① 정상　② 내방변위　③ 외방변위

「그림 9-45」 장골의 회전 변위(누운 자세)

4) 교정방법

교정은 내방변위(IN)가 된 경우에는 환자가 엎드린 자세에서 교정자는 환자의 아픈 쪽 반대 편에 위치하여(오른쪽 내방 변위 인 경우 왼쪽) 오른손 장으로 환자의 좌골의 후부에 대어 뒤쪽에서 앞쪽으로 그리고 안쪽(중심선)에서 바깥쪽으로 가볍게 급압을 하여 교정을 한다(사진 9-19). 그리고 외방변위(EX)가 된 경우에는 환자의 아픈쪽에 교정자가 위치하여 장으로 환자의 상후장골근의 바깥쪽에 대어 뒤쪽에서 앞쪽으로 그리고 바깥쪽에서 안쪽으로 급압을 하여 교정한다(사진 9-20).

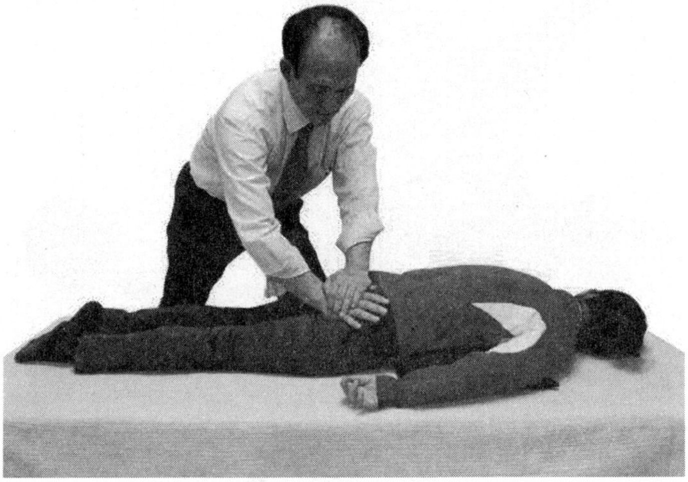

「사진 9-19」 장골의 교정(내방변위)

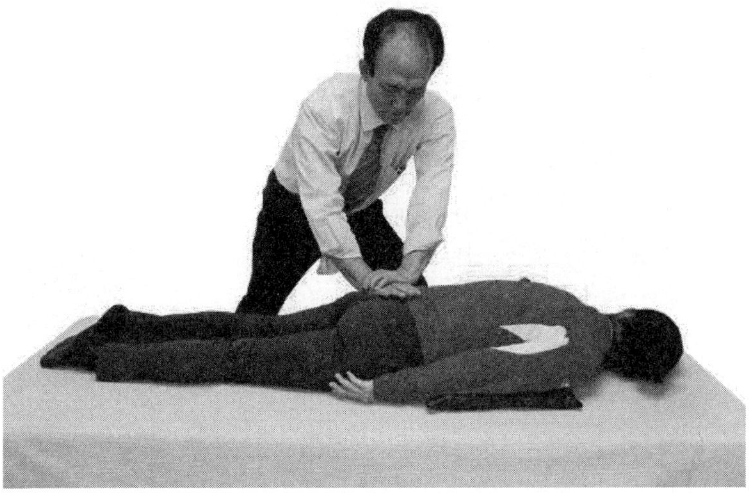

「사진 9-20」 장골의 교정(외방변위)

또한 환자가 엎드린 자세에서 교정자는 교정을 하는 쪽의 반대편에 위치를 하여 한 손으로 교정하는 쪽의 무릎 부위를 잡아 들어 올려 주는 동시에 다른 손으로는 같은쪽 (교정하는) 상후장골극(장골)의 안쪽 면에 대어 약 45° 바깥쪽으로 압력(눌러)을 가하여 후하방(PI)과 내반 변위(IN)된 장골(엉덩뼈)을 교정한다(사진 9-21).

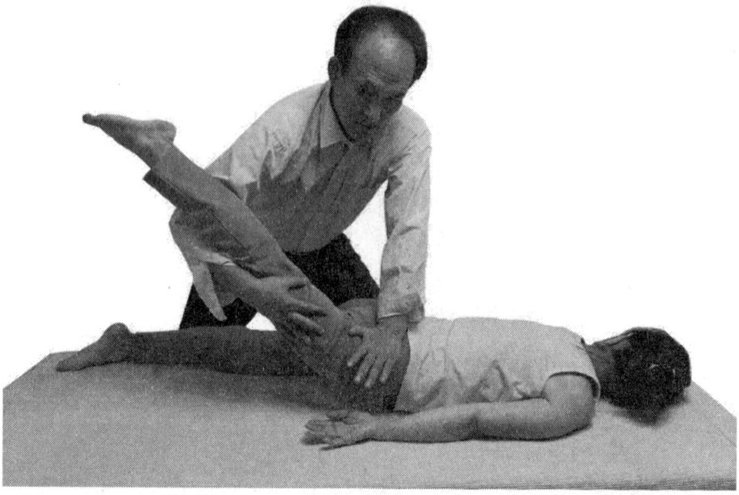

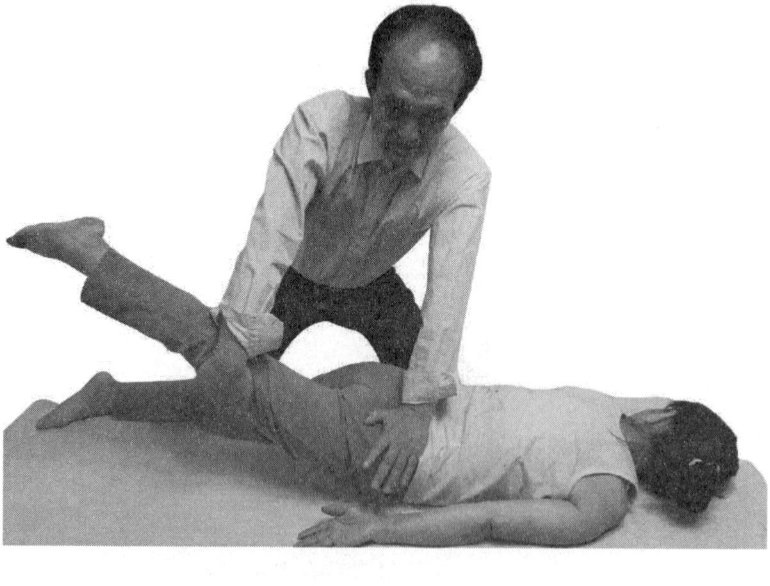

「사진 9-21」 장골의 교정(후하방과 내방변위)

그리고 환자가 엎드린 자세에서 오른쪽 장골(엉덩뼈)을 교정하고자 하는 경우 교정자는 환자의 왼쪽에 위치하여 가지랑이 사이에 환자의 오른쪽 다리를 끼어 왼발 무릎관절 뒤(오금쪽)로 걸어 뒤쪽으로 당겨주는 동시에 오른손은 환자의 오른쪽 장골능(엉덩뼈능선) 부위에 대어 왼손과 함께 눌러 이완을 시켜준 후 약간 바깥쪽으로 눌러(강압) 장골능을(앞쪽 돌림) 교정한다(사진 9-22).

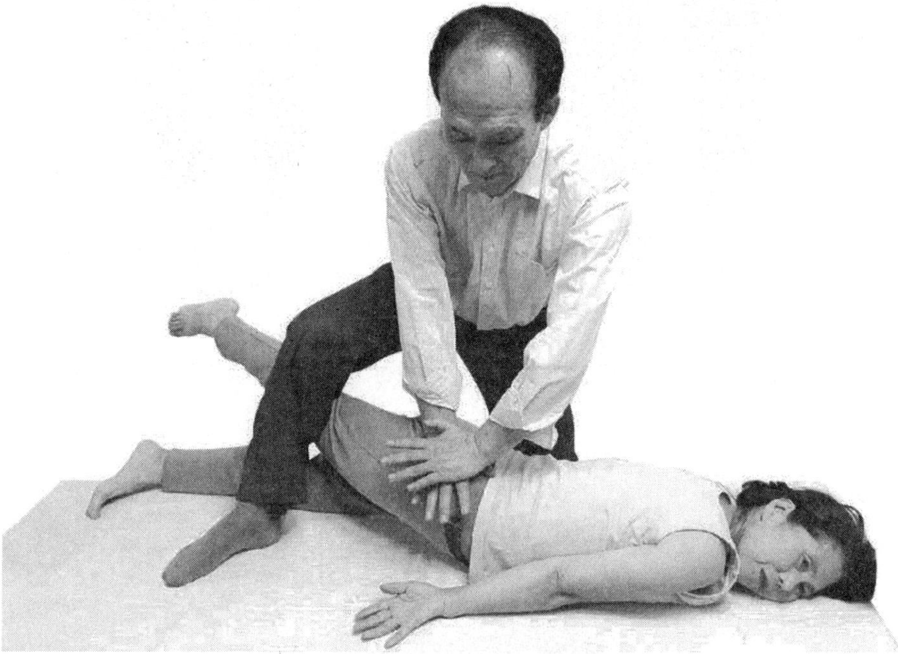

「사진 9-22」 장골의 교정(앞쪽 돌림)

12. 안짱다리

안짱다리의 경우에는 환자가 누운 자세에서 양쪽 다리의 길이를 확인토록한 후 선 자세에서 다리의 길이가 같은 경우에는 양발의 엄지 발가락을 붙이고 뒤꿈치는 45도 정도 벌린 자세를 취하게 한다(사진 9-23). 그리고 다리의 길이가 다를 경우는 짧은쪽 엄지 발가락이 긴쪽 엄지 발가락의 아래 부위에 45도 정도 되게 벌려 디딘 후(사진 9-24) 양 무릎을 90도 정도 구부려 앉았다 일어서는 동작을 약 100회 정도 실시를 한 후 확인하여 보게 되면 신기할 정도로 효과가 있을 것이다(사진 9-25).

「사진 9-23」 안짱다리(다리 길이가 같은 경우)

「사진 9-24」 안짱다리(다리 길이가 다른 경우)

「사진 9-25」 안짱다리 교정 운동

제10장. 대퇴와 무릎의 통증

물질문명의 발달과 더불어 높은 경제성장의 덕택으로 생활의 편리함과 풍요로움을 누리며 살아가고 있는 것이 현실이라 할 것이다. 그러나 과거 보릿고개란 말이 있었듯이 못 살고 못 먹던 배고팠던 시절의 한풀이라도 하듯이 과도한 영양 섭취로 인하여 성인병과 비만을 걱정하게 되고 편리함 속에서 운동부족으로 관절을 감싸고 기능을 활발히 하여야 할 근육의 양과 질은 저하되어 많은 부작용들을 초래하고 있는 것 또한 현실이라 할 수가 있을 것이다.

특히 중년 이상의 여성들 중 무릎 관절의 노화현상과 함께 상체는 비대해진 반면에 하체는 운동 부족으로 근육의 양과 질이 저하 되다보니 몸의 하중을 지탱하고 기능을 하여야 하는 관절은 물론 허리와 다리에까지 이상 증상이 나타나 무릎 관절이 시리고 저리며 움직일 때마다 소리가 나면서 통증이 나타나게 된다. 이러한 무릎의 통증이나 관절염 등은 관절 부위에 기혈이 순행되지 못하거나 발목이나 고관절의 이상 등에 의해 발생할 수가 있게 된다.

Ⅰ. 다리의 근육

다리(하지)는 크게 대퇴 및 하퇴와 발과 관절들로 구성되어 있으며(그림 10-1) 이들을 감싸고 동작을 원활할 수 있게 하는 근육들을 살펴보면 대퇴부의 근육으로 앞쪽에는 봉공근, 대퇴직근, 외측광근, 내측광근, 중간광근 등이 있으며 안쪽(허벅지)에는 대내전근, 장내전근, 단내전근, 치골근, 박근 등이 그리고 뒤쪽에는 대퇴이두근, 반건양근, 반막양근 등이 기능을 하고 있다(그림 10-2). 그리고 하퇴부의 근육으로는 앞쪽에 전경골근, 장지신근, 제3비골근, 장모지신근 등이 있으며 바깥쪽에는 장비골근, 단비골근 등이 그리고 뒤쪽에는 비복근, 가자미근, 족저근, 슬와근, 장지굴근, 장모지굴근, 후경골근 등이 기능을 하고 있다. 또한 발의 발등쪽(족배근)에는 단지신근과 단모지신근, 골간근(배측골간근) 등이 있으며 발바닥의(족저근) 안쪽 에는 모지외전근, 모지내전근, 단모지내전근 등이 중앙에는 단지굴근, 골간근(저측골간근), 충양근, 족저방형근 등이 있으며 바깥쪽에는 단소지굴근과 소지외전근 등이 기능 들을 하고 있다(그림 11-1).

1. 하지의 근육

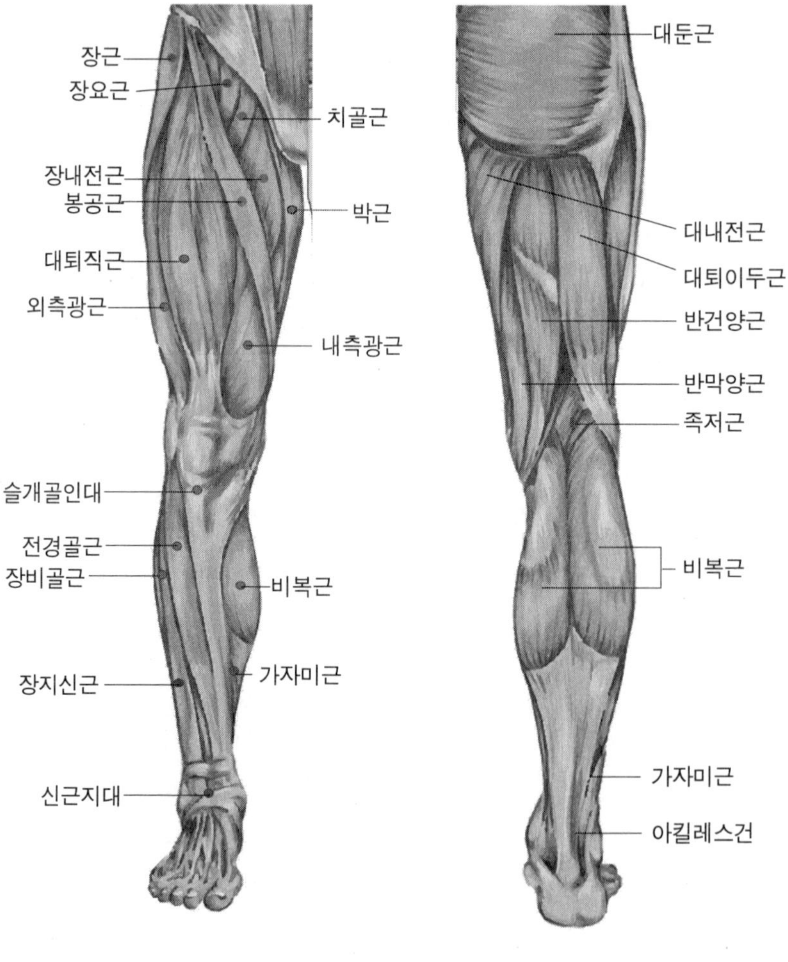

「그림 10-1」 하지의 근육

Ⅱ. 대퇴부의 근육

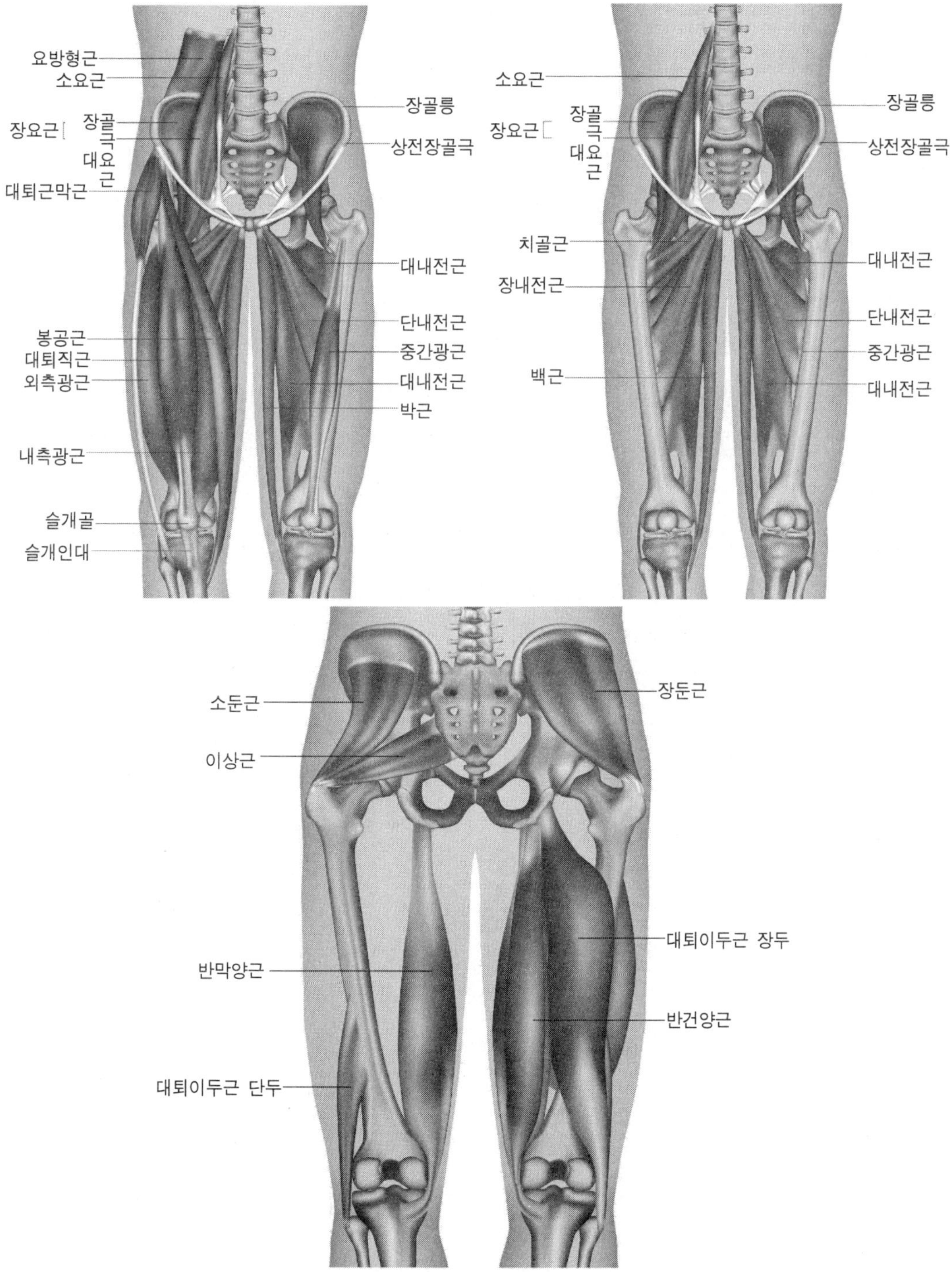

「그림 10-2」 대퇴부의 근육

Ⅲ. 다리의 경락과 경혈

하지(다리)를 순환하는 경락과 경혈들에는

위경의 ㉛비관혈 ㉜복토혈 ㉝음시혈 ㉞양구혈(이상 대퇴부) ㉟독비혈 ㊱족삼리혈 ㊲상거허혈 ㊳조구혈 ㊴하거허혈 ㊵풍륭혈(이상 하퇴부) ㊶해계혈 ㊷충양혈 ㊸함곡혈 ㊹내정혈 ㊺여태혈(둘째 발가락 외측)과 **비경**의 ⑪기문혈 ⑩혈해혈(이상 대퇴부) ⑨음릉천혈 ⑧지기혈 ⑦누곡혈 ⑥삼음교혈(이상 하퇴부) ⑤상구혈 ④공손혈 ③태백혈 ②태도혈 ①은백혈(엄지 발가락 내측)과

방광경의 ㊱승부혈 ㊲은문혈 ㊾부극혈 ㊿위양혈 ⑤④위중혈(이상 대퇴부) ⑤⑤합양혈 ⑤⑥승근혈 ⑤⑦승산혈 ⑤⑧비양혈 ⑤⑨부양혈 ⑥⓪곤륜혈(이상하퇴부) ⑥①복삼혈 ⑥②신맥혈 ⑥③금문혈 ⑥④경골혈 ⑥⑤속골혈 ⑥⑥족통곡혈 ⑥⑦지음혈(새끼 발가락 외측)과

신경의 ⑩음곡혈 ⑨축빈혈 ⑧교신혈 ⑦부류혈 ④대종혈 ③태계혈(이상하퇴부) ⑥조해혈 ⑤수천혈 ②연곡혈 ①용천혈(발바닥 중 가운데)과

담경의 ㉚환도혈 ㉛풍시혈 ㉜중독혈 ㉝슬양관혈(이상대퇴부) ㉞양릉천혈 ㉟양교혈 ㊱외구혈 ㊲광명혈 ㊳양보혈 ㊴현종혈(이상하퇴부) ㊵구허혈 ㊶족임읍혈 ㊷지오회혈 ㊸협계혈 ㊹족규음혈(넷째 발가락 외측)과

간경의 ⑪음렴혈 ⑩족오리혈 ⑨음포혈 ⑧곡천혈(이상대퇴부) ⑦슬관혈 ⑥중도혈 ⑤여구혈(이상하퇴부) ④중봉혈 ③태충혈 ②행간혈 ①태돈혈(엄지 발가락 외측) 등이 기능을 하고 있다. 이러한 근육이나 경락 및 경혈 등에 어떠한 원인에 의해서든지 이상이 발생하게 되면 여러 병적인 증상들이 나타나게 되는 것이다(그림 10-3).

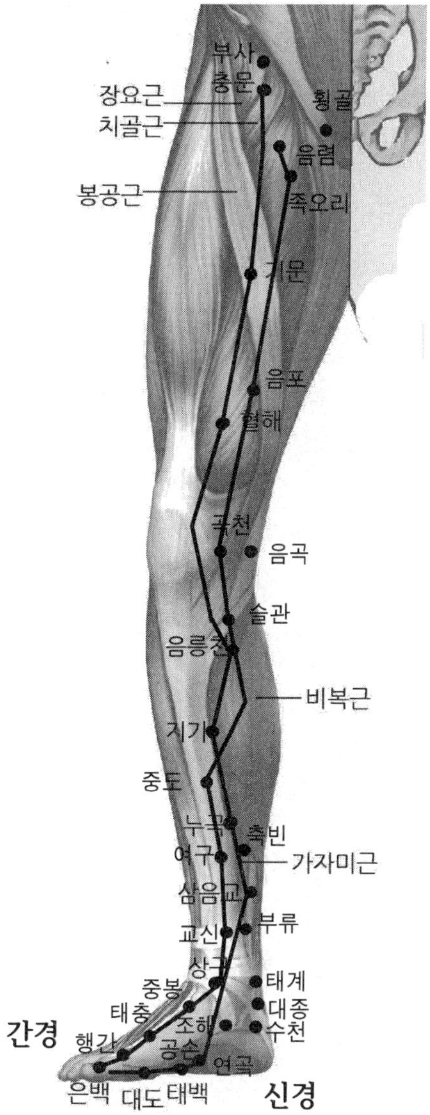
부사
충문
장요근
치골근
횡골
음렴
봉공근
족오리
기문
음포
혈해
곡천
음곡
슬관
음릉천
비복근
지기
중도
누곡
축빈
여구
가자미근
삼음교
교신
부류
상구
태계
중봉
대종
태충
조해
수천
간경
행간
공손
연곡
은백
대도
태백
신경
비경

① 내측면

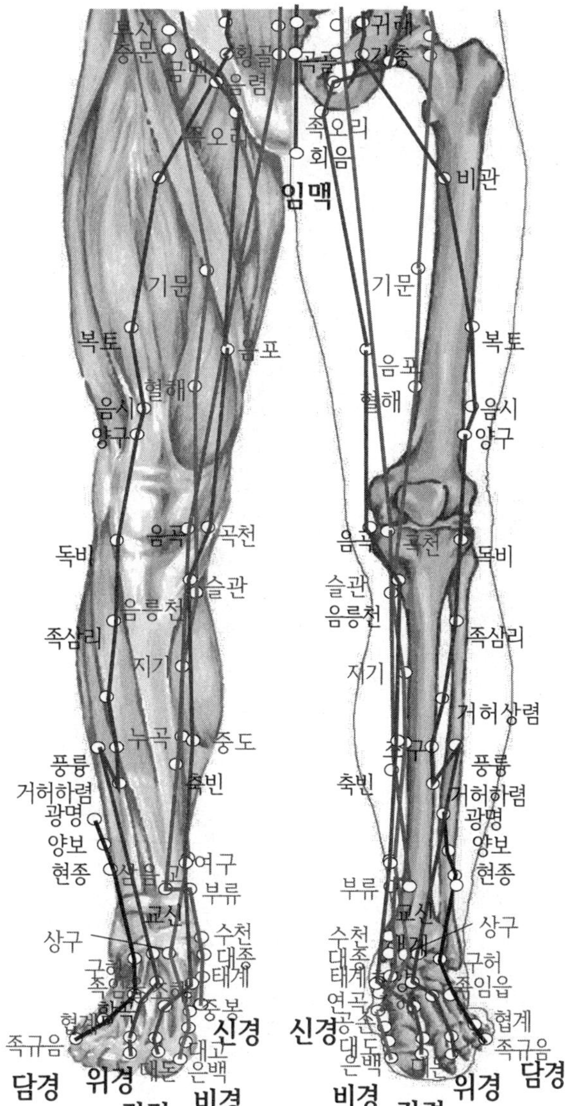
부사
충문
횡골
곡골
귀래
기충
급맥
음렴
족오리
족오리
회음
임맥
비관
기문
기문
복토
음포
복토
음포
혈해
혈해
음시
양구
음시
양구
음곡
곡천
음곡
곡천
독비
독비
슬관
슬관
음릉천
음릉천
족삼리
족삼리
지기
지기
거허상렴
누곡
중도
조구
풍륭
풍륭
축빈
축빈
거허하렴
거허하렴
광명
광명
양보
양보
여구
현종
삼음교
현종
부류
부류
교신
교신
수천
상구
상구
대종
수천
태계
대종
구허
구허
족임읍
족임읍
중봉
협계
협계
족규음
족규음
신경
신경
대도
은백
담경
위경
간경
비경
비경
간경
위경
담경

② 전면

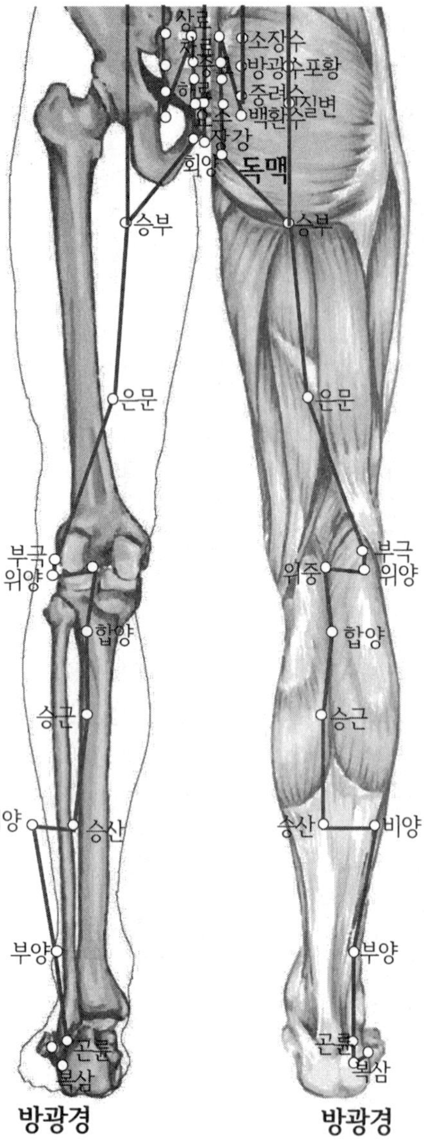

③ 후면

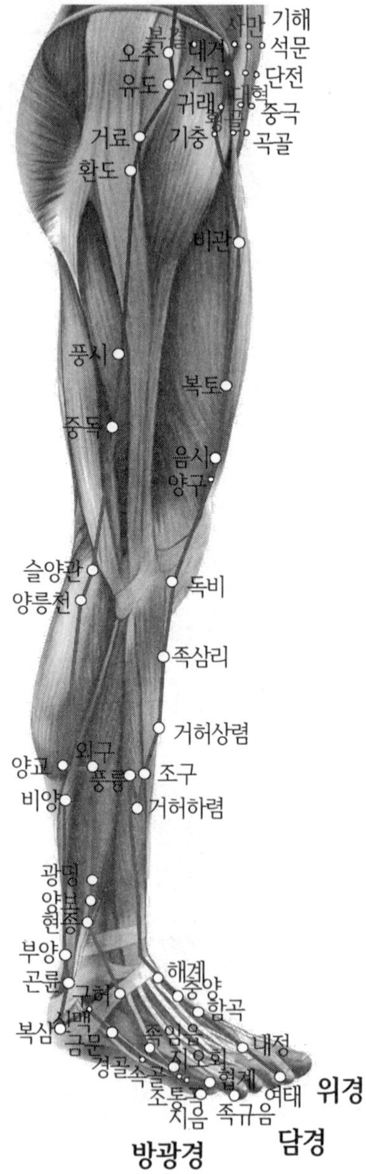

④ 외측면

「그림 10-3」 하지의 경락과 경혈

Ⅳ. 대퇴부의 근육과 통증

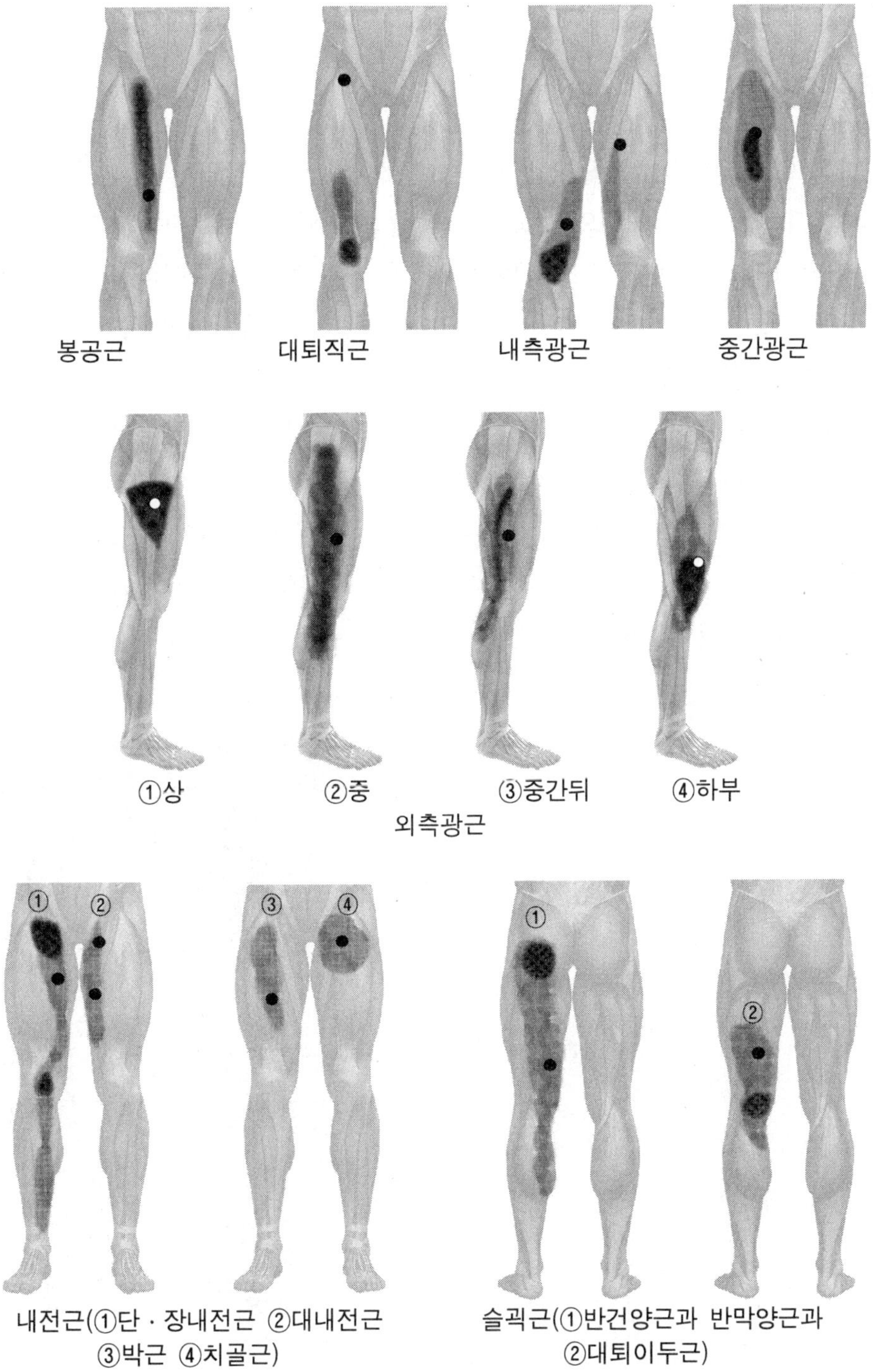

「그림 10-4」 대퇴부 근육의 통증과 연관통

V. 대퇴의 근육별 통증

1. 봉공근

대퇴신경(요추 제2번, 3번)의 지배를 받아 대퇴의 굴곡과 외전 및 외측회전과 하퇴의 굴곡 등의 기능을 하는 근육으로 통증이 발생하게 되면 주로 허벅지의 안쪽에 찌릿한 통증이 나타나게 되는데 봉공근의 위쪽에서 발생을 하면 외측대피신경이 압박되어 대퇴 앞 쪽의 바깥쪽 면에 마비감이 나타나며 아래쪽 부위에서 발생을 하게 되면 연관된 통증이 무릎의 안쪽으로 확산되어 나타나기도 한다(그림 10-5).

여성의 경우에는 거들이나 스타킹의 밴드 등으로 봉공근을 압박하여 이상이 나타날 수 있으므로 사용에 주의를 기울여야 할 것이다. 경락으로는 **위경**의 ㉛비관혈과 **비경**의 ⑨음릉천혈 ⑩혈해혈 ⑪기문혈 ⑫충문혈 ⑬부사혈 및 **간경**의 ⑫급맥혈 ⑪음렴혈 ⑩족오리혈 ⑨음포혈 ⑧곡천혈 ⑦슬관혈과 **신경**의 ⑩음곡혈 등에 지압과 아울러 마사지 등을 하여 준다(그림 10-6).

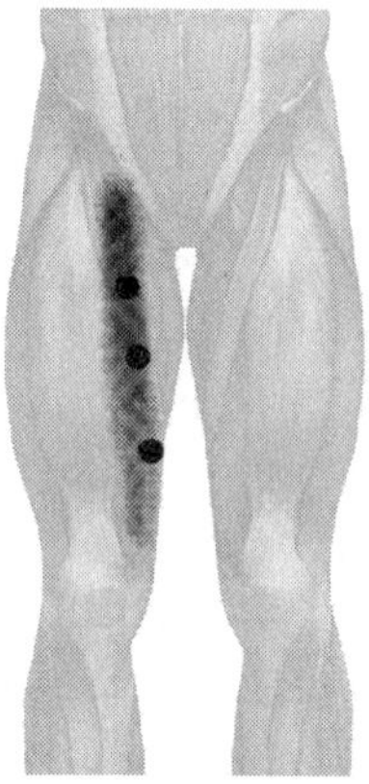

「그림 10-5」 봉공근의 발통점과 연관통

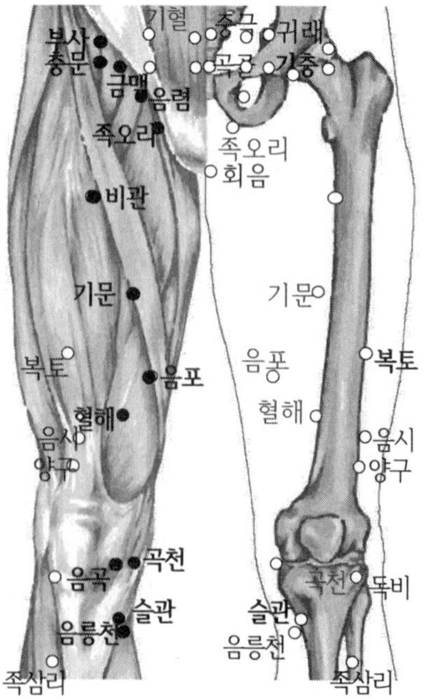

「그림 10-6」 봉공근 통증 부위의 경락과 경혈

2. 대퇴직근

대퇴사두근은 대퇴직근, 내측광근, 중간광근, 외측광근을 일컫는 말로 대퇴신경(요추 제2번, 3번, 4번)의 지배를 받아 기능을 하고 있다. 대퇴직근은 고관절의 굴곡과 무릎 관절(슬관절)을 신전시키는 기능을 하는 근육으로 통증이 발생하게되면 연관된 통증은 주로 무릎관절의 앞 부위에 쑤시는 듯한 심부통이 나타나며 심한 경우에는 무릎 위로 확산이 되어 잠을 제대로 이루지도 못하고 계단을 내려갈 때 또한 통증과 함께 무릎에 힘이 없는 듯이 느끼게 된다(그림 10-7). 이러한 경우에는 건강한 쪽 손으로 벽면을 잡고 선자세에서 아픈쪽 다리를 엉덩이 쪽으로 구부려 다른 손으로 발등 부위를 잡아 등 쪽으로 당겨주어 근육을 이완시켜 주도록 한다(사진 10-1). 그리고

위경의 ㉛비관혈 ㉜복토혈 ㉝음시혈 ㉞양구혈 ㉟독비혈 ㊱족삼리혈 등과

비경의 ⑩혈해혈 등을 지압과 마사지 등을 하여 준다. 그리고 앞서 설명을 한 바와 같이 손에 힘이 약하거나 상황이 여유치 않는 경우라면 부득이 봉이나 음료수 병을 활용하여 마사지를 하여도 많은 도움이 될 것이다(그림 10-8).

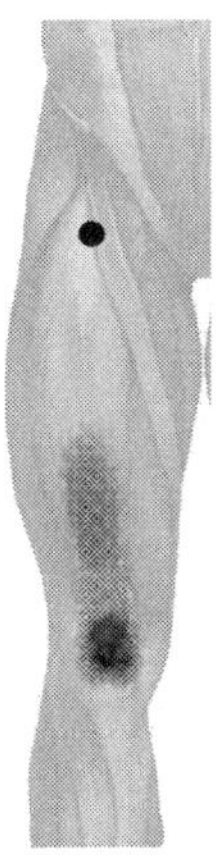

「그림 10-7」
대퇴직근의 발통점과 연관통

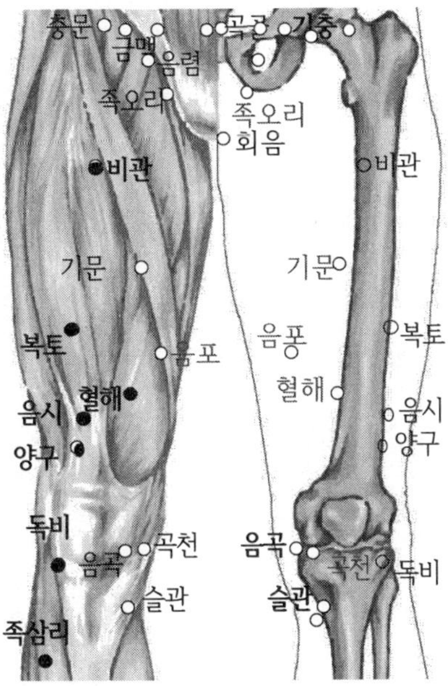

「그림 10-8」
대퇴직근 통증 부위의 경락과 경혈

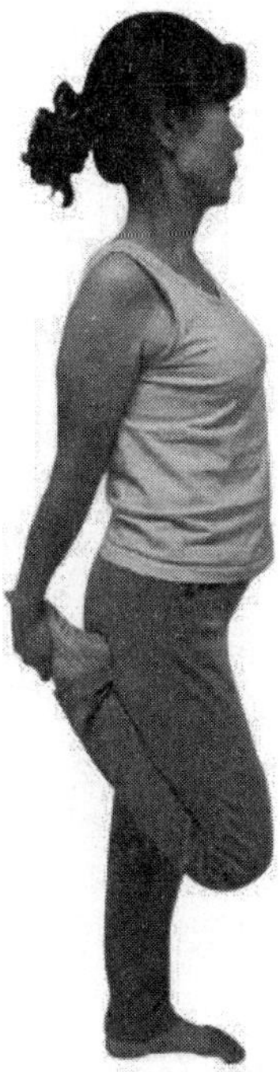

「사진 10-1」
대퇴직근의 이완 운동

3. 내측광근

대퇴신경(요추 제2번, 3번, 4번)의 지배를 받으며 무릎관절을 안쪽 위로 당기고 외측광근을 제어하는 기능 등을 하고 있다. 내측광근의 통증은 주로 아래쪽에서 발생을 하며 연관된 통증은 무릎의 앞쪽에 나타나며(그림 10-9의 ①) 중간 부위에서 발생을 하게 되면 발생한 부위와 허벅지 쪽으로 연관된 통증이 확산되어 나타난다. 그리고 통증은 안쪽 무릎이 쑤시고 욱씬 거리는데 낮보다는 밤에 밤보다는(그림 10-9의 ②) 아침에 심한 편이며 무릎을 펼 때 힘이 없어지고 또한 무릎에 열이 나고 부기가 있는 등 무릎의 관절염과 증상이 비슷하나 무릎의 안쪽에 통증을 느끼고 아픈쪽 다리를 바깥쪽으로 벌리고 걸으며 보행중 발을 내딛다 무릎에 순간적으로 힘이 빠지면서 쓰러지게 된다면 내측광근의 이상을 의심해 볼 필요가 있다. 이러한 경우에는 **간경**의 ⑪음렴혈 ⑩족오리혈 ⑨음포혈 ⑧곡천혈 ⑦슬관혈 등과 **비경**의 ⑪기문혈 ⑩혈해혈 ⑨음릉천혈 등을 지압과 마사지를 하여 주도록 한다(그림 10-10).

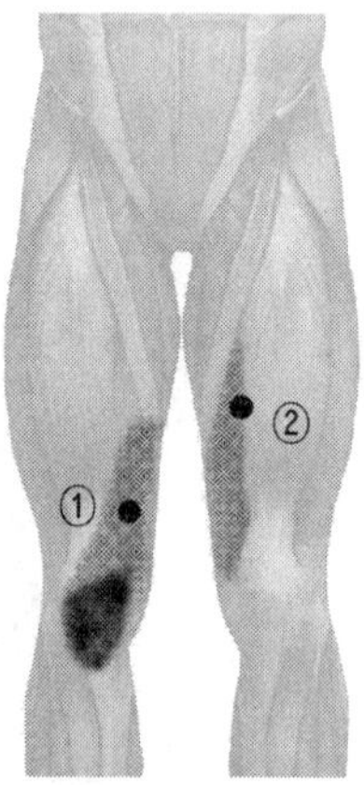

① 내측광근(아래) ② 내측광근(중간)

「그림 10-9」 내측광근의 발통점과 연관통

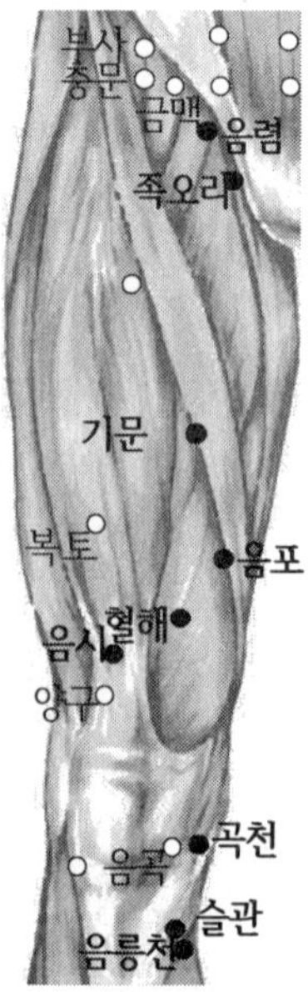

「그림 10-10」 내측광근 통증 부위의 경락과 경혈

4. 중간광근

대퇴신경(요추 제2번, 3번, 4번)의 지배를 받는 근육으로 통증의 발생은 주로 대퇴의 중간부위에서 발생을 하며 연관된 통증은 발생부위에 나타나 확산을 하게 된다(그림 10-11).

그리고 연관된 통증으로 인하여 무릎을 완전히 펴지(신전) 못하여 운전이나 계단을 오르기가 힘들어지게 되며 또한 걸을 때에도 무릎을 구부려 발을 들어 올리지 못하기 때문에 골반을 들어 올리면서 걷게 된다.

또한 비복근과 동시에 통증이 발생을 하게 되면 내측광근에서와 같은 증상 즉 무릎에 순간적으로 힘이 빠지면서 쓰러지게 된다. 이러한 중간광근의 이상은 누운 자세에서 고관절과 무릎을 구부려 들어 올려보게 되면 내측광근이나 외측광근과는 달리 뒤꿈치가 엉덩이에 닿지 않게 된다. 경락으로는 중간광근이 대퇴직근의 심부에 위치하고 있으므로 유의하여 지압 및 마사지 등을 하여야 할 것이다.

위경의 ㉚기충혈 ㉛비관혈 ㉜복토혈 ㉝음시혈 ㉞양구혈 등과 **비경**의 ⑫충문혈 ⑪기문혈 ⑩혈해혈 등을 활용토록 한다(그림 10-12).

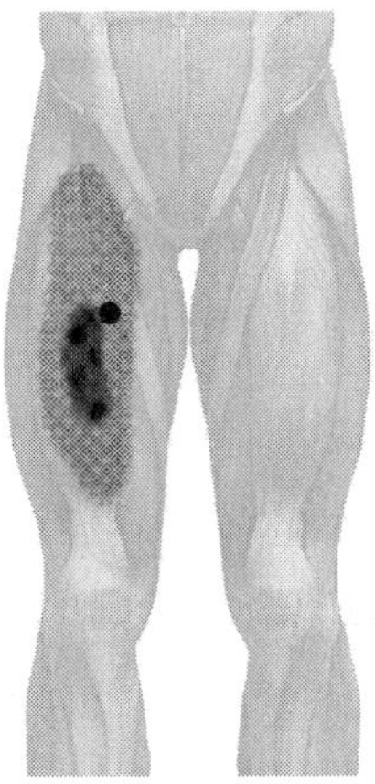

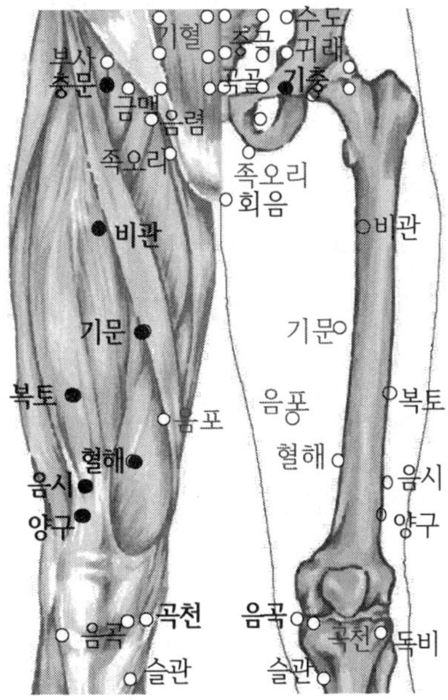

「그림 10-11」 중간광근의 발통점과 연관통 「그림 10-12」 중간광근 통증 부위의 경락과 경혈

5. 내전근

내측대퇴근으로 대퇴의 내전기능을 하는 근육으로 장내전근, 단내전근, 대내전근, 박근, 치골근 등이 있으며 장내전근과 단내전근은 폐쇄신경(요추 제2번, 3번, 4번)의 지배를 받아 대퇴의 굴곡과 내측회전을 보조하는 기능을 하며 대내전근의 상부섬유는 대퇴의 굴곡과 내측회전을 보조하나 후부섬유는 좌골신경(요추 제4번, 5번, 천추 제1번)의 지배를 받아 대퇴의 신전 기능을 한다. 그리고 박근은 요추신경(요추 제2번, 3번)의 지배를 받아 대퇴의 내전 및 굴곡을 보조하는 기능을 하고 있다. 대내전근의 통증은 대체로 주변의 근육들과 동반되어 나타나며 또한 무리한 운동이나 근육에 과부하가 되었을 때에 통증이 나타나게 된다.

1) 장내전근과 단내전근 : 통증은 주로 사타구니(서해부) 부위에 나타나며 심한 경우에는 대퇴의 앞면과 무릎의 앞쪽 및 하퇴의 안쪽(경골)으로 연관된 통증이 확산되어 나타난다(그림 10-13의 ①).
2) 대내전근 : 대내전근의 시작 부위에서 통증이 발생하는 경우에는 골반 속으로 통증이 확산되지만 때로는 항문이나 질 및 성교시에 통증이 나타나기도 하며 근육의 중간 부위에서 발생하게 되면 연관된 통증은 사타구니(서해부)에서 대퇴의 안쪽 면을 따라 무릎의 위쪽까지 확산이 되어 나타난다(그림 10-13의 ②).
3) 박근 : 가지랑이를 벌렸을 때 찢어지는 듯한 통증이 오는 근육으로 통증이 발생하게 되면 대퇴의 안쪽면(허벅지)을 따라 확산이 되어 화끈거리고 찢어지는 듯한 연관된 통증이 나타나게 된다(그림 10-13의 ③).
4) 치골근 : 통증이 발생하게 되면 사타구니(서해부)에 깊숙이 쑤시는 듯한 연관된 통증이 나타나 주위로 확산하게 된다(그림 10-15의 ④). 이러한 경우에는

간경의 ⑪음렴혈 ⑩족오리혈 ⑨음포혈 ⑧곡천혈 ⑦슬관혈 등과

위경의 ㉚기충혈 및

비경의 ⑨음릉천혈 ⑩혈해혈 ⑪기문혈 ⑫충문혈 ⑬부사혈 등을 지압과 마사지 등을 해주며(그림 10-14) 평소에 앉은 자세에서 양발을 모아 발바닥을 붙여 주고 양손으로는 양 발목을 잡아 사타구니 쪽으로 당겨 고정을 시켜준 후 상체를 앞으로 숙여 주면서 양팔로 대퇴부를 눌러 근육을 이완시켜 주도록 한다(사진 10-2).

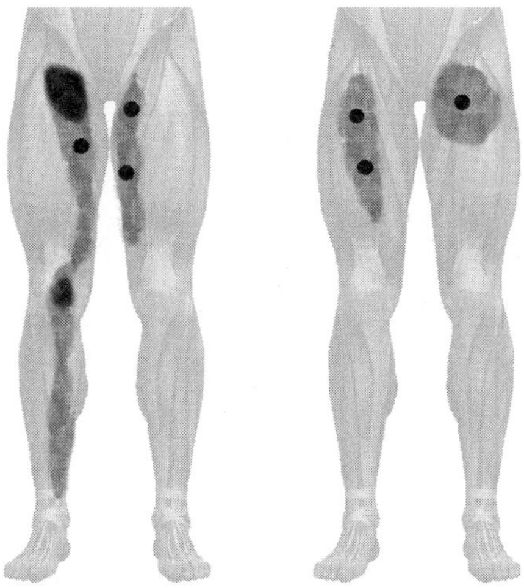

① ② ③ ④

내전근(①단 · 장내전근 ②대내전근 ③박근 ④치골근)

「그림 10-13」 내전근의 발통점과 연관통

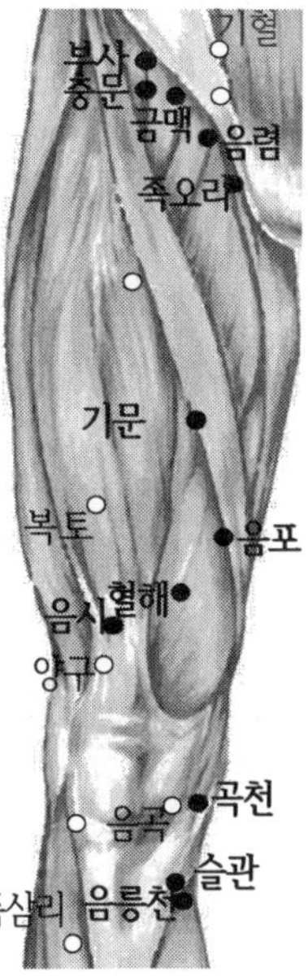

「그림 10-14」 내전근 통증 부위의 경락과 경혈

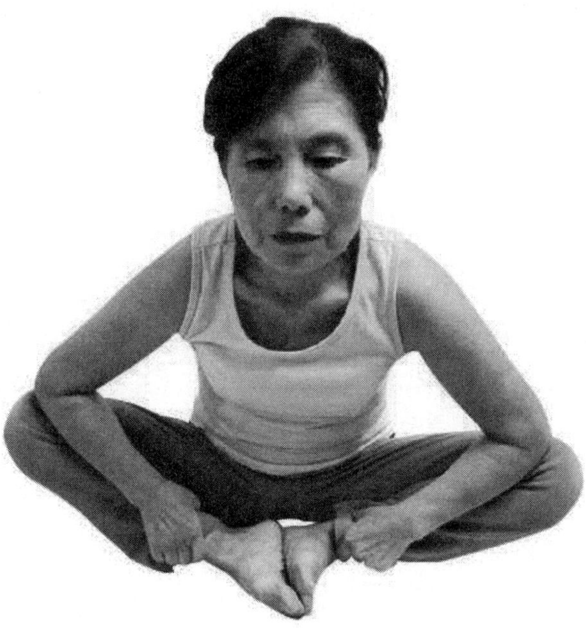

「사진 10-2」 내전근의 이완 운동

6. 슬괵근(대퇴이두근, 반건양근, 반막양근)

후대퇴근으로 슬괵근은 대퇴이두근과 반건양근 및 반막양근으로 구성되어 있는 근육으로 좌골신경(요추 제5번, 천추 제1번, 2번)의 지배를 받아 슬관절의 굴곡과 고관절의 신전 기능을 한다.

슬괵근에 통증이 발생을 하면 그에 의한 연관된 통증은 낮보다는 밤에 심하여 수면에 지장을 주게 되며 또한 앉아 있을 때에는 의자의 모서리가 통증의 발생부위를 압박하게 되어 연관된 통증이 나타나게 되며 일어설 때에는 양팔을 의지하게 된다.

1) 반건양근과 반막양근

유연성을 측정할 때 몸을 숙이게 되면 뒷다리가 땡기게 되는 근육으로 통증이 발생하면 엉덩이의 아래쪽 가로 주름 부위에 통증이 나타나며 심한 경우에는 대퇴의 뒤쪽과 무릎 뒤 안쪽을 거쳐 하퇴의 안쪽으로 확산이 되어 제대로 걷지를 못하여 절룩거리며 걷게 된다(그림 10-15의 ①).

2) 대퇴이두근

통증이 발생하게되면 무릎뒤(오금)에 나타나며 심한 경우에는 대퇴의 뒤쪽으로 확산을 하게 된다(그림 10-15의 ②). 이러한 경우에는

방광경의 ㊱승부혈 ㊳은문혈 52부극혈 53위양혈 54위중혈 55합양혈 56승근혈 57승산혈 등과

간경의 ⑦슬관혈 ⑧곡천혈 및

비경의 ⑨음릉천혈 등을 지압과 마사지등을 해주며(그림 10-16) 평소 근육을 이완시켜주는 동작들 즉 한손으로 벽이나 봉 등을 잡고 반대편 무릎을 쭉펴고 발등을 몸쪽으로 제껴준 상태에서 발을 차 올리거나(사진 10-3의 ①, ②) 양발을 어깨 넓이로 벌린 후 이완시키고자 하는 발의 무릎을 펴고 발등을 제낀 후 늘려주거나(사진 10-3의 ③, ④). 윗몸숙이기 등을 하여 주면 좋을 것이다(사진 10-3의 ⑤, ⑥).

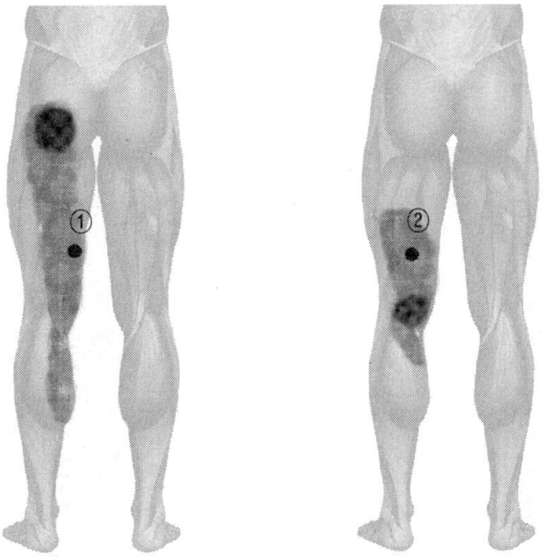

① 반건양근과 반막양근　　　② 대퇴이두근

「그림 10-15」 슬괵근의 발통점과 연관통

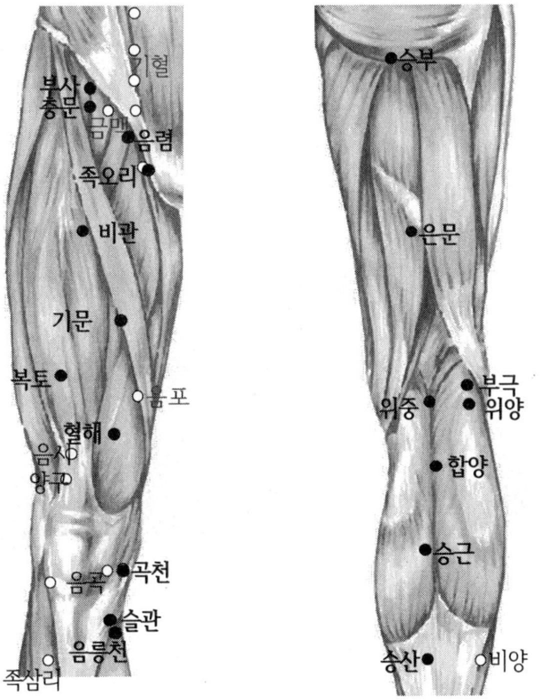

전면　　　**후면**

「그림 10-16」 슬괵근 통증 부위의 경락과 경혈

① ②

뻗어올리기

③ ④

다리펴주기

⑤

⑥
윗몸숙이기

「사진 10-3」 슬괵근의 이완 운동

7. 외측광근

대퇴신경(요추 제2번, 3번)의 지배를 받아 하퇴의 신전과 무릎관절을 상외측으로 당겨주는 역할을 하는 근육으로 근육의 통증이 위쪽에서 발생을 하게 되면 대퇴골두 밑부위에 통증이 나타나 주변으로 확산을 하게 된다(그림 10-17의 ①). 그리고 중간부위에서 발생을 하면 발통점 주변에 통증이 나타나고 심한 경우에는 대퇴의 옆면을 따라 위로는 장골능과 아래로는 무릎의 측면 까지 확산을 하며(그림 10-17의 ②) 또한 중간 측면의 뒤쪽 부위에서 발생을 하면 고관절에서 무릎관절의 옆과 뒤쪽으로 연관된 통증이 나타나게 되며(그림 10-17의 ③) 아래의 앞면에서 통증이 발생을 하면 무릎관절의 주변에 나타나며 심한 경우에는 위·아래로 연관된 통증이 확산되어 일어설 때에 손을 다리에 대거나 주위를 잡고 일어나게되며 걸음 또한 뻗정 다리로 다리를 절거나 발을 끌고 다니게 된다(그림 10-17의 ④). 그리고 통증의 발생이 아래의 뒷면에서 발생을 하게 되면 무릎관절의 옆면으로 심한 경우에는 대퇴부의 옆면과 하퇴부의 옆면 까지도 연관된 통증이 확산되어 앉아 있거나 누워있지도 못하게 된다. 이러한 경우에는

담경의 ㉚환도혈 ㉛풍시혈 ㉜중독혈 ㉝슬양관혈 ㉞양릉천혈 등과 **방광경**의 ㊾부극혈 ㊿위양혈 (54)위중혈 및 **위경**의 ㉝음시혈 ㉞양구혈 ㉟독비혈 ㊱족삼리혈 등을 지압과 마사지 등을 하여 준다(그림 10-18).

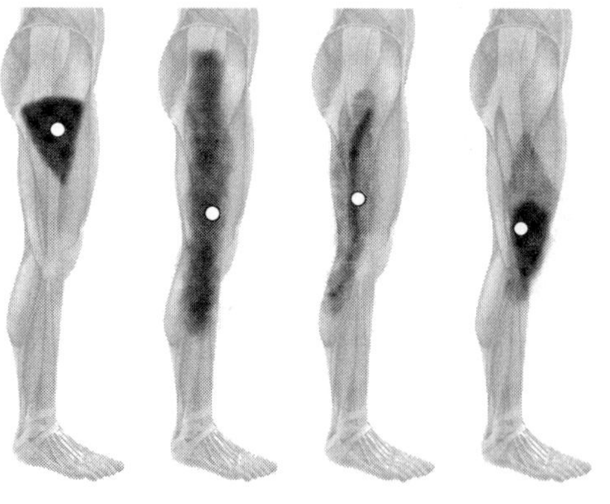

① 내측광근(상부) ② 외측광근(중간) ③ 외측광근(중간 측면의 뒤) ④ 외측광근(하부)

「그림 10-17」 외측광근의 발통점과 연관통

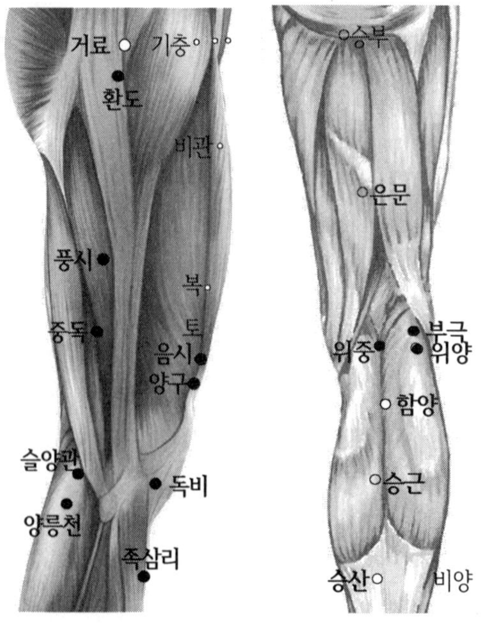

「그림 10-18」 외측광근 통증 부위의 경락과 경혈

Ⅵ. 무릎의 통증

우선 끊어질 것 같은 무릎의 통증이 있다면 후상장골근을 살펴보도록 한다. 후상장골근은 엎드린 자세에서 허리와 엉덩이가 만나는 부위로 보조개처럼 들어간 곳이다. 이곳은 무릎의 통증이나 허리와 하체의 통증을 해소하는데 효과가 있다.

독맥의 ⑭대추혈에서 꼬리뼈의 ①장강혈까지 지압과 마사지를 해주면 더욱 좋을 것이다.

1. 무릎전면 부위의 통증

무릎 앞쪽에 나타나는 통증으로는 대퇴직근의 이상에 의해 쑤시는 듯한 통증이 나타나고 심한 경우에는 무릎 위쪽으로 통증이 확산되어 나타나며 밤에 잠을 이루기가 힘이 들고 계단을 내려 가는 것 조차 힘이 들게 된다. 그리고 무릎 전면부위에는

위경의 ㉞양구혈 ㉟독비혈 ㊱족삼리혈이 위치하고 있다(그림 10-19).

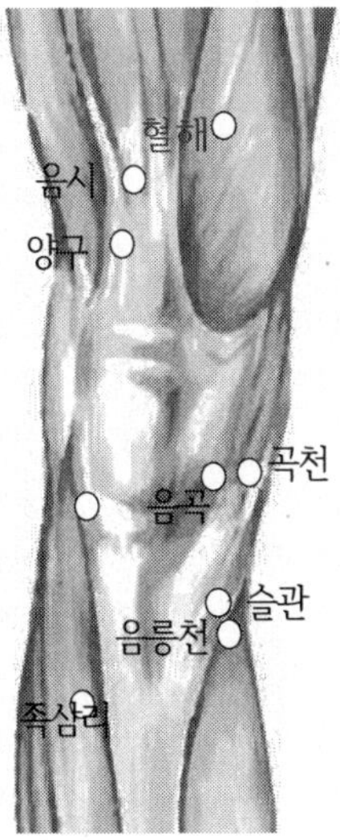

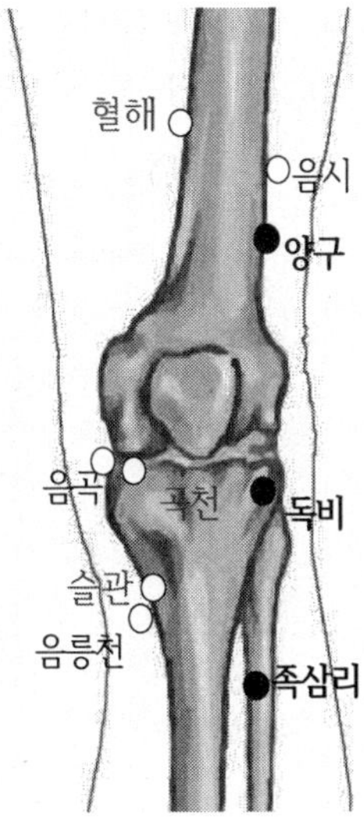

「그림 10-19」 무릎 전면 부위의 경락과 경혈

2. 무릎 안쪽 부위의 통증

무릎 안쪽 부위에 나타나는 통증에는 내측광근, 봉공근, 박근, 반막양근, 반건양근 등의 이상에 의해 나타나게 된다.

내측광근의 이상은 안쪽 무릎이 쑤시고 욱씬거려 밤에 잠을 이루기가 힘이 들며 무릎에 힘이 없어 잘 꺾이고 주저앉거나 넘어지게 되며 무릎에 열이 나고 붓기가 있으며 또한 안짱다리가 되는 경우도 있게 된다. 그리고 봉공근의 이상은 허벅지 부위에 찌릿찌릿한 통증이 나타나며 걷거나 양반다리를 할 때 안쪽 무릎 아래 부위가 끊어질 듯 아프게 된다. 심한 경우에는 장시간 서 있게 되면 허벅지 부위가 쓰리고 따가우며 여성의 경우 스타킹의 고무밴드 등이 근육을 압박하여 상태를 악화시킬 수가 있다.

또한 박근의 이상은 강제로 다리를 벌렸을 때 찢어지는 듯한 통증이 나타나듯이 과도하게 다리를 벌리게 되면 안쪽 무릎이 변형되고 근육의 부착 부위에 아린 듯한 통증이 나타나게 된다. 그리고 반막양근과 반건양근의 근육이 짧아지게 되면 잘 이완되지가 않게 되어 허리를 앞으로 숙일 때 뒷다리가 당기게 된다. 심한 경우에는 무릎 안쪽 부위에 아프고 쑤시는 통증이 나타나게 된다. 무릎 안쪽 부위의 경락과 경혈에는

신경의 ⑩음곡혈 및

비경의 ⑨음릉천혈 ⑩혈해혈과

간경의 ⑦슬관혈 ⑧곡천혈 등이 위치하고 있다(그림 10-20).

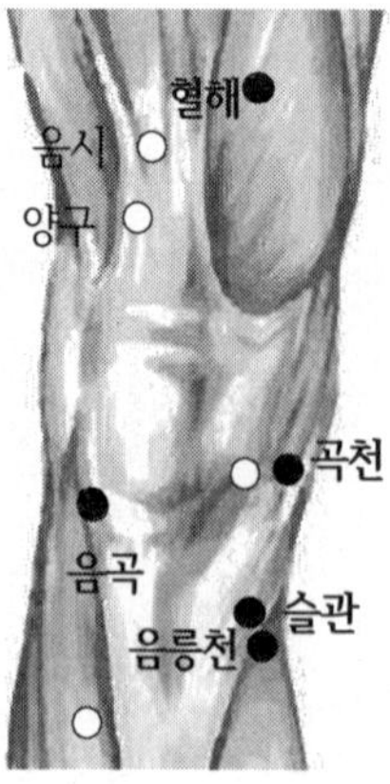

「그림 10-20」 무릎 안쪽 부위의 경락과 경혈

3. 무릎 바깥쪽 부위의 통증

외측광근의 하부에서 통증이 발생하게되면 자리에서 일어설 때 주위를 잡고 일어서게 되며 걸음걸이 또한 뻗정 다리로 다리를 절거나 발을 끌고 다니게 된다. 특히 노인들의 경우에는 외측광근의 경직으로 인하여 오자(O)형 다리를 하게 된다. 무릎 바깥 부위의 경락과 경혈에는

위경의 ㉞양구혈 ㉟독비혈과

담경의 ㉝슬양관혈과 ㉞양릉천혈이 위치하고 있다(그림 10-21).

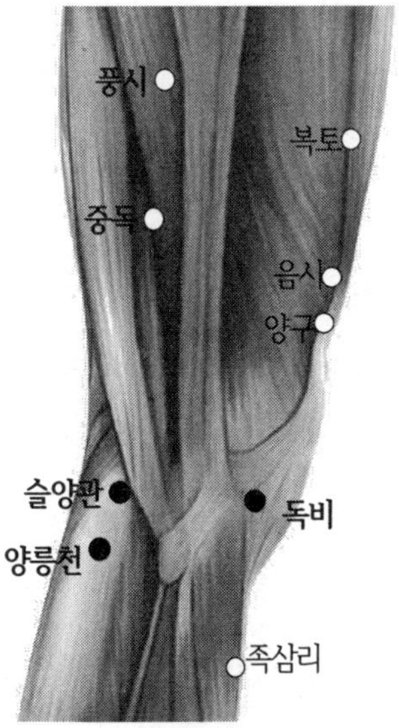

「그림 10-21」 무릎 바깥쪽 부위의 경락과 경혈

4. 무릎 뒷면(오금) 부위의 통증

무릎 뒷면의 통증으로 인하여 무릎의 뒤쪽이 당기거나 서있기가 힘이 들며 일어날 때에도 힘이 들게 된다. 또한 걷거나 계단을 내려갈 때에도 힘이 들게 되기도 한다. 대퇴이두근에 통증이 발생하게 되면 쪼그려 앉아 일을 하다가 일어설 때 뒤가 땡기게 되며 심한 경우에는 무릎을 펴고 걷는 것이 힘이 들며 똑바로 서있기 조차 못하게 되기도 한다. 그리고 비복근의 내측두에서 통증이 발생을 하게 되면 오금 부위에 통증이 나타나게 되며 외측두에서 발생을 하면 오금부위의 바깥쪽에 통증이 나타나게 된다. 그리고 이러한 통증의 발생으로 인하여 계단 등을 오르게 되면 오금부위가 땡기거나 통증이 심해지며 운동을 할 때나 수면 중에 다리에 쥐가나 고통을 받게 되기도 한다. 그리고 뒷굽이 낮은 신발은 뒤꿈치가 아프고 기혈의 순행을 방해할 수가 있으며 뒷굽이 높은 경우 또한 근육에 문제를 발생 시킬 수가 있어 주의를 기울일 필요가 있을 것이다.

무릎 뒷면(오금) 부위의 경락과 경혈에는

방광경의 ㊿부극혈 ㊿위양혈 ㊿위중혈 ㊿합양혈 등이 위치하고 있다(그림 10-22). 따라서 평소에 이러한 경락의 경혈에 지압과 마사지 등을 해주게 되면 좋을 것이다. 만약 부득이한 경우라면 병이나 봉 등을 이용하여 근육을 칼국수를 만들 때 밀가루 반죽을 밀듯이 문질러줄 것을 당부하고 싶다.

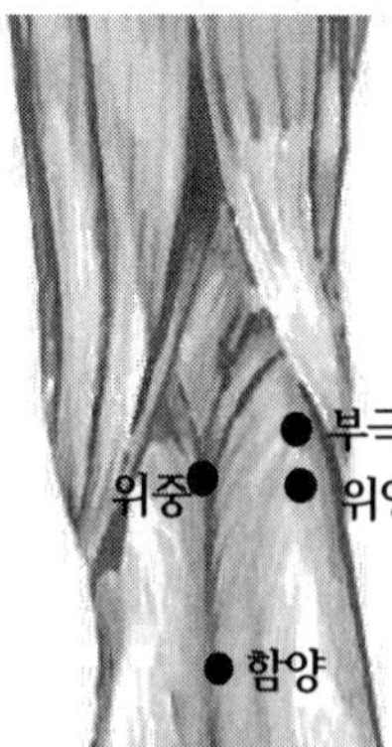

「그림 10-22」 무릎 뒷면 부위의 경락과 경혈

제11장. 하퇴와 발목 및 발의 통증

하퇴와 발에 위치하고 있는 근육들의 통증 발생 부위와 그에 의한 연관된 통증이 나타나는 분포를 살펴보면 그림과 같다. 따라서 일반인들이 쉽게 그림을 살펴보고 본인의 아픈 부위와 비교해볼 수가 있을 것이다.

Ⅰ. 하퇴부의 근육과 통증

1. 하퇴부의 근육

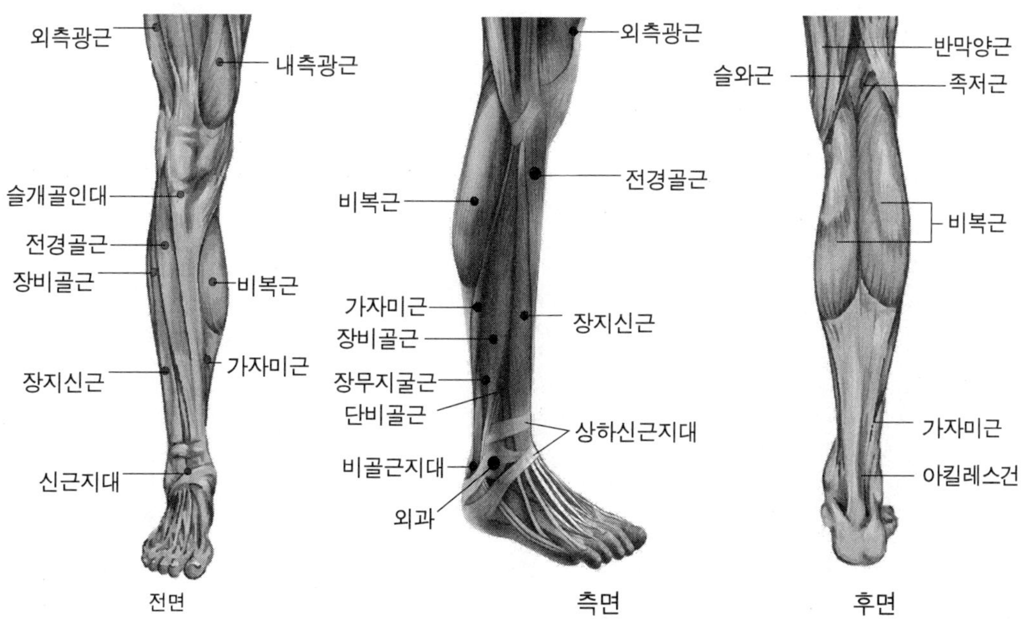

「그림 11-1」 하퇴부의 근육

2. 하퇴부의 근육별 발통점과 연관통

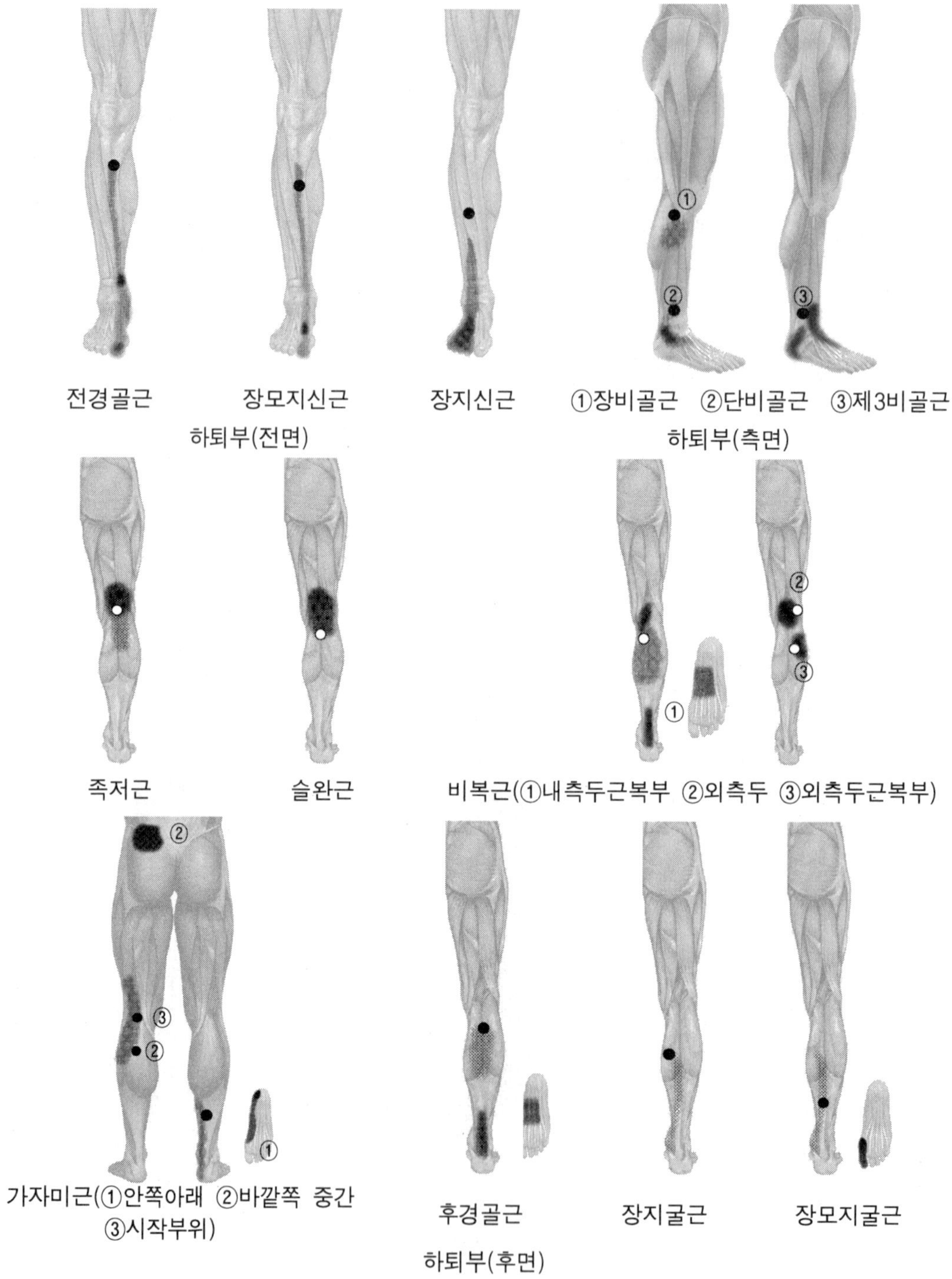

「그림 11-2」 하퇴의 발통점과 연관통

Ⅱ. 하퇴의 근육별 통증

1. 전경골근

심미골신경(요추제 4번, 5번, 천추 제1번)의 지배를 받아 발을 발등쪽으로 구부리는 배측굴곡과 발의 안쪽면을 올리는 내번 및 발목의 회외 등의 기능을 하는 근육이다.

전경골근에 통증이 발생하게 되면 발목의 앞 안쪽과 엄지 발가락의 발등쪽 부위에 연관된 통증이 나타나며 발목이 약해져 특별한 부상이 없는데도 통증이 나타나고 걸을 때에도 발을 헛디뎌 잘 넘어지며 발등을 제낄 수가 없어 앞부분을 끌면서 걸음을 걷게 된다(그림 11-3). 이러한 경우에는

위경의 ㊱족삼리혈 ㊲상거허혈 ㊳조구혈 ㊴하거허혈 ㊶해계혈 ㊷충양혈 등과

비경의 ④공손혈 ③태백혈 ②대도혈 ①은백혈 및

간경의 ④중봉혈 ③태충혈 ②행간혈 ①대돈혈 등을 지압과 마사지 등을 해준다(그림 11-4).

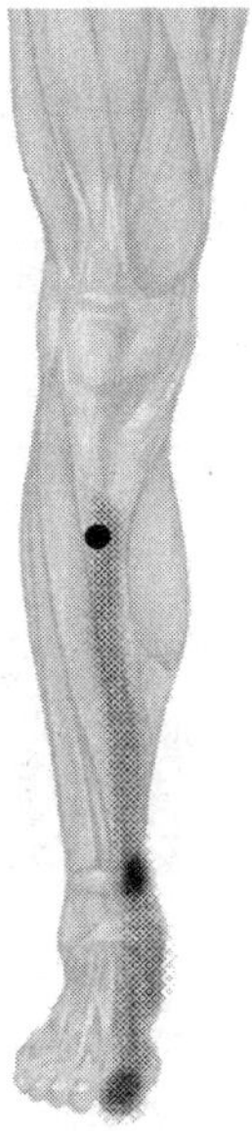

「그림 11-3」 전경골근의 발통점과 연관통

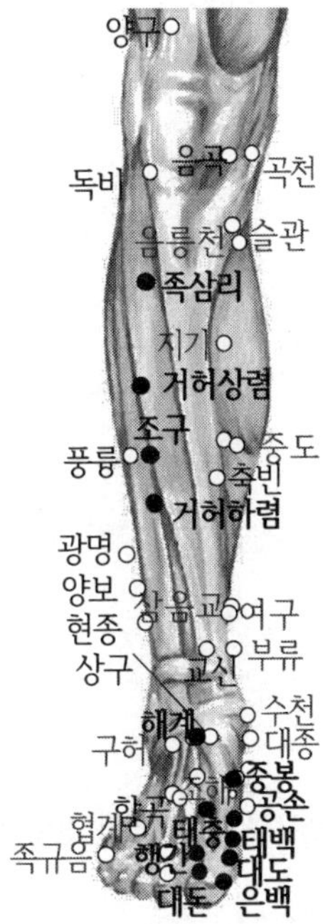

「그림 11-4」 전경골근 통증 부위의 경락과 경혈

2. 장모(무)지신근

심비골신경(요추 제4번, 5번, 천추 제1번)의 지배를 받아 발을 발등쪽으로 구부리는 배측굴곡과 엄지 발가락을 신전시키는 기능을 하며 전경골근과 장지신근의 중간에 위치하고 있는 근육이다. 근육에 통증이 발생을 하면 엄지발가락의 발등쪽 부위에 통증이 나타나며 심한 경우에는 발등의 안쪽 면을 지나 통증의 발생 부위까지 연관된 통증이 확산이 되며 보행장애와 밤에 잠을 잘 때 쥐가나 고통을 겪기도 한다(그림 11-5). 이러한 경우에는

위경의 ㊲상거허혈 ㊳조구혈 ㊴하거허혈 ㊶해계혈 등과

비경의 ④공손혈 ③태백혈 ②대도혈 ①은백혈 및

간경의 ③태충혈 ②행간혈 ①대돈혈 등을 지압과 마사지 등을 해준다(그림 11-6).

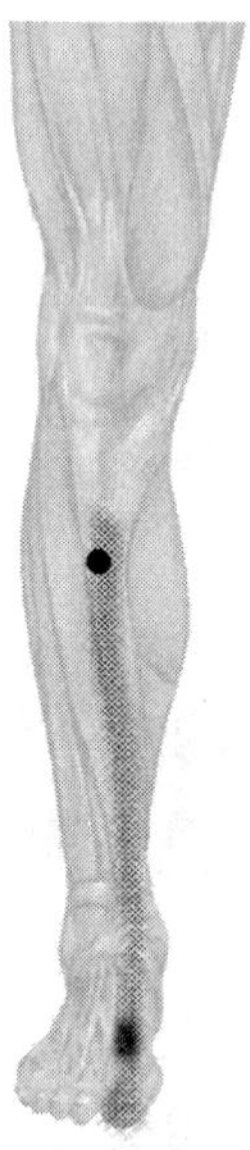

「그림 11-5」 장모(무)지신근의 발통점과 연관통

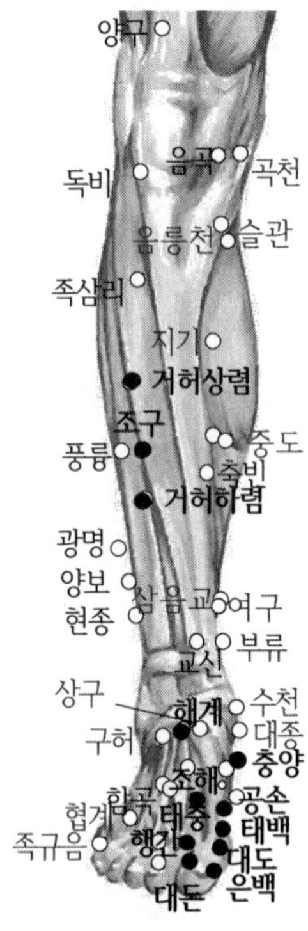

「그림 11-6」 장모(무)지신근 통증 부위의 경락과 경혈

3. 장지신근

심비골신경(요추 제4번, 5번, 천추1번)의 지배를 받아 발을 발등쪽으로 구부리고(배측굴곡) 발가락(제2지~5지)을 신전시키는 기능을 하는 근육으로 통증의 발생은 주로 비골두 아래 부위에서 발생을 하며 연관된 통증은 발등(제2지~4지의 위)과 발가락 쪽으로 나타나고 멍이 들거나 붓게되기도 한다.

그리고 심한 경우에는 발목 위까지 연관된 통증이 확산 되기도 하며 수면 중 다리에 쥐가나 숙면을 취하기가 힘이 들고 또한 발끝을 지면에서 들어올리지 못하여 발을 끌게 되는 족하수가 나타나기도 한다(그림 11-7). 이러한 경우에는 **위경**의 ㉟독비혈 ㊱족삼리혈 ㊲상거허혈 ㊳조구혈 ㊴하거허혈 ㊵풍륭혈 ㊶해계혈 ㊷충양혈 ㊸함곡혈 ㊹내정혈 ㊺여태혈 등과 넷째 발가락에 위치하고 있는 **담경**의 ㊳양보혈 ㊴현종혈 ㊵구허혈 ㊶족임읍혈 ㊷지오회혈 ㊸협계혈 ㊹족규음혈 및 다섯째 발가락에 있는 **방광경**의 ⑬금문혈 ⑭경골혈 ⑮속골혈 ⑯족통곡혈 ⑰지음혈 등을 지압과 마사지 등을 하여준다(그림 11-8).

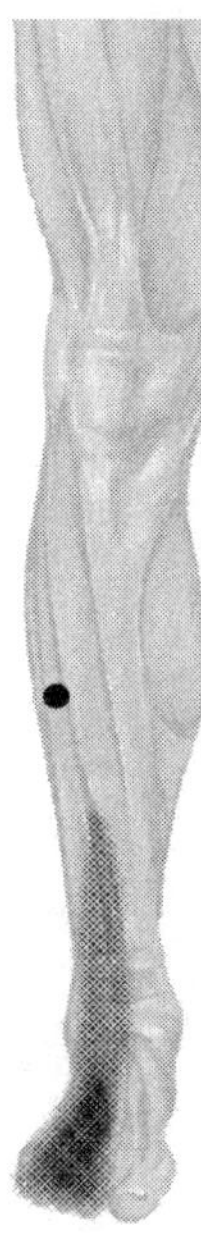

「그림 11-7」 장지신근의 발통점과 연관통

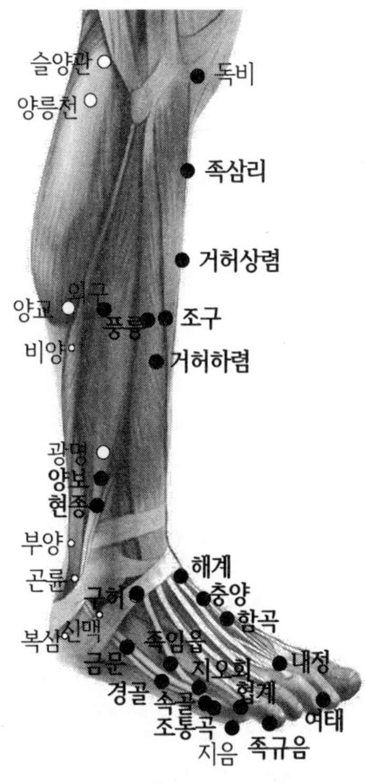

「그림 11-8」 장지신근 통증 부위의 경락과 경혈

4. 비골근

외측하퇴근으로의 비골근(장비골근, 단비골근)과 전하퇴근으로의 제3비골근으로 이루어져 있으며 장비골근과 단비골근은 천비골신경(요추 제4번, 5번, 천추제1번)의 지배를 받으며 제3비골근은 심비골신경(요추 제5번, 천추 제1번)의 지배를 받아 발을 발등 쪽으로 구부리는 배측굴곡과 외번의 기능을 하는 근육이다. 그리고 장비골근에 통증이 발생을 하게 되면 연관된 통증은 통증이 발생한 부위 밑으로 나타나고 심한 경우에는 그 주변으로 확산을 하며(그림 11-9의 ①) 단비골근에 통증이 발생을하면 연관된 통증은 발목의 복숭아뼈 부위에 나타나며 심한 경우에는 발생한 부위까지 확산을 한다(그림 11-9의 ②). 또한 제3비골근에 통증이 발생을 하면 연관된 통증은 발목의 복숭아뼈 앞쪽에 나타나며 심한 경우에는 발등과 뒤꿈치로도 확산되어 나타나게 된다(그림 11-9의 ③). 그리고 비골근이 늘어나게되면 발목이 잘 겹질러 삐게 되며 통증의 발생으로 인하여 발목에 염좌가 잘 발생할 수가 있게 된다. 이러한 경우에는 **담경**의 ㉞양릉천혈 ㉟양교혈 ㊱외구혈 ㊲광명혈 ㊳양보혈 ㊴현종혈 ㊵구허혈 ㊶족임읍혈 ㊷지오회혈 등과 **방광경**의 ㊾부양혈 ㊿곤륜혈 ⑹복삼혈 ⑹신맥혈 ⑹금문혈 등을 지압과 마사지 등을 해준다(그림 11-10).

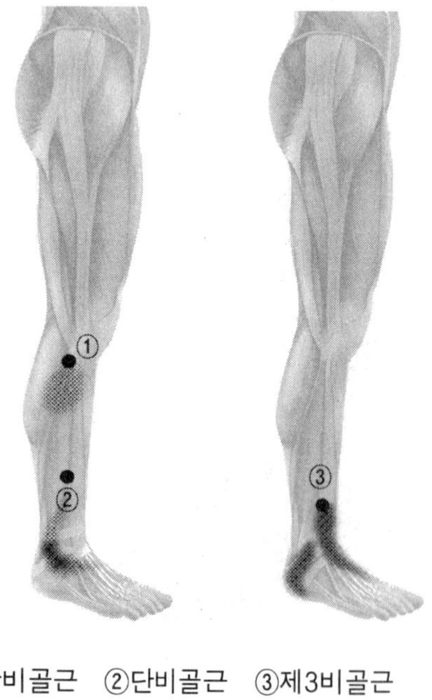

①장비골근 ②단비골근 ③제3비골근

「그림 11-9」 비골근의 발통점과 연관통

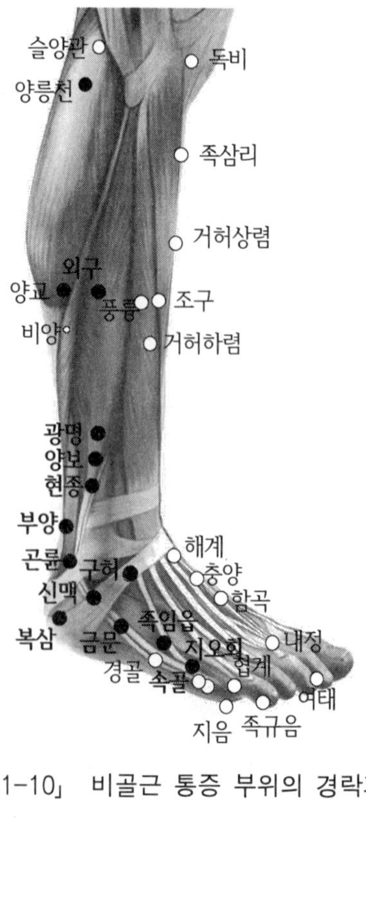

「그림 11-10」 비골근 통증 부위의 경락과 경혈

5. 가자미근

경골신경(천추 제1번, 2번)의 지배를 받아 발가락이 지면을 향하게 발등을 펴주는 족저굴곡과 기립자세의 유지 보행시 안전근 등으로 작용을 하며 또한 하지에서 혈액을 심장으로 올려 보내는 펌프 등의 기능을 하는 근육으로 가자미근의 안쪽 아래 부위에서 통증이 발생하면 뒤꿈치를 중심으로 통증이 나타나게 되며(그림 11-11의 ①). 근육의 바깥쪽 중간 부위에서 발생하는 경우에는 종아리의 아래 쪽에 통증이 나타나고 심한 경우에는 천장관절부위에도 연관된 통증이 나타나기도 한다(그림 11-11의 ②). 그리고 근육의 시작 부위에서 발생을 하게 되면 종아리의 위쪽에 통증이 나타나게 되고(그림 11-11의 ③) 통증의 발생으로 인하여 발목과 발에 부종이 나타나기도하며 비복근과 함께 심한 통증으로 수면을 방해 받기도 한다. 이러한 경우에는

방광경의 ㊾부극혈 ㊿위양혈 ⑤위중혈 ㊳승근혈 ㊼승산혈 ㊽비양혈 ㊾부양혈 ⑥곤륜혈 등과 **신경**의 ①용천혈 ②연곡혈 ③태계혈 ⑦부류혈 ⑧교신혈 ⑨축빈혈 등과 아울러 가자미근의 이상 부위를 지압과 마사지 등을 하여 준다(그림 11-12).

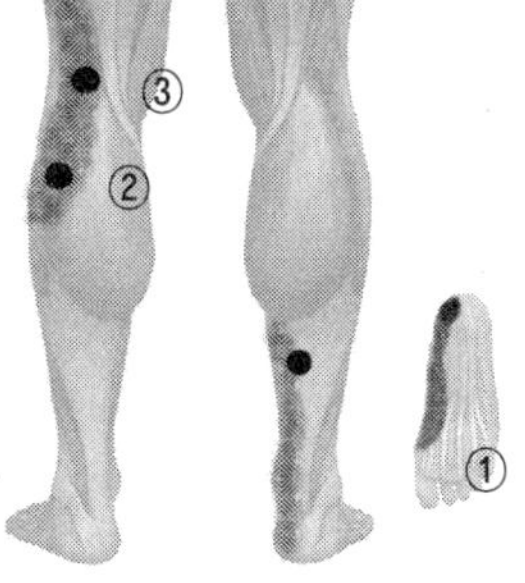

가자미근(①안쪽아래 ②바깥쪽 중간 ③시작부위)

「그림 11-11」 가자미근의 발통점과 연관통

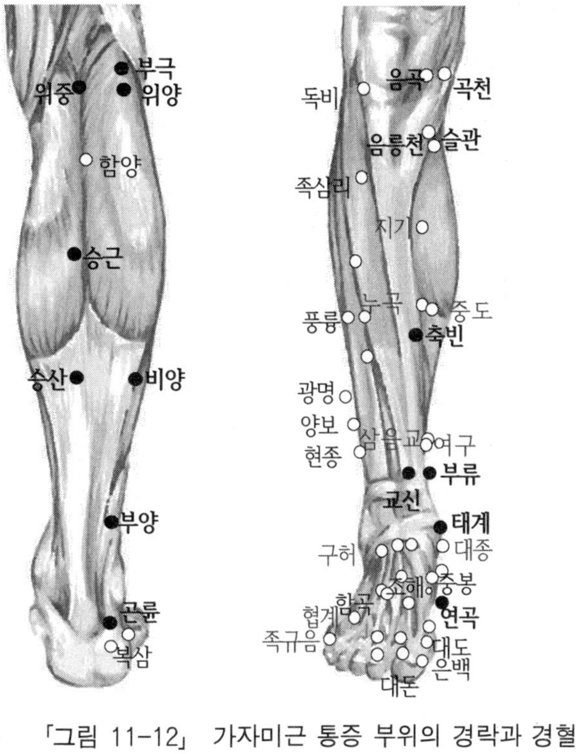

「그림 11-12」 가자미근 통증 부위의 경락과 경혈

6. 비복근

후하퇴근으로는 비복근, 가자미근, 족저근, 슬와근, 장지굴근, 장모지굴근, 후경골근 등이 기능을 하고 있다.

비복근은 경골신경(천추1번, 2번)의 지배를 받아 무릎 관절의 굴곡을 보조하고 발가락이 지면을 향하게 발등을 펴주는 족저굴곡의 기능을 하는 근육으로 가자미근 및 족저근과 함께 하퇴의 중간 부위에서 합쳐져 종골건을 이루고 있다. 그리고 비복근의 내측두근복부에서 통증이 발생하면 발바닥의 오목하게 들어간 부위에 통증이 나타나고 심한 경우에는 종아리의 안쪽면을 따라 무릎관절 뒤 오금까지 연관된 통증이 확산을 하며(그림 11-13의 ①) 내측두에서 발생을 하면 무릎관절 뒤 오금 부위에 통증이 나타나게 된다(그림 11-13의 ②). 또한 통증이 외측두근복부에서 발생하면 종아리의 바깥쪽(발생부위)에 연관된 통증이 나타나게 되는 등(그림 11-13의 ③) 비복근의 통증 발생으로 인하여 비탈길이나 계단을 오를 때 오금 쪽의 가로무늬 부위가 땡기거나 통증이 심해지고 장딴지의 경련과 수면중 다리에 쥐가나서 고통을 받게 된다. 이러한 경우에는

비경의 ⑨음릉천혈과
방광경의 ㊿부극혈 ㊸위양혈 ㊹위중혈 ㊻승근혈 ㊼승산혈 및
신경의 ①용천혈 ②연곡혈 ⑨축빈혈 ⑩음곡혈을 그리고
담경의 ㉞양릉천혈과
간경의 ⑦슬관혈 ⑧곡천혈 등을 지압과 마사지 등을 하여준다(그림 11-14).

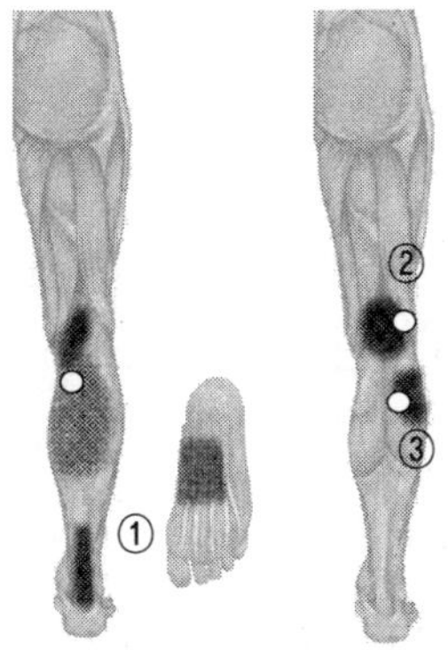

비복근(①내측두근복부 ②외측두 ③외측두근복부)

「그림 11-13」 비복근의 발통점과 연관통

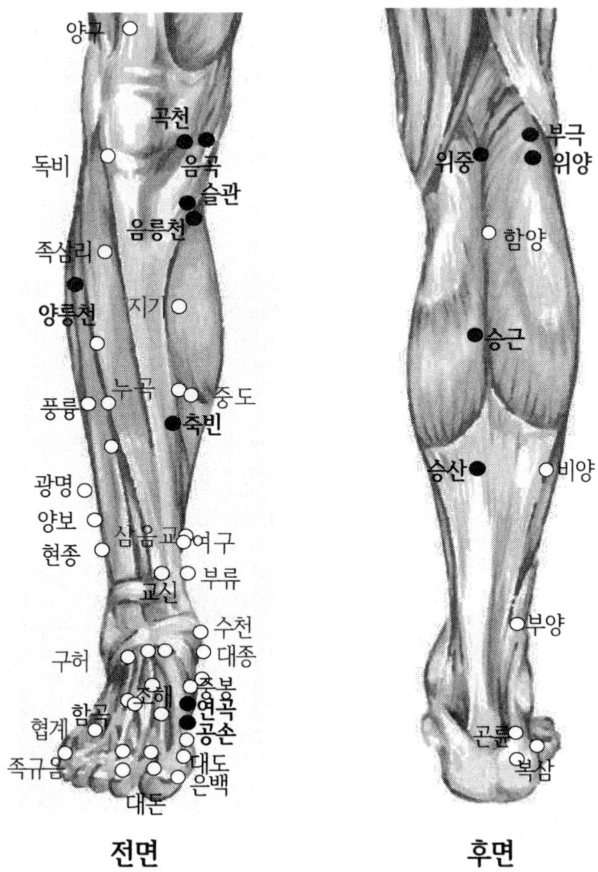

「그림 11-14」 비복근 통증 부위의 경락과 경혈

7. 족저근

경골신경(요추 제4번, 5번, 천추 제1번)의 지배를 받아 발가락이 지면을 향하게 발등을 펴는 족저굴곡 기능을 하는 근육으로 통증이 발생하면 오금의 중앙부위에 나타나며 심한 경우에는 오금의 위쪽과 밑으로 확산이 되며 또한 오금이 당기는 것 같은 연관된 통증이 나타나게 된다(그림 11-15).

이러한 경우에는 슬와근과 마찬가지로

방광경의 (52)부극혈 (53)위양혈 (54)위중혈 (55)합양혈 (56)승근혈 (57)승산혈 (58)비양혈 (59)부양혈 등과 아울러

비경의 ⑨음릉천혈

신경의 ⑩음곡혈

담경의 ㉝슬양관혈 ㉞양릉천혈

간경의 ⑦슬관혈 ⑧곡천혈 등을 지압과 마사지 등을 하여 주면 좋을 것이다(그림 11-16).

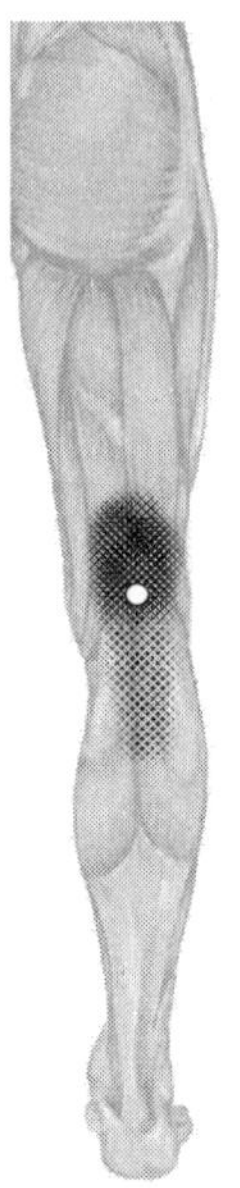

「그림 11-15」 족저근의 발통점과 연관통

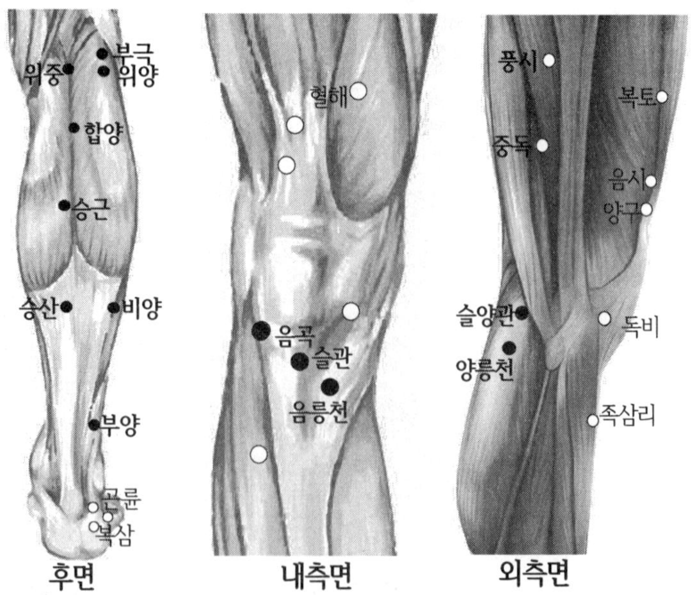

「그림 11-16」 족저근 통증 부위의 경락과 경혈

8. 슬완근

경골신경(요추 제4번, 5번, 천추 제1번)의 지배를 받아 무릎관절의 굴곡과 경골의 내측회전 기능을 하는 근육으로 통증의 발생은 대체로 슬괵근이나 비복근과 함께 2차적으로 동반되어 무릎관절이 접히는 부위(오금)에 나타나 확산을 하게 된다(그림 11-17).

통증이 발생하게 되면 쪼그려 앉아있거나 무릎을 펼 때 또는 걸을 때와 계단 등을 내려갈 때 무릎 뒤 오금 부위에 심한 통증이 나타나 절룩거리게 된다. 그리고 대체로 오금 정중앙에 나타나는 통증은 슬완근의 등장성수축에 의한 통증이며 오금의 바깥쪽 측면에 국한되어 나타나는 통증은 대퇴이두근의 등장성수축에 의한 통증으로 생각하면 무난할 것이다. 이러한 경우에는

방광경의 ㊾부극혈 ㊿위양혈 ⓹⓸위중혈 ⓹⓹합양혈 ⓹⓺승근혈 ⓹⓻승산혈 등과 오금 부위의 경혈들 즉

비경의 ⑨음릉천혈과

신경의 ⑩음곡혈 및

담경의 ㉝슬양관혈 ㉞양릉천혈을 그리고

간경의 ⑦슬관혈 ⑧곡천혈 등을 지압과 아울러 마사지 등을 해주면 좋을 것이다(그림 11-18).

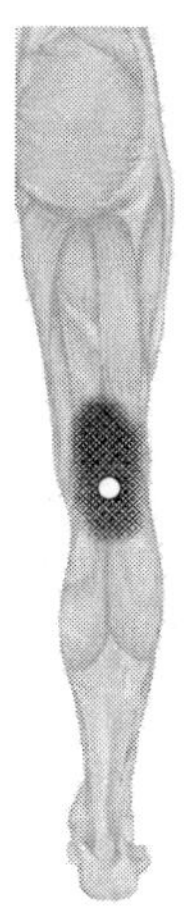

「그림 11-17」 슬완근의 발통점과 연관통

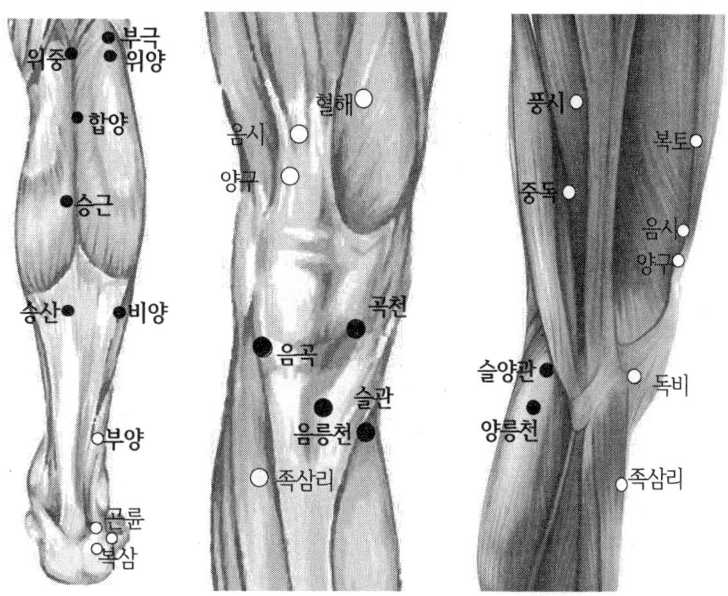

「그림 11-18」 슬완근 통증 부위의 경락과 경혈

9. 장모지굴근과 장지굴근

경골신경(요추 제5번과 천추 제1번)의 지배를 받는 근육들로 장모지굴근은 엄지 발가락과 발의 족저굴곡 기능을 하며 장지굴근은 제2지~5지 발가락과 발의 족저굴곡 기능을 하는 근육이다. 이들 근육들은 주로 걸을 때 발가락 마디와 발바닥에 통증이 나타나며 근육의 경련이 동반되기도 한다. 그리고 장모지굴근에 통증이 발생하게되면 엄지 발가락과 인접한 발바닥의 부위에 연관된 통증이 나타나며(그림 11-19의 ①) 장지굴근에 통증이 발생을 하면 주로 바깥쪽 발바닥 면에 통증이 나타나며 심한 경우에는 해당 발가락과 통증의 발생부위까지 통증이 확산되어 나타나기도 한다(그림 11-19의 ②). 이러한 경우에는

비경의 ①은백혈 ②대도혈 ③태백혈 ④공손혈 ⑤상구혈 ⑥삼음교혈 ⑦누곡혈 ⑧지기혈 ⑨음릉천혈에 이르는 경락과

신경의 ①용천혈 ②연곡혈 ④대종혈 ⑥조해혈 ⑦부류혈 ⑧교신혈 및

방광경의 ㊹위중혈 ㊺합양혈 ㊻승근혈 ㊼승산혈 등을 지압과 마사지를 해주고(그림 11-20) 아울러 엎드리게 한 자세에서 무릎을 구부려 다리가 직각이 되게 한 후 한손으로는 발목 부위를 잡아 다리를 고정시키고 다른 손으로는 발바닥 쪽의 발가락과 앞꿈치 부위를 잡아 밑으로 눌러 근육을 이완시켜 주도록 한다(사진 11-1).

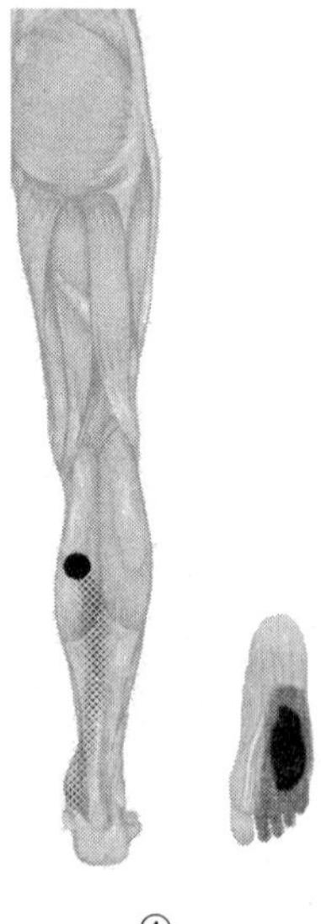
①

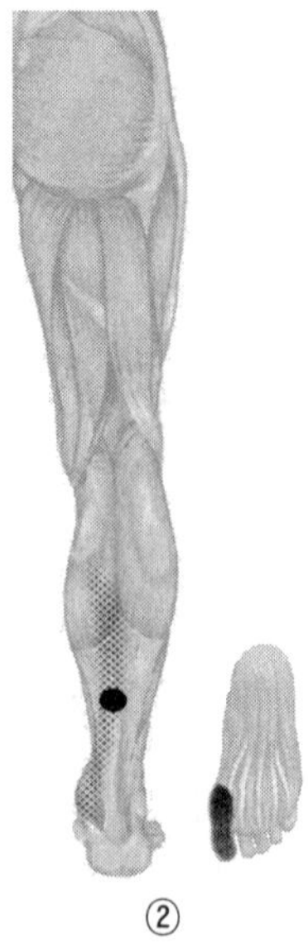
②

「그림 11-19」 ①장모지굴근과 ②장지굴근의 발통점과 연관통

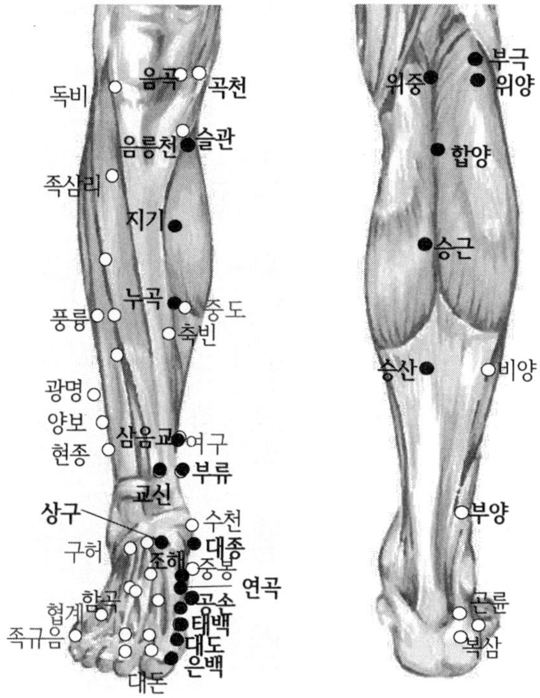

「그림 11-20」 장모지굴근과 장지굴근 통증 부위의 경락과 경혈

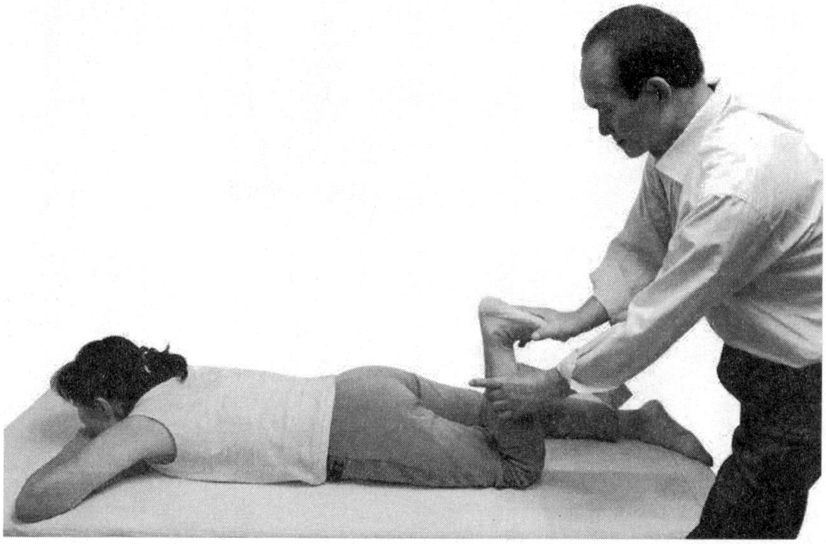

「사진 11-1」 장모지굴근과 장지굴근의 이완 운동

10. 후경골근

경골신경(요추 제5번과 천추 제1번)의 지배를 받아 발의 내반과 발목 관절이 신전되어 발가락이 지면을 향하게 발등을 펴주는(족저굴곡) 기능을 하는 근육으로 통증은 주로 뒤꿈치의 아킬레스건에 나타나며 심한 경우에는 장딴지 중앙을 타고 뒤꿈치와 발목의 안쪽과 발바닥 전체로 연관된 통증이 확산되어 나타난다. 그리고 아킬레스건이 신발에 닿게 되어 신을 신고 걷지를 못하게 되며 발가락의 신전은 가능하나 발등이 제대로 제껴지지 않게 된다(그림 11-21). 이러한 경우에는

방광경의 ⑭위중혈 ⑮합양혈 ⑯승근혈 ⑰승산혈 ⑱비양혈 ⑲부양혈 ⑳곤륜혈 ㉒신맥혈 등과

신경의 ⑦부류혈 ⑥조해혈 ⑤수천혈 ④대종혈 ③태계혈 ②연곡혈 ①용천혈 등을 지압과 마사지 등을 하여 준다(그림 11-22).

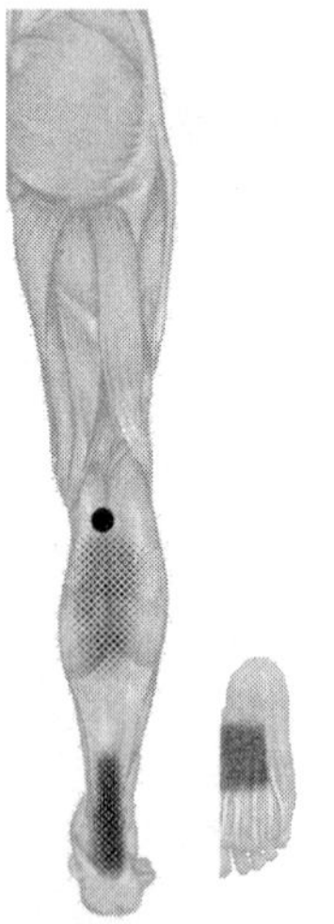

「그림 11-21」 후경골근의 발통점과 연관통

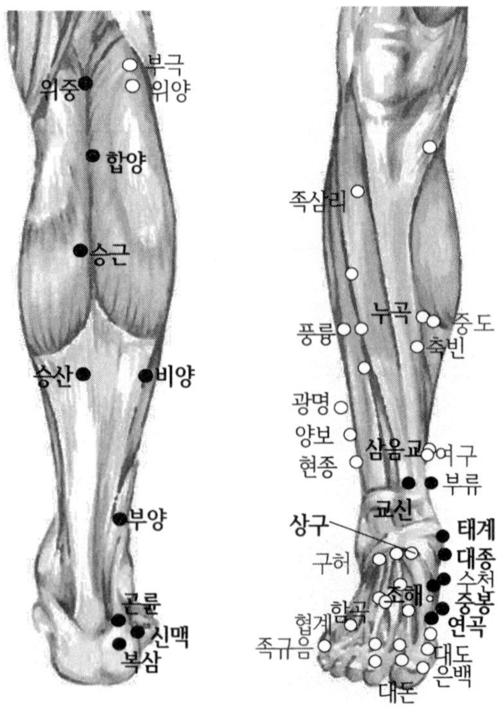

「그림 11-22」 후경골근 통증 부위의 경락과 경혈

11. 다리에 쥐가 날 때

아닌 밤중에 홍두깨란 말과 같이 한밤중에 잠을 자다가 갑자기 다리에 통증과 함께 근육이 마비가 되면서 다리가 뒤틀어지는 현상에 당혹스러워 하였던 적이 있었을 것이다. 보통 쥐라고 불리우는 이러한 증상은 운동 중에 일어나기도 하는 것으로 종아리의 근육(장모지신근, 장지신근, 비복근, 가자미근 등)이 갑자기 흥분을 하여 마비가 되는 현상으로 보고 있다. 물론 갑작스럽게 당하는 일이라 당혹스럽기도 하겠지만은 침착하게 다음과 같은 경락과 경혈에 지압과 마사지를 하여 준다면 바로 효과를 보게 될 것이다.

1) 먼저 쥐가나는 발바닥의 앞꿈치쪽 중앙에 사람人자 모양 부위에 위치하고 있는 **신경**의 ①용천혈을 양손 엄지 손가락으로 지압을 한다(나머지 손가락은 발등을 감싸 잡는다). 그리고
2) 한손으로는 발목 부위를 받쳐 잡으며 나머지 손으로는 엄지 발가락 쪽 앞꿈치 부위를 잡아 발등 쪽으로 발을 제껴준 후(2~3초 정도) 발목을 돌려주면서 발목을 받쳐 잡았던 손으로는 종아리 부위의 근육을 주물러 풀어 주도록 한다. (이와 같은 동작을 2~3회 정도) 그리고
3) **방광경**의 ㉗소장수와 ㉘방광수에 지압을 하면 좋겠지만 스스로 할 경우에는 오금부위에서 뒤꿈치에 이르는 종아리의 중앙 부위에 위치하고 있는 ㊺위중혈 ㊻합양혈 ㊼승근혈 ㊽승산혈 등과 **비경**의 ⑨음릉천혈 및 **신경**의 ③태계혈 등에 지압을 한 후 마사지를 해주도록 한다(그림 11-23).

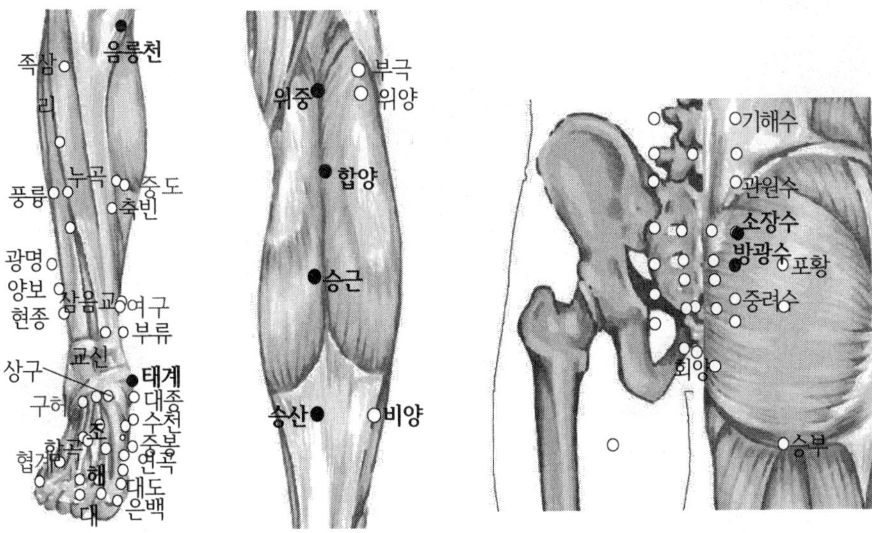

「그림 11-23」 다리에 쥐가 날 때 연관된 경락과 경혈

Ⅲ. 허리와 둔부 및 다리 근육의 이완과 강화 운동

1. 한발 벌려주기

오른발을 옆으로 벌려주고 왼발은 구부려 쪼그려 앉으면서 오른발 무릎 관절을 펴주고 발등을 몸쪽으로 제껴 둔근, 비복근, 박근 등을 충분히 이완되게 한다(사진 11-2의 ①, ②).

2. 양발 벌려주기

양발을 벌려 발등을 몸쪽으로 제끼고 양손을 앞 쪽으로 짚은 자세에서 양팔 팔굽관절을 구부리면서 몸을 앞으로 얼굴이 지면을 스치듯이 내밀면서 팔굽관절을 펴준 후 몸을 뒤로 빼주어(사진 11-3의 ①, ②, ③). 흉근, 삼각근, 상완이두근, 상완삼두근, 완요골근, 척측수근굴근, 승모근, 광배근, 복직근, 둔근, 비복근, 박근, 슬굴곡근 등을 이완 및 강화를 시켜주도록 한다.

① ②

「사진 11-2」 한 발 벌려주기

①

②

③

「사진 11-3」 양 발 벌려주기

3. 내전근이완

앉은 자세에서 양발 무릎을 구부려 양손으로 발목을 잡아 양발 뒤꿈치가 항문쪽으로 오게 당겨준 후 숨을 내쉬면서 상체를 숙이고 동시에 양팔로 허벅지 부위를 눌러 내전근 등을 이완되게 한다(사진 11-4).

「사진 11-4」 내전근 이완

4. 윗 몸 제꼈다 숙이기

바르게 앉은 자세에서 양발을 모아 곧게 펴고 발등을 몸 쪽으로 제낀 상태에서(사진 11-5의 ①). 양손이 발가락에 닿도록하며 가슴이 무릎에 닿도록 몸을 숙여 대요근, 소요근, 광배근, 전기근, 삼각근, 승모근 등을 이완시켜주고(사진 11-5의 ②) 이어서 뒤로 누우며 양팔을 만세를 부르듯이 머리 위로 제끼면서 엉덩이를 최대한 높이 들어올려 몸을 펴줘 복직근 승모근 등을 이완 후(사진 11-5의 ③) 몸을 일으켜 처음의 자세를 취하는 동작을 수차례 반복하여 비복근, 전경골근, 장지신근, 대퇴사두근, 둔근, 복직근, 승모근 등을 이완시켜 주도록 한다.

①

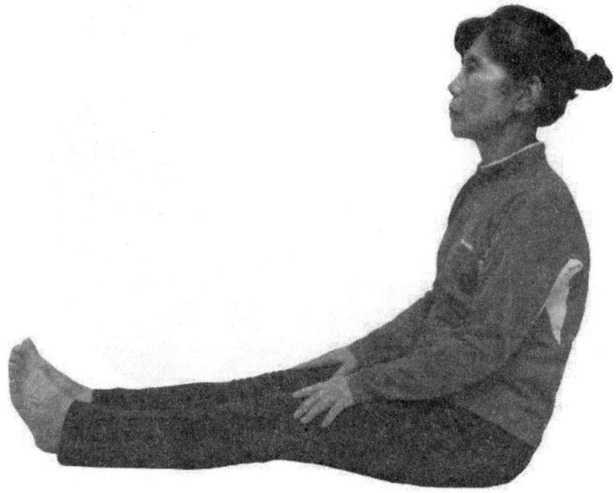

②

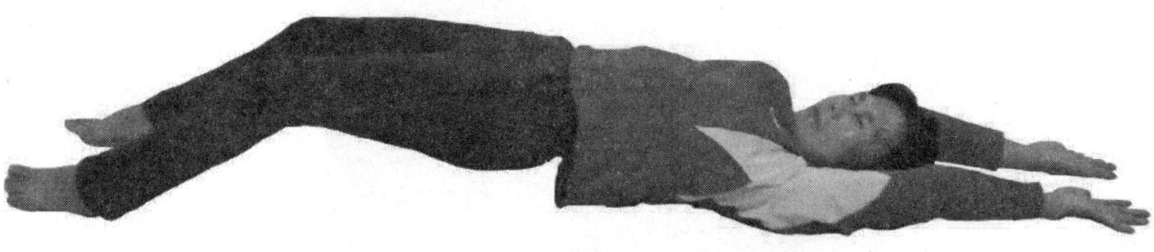

③

「사진 11-5」 윗몸 앞으로 숙였다 뒤로 제끼기

5. 몸통틀기

바르게 앉은 자세에서 양발을 모아 곧게 펴고 발등을 몸 쪽으로 제낀 상태에서(사진 11-6의 ①) 몸을 왼쪽 뒤로 돌려 양손 손가락으로 지면을 짚고 팔을 약간 구부리면서 요추와 흉추를 교정하고(사진 11-6의 ②) 원래의 자세로 돌아온 후 반대편으로도 동일한 동작을 취하여 외복사근, 내복사근, 복횡근, 전거근 등을 이완시켜 주도록 한다.

①

②

「사진 11-6」 몸통 틀기

6. 누워 뒤꿈치 차올리기

누운 자세에서 팔짱을 끼고 머리는 들어 턱이 앞가슴에 닿도록 하며 양발은 무릎을 구부린 상태로 들어올려 준 후(사진 11-7의 ①) 자전거 페달을 반대로 밟듯이 왼발 무릎을 빠르게 펴 주는 동시에 발등을 제껴 뒤꿈치(발바닥 면)로 하늘을 차주고 이어서 왼발 무릎을 구부려주면서 오른발 무릎을 빠르게 펴주며 발등을 제껴 뒤꿈치(발바닥 면)로 하늘을 차주는 동작을 수차례 함으로써 무릎 관절과 대퇴사두근, 슬곡굴근 등을 강화시켜 주도록 한다(사진 11-7의 ②).

①

②

「사진 11-7」 누워 뒤꿈치 차올리기

7. 양발 옆으로 벌리기

다리를 곧게 펴고 누운 자세에서 팔장을 끼고 머리는 들어 턱이 앞가슴에 닿도록 한 후(사진 11-8의 ①) 양발을 모아 약간 들어준(150°) 자세에서 양발을 옆으로 벌렸다 모아주는 동작을 수차례하여 복직근, 박근, 장내전근, 대퇴사두근 등을 강화시켜 주도록 한다(사진 11-8의 ②).

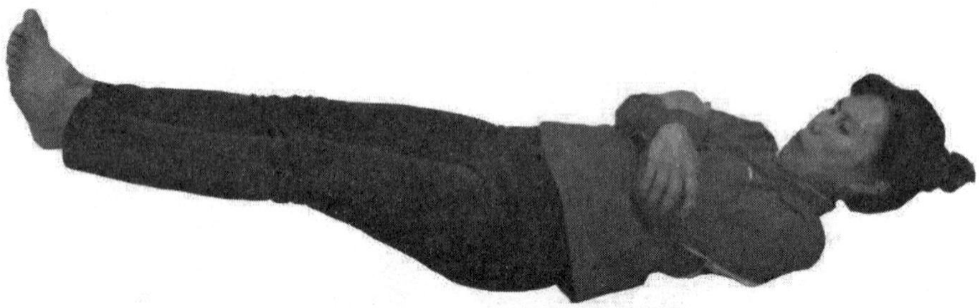

①

②

「사진 11-8」 누워 양 발 벌려주기

8. 둔부 들어 올리기

누운 자세에서 양팔을 옆으로 벌려 지면에 대주고 양발은 엉덩이 밑으로 오게 무릎을 구부려준 후 엉덩이를 활모양처럼 들어올려 잠시 멈추었다 내리는 동작을 통하여 대둔근이나 내전근 등을 강화시켜 준다(사진 11-9).

「사진 11-9」 누워 둔부 들어 올리기

9. 다리 옆으로 들어올리기

옆으로 누워 두 다리를 곧게 편 상태에서 한쪽 발 또는 두 다리를 모아 옆으로 들어올려 잠시 멈추었다가 내리는 동작이나 동일한 자세에서 지면 쪽에 있는 팔을 어깨 밑으로 당겨 팔꿈치 이하 부위로 지면을 짚고 다른 팔은 당겨 지면을 짚은 후 양발로 같은 동작을 하여 요방형근이나 대퇴근막장근 등을 강화시켜 준다(사진 11-10).

10. 허벅지 근육이완

다리를 양 옆으로 넓게 벌려 기마자세를 취하며 허리를 곧게 펴주고 양손은 무릎 위를 잡아 바깥쪽으로 힘을 주어 허벅지 근육이 이완되도록 한다. 그리고 엉덩이를 밑으로 눌러주는 동시에 상체를 앞으로 숙여 어깨를 양옆으로 돌려 허리와 엉덩이 및 고관절 등을 스트레칭을 시켜 주도록 한다(사진 11-11).

「사진 11-10」 다리 옆으로 들어 올리기

「사진 11-11」 허벅지 근육 이완

11. 누워서 옆차기

누운 상태에서 몸을 왼쪽으로 틀면서 왼팔 하박과 오른손 손바닥으로 지면을 짚고(사진 11-12의 ①) 엉덩이를 들어 왼발 무릎을 수직으로 세우는 동시에 오른발 뒤꿈치 부분의 족도로 찬다. 이때 몸은 일직선을 이루게 하여 균형을 잡도록 한다(사진 11-12의 ②).

「사진 11-12」 누워서 옆차기

12. 하지운동

1) 한쪽 다리를 의자 위에 올리고 양손은 의자의 등받이를 잡아 상체를 곧게 하여 몸을 약간 앞으로 내밀며 의자 위에 올려놓은 다리를 구부려주는 동시에 다른 다리는 곧게 펴준다(사진 11-13의 ①).

2) 양손은 허리에 대주거나 양팔을 벌리면서 한 발을 앞으로 내딛어 무릎을 구부려 전굴 자세를 취한 후 잠시 멈추었다 무릎을 펴주는 동작을 수회 반복하여 준다(사진 11-13의 ②, ③).

3) 양발을 어깨 넓이로 벌린 자세에서 엉덩이를 뒤로 빼주면서 의자에 앉듯이 무릎을 구부려(기마자세) 잠시 멈추면서 단전호흡을 하듯이 양손 장을 앞으로 내민 후 숨을 내 쉬면서 일어서는 동작을 수십번씩 반복하여 실시하다가 근육에 힘이 생기게 되면은 횟수를 늘리면서 점차로 벌린 발의 간격을 좁혀주어 실시하고 나중에는 양발을 붙인 차려 자세에서 실시하여 대퇴사두근, 전경골근 장지신근 및 비복근 등을 강화시켜주도록 한다(사진 11-13의 ④).

①

②

③

④

「사진 11-13」 하지 운동

Ⅳ. 발목의 통증

발목의 통증으로 장지신근에 통증이 발생하게 되면 연관된 통증이 발등 및 발가락 쪽으로 나타나며 멍이 들거나 붓기도 한다. 그리고 전경골근의 연관된 통증은 발목의 앞 안쪽과 엄지 발가락의 발등쪽 부위에 나타나며 발목이 약해져 발을 헛딛게 되어 잘 넘어지고 발의 앞부분을 끌면서 걷게 된다.

비골근의 단비골근은 바깥쪽 발목의 복숭아뼈 부위에 연관된 통증이 나타나며 제3 비골근의 연관된 통증은 바깥쪽 복숭아뼈의 앞쪽 부위에 나타나고 심한 경우에는 발등과 뒤꿈치 쪽으로 확산되어 나타나기도 한다.

가자미근의 경우에는 뒤꿈치를 중심으로 통증이 나타나며 발목과 발에 부종이 나타나기도 한다. 그리고 후경골근의 통증은 심한 경우 종아리 중앙을 따라 뒤꿈치와 발목의 안쪽과 발바닥 전체로 연관된 통증이 확산되어 나타나게 된다. 그리고 앉을 때 바닥에 닿는 엉덩이 뼈인 좌골결절부위(승부혈 등)는 무릎의 통증과 욱씬거리는 발목의 통증 및 발바닥과 발가락에 나타나는 통증 해소에 후상장골근과 함께 지압과 마사지를 하면 효과가 있을 것이다.

발목 부위의 경락과 경혈들은 발목의 앞쪽에는 **위경**의 ㊶해계혈이 위치하고 있으며 안쪽에는 **비경**의 ⑤상구혈 및 **신경**의 ②연곡혈 ③태계혈 ④대종혈 ⑤수천혈 ⑥조해혈 ⑦부류혈 ⑧교신혈과 **간경**의 ④중봉혈이 위치하고 있다. 그리고 발목의 바깥쪽으로는 **방광경**의 ⑥⓪곤륜혈 ⑥①복삼혈 ⑥②신맥혈 등과 **담경**의 ㊴현종혈 ㊵구허혈 등이 위치하고 있으며 특히 **신경**의 ②연곡혈은 허리의 통증해소에 탁월하며 ③태계혈 또한 급성 요통과 아울러 다리의 통증 및 아킬레스건의 통증 두통, 이명 등에 효과가 있는 등 이들을 잘 다스리게 된다면 많은 도움이 될 것이다(그림 11-24).

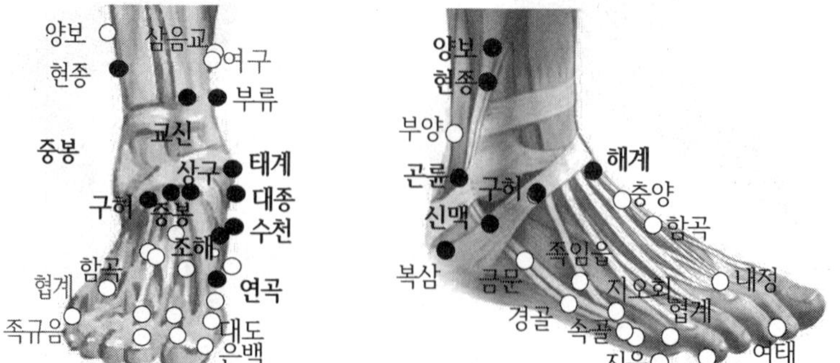

「그림 11-24」 발목 통증 부위의 경락과 경혈

Ⅴ. 발의 경락과 경혈

발에는 **비경**의 ①은백혈 ②대도혈 ③태백혈 ④공손혈 ⑤상구혈과
간경의 ①대돈혈 ②행간혈 ③태충혈 ④중봉혈이 그리고
위경의 ㊺여태혈 ㊹내정혈 ㊸함곡혈 ㊷충양혈 ㊶해계혈 등과
담경의 ㊹족규음혈 ㊸협계혈 ㊷지오회혈 ㊶족임읍혈 ㊵구허혈 및
방광경의 ㊼지음혈 ㊻통곡혈 ㊺속골혈 ㊹경골혈 ㊸금문혈 ㊷신맥혈 ㊶복삼혈 등과
신경의 ①용천혈 ②연곡혈 ③태계혈 ⑤수천혈 ⑥조해혈 등이 위치하여
기혈이 수행하도록 기능을 하고 있다. 따라서 발가락을 위주로 살펴보게 되면
엄지 발가락의 안쪽에 위치하고 있는

비경의 ①은백혈(팔 다리의 통증) ②태도혈(위통, 소화불량, 중풍 등) 및 태백혈(두통, 치통)과 바깥쪽(새끼 발가락 쪽)에 위치하고 있는

간경의 ①대돈혈(발목, 손목, 어깨, 목의 굳은 근육) ②행간혈(불면증, 중풍)을 손가락으로 잡아 지압과 아울러 나사를 돌리듯이 비벼주게 되면 팔다리의 통증을 해소시켜 주는데 도움이 될 것이며 ③태충혈을 다스려준다면 고관절 부위의 통증 완화와 두통, 어지러움증, 소화장애를 완화시키는데 좋을 것이다. 둘째 발가락의 바깥쪽에 위치하고 있는

위경의 ㊺여태혈(소화장애, 정강이 바깥쪽 부위의 통증, 치통, 구완와사, 빈혈 등) ㊹내정혈(치통, 위통, 구완와사 등)을 위와 같은 방법으로 지압과 마사지를 해주며 또한 셋째 발가락의 첫째 마디를 위와 같은 방법으로 지압과 마사지를 해주게 되면 소화장애 및 머리와 목의 통증과 코막힘 다리의 부종과 통증 등에 효과가 있을 것이다. 그리고 넷째 발가락의 바깥쪽에 위치하고 있는

담경의 ㊹족규음혈(관절의 통증, 두통) ㊸협계혈(두통, 이명, 현기증, 늑간신경통) ㊶족임읍혈(이명, 코막힘, 이목구비 및 어깨의 통증, 발등의 부기 등)을 같은 방법으로 지압과 마사지를 해주며, 새끼 발가락의 바깥쪽에 위치하고 있는

방광경의 ㊼지음혈(척추질환, 오금 및 엉덩이 부위 통증, 두통, 중풍, 코막힘 등) ㊻족통곡혈(두통, 현기증, 목이 뻣뻣할 때, 목·허리·다리 뒷면의 통증 등)을 같은 방법으로 지압과 마사지를 해준다. 그리고, 발바닥 중앙부위

신경의 ①용천혈(현기증, 불면증, 중풍, 고혈압 등)과 ②연곡혈(고혈압, 당뇨, 방광

염, 허리 통증, 생식기질환) 및 ③태계혈(두통, 요통, 이명, 당뇨 등)을 함께 지압과 마사지 등을 해주게 된다면 하반신의 통증을 해소하는데 많은 도움이 될 것이다(그림 11-25).

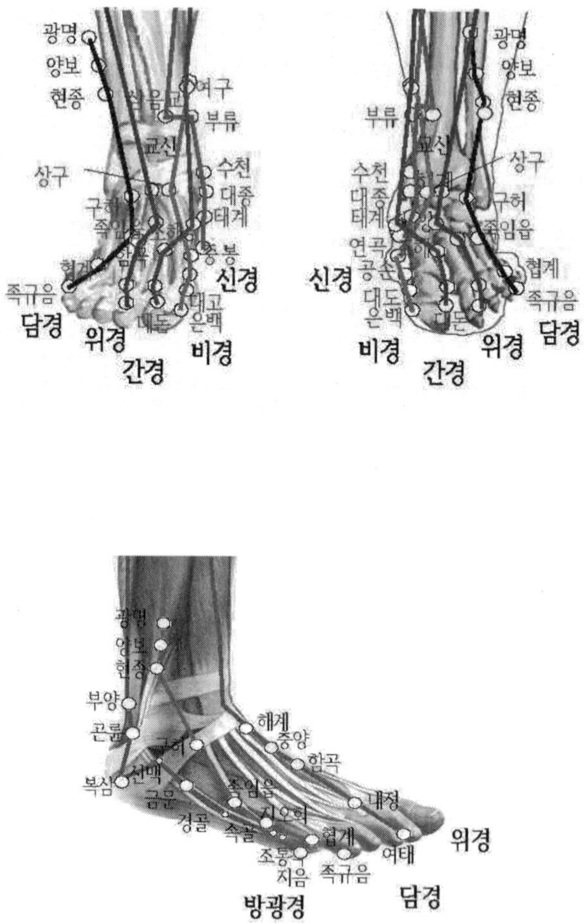

「그림 11-25」 발의 경락과 경혈

Ⅵ. 발의 근육과 통증

1. 발의 근육

인간이 직립보행을 한 이래 현재에 이르기까지 발은 몸을 지탱해주는 지지기능과 걷거나 뛰기 등 몸을 움직이고 이동시켜주는 것은 물론 지면으로부터 오는 충격을 흡수하여 분산시켜 주는 등 다양한 기능과 역할을 담당하여 오고 있다. 이러한 발의 근육으로 발등(족배)의 표층에 위치하여 발가락의 신전기능을 하고 있는 근육(족배근)에는 단지신근과 단모(무)지 신근 등이 있으며 발바닥(족저)의 안쪽에 위치하여 엄지 발가락의 외전 및 내전과 굴곡 기능을 하고 있는 근육으로(족저근) 표층의 모(무)지외전근과 심층(심부근)의 모(무)지내전근 및 단모(무)지굴근 등이 있다. 그리고 발바닥(족저)의 중앙 부위에 위치하여 둘째 발가락 이하 다섯째 발가락의 움직임(운동)에 관여를 하고 있는 근육들로는 표층의 단지굴근과 심층(심부근)의 골간근(족저골간근, 족배골간근) 및 충양근과 족저방형근 등이 있으며 또한 발바닥(족저)의 바깥쪽에 위치하여 새끼 발가락의 외전과 굴곡 기능을 하고 있는 근육으로 표층의 소지외전근과 심층(심부근)의 단소지굴근 등이 위치하여 각기 주어진 기능들을 하고 있다(그림 11-26).

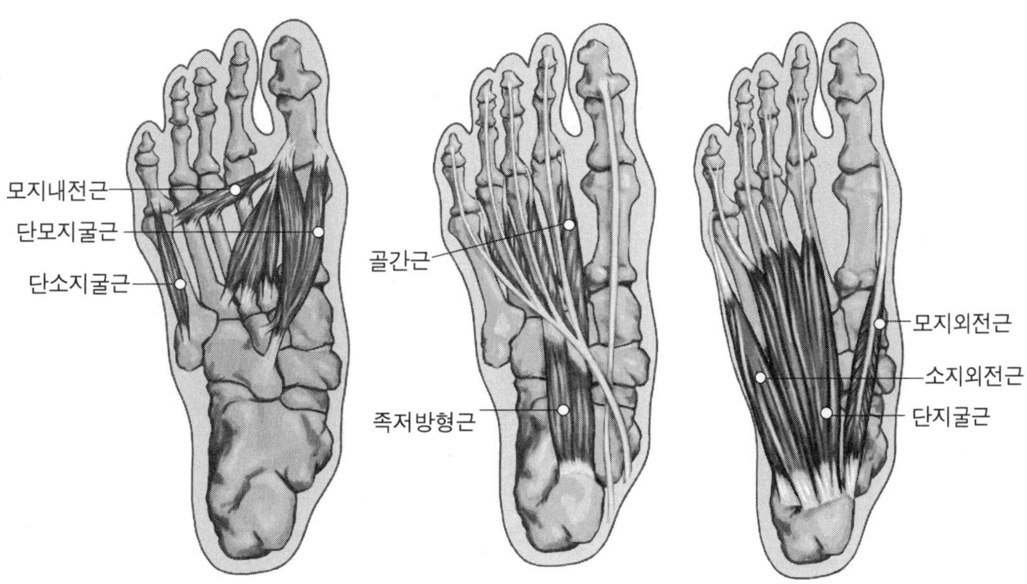

「그림 11-26」 발의 근육

2. 발 근육의 발통점과 연관통

발의 근육으로는 족배(발등)근과 족저(발바닥)근으로 구별을 할 수가 있으며 족저근 또한 내측과 중앙 및 외측으로 나누어 기능을 살펴볼 수가 있다(그림 11-27).

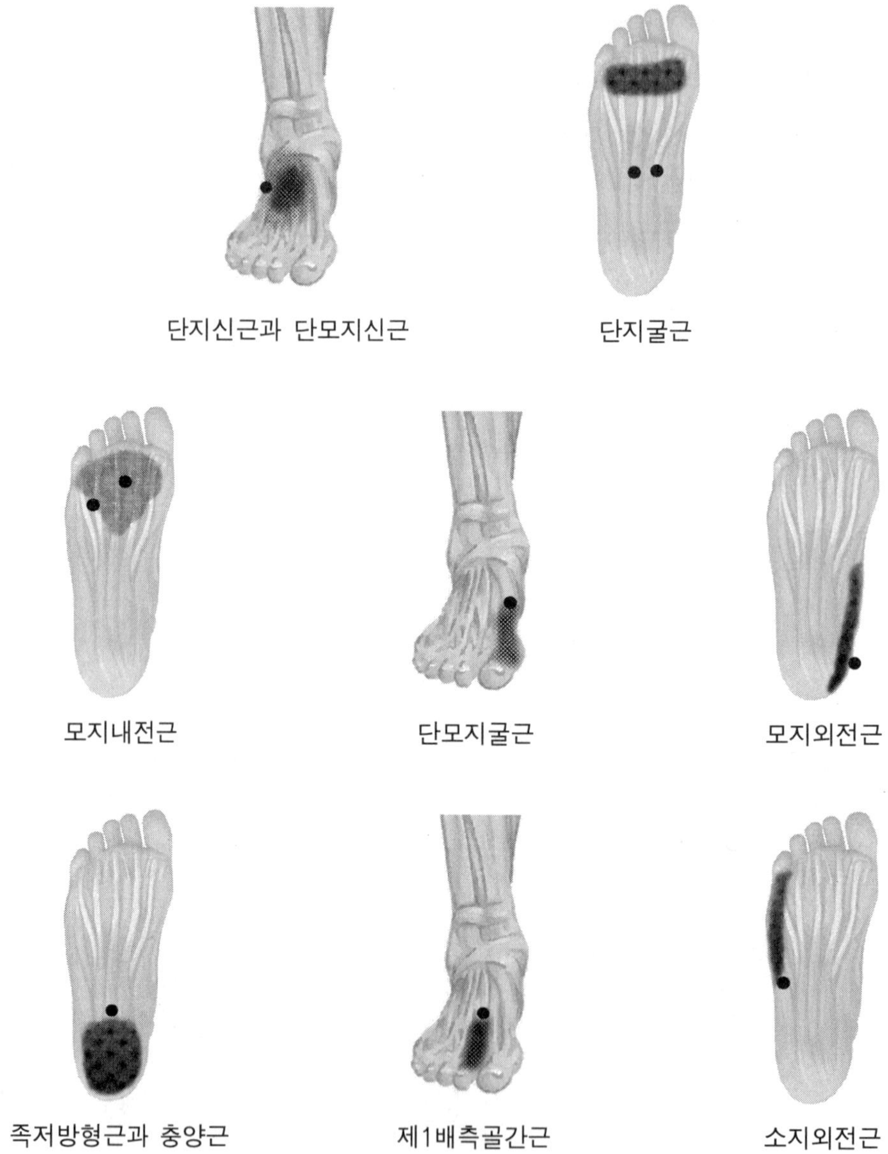

「그림 11-27」 발의 근육별 발통점과 연관통

Ⅶ. 발의 근육별 통증

1. 단지신근과 단모지신근

심비골신경(요추 제5번, 천추 제1번)의 지배를 받아 발가락의 신전 기능을 하는 근육으로 통증이 발생하게되면 발등의 중앙부위에 심한 통증이 나타나 그 주변으로 확산을 한다(그림 11-28). 이러한 경우에는

위경의 ㊹해계혈 ㊷충양혈 ㊸함곡혈 등과

방광경의 ⑫신맥혈 ⑬금문혈을 그리고

담경 ㊵구허혈 ㊶족임읍 ㊷지오회혈 등을 지압과 아울러 마사지 등을 하여준다(그림 11-29).

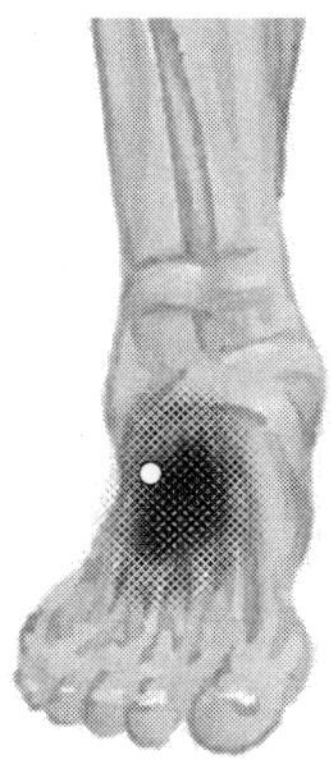

「그림 11-28」 단지신근과 단모지신근의 발통점과 연관통

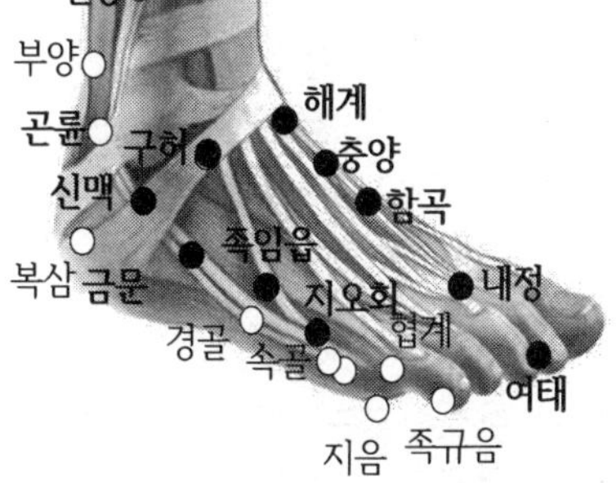

「그림 11-29」 단지신근과 단모지신근 통증 부위의 경락과 경혈

2. 모지내전근과 모지외전근 및 단모지굴근

내측족저근으로 단모지굴근과 모지외전근은 내측족저신경(요추 제5번, 천추 제1번)의 지배를 받는 근육으로 단모지굴근은 엄지 발가락의 기절골(첫째 마디)의 굴곡을 모지외전근은 엄지 발가락의 기절골(첫째 마디)의 굴곡과 외전기능을 하며 모지내전근은 외측족저신경(천추 제2번, 3번)의 지배를 받아 엄지 발가락(모지)의 내전 기능을 하는 근육이다.

그리고 모지내전근에 통증이 발생하면 엄지 발가락 이하 넷째 발가락의 중족골두(발등 부위의 발가락 뼈)를 중심으로 발바닥의 앞꿈치 부위에 통증과 저린감 및 부종이 나타나며(그림 11-30의 ①) 단모지굴근에 통증이 발생하면 엄지 발가락의 중족골두에 통증이 나타나고 심한 경우에는 엄지 발가락과 둘째 발가락의 안쪽으로 확산을 한다(그림 11-30의 ②).

또한 모지외전근에 통증이 발생하면 뒤꿈치의 안쪽면을 따라 통증과 압통이 나타나며 심한 경우에는 발바닥에 불이 난 것 같이 화끈거리는 통증이 나타나기도 한다(그림 11-30의 ③). 이러한 경우에는 해당 근육의 이상 부위는 물론

비경의 ①은백혈 ②대도혈 ③태백혈 ④공손혈 ⑤상구혈 등과

신경의 ①용천혈 ②연곡혈 ③태계혈 ④대종혈 ⑤수천혈 ⑥조해혈 등을 지압과 마사지를 하여 주도록 한다(그림 11-31).

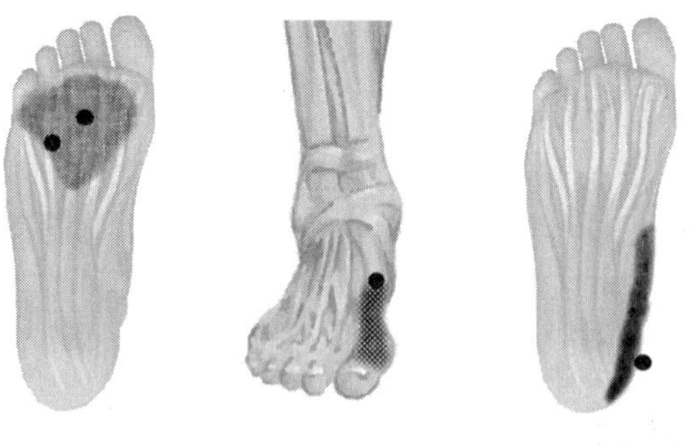

①모지내전근 ②단모지굴근 ③모지외전근

「그림 11-30」 모지내전근과 단모지굴근 및 모지외전근의 발통점과 연관통

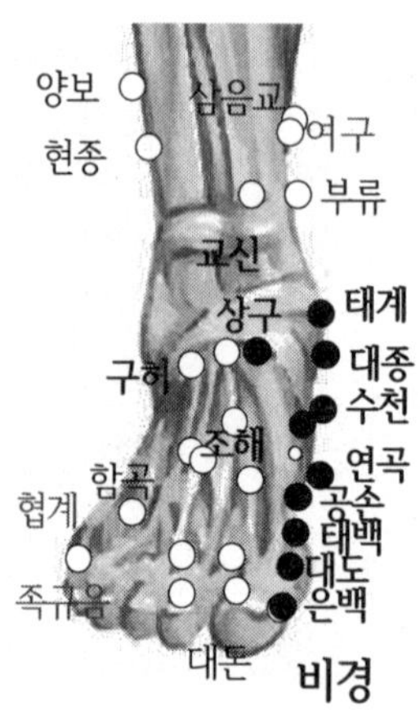

「그림 11-31」 모지내전근과 단모지굴근 및 모지외전근 통증 부위의 경락과 경혈

3. 단지굴근, 충양근, 족저방형근, 골간근

이들 근육들은 중앙족저(발바닥)근으로 단지굴근과 충양근(제1충양근)은 내측족저신경(요추 제5번, 천추 제1번)의 지배를 받는 근육으로 단지굴근은 발가락의 중절골(둘째 마디)을 굴곡시키며 충양근은 발가락의 기절골(첫째 마디)의 굴곡과 원위지골의 신전 기능을 한다. 그리고 족저방형근은 외측족저신경(천추 제2번, 3번)의 지배를 받아 발가락말절골(끝마디)의 굴곡을 보조하며 골간근(배측, 저측) 또한 제2~5지의 움직임에 관여를 한다.

단지굴근에 통증이 발생하면 둘째, 셋째, 넷째 발가락의 중족골두(발등 부위의 뼈)의 발바닥 쪽에 쑤시는 듯한 통증이 나타나며(그림 11-32의 ①) 족저방형근과 충양근에 통증이 발생하면 뒤꿈치의 발바닥쪽 부위에 통증과 압통이 나타나고(그림 11-32의 ②) 골간근에 통증이 발생하면 해당골간근이 부착을 하는 발가락에 통증과 압통이 나타나며 중족골(발등 부위의 뼈)의 방향에 따라 발바닥과 발등에도 통증이 나타나게 된다(그림 11-32의 ③). 이러한 경우에는 해당 근육의 이상 부위는 물론 **간경**의 ①대돈혈 ②행간혈 ③태충혈 ④중봉혈 등과 **위경**의 ㊷충양혈 ㊸함곡혈 ㊹내정혈 ㊺여태혈 등을 그리고 **비경**의 ①은백혈 ②대도혈 ③태백혈 ④공손혈 등과 **신경**의 ①용천혈 ②연곡혈 등을 지압과 마사지를 해준다(그림 11-33).

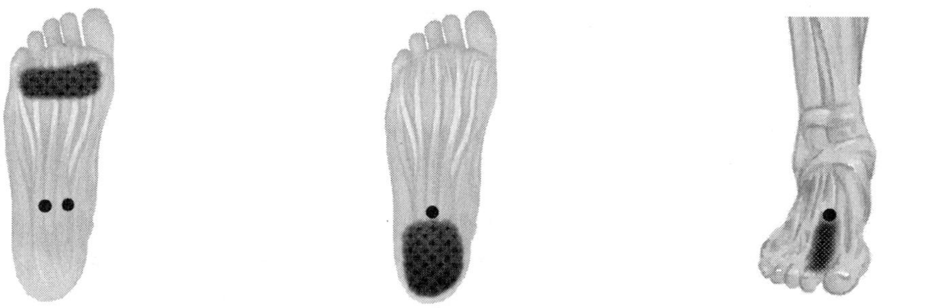

단지굴근 족저방형근과 충양근 골간근(제1배측골간근)

「그림 11-32」 단지굴근, 충양근, 족저방형근, 골간근의 발통점과 연관통

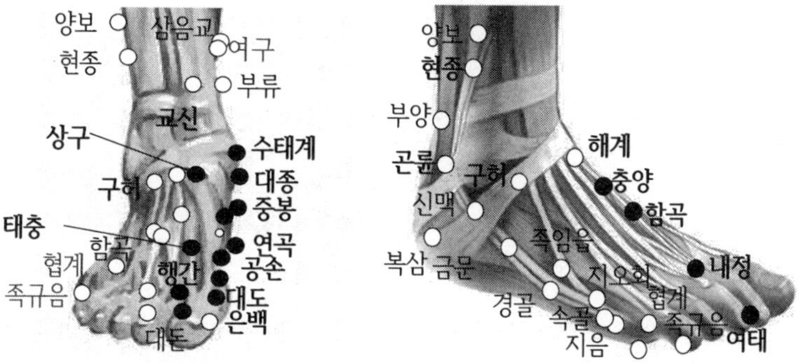

「그림 11-33」 단지굴근, 충양근, 족저방형근, 골간근 통증 부위의 경락과 경혈

4. 소지외전근과 단소지굴근

외측족저신경(천추2번, 3번)의 지배를 받는 근육으로 소지외전근은 소지의 기절골(새끼 발가락의 첫째 마디)의 외전과 굴곡을 보조하며 단소지굴근은 새끼 발가락의 첫째 마디(기절골)를 굴곡 시키는 등의 기능을 한다.

그리고 소지외전근에 통증이 발생하면 다섯째 중족골(발등 부위의 뼈)의 발바닥 쪽 면을 따라 쑤시고 욱씬거리는 통증이 나타나고 인접한 부위로도 확산을 하여 걸음걸이 또한 절룩거리게 된다(그림 11-34). 이러한 경우에는 해당 근육은 물론

방광경의 ⑭경골혈 ⑮속골혈 ⑯통곡혈 ⑰지음혈 등과

담경의 ㊶족임읍혈 ㊷지오회혈 ㊸협계혈 ㊹족규음혈 등을 지압과 마사지 및 온욕 등을 하도록 한다(그림 11-35).

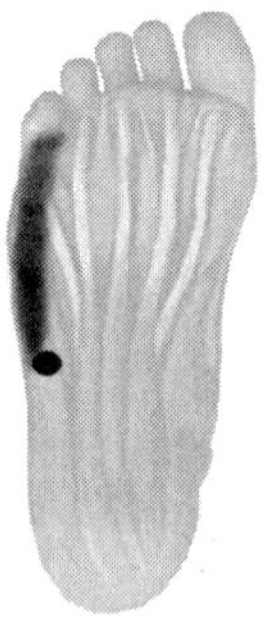

「그림 11-34」 소지외전근과 단소지굴근의 발통점과 연관통

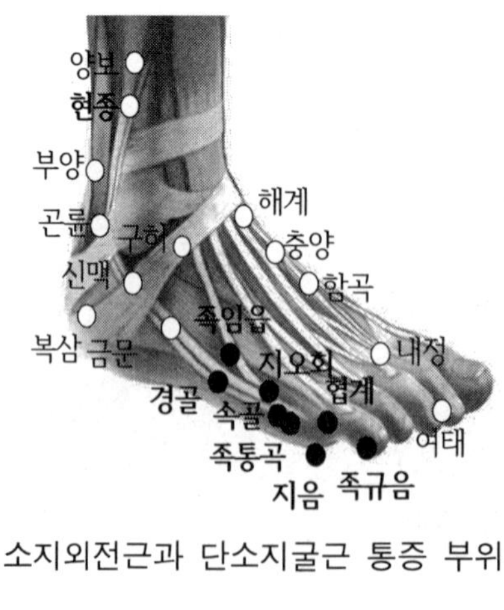

「그림 11-35」 소지외전근과 단소지굴근 통증 부위의 경락과 경혈

참고문헌

고선윤 역(2014). 인체 구조 학습도감. 서울, 중앙에듀북스

고영규 외 역(2009). 생리학. 서울, 라이프사이언스

고재승 외 역(2002). 인체 발생학. 서울, ㈜법문사

고태성 외 29인(2005). 운동치료총론. 서울, 도서출판 영문출판사

고태성 외(2008). 통증 물리 치료학. 서울, 퍼시픽문고

권혁철 외 5인(1998). 근육검진학. 서울, 정문각

김광진 외(1998). 인체생리학. 서울, 정문각

김교빈 외(2003). 동양 철학과 한의학. 서울, 아카넷

김낙필 외 역(2006). 내단 1. 2. 서울, 성균관대학교출판부

김낙필(2000). 조선시대의 내단사상. 서울, ㈜도서출판한길사

김성수 외 역(2005). 카이로프랙틱 개론. 서울, 도서출판 정담

김성수, 정일규(1995). 운동생리학. 서울, 도서출판 대경

김수길, 윤상철 역(2014). 동이 음부경 강해. 서울, 대유학당

김승주(1989). 방 10 (성생활과 한방). 서울, 성한출판주식회사

김용찬 역(2001). 알기 쉬운 기경치료. 서울, ㈜지식산업사

김원출 김후학 역(2000). 지압과 경혈요법. 서울, 혜문출판사

김종만, 이충희(1997). 신경계 물리치료학. 서울, 도서출판 정담

나창수 외 17인 (2001). 한의학 총강. 서울, 도서출판 의성당

대한정형물리치료학회 역(1998). 정형 물리치료 진단학. 서울, 현문사

동의학연구소 역(1994). 동의보감. 서울, 예강출판사

문상은(1996). 체형에 따른 요통의 진단과 치료. 서울, 경희대학교출판국

문훈기, 김승호(2016). 셀프 통증 치료법. 서울, 예문사

민족의학연구원(2011). 동의 혈자리 사전. 경기, ㈜도서출판 보리

박미정 외(2012). 인체 구조와 기능. 경기, 수문사

박석연(1997). 경락의 실체. 서울, 태학사

박선영, 김호현(2016). 한의학원론. 서울, 도서출판 이채

박선영, 김호현(2016). 한의학원론. 서울, 도서출판이채

박찬후(2004). 카이로프랙틱 임상 테크닉. 서울, 대경북스

배병철 편저(2000). 기초한의학. 서울, 성보사

배성수 외 23인(1999). 물리치료학 개론. 서울, 도서출판대학서림

백승헌(2002). 태양인 이제마의 동의수세보원. 서울, 하남출판사

서경현 역(1986). 위대한 교육 명문전집 1 (효경.) 서울, 중앙교육출판사

서민욱(1998). 맥학원론. 서울, 행림출판

서민욱(1998). 체질의학원론. 서울, 성보사

서충진 외(2004). 운동 해부학. 서울, 도서출판 홍경
손병욱(2002). 사상의학. 서울, 행림출판
송창호(2006). 신경과학. 서울, 정문각
신동원 외 2(1999). 동의보감. 서울, 도서출판 들녘
신문균 외 3인(1999). 해부생리학. 서울, 현문사
신재용(2002). 이제마의 사상체질. 서울, 학원사
신재용(2012). 신 동의보감. 서울, 북 플러스
신정근 역(2005). 백호통의. 서울, 소명출판
안도균(2015). 동의보감. 서울, 작은길출판사
안종기 외 2(1998). 양한방을 병행한 통증치료. 서울, 군자출판사
안종기 외(1998). 한방.양방을 병행한 통증치료. 서울, 군자 출판사
윤진 외 2 역(1999). 아기를 기다리고 있어요. 서울, 도서출판 금토
이경석, 배원경(1998). 요통의 진단과 치료. 서울, 도서출판고려의학
이경희(2016). 통증자연치유요가. 경기, 까안양
이규행(2000). 단전 호흡과 정신문화. 서울, 중앙일보이코노미스트
이병국 편저(2000). 경락이란 무엇인가. 서울, 도서출판현대침구원
이병국(1999). 경혈도 하권. 서울, 현대침구원
이병국(2000). 경혈도 상권. 서울, 한국의 침구원
이상룡, 김종석 역(2007). 망진. 서울, 청홍(지상사)
이승연 역(2003). 주자와 기 그리고 몸. 서울, 예문서원
이승현(1999). 단학. 서울, ㈜한문사
이인모, 이상목(1999). 인체생리학. 서울, 형설출판사
이재학(1990). 운동 치료학. 서울, 대학서림
이재학(1990). 운동치료학. 서울, 도서출판대학서림
이정배, 이한영 역(2013). 몸의 우주성. 서울, 도서출판모시는사람들
이종오 외(1991). 신비한 체질의 세계. 서울, 서원당
이현욱 외 역(1999). 임상운동학. 서울, 도서출판 영문출판사
임진석 편저(2001). 황제내경개론. 서울, 법인문화사
임진석 편저(2001). 황제내경개론. 서울, 법인문화사
장민재(2015). 8초만 누르면 통증이 사라진다. 서울, 비타북스
장성환 역(2004). 알기 쉬운 경혈학. 서울, 성보사
정창현 외 2인 역(2004). 황제내경 소문. 서울, 청홍
정창현 외 역(2008). 한의학의 원류를 찾다. 서울, 청홍(지상사)
정창현, 백유상 역(2008). 경락 경혈. 서울, 청홍
정창현, 백유상(2004). 황제내경 영추. 서울, 청홍
정창현, 백유상(2008). 황제내경 십사경. 서울, 청홍

정풍택 역(2001). 손의 기능과 해부. 대구, 경북대학교 출판부
정해만 외(2000). 해부 생리학. 서울, 정문각
정희원 편저(1999). 손쉬운 근육통증 해소법. 서울, 삼호미디어
정희원(2011). 근육학 기초이론. 부산, ㈜한국근의학연구소
정희원(2011). 근육학 기초이론. 부산, ㈜한국근의학연구소
주부의 벗사(2014). 인체 구조 학습도감. 서울, 중앙에듀북스
주인덕(1974). 알기쉬운 침.뜸.지압. 서울, 국민출판사
주정화, 옥광휘(1999). 근골격계의 통증치료. 서울, 군자 출판사
최대혁 외(2008). 운동 생리학. 서울, 라이프사이언스
최병학 역(2015). 표준동양의학. 서울, 대성의학사
최상헌(2002). 합기도 술기교본 초단편. 서울, 사)대한무림합기도협회
최상헌(2002). 합기도 술기교본 2단편. 서울, 사)대한무림합기도협회
최상헌(2002). 합기도 술기교본 3단편. 서울, 사)대한무림합기도협회
최상헌(2020). 근육통증과 경락경혈. 서울, 사)대한무림합기도협회
최상헌(2020). 삶과 기. 서울, 사)대한무림합기도협회
최은하(2016). 귀 마사지의 힘. 경기, 마이크 임팩트 북스
최형주 역(2004). 황제내경소문 상.중.하. 서울, 사유문고
최훈 역(2001). 척추 통증의 진단과 치료. 서울, 군자 출판사
함기선(1997). 신경 생리학. 서울, 현문사
홍원식 역(2003). 황제내경 소문. 서울, 사단법인 전통문화연구회
홍원식 역(2004). 황제내경 영추. 서울, 사단법인 전통문화연구회

活 人

인쇄/2020년 8월 7일
발행/2020년 8월 31일
지은이/최상헌
발행인/최상헌
펴낸곳/사단법인 대한무림합기도협회 출판부
등록번호/제6-0460호
주소/서울특별시 강북구 번동 429-67번지
전화/02-762-8600 Fax/02-900-1314
편집/광림북하우스
그림/조승현 사진/이윤갑, 이현제, 김성숙
입력/박한나, 박은지 표지글씨/여암 임복빈
정가/50,000원
ISBN/978-89-953345-4-6(13510)